Pavel Kohout
Mein tolles Leben
mit Hitler, Stalin
und Havel

Pavel Kohout

Mein tolles Leben
mit Hitler, Stalin und Havel

ERLEBNISSE – ERKENNTNISSE

Mit einem Geleitwort von Jiří Gruša

Aus dem Tschechischen von
Marcela Euler, Friederike Gürbig,
Silke Klein und Aleš Půda

OSBURG VERLAG

Titel der tschechischen Originalausgabe:
To byl můj život??
Bd. 1 und 2
Pistorius & Olšanská
Copyright © 2005/2006 by Pavel Kohout

Alle Rechte der deutschen Ausgabe
© Osburg Verlag Berlin 2010
www.osburgverlag.de
Lektorat: Bernd Henninger, Heidelberg
Herstellung: Prill Partners producing, Berlin
Umschlaggestaltung: Toreros, Lüneburg
Umschlagfoto: Oldřich Škácha, Prag
Satz: Dörlemann Satz, Lemförde
Druck und Bindung: GGP Media GmbH, Pößneck
Printed in Germany
ISBN 978-3-940731-48-7

In memoriam

Meinen Lebensgefährten, die es nicht schafften,
ihre Erlebnisse und Erkenntnisse aufzuzeichnen.

In spe

Unseren Enkelinnen und Enkeln,
damit sie verstehen können, was wir nicht verstanden haben.

Die deutsche Fassung dieses Buches ist Gerda Neudeck gewidmet,
in der ich meine späte Schwester fand.

P.K.

INHALT

Dieses Buch ist eine Harmonie der Gegensätze. Die Gegensätze kamen von allein, das Harmonische musste man wollen. Die achtzig Jahre, um die es hier geht, verkörpern die schlimmste Zeit Europas. Der Antagonismus übte sich kontinental. Wie kann man also den Widerspruch in Einklang verwandeln? Nun, man muss Pavel Kohout heißen und als Lebensbühne Prag oder Praha wählen. Denn hier endete das goldene »Dazwischen« der dreißiger Jahre, hier begann de facto zuerst der Heiße und dann der Kalte Krieg, hier schaute man den verunsicherten Russen ins Gesicht, als sie uns brüderlich helfen kamen und endlich sahen, dass sie niemand mag. Hier marschierte die samtene Revolution durch die Straßen als das Schlussstück der Wende, einst von Havel & Ko(hout) begonnen und jetzt feierlich zu Ende gebracht.

Die Mitte meint Maß, und Maß muss man üben. Pavels Vita ist ein Ritterturnier in diesem Sinne. Die Attacken kamen nämlich von überall, und meistens von hinten. Nur derjenige, der sie bestanden hat, kann uns erzählen, wo Stabilität zu finden ist. Denn Pavels Leben mit Hitler, Stalin und Havel ist nicht nur ein witziger Titel, es ist auch der Lebenslauf einer Dramatik, deren Plot, metaphorisch gesagt, mit dem Untergang des Abendlandes beginnt und mit einem Sommernachtstraum endet.

Die Exposition schildert das Prag der Ersten Tschechoslowakei als eine angenehme Adresse. Die Stadt von Pavels Kindheit lockt mit Wohlstand und Vielfalt. Natürlich gibt es Meister der Vereinfachung, die das Übliche möchten, also das Übel. Aber noch hofft jeder und feiert unter einem Himmel voller Feuerwerk. Bald aber werden die Feuerkörper explosiv. Und die Jungs zu Rekruten und Gefallenen.

Das tschechische Trauma jedoch ist die Kapitulation. Weniger militärisch, mehr moralisch. Es geht um das Debakel der Demokratie von 1938, die den Werdegang von Pavels Generation bestimmen wird. Man hat nicht bloß das Brüllen von Hitler im Ohr, sondern auch das Still-

schweigen des Westens. Frankreich und England haben bei den Tschechen verspielt. Sie sind zu den »Glöcknern des Verrats« geworden.

Das Leben unter Hitler brachte zusätzlich eine geschichtlich nie dage-
wesene Erniedrigung und somit eine Schädigung des tschechischen
Selbstbilds. Die Erfahrung der Okkupation als zweiter Akt des Kohout'schen Vita sorgte für die für Dramen so typische steigende Handlung. Man konnte die Vendetta-Sehnsucht merken, die Duplizität der
Charaktere und den Rollentausch als Lebensstil. Die Heuchelei und das
Heroische auf derselben Bühne. Dies wird Pavels großes Thema in diesem Buch. Es wird auch das Paradoxon seiner Texte, in dem der dritte
Akt seines Spiels beginnt, die klassische Umkehrung. Es ist ein Jugend-
gesang, die Euphorie der Selbstbefreiung, die man leicht mit der Freiheit
verwechselt. Verglichen mir dem deutschen Diktator, erscheint der russische human.

Sein Stahlglanz nämlich – dem Eponym Stalins »der Stählerne« entsprechend – täuscht zuerst Strahlkraft vor, erst dann folgt die Wucht des
Stichs. Die Freude der Altersgenossen von Pavel ist aber ebenfalls traditionell. Die Tschechen waren Russophile. Im Unterschied zu Polen oder
Ungarn hatten sie keine direkte Erfahrung mit der »riesigen Eiche« im
Osten. Die Eiche der Deutschen wollte man fällen. Die russische hat
man besungen.

Und jetzt lag der deutsche Baum wirklich danieder. So, wie das nicht
einmal seine ärgsten Feinde bei uns für möglich gehalten haben. Doch
wohlgemerkt, eben Kohouts Bilder der »gerechten Vergeltung«, wie die
antideutschen Gräueltaten nach 1945 euphemistisch genannt wurden,
haben von Anfang an die Gesetzlosigkeit und Brutalität des Geschehens
kodifiziert.

Doch auch die Wende von 1948 wurde doppelsinnig. Alle wollten das
Gute und beschleunigten den Gulag. Demokratie hat man verspottet als
Metapher der Krise, ökonomisch und politisch. Die Nation dagegen
wurde heilig, inklusive Sozialismus. Und so geschah es, dass die Tschechen, als das einzige Volk des zukünftigen Ostblocks, sich 1946 ihre Diktatur mit dem Stimmzettel besorgt haben.

Der unbekannte Schreiber der Weltdramen verfasste aber den dritten
Akt von Pavels Werdegang. Die wahre Peripetie. Eine Umkehr der Situa-

tion ohnegleichen. Denn hinter dem euphorischen Rausch des Anfangs, wie soeben geschildert, befand sich bei manchen Akteuren ein echtes Ethos. Bei Kohout vielleicht am stärksten. Das Pathetische wurde komisch, das Kritische real. Ein neuer Duktus war entstanden, der alles ändern sollte.

Du kannst fabulieren, um schreiben zu können. Du kannst aber zu einer Fabel werden, um schreiben zu müssen. Diese zweite Art hat Pavel verinnerlicht. Weil aber Ethos als solches das Maß der Dinge bedeutet, schuf er als Autor fabelhafte Texte. Und startete eine sehr sachliche Auseinandersetzung mit der Nachkriegsära. Bald wurde er zu einem der wichtigsten Träger des tschechischen Reformdenkens. Dieses Mal sollten Geschichten von ähnlichen Menschen wie er Geschichte werden.

Jedenfalls wurde er zu der Hauptfigur des vierten Aufzugs unsers Stückes mit ungeahnten Konsequenzen. Denn was hier als tschechischer Heimatfilm begonnen hat, wurde zum Weltthriller. Die tschechischen Literaten wollten eine Sprachreform, einen freieren Duktus des Schreibens. Dies alles fing 1967 an, mit einem Schriftstellerkongress. Doch die Sprache zu erneuern meinte schon immer die Nomenklatur zu wechseln. Die große Invasion von 1968 sollte die alte retten. Es sah zu Anfang danach aus.

Der Faden aber entwirrte sich. Es wirkten nämlich die retardierenden Momente. Da nur die deutschsprachige Grenze (BRD, Österreich) friedlich blieb, kam alsbald die Potenz der nationalen Erzählkunst zum Erliegen. Die Tschechen hatten sie antideutsch aufgebaut, und jetzt wirkte sie wie ein Kitsch. Im Gegenteil, die freien Deutschen halfen den unfreien Nachbarn. Wien, München, Köln oder Hamburg wurden jetzt Exiladressen. Und als Kohout nicht zurückkonnte, verwandelte er sich in einen Wiener Vermittler der tschechischen Internationalität.

Der fünfte Akt unseres Schauspiels war da. Lustigerweise hatte er Absurdes in sich, etwas im Sinne der Texte von Ionesco. Übrigens hatte der Mitgestalter dieses Teiles, Havel, in der betreffenden Schule viel einstudiert. Es ist kein Zufall, dass sein Name den Titel unseres Buches krönt. Havel ist meine Generation, und wir dachten anders als die Nachkriegsoptimisten. Als er feststellen musste, dass seine Stücke nicht mehr aufgeführt werden, hat er das Politische nicht gefeiert, sondern analysiert.

Er schrieb *Die Macht der Machtlosen* (1972) und nutzte die internationale Präsenz der tschechischen Literatur, die der Einmarsch zeitweilig sogar stärkte. Wien hat hier viel geholfen.

Das Leben unter Hitler und Stalin hat er ebenfalls absolviert, das Leben danach jedoch hat er als Politiker mitgestaltet. Seit Plato im alten Griechenland träumten die Schreibenden von der eigenen Macht und begründeten sie historisch und philosophisch. So wie Havel die Macht der Machtlosen als Macht der Wortstarken definierte. Ja, und sie brachte ihm die Macht. Ein Burgherr aus dem Bürgerforum.

Katharsis meint aber ebenfalls eine Auflösung, die reinigt und festigt. Die Kohout'sche wurde zum Kontrastprogramm. Seine Rückkehr nach Hause ist bürgerlich und burgfrei.

Dadurch endet die Kohoutiade in einer Auflösung der Kontradiktionen. In der philosophischen Tradition gesagt, wie die klassische coincidentia oppositorum: der Zusammenfall der Gegensätze. Pavels Ethos produziert das Maß und führt zur Mäßigung, so dass alles, was scheinbar gegeneinander lief, sich nebeneinander auf einem Punkt befindet, wo die Gegensätze harmonieren. Macht der Machtlosen ist hier die machtfreie Macht. Und Kohout benutzt sie mit Milde, als die Vitalität des Erzählens, denn letztendlich geht es hier um eine Kohout'sche Vita. Und da Kohout auf Tschechisch Hahn bedeutet, sehe ich in ihm einen Wetterhahn auf einer ewigen Kathedrale, die man baut, indem man so lebt wie er.

Jiří Gruša

1. KAPITEL

ER + ICH = WIR

Geschichten, gleichermaßen literarische wie menschliche, müssen, auch wenn sie sich dem Ende zuneigen, das an ihnen scheinbar wenig zu ändern vermag, noch nicht unbedingt ihren Sinn erkennen lassen. Bei manchen wird er erst in der Schlussszene oder gar mit dem allerletzten Satz sichtbar.

Jede menschliche Existenz ist so zufällig und in ihrem Wesen so sinnfrei, dass es lediglich am Träger liegt, welchen Inhalt er ihr in der vom Schicksal vorgegebenen Zeit gibt. Einfach ausgedrückt: auf welche Weise er sein Leben überlebt. Mein Instinkt sagte mir sehr bald, dass mich das Eintreten in andere Geschichten, wahre wie auch erfundene, egal ob als Leser, Autor oder auch als Akteur, von meiner eigenen Last der Sterblichkeit wenigstens zeitweilig befreite. In den Zeiten dazwischen stellte ich mich jedoch selbst dar, und als extrovertierter Mensch pflegte ich von Natur aus eher leidenschaftlich übertrieben als vorsichtig aufzutreten, daher ist mein Lebenslauf so unausgeglichen. Ich bemühe mich, ihn hier übersichtlich zu erfassen, sein Sinn entzieht sich meinem Urteil, das den Zuschauern und Kritikern vorbehalten bleibt.

Über vieles, worauf ich hier als Chronist meiner selbst stoße, um es in neuen Zusammenhängen zu beurteilen, schrieb ich bereits Ende der sechziger Jahre im *Tagebuch eines Konterrevolutionärs* und Ende der achtziger in meinem Buch *Wo der Hund begraben liegt*. Beide Werke belegte man mit der Bezeichnung ›Memoiroman‹; ihre Form ist literarisch, ansonsten sind sie aus demselben Stoff wie das dritte: das eigene Leben, das von seinem Inhaber nach weiteren zwanzig Jahren erneut betrachtet wird. Aber: War mein Leben wirklich das, was ich nun aus dem zugeschütteten Schacht mit Unterstützung von Notizbüchern, Archiven, Erinnerungen und mit Hilfe meiner Kritiker, die hier zitiert werden, wieder ans Tageslicht befördere? Manchmal kommt es mir so vor, als hätte es mehrere dieser Leben gegeben, oder dass ich in meinem Körper nicht allein war …

Dieser Rückblick wird nur gelingen, wenn er von den Gepflogenheiten üblicher Memoiren abweicht und den Helden wenigstens in zwei teilt, der in seinem Geburtsland neumodisch als ›kontrovers‹ bezeichnet wird. Der eine sei er, der andere ich, wir können ohnehin nicht geheim halten, dass wir beide es sind, die wir durch einen unverwechselbaren Charakter zusammengewachsen sind wie siamesische Zwillinge.

2. KAPITEL

Der Polenbub wird tschechisiert

Es ist Sonntag oder Feiertag, ich weiß es nicht mehr, ich bin schon drei Jahre alt und spiele in unserer Villa, die im Warschauer Żoliborz in der General-Zajonczek-Straße liegt, als der eben noch heitere Himmel pechschwarz wird und ganz in der Nähe ein Blitz einschlägt. Nie mehr hat mich in meinem Leben etwas so geblendet wie dieser grelle Strahl, der Himmel und Erde, wie mir schien, unendlich lange vereinte, und nie mehr habe ich ein fürchterlicheres Geräusch gehört als das, was folgte: Da zersplitterte die große Glastafel in der französischen Tür, als Baryk in panischer Angst durch sie hindurchsprang. Stellen Sie sich das Bild vor: Direkt vor mir bricht mit einem großen Knall eine Glaswand in sich zusammen und im grellen violetten Lichtschein fliegt durch die Luft zu mir mit wehenden Ohren und phosphoreszierenden Haaren – wer, wenn nicht der Teufel?

So erinnert sich die fiktive polnische Schriftstellerin in meinem Drama *Zyanid um fünf* an ihre Kindheit, aber der stattliche Hund Baryk lebte tatsächlich, und diese Szene spielte sich genauso ab. Die Villa stand im polnischen Kurort Oświęcim, und das Kind mit der blonden Tolle auf dem Kopf hieß in Wirklichkeit Kohout Pavel, auch Pawlik oder Pawlitschek genannt. Es ist seine früheste abrufbare Wahrnehmung, und er wird sich noch viele Jahre vor Hunden fürchten, bis ihn vor seinem Vierzigsten der erste Dackel mit dem treffenden Namen Adam für immer an jene Spezies bindet. Aber das war auch der einzige Makel an dem Gefühl des langen und ungetrübten Glücks, das von drei geliebten Gesichtern getragen wurde: dem des Vaters, dem der dicke samtweiche Pelzkragen so gut stand, dem der Mutter, bisweilen geheimnisvoll durch eine breite Automobilbrille verdeckt und dem von Nána; sie war eine polnische Bauersfrau, die sich um die Villa, den Garten, den Hund und hauptsächlich um das Blondchen mit der flotten Haarwelle kümmerte. Um eine ausreichende Zahl an Cabriolets und Limousinen der Marke Praga, die er im südlichen Polen vertrat, verkaufen zu können, musste der elegante und witzige Otomar Abend für Abend Gesellschaften besuchen – dies erleichterte ihm seine hübsche und fröhliche Gattin Ludvíka, geborene Ťalská, die sogar erfolgreich die ersten Autorallyes fuhr.

Wo kamen sie her, bevor sie sich das Jawort gaben? Wer entsandte die beiden in die Welt und bestimmte so ihr Schicksal und Wesen, bevor sie beides an ihren einzigen Sohn weitergaben?

Über den Vater des Vaters, der sechs Sprösslinge in die Welt setzte, legt die ehrwürdige k.u.k. Oesterreichische Zeitschrift für Berg- und Hüttenwesen in Nummer 24 des dreiundvierzigsten Jahrgangs vom 15. Juni 1895 Zeugnis ab. Johann Kohout, bezeichnet als »Aut. Bergingenieur und Betriebsleiter in Karwin«, schildert eingehend die Ursachen und den Verlauf des gewaltigen Bergwerkunglücks sowie die anschließenden Aufräumarbeiten, zu dem es in Karwin am 14. Juni 1894 in den Gruben des Grafen Larisch-Mönnich kam und bei dem er, wie es ihm seine Funktion gebot, als Rettungsleiter tätig war. An diesem Tag verwaisten etwa eintausend Kinder von zweihundertfünfunddreißig tschechischen, deutschen und polnischen Bergleuten und Technikern.

Der Enkel erbte von der Mutter seines Vaters, Marie, die er als Kind immer begeistert besucht hatte, neben dem Rezept für sein heiß geliebtes Gericht, schlesische ›Linsen mit Reis‹, auch eine Messinglampe von Großvater Jan mit einem feinen Schutznetz gegen Methangas und der eingravierten Aufschrift DIREKTOR, mit der er während jener tragischen Stunden in den Schacht fuhr, bevor er selbst schwer verletzt wurde. Später wird sie dauerhaft den von Vater Otomar geerbten Bücherschrank in Wien schmücken und zum Symbol jener Sympathien werden, die sein Enkel für die Atomenergie hegt; sie werden ihm dauerhafte Probleme einbringen, weil er in Österreich mit ihnen nahezu allein bleibt.

Mutters Vater war Bankdirektor, zunächst in Tábor, wo sie geboren

wurde, und danach sogar in der Prager Gewerbebank, in der er nach und
nach die Hälfte seiner Kinder unterbrachte, von welchen es, wie es dem
damaligen Durchschnitt entsprach, auch sechs an der Zahl gab. Zuvor
noch gelang es den Söhnen, sich gegenseitig zu bekriegen, der eine war
Soldat der kaiserlichen Majestät, zwei weitere wurden Legionäre unter
Professor Masaryk. Der jüngste von ihnen, Karel, lehnte sich später gegen die Deutschen auf und fiel für sein Vaterland auf dem Richtplatz in
Prag-Kobylisy. Der kleine Bub schöpft seine Erinnerung an Großvater
Vilibald Ťalský nur aus vergilbten Fotografien: Ein standesgemäß gekleideter beleibter Mann mit einem Zwicker auf der Nase trinkt Sprudelwas-
ser an der Kolonnade in Karlsbad, wo sein Enkel ungleich mehr erleben
sollte; er wird dort unter anderem seinen Militärdienst ableisten, ein
paar Stücke nebst erster Prosa schreiben und zum dritten Mal heiraten.

An seinem Vater Otomar kommt ihm am wundersamsten vor, dass er
bei seinem abenteuerlichen Flug durch das Leben und die Welt überhaupt heiratete, dass er sich dafür von allen Frauen, die ihn bis zum Tod
umschwirren sollten, gerade jene aussuchte, die er dann heiratete, und
dass er als Sechsunddreißigjähriger die Zeit und vor allem die Lust fand,
mit ihr einen Sohn zu zeugen, der ihm nachhaltig die Flügel band. Der
Student der Handelsakademie unternahm 1914 einen Ferienausflug ins
damals russische Warschau, wo ihn der Beginn des Weltkriegs einholte.
Just an diesem Tag kaufte er sich einen Amethystring, der in Polen *rynk
kavalierski* genannt wird und signalisiert, dass sein Träger Personen
weiblichen Geschlechts voller Wohlwollen alles anbietet – außer der
Ehe. Seine Freudenfeiern zog er um ein paar Stunden in die Länge, die
ihn dann zwar ein paar Jahre kosteten, ihn dafür aber mit einer unge-
heuren Erfahrung für den Rest seines Lebens ausstatteten. Die Zarenre-
gierung schottete die Grenzen urplötzlich komplett ab und erklärte
auch den jungen Studiosus aus Prag zum Zivilgefangenen. Als ein
Graschdansko-plennyj machte er eine unfreiwillige, dennoch einzigartige Sonderfahrt die ganze sibirische Magistrale entlang. Der bewachte
Transport wurde im entlegenen Wladiwostok einfach aufgelöst und
man wies die Gefangenen an – o tempora, o mores! –, sich irgendwie
durchzuschlagen und sich einmal im Monat bei der Polizei zu melden.

Dem jungen Mann half es, dass er Buchhaltung, Sprachen und das

Wodkatrinken beherrschte. Beim Sohn, der das Schmuckstück erbte und es innerhalb der Familie zum Wanderring erklärte, bleiben einige suggestive Schilderungen haften, zum Beispiel, warum der Vater die feste Stelle des Kassierers in einer Firma, die Holzbrücken für die Eisenbahn baute, aufgab: Er musste mit ansehen, wie man von den Baustellen Material abzog, so dass ihm der örtliche Brauch einigermaßen schwerfiel, wonach die Bauherren jede neue Brücke persönlich überqueren und dicht vor dem ersten Zug hergehen mussten, der die Belastbarkeit prüfte. Daher nahm er bald das Angebot irgendeines mongolisch-chinesischen Zirkus an, mit dem er Russland in der entgegengesetzten Richtung durchpilgerte. Das Kriegselend dokumentierte er in seinen späteren Berichten unvergesslich mit dem Bild eines Zuckerkegels, der über dem Samowar im Speisezelt hing, damit jeder vor einem bitteren Schluck Tee wenigstens daran schlecken konnte.

Gern erzählte er, wie er während des Bürgerkriegs einen roten Kommissar vor den weißen Kosaken in einem Kamelfell versteckte und ihm so das Leben rettete. Gerade dank dieser Tat durfte er als einer der wenigen Tschechen über die neue polnisch-sowjetische Grenze nach Hause zurückkehren.

Ein ähnlich großzügiges Schicksal, das auch sein Sohn erleben wird, brachte ihn bald nach seiner Rückkehr mit einem der damaligen gesellschaftlichen Dandys zusammen, dem fast gleich alten Grafen Kolowrat. Ganze sieben Jahre arbeitete er für ihn als Sekretär, und man kann sich vorstellen, worauf das in Prag hinauslief, das nach zwei Jahrhunderten der Germanisierung und hundert Jahren nationaler Wiedergeburt allmählich lernte, sich weltläufig zu geben. Es war vermutlich diese Bekanntschaft, welche dem jungen Otomar zur Geschäftsvertretung der tschechischen Automobilmarke Praga verhalf, die der Graf favorisierte. Das unvorhergesehene Erdbeben der Weltwirtschaftskrise liquidierte den jungen Direktor gleich nach seinen Kunden; Anfang der Dreißiger holte er, der nun zu den anderthalb Millionen Arbeitslosen zählte, seine Frau sowie sein Polenbüblein nach Prag zurück. Aus dem Letzteren machte die Prager Schule schnell ein tschechisches Kind; die Münchner Krise und ihr Sieger, der deutsche Führer, machten noch während seiner Kindheit einen politischen Tschechen aus ihm, genauer gesagt einen

Tschechoslowaken! Als erwachsener Mann wird er begreifen, dass er dem Führer auch Stalin zu verdanken hat, den Hitler ihm als Befreier von den Besatzern und dann als Befreier von der Freiheit herbeirief.

Die Rückkehr nach Prag war für den Vierjährigen ein Schock. Anstatt der Villa mit Garten ein Zimmerchen, das ursprünglich für die Dienstmagd bestimmt war und das der nette Onkel Josef seiner notleidenden Schwester zur Verfügung stellte; sein dankbarer Neffe wird sich nach vierzig Jahren revanchieren, wenn er ihn, abgeschoben in ein stadtnahes Altenheim, Woche für Woche rasiert. Wie sich die Familie dank zweier fleißiger und begabter Menschen wieder aus ihrer notdürftigen Lage aufzuschwingen begann, gehört zum Genre der klassischen Arbeiterliteratur. Die Gemahlin des Direktors vergisst ihren Stolz und strickt und strickt und strickt Pullover, Schals, Mützen und Handschuhe für hiesige Metzger, Schreibwarenhändler und Schuster, der polnische Salonlöwe kommt und geht, um sich vorzustellen und abermals vorzustellen, bis ihn vielleicht die vereinte Bewunderung der Chefsekretärinnen in die Tschechoslowakische Handelskammer befördert, und von da an bringt ihn sein Talent bereits in eine leitende Position, dieses Mal in das moderne Gebäude der Prager Mustermessen.

Kurz vor dem Krieg ernannte man ihn zum Generaldirektor der Firma Ossa, die einen Fabrikenkomplex im Prager Stadtteil Vysočany besaß. Der erhaben klingende lateinische Name bedeutet schlicht »Knochen«, und um nichts anderes ging es auch; der Vater leitete das wohl am meisten stinkende Unternehmen im Lande, welches aus den ekligsten Abfällen einen betäubend riechenden Leim und eine geschmacksfreie Gelatine für Feinkostprodukte herstellte.

Sobald sein Sohn anfängt, aus dem eigenen Leben eine Bilanz zu ziehen und schrittweise die einzelnen Summae summarum zusammenzuzählen, wird er bis zum Überdruss proklamieren, dass das schicksalhafte Versagen des Kapitalismus, das er an seiner eigenen kindlichen Haut miterlebte, die früheste Motivation gewesen war, die ihn gleich nach dem Krieg zusammen mit seinen Eltern in die kommunistische Partei führte.

Einstweilen befinden wir uns allerdings noch tief in Masaryks Vorkriegsdemokratie, und der Junge leidet vor allem daran, dass er ein Kümmerling ist.

3. KAPITEL

Freud und Leid des kleinen Kümmerlings

Nachdem unser Pawlik die ganzen damaligen Kinderkrankheiten – Diphtherie, Masern, Windpocken und Co – nacheinander bekommen hatte, war er so schwach, dass ihn seine Mutter hin und wieder auf dem Rücken in die zweite Klasse der Volksschule tragen musste. Er fühlte sich gedemütigt, mehrfach versteckte er sich während der Pause hinter den Mänteln in der Kleiderablage, um seinen Traubensaft wenigstens nicht vor den Mitschülern trinken zu müssen oder gar – Schande, Schauer und Schauder, der schiere Schrecken! – Lebertran.

Mit Rücksicht auf seinen jämmerlichen Zustand konnte ihn seine Mutter nicht einmal verprügeln, so dass sie auch nur im Stillen am Verzweifeln war. Die Weihnachtsfeste des Knaben wurden traditionell von einer eitrigen Angina begleitet, und vor dem Ersticken rettete ihn jedes Mal ein chirurgischer Schnitt im Hals, der aus irgendeiner ärztlichen Erwägung heraus ohne Narkose vollzogen wurde. Als sich die schmerzhafte Bescherung zum dritten Mal wiederholte, hatte der Himmel mit dem Jämmerling Erbarmen, und das Christkind legte ihm, während er beim Herrn Doktor litt, ein herrliches Puppentheater unter den Weihnachtsbaum, ja, das Christkind!, denn dieses Geschenk überstieg eindeutig die finanziellen Verhältnisse. Erst viel später wird ihm seine Mutter gestehen, dass sie und der Vater sich in der ganzen Familie Geld zusammengeliehen hatten.

Das Theater war mit einem Dutzend Kulissen – dem Fond, vier Seitenstützen und auch einer Soffitte – prunkvoll ausgestattet; zum Mobiliar gehörten der Königssaal, die Bauernstube, der dichte Wald, die Höhle und die Hölle, wo sich die meisten klassischen Puppenstücke abspielen, und ein Ensemble von etwa zwanzig Drahtfigürchen samt einem Spielkreuz, mit dem die Handgelenke und die Knie durch Fäden verbunden waren. All dies wurde von elektrischer Beleuchtung gekrönt, nicht einmal ein Reflektor mit Farbfiltern fehlte! Es war ein wunderbares Theater, das viele Jahre seinen Dienst tat, und dennoch geriet es irgendwie in Vergessenheit, so dass man gar nicht mehr zurückverfolgen

kann, zu welchem Zeitpunkt dies eigentlich geschah. Es fiel wohl der pu-
bertären Eruption zum Opfer, wo auf einmal nahezu alle Requisiten der
Kindheit verschwinden, um durch die neuen Utensilien des Erwachsen-
werdens ersetzt zu werden. Als die erste ernste Kulturinstitution, in deren geräumigem Rumpf sowohl die Dekorationen als auch die Puppen
das Meer der Zeit durchschwommen hatten, sticht sie dem aus dem unfreiwilligen Exil Heimkehrenden erst im Jahre 1990 ins Auge, als er sie, in
verblasstes Packpapier gewickelt und mit Bindfäden umschnürt, auf einem ausgemusterten Schrank in der Garage der kleinen Villa in Sázava
mehr erahnt als entdeckt.

Die Befürchtung, dass er anstelle der leuchtenden Erinnerung nur
deren klägliche Überreste auspacken könnte, wird ihn bis heute davon
abhalten, die kostbare Reliquie herunterzunehmen und auszupacken.
Mögen die Erben ihr doch eine würdige Feuerbestattung gewähren!

Ein oder zwei Jahre später tauchte an Weihnachten ein Wunder der
modernen Technik auf: eine schwarze Blechwalze, in der eine Glühbirne
so stark brannte, dass sie oben einen kleinen Schornstein brauchte, damit die Hitze nach draußen entweichen konnte. Der Projektionsappa-
rat, Laterna magica genannt – die Bezeichnung wird viel später noch
kommerziell verwertet! –, trug zwei Spulen vor sich, zwischen welchen
sich mit Hilfe einer Kurbel glänzende Zelluloidschlangen über das Objektiv wickeln ließen. Zu alledem brachte das Christkind noch eine weiße
Leinwand, die sich wie ein Rollladen ausziehen ließ, und vor allem auch
zwei Filme: Auf einem tobten ein dicker und ein dünner Herr, die sich
andauernd aus Tolpatschigkeit so wehtaten, dass der Bub trotz seiner
Schmerzen lachen konnte; das ganze Leben lang wird er, wann auch
immer Laurel und Hardy auf der Leinwand oder auf dem Bildschirm
erscheinen, innerlich beben, oft auch vergeblich, wenn er darauf hofft,
denselben Spaß wie damals erleben zu können. Auf der zweiten Spule
kam ihm sein nur um ein paar Tage jüngerer Altersgenosse entgegenge-
laufen, der anders als er niemals altern wird, die berühmteste aller
Mäuse, Mickey Mouse, samt dem arglistigen Enterich Donald und dem
dümmlichen Hund Pluto. Wenn es dem Vater danach war, drehte er
schneller an der Kurbel, und da musste man schon vor Lachen weinen!

Ehrlich gesagt, er war ein bei weitem besserer Vater, als es sein Sohn je

werden sollte. Es verging kaum ein Sonntag, wo er ihn nicht in den
größten Prager Park, den Baumgarten Stromovka, mitgenommen hätte,
wo es ihm selbst bei der Zeitungslektüre gelang, auf die nicht versie-
genden Fragen des Jungen geduldig zu antworten und ihm sogar eine
Mnemotechnik beizubringen, so dass dieser von nun an alle Telefon-
nummern immer in Zahlenpaare aufteilen und sie mit historischen
Jahreszahlen besetzen wird, damit sie ihm im Gedächtnis haften bleiben. Mindestens einmal im Monat nahm der Vater seinen Nachkömm-
ling ins ›Reich der Puppen‹ in der Stadtbibliothek mit, wo er ihm den
Sitzplatz so einstellte, dass er gut sehen konnte, und nach dem Schauspiel holte er ihn wieder ab, um an seinen Eindrücken teilzuhaben; viel
später wird dem Sprössling ein Licht aufgehen, dass der Vater derweil
wohl galante Intermezzi hatte. Nach einem halben Jahrhundert geht er
mit der Tochter seiner Stieftochter dorthin, die intelligent gearbeiteten
anpassungsfähigen Sessel trifft er immer noch funktionsfähig an, und
als er sich nach dem Stück hinter die Bühne zu den versammelten alten
Puppen und Kulissen gesellt, wird er, ohne lange zu überlegen, sagen
können, was in welchem Stück vorkam. Bald darauf spült das tausend-
jährige Wasser der Moldau diesen bis dahin unversehrten Ort der Kindheit für immer fort.

Die frühesten Erinnerungen haben auch einen Klang. So läutete zum
Beispiel eine gellende Stimme den Frühlingsanfang ein; in den Höfen
inmitten des Häuserblocks verkündete sie Dutzenden Mietsparteien,
dass sie mit ihrem Hausgeschirr nach unten kommen können, um es
dort sofort draaahten und lööööten zu lassen! Ein Geselle aus der Slowakei trat auf das Pedal, setzte sein Schleifrad in Bewegung, und zu beiden
drängte sich eine Schar Hausfrauen mit Messern und Steintöpfen, die
ein Draht gerade noch vor dem Zerspringen bewahrte. Und mindestens
einmal im Monat ertönte die immer gleiche Melodie eines umherzie-
henden Harmonikaspielers, worauf aus den Fenstern aller Stockwerke
Zeitungsschnipsel hinabflogen, in welche die damals noch wertvollen
Zehnhellerstücke eingewickelt waren.

Das Radio, ein solch neues Wunder, dass es auch die Eltern faszinierte, blieb dem Jungen am stärksten im Gedächtnis haften und beeinflusste ihn am intensivsten. Viel früher, noch bevor ihn das Kinderen-

semble im tschechischen Rundfunk wie ein Magnet anzieht und damit
eine lebenslange Bindung schafft, wurde das Radio zum unzertrennlichen Begleiter in seiner einzelkindlichen Einsamkeit. Sobald er gelernt
und seine Hausaufgaben erledigt hatte, drückte er sein Ohr an den Kasten, zu dem ihn schon allein das geheimnisvoll grün leuchtende magische Licht lockte, und er lauschte und lauschte. Bei Hörspielen saß er
wie angewurzelt vor dem Empfänger, lange bevor er selbst im Rundfunk
in Kinderrollen auftreten sollte.

Nachträglich scheint es ihm, dass die heute schon längst vergessene
Institution, der sogenannte ›Schulfunk‹, während der ganzen fünf Jahre
in der Volksschule das wichtigste Medium seiner und nicht nur seiner
Erziehung war. Morgen für Morgen erschallte, kurz nachdem die Lehrer
die Klassen betreten hatten, ein Klopfen am Mikrofon, und aus dem
quadratischen Lautsprecher neben dem Porträt des Präsidenten Masaryk und später dem von Beneš ertönte ein »Hallo, hallo, hier ist der Direktor unserer Schule, liebe Schüler, heute hört ihr …«, und dann folgten die Titel: Slawische Tänze, Mährische Duette, Mein Vaterland, Aus
der Neuen Welt, von all dem zwar nur Passagen, die nach fünf Minuten
ins Nirgendwo entschwanden, damit man zum eigentlichen Unterricht
übergehen konnte, mixed pickles, ein Mischmasch, aber doch ein tag-
tägliches Eintauchen in die tschechische Musik, die folgerichtig zur
musikalischen Begleitung seiner Kinderjahre wurde, um welche die
nachkommenden Generationen betrogen werden sollten. Dank der damals aufgeklärten Lehrpläne lässt die Musik auch weiterhin nicht ab, auf
den Bub einzuwirken, *da capo al fine*!

Der Erwachsene fängt jedes Mal an, die Erinnerung regelrecht zu riechen, wenn er das weiße Bauhaus-Gebäude der Tschechischen Nationalgalerie am Messegelände betritt; sie wird einen eindringlichen Geruch
von Parkettpolituren oder Waschmitteln ausströmen. Als sein Vater Ad-
ministrator der Prager Mustermessen war, zog sich durch die hinrei-
ßende mehrstöckige Halle, vor der sich damals sogar Le Corbusier ver-
neigte, ein Band von Ausstellungsständen verschiedenster Firmen.
Wenn der Junge mitgehen durfte, um farbige Reklamezettel, Aufkleber,
Abdrücke oder Muster zu sammeln, wurde er dort, wo sich dereinst die
ständige Ausstellung der modernen Kunst ausbreiten wird, der Obhut

einer molligen Blondine oder einer schlanken Brünette anvertraut, die bei den Kojen der Firmen Pexider (Pasten) und Pilnáček (Seifen) repräsentierten.

Der Nachkomme, der dies gerade auf dem stilvoll geschnitzten väterlichen Schreibtisch der altehrwürdigen Wiener Firma Gerstl schreibt, der ihn zusammen mit dem Sessel und dem Bücherschrank das ganze Leben hindurch begleiten und danach mit seinem Sohn Ondřej zu ihm zurück nach Wien emigrieren sollte, sieht sich allzeit in Gedanken bei demselben damals noch neuen Tisch im Zimmer des Vaters, wie er verzweifelt auf das leere Papier starrt und fragt: »Vati, worüber soll ich schreiben?« Und er, der stets etwas studiert oder liest, hat immer ein Thema für ihn parat. Die stolze Mama gab dann dem Papierhändler Herrn Chroust aus der Nachbarstraße irgendetwas zum Lesen. Der hagere Mann im blauen Arbeitsmantel, der auf einer Leiter sein Leben zu fristen schien, wie er da in seinem kleinen Laden unentwegt Waren aus steil bis zur Decke steigenden Schubfächern herunterholte, war der Erste, der dem jungen Poeten ein Honorar anbot, wenn er Verse für seine Ausmalbilder dichtete. Die einzigen beiden Zweizeiler, vom Katerchen und vom Kätzchen, welche er hervorbrachte, reichten für ein Buch noch nicht aus.

Seine Mutter sang gerne und gut. Am meisten Volkslieder, hauptsächlich aus der Region um das hussitische Tábor, wo sie geboren wurde, und aus Polen, wo sie am glücklichsten gewesen war. Allmählich kamen Arien aus tschechischen Opern oder politische Couplets hinzu, die sie jedes Mal bei ihrer nächtlichen Heimkehr aus den Theatern vor sich hin trällerte und sich gleich auf Schellackplatten besorgte. Ihr Sohn kennt bis heute beinahe alle auswendig. Dem schlossen sich Melodien mit unbekannten Wörtern an, die ihn, wenngleich er sie in verballhornter Form bei sich abgespeichert hatte, daran erinnern, in welch wunderbarer Stadt der Städte er damals lebte, »Adjöööömeinkleiiinergardeoffiziiiier« oder »Laaachebajaazzooo!« je nachdem, ob die Eltern in der jüdischen großen Operette oder im Opernhaus des erhabenen »Neuen Deutschen Theaters« gewesen waren. Prag konnte sich damals aus eigener Kraft internationale Konkurrenz verschaffen! Das wird den Jungen ein halbes Jahrhundert später auf die Idee bringen, aus der das »Prager Theaterfestival deutscher Sprache« entsteht.

Im fortgeschrittenen Kindesalter spielte sich auch eine Episode mit dauerhaften Auswirkungen ab. In einer Krisensituation, als sich der Orthopäde entschied, radikal gegen den runden Rücken des kleinen Lazarus vorzugehen, begann ihm sein Vater fortlaufend Rostands *Cyrano de Bergerac* vorzulesen. Der in die Jahre gekommene Junge kann sich die bittersüße Situation heute noch lebhaft vorstellen: Er liegt hinter dem Paravent, in der Küchenecke der kleinen Wohnung, wie immer nachts mit Riemen am Bogengestell des harten Gipsbettes festgebunden, um es sich nicht heimlich bequem machen zu können, und in seine Seele dringt die Geschichte des fechtenden Dichters, dessen »Schicksal ist, stets der zu sein, der vorsagt und den man vergisst«, womit die eigene Armseligkeit übertönt wird. Cyrano sollte ihn schon bald als Dichter, Dramatiker und Schriftsteller auf ewig mit seiner schwarz-weißen Ethik und schreiend farbigen Ästhetik positiv wie auch negativ prägen. Cyranos trotzigen Monolog aus dem zweiten Akt mit dem Refrain »Nein, niemals« wird er sich später immer wieder in den Dienststellen der tschechoslowakischen Staatssicherheit im Geiste aufsagen.

> Wie soll ich's halten künftig?
> Mir einen mächtigen Patron entdecken
> Und als gemeines Schlinggewächs dem Schaft,
> An dem ich aufwärts will, die Rinde lecken?
> Durch List empor mich ranken, nicht durch Kraft?
> Nein, niemals! Oder soll ich, wie so viele,
> Ein Loblied singen auf gefüllte Taschen,
> Soll eines Hofmanns Lächeln mir erhaschen,
> Indem ich seinen Narren spiele?
> …
> Nein, niemals, niemals, niemals! – Doch im Lichte
> Der Freiheit schwärmen, durch die Wälder laufen,
> Mit fester Stimme, klarem Falkenblick,
> Den Schlapphut übermütig im Genick,
> Und je nach Laune reimen oder raufen!

Ein ›kontroverses‹ Paar stellten auch seine Großmütter dar, die weitaus länger lebten als die Großväter. Der Enkel liebte kindlich naiv die Mutter seines Vaters, vor der Großmutter mütterlicherseits hatte er irrationale Angst. Die erste kochte jene ›Linsen mit Reis‹ für ihn, ein Gericht, das bis heute seine Gäste aufgrund des Namens abschreckt, dann aber durch Aussehen wie auch Geschmack Begeisterung hervorruft; Feinschmecker finden das Rezept in *Wo der Hund begraben liegt*. Die zweite drängte den kränklichen Bub, Rhabarberkuchen zu essen, damit er sich wieder aufrappelte. Er fürchtete sich vor jedem Besuch bei ihr, weil er in einem modrig riechenden Jugendstilesszimmer aushalten musste, solange er nicht ganz zu Ende gekaut hatte. Niemals wird er den furchtbaren Abend vergessen, an dem sich die Großmutter nicht abhalten ließ, aus dem fernen Stadtteil Kobylisy mit der Straßenbahn quer durch ganz Prag bis nach Bubeneč zu fahren, um der Mutter den Blumentopf vorzuführen, in den der kleine Betrüger ein Stück Kuchen unter die Pelargonie gestopft hatte.

Der Kleine war auch ängstlich, tolpatschig und verschämt. Zu seinem Glück musste er im Sommer 1936 aus der privaten Ferienanlage, genannt Camp Allen bei Ledeč nad Sázavou, vorzeitig abgeholt werden, weil er sich schwer erkältet hatte, als er nachts beim Schein einer Taschenlampe über die Baumwurzeln auf dem Waldweg holperte, der vom Städtchen in die Zeltkolonie am Flussufer führte. Die beeindruckende Vorstellung des Puppenspielers Matěj Kopecký, die von Petroleumlampen am Bühnenrand erleuchtet war, wird ihm in fiebriger Erinnerung bleiben. Aus den zwei nachfolgenden Sommerzeltlagern der Organisation Junger Christen YMCA sandte er wie sein Idol Cyrano aus Arras täglich Korrespondenzzettel mit einer bereits vorgeschriebenen Adresse, die statt Roxane den Eltern gehörte, und als Christian wiederholte er in ihnen stets: Ich habe Euch gern! Zudem beschwor er sie immer wieder vergeblich: Holt mich hier ab!

Sein Ausflug durch Prag wurde zur Familienlegende; er sollte zum Legionärsonkel Jindra und der wunderbar großmäuligen Tante Anka fahren, die an Silvester 1935 auf ihn aufpassen sollten, damit sich die Eltern amüsieren gehen konnten. Die Fahrt mit der Straßenbahn wurde im Voraus hin und zurück eingeübt, die Mutter gab ihrem Sohn die ganze Zeit moralische Rückendeckung durch ihre Anwesenheit in der zweiten Hälfte des damals schon modern aufgeteilten Waggons, den man U-Boot nannte. Die selbständige Fahrt endete in einem Fiasko, der Reisende kam schon vom Wenzelsplatz mit der Behauptung zurück, dass »drei Männer mit Blechkannen« ihn böse angeschaut hätten. Das Zitat fungierte zu Hause jahrelang als Bezeichnung für einen Zustand höchster Bedrohung. Aber die größte Erniedrigung erlebte der Junge, als ihn die Mutter mit einem Saft aus Holunderblüten zu ›Onkel Eman‹ schickte.

Der straffe und stämmige Emanuel Procházka kämpfte als tschechoslowakischer Legionär in Italien, und wenn man ihn darum bat, wies er stolz seine Kniekehle vor, wo ihm der Splitter eines österreichischen Schrapnells ein geradezu Shylock'sches Pfund Fleisch herausgerissen hatte; im Nachhinein erscheint er wie ein Freund der Mutter, der sie wohl am ehesten von den väterlichen Seitensprüngen heilte. Das Mietshaus mitsamt dem Kino stand als letztes am äußersten Rand des damaligen Prag an der Endstation der Straßenbahnlinie 23. Und der Holunderblütensaft wurde aus einer Mischung von Zucker, Wasser und drei bis vier großen gelblichen Blütenrispen hergestellt, diese musste ein paar Wochen in Fünf-Liter-Gurkengläsern gären, bevor sie auf Dreiviertelliterflaschen umgefüllt wurde. Ein Dutzend von ihnen bekam der Junge in zwei Taschen eingepackt, damit er sie seinem Onkel mit der Straßenbahn bringen konnte. Niemandem kam in den Sinn, dass schon die Hälfte der kurzen Strecke ausreichen würde, um in den durchgeschüttelten Flaschen Sprengstoff entstehen zu lassen. Zunächst flog ein erster, dann noch ein zweiter und ein dritter Stöpsel aus den Flaschenhälsen, gefolgt von einem Geysir aus süßem Schaum, der sich anschließend auf dem Träger und den Herumstehenden niederließ. Der Schaffner des Waggons fing an, wild an der Glockenschnur zu ziehen, so dass der Fahrer des Motorwagens heftig auf die Bremse trat. Weitere Fontänen schossen mitten in die Reisenden, die massenhaft zu Boden stürzten, aber da wurde der unschuldige Täter samt seinen Taschen zum ersten Mal aus der anständigen Gesellschaft ausgestoßen, so wie es ihm noch mehrmals im Leben widerfahren sollte. Zu seinem Ziel gelangte er per pedes, nur mit einem kümmerlichen Saftrest, dafür weinend und von einer solch harten Zuckerschicht überzogen, dass sie sich erst unter der heißen Dusche aufweichen ließ.

Die geradezu unüberschaubaren Flächen mit Bauparzellen, die gleich hinter dem Haus begannen und ihren Charakter als einstige Felder und Wiesen nicht verleugnen konnten, wurden zum Eldorado des Jungen und zu dem Ort, wo zum ersten Mal der Wetteifer in ihm ausbrach. Bald war er der Meister im Murmelspiel, so dass er kurz darauf nur noch riskant mit Glasmurmeln warf, von denen jede einen Tauschwert von zehn Tonkugeln besaß. Als er auf dem Gipfel seines Ruhmes angelangt war, wurde er zu seinem Leidwesen von einer Bande böser Jungs seines ganzen Schatzes beraubt. Schon damals zeigte sich, was ihm offenkundig angeboren war: Jede Wiederholung sollte ihn langweilen, daher ließ er seine Murmelkumpels links liegen und erschien mit Pfeil und Bogen samt Strohzielscheibe auf den Parzellen. Eine dunkle Erinnerung drängt sich ihm auf, dass er seine Ausrüstung an niemanden verlieh, damit ihn keiner übertreffen würde. Anerkannter Champion wurde er dann im Münzenprägen. Die Hellerstücke, die man aufs Gleis legte, sahen, nachdem die Straßenbahn darübergefahren war, tatsächlich wie alttschechische Silberlinge aus und wurden auf den Parzellen zum begehrten Zahlungsmittel, um das man beim Münzwerfen spielte. Der kleine Junge tauschte für seine erste Sucht mindestens eine von fünf Kronen ein, die er allwöchentlich fürs Schuheputzen und Geschirrwaschen bekam. Bald spürte er mit innerster Gewissheit, die ihn sein Lebtag begleiten sollte: dass er niemals etwas gewinnen würde. Deshalb hörte er damals und für immer mit Glücksspiel und Wetten auf.

Was den schulischen Fortgang betrifft, so entsprach er der Formel ›Einzelkind aus guter Familie‹: Im Zeugnis lauter Einsen bis auf zwei Zweien, im Turnen und im Zeichnen. Das letztere Fach entwickelte sich zu einem wahren Leidensweg in der Prima des Realgymnasiums, wo sie der aufbrausende Professor F. X. Böhm unterrichtete. Er fühlte sich nicht nur, wie es seine Initialen andeuteten, als Künstler, sondern er besaß auch ein Patent für teure Malstifte, die sich »Efixböhms« nannten und die nur risikofreudige Eltern ihren Sprösslingen sich vorzuenthalten trauten. Zu solchen gehörte auch die Mutter des Jungen, die an die Gerechtigkeit glaubte. Als sie sah, wie ihr Kleiner zum fünften Mal verzweifelt eine griechische Amphore malte, weil der schreckliche Mann alle vorherigen Versuche durchgestrichen hatte, veranlasste dieses Unrecht sie dazu, sich dem Lehrer, allen flehentlichen Bitten des Sohnes zum Trotz, vor dem Unterricht in den Weg zu stellen. Auf dem Gehsteig vor der Schule sahen Dutzende wartender Schüler, wie der Pädagoge mit einem neuen Kunstwerk über seinem Kopf wedelte und dabei rief: »Gnädige Frau, das ist keine Amphore, das ist ein Arsch!« Der Himmel sollte es dem armen Jungen damit vergelten, dass er dereinst für das Gebiet der bildenden Kunst einen Malersohn haben wird.

Die Höllenangst vor jeder Stunde in der Turnhalle, wo sich nicht nur die Ringe, der Bock, der Kasten und der Balken in Folterwerkzeuge verwandelten, sondern auch eine gewöhnliche, vom Schweiß tausender Leiber bis in die letzte Faser verhärtete Matte, auf der er keine Rolle schaffte, führte zu einem überraschenden Ende: Der kleine Junge entschied sich, kein Kümmerling mehr zu sein. Seine sportliche Karriere nahm er auf dem Sportplatz der Schule in Angriff, wo er ganz allein nach dem Unterricht die Latte beharrlich immer wieder auf die Ständer legte und sich in den Sand fallen ließ, der auch noch zu Hause von ihm herabrieselte, so lange, bis er sich am Ende des Frühlings von einhundert Zentimetern auf einhundertunddreißig hochschwingen konnte. Im Herbst begann er Schlittschuh zu laufen, und weil das Eisstadion zu teuer war, lief er am liebsten auf der Moldau, die vor dem Bau der Staudamm-Kaskade so dick zufror, dass schwere Walachen Pritschenwagen mit Fässern aus der Brauerei in Smíchov über das Eis an das rechte Ufer und aus der konkurrierenden Brauerei in Braník wieder zu den Trinkern an das linke Ufer schleppten. Zur gleichen Zeit begann er auch Ski zu fahren. Die Bretter schnallte er sich direkt vor Onkel Emans Haus mit Riemen an gefütterte Schuhe, rutschte auf ihnen über die Gleise der Linie 11 und stieg gleich den freien Hügel hinauf, wo er durch menschenleeres Terrain im Schuss bis ins Tal hinabfuhr; eines Tages werden auf dieser Piste einhunderttausend Prager wohnen. Wie jeden Skifahrer kostete ihn damals diese eine Minute glückseligen Flugs eine Viertelstunde beschwerlichen Anstiegs. Im Jahr darauf spielte er schon Eishockey. Auf den Wendepunkt all dieser Bemühungen, den Sturzflug auf Skiern in Harrachov, wird man noch rechtzeitig zu sprechen kommen.

Der Gipfel besteht in der Entscheidung des Sechzigjährigen, täglich ausgiebig zu turnen und die Einheiten mit jedem weiteren Jahr – zu verringern? Falsch, zu erhöhen! Der Kümmerling würde staunen.

Eine Kette von Krankheiten und Operationen in Verbindung mit dem Spott der mitleidslosen Altersgenossen führte dazu, dass sein Minderwertigkeitsgefühl wuchs und er sich häufig in die Einsamkeit flüchtete. Damit überhaupt jemand mit ihrem armen Jungen sprach, wenn sich schon niemand danach sehnte, mit ihm befreundet zu sein, lud seine Mutter einmal in der Woche selbst zu einem nicht allzu reich gedeckten Tisch die noch ärmeren Mitschüler aus der Holzbarackenkolonie ein, die dort stand, wo sich heute das nun schon wieder veraltete postmoderne Hotel Diplomat neben dem immer noch modernen Gymnasium aus den dreißiger Jahren befindet.

Die armen Jungs verschlangen das Mittagessen, packten ihre Schildmützen und rannten dann hinaus, um sich über Erdhügel, Löcher und Gräben zu den riesigen, damals noch unbebauten Parzellen zu schleichen; dem kleinen Jungen blieben wieder nur Bücher und Schreibblöcke übrig. Damit versorgten ihn seine Eltern fleißig. Aus der bekannten Reihe *Bastel es dir selbst!* kaufte ihm sein Vater den Band *Mach dir deine eigene Zeitung!* Als ihm der Sohn dann feierlich die maschinengeschriebene Ausgabe der Zeitschrift »Studiosus« vorstellte, besorgte er ihm auch eine kleine Vervielfältigungsmaschine. Diese funktionierte mit Matrizenfolien, in welche die Schreibmaschine ohne Schreibband die Buchstaben ›setzte‹ und sie so perforierte. Die Seiten wurden auf eine Walze gespannt, die die Farbe auf das Papier durchdrückte – die Mutter war am Verzweifeln, dass sie auf jeglichem Textil wie Pech und Schwefel hielt! Die Matrize ließ erst nach sechzig Umdrehungen nach, eine ausreichende Auflage für die ganze Klasse und die Verwandten, die allerdings als Vorläufer künftiger Sponsoren für diese einzigartige Drucksache blechen mussten. Die Korrekturzeichen, aus jener lehrreichen Publikation übernommen, werden den angehenden Literaten das ganze Leben lang begleiten, wurden daher auch beim Anfertigen dieses Schriftstücks benützt.

Die Bücher führten dazu, dass der Junge, der endlich robuster wurde, zum Glück rechtzeitig ein weiteres Unvermögen in sich entdeckte. Unweit seiner Wohnung hatte ein Buchhändler seinen Laden, den er gerne besuchte, da jener für einen Pappenstiel zerfledderte Romanhefte, Detektivfälle von Charlie Chan und Kriegsabenteuer des Piloten Biggles anbot. Diese Erinnerung taucht auch heute noch auf, wenn jemand über die Kinder zetert, welche den Schund der Gegenwart, vor allem den des Fernsehens, gierig in sich aufnehmen; kaum einer konsumierte mehr Mist als unser kleiner Junge, und siehe da, schon zweimal fand er Eingang in die Lesebücher und schon einmal wurde er aus ihnen wieder gestrichen! In dem kleinen Laden tauchte plötzlich ein volles Regal mit gut erhaltenen Büchlein im sogenannten Kolibriformat auf, welche die Lebensbeschreibungen tschechischer Geistesgrößen enthielten. Als der Buchhändler das Interesse des Kleinen wahrnahm, bot er an, ihm alle auf Lager befindlichen Exemplare für lediglich zwei Kronen zu verkaufen, damit er sie begierigen Schülern für fünf Kronen weiterverkauft, folglich mit einem Gewinn von hundertundfünfzig Prozent. Der künftige Unternehmer leerte voller Eifer seine Sparbüchse, wo er sein Taschengeld hortete, damals schon sieben Kronen pro Woche und dazu verschiedene Prämien für kleine Gefälligkeitsdienste oder etwaige Schulerfolge. Seine hundert Exemplare schaute er dann zu Hause gebannt wie eine Lebensversicherung an, eigentlich wollte er sich von ihnen gar nicht trennen. Er musste es auch nicht. Er verkaufte kein einziges, auch wenn er sie letztendlich aus Verzweiflung für jeweils eine Krone anbot! Von da an war ihm wiederum ein für allemal klar, dass er sich niemals seinen Lebensunterhalt durchs Geschäftemachen verdienen könnte.

Der Vater musste auch ein ausgezeichneter Pädagoge gewesen sein, da der Sohn einige seiner Anweisungen, Ratschläge und Sprüche erfolgreich seinem Sohn und noch dem Sohn seines Sohnes vermachen wird. Auch sie werden den Frauen in den Mantel helfen. Auch sie werden beim Trinken unbeirrt zwei Grundregeln einhalten – stets dabei mäßig zu essen und niemals den Geist unter den Alkoholspiegel sinken zu lassen, also darauf zu achten, noch denken und sprechen zu können. Weil der Junge ferner ein Aufschneider war, der häufig den Pluralis majestatis benützte, um sich als Erster unter Gleichen erkennbar zu machen, widmete ihm sein Vater folgendes Gleichnis: Auf der Moldau schwimmen

die Äpfel und dazwischen wird ein Scheißhäufchen angeschwemmt; als
sich alle gemeinsam der Karlsbrücke nähern, von wo aus einige Leute
auf den Fluss schauen, fängt das Scheißhäufchen an, begeistert zu winken und zu rufen: »Wir Äpfel schwimmen!«

Auf höchst einfallsreiche Weise servierte sein Vater ihm Maupassant,
Dickens, Cervantes, Čapek und weitere Autoren seiner Wahl, indem er
sie in die hintere Reihe seines Bücherschranks neben das *Dekameron*
platzierte und sie zu *libri prohibiti* erklärte. Die verbotenen Früchte wurden jeden Abend, wenn beide Eltern weggingen, eifrig konsumiert, so
dass der Junge gleich in mehrere Richtungen grundlegende Informationen bekam, vor allem aus *Der Hausarzt*, in dem verschiedenste sehr interessante Organe, vorzugsweise weibliche, detailliert abgebildet waren.
Buchstäblich in natura, das heißt in belebter Natur, führte sie ihm dann
der ältere Cousin Jiří vor, später führender Gastroenterologe an der
Karlsuniversität: Er lockte den Jüngeren, wenn er im Vorort Spořilov auf
ihn aufpassen sollte, in das nahe gelegene Wäldchen, wo er für ihn von
seinen heimlichen Beobachtungsposten aus mit Hilfe eines Fernglases
die Aktivitäten der sich liebenden Pärchen fachmännisch kommentierte; er bestätigte damit den wachsenden Verdacht seines Schutzbefoh-
lenen, wonach Kinder keinesfalls von der Vogelwelt oder von der Post
gebracht werden, sondern auf jenen Unterschied zurückgehen, den er
bei den Mädchen – scharfsinnig wie er war – schon vor seiner Aufklärung wahrnehmen konnte. So flammte das erotische Feuer im Leben des
Jungen auf.

4. KAPITEL

Sex mit acht

Der verheißungsvolle Titel kündigt keine Gruppenspiele an, sondern
konstatiert lediglich das Faktum, dass schon die frühen Äußerungen des
Jungen sein ganz und gar alleiniges Interesse am anderen und nicht am
eigenen Geschlecht untrüglich signalisierten; zu den flüchtigen und
peinlichen Begegnungen mit dem männlichen wird es noch kommen.

Auf Familienfotos hält er grundsätzlich seine Cousine oder wenigstens die Tante an der Hand, und schon im zarten Alter bekam er im öffentlichen Schwimmbad zunächst vom Bademeister und dann von der bestürzten Mutter eine Ohrfeige, als ihr ein Holzstück aus einem Astloch vorgeführt wurde, das der schüchterne Junge meisterlich aus der hölzernen Zwischenwand der gemeinschaftlichen Herrenumkleide herauszuziehen gelernt hatte, um Personen jeglichen Alters, die sich in der Damenkabine umzogen, beobachten zu können. Dieses rege Interesse sollte ihn sein Leben lang begleiten.

Die ersten ernsthafteren Sympathien weckten bei dem sich mausernden Adoleszenten Jarunka Landsmannová und Věra Urbanová. Mit der Erstgenannten richtete er sich im vierten Stock über die Hofecke der rechtwinklig angrenzenden Häuser eine Seilbahnpost ein. Ihre letzte Sendung enthielt die Abmachung, dass beide wieder zur selben Zeit für ihre Väter Bier vom Fass holen gingen. Anstelle der üblichen Kostprobe aus den Krügen versuchte der Briefverehrer gleich bei ihrer Begegnung in einer spärlich beleuchteten Einfahrt jene Stellen zu berühren, die ihn an Frauen besonders interessierten, so wollte er endlich herausfinden, woraus sie bestehen. Jarunka flüchtete entsetzt mit ihrem leeren Krug. Vermutlich blieb ihr zu Hause nichts anderes übrig, als sich geständig zu zeigen, da ihre Mutter die Seilbahn am nächsten Tag einfach abschnitt und somit auch die ganze Bekanntschaft. Wenig später wurde mit Věra Urbanová aus dem fünften Stock beim Treppensteigen längere Zeit über Doktorspiele verhandelt. Den Andeutungen reiferer Mitschüler zufolge ließen sich dabei gegenseitig auch weitere, noch interessantere Organe erforschen. Als man schon mal zur selben Zeit allein zu Hause war, schreckte man beiderseits davor zurück und kam nicht zu Besuch.

Da brauten sich schon über dem Leben der Kinder und Erwachsenen die Wolken der bevorstehenden Generalprobe zu einer Apokalypse zusammen. Der Junge fing damals an, sich aus Zeitungen und Zeitschriften wichtige Nachrichten auszuschneiden und sie in seine Hefte zu kleben, so als würde er sie sich im Alter noch einmal in Erinnerung rufen wollen. Sie begannen mit einem Bild, auf dem der Kaiser Haile Selassie seine treuen Abessinier, nur mit Speeren bewaffnet, in den Kampf gegen italienische Panzer begleitet. Besonders dokumentiert wurde ein Ereignis, das dem kleinen Archivar umso wichtiger erschien, als es sich am Tag seines achten Geburtstags abspielte: der volle Ausbruch des Spanischen Bürgerkriegs. Der Kampf der Republikaner, über den die Zeitungen schrieben, dass er auch für Prag geführt würde, faszinierte ihn so sehr, dass er schon in wenigen Jahren sein erstes Versuchsstück *Barcelona ruft* darüber schreiben wird. Dazwischen überwogen die Bilder von Eishockeyspielern, von denen der Tscheche Bóža Modrý und die drei Schweizer Gebrüder Torriani ihm am meisten imponierten.

Im Jahre siebenunddreißig nahm der Vater seinen Jungen zum ersten Mal mit ins »Café Slavia« beim Nationaltheater, wo er wohl Stammgast gewesen sein musste, da man ihn an diesem Tag überhaupt hineinließ, die Garderobenfrau bemerkte ihn und kam, um ihm aufzumachen. An den großen Fenstern sollte ein Trauerzug mit jenem Herrn Präsidenten vorbeikommen, den auch die Erwachsenen *tatíček*, also Väterchen nannten, so dass er, Masaryk, für die Kinder eine Art dritter, geheimnisvoll erhabener Großvater war. Dem Bub musste ebenfalls ein Papierperiskop gekauft werden, damit er über das Gedränge hinweg den Sarg auf der Kanonenlafette erspähen konnte, die von Legionären aller vier Fronten des Ersten Weltkriegs begleitet wurde. Damals sah er auch zum ersten Mal seinen Vater und andere Männer weinen.

Und schon war das schicksalsschwere Jahr achtunddreißig mit seinen weiteren Eindrücken da, die in seinen Sinnen für immer haften blieben. Zu den Erinnerungsbildern gehörte auf dem zweiten Zeltlager YMCA in Nordböhmen, dem damaligen Sudetenland, die rätselhafte Verwandlung seines netten Erziehers, eines gewissen Herrn Ilchmann, der ein Jahr zuvor das Heimweh des Jungen nach seinen Eltern in freundlichem Gesprächen zu lindern versucht hatte; dieses Mal erschien er in einer kurzen Lederhose mit bestickten Hosenträgern und in dicken weißen Kniestrümpfen, aber vor allem ließ er sich auf Deutsch mit »Herr Ilchmann!« anreden und begann mit allen deutschen Jungs in der gemischten Abteilung, obgleich sie alle auch Tschechisch konnten, nur in ihrer Sprache zu plaudern, während er die Tschechen lediglich mit einsilbigen Befehlen abfertigte. Die tschechischen Erzieher grüßten ihn spaßeshalber mit der hochgestreckten Rechten und gaben ihm unter sich den

Spitznamen *skopčák*, also Hammelknecht, den man seinerzeit wohl allen gab, die in ähnliche Trachten gewandet waren.

Zur lautlichen Wahrnehmung gehörten schon vor den Ferien die immer häufigeren Proben von Alarmsirenen, die kürzlich auf die Dächer
öffentlicher Gebäude montiert worden waren.

Die Geruchswahrnehmung wurde beherrscht vom Gummigestank
einer Gasmaske, die man in einem Blechbehälter über die Schulter ge-
hängt auch zur Schule tragen musste. Doch wieder einmal – was war
das nur für ein Spaß, als die Frau Lehrerin das Klassenzimmer betrat
und eine Elefantenherde vor sich sah. Das kam davon, dass die Filter an
den langen Schläuchen den Schülern bis zum Bauch hinunter baumelten, und zudem konnte sie jene auch nicht erkennen! Das Lachen verging dann allen recht schnell, als eines Nachts der Hausmeister, in Begleitung eines Soldaten, sie Hals über Kopf mit den Eltern in den Keller
schickte, weil die Nachricht kam, dass der Führer Adolf ohne Vorwarnung als Erster losschlagen würde.

Alle Eingeschüchterten beruhigte bald schon eine überdimensionale
visuelle Wahrnehmung: das riesige Stadion von Strahov, wo eine ganze
Viertelmillion Zuschauer die tschechoslowakische Armee bewunderte
und begeistert grüßte, die zusammen mit den Sokol-Turnern allegori-
sche Bilder aus der Geschichte vorführte, angefangen bei den berühmten Siegen der wackeren Hussiten bis hin zu den tapferen Legionären aus
dem Ersten Weltkrieg. Als zum Abschluss die Jagdflieger, Akrobaten der
Lüfte, am Himmel erschienen, um einen Luftkampf vorzuführen, zweifelte niemand mehr daran, dass sie im Gefecht bestehen würden. Dann
kam der 23. September 1938, und auf einmal wurde über Nacht aus jedem erwachsenen Mann ein Soldat. Das Wort Mobilmachung war allge-
genwärtig. Man zieht in den Krieg, auf den ersten Blick fahren alle mit
den Straßenbahnen hin, ganze Trauben von einrückenden Zivilisten
hängen an den Trittstufen, die Passanten winken ihnen zu, und die
ganze Stadt stimmt immer wieder von neuem patriotische Lieder an, die
aus den Straßenlautsprechern tönen.

Und dann die Empfindung aller Empfindungen, an dem Abend,
als der Vater den Knaben auf jenen riesigen runden Platz im Prager
Dejvice mitnahm, wo gegenüber einem Balkon, auf dem ein General mit

einer Augenbinde stand – er ähnelte Žižka –, Hunderttausende umsonst
die verzweifelte Kampflosung der Steuerzahler skandierten, welche die
Kapitulation ablehnten:

> *Gebt uns Gewehre,*
> *wir haben sie bezahlt!*

Darauf folgten nur noch Bilder der Schmach – entwaffnete tschechoslowakische Soldaten, die sich auf den Straßen zwischen den Fuhrwerken
tschechischer Vertriebener aus dem Sudetenland schleppten, und der
Aufschrei des Dichters Halas, der sich so unvergesslich in das kollektive
nationale Gedächtnis einbrannte, dass er nach acht Jahren, im Mai 1946,
die Mehrheit der Wähler so beeinflussen wird, dass sie für den Schutz-
schirm der Sowjetunion stimmen.

> *Es läutet, läutet die Glocke des Verrats,*
> *Und klingt durch wessen Hand?*
> *Süßes Frankreich, stolzes Albion,*
> *Wir haben sie geliebt, doch nicht gekannt!*

Und ein paar Wochen später, nach jenem Morgen, als schmutziger
Schnee niederging und die Leute, wie man auf den Fotografien von damals sieht, vergebens die bloßen Fäuste ballten, steht auch ein junger
Bursche in einer fremden Uniform mit Gewehr vor der Volksschule, in
die seine Kameraden Pritschen von den Lastautos trugen, um das Gebäude bis zum Kriegsende in eine Wehrmachtskaserne zu verwandeln.
Während sich seine weiteren Mitkämpfer für die bei ihnen zu Hause nahezu wertlose Mark, die durch den Überfall einen Wert von zehn harten
Kronen bekommen hatte, in Prager Metzgereien und Konditoreien mit
längst vergessenen Delikatessen die Bäuche vollschlugen, versperrte dieser deutsche Bengel den tschechischen Kleinen den Zugang zum Lernen
und zu ihrer Kindheit. Dort, wo gewöhnlich das eigentliche Leben eines
Menschen beginnt, winkte ihnen plötzlich der Tod.

5. KAPITEL

Protentokrát

Bubeneč, das neue Prager Viertel, das kurz nach dem Krieg gebaut wurde, war auch dahingehend modern, dass dort keine deutschen oder jüdischen Enklaven existierten, wie es im Stadtzentrum üblich war, denn hier wohnten alle beisammen. In einem einfachen Mietshaus in der Dr.-Zikmund-Winter-Straße Nummer 19, wo sich das Fehlen eines Aufzugs schmerzlich bemerkbar machte und die Miete deshalb proportional zum nächsthöheren Stockwerk sank, mieteten die Eltern eine Wohnung in der vierten Etage, wie es ihnen der Geldbeutel erlaubte und das Prestige gebot: Das eigentliche Proletariat bewohnte nämlich das Dachgeschoss mit den Gemeinschaftssanitäranlagen. Von dreizehn Familien waren zwei deutsch und eine jüdisch. Die beiden deutschen Familienoberhäupter arbeiteten auf dem Prager Magistrat und zogen bald nach der Okkupation fort; Hausmeister Říha, der mithalf, die Speditionswagen zu beladen, verriet, dass sie Richtung ›Kleinberlin‹ abgefahren seien; so begann man jene Villengegend zwischen Struhy, Stromovka und Sparta zu nennen, wo die Eigentümer, meist reiche Juden, es noch rechtzeitig geschafft hatten, ins Ausland zu flüchten.

Noch bevor es zu den beiden ersten Sympathieäußerungen gegenüber Jarunka L. und Věra U. kam, musste der Bub, der allmählich wieder zu Kräften kam, wenigstens im Schnelldurchgang die Zeit der Schelmerei und des Schabernacks absolvieren, um die ihn vorher seine Erkrankungen gebracht hatten.

Er meisterte alles im Großen und Ganzen mit Bravour. Ein zufälliger Passant, dem er einen Knallfrosch vor die Füße geworfen hatte und dabei vor Freude wegzulaufen vergaß, packte ihn einmal am Ohr und führte ihn zu seiner Mutter, das zweite Mal griff ihn der Hausmeister am Kragen und schrie, damit ihn auch alle Mietparteien hören konnten, dass er den ganzen Monat nichts anderes tun konnte, als dem Lotterbuben aufzulauern, der es täglich fertigbrachte, im ganzen Haus die Fußmatten zu vertauschen, so dass die Bewohner sie fluchend auf allen Etagen suchten. Zur Strafe gehörte eine klassische Tracht Prügel, für

welche man die Mutter heute einsperren würde. Sie griff dann noch öfter zu dieser Maßnahme, und allen Fachleuten zum Trotz trieb sie ihren
Sprössling damit nicht in den Selbstmord, sondern erzog ihn durchaus
passabel. Zu der damaligen Zeit bestand allerdings die Gefahr, dass es
ganz umsonst sein könnte, weil gerade das große Sterben begann. Nur
ganz große Optimisten konnten glauben, dass das Protektorat Böhmen
und Mähren keineswegs die von Hitler verheißenen tausend Jahre Bestand haben würde, sondern dass der tschechische Spottname Protento-
krát – zu deutsch »Für dieses eine Mal« – recht behalten würde.

Unmittelbar zu Beginn des Protektorats wartete die erste imaginäre,
gleichwohl aber entscheidende Hürde auf den Jungen, seine Zeit in der
Volksschule neigte sich dem Ende zu, und er befand sich an jenem Schei-
depunkt, von welchem mehrere unterschiedliche Wege ausgingen. Seine
bisher gähnend langweiligen Vorzeigezeugnisse, denen gerade die
Zweien im Turnen und Zeichnen das Prädikat der Echtheit verliehen,
öffneten ihm überallhin die Tür, und die Lehrer machten seinen Eltern
einige namhafte Gymnasien mit humanistischer Ausrichtung schmack-
haft, wo sich die Beseeltheit des Sohnemanns beweisen könnte und
seine Kränklichkeit keine Rolle spielen würde, ganz im Gegenteil, sie gehörte doch irgendwie zur zeitgenössischen Vorstellung eines gebildeten
Menschen. Der weise Vater wollte aber auf Nummer sicher gehen und
finanzierte ihm einen sogenannten psychotechnischen Test. Diesen
führte eine gewisse amerikanische Firma oder Institution in der Prager
Altstadt durch, also rückte der Prüfling für ganze drei Tage an. Endlose
Stunden füllte er Dutzende Formularvordrucke aus, wobei weniger das
Wissen geprüft wurde, sondern eher seine Schlagfertigkeit, seine Ausdauer und die Fähigkeit, mit einer Aufgabe innerhalb einer eng begrenzten Zeit fertig werden zu können. Am vierten Tag errechnete man aus
der Gesamtsumme der Resultate, dass der Junge das gerade eröffnete
Realgymnasium in Prag-Dejvice besuchen sollte, wo Altgriechisch und
Geometrie zwar wegfielen, Latein allerdings nicht fehlte. Zwei Fremd-
sprachen dominierten, Englisch und ursprünglich Französisch, das aber
ausgerechnet durch Deutsch ersetzt worden war. Sein Erfolgserlebnis
bei diesem Test war ein mächtiger Impuls zu grundlegendem Selbstver-
trauen. Sprachen sollten für ihn nie mehr ein Hindernis sein, in der zu-

letzt genannten wird er einmal sogar genauso denken und schreiben wie in seiner Muttersprache. Und die Zeit, für so manchen wie eine Peitsche, wird für ihn zum Freund und Helfer, weil er immer verlässlich einschätzen kann, wie viel Zeit er für etwas benötigt. Seine nahezu krankhafte Genauigkeit, ihm hauptsächlich durch seine anfänglichen Jahre im Rundfunk angetrimmt, wird zum Dauerschrecken seiner Mitarbeiter und seiner Familie. Sogar noch später in Wien, wo die Verspätung um eine akademische Viertelstunde zum guten Ton gehört, wird er als Besucher zur verabredeten Zeit bei den Gastgebern klingeln, so dass er nicht nur einmal den Hausherrn in Unterhosen und seine Gemahlin mit Lockenwicklern antrifft …, aber das konnte sich der Junge damals höchstens in seinen Fieberfantasien ausmalen. Als er im Sommer 1939 froh gelaunt seinen Ferienkoffer packte, konnte er nicht einmal ahnen, dass mit dem ersten September gleichzeitig das Gymnasium und der Weltkrieg für ihn begannen.

Nachdem er sich mit all seiner kindlichen Willenskraft geweigert hatte, die Ferien ohne seine Mutter zu verbringen, hielt er sich in den Kriegsjahren in einer Mansarde eines Fotografen, Herrn Rakušan, im nordböhmischen Städtchen Bělá pod Bezdězem auf. Zum Taschengeld in beständig gleicher Höhe, aber jetzt anderer Währung – sieben Protektoratskronen pro Woche –, für die er weiterhin den Hausdiener spielte, verdiente er sich in Bělá bescheiden etwas hinzu, indem er hinter den Särgen mit den Toten im Schlepptau der örtlichen Blaskapelle anstelle des verstorbenen Esels einen Karren mit der großen Trommel zum entlegenen Friedhof zog. Als Lehrling in der Zaubererschule des Meisters Beránek in Prag-Podolí, die er zwei Jahre lang fleißig besuchte, unterhielt er mit seinem Freund Jiří Alexa gleichermaßen gegen Bezahlung die Gäste des örtlichen Grandhotels mit recht ordentlichen Tricks. Einmal in der Woche, wenn die erwähnte Kapelle zur Abwechslung für lebendige Menschen im Pavillon am Marktplatz spielte, stand er mit seiner gestrickten roten Lieblingsmütze auf dem Kopf hinter einer Steinbalustrade und sang Texte zeitgenössischer Schlager zum Stolz der Mutter und zur Freude ihrer Freundinnen, die sich möglichst weit nach vorne drängten, damit seine Kinderstimme im Getöse der Blechbläser zu ihnen dringen konnte. Bei einem bestimmten Lied nahm er die

Mütze genauso ab wie die flanierenden Männer ihre Hüte, wobei die Vorsichtigeren vorgaben, jemanden zu grüßen oder sich Luft zuzufächeln. Es war »Jenes unser tschechisches Lied«, und alle wussten, dass sein Autor Karel Hašler zu den Opfern des Nazi-Terrors gehörte. Zudem galt diese Ehrenbezeigung der Statue. Sie stellte einen tschechoslowakischen Legionär dar, wurde hier zu Ehren der Gefallenen des Befreiungskrieges aufgestellt, und als die Deutschen ihre Beseitigung anordneten, zersägten die Hiesigen sie so klug, dass man sie dereinst wieder zusammensetzen könnte, und vergruben sie direkt im Park auf dem Marktplatz, der so zum historischen Grab der Freiheit wurde.

Hier, obschon dem Herzen Böhmens so nah, stieß der Junge zum ersten Mal an die Grenze des Großdeutschen Reichs, wo die Deutschen aus den Sudeten der Demokratie den Rücken gekehrt hatten und »heim ins Reich« zurückgekehrt sind. Etwa einen Kilometer von der Stadt entfernt wurde die Asphaltstraße von einer Schranke durchschnitten, welche die Tschechen nicht ohne Erlaubnis passieren durften. Weil es zu der Zeit so gut wie keinen Verkehr gab, entstand dort im Sommer eine Art Promenade. Die Sommerfrischler, unter ihnen die Mutter, ihre Freundinnen und alle ihre Kinder, marschierten Schritt für Schritt, so weit man gehen durfte, bis zum Horizont, wo langsam und majestätisch die Fata Morgana von Bezděz, der Burg der böhmischen Könige, die den Tschechen nicht mehr gehörte, vor ihnen emporwuchs. Dem Jungen wird in Erinnerung bleiben, wie der treue Patriot Herr Rakušan im Gartenatelier, wo er tagsüber schwarz-weiß fotografierte und nachts die örtlichen Hochzeiten kolorierte, einmal alle Türen verriegelte, ein Versteck öffnete und seinen Gästen die verbotenen Bilder zeigte. Auf ihnen zogen im Herbst 1938 endlose Kolonnen von Tschechen diese Ausgehstraße entlang; sie waren aus den Siedlungen des tschechischen Grenzgebietes, welche noch älter waren als die deutschen, vertrieben worden. Damals nahm sie die verstümmelte, aber immer noch freie Heimat wenigstens mit offenen Armen auf. Jetzt stank die braune Jauche des Nationalsozialismus überall, sie stand den Geschmähten und Erniedrigten bis zum Hals und war immer häufiger blutrot gefärbt. Nach der Rückkehr aus den Ferien hatte sie auch den vierten Stock in der Zikmund-Winter-Straße erreicht.

Herr Hirsch, das Oberhaupt der Nachbarsfamilie, war der beliebte und geschätzte Chefredakteur der Zeitschrift »Tschechoslowakische Philatelie«. Vor dem Krieg gab er dem Buben von nebenan oft Briefmarken, aber im Vorfeld seiner Pubertät interessierte diesen weitaus mehr seine schlanke Tochter Eva, leider war sie zwei Jahre älter und damit unerreichbar wie ein Hochgebirgsgipfel. Herr Hirsch verlor zwar nach der deutschen Okkupation seine Stelle, durfte aber weiterhin extern für das Journal arbeiten, weil er über Briefmarken so viel wusste wie kaum ein anderer. Er beruhigte sich auch damit, dass er eine Arierin zur Frau hatte. Als diese irgendwann im Jahre 1940 spätabends bei den Eltern klingelte, flüsternd um Einlass bat und einen Flügel, Teppiche und ein großes Ölgemälde, das eine Waldlichtung mit Schneeschmelze zeigte, zum Verkauf anbot, verstand der Vater als Erster, dass sie das Geschäft nur zum Schein tätigen wollte; die Hirschs mussten heraus aus der Stadt zu Verwandten ziehen, die eine kleine Wohnung hatten. Die Eltern stimmten zu und taten auch so, als ob sie die Preise aushandelten, falls jemand meinen sollte, es ginge um eine strafbare Veruntreuung jüdischen Eigentums. Vom Holocaust hatte man damals noch keine Ahnung, und weil der Vater auch fest an eine baldige deutsche Niederlage glaubte, verlief der Abschied beider Familien voneinander im Geiste guter Hoffnung. Vom Treppenabsatz im Hausflur schickte Eva ihrem halbwüchsigen Bewunderer einen Luftkuss zu.

Dem vorgetäuschten Klavierkauf sollte zur Glaubwürdigkeit jener Umstand verhelfen, dass jemand darauf zu spielen lernte. Die Wahl fiel logischerweise auf den Jungen, und der freute sich sogar. Aber während die Mutter in den Anzeigen einen geeigneten Lehrer suchte, zogen die neuen Nachbarn, eine Familie Novák, ein. Die alte, aber Respekt einflößende Frau kam mit ihren beiden Schätzen, Karel und Stanislav, hierher, um sie mütterlich zu betreuen, beide waren jenseits der vierzig und noch immer unverheiratet, woran der Umstand Anteil hatte, dass sie Geiger in der Tschechischen Philharmonie waren, Stanislav war sogar Konzertmeister, so dass sie das ganze Leben lang übten, probten oder spielten und von allen Frauen nur ihre eigene Mutter richtig kennengelernt hatten. Frau Nováková entdeckte in der Mutter von nebenan sowohl in der Musikalität als auch im energischen Auftreten eine Wesensverwandt-

schaft. Der Nachbarssohn wurde den Brüdern zur Beurteilung vorgeführt, und beide kamen überein, dass seiner schmächtigen Figur und
Natur sicherlich nicht das robuste Klavier entspräche, sondern einzig
und allein die zarte Geige. Sein Lehrer wurde der weniger ausgelastete
Herr Karel und, noch schlimmer, er kontrollierte durch die Wand, während er selbst spielte, ob und wie sein Schüler übte.

Dieser traute sich erst nach etwa zwei Jahren, einen Trick anzuwen-
den, bei dem man ihn später peinlicherweise ertappen sollte: Sobald er
eine neue Etüde einigermaßen auswendig gelernt hatte, spielte er sie
mechanisch immer wieder von vorne und las dabei die auf den Noten-
ständer gelegten Bücher von Jules Verne, Karl May oder diverse Theaterstücke. Herrn Karel bedrückte es zunehmend, dass dem Jungen bei der
spürbar ausgefeilteren Technik der Ausdruck vollkommen abhanden
ging. Er war es dann, der ihn zum Ansporn beim Schulorchester der
Stadt Prag anmeldete und auf einen öffentlichen Auftritt vorzubereiten
begann. Der junge Virtuose verspürte sogar Aufregung und Interesse,
sobald das erste Konzert nahte, bei dem er zum Erfolg von Mozarts
»Kleiner Nachtmusik« entscheidend beitragen sollte. Es schien ihm,
als spielte er sie ziemlich brillant, so dass er auch unter den übrigen
Konkurrenten innerhalb der Streicher herausragen würde, und als er
schließlich aus dem Stimmzimmer heraus das Podium der Smetana-
halle betrat, um bei der Probe seinen Platz zugewiesen zu bekommen,
drückte er sein Instrument zum ersten Mal mit echter Leidenschaft an
sich. Umso größer war dann die Enttäuschung, als ihn der Dirigent in
die hintere Reihe schickte. Nie war es ihm auch nur in den Sinn gekommen, den Part der zweiten Geige einzustudieren, und nach langer Zeit
begann sein Herz vor lauter Nervosität dann so zu klopfen, dass er schon
nach dem ersten Satz in Ohnmacht fiel und erst im Krankenwagen auf
dem Weg ins Spital zu sich kam. Die nicht minder aufgeregte Mutter
überstimmte dieses Mal das Trio der Nováks, als sie ihren Liebsten so
lange aus den Stunden nahm, bis er sich wieder dazu in der Lage fühlte,
was allerdings niemals mehr eintrat. Im Nachhinein erscheint es aber
wahrscheinlicher, dass zum ersten Mal sein Ehrgeiz revoltierte: Er wollte
nicht die zweite Geige spielen!

Und das Klavier der Hirschs? Zum Lernen war es bereits zu spät. Das

44

Leben wird die Pointe in fünf Jahren schreiben. Summa summarum: eine schöne Kindheit. Bis auf die Zeit der Armut, bis auf die Krankheiten und – naja – bis auf den Krieg.

6. KAPITEL

Evangelisch sein

Es ist an der Zeit, jene Hartnäckigkeit zu feiern, mit der die Mutter sich entschieden hatte, nicht zuzulassen, dass eine wie auch immer geartete Zwangsorganisation von Okkupanten oder Kollaborateuren den Jungen beschlagnahmte. Seine nur wenige Stunden andauernde Mitgliedschaft im »Kuratorium zur Jugenderziehung«, in welches ihn der Vertrauensmann der Tertia ohne zu fragen aus Beflissenheit eintrug, beendete sie mit einem fürchterlichen Auftritt in der Amtsstube der jungen tschechischen Nazis, wieder einmal auf jenem runden Platz von Dejvice, indem sie mit einem ärztlichen Attest winkte und sie beschuldigte, mit der Wehrerziehung ihren kränklichen Schatz töten zu wollen. Weil sie gleichzeitig das Sonderrecht der Protektoratskirchen entdeckte, wonach diese eine begrenzte Zahl an eigenen Religionsgruppen haben durften, machte sie sich die einstige Taufe ihres Sohnes zunutze, welche ihn vor dem Kuratorium bis zur Konfirmation abschirmen sollte.

Die evangelische Zeitspanne war verhältnismäßig kurz, aber sie brachte den ersten entscheidenden Umbruch im Leben des Jungen: Ein für alle Mal warf sie die bisherige Einsamkeit und nach und nach auch das Gefühl der Minderwertigkeit von ihm ab. In der Böhmisch-brüderlichen Evangelischen Kirche nahmen ihn auf einmal alle ernst, sie nannten ihn sogar Bruder! Welch eine Musik für die Ohren eines Einzelkinds. Herr Pfarrer Čapek von der Salvatorkirche und der junge Vikar Foltýn verstanden es, ihren Nachwuchs durch bezwingende Lektüre und die Auslegung der Bibel für sich zu gewinnen. Außerhalb der sonntäglichen Gottesdienste unternahmen sie mit ihnen manchmal Radtouren in die Prager Umgebung, wo sie in den Wiesen eine bescheidene Kriegsbrotzeit auf einem Tuch ausbreiteten und ihre Feldflaschen mit Tee-Ersatz öffneten. Dann erzählte man etwas zu den biblischen Gleichnissen. Den literarischen Lehrling faszinierten starke dramatische Geschichten mit versteckten Hinweisen, die viele Auslegungen möglich machten. Für die wöchentlichen Treffen im Bethaus vom Stadtviertel Dejvice verfassten Freiwillige zu einem selbstgewählten Thema Referate. Der erste vom Vater archivierte Versuch trägt den Titel »Zeig mir deine Bibliothek und ich sage dir, wer du bist!«. Der Autor überzeugt darin die gleichermaßen pubertierenden Mitbrüder und Mitschwestern, dass sie sich mit Hilfe von Büchern schneller eine eigene Persönlichkeit aufbauen können. Und weil er keinen Fotoapparat hat, speichert er sich die wichtigsten Erlebnisse der gemeinsamen Ausflüge in Versform ab. In ihnen glaubt der Fünfzehnjährige hartnäckig an die Schönheit, die Liebe und das Glück, aber dann gewinnt fast jedes Mal wieder das *Memento mori* die Oberhand über seine Hoffnungen, welches ihm den alles durchdringenden Krieg unaufhörlich in Erinnerung ruft.

Ein komischer Exkurs: Als das Gymnasium in Dejvice, dessen wunderbares modernes Gebäude die Firma Junkers für die Zeichenbüros ihrer Flugkonstrukteure requiriert hatte, in die Dušní-Straße übersiedelte, setzten die katholischen Eltern eine religiöse Erziehung ihrer Sprösslinge durch. Den evangelischen fehlte sie offenbar nicht, und so lief das glückliche protestantische Häuflein einmal in der Woche eine Stunde früher aus der Schule und steuerte traditionell den Bootsverleih neben der Svatopluk-Čech-Brücke an, die während des Krieges Mendelejew-Brücke hieß. Die Katholiken ärgerte dies umso mehr, je wärmer es draußen war. Einmal nutzten sie die Gelegenheit, dass sich der Katechet verspätet hatte, liefen weg, und die ganze Quarta vergnügte sich in den kleinen Booten, als dort auf der Brücke wie ein Riesenvogel ein großer Mann in einer Soutane erschien, der durch den Trichter seiner Handflächen den unvergesslichen Satz wetterte: »Alle Katholiken aus dem Wasser!« Erschrocken sprangen auch die Evangelischen aus den Booten, und unser Junge machte dabei seine erste Nickeluhr zunichte, die sein ganzer Stolz war.

Die fröhlichen Augenblicke verloschen beizeiten wie einsame Fackeln, und die Polarnacht des Protektorats war umso dunkler. Und es war bestimmt jene tödliche Bedrohung, die seit dem Attentat auf Hey-

drich unaufhörlich über der Familie des Jungen hing, die seinen
Glauben an Gott intensivierte; er war bis Stalingrad die einzige Macht,
die den Untergang abwenden konnte. Bloß Seine Sprecher und Mittler
und Vertreter fingen an, dem Knaben immer mehr im Wege zu stehen,
und verhielten sich so, als hätte Er sie geradezu beauftragt. Nach der Befreiung werden die Kirchen schon wie politische Parteien offen zu handeln beginnen, sogar seine eigene, die ihm wegen Hussens Nein beim
Konzil in Konstanz besser zu sein schien! Und so wird er sich bald ohne
Umschweife die Partei der Kommunisten aussuchen, welche verspricht,
die höchsten Menschheitsideale seit dem Christentum bis zur französischen Kommune zu verwirklichen. Aber nicht einmal in seiner ma-
terialistischsten Zeit wird er jemals mit Spott oder Hass dem Höheren
Prinzip gegenübertreten, welches der Herrgott der tschechischen Pro-
testanten ihm unentwegt vor Augen führt; viele von ihnen opferten
während der habsburgischen Rekatholisierung auch ihr Leben, um sich
ihren Glauben und damit auch ihre Sprache zu bewahren. Diese hat das
ganze Volk seiner späteren Meinung nach dem ersten heimischen
Samisdat zu verdanken, den geheimen Abschriften der tschechischen
Bibel, die so oft mitsamt ihren Besitzern verbrannt wurden.

Am Tag seines sechzigsten Geburtstags, als ihn seine späte Schwester
Gerda Neudeck aus Wien mit einem Überraschungstreffen beinahe aller Exilfreunde beschenkt, die sternförmig im österreichischen Geras
unweit der mährischen Grenze zusammenkommen, wird er die Messe,
die sein Freund Karel Schwarzenberg im dortigen Prämonstratenser-
kloster für ihn abhalten lässt, als größtes Geschenk empfinden. Von der
ersten Bankreihe aus wird der Jubilar die Bewegungen der praktizieren-
den Christen aus den Augenwinkeln heraus verfolgen und gehorsam
nachmachen, wortlos die ihm bekannten Melodien singen und im Geist
mit irgendjemandem oder irgendetwas über den Zustand seiner Existenz kommunizieren. Und das behält er auch so bei, weiterhin ohne
Dolmetscher. Bei den immer zahlreicheren Begegnungen mit Geist-
lichen, vorwiegend katholischen, wird er sie aufrichtig seiner wachsenden Solidarität mit den Kirchen versichern, auch wenn sie die Begründung nicht allzu sehr begeistert: dass er an jedem Menschen Freude
habe, der beschließt, sich aus dem weltlichen Chaos hinweg in die Kir-

che oder ins Theater zu begeben, weil die Hoffnung bestehe, seine Seele
hier wie dort reinigen zu können.

Aber jetzt wütet noch der Wirbelsturm des Krieges, und in seinem
Auge, verkörpert durch den protestantischen Nachwuchs, holte den erwachenden Verseschmied schließlich auch die volle Pubertät ein, und
sein poetisches Schaffen fand die erste Adressatin. Ihr Name war Olga
Marková, sie war ein Jahr älter, und er erlebte zum ersten Mal das kata-
strophenartige Gefühl, dass selbst der unabhängigste Geist ein machtloser Knecht seines Körpers ist, der ihn zudem lebenslänglich gefangen
hält. Bei seiner Madonna, die sich wohl für ihn genauso wie für ihr
Hündchen interessierte, erntete er für seine Verse nicht mehr als eine
Danksagung. Auf die ersehnte Berührung einer Mädchenhaut musste er
bis zum Prager Aufstand im Mai 1945 warten, als seine reizende Freundin Eliška Žaloudková aus dem Rundfunkensemble während der
Kämpfe in der Wohnung in Bubeneč zwei Tage lang festhing. Ihre Jung-
fräulichkeit wird die Mutter des jungen Mannes unnötig bewachen; der
Sohn kennt sich bei all seiner Sehnsucht mit Frauen genauso wenig aus
wie mit Waffen. Er schafft es aber noch, sie zu streicheln, als die nächtliche Bürgerwache plangemäß auf die Eltern fällt, die das Haus aus dem
Schlaf zu reißen haben, falls die Deutschen oder die Alliierten kämen.
Als Begleitmusik zu diesem sanften Vorfühlen dröhnt von der einzigen
Platte, die nach dem Lufttorpedoeinschlag im Funkhaus übriggeblieben
ist, die revolutionäre Kennmelodie, ein schmetternder Marsch.

7. KAPITEL

Der Märtyrer und seine Jünger

Da der Krieg ziemlich lange nur in den Wochenschauen der UFA präsent war, die jeden Film begleiteten – und der Junge in Bubeneč war
wohl der fleißigste Zuschauer der Kinos Bruska, Orlík und Svornost –,
verlief seine wenig normale Jugend ziemlich lange in nahezu üblichen Bahnen. Solange er sittliches Benehmen an den Tag legte, durfte er
jeden Sonntagvormittag ins Filmtheater, und wenn er sich vorbildlich

benahm, auch am Sonntagnachmittag. Am Morgen lachte er sich krumm und schief bei den noch immer schwarz-weißen Grotesken mit Charlie Chaplin, am Nachmittag weinte er schon beim farbigen *Schneewittchen und den sieben Zwergen*, und im Laufe der Zeit im nicht jugendfreien Film *Jugend* mit Kristina Söderbaum, dem damaligen Stern am deutschen Filmhimmel; zur Täuschung der Platzanweiser band er sich ein Kopftuch um den Kopf, was er ein Vierteljahrhundert später seinem Sohn bei *Bonnie and Clyde* empfehlen wird. Bevor die Vereinigten Staaten von Amerika in den Krieg traten, konnte er sogar mit dem Ausweis des ersten Vereins, dem er je beitrat, angeben: dem Fanclub des kindlichen Filmstars Shirley Temple, die zu jener Zeit noch berühmter war als der Hund Rintintin. Diesen wird er einmal auf dem Pariser Tierfriedhof begrüßen kommen, während er seine platonische Liebe persönlich zu Tränen rührt, wenn er ihr als »her Excellence Mrs. Temple«, nach dem November 1989 US-Botschafterin in Prag, seine alten Gefühle offenbart.

Den Ausnahmezustand und die roten Plakate sowie die Rundfunklitaneien mit den Namen der Hingerichteten – diese erste Visitenkarte des stellvertretenden Reichsprotektors und Hitlers Todesritters, Reinhard Heydrich, fasste der Junge im Herbst 1941 noch als Theater für Erwachsene auf, das auch nicht jugendfrei war. Merkwürdigerweise blieb selbst die Hinrichtung von Mutters Bruder eine fernliegende Geschichte für ihn, weil er seinen Onkel Karel kaum kannte. Das Attentat auf Heydrich schien ihm eine vortreffliche Tat der tschechoslowakischen Fallschirmjäger zu sein, die von England ausgesandt worden waren. Angst befiel ihn eigentlich erst nach der Vernichtung von Lidice bei der Vorstellung, dass ein ganzes Dorf mitsamt Kindern und Tieren von der Erdoberfläche und sogar von der Landkarte verschwinden konnte! Aber seine Illusion schwand vor dem Mittag des 18. Juni 1942 endgültig, als ihn die Mutter unter irgendeinem Vorwand vom Gymnasium abholte, um ihm in der nächstgelegenen Hofdurchfahrt eine Sonderausgabe der Zeitung mit den Fotografien der toten Attentäter zu zeigen, und unter den vier Verhafteten auch Kaplan Vladimír Petřek, der die Attentäter in der Krypta der orthodoxen Kirche in der Resselstraße versteckt hatte. Dieser wird den Jungen und später auch den Mann das ganze Leben lang begleiten. Er wird sich selbst und seine Leser immer wieder an ihn erinnern, daher darf er auch hier nicht fehlen.

Der beste Freund des Vaters war, obwohl viel jünger, sein Doppelgänger, zumindest wenn es um die Bandbreite ihrer Interessen und um Sprachkenntnisse ging. Seit 1940 kam er mehrmals in der Woche in die Zikmund-Winter-Straße, um hier nach den bescheidenen Abendessen, zu denen er mit Lebensmittelmarken seinen Beitrag leistete, das Ohr an den Empfänger zu legen, in den man zuvor die bei Todesstrafe verbotene und daher gut versteckte »Churchillspule« schieben musste, um dann stundenlang London und Moskau hören zu können. Während der häufigen atmosphärischen Störungen widmete er sich dem Jungen. Er selbst war Dichter und Übersetzer aus dem Serbokroatischen und wurde der erste unvoreingenommene Kritiker seiner künstlerischen Versuche. Obwohl Doktor der Theologie, schätzte er auch Marx, und weil er unentwegt an die Schlagkraft der Sowjetunion glaubte, war er ein Anhänger der Großen Oktoberrevolution. Und alles, was der Junge von ihm hörte, sollte gerade durch sein finales Verhalten das Siegel höchster Glaubwürdigkeit bekommen. Als er nach dem Attentat auf Heydrich plötzlich nicht mehr zu ihnen kam, fasste der Junge dies als Folge des Ausnahmezustands auf. Bis seine Mutter jene Zeitung vor ihm aufschlug.

Ein Schrecken durchfuhr ihn, als der Tod nach seinen Eltern griff, der bis dahin nur in den ständig wachsenden Namensverzeichnissen gegenwärtig war. Und in dieser Angst verspürte er auch eine feige Erleichterung, als man ihn damit vertrösten wollte, dass er mit kaum vierzehn Jahren nicht mit ihnen erschossen werden könne. Dem Mann, zu welchem der Junge heranwächst, wird es immer so vorkommen, dass er gerade an diesem Nachmittag – während er mit seiner Mutter die weitverzweigte Familie besuchte, die den unvergesslichen Petřek, den Porträts von Jesus Christus so ähnlich, von Vaters Fünfzigstem kannte, um sie zu warnen, sollte ihnen ihr Leben lieb sein, keinesfalls zuzugeben, ihn irgendwo getroffen zu haben – schlagartig in die Welt der Erwachsenen übertrat.

Diese Welt der Erwachsenen empfing ihn mit einer nervenaufreibenden Zeit des Wartens, in der die Gestapo aus den Verhafteten herausprügelte, wer alles den Attentätern, ebenso wie es seine Eltern durch Petřeks

Übermittlung getan hatten, Lebensmittel, Decken und Geld besorgte. Die Verratenen oder Denunzierten kamen tagaus, tagein zu Dutzenden am Erschießungsstand der SS ums Leben, und die Namen, welche ununterbrochen vom Stadtrundfunk gesendet wurden, verkündeten weitere erfolgreiche Razzien. Erst im September ertönten zum Abschluss des Mordens wie die vier Schläge in Beethovens Schicksalssinfonie, die Namen des ersten Quartetts, das sich tapfer der Soldaten aus London annahm, Čikl, Gorazd, Sonnevend und – Petřek. Wenn der damalige Junge nach mehr als einem halben Jahrhundert dieses Buch schreiben wird, fängt er an, nach Einschätzungen moderner Historiker zu suchen, um sich davon zu überzeugen, ob er nicht in einer Legende gefangen war, nur weil er einen der Helden näher kannte. Die Aussagen des deutschen Historikers Hellmut G. Haasis versetzen ihn durch ein suggestives Bild präzise in die Erinnerung zurück.

Dr. Petřek band dem Küster Václav Ornest mit einem würdigen Ritus die Schweigepflicht auf die Seele. Er führte den Küster eines Nachts zu der Gruft, und dort musste er auf ein Priestergewand mit Kreuz und Gebetbuch schwören, dass er von nichts weiß und von diesem Eingang zur Krypta niemals etwas wissen wird. Auch Karel Louda, Mitglied des Kirchenchors, hat das schwören müssen. Die Vereidigung nahm der Geistliche im Priestergewand vor, bei Kerzenlicht und auf das Evangelium. Der orthodoxe Geistliche war sich außerdem nicht zu gut, den sieben Fallschirmjägern ihren Toilettenersatz, einen Chlorkalkeimer, eigenhändig zu leeren.

Nach dem Krieg bewahrheitet sich die Vermutung, dass er nicht redete. Man hatte ihn derart gefoltert, dass sie ihn schließlich an einen Stuhl gebunden erschießen mussten. Dieser orthodoxe Jan Hus, den sein Bart, seine Stimme und die Priestergesten älter wirken ließen, als er war, hatte gerade sein vierunddreißigstes Lebensjahr erreicht! Summa summarum: Aus dem Mentor war ein Märtyrer geworden. Viel später wird der Junge begreifen, dass vielleicht gerade Vladimír Petřek ihn wieder als Erster vor der Wandlung des wissenschaftlichen Marxismus in eine totalitäre Ideologie gewarnt hätte. Stattdessen wird aus dem Lehrling auch ihm zu Ehren ein Kommunist.

Maßgeblich steuert auch jener Umstand bei, dass er ein Jahr nach dem Krieg kommen wird, um sich Oświęcim anzuschauen, weil er nicht glauben kann, dass sich dieses anmutige Kurstädtchen seiner Kindheit in das schlimmste Vernichtungslager verwandeln konnte. Die Villa erkennt er, sie wird den Anschein erwecken, als hätte dort während des Krieges eine Familie wie seine eigene gewohnt. Von diesem Irrtum befreien ihn grauenvolle Berge, die er in einer nicht weit entfernten Einrichtung entdeckt, wo das Oberhaupt dieser Familie als Ingenieur der Todesfabrik tätig gewesen war: ein Berg von Schuhen, ein Berg von Prothesen, ein Berg von Brillen und vor allem ein Berg von Frauenhaaren. Der violett phosphoreszierende Teufel aus seiner Kindheitserinnerung war also dort geblieben und hatte sein Kindheitsparadies in eine Hölle namens Auschwitz-Birkenau verwandelt.

8. KAPITEL

Die Hoffnung trägt den Namen Disman

Bis zum Ende der Schlacht von Stalingrad war im Januar 1943 die Hoffnung verschwindend gering, dass die Tschechen überhaupt noch so etwas wie Zukunft vor sich hätten, aber auch danach noch steigerten die Deutschen auf ihrem Rückzug das wahnsinnige Rassen- und Völkermorden. Der auflebende Körper des Jungen fühlte eine zunehmend größere Unruhe in seiner Seele, der stille Gebete und Meditationen allmählich nicht mehr genügten. Er sehnte sich immer mehr danach, aus sich selbst herauszutreten, am liebsten auf der Bühne, auf die ihn der angebetete Cyrano lockte, aber wie sollte er das anstellen? Zwei Jahre in Folge arbeitete er sich zwar bis zu einer Theatergruppe vor, die im Synodenhaus in der Jungmannstraße eine Weihnachtsfeier für ganz Prag vorbereitete, aber das Ergebnis waren wieder nur mit allzu schlichten Szenen illustrierte Gottesdienste.

Eine bestimmte Episode wiederholte sich drei Jahre nacheinander auf der Matthäus-Kirmes. Genauso wie sich einst friedliche Wiesen binnen weniger Stunden zu Militärlagern im Vorfeld einer Schlacht wandeln, veränderte sich über Nacht bis zur Unkenntlichkeit diese riesige, damals noch unbebaute Ebene, die vom runden Platz in Dejvice bis nach oben zur kleinen Kirche des Kirmespatrons reichte; eine »Skyline« erschien, die überragt wurde von einem Riesenrad, einer Tobogganrutsche, auf welcher man auf sauberen Kohlesäcken hinunterfuhr, einem wild rotierenden Drachen, der den Namen des populären Ungeheuers aus Loch Ness trug, und besonders von einer geräumigen »Todeskugel« aus Metall, in der Motorradfahrer in roter Lederbekleidung die Luft verpesteten und über den Zuschauerköpfen röhrten.

Am meisten zog den Jungen allerdings ein Zelt mit Bänken und einer kleinen Bühne an, auf der eines seiner weiteren Idole thronte – der Zauberer Marion! Für zwei hart verdiente Kronen schaut er wieder und wieder unersättlich zu, wie der Meister das Publikum aufforderte, die Hände zusammenzulegen, worauf er dann mächtig bläst, was bewirkt, dass sie der eine oder der andere Zuschauer nicht mehr voneinander lösen kann. Wie hätte man nicht neidisch sein können auf diejenigen Glückspilze, die dann als Freiwillige auf die kleine Bühne steigen durften, wo sie genauso erfolgreich hypnotisiert wurden, um im Tiefschlaf zur Belustigung der entzückten Zuschauer sogar zu krähen oder zu grunzen!

Erst im zweiten Jahr beflügelte die fortgeschrittene Pubertät den Jungen so sehr, dass er sich in einem Sehnsuchtsanfall einfach bis auf die Bühne durchschwindelte und auch noch einen Hypnoseschlaf vorgaukelte. Er musste dabei halbbenommen gewesen sein vor Angst, der Magier könne ihn durchschauen, lächerlich machen oder sogar bestrafen. Man ließ ihn jedoch durch den Hintereingang hinaus, wo ihm die Assistentin des Zauberers ein Fünfkronenstück und eine Freikarte für die nächste Vorstellung in die Hand drückte. Das war sein erster Auftritt auf den Brettern, welche die Welt bedeuten. Dieser Auftritt verriet ihm etwas Grundlegendes über sie: dass sie eine Welt der Illusion ist, die erstaunlicherweise zu realer Befriedigung und zu Lohn führt. Wann auch immer ihm danach zumute war, und er hatte immer Lust darauf, brauchte er nur die neueste Eintrittskarte einzulösen und die Hände nicht voneinander zu trennen. Summa summarum: Er lernte dabei, der Wirklichkeit, die ihn deprimierte, zu entfliehen und sich in Vorstellungen hineinzuflüchten, bei denen es ihm besser ging. Das entsprach seinem optimistischen Naturell und half ihm, die Angst zu überwinden, aber es sollte auch gefährliche Folgen haben, wenn er in ein paar Jahren versuchen wird, auf ähnliche Weise aus der trübseligen Vorkriegs- und gräulichen Kriegsvergangenheit in eine trügerisch strahlende Zukunft überzutreten.

Er grunzte und krähte sich bis zu einem Alter durch, wo ihn – mehr als türkischer Honig und Sucuk, wovon er sich endlich für seine Honorare so viel gönnen konnte, wie das Herz begehrte – Gedichte und Frauen anzuziehen begannen. In jener Zeit hörte seine Mutter die Nachricht, dass der Rundfunk Mädchen und Jungen zwischen sechs und sechzehn Jahren zur Probe lud, die fähig wären, in Sendungen für Kinder und Jugendliche aufzutreten. Noch als erwachsener Mann wird der Junge den Herbstnachmittag im Jahre 1943 plastisch vor Augen haben, weil er damals zweifellos seine eigene künstlerische Laufbahn betrat, um sie zwar mehrfach zu korrigieren, ohne sie aber jemals mehr zu verlassen. Im Rundfunkgebäude befiel ihn ein noch nie dagewesenes Lampenfieber, vor dem Studio mit der Nummer sechs deprimierten ihn an die hundert vor Selbstbewusstsein nur so strotzende Konkurrenten, Schwindelgefühle beutelten ihn, er stand wieder einmal kurz davor, ohnmächtig zu werden. Er sagte das gut gelernte Gedicht auf, aber eigentlich wusste er nicht, wie ihm geschah.

Starre Blicke rissen ihn aus der totalen Apathie. Er stand zusammen mit zwanzig Altersgenossen, denen die Freude sichtlich anzumerken war, im Studio, das die erfolglos gebliebenen Anwärter währenddessen auf der anderen Seite durch die schweren roten Vorhänge, welche unerwünschte Geräusche in sich aufnahmen, verließen. Der Mann mit dem breiten und weichen Gesicht, der die Probe vorher geleitet hatte, hielt ein Namensverzeichnis in der Hand und schaute auch ihn an, als er freundlich sagte: »Ich lese also erneut vor, wer aufgenommen wurde, damit die Übrigen nach Hause gehen und sich nächstes Jahr wieder anmelden können, um die Probe dann ganz sicher zu bestehen!« Mit jedem Namen erhellte sich eins der Gesichter. Sein Name fiel jedoch nicht. Der nette Herr fragte schon sehr mitleidig: »Ist hier jemand übrig geblieben, den ich nicht vorgelesen habe?« Unser Junge muss ganz rote Ohren gehabt haben, mit Sicherheit hatte er aber einen Knoten in der Zunge. Er gab keinen Mucks von sich. Und dann gab ihm der Regisseur Miloslav Disman, anstelle ihn schmachvoll hinauszuweisen, das Anmeldeformular, wie er es auch allen übrigen Glückspilzen gegeben hatte. Nach einem Jahr, wenn der Versager schon einer der jungen Leiter im Ensemble sein wird, gesteht er ihm, dass er einfach nicht den Mut hat aufbringen können, ihn hinauszuführen. »Ich hatte Angst«, sagt er, »du könntest mir draußen sterben!«

Seine weiteren Schulzeugnisse dokumentierten die tektonische Erschütterung seiner ganzen Persönlichkeit; unlängst noch Vorzugsschüler, kam er jetzt plötzlich gerade so mit einem blauen Auge davon, da seine neu entdeckte Leidenschaft das Maximum an Energie verbrannte. Es war sonderbar, dass die Eltern sie tolerierten, bis heute ist er sich nicht sicher, ob sie nicht auf der Priorität der Schule hätten beharren müssen. Als einzige Erklärung bleibt das Damoklesschwert, das nach der Ära Heydrich bis zum letzten Kriegstag über der Familie schwebte; vermutlich lag ihnen am Herzen, dass er sein Leben noch etwas genießen konnte.

Nach den furchtbaren Verlusten an allen Fronten und im Hinterland schien eine Steigerung der Gräuel unmöglich, aber der Krieg tobte trotz allem immer mehr, und das Leben erinnerte an eine trockene Zitrone, die man vergeblich auszupressen versuchte. Der Reichspropagandaminister Goebbels, der bald seinen ruchlosen Fanatismus unter Beweis stellen wird, wenn er die eigenen sechs Kinder durch seine Frau umbringen lässt, damit sie nicht ohne Hitler in der Welt leben müssten, erklärte den totalen Krieg und löschte damit auch die Rampenlichter der Theater im ganzen besetzten Europa. Die Schauspieler wurden in die Fabriken geschickt. Alle Plakatflächen und Hauswände vereinnahmte ein Poster, auf dem sich aus dem Ärmel einer sowjetischen Uniform eine riesige blutüberströmte Hand streckte, um nach dem Prager Hradschin zu greifen. *Zachvátí-li tě, zahyneš!* Warnte der Slogan, *Erfasst sie dich, gehst du zugrunde!* Obwohl deswegen auch schon geschossen worden war, erschien auf ihnen ein mit einer Streichbürste geschmierter Kommentar *Wir fürchten uns nicht, wir wohnen dort nicht!*

Schon seit dem Ende des Sommers im Jahre 1944 schwänzte der Junge die Schule mehr, als dass er sie besuchte. Die sich verdichtenden Flieger-

warnungen, bei denen die Klassen bis zum Sirenenende in einen Schutz-
bunker oder auf die Straße geschickt wurden, machten die Anwesen-
heitskontrolle zunehmend unübersichtlicher. Solange es warm war,
steuerte er oft direkt die Hungermauer auf dem Petřín-Hügel an, wo
stundenlang keine Menschenseele war; auf seiner Tasche sitzend schrieb,
las oder träumte er, oder er winkte den Kondensstreifen zu, dem Schweif
von den Feuerkometen der Alliierten, die aus dem befreiten Süden
Europas heranflogen, um die nördlichen Reichsstädte niederzubrennen.
In regelmäßigen Intervallen bewachte er mit drei Mitschülern das
Gebäude des Gymnasiums vor einem möglichen nächtlichen Flieger-
angriff. Ausgestattet mit dünn belegten Broten und Muckefuck in der
Thermoskanne nahmen sie bei Einbruch der Nacht in der Turnhalle im
Erdgeschoss ihren Wachposten ein, der für ein paar Stunden zum Eldorado ihrer Pubertät wurde, da muffige Matten und schmutzige Decken
nicht gerade zum Schlafen einluden. Der Jüngling lernte hier Wein zu
trinken, Karten zu klopfen und – der engen Nähe von männlichen Körpern gegenüber Abneigung zu empfinden. Ausgerechnet an eine solche
Wache knüpfte der tragische Irrtum eines britischen Fliegergeschwaders
an, das Prag mit Dresden verwechselte. Die Wunde, die sich am 14. Februar 1945 in die Stadt grub, war schmal, aber sie kostete einige hundert
Menschen das Leben, denn in die Bunker war schon lange niemand
mehr gegangen. Weil der Totaleinsatz längst alle Septaner der Gymnasien verschlungen hatte, schickte man nun täglich die Sextaner zur
Trümmerbeseitigung. Der Klasse des Jungen fiel die Aufgabe zu, die Opfer in Särge umzulegen, die provisorisch in der Synagoge des Neuen jüdischen Friedhofs aufbewahrt wurden. Eine Notiz zu diesem elementaren Erlebnis ist überraschend kurz gefasst.

*Zum ersten Mal habe ich eine nackte Frau gesehen. Ihre Brüste. Sie ähnel-
ten nicht dem, was ich mir je vorgestellt hatte. Sie waren widerlich aufge-
blasen und abscheulich gelbgrün. Weiter erinnere ich mich nur an die erste
Zigarette in meinem Leben und an das Grab, auf dem ich saß und mich er-
brach, während um mich herum meine Mitschüler vor Übelkeit heftig wür-
gen mussten.*

Die Mutter bewahrte ihn auch vor einer letzten Gefahr: Als er von den Behörden in die Nähe von Ostrava zum Bau eines gewaltigen Panzergrabens berufen wurde, der den letzten Angriff der Roten Armee abwehren sollte, lieferte sie ihn morgens im Allgemeinen Krankenhaus als Notfall ein, bei dem die Mandeln herausgenommen werden mussten; die alten Schnitte nach den eitrigen Anginaerkrankungen ließen keinen Verdacht aufkommen. Nicht lange nach der Operation erschien auf der Station ein Protektoratspolizist, und der getäuschte Arzt wollte die Lügnerin abführen lassen, unter dem Eindruck der frischen Nachrichten von der Front überlegte er es sich jedoch noch rechtzeitig und schimpfte sie dann nur noch heftig aus. Im Übrigen begann die russische Offensive, bevor der Patient aus dem Krankenhaus entlassen wurde, und die studentischen Kommandos flohen auseinander, um bei Verwandten und Bekannten Unterschlupf zu finden.

Aber bei all dem blieb dem Jungen ein Rettungsring in einem Meer von Blut und Ekel: Dismans Jugendrundfunk – das spätere Theaterensemble – war eine Insel der Glückseligen im totalen Krieg. Es blieb nicht bei den zweimal drei Stunden in der Woche, in denen die Auserwählten zwischen den Purpurvorhängen des Rundfunkstudios Nr. 6 zusammenkamen und danach in aller Keuschheit die Mädchen des Ensembles durch die verdunkelte Stadt ohne Straßenbahnen zu ihrem entlegenen Zuhause begleiteten – sie flüchteten sich praktisch ununterbrochen aus der trostlosen Realität in die künstliche Welt der Freundschaft und der Poesie. Die Folge davon war, dass alle Sinne und Nerven vollkommen blank lagen, was im Ergebnis bedeutete, dass sich nahezu nichts auf der Handlungsebene, sondern alles ausschließlich auf der Ebene der Blicke, der Andeutungen und hauptsächlich der Wörter, Wörter und nochmals Wörter abspielte.

Nach zwei Generationen wird kaum mehr einer glauben, dass an die hundert junge Männer und Mädchen, denen das Schicksal erspart geblieben war, wie ihre Altersgenossen in den unmittelbar vom Kampf betroffenen Ländern dezimiert zu werden, und die weniger durch den Krieg als durch die Wirren ihrer Pubertät durchgerüttelt worden waren, sich so verhielten, als lebten sie wie Brüder und Schwestern in einem wunderbaren Kloster. Miloslav Disman riss hundert Schicksale, die theoretisch verloren waren, aus ihrer Hoffnungslosigkeit und kultivierte sie inmitten der Barbarei; er selbst aber war ein krankhaft feinfühliger Mann, der durch die unglückliche Liebe zu seiner Frau hin- und hergerissen war. Um sich selbst und die ihm Anvertrauten zu schützen, schuf er eine dichte Atmosphäre beinahe schwülstiger Gefühle, die ihren Ausdruck vor allem in Wörtern fanden.

Nicht anders als ›schwülstig‹ kann der Junge von damals seine eigene Rhetorik bezeichnen, die er auch in die ersten Nachkriegsjahre mitnahm. Das Kribbeln geht in einen Schauder über, wenn er seine Briefe an die Studentin und spätere Schauspielerin Nataša Tanská wieder liest, die sie vor den bourgeoisen Manieren wie zum Beispiel Lippenstift oder Parfüm warnen und sie zur Ordensregel einer Frau anhalten, die für eine gerechtere Welt kämpft. Auch dieses Verlangen wurde nach Disman'scher Art wörtlich demonstriert, und zudem in einer kraftvollen Huldigung an alles, was das Hoffnungssiegel des Kommunismus trug. Sein Geist predigte streng das von der Revolution geweihte Wasser, aber sein Körper wollte den Wein des Lebens trinken.

Später wird er sich mehrmals überzeugen, dass die Wurzel ideologischer Gunst oder Missgunst nicht immer das primäre Bedürfnis ist, den Zustand der Welt zu verbessern, sondern manchmal nur der krampfhafte Versuch, die eigene Hoffnungslosigkeit zu überspielen. Das Gefühl, ausgeschlossen zu sein, das so viele Leute davon abhält, jemandes Gunst direkt zu erwerben, weil sie vor dem Objekt ihrer Begierde von Angesicht zu Angesicht den Mut verlieren, schwindet auf wundersame Weise, wenn es mit den Glaubensgenossen gemeinsam artikuliert wird. In einer Menschenmenge, sei es einer jubelnden oder einer tobenden, bringt auch ein schüchterner Mensch den Mut auf zu schreien, und auch ein sittsamer Jüngling kann zum Vergewaltiger werden, zumindest in seiner Fantasie, während andere an seiner Statt Gewalt ausüben. Es ist bemerkenswert, wie viele männliche und weibliche Singles es unter den Revolutionären, Demonstranten oder Radikalen aller Art gibt, denen der Protest, vor allem der militante, den fehlenden Sex oder die Liebe oder beides ersetzt.

Die Scham verließ den Jungen, wenn er als Solist mit dem Ensemble im Rücken vor der Zuschauermenge stand, aber sie raubte ihm weiterhin immer dann den Atem, wenn er mit einem angebeteten Wesen allein war. Mit seinem besten Freund Jarmil Sekera, der auch lange kein Glück bei den Mädchen gehabt hatte, traf er kurz nach dem Krieg die Absprache, gemeinsam in die neuen Internationalen Brigaden einzutreten, die, wie sie beide – und nicht nur sie beide allein – damals glaubten, bald auch den spanischen Diktator Franco stürzen würden. Entgegen dem aufrichtigen Bemühen, einen Weg zu ihnen zu finden, ging ihre kämpferische Absicht nicht auf, weil keine weiteren Brigaden aufgestellt wurden, und vor allem: Beide erwarben sich im wahrsten Sinne des Wortes über Nacht die Zuneigung ihrer künftigen Frauen. Ihre Wege trennten sich allmählich. Unser Junge wird später beim Sturz des konservativen Präsidenten Antonín Novotný mitwirken, und sein Genosse als künftiger persönlicher Sekretär des Normalisators-Präsidenten Gustav Husák beim Sturz Alexander Dubčeks – und danach beim Mundtotmachen des einst besten Freundes.

9. KAPITEL

Das bin ich, die junge Freiheit

»Das bin ich, die junge Freiheit zu einer roten Blume erblüht!«, jubelte das Revolutionslied und gleichzeitig beweinte es die Toten. All diese nahezu 2250 Tage und Nächte der Besatzung voller Scham und Angst, all diese tausend Namen auf den schwarzen Hinrichtungslisten, und für unseren Jungen war immer wieder Petřek! Petřek! Petřek! jene Sprengladung, die am Samstag, dem 5. Mai 1945 durch den Prager Aufstand explodierte, und er war, wie es das Schicksal wollte, im Gebäude des Rundfunks mit dabei.

Im Archiv wird ihm der Lohnzettel für seine Mitwirkung beim Hörspiel *Daidalos und Ikaros* bleiben, der zu diesem historischen Datum ausgestellt wurde, obwohl man das Ende der Sendung erst einige Tage nach dem Krieg aufgenommen hat. Die Mädchen, die ins Studio kamen, schickte man sofort wieder nach Hause, und unserem jungen Mann wurde wie allen Übrigen ein Schraubenzieher in die Hand gedrückt, der seine erste und letzte Kriegswaffe werden sollte: Die Dismanschüler schraubten innerhalb der nächsten zwei Stunden sämtliche Orientierungsschilder auf dem ausgedehnten Rundfunkgelände ab, so wie es 23 Jahre später ihre Kinder beim Überfall der Armeen des Warschauer Paktes im ganzen Land tun werden. Nicht einmal die deutsche Waffen-SS, deren Fahrradabteilung gegen Mittag das Gebäude teilweise besetzte, fand den Raum, von wo aus kurz danach der Hilferuf der Ansager in den Äther flog. Nach einem kurzen, aber blutigen Kampf gab diese deutsche Einheit als erste in Prag auf.

Der Junge diente dann noch als Laufbursche zwischen dem Rundfunk und dem alternativ neu entstandenen Ersatzarbeitsplatz in der unweit gelegenen Hussitenkirche, und er besaß sogar Helm und Bajonett, bevor er es vorzog, zu den Eltern zurückzukehren, die er nicht hatte benachrichtigen können, als er an der Seite eines weiteren Freundes aus dem Ensemble ausharren musste, einem Arbeiter, der schon ein echter Dichter war, Ladislav Padior. Drei Tage nach dem Aufstand wird die Abwesenheit des Jungen auch im nachrevolutionären Wirrwarr unerklärlich bleiben, also werden seine Kameraden beginnen, in den provisorischen Leichenhallen nach ihm zu suchen, und sobald sie ihn gefunden haben, heben sie ihm eigenhändig das Grab aus, weil es viel mehr Tote als Totengräber geben wird. In diesen paar Stunden, als er unterwegs nach Hause über die wachsenden Barrikaden kletterte, sah er lauter Helden um sich herum, die den Kampf oft nur mit bloßen Händen angenommen hatten. Fünf Tage später, als der stechende Geruch verbrannter Überreste angeblicher Gestapoleute die Stadtmitte verpestete, begann er zu begreifen, dass die Sternstunden einer Nation auch Menschen auf den Plan rufen, die im Namen der geliebten Heimat ihre Kollaboration verdecken oder ihre Perversionen befriedigen. Dieses Ereignis wird sein Leben lang zu den Schlüsselerlebnissen gehören, es wird im *Tagebuch eines Konterrevolutionärs* beschrieben, und es wird auch das Schlüsselkapitel des Romans *Die Henkerin* bestimmen. Nach einem halben Jahrhundert erneuert die ähnlich patriotisch verbrämte Ausgeburt von Gräueltaten auf dem Balkan die Erinnerung daran; aus ihr geht der Roman *Sternstunde der Mörder* hervor.

Das Treiben der Revolutionsgarden und der Plündertrupps, ja sogar der verrohten Kompanien der tschechoslowakischen Armee in Prag, Brünn, in Aussig und an vielen Orten der damaligen Sudeten hatte der junge Mann nicht persönlich erlebt, aber er kennt bereits viele unwiderlegbare Beweise, dass ihre Taten grässlich waren und mit Empörung verurteilt werden müssen. Als er nach vielen Jahren aus dem unfreiwilligen Exil zurückkehrt, ermuntert er unaufhörlich vor allem junge tschechische Journalisten, erbarmungslos alle Keller mit den deutschen Unrechtsopfern zu öffnen. Und seine österreichischen Mitbürger wird er wiederum überzeugen, dass dem so viel kritisierten Satz des tschechischen Ministerpräsidenten Zeman »Die Sudetendeutschen waren die fünfte Kolonne Hitlers« nur noch die Worte »mit erdrückender Mehrheit« zu ihrer Richtigkeit fehlten. Diese fünfte Kolonne, die mit einer mehr als neunzigprozentigen Zustimmung für Konrad Henlein die einzige hoffnungsvolle Demokratie in Mitteleuropa stürzte, waren tatsächlich sie, und viele von ihnen halten auch bis heute noch an ihrem Irrglauben fest. Im November 2001 wird der Sprecher der aus dem Sudetenland stammenden Österreicher verkünden, dass »München 1938 den Fehler von 1918 wettgemacht hat«. Der Heimkehrer wird ihm als sein tschechischer Altersgenosse und ehemaliger Mitbürger antworten:

Sie haben sicherlich jenen Fehler im Sinn, dass die Deutschen in der damals neu entstandenen Tschechoslowakei nicht ihre Gebiete zugesagt bekamen, um sie mit den österreichischen vereinigen zu können. Ich staune über das zähe Fortleben Ihrer Selbsttäuschung. Nach dem Ersten Weltkrieg, bei dessen Entfesselung Sie als Ethnie mitgeholfen haben und dabei eine schwere Niederlage erlitten, konnten Sie doch kaum erwarten, sich mit einer Aussteuer, die ein Drittel des böhmischen Königreichs umfasste und in seinen ursprünglichen Grenzen tausend Jahre Bestand hatte, nach Österreich zu verabschieden. Sie verschweigen, dass ganz Europa eine solche Art von Selbstbestimmung damals nicht zugelassen hat, so dass dies nur Ihr eigener historischer Traum war und es auch bleiben wird. Und was den Zweiten Weltkrieg angeht – und das sage ich mit tiefer Hochachtung gegenüber allen Deutschen, die sich der fanatisierten Menge nicht anschlossen oder sich ihr gar entgegenstellten –, so haben Sie sich Hitler und damit Ihr eigenes Schicksal allein nach Böhmen und Mähren gebracht. Man darf doch auch heute, wo man nach einem halben Jahrhundert vieles Unangenehme vergessen hat und schon völlig anders denkt, nicht vergessen, dass es Menschen Ihrer Abstammung waren, die im wahrsten Sinne des Wortes Europa im Blut ertränkt haben. Und nicht nur Europa, der ganze Rest der Welt stand einen Schritt vor der Vernichtung und musste sich mit aller Macht gegen Sie wehren, weil es um seine Existenz für die kommenden tausend Jahre ging, die uns euer Führer versprochen hatte; gerade die Liquidierung weiterer Völker nach den Juden, auch der Tschechen, war doch in Salzburg bereits eine beschlossene Sache! Aus der heutigen aufgeklärten Perspektive kann die Vernichtung von Dresden und Hiroshima als ein barbarischer Akt erscheinen, nur bin ich nicht der Einzige, der noch den Schrecken fühlt, in dem Sie uns gehalten haben, und deshalb weiß ich, dass dies das äußerste Mittel war, um euch Barbaren unschädlich zu machen. Und ein Ausdruck dieses anhaltenden Schreckens war auch jener Umstand, den Sie Vertreibung und wir Abschiebung nennen.

Hier lässt sich noch anfügen, dass der Vorstoß, nach sechzig Jahren eine Annullierung des Transfers zu fordern, auf der Potsdamer Konferenz durch »Die Großen Drei« verabschiedet wurde, und im gleichen Atemzug auch die Rückerstattung des konfiszierten Eigentums beanspruchen zu wollen, sehr dem Versuch nahekommt, die Aufhebung des Westfälischen Friedens und die Rückgabe der Rudolfinischen Sammlung zu verlangen, die von den Schweden in Prag erbeutet wurde. Zumal es absurd ist, dass ausgerechnet diejenigen, die die Folgen des Krieges zu ihren Gunsten revidieren wollen, ihn anzettelten, auf die barbarischste Art und Weise führten und gerade deshalb bedingungslos kapitulieren mussten.

Die bedingungslose Kapitulation bedeutete in der Geschichte immer, dass sich die Besiegten den Besiegern auf Gnade und Ungnade ergeben. Dazu muss man noch anmerken, dass die Art und Weise, wie mit ihnen umgegangen wurde, davon zeugte, wie groß beziehungsweise wie klein die Sieger doch eigentlich waren!

Als schlagendes Argument, das jegliche Gründe entkräftet, mit welchen die Deutschen aus der Tschechoslowakei noch heute ihre Wahl von Adolf Hitler rechtfertigen, reicht ein einziges Dokument, das damals in

Europa jedem bekannt war. Die Zeitgenossen, die das vergaßen oder bisher nicht davon wussten, mögen nun den ganzen Satz der Reichsgesetze beurteilen, die in Nürnberg verlautbart wurden, ganze drei Jahre bevor der bewaffnete sudetendeutsche Kampf um die Rückkehr »heim ins Reich« begonnen hatte. Die tschechoslowakischen Bürger deutscher Nationalität mussten gewusst haben, was sie forderten, spätestens dann, als sie stürmisch Hitlers ›Anschluss‹ von Österreich als Vorbild ihrer eigenen Zukunft feierten. Dazu kam es am 12. März 1938, und schon zwei Wochen später brachten die österreichischen Tageszeitungen auf der Titelseite die Meldung, die auch den Nachkommen eigentlich schon alles sagen müsste:

Was Heiratslustige wissen müssen!

Erklärt werden die Gesetze aus dem Jahr 1935, die automatisch zum Rechtsbestandteil der Ostmark wurden, in die Österreich sich so gerne verwandelte. Mit sofortiger Wirkung müssen daher auch alle österreichischen Verlobten einen Ariernachweis vorlegen, damit das zuständige Amt entscheiden kann, ob sie das Recht haben, eine gesetzliche Ehe zu schließen.

Die Hälfte der Zeitungsseite nehmen Tabellen mit grafischen Abbildungen ein, die erlaubte, bedingt erlaubte oder verbotene eheliche Zusammenschlüsse veranschaulichen und mit einem rechtsverbindlichen Kommentar begleiten! Gerade diese Grafik ist eines der erschütterndsten Bilder des Nationalsozialismus!

Dieser Rechtsakt, der mit seinen Anforderungen und Normen jene von Züchtern reinrassiger Hunde übertrifft, bleibt bis heute die schreiendste Anklage aller Mitglieder und Wähler der Sudetendeutschen Partei, die bei Hitler und den verblendeten europäischen Pazifisten den Anschluss großer historischer Gebietsteile des böhmischen Königreichs an das Dritte Reich durchsetzte. Wer einer so entarteten Regulierung der menschlichen Gesellschaft vor einer jungen, und daher noch schwachen, aber funktionierenden Demokratie den Vorzug gibt, trägt selbst auch noch Jahrzehnte danach eine Schuld und versucht vergeblich, Ursachen und Folgen zu vertauschen.

An dieser Stelle darf allerdings auch nicht fehlen, dass unser Mann als Widersacher der sudetendeutschen Funktionäre schon längst den Aufstieg der Westdeutschen aus der Blutjauche der dreißiger und vierziger Jahre zu einer der am besten funktionierenden Demokratien der Welt für ihre größte politische Leistung hält. Sie wurden auch zu einem lebenden Beispiel für Gesellschaften, die aus dem Lügensumpf des Pseudosozialismus aufstiegen, das heißt auch für die unsrige.

Conditio sine qua non, eine einschränkungslose Bedingung ist gleichzeitig das Summa summarum für die ganze Erste Republik und den Zweiten Weltkrieg: sich Klarheit verschaffen über die eigene Geschichte, tabuisierte Themen anpacken und den falschen Heiligenschein ablegen. Die Tschechen beispielsweise von ihren Legenden befreien, wie heldenhaft ihr Volk gegen die Besatzer kämpfte, wo sich doch nur ein paar hundert heimische Widerstandskämpfer und einige Zehntausende Auslandssoldaten dafür einsetzten, während Millionen zu Hause aus Angst, oder damit sie größere Zuteilungen und Erholungsurlaub bekamen, ihren Mund hielten, genauso wie später in den unvergleichbar leichteren Zeiten der Normalisierung unter Husák. Und auch die Vorstellungen, dass sie gute Sieger waren, als sie dem Gesindel, das vorher meist fleißig kollaborierte, erlaubten, sich im Nachhinein Alibis für Verbrechen zu verschaffen, die sie an entwaffneten und unschuldigen Deutschen begangen hatten. Das hat die tschechische Gesellschaft bisher nur teilweise geschafft, und sie soll sich nicht damit entschuldigen, dass sich die militanten Sudetendeutschen bis jetzt um gar nichts bemüht haben. Ihr österreichisches Presseorgan »Sudetenpost« wird noch im nächsten Jahrhundert alle vierzehn Tage auf den meisten seiner Seiten zur Schau tragen, dass die Geschichte für sie erst im Mai 1945 einsetzt und sie alles verdrängen, was davor geschehen ist. In einer endlosen Serie, die sogar den Titel »Der Völkermord an den Sudetendeutschen« trug, wurden dem nationalsozialistischen Terror in der besetzten Tschechoslowakei einschließlich der Vernichtung von Lidice nur ein paar Absätze gewidmet!

Ein eigenes Kapitel, das anständig abgeschlossen werden muss, bleibt die Pflicht und Schuldigkeit gegenüber denjenigen sudetendeutschen, deutschen und österreichischen Antifaschisten, die mit ihrem Widerstand gegenüber Hitler und den fanatisierten Landsleuten das größte Risiko auf sich nahmen. Sie haben der Tschechoslowakischen Republik einen ungleich größeren Dienst erwiesen als die kollaborierenden Tschechen, wurden nach dem Krieg aber dennoch abgeschoben, gefoltert oder gar getötet. Die Haltung vieler heimischer Politiker, die sich noch Jahre nach der Erneuerung der Demokratie bemühen werden, dass den wenigen Übriggebliebenen weder Entschuldigung noch Dank widerfährt, wird peinlich und abgeschmackt sein, da sie die niedrigsten Instinkte unwissender, dummer oder auch in kriminelle Machenschaften verstrickter Leute bedient. Neben der Deutsch-Tschechischen Erklärung, die eine gegenseitige Schuldzuweisung für die Vergangenheit künftig ausschließt, gibt es wohl auch eine nationale Moral, die ohne eine Wiedergutmachung historischen Unrechts einfach nicht auskommt!

Übrigens, was das Klavier der Hirschs angeht: Etwa einen Monat nach dem Krieg klingelte jemand bei den Kohouts in der Zikmund-Winter-Straße 19. Die Mutter schrie im Flur so laut auf, dass ihr Sohn losrannte, um sie gegen eine vermeintliche Gefahr zu verteidigen. Sie lag jedoch nur in den Armen einer unbekannten älteren, blassen und abgezehrten Frau, in der er Eva Hirsch kaum wiedererkannte. Auch ihr Vater hatte sich retten können, und er schickte sie nun vor, um herauszufinden ... Sie war rot und fragte stotternd, ob sich die einstigen Nachbarn denn erinnern würden, dass sie ihnen etwas zur Aufbewahrung gegeben hatten. »Wie, ob wir uns daran erinnern? Was heißt denn ›etwas‹?«, rief die Mutter, »Ihr habt doch den Flügel, die Teppiche und das Bild hier!« Eva sagte unter Tränen, dass viele andere sich an nichts mehr erinnern konnten. Die Möbelträger ließen später das Bild mit der Lichtung und dem Schnee an der Wand hängen, angeblich zur Erinnerung an die Hirschs. Niemals wird jemand in der Familie auf die Idee kommen, nachzuforschen, wer der Maler ist und welchen Wert es hat.

10. KAPITEL

Was werden, um etwas zu sein?

Es herrschte also Frieden, die Toten waren begraben, und die Überlebenden schwelgten in einem glücklichen neuen Morgen, wenn auch weiterhin der Streit darüber anhielt, ob diesen Morgen eher die alte Rechte schaffen wird oder die ständig an Zuwachs gewinnenden Kommunisten. Endlich konnte man sich auch mit der eigenen, persönlichen Zukunft beschäftigen. Bis zum zwanzigsten Lebensjahr war sich unser Junge ziemlich sicher, dass er Schauspieler werden wollte. Den frommen Wunsch nährten persönliche Begegnungen mit der ersten Garde tschechischer Meister, die er auch abseits der Bühnenlichter bewundern durfte, wenn er in seinen Kinderrollen neben ihnen am Rundfunkmikrofon stand. Zusammen mit der Geige legte er seine Partituren ab, mit welchen er im Nationaltheater an der Brüstung gesessen hatte, damit ihm ja kein Wort aus den Opernlibretti entging; das Musiktheater hat er über Nacht gänzlich aus seinem Gedächtnis verloren. Dafür sah er *Des Kaisers Mime* von Renč im »Theater in den Weinbergen« beinahe zehn Mal, ohne dass er ahnen konnte, dass das Drama des römischen Schauspielers, der sich kraft seiner eigenen Kunst vom Heiden zum Christen wandelt, das Vorzeichen für seine Konversion vom Revolutionär zum Demokraten sein wird. Auf der kleinen Bühne des »Intimen Theaters« erlebte er unzählige Male die Auswahl berühmter Monologe *Helden des Augenblicks*, wo die Protagonisten des Nationaltheaters glänzten. Auch die Studenten der Schauspielschule nahmen ihn allmählich unter sich auf, zu denen ihm sein zukünftiger Dramaturg fürs Leben und treuester Freund, Luboš Pistorius, die Tür geöffnet hatte; der bot ihm als Juryvorsitzender eines Literaturwettbewerbs am Gymnasium den ersten Preis dafür an, dass er als Einziger nicht über die Liebe, sondern über Piraten gedichtet hatte. Die Gelegenheiten häuften sich zwar, aber die schauspielerischen Erfolge stellten sich nicht ein.

Dismans Ensemble war eine regelrechte Talentschmiede für angehende Schauspieler, weil sie erhebliche Chancen hatten, sich im Rundfunk, im Theater wie auch im Film durchzusetzen, und bei der unendlichen Liebenswürdigkeit seines Leiters konnte sich der Jüngling schwer einreden, dass er absichtlich übersehen wurde.

Kurz nach dem Krieg bedachte die Englischlehrerin und Klassenprofessorin der Septima B, Helena Ehrlerová, eine begeisterte Theaterliebhaberin, ihren Schüler kurioserweise mit seiner größten und gleichzeitig letzten Theaterrolle, da sie sich entschied, die neu gewonnene Freiheit mit einer großen Laienvorstellung zu feiern. Ihre Voraussicht, mit der sie im Jahre 1946 das Drama von den Schreckenstagen der Französischen Revolution *Ein Spiel von Tod und Liebe* von Romain Rolland gewählt hatte, ist aller Ehren wert. Der junge Mann versuchte sein Leben möglichst bis aufs Äußerste hin auszudehnen, um neben der Schule, dem Ensemble, den freiwilligen Brigaden und der Agitationsarbeit im Kulturkader des tschechischen Jugendverbandes noch zahlreiche Proben nach dem Unterricht schaffen zu können. Das Hauptproblem bestand allerdings darin, dass er – ein Siebzehnjähriger! – die Rolle des siebzigjährigen Wissenschaftlers Courvoisier verkörpern und dabei, wo er doch nach wie vor schüchtern war, seine Klassenlehrerin, als die geliebte Gattin, umarmen sollte. Er dankte daher dem Autor für jede Szene, in der sie, eine ansehnliche und offensichtlich leidenschaftliche Frau, den schlanken Kristek aus der Achten als ihren Liebhaber Vallée umarmte. Das Spiel verlor dann gänzlich seine Unschuld, als das Ensemble erst am Tag der Premiere die einzige Probe auf der Bühne eines gemieteten Theaters absolvierte, das für den Abend längst an die Eltern, Bekannten und Mitschüler ausverkauft war. Der Schauspielanwärter verstand, dass er sich an einer schamlosen Frechheit beteiligen würde, wenn er ganz und gar nicht an das glaubte, was er auf der Bühne machte und sagte.

Natürlich spielte er, und das auch bis zum Ende, freilich konnte dabei keine Rede von Schande sein – ein begeistertes Echo ist allen Laienschauspielern ohnehin garantiert, da sie gewöhnlich vor Leuten auftreten, die sie persönlich kennen oder gar lieben. Das Erlebnis brachte ihm jedoch den letzten Beweis, dass er mit dem wichtigsten Talent eines Schauspielers nicht ausgestattet war: seine eigene Identität einer anderen, wenn auch nur fiktiven, zur Verfügung stellen zu können.

Das Abenteuer im Schultheater sollte ein trauriges Nachspiel haben. Der schöne Vallée-Kristek wird sich nach den Augustpanzern des Jahres

1968 rasant an der Autorenliquidierung beteiligen. Wie viele andere Karrierekämpfer gegen die vermeintliche Konterrevolution beginnt er, sich regelmäßig zu besaufen und aus dem Schriftstellerverband in das unweit gelegene »Viola« zu torkeln, um am Tisch seiner Opfer sein verpfuschtes Leben zu beweinen. Bevor ihn seine Leber im Stich lässt, wird er seinen ehemaligen Genossen sarkastisch mit dem Satz begrüßen, den jener ihm damals auf der Bühne zurief: »Freund, ich sehe dich wieder!« Und sein ehemaliger Schauspielkollege wird es bereuen, wie oberflächlich er das Stück auffasste, in dem er mit aufgeklebtem Bart aufgetreten war; es hätte ihm rechtzeitig eine Warnung sein können, dass eine scheinbar edle Idee sich in eine entartete verwandeln kann. Von da an wird er wissen, was eine ›Modellsituation‹ ist; in ihr werden Kulissen, Kostüme und Requisiten ausgetauscht, aber ihr ewig gleicher Kern, der durch die Natur der Menschen und der Revolutionen gegeben ist, bleibt erhalten.

Je weniger der Jüngling als Schauspieler zu gebrauchen war, umso nützlicher begann er sich in jenem besonderen Genre hervorzutun, das nicht die Fähigkeit verlangt, fremde Sätze zu memorieren und fremde Gefühle vorzutäuschen, wo jedoch Scharfblick, eine gehörige Portion Wissen, ein eigener Wortschatz und Improvisationssinn in unerwarteten Situationen gebraucht werden. Mit diesen Gaben war gerade Miloslav Disman ausgestattet gewesen und berühmt geworden, der nach der Revolution auch der beste Reporter des Tschechoslowakischen Rundfunks war. Perfekt vorbereitet, mit einem Stoß von Papieren, die mit allerlei Farbstiften zum Zwecke hilfreicher Informationen dicht beschrieben waren, schaffte er es, in einer Direktübertragung auch mehrstündige Spitzenereignisse allein zu kommentieren, wie zum Beispiel die triumphale Rückkehr von Präsident Beneš aus dem Exil nach Prag.

Sehr bald reichte ihm immer rechtzeitig und je nach Bedarf unser Jüngling diese Papiere; nach kurzer Zeit bekam auch er selbst die tolle Chance, einige Minuten allein zu kommentieren, wenn der Mentor mal zwingend pausieren musste. Zum Erstaunen aller stellte sich heraus, dass es ihm keinerlei Schwierigkeiten bereitete. Gerade damals war er an die Abzweigung gelangt, von der immer noch ein Weg zu einem ordentlichen Abschluss an der Karlsuniversität führte, wo er sich weiter einschrieb und Prüfungen ablegte, doch er zweifelte immer mehr daran, dass sie für das Leben nach seinen Vorstellungen notwendig wären.

Im Jahre 1948 wurde die Internationale Rundfunkausstellung anlässlich der Feierlichkeiten zum fünfundzwanzigjährigen Sendejubiläum in den Äther auf dem Prager Messegelände ausgetragen. Ihre Chefs sollten eine kleine Arbeitsgruppe zusammenstellen, die in der Lage sein sollte, direkt und dabei meist spontan vor den Zuschauern senden zu können, ohne vorher etwaige Texte vorbereitet zu haben. Zur Zusammenarbeit wurden zwei zwanzigjährige Mitglieder des Disman-Ensembles, Karel Kyncl und Pavel Kohout, berufen, die das Angebot selbstverständlich begeistert aufnahmen und untereinander die Abmachung trafen, ihre Namen für drei Monate abzulegen und gemeinsam als *Die Zwei* ihre Sendung zu moderieren. Sie führten die bis heute im Tschechischen populäre Anrede»Verehrte und liebe« ein und dachten sich eine Störenfriedin aus, deren Stimme frech, aber auch lieb in alle möglichen Sendungen eingebunden wurde. In ihrer Rolle wechselten sich die beiden ersten Lieben des jungen Mannes ab, die verflossene und die künftige, Věra Joudová und Alena Vránová.

Die beiden jungen Männer kamen so in den Genuss eines Privilegs, weil sie an der Wiege eines weiteren Wunders stehen durften, das erst fünf Jahre später seine allgemeine Premiere erleben sollte: das Fernsehen, das damals allerdings nur über ein Kabel funktionierte. Viele Besucher waren durch die Übertragung von bewegten Bildern so überwältigt, dass sie von den Kameras, die auf der Straße aufgestellt waren, zum Monitor in den Pavillon sprinteten, um sich dort noch selbst anschauen zu können. Im Laufe der Ausstellung wurden sogar über Nacht zwei klobige Fernsehapparate mit einem damals noch kleinen Bildschirm gestohlen, da die technisch ungebildeten Diebe offenbar glaubten, diese würden auch zu Hause funktionieren.»Die Zwei« sollten in einem Vierteljahrhundert zu den ersten Unterzeichnern der Charta 77 gehören …

Der Traum von der Schauspielerei war fürs Erste ausgeträumt. Thalia, die göttliche Muse des Theaters, verwarf den Jüngling als Schauspieler endgültig, und in seiner existenziellen Bedürftigkeit wandte er sich Erato, der Muse der Liebesdichtung, zu. Er hatte nur das Pech, dass an-

stelle der Mädchen die kommunistische Partei sein dringendes Bedürfnis und seine brennende Liebe erhörte und ihn jetzt als gesetzlich Erwachsenen in ihre Reihen und damit als ihren Barden aufnahm.

11. KAPITEL

Blühende Fantasie

Auch die treuesten Freunde sagen dem älteren Alter Ego manchmal gut-
willig die Verse auf, an denen sich das jüngere versündigt hat. Bis heute
fühlt er zwar die Wahrhaftigkeit in den früheren Gedichten, aber vom
ferneren Ufer des Lebens aus ist es für den Älteren längst uneinsehbar
geworden, welcher Idee diese Erstlingsverse gedient haben.

In ein paar Jahren wird auch dieser junge Mann schon von sich aus
wissen, dass er mit seinen Versen, vereint mit anderen Dichtern, unbewusst einen Vorhang aus Trugbildern gesponnen hat, hinter dem schon
die nächste Diktatur den echten, eisernen Vorhang für seine gerade erst
befreite Heimat vorbereitete. Wenn er heute seine ersten Verse liest, und
es ist bezeichnend, dass er sich dazu zwingen muss, erstarrt er jedes Mal,
weil er sieht, wie das verhältnismäßig kunstfertige Handwerk den ärm-
lichen Inhalt verdeckt; sie bergen wohl genauso viel Geheimnisse wie ein
Kreuzworträtsel, sie erreichen das Niveau einer Werbung, die höchstens
die primären Sinneswahrnehmungen von Gleichgesinnten zu bedienen
weiß. Mit zeitlichem Abstand fällt es nicht schwer, die Hauptursache
darin zu finden, dass das begeistert angepriesene Produkt – der alle
menschlichen Probleme lösende Kommunismus – nur in frommen Vorstellungen existierte.

Umso mehr kann man von diesen Fantasien, leider ähnlich infizier-
ten, in vielen Begleittexten, Briefen und Tagebüchern finden; nach Jahrzehnten aus der Versenkung hervorgeholt, muten sie wie von der Ebbe
entblößte Frutti di mare am Strand an, sie schauen unappetitlich aus
und riechen übel. Der junge Dichter, bisher politisch nicht aktiv und in
keinerlei Funktionen einbezogen, nahm zwar an konkreten revolutionären Akten nicht teil, in seinen pompösen Erstlingsversen trägt er jedoch

offen seinen blinden Glauben zur Schau, indem er sich auch damit identifiziert, wovon er keine Ahnung hat, was aber in sein Gedankensystem
passt. In einer ähnlichen Überzeugung wird er sich alsbald noch in einer
direkten Rundfunkübertragung »das Geständnis der Verschwörer des
feindlichen Zentrums um Slánský und Co.« anhören, ohne den geringsten Verdacht zu schöpfen, dass es sich um ein einstudiertes Grand-Gui-
gnol handelt, ein blutiges Schauertheater, in dem nur der Henker seine
tatsächliche Aufgabe verrichtet. Die Ungläubigen werden darin später
eine Ausrede, wenn nicht gar eine Lüge sehen. Ist jedoch das Fehlen
eines kritischen Intellekts oder die intellektuelle Unfähigkeit, sich eine
Information über ein umstrittenes Ereignis einzuholen, eigentlich nicht
trister und verurteilungswürdiger? Er wird sich selbst als Exilant davon
überzeugen, wenn die linken Eliten des Westens zur Zeit der ›Normalisierung‹ den ›realen Sozialismus‹ der tschechoslowakischen Bonzen to-
lerieren oder gar verherrlichen und seine Kritiken boykottieren.

Summa summarum: Der erwachsene Nachfolger des jungen Mannes,
der dem Trugbild auf den Leim gegangen ist, kann sich die Ohnmacht
und die Trauer der wahren Dichter jener Zeit wie auch den heimlichen
Hass und Hohn all derjenigen vorstellen, die die missratene Revolution
bereits überrollen konnte. Nicht die vom November 1989, die wahrlich
keine sein wird, wenn sich das geschwächte Regime von sich aus wie eine
Dirne dem Volk anbiedert, sondern die von 1945, die vergewaltigt, er-
mordet und vergraben wurde, damit ihre falsche Doppelgängerin der
Gesellschaft gerade das wegnahm, was sie ihr im Gegenzug eines mehrheitlich ausgesprochenen Wahlvertrauens im Jahre 1946 zusicherte: die
nationale, soziale und geistige Freiheit.

»Etwas ist faul im Staate Dänemark!«, wie Hamlet sagt. Wo ist der Anfang jenes Kreises, in dem die Dichter und die Geschichte miteinander
verbunden sind? Die Fernsehmoderatorin des TV-Magazins *Einundzwanzig* leitet im September des Jahres 2001 ihr Interview mit folgender
Frage an den Dreiundsiebzigjährigen ein: »Bedrückt es Sie eigentlich,
dass Sie beim Aufbau dieses verbrecherischen Regimes mitgeholfen
haben?« Weil im eingespielten Bildbeitrag, der schon ein halbes Jahrhundert alt ist, Tausende jubelnder Altersgenossen in Scharen vorbei-
marschieren werden, kommt er sich für einige Sekunden als der Große

Puppenspieler vor, der die Volksmassen mittels Fäden lenkt. Das Gedächtnis einer Generation, von der zum Glück noch viele am Leben sind, täuscht allerdings über eines nicht hinweg: Unter all diesen bombastischen Wörtern und Ritualen herrschte in den ersten Nachkriegsjahren eine ungefälschte und selbstlose Begeisterung.

In den Jahren 1945 bis 1948 ein junger Kommunist zu sein, als der offene politische Kampf noch voll im Gange war, brachte einen Berg an Pflichten mit sich und nicht den geringsten Vorteil, schon gar keinen materiellen. Die Losung des kommunistischen ›Mainstreams‹, der damals auf eine magische Art und Weise die Dörfer mit den Städten und die Fabriken mit den Schulen verband, um das Land, das sechs Jahre lang im Kriegssterben gelegen hatte, wieder zum Leben zu erwecken, lautete: »Mehr Arbeit für die Republik, das ist unsere Politik.« Im Falle unseres jungen Mannes hieß es, jeden zweiten Samstag die Gruben von Kladno zu befahren, im Zechhaus und im hinabfahrenden Fahrkorb vor den alten Bergleuten den Angeber mit Nerven wie Drahtseilen zu geben und dann sechs Stunden lang unter jeder angebrochenen Kappe oder beim kleinsten Geräusch im Hangenden in Angst zu verharren, bis sie sich später in der Kantine erkenntlich zeigen und ihm Bier und Salzheringe bestellen, gut, dass er sich dies noch eines Tages im Roman *Ich schneie* zunutze machen wird! Und weiter galt es, vor den Auftritten auf den ›Bauten der Jugend‹ eine normale Maurerschicht zu absolvieren. Oder gemeinsam mit den späteren Zuhörern auf dem Land die Garben vom Feld zu ernten. Den Nachkommen aus der Internetzeit wird jedoch gerade diese unbezahlte Freiwilligenarbeit am verrücktesten erscheinen.

Der Kampf richtete sich gegen die Nachfahren derer, die den vorangegangenen Weltkollaps verschuldet hatten: gegen die Kriegshetzer, die asozialen Ausbeuter und die Unterdrücker menschlicher Freiheitsrechte. Die Zielobjekte der radikalen Globalisierungsgegner werden sich an der Jahrtausendschwelle kaum von denjenigen der tschechoslowakischen Jugendverbandsmitglieder unterscheiden. Auch ihre Vorgänger, von der Schicksalsgöttin der Begeisterung betört, hatten eine Psychose heraufbeschworen, die bald sie selbst betäubte und blendete, so wie es die wahren Puppenspieler der großen Politik nach dem klassischen Vorbild

»Teile und herrsche!« für die Umsetzung ihrer Ziele brauchen. Aber paradoxerweise wird gerade die ursprüngliche Ehrlichkeit der Absichten dazu führen, dass eine Menge anständiger Kommunisten in den sechziger Jahren die Verantwortung für ihre verrohten Führer übernimmt und der Mehrheit der Bürger auf riskante Art und Weise die Festung ihrer Partei und des ganzen Regimes öffnet – von innen heraus!

12. KAPITEL

Scheidung von Disman und Verlobung mit der Revolution

Ich trete aus der Erzählerrolle mit einer Überlegung heraus, die ich persönlich erörtern möchte. So wie ich die eigene Geschichte nicht schreibe, um etwas zu verteidigen, wo es nichts zu verteidigen gibt, so tue ich es auch nicht, um darin die Rolle des Rattenfängers zu übernehmen. Die Vorstellung, dass der zwanzigjährige Versschmied – passender kann man sein damaliges Schaffen auch nicht charakterisieren – Hunderttausende von Angehörigen seiner Generation zum Massenwahnsinn verführt hat, wird zur Karikatur jener Vorstellung, mit der sich viele Deutsche beschwichtigen lassen wollen: nämlich, dass der Kitschmaler Adolf Hitler sie aufhetzte, damit sie dann wie am Fließband mordeten. Aber wie war nun der seelische und körperliche Zustand unseres Poeten, der der Wahrheit am nächsten kam, als kurz nach dem Krieg schon wieder »die Zeit den Vorhang fallen ließ und die Welt verändert ward«?

Zwischen dem siebzehnten und neunzehnten Lebensjahr häuften sich die Erlebnisse derart, dass sie manch einem für ein ganzes Jahrzehnt reichen könnten. Zu den nachhaltigsten gehörte eine dreimonatige Konzertreise von etwa hundert Mitgliedern des Disman-Ensembles nach England, Schottland und in die Niederlande.

Ihre Zugreise, die mehrere Tage in Anspruch nahm, führte ihnen das zerbombte Deutschland wie eine Mondlandschaft vor Augen, die sich verdientermaßen nicht einmal nach hundert Jahren erholen sollte. Die Aufzeichnungen und Briefe des jungen Mannes dokumentieren seine spätere Behauptung, dass die Deutschen nicht ein halbes Jahrhundert später anfangen können, die Kriegsführung der Alliierten mit ihrem Barbarentum zu vergleichen.

28. XI. 1946

Um vier Uhr morgens kann man den Rhein durch den schmutzigen grauen Nebel sehen. Und sobald er sich verzieht, immer deutlicher auch versenkte Schiffe, gesprengte Häuser und finstere Mienen. Vielleicht ist es nicht angebracht, aber bei der Erinnerung an die Kriegsjahre empfinden wir eine klare Genugtuung darüber, wie die Alliierten den wilden Gesang der Loreley vergolten haben. Die wenigen Haltestellen mit dem Zug haben gereicht! Erneut haben wir gehört, dass die Juden eine Geißel der Menschheit sind und dass das Morden in den besetzten Ländern nur ungewollt geschehen ist. Und dass Hitler ein »Sauhund« ist, klingt nicht wie eine späte Reue, vielmehr ist darin die ohnmächtige Wut herauszuhören, dass sie nicht gesiegt haben, und auch der Hoffnungsschimmer, dass es für Deutschland tatsächlich noch einmal heißen könnte »Es kommt der Tag«. Nur ein ausgesprochener Idealist dürfte die Deutschlandfrage für erledigt betrachten. Die ganze Welt muss sich darüber im Klaren sein, dass der Nationalsozialismus weiterhin lebendig ist und dass man ihn mit allen zur Verfügung stehenden Mitteln aus den Leuten und vor allem aus den Jugendlichen herausprügeln muss!

Nur: Die Briten, obwohl sie selbst noch unter den Folgen der Kriegsnot zu leiden hatten, verblüfften die siegestrunkenen Tschechen mit unbegreiflicher Toleranz und, von außen betrachtet, auch mit sträflicher Naivität, als sie die Besiegten so schnell wie möglich an ein normales Leben heranführen wollten, indem sie sie zur Demokratie erziehen und ihnen gemeinsam mit den Amerikanern wirtschaftlich helfen wollten. Schon in ein paar Jahren wird sich zeigen, dass gerade diese Großzügigkeit zum Grundstein des vereinten Europa werden würde.

Die mehrwöchige Wanderfahrt wurde für ihn noch zu einem Schlüsselerlebnis von ganz anderer Art. Auf britischer Seite leiteten eine knochige, altjüngferlich wirkende, zugeknöpfte Miss Sheffield und ein umso freundlicher wirkender eleganter Vierziger mit dem klassischen Namen

Smith die Reise. Weil der Junge einer der Ensembleleiter war und immer passabler Englisch sprach, war es kein Wunder, dass er bei Herrn Smith in besonderer Gunst stand. Diese kam erkennbar zum Vorschein, als der junge Sänger in London stark heiser wurde und die tschechische Krankenschwester, die sie auf der Tournee begleitete, bei ihm eine erhöhte Temperatur gemessen hat. Auf dem Programm stand gerade eine zweitägige Weiterfahrt ohne Konzerte nach Mittelengland, und Herr Smith konnte Frau Sheffield leicht davon überzeugen, den Jungen während dieser Zeit in ein anständiges Hotel mit sich zu nehmen und dann wieder auskuriert zur nächsten Haltestation zu bringen.

Das Doppelzimmer war durch ein Badezimmer getrennt, und unser Tscheche wachte nachts auf, als er spürte, wie ihn eine Hand streichelte. Zum Glück verstand er, was um ihn herum geschah, noch bevor er seine Augen aufmachen konnte. Sein Mitschüler Richard hatte nämlich im letzten Kriegsjahr vor allen Mädchen für seine erste erotische Erfahrung gesorgt. Er hatte ihn an einem frostklirrenden Samstag in die Sommervilla seiner reichen Eltern eingeladen. Um sich noch aufzuwärmen, bevor der Trommelofen das eisig kalte Zimmer bewohnbar machte, hatten sie eine Flasche Wein getrunken, aber auch danach beschlossen sie, sich die noch fehlende Wärme gegenseitig unter aufgeschichteten Decken zu spenden. Unser Junge war zwar durch das Buch *Der Hausarzt* und vor allem durch die Ausflüge in das Vorstadtwäldchen und die Unterweisungen des Cousins Jiří sexuell aufgeklärt, aber über erotische Beziehungen zwischen Männern hatte er nur verschwommene Informationen aus der Antike; passiv beobachtete er neugierig und angespannt zugleich, um sich vor ihm auch keine Blöße zu geben, wie der Freund mit der Hand herumirrend seinen Körper abtastete. Bis ihn plötzlich ein starker Schmerz im Unterleib befiel und unmittelbar darauf unbekannte Erscheinungen eintraten. In völliger Dunkelheit verharrte er sogar eine Weile in der schrecklichen Annahme, er sei gebissen worden und aus der Wunde triefe klebriges Blut in seinen Schoß, bis ihm der Schein der Taschenlampe half, alles nach und nach zu verstehen.

Als eine ihm vertraute Stimme nun in London anfing, ihn genau mit den Worten schmeichelnd zu umwickeln, die er auf Tschechisch in seiner eigenen Liebespoesie gebrauchte, erstarrte er, er wird nie vergessen,

wie er mit angespannten Muskeln unter der nach englischer Art im Bettlaken gewickelten Decke fieberhaft überlegte, ob er hochschnellen, diesem Menschen, der ihm plötzlich zuwider wurde, einen Schlag verpassen und auf den Gang hinauslaufen und um Hilfe schreien sollte.
Irgendetwas veranlasste ihn allerdings, sich nicht zu bewegen, den Atem
anzuhalten und krampfhaft die Augenlider geschlossen zu halten. Der
Besucher musste die leblose Starre des warmen Körpers richtig gedeutet
haben, da er nach einer Weile still wurde, und bald hörten auch seine
Finger auf, ihn zu berühren. Weil er nicht hörte, wie die Tür zuschlug,
blieb der Junge weiter in seinem Abwehrkrampf liegen, bis er irgendwann später wahrscheinlich vor Erschöpfung einschlief.

Als Mr. Smith am nächsten Morgen an der Tür des kleinen Schlafzim-
mers klopfte, um zu verkünden, dass in seinem Zimmer das Frühstück
wartete, fand er ihn bereits angezogen vor. Und als er erfahren hatte,
dass sein Schützling die zwei freien Tage trotz der Erkältung zum selb-
ständigen Familienbesuch eines Fräuleins mit dem Namen Barbara
Hope nutzen wollte, in die er sich im Kurortstädtchen Blackpool ver-
guckt hatte, traute er sich nicht, ihm zu widersprechen. Sie trafen erneut
in der nächsten Stadt aufeinander, in der der Knabe rechtzeitig und wieder gesund ankam; er hatte den Ausflug zwar im Bett verbracht, leider
aber allein, in der Obhut einer englischen Mutter, während das erkrankte Mädchen das Bett im anderen Zimmer hütete. Mr. Smith
blickte ängstlich drein, aber dem Tschechen wurde bei diesem kleinen
Abstecher etwas bewusst, was ihn sein Leben lang begleiten sollte: das
Verständnis dafür, dass es auch eine andere Art von Liebesverhältnis
gibt als die, die er bisher kennengelernt hatte. Da ein solches zu jener
Zeit noch strafbar war, sah er sich Gott sei Dank zu keiner weiteren Reaktion veranlasst, vielleicht setzte gerade damals seine spätere allgemein
menschliche Toleranz ein; Männer, die geschlechtlich anders orientiert
waren, die ihm immer wieder eindeutige Signale zusenden sollten, werden seine Haltung respektieren und durchwegs verlässliche künstlerische Partner sein.

Als der Poet von der Reise zurückgekommen war, musste er den Lern-
vorsprung seiner Mitschüler einholen, um gemeinsam mit ihnen das
Abitur ablegen zu können. Er hatte aber nicht die Absicht, deswegen

seine Tätigkeit im Ensemble und in der Jugendredaktion des Rundfunks aufzugeben. Und er konnte auch nicht aufhören, an der ersten und gleich vergeblichen Liebe schwer zu tragen. Zum ersten Mal seit der Zeit, in der er die Kette fast aller Kinderkrankheiten überlebt hatte, machte er starke gesundheitliche Beschwerden durch, sein heftiges Herzrasen bei größerer Aufregung führte dazu, dass er zweimal erst wieder in einem Krankenwagen zu sich kam. Eine vegetative Neurose psychosomatischen Ursprungs, lautete die Diagnose, die ihn auch noch ein paar Jahre danach häufiger in Sanatorien bringen wird. Damals wurde er vom zuständigen Arzt im Rundfunk in eine Berghütte geschickt, die dem Sender gehörte, um wenigstens ein paar Tage frische Gebirgsluft schnuppern zu können.

Er packte sein Lernzeug und die Skier ein, fest entschlossen, wie schon einmal, seine körperliche Krise kraft seines Willens zu durchbrechen. Nach drei Tagen voller strapaziöser einstündiger Aufstiege, mit denen nach wie vor der Genuss einiger weniger Minuten der Abfahrt bezahlt werden musste, entdeckte er hinter dem Wald eine große Sprungschanze und entschied sich, seinen Mut auf die Probe zu stellen. Als er die halsbrecherischen Treppen bis zum Scheitelpunkt des Anlaufs erklommen hatte, meldete sich sein angeborenes Schwindelgefühl wieder, und ein Sprung kam ihm wahnsinnig vor, aber noch viel riskanter und zudem peinlicher schien es ihm, die vereisten Stufen wieder hinabzuklettern. Während des Kriegs hatten überall Gefahren gelauert, die er sich nicht ausgesucht hatte, jetzt entschied er sich freiwillig für das Risiko, zu dem ihn niemand und nichts zwang. Als er dann unten wieder zu Bewusstsein kam, hatte er weder Skier noch Stöcke, seine Mütze, seinen Schal, auch seine Handschuhe nicht. Die verhältnismäßig kurze Dauer seines freien Falls hatte ihm einen Aufprall erspart, bei dem er zum Krüppel geworden wäre, und er hatte sich nur ein halbes Dutzend blauer Flecken eingehandelt. Der Hüttenwirt erzählte abends, dass er einen Selbstmordaspiranten beobachtet hätte, der versucht hatte, die große Schanze auf bloßen Füßen hinunterzufahren, aber als er hingekommen war, hatte er keine Leiche vorgefunden. Noch mehrmals wird den überlebenden Springer das Gefühl befallen, er stünde erneut über der steilen vereisten Rinne. Aber dann beginnt er jedes Mal zu glauben, dass er wieder Glück haben wird.

Als er nach Prag zurückgekehrt war, gesellte sich zu den Sorgen um die Gesundheit und die Schule auch der einzige ernstere Zank mit seinem Vater. Der Sohn stellte ihm ein Ultimatum, damit er aufhörte, die Mutter mit Seitensprüngen zu betrügen, andernfalls würde er von zu Hause weggehen. Um seiner Drohung Nachdruck zu verleihen, versteckte er sich für ein paar Tage in einem Stundenhotel, das sich damals am Hauptbahnhof befand, und bedrängte den Vater so lange mit mahnenden Telegrammen, bis er dessen Kapitulation erreicht hatte. Als erwachsener Mann wird er sich für diese peinliche Erpressungsgeschichte noch mehr schämen als für seine schlechten Verse. Sein Vater hatte nämlich das bewiesen, was ihm selbst nicht gelungen ist: Er blieb wegen seines Sohnes, auch als dieser schon längst erwachsen war, in einer nicht mehr gut funktionierenden Ehe. Und es waren insbesondere die starken Seiten seiner Persönlichkeit, die den Charakter des Sohnes prägten. Bei all den Gefühlsperipetien seiner Eltern hatte er nie das Gefühl, dass ihm auch nur im Geringsten der Stempel aufgedrückt worden war, ein Kind aus zerrütteten Familienverhältnissen zu sein, womit sich Räuber und Mörder so gerne vor Gericht herausreden. Gleichzeitig wird er sich aber auch dessen bewusst, dass sein rabiates Eingreifen in das Leben des Vaters, womit er so dramatisch sein Mitgefühl der Mutter gegenüber demonstriert hatte, jenen gefährlichen Charakterzug dokumentierte, der ihn noch einige Jahre zu seinen allzu schnellen Urteilen und daher überhasteten Handlungen verleiten sollte.

Sein Leben lang werden ihn die Aussagen derjenigen Leute einholen, die ihren Otomar in den verschiedenen Zeitabschnitten seines Lebens kannten, und auch in den kritischen Meinungen wird die Achtung vor ihm deutlich spürbar. Wenn es um Frauen ging, so wollte seine Gunst bei ihnen nicht vergehen! Zum Beispiel wird ihn die Gattin eines bekannten Publizisten und Dichters nach dem Tod des Vaters im August des Jahres 1959 bitten, er möge versuchen, ihren Ehering, den sie seinem Vater als Pfand gegeben hat, im Nachlass zu finden; als er ihn schließlich entdeckt und ins Café Slavia mitbringt, darf er sich einen Nachruf anhören, um welchen er den Vater nur beneiden musste. Und es geht ihm nahe, als ihm die Nestorin der tschechisch-deutsch-jüdischen Literatur Lenka Rainerová erzählt, wie sein Vater Otomar ihr eine Stellung verschaffte, obwohl sie gerade aus dem Gefängnis kam. Noch im Jahr 2005 wird sie sich daran erinnern, wie man sie später erneut entlassen wollte:

Da bin ich also zum Chef gegangen, der eben der Vater von Pavel Kohout war, ein wunderbarer Mensch. Und der sagte mir, Bleib ganz ruhig, solange ich auf diesem Stuhl sitze, wirst du auf deinem sitzen können! Und er sollte Recht behalten, schließlich wurde ich dort die Chefredakteurin!

Und weil der Sohn dann zwei tiefe Freundschaften seiner Mutter aus allernächster Nähe erleben durfte, Fundstücke, die ihre Verluste kompensierten, wird er zu der Überzeugung gelangen, dass beide Eltern ihr Leben in Würde gelebt haben. Dass die beiden sich auseinandergelebt haben, ändert wenig an ihrer famosen Art, Eltern zu sein; übrigens erlebte er, dass sie häufig glücklich waren, und er hat das Gefühl, dass sie es auch ihm beibringen konnten. Als beide, er Raucher, sie Nichtraucherin, im Abstand von vier Jahren an Lungenkrebs erkranken, gibt er sich Mühe, dies ihnen in der knappen Zeit zurückzugeben: Er wird fast immer bei ihnen sein, und mit Hilfe seiner Schwägerin, einer Internistin und damaligen Chefärztin, wird es ihm gelingen, ihnen bis zur letzten Minute das wahre Stadium ihrer Krankheit zu verheimlichen. Schade, dass es deshalb nun niemandem mehr bei ihm gelingen wird …

Aber jetzt ist die Geschichte des Poeten immer noch jugendfrisch, und er hat eine Reihe weiterer widerspruchsvoller Taten vor sich. Mit der Absicht, sie erhellen zu wollen, was der erwachsene Mann in diesem Buch zu tun gedenkt, wird er alle drei Teile von Carlyles *Geschichte der Französischen Revolution* lesen. Was ihn einst – in seiner Art ein Politthriller – daran begeisterte, erhält eine neue, schockierende Bedeutung: Er sieht das Spiegelbild seiner eigenen Verblendung. Es ist gerade die grundlegende ›Modellsituation‹, der wohlbekannte Pfad, den Gestalten beschreiten, die sich vom Poeten und seinen Altersgenossen nur in der Dekoration und in den Requisiten ihrer Zeit unterscheiden:

Die Idee der Freiheit, Gleichheit und Brüderlichkeit befreit langsam, aber sicher die Untertanen eines entmenschlichten Absolutismus, nach der Elite des Geistes durchdringt sie auch die größte und gleichzeitig niedrigste Gesellschaftsschicht so weit, dass sie zu einer realen politi-

schen Kraft aufsteigt, die zusammen mit der Bastille die Tyrannei nie-
derreißt und die Hoffnung hegt, ans Ziel in der Form einer konstitutio-
nellen Monarchie zu gelangen. Von dieser gewaltigen, durch diesen
Prozess freigesetzten Energie ist schon im nächsten Augenblick nicht
mehr viel übrig. Die gestrigen Bekenner von Voltaires Toleranz neigen
mehrheitlich zu Rousseaus These von der Souveränität des Volkes, die
allerdings ihrer Ansicht nach nur eine neue, bei weitem schlagkräftigere
Elite verwirklichen kann. Juristen, Künstler und andere Intellektuelle,
die bis gestern in der Grauzone der Despotie dahinvegetierten und sich
in Hašeks Manier um einen »mäßigen Fortschritt in den Schranken
des Gesetzes« bemühten, verwandeln sich binnen weniger Monate in
Revolutionäre, welchen kein Ziel mehr zu fern ist. Eine Bewegung wie
die ungeheurer Naturgewalten, die genauso wenig aufzuhalten oder
zu beeinflussen sind wie Lawinen oder Hochwasser. Die Idee ihres Philosophen, dass Freiheit »der Gehorsam gegen das Gesetz, das man sich
selbst gegeben hat« sei, wird bald durch Gesetze ad absurdum geführt,
die im Prinzip jede Art menschlicher Tätigkeit regulieren und bald auch
das Denken gleichschalten. Immer mehr Leute verweigern diesen Gesetzen den Gehorsam allein schon deshalb, weil sie nicht imstande sind,
sie einzuhalten; dafür müssen sie dann mit ihrem Kopf bezahlen. Die
Machtpyramide, deren Fundament das Volk selbst gelegt hat, zermalmt
es nun mit ihrem eigenen Gewicht, und wird so lange von Blut durch-
strömt wie die Lunge bei einer Embolie, bis die mörderische Despotie
höheren Typs, die mit einem großen N gekennzeichnet ist, alle Akteure
verschlingt und sie selbst von eigenen kriegerischen Raubzügen auf-
gefressen wird, und ihr Anführer aus der Verbannung zuschauen muss,
wie die zunächst besiegte Aristokratie zuletzt lachen kann. Da ist das
ganze blutige Karussell schon längst Bestandteil eines gesamteuropäi-
schen, ja weltweiten Prozesses geworden, dessen Produkt und Katalysa-
tor es gleichzeitig war – so ähnlich, wie die tschechische Nachkriegsre-
volution zur Zeit des Kalten Krieges alsbald in eine Antirevolution
umschlug.

Der leibhaftige Poet, der hier versucht, sein Leben und seine Zeit in
einer Art literarischer Autovivisektion zu erforschen, war, bevor er anfing, die eigenen Altersgenossen mit seiner uferlosen Begeisterung zu in-

fizieren, selbst durch eine ähnliche Euphorie der vorangegangenen
Generation angesteckt worden. Gleich nach dem Krieg waren es keine
geringeren Dichter als Halas, Hora und Hrubín, und noch vor ihnen die
Barden der ersten Republik, allen voran Wolker, Bezruč und S. K. Neu-
mann, die ihn in seinem »Köhlerglauben«, wie die tschechischen Kommunisten die Glut ihrer Begeisterung getauft haben, bestätigten.

Ihre Bekenntnisse galten der Sowjetunion. Genauso wie unser junger
Mann wurden seine Genossen Klíma, Kosík, Kundera, Šotola, Vaculík
und wie sie alle hießen, zu vorübergehenden Bazillenträgern dieser Liai-
son. Arnošt Lustig entging ja nur knapp dem Feuerofen in Auschwitz,
und zu Hause war er nicht weit davon entfernt, andere ins Feuer zu schicken. Weil sie zum Glück noch rechtzeitig aus dem trügerischen Traum
erwachen und die Sterne günstig stehen, steigt der Kern der jungen Generation aus der Gewaltspirale vergleichsweise früh aus. Jedenfalls noch
bevor sie von dieser zerstört werden, oder – noch eine gespenstischere
Vorstellung! – sie unwiederbringlich andere vernichten werden. Die ansteckende Epidemie klingt aber nicht mit ihrer Genesung ab. Hier wird
noch ein ausführlicher Bericht darüber folgen, wie diese Epidemie in
den siebziger und achtziger Jahren des zwanzigsten Jahrhunderts die intellektuelle Szene Westeuropas, besonders diejenige Deutschlands, ver-
seucht und beinahe das Ende der Spaltung der Welt, symbolisiert durch
die Berliner Mauer, noch weiter hinauszögert.

Unser Poet legte sein Abitur, angefangen mit einer Eins in Tschechisch
und im Englischen bis zu einer Vier in Biologie, zum regulären Termin
im Juni 1947 ab, das heißt in einer Zeit, als der politische Zwist um die
künftige politische Ausrichtung des Landes zu schweren Zerwürfnissen
sogar in den Familien führte. Der Hader um die Zukunft entbrannte
auch im Disman-Ensemble, und der frisch gebackene Hochschüler, jetzt
schon in der Jugendredaktion des Tschechoslowakischen Rundfunks
angestellt, war einer der feurigsten Diskutanten.

Im selben Jahr leuchtete für unseren Poeten der erste Fixstern der
Liebe auf, ihm widmete er all seine damaligen Lebensleistungen. Ex post
wird er begreifen, dass er zum ersten Mal bewusst eine solche Energie in
sich spürte. Weitaus mehr als Applaus und Geld wird ihn das ganze Leben lang das Bedürfnis, sich dem einen oder anderen hell leuchtenden

Stern zu präsentieren, hinaus zu allerlei Sprungschanzen beliebiger Größe schicken. Die Zeiten, in denen er sich auf deren Umlaufbahnen bewegte, sollten sich dann immer mehr in die Länge ziehen. Und an diese Stelle gehört dann schon unverzichtbar das Epitaph für die erste große und zugleich vergebliche Liebe, deren bewegtes Schicksal der literarischen Figur aus dem *Tagebuch eines Konterrevolutionärs*, wo sie mit dem Buchstaben A chiffriert wird, auffallend ähnlich ist.

Als eines der dortigen jungen Mädchen lernte unser Jungspund auch Věra Joudová im Ensemble kennen, neben der er noch während des Krieges hunderte Male rezitiert und gesungen hatte, bis er eines Tages plötzlich feststellen musste, dass sie ihm auf eine entwaffnende Art und Weise imponierte. Er hing mehr als drei Jahre ratlos und machtlos an ihr, der Jungfrau, die er nur durch seine schlichte Poesie zu berühren wagte und durfte. Sie wurde zur Inspiration der besseren seiner Verse, die für ihre Zeit überraschend suggestiv wirkten, als sie von Scharen anderer Mädchen aufgesagt wurden. Sie wurde zum Motor seines Ehrgeizes: Hauptsächlich deswegen, weil sie auf der Schauspielschule aufgenommen wurde, dachte er sich für seinen eigenen Werdegang die Karriere eines professionellen Revolutionärs aus und schrieb sich in Philosophie kombiniert mit vergleichender Literaturwissenschaft ein, um mit dem Studienbuch der altehrwürdigen Karlsuniversität prahlen zu können. Aber sie war auch seine erträumte Jeanne d'Arc, durch die er sich weiter zum Kampf für den Sieg des Kommunismus mobilisiert fühlte. Dafür hatte er vorerst nur im Ensemble die Gelegenheit.

Auch hier zog sich schon die Frontlinie entlang des tobenden Ideenkampfes hindurch, die ehemalige Freunde in zwei Blöcke aufspaltete. Auf Seiten des jungen Mannes war zum Pech des Demokratenlagers viel mehr Feuereifer und Energie vorhanden. Nur derjenige, auf den sie sich als logischen Verbündeten am meisten verlassen hatten, Miloslav Disman, spazierte mit einem sanftmütigen Lächeln durch die Schützengräben und berief weiterhin all seine Kinder ins Bataillon seiner abstrakten Ideen ein, als es ihnen doch schon sonnenklar war, dass die Zeit Taten, Taten und nochmals Taten erforderte! Binnen Jahr und Tag sollten daher aus einem Ensemble zwei werden. Die Revolution wird siegen, die Liebe wird es aber nicht mehr erleben. Gerade seine Muse wird dem

Poeten eine der grundlegenden Lektionen erteilen, die aus Jungs Männer werden lassen.

Im Jahr 1947, nach Beendigung des freiwilligen Einsatzes beim Bau neuer Häuser im wiederauferstandenen Lidice, reiste er wie immer per Anhalter, kombiniert mit seinem Indianerlauf, weil damals noch wenige Autos fuhren, ins Sommerzeltlager des Ensembles und traf dort auf einen Rivalen. Dieser junge Mann war hier neu und beeindruckte die Auserwählte des Poeten wohl am ehesten dadurch, dass er das wahre Gegenteil von ihm war: ein Sportler, technikbegeistert, und noch nicht von der Disman'schen Sentimentalität ergriffen. Weil sich der ›Olympiawettbewerb‹ anbahnte, bekam der Poet eine weitere Wahnsinnsidee: Er wollte den Eindringling ausgerechnet in einem sportlichen Wettkampf übertreffen. Damals trieb ihn anstelle seiner Muskeln sicherlich sein Geist an. Er schleuderte den Lederball weiter als sein Gegner, und er belegte nach ihm die beste Zeit im Waldlauf. Die Entscheidung sollte der Sechzig-Meter-Lauf bringen, bei dem es das Los sogar so wollte, dass sie nebeneinander an den Start gingen. Das ganze Ensemble wusste, dass man wegen eines Mädchens, das als einziges in ihrem Zimmer geblieben war, um die Wette lief. Das Unglaubliche wurde gleich zweimal wahr.

Im Lauf besiegte er seinen Liebeskonkurrenten. In der folgenden Nacht öffnete seine erste Liebe dem Nebenbuhler die Tür. Seit dieser Zeit weiß er, dass besonders empfindsame Frauen den Besiegten den Vorzug geben, weil diese es anscheinend eher zu schätzen wissen. In seiner Trauer und seinem Durcheinander konnte er damals noch nicht ahnen, dass später auch er oft Nutzen daraus ziehen sollte.

Nur Gott allein weiß, welches Schicksal dem Rivalen beschieden war, ihr Los dagegen deprimiert bis heute alle, die sie kannten. Sie fiel ihrem Professor an der Theaterfakultät zum Opfer, der schon damals seine Stellung gegenüber Wehrlosen auszunutzen wusste. Als er von ihr als seiner Geliebten genug hatte, schickte er dieses strahlende Talent in die Provinz, wie in die Verbannung, er jagte sie praktisch für immer aus Prag fort, damit sie dort nicht seine Kreise störte. Bei der letzten Begegnung mit ihrem ersten Bewunderer ähnelte sie in keinster Weise jener mal schwermütigen, mal vor Lachen explodierenden Brünetten mit der betörenden Altstimme; sie wirkte fahl, gebrochen, und die Hand, die der

Verliebte so oft weihevoll in der seinen im Halbdunkel der Kinos gehalten hatte, wenn er viel mehr ihren Puls als die Handlung auf der Leinwand wahrnahm, erinnerte ihn beim Händedruck – eine unheimliche Metapher Leonid Andrejews – an einen abgenutzten Handschuh.

Věra Joudová wird sich eines Nachts in Jihlava das Leben nehmen. Und ihr erfolgloser Verehrer wird sie niemals vergessen. Was er bei ihr gefunden hatte, funktioniert bis heute ...

13. KAPITEL

Pawka im Wunderland

Der Zusammenstoß der meisten älteren Ensemblemitglieder mit ihrem Mentor im Herbst 1948, nachdem sie sich abgespalten und ihr eigenes Julius-Fučík-Ensemble gegründet hatten, war in erster Linie eine Rebellion der Söhne gegen ihren Vater. Künftig wird sich Miloslav Disman nämlich als ein Kommunist erweisen, der beharrlicher ist als die früheren Kritiker von links, denn auch aus seinen Erinnerungen werden in den achtziger Jahren nach Orwell'scher Art die Namen der von ihm einst am meisten geliebten Lehrlinge restlos verschwinden, wenn die anderen Aufständischen sich mehrheitlich wie ihr alter Meister der Normalisierung Husáks fügen.

Und warum nahm das neue Ensemble den Namen des Journalisten und kommunistischen Heiligen Julius Fučík an? Weil er das personifizierte Ideal seiner Zeit war. Übrigens wird er sich auch in der nächsten Runde des Bildersturms, wenn in den Neunzigern das Niederreißen von Statuen wieder einmal straflos bleibt und daher in Mode kommt, seine persönliche Ehre bewahren. Auf niemanden werden so viele Treibjagden ausgerichtet wie auf ihn, damit er endlich als abgefeimter Gauner bloßgestellt wird. Schlussendlich wird sich aber herausstellen, dass er vielleicht einer der Gascogner-Angeber war, aber niemals ein Verräter, geschweige denn ein Denunziant! Die zutage geförderten Dokumente werden beweisen, dass er mit den Nazis ein ehrenhaftes Spiel in höchster Not getrieben hat, das für ihn im Hinrichtungsschuppen des Gefängnisses Plötzensee ein blutiges Ende gefunden hat. Seine *Reportage unter dem Strang geschrieben* hört deswegen auch später nicht auf, unserem Mann Respekt einzuflößen. Demgegenüber gehört Fučíks Reportage aus der vorkriegerischen Sowjetunion, *Eine Welt, in der das Morgen schon Gestern ist*, zweifelsohne zu seiner Ansteckung mit dem Bazillus namens Euphorie.

Als sein Vater Otomar Anfang des Jahres 1949 als Generalkommissar der tschechoslowakischen Industrieausstellung in Moskau vom dortigen Kulturattaché, dem slowakischen Schriftsteller Petr Jilemnický, erfuhr, dass er Helfer suchte, kam die Sprache auf seinen Sohn, der sich zu dichten anschickte und darüber hinaus das Russische beherrschte, das der Vater ihm schon während des Krieges beigebracht hatte. Der Anwärter, dessen Verse damals sogar schon das Parteiblatt »Rudé právo« zweimal abgedruckt hatte, wurde schnell geprüft und berufen, so dass ihm nur noch ein schwerer Abschied mit einer diesmal glücklichen und umso größeren Liebe bevorstand.

Auch Alena Vránová, ein schlankes und fröhliches Mädchen aus dem Ensemble, verwandelte sich unversehens in eine reizende junge Frau, die ihn schnell aus dem Trauerhaus führte, wo er sich, wie er glaubte, für immer nach seinem Pyrrhus-Sieg im Lauf eingeschlossen hatte. Schon ihre erste charmante Reise zu zweit, die sie mit dem Raddampfer auf der Moldau zum achten Weltwunder, das damals der Staudamm Slapy zu sein schien, unternahmen, versetzte beide ins Staunen darüber, wie sie eine so lange Ewigkeit nicht zueinander hatten finden können, und ließ sie wohl auch den Wunsch verspüren, den Rest ihrer Ewigkeit zusammen verbringen zu wollen. Von diesem Augenblick an waren sie für alle ein Paar, für ihr eigenes Verständnis umso mehr, da beide gerade zum ersten Mal Platons magische Linie überschritten hatten. Sie waren das ganze lange Jahr tagaus, tagein unzertrennlich, im Ensemble, in den Kinos, beim Stadtbummel oder bei Ausflügen, am liebsten aber in Alenas Studentenzimmer, das sie mit einer Kommilitonin teilte. Die Vorstellung, dass sie sich jetzt vielleicht für ein paar Jahre aus den Augen verlieren sollten, kam ihm niederschmetternd vor. Ein kleiner Trost war es, dass auch die neue Angebetete ihre anspruchsvolle Aufnahmeprüfung für die beste heimische Schauspielschule bestanden hatte. Die reiche

Korrespondenz belegt, dass sie sich versprochen hatten, die Zeit ihrer Trennung mit emsiger Arbeit im jeweils eigenen Bereich auszufüllen, damit sie ihren Kindern, die sie nach dem endgültigen Wiedersehen zeugen würden, zu einem glücklichen Leben im Kommunismus verhelfen könnten. Mit dieser Sehnsucht im Gepäck flog der kommende Diplomat kurz nach seinem einundzwanzigsten Geburtstag in das verheißungsvolle Land der Revolutionäre.

Obwohl der Geruchssinn bei ihm von allen Sinnen am schlechtesten ausgeprägt ist, erinnern ihn gerade die Düfte und Gerüche am verlässlichsten an seine Vergangenheit. Obwohl er sie nur in seiner Vorstellung riechen kann, bringen sie den verblassten Bildern ihre satte Farbe wieder. Die Ankunft in Moskau ist mit dem beißenden Geruch von glühendem Asphalt verbunden, den Frauen mit Eisenrechen auf dem Maneschnij-Platz verteilten. Ihre Allgegenwärtigkeit in verschiedenen Funktionen und Uniformen war ein anschauliches Zeugnis dafür, wie der Krieg das männliche Geschlecht dezimiert hatte. Er schaute aus seiner prunkvollen Suite des altehrwürdigen Hotel National, die er noch drei Tage lang nutzen durfte, zu ihnen hinunter; dann wurde nach zwei Monaten die Ausstellung geschlossen, die sein Vater als Direktor leitete. Diesem war neben dem Parteiausweis und dem Organisationstalent bei seiner Karriere förderlich, dass er perfekt Russisch konnte, wie er es sich als Zivilgefangener in Sibirien angeeignet hatte, Kenntnisse in der Wirtschaft besaß, die er an der Prager Handelsakademie studiert hatte, und den Wodka wie Wasser trank, ohne dass man ihn unter den Tisch trinken konnte. Bei allen entscheidenden Verhandlungen hatten die sowjetischen Delegierten bis zu jener Zeit den Tschechen zunächst durch Trinksprüche zugesetzt; seine Aufgabe war es daher, länger durchzuhalten als der letzte Russe, um tags darauf mit den Verhandlungen unter gleichen Bedingungen fortfahren zu können.

Sobald der Vater weggefahren war, musste sein Spross in ein Zimmerchen mit Fenster zum Hof umziehen, das seiner nichtigen Position entsprach. Das einst erhabene Hotel war nämlich die Unterkunft für Diplomaten vom niedrigerem Rang und Handelsvertreter, die aus den Ländern stammten, wo sich gerade das Lager des falschen Friedens und Pseudosozialismus zu formieren begann; dieser duftete jedoch dem diplomatischen Novizen immer noch nach dem Flieder der Maitage von 1945, als die letzten russischen Männer in Prag fielen. Dabei klopfte der künftige Terror schon an die benachbarte Hotelzimmertür, wo einer der Angestellten des Prager Außenhandelsministeriums wohnte. Er klopfte leise und unauffällig an, um die Nachbarn nicht aufzuscheuchen. Jiří Kosta war plötzlich abgereist, und unser Neuling erfuhr erst nach Monaten, dass er nach der Verhaftung seines Vaters zurückberufen worden war; die halb vollzogene Rehabilitierung wird Ende der sechziger Jahre eingestellt, und der Sohn wird sich dann für die Emigration entscheiden, in der er zu einem der bedeutenden deutschen Ökonomen aufsteigen wird. Das Ganze wird von einem Happy End gekrönt werden: Im ersten Jahr des darauffolgenden Jahrtausends wird der ehemals jüngere Nachbar aus dem Hotel National und dann lebenslange Verbündete eine Laudatio zum Anlass der Achtzigjahrfeier des namhaften Wirtschaftsprofessors halten.

Hunderte von Seiten, die er in einem knappen Jahr aus Moskau seiner Liebe, seinen Eltern, ins Ensemble, aber auch an verschiedene Zeitungen schickte, wirken über die Kluft der Zeit, als wären sie im Zustand einer Dauerekstase geschrieben worden. Die Disman'sche Exaltiertheit und das revolutionäre Pathos vereinigen sich zu einem unerträglichen Konglomerat; ein umfassendes Anschauungsbeispiel wurde schon im *Tagebuch eines Konterrevolutionärs* veröffentlicht, in einen Liebesbrief ist dort nahezu schon absurd der politische Kontrapunkt eingeflochten. Dennoch ging es dabei nicht darum, sich verstellen zu wollen, es war schlicht und einfach der Bewusstseinsstand des Verfassers. Der erwachsene Mann stellt fest, wie sehr fromme Wünsche vom Anfang seiner persönlichen Pubertät bis zum Ende der bürgerlichen Pubertät ihn beeinflussten und eigentlich steuerten. Die Ungeduld setzte die Erwartungen dadurch in die Realität um, indem sie sich diese aus Worten zusammengesponnen hatte – gerade so mussten Fučíks Reportagen, die in Potemkin'scher Art verlockend waren, entstanden sein. Die innere Sicherheit wurde sowohl dem Älteren als auch dem Jüngeren, aber auch Millionen von Menschen ohne jeden Zweifel durch den Mythos mit dem Namen Stalin gegeben.

Die Anhänger von Adolf Hitler hätten schon aus seiner programmatischen Schrift *Mein Kampf* herauslesen können, dass sie einem fanatischen Nationalsozialismus, Rassismus und Militarismus dienen werden, hatte der Führer der Welt doch schon vorab zwei deutlich lesbare Visitenkarten geschickt – die Bücherverbrennung und die »Reichskristallnacht«. Stalin wurde nicht nur durch die Regimepropaganda, sondern insbesondere durch die Huldigung zahlloser geistiger Größen von Weltformat zum Symbol des Höchsten emporgehoben, was sich die Menschheit beim Suchen der freien und gerechten Gesellschaft in ihrer Geschichte ausdenken konnte. Auf den Novizen hatte zudem ein persönliches Erlebnis suggestiv eingewirkt. Weil zu Hause auch nach dem Attentat auf Heydrich fast jeden Abend Moskau gehört worden war, musste er von dem Augenblick an, als der deutsche Rückzug mit dem Debakel bei Stalingrad begonnen hatte, sicherlich mindestens fünfhundertmal den faszinierenden Bassbariton des sowjetischen Ansagers Levitan gehört haben, der das Kommuniqué der obersten Heeresleitung verlas. Sie schlossen mit der feierlich vorgetragenen Tonunterschrift »Gláwnokomándujuschtschij sawjetskich ármijej, tawáryschtsch Josip Wissariónovitsch Stalin!« Dann folgten die sowjetische Hymne, das Schlagen der Turmuhr des Kreml und Artilleriesalven, deren genaue Anzahl die Bedeutung der eroberten Stadt verkünden sollte.

Das war das *Sursum corda* während des Krieges! Und die Verzweifelten konnten jedes Mal wieder lachen. Der Einmarsch der Roten Armee in Prag am 9. Mai 1945, der dem langjährigen Warten der ganzen Familie auf den Tod ein Ende setzte, kam für den jungen Mann daher einem leibhaftigen Aufmarsch Stalins gleich. Und noch während der Zeit seiner Moskauer Tätigkeit war Stalin für ihn das Synonym seiner persönlichen Befreiung vom Faschismus – und freilich auch von einem solchen Kapitalismus, wie er sich in den dreißiger Jahren der Zwischenkriegsgeneration wirtschaftlich und politisch dargeboten hatte.

Einen positiven Einfluss auf die Optik des Novizen übten auch die zahlreichen Treffen mit den Bewohnern Moskaus aus, die ihm einen umso größeren Respekt dadurch abnötigten, dass sie als Sieger nach dem Krieg noch ärmer waren als vorher. Er kaufte sich schon für sein erstes Gehalt eine goldene Schweizer Armbandstoppuhr, und er trägt sie bis heute bei feierlichen Anlässen, während die berühmten russischen

Schriftsteller bescheiden in ihren geteilten Wohnungen mit gemeinschaftlichen sanitären Anlagen lebten. Es faszinierte ihn auch, wie sich
der physische Hunger der breiten Massen ergänzend an geistiger Nah-
rung satt aß. Das Große Theater, das Kleine Theater, MCHAT – der
Olymp, auf dem der Gott Tschechow thronte! –, die singenden Alexan-
drows, die tanzenden Mojsejews, der geniale Komödiant Rajkin, der
zauberhafte Puppenspieler Obrazcov, und überall vor den Eingängen
Dutzende erwartungsvoller Besucher mit dem ewigen Refrain »Njet u
vas lischnjevo biljeta?« Hätten Sie nicht noch eine Karte? Ein so massen-
hafter Kulturhunger war Prag fremd. Auch die Chauffeure der Botschaften hatten im Fußraum neben der Kupplung Bücher liegen, bei Nikolaj
Stepanowitsch, dem Fahrer der Kulturattachés, war es ein Band aus den
gesammelten Werken Turgenjews, und jedes Mal, wenn sie warteten, lasen und lasen sie. Und niemand, niemand, den der Novize je getroffen
hatte, beklagte sich … heute ist es ihm schon längst klar: Man wusste
nicht, bei wem man sich hätte beklagen können.

Ein Schock war für ihn vielmehr die Institution der Karrierediplo-
maten. Der technische Begriff, der das kontinuierliche Vorrücken der
Dienstgrade bezeichnete, offenbarte sich ihm nach nur wenigen Wochen in seiner widerwärtigsten Form, potenziert außerdem durch den
Austausch der Kader nach der kommunistischen Machtübernahme.
Viel später lernte er Dutzende Diplomaten näher kennen, und er weiß,
dass man auch in ehrwürdigen Demokratien mit harten Bandagen um
Posten kämpft. Was er in Moskau beobachtet hatte, war aber eine abscheuliche Rauferei. Bescheidenheit, Umgänglichkeit und Kulturbeflis-
senheit der ihm bekannten Moskauer neben Aufgeblasenheit, Intrigier-
sucht und Abgestumpftheit der tschechoslowakischen Karrieristen
haben ihn in der Überzeugung bestärkt, dass der Kommunismus für
sein Land wie das Salz in der Suppe nötig war, damit auch dessen Bewohner das gleiche menschliche und kulturelle Niveau erreichen konnten. Ein wahres Abbild dieser großen Illusion, gleichwie auch des damaligen menschlichen und künstlerischen Potenzials ihres Trägers, ist das
dort verfasste Buch für Kinder *Von Schwarz und Weiß*.

Einst ging der Genosse Gottwald durch die Lande,

beginnt das Märchen über vier Buben, die aus einer Art romantischer
Dummheit ihrer Bauernmutter weggelaufen sind und die ausgerechnet
G. G. zum rechten Leben der Werktätigen eines volksdemokratischen
Staates bringt. Wenn ihr Autor diese ideologischen Paraphrasierungen
der tschechischen Volksmärchen schon nach einigen wenigen Jahren
liest, wird er über und über erröten; und wenn man im Jahre 1970 alle
Bücher der verbotenen Autoren einstampft, wird ihn erleichtern, dass
unter ihnen auch seine Erstlingswerke sein werden. Gerechtermaßen
werden sie vom gleichen Regime vernichtet, das sie im verblendeten
Glauben besungen haben.

Das Gefühl der Nutzlosigkeit, modern Frustration genannt, wurde in
Moskau noch von der totalen Verlassenheit gesteigert. Der berühmte
Schriftsteller Jilemnický, auf den sich der Poet freute, starb, bevor er ihn
noch hatte treffen können. Ein junger Brünner Dichter, genauso lang-
weilig wie arrogant, wurde zeitweilig sein Vorgesetzter. Der Novize reifte
zu einem weiteren Sprung heran, der in dieser unsicheren Zeit doppelt
riskant war: Er begann selbst an seiner eigenen Abberufung zu arbeiten.
Gleich am Anfang des Frühlings 1950 ließ er sich in einer russischen Kli-
nik attestieren, dass ihn das Moskauer Klima, der extreme Wechsel der
Temperaturen, stark beeinträchtigt. Die gesundheitlichen Beschwerden
übertrieb er nicht einmal; auch wenn der Verdruss am Arbeitsplatz und
das Fernweh nach der weit entfernten Liebe sie nährten, waren sie die
Nachbeben der Kinderkrankheiten, von denen ihn die Ärzte noch einige
Male kurierten, bis ihn im Jahr 1969 ein mit nichts vergleichbarer Schlag
trifft: das Generalverbot von fast allem, was das Leben lebenswert
macht. Nur, dass er gerade ab diesem Zeitpunkt für die ganzen nächsten
Jahrzehnte praktisch nie krank werden wird! Man sollte einmal erforschen, was ihn so kerngesund gemacht hatte. Etwa Trotz und Wut?

Damals nahmen die Geschehnisse die rechte Richtung und ein
schnelles Tempo. Die Untersuchung in Prag bestätigte erwartungsgemäß, was der sowjetische Arzt festgestellt hatte. Der junge Mann wurde
sofort auf eine Intensivkur ins Sanatorium geschickt.

Er wurde gesund, verzichtete mit Erfolg auf einen weiteren Verbleib in der Diplomatie, ohne die wirklichen Motive zu verraten, er nahm, wovon noch ausführlich die Rede sein wird, den Posten des Chefredakteurs der satirischen Wochenzeitung »Stachelschwein« an und heiratete endlich seine Liebe, um mit ihr die gemeinsamen sozialistischen Verpflichtungen zu erfüllen, die Kinder und ein glückliches Leben betrafen. Sie ließen sich auf dem Altstädter Rathaus am 21. 12. 1950 trauen, dem Geburtstag des Genossen Stalin.

Im Jahre 2002, nach einer durch den Prager Frühling 1968 verschuldeten vierunddreißigjährigen Pause, wird das ehrwürdige Moskauer ›Tschechow-Theater‹ den einstigen Bräutigam zur Premiere seines Stücks *Die Nullen* einladen; als ihm in die Augen sticht, dass sie am 21. Dezember stattfinden soll, und er dort auf dem Sekretariat anrufen wird, wie er das verstehen solle, werden sie nicht begreifen, um was es ihm eigentlich geht. Ist seitdem so viel Wasser den Bach heruntergeflossen? Nicht ganz so viel; auf dem Grab des Generalissimus, zu dem ihn die Neugier führt, wird er im Schnee einen Berg roter Rosen finden, eine Ausflugsgruppe junger Männer in Jeans wird dort ihre Rosen ablegen! –

Die Verlobten fünfzig Jahre davor trugen die blauen Hemden des Jugendverbandes, der Ehemann sogar eine russische Papachamütze. Nachdem das Julius-Fučík-Ensemble von ihm getextete Lieder für die Verheirateten gesungen hatte, fuhren sie mit dem Nachtzug zum Skifahren in die Tatra. Die Skier wurden ihnen dort gleich in der ersten Nacht gestohlen – schon damals, an der Schwelle zum Kommunismus! –, so konnten sie sich also ungestört ihren Flitterwochen widmen.

Noch etwas zum Genre dieser Zeit: Auch weiterhin in der Gefangenschaft von *Cyrano* schrieb der Novize aus Moskau seiner Liebe Briefe, wenn nicht täglich, so doch mehrmals in der Woche. Das Echo war weniger häufig, aber im Unterschied zu Roxana schrieb seine Liebe bei allen Trennungen regelmäßig zurück und natürlich auch im Geiste der Zeit. Ein vergilbter Umschlag mit dem Prägestempel 6. VIII. 1951 trägt die Adresse

Genosse Pavel Kohout, Weltfestival der demokratischen Jugend, Tschechoslow. Delegation, Julius-Fučík-Ensemble, Berlin Fischerstraße 34.

Der mit Bleistift geschriebene Brief schildert die ersten Erlebnisse der jungen Schauspielerin von den Dreharbeiten zum Film *Die eitle Prinzessin*, und vor dem zärtlichen Ende gipfelt er in einer besonders politischen Botschaft:

... Ich drücke Euch allen ganz fest die Daumen, in der Nacht träume ich immer von Berlin, verfolge sorgfältig alle Neuigkeiten in den Zeitungen. In Berlin müssen wir gewinnen. Und wenn nicht als Ensemble, dann als fröhliche Menschen unseres Landes über diese Ratten aus dem Westen. Wir zeigen unsere Stärke, und das wird der größte Schlag sein. Ich sage absichtlich »wir«, weil ich auch dort sein werde!

Ich denke, dass diese Zeit kaum mit der Stimme des jungen Dichters spricht, eher spricht er mit der Stimme der Zeit. Auf dem Höhepunkt des Lebens werden ihn dafür die durch den Wortschatz veränderter Zeiten dümmlichen Texte tagtäglich strafen, die die nachfolgenden Teenagergenerationen als Ausdruck ihres Lebenscredos für sich beanspruchen. Die Frage ist nur, wie man dabei den Charakter der Mitteilung beurteilen soll. Ist die Absicht, die Welt zum Besseren hin zu verändern, die sich die abtretende Generation bei aller Selbstkritik unstrittig zuschreiben darf, im Vergleich mit der Botschaft der zeitgenössischen Medienstars, in ihrer programmatischen Inhaltslosigkeit, ein mildernder Umstand – oder ein belastender?

14. KAPITEL

Nach Fučík das Stachelschwein

Die fortschreitende Spaltung innerhalb der Gesellschaft in Folge der kommunistischen Kaderpolitik, die die ›bourgeoise Herkunft‹ zur Erbsünde erklärte und dafür auch den Nachwuchs strafte, dem sie das Studium verwehrte und die besten Chancen vorenthielt, dezimierte allmählich auch die Welt der Jugendensembles. In den ersten Nachkriegsjahren hatten sie Zehntausende von Mitgliedern, die in gegenseitigem

Wettbewerb das kulturelle Leben erneuerten, das durch die Okkupation unterdrückt worden war. Daher verbreiteten sie enthusiastisch die sogenannte sozialistische Aufbau-Begeisterung.

Wie aber der Anteil jener wuchs, die das Regime aus der Bahn warf und manchmal auch unter die Räder stieß, hörte man auf, unbefangen zu tanzen und zu singen. Menschen mit besseren Sinnesorganen, als sie der Dichter damals hatte, erblickten offenbar schon den Schatten der Galgen. Binnen kurzer Zeit überlebten nur einige große Gruppen, die in der Zwischenzeit für Amateure ein schier unglaubliches Niveau erreicht hatten. Die Tätigkeit war anspruchsvoll und wurde nach wie vor nicht honoriert, und dennoch hoben die ständigen Proben und zahlreichen Auftritte das Niveau des Julius-Fučík-Ensembles, das es ihm erlaubte, sogar mit professionellen Ensembles aus der ganzen Welt erfolgreich zu konkurrieren, wie auf dem gewaltigen Jugendfestival in Ostberlin im Sommer 1951 oder bei den Olympischen Spielen in Finnland im Juli 1952. Dort hielt das Ensemble gleich drei unvergessliche Eindrücke fest – die nördlichen weißen Nächte, die schockierende Konfrontation mit dem realen Kapitalismus und die drei ruhmvollen Siege des Läufers Emil Zátopek.

Es stimmt, dass die Mitglieder eines solch elitären Ensembles in einem gewissen sozialen Vakuum lebten und sich somit zu einer Art Sekte entwickelten. Daraus resultierte logischerweise eine fortschreitende politische und poetische Pubertät des Dichters, die erst mit dem Beginn des Wehrdiensts ihr Ende fand. Die Mehrzahl der Heranwachsenden will sich beständig an der wechselseitigen Sympathie gleichgesinnter Freunde wärmen. Damals war das Ensemble für viele auch eine Wagenburg, aus der sie nach den Nazis und Kollaborateuren auch die sogenannten ›ewig Gestrigen‹ verstießen, die jene ›lichte Zukunft für alle‹ bedrohten. Das Ensemble wurde wie eine Art Ersatzfamilie, die auch jenen Mitgliedern Schutz gewährte, die eine ›für die Kader schlechte Herkunft‹ hatten. Aus heutiger Sicht, wo man alles aus dieser Zeit als entartet betrachtet, wird kaum geschätzt, dass von den ›Verlässlichen‹ für sie oftmals Auslandsreisen durchgeboxt wurden, weil sie sich persönlich für sie verbürgten.

Summa summarum, was die Mitglieder des Fučík-Ensembles betrifft:

Ihre Kommunität – es gab damals eine Menge von dieser Art – wurde, wie es der slowakische Schriftsteller Dominik Tatarka nannte, von dem »Dämon des Einverständnisses« beherrscht, der fromme Wünsche als Realität erscheinen ließ und jeden Zweifel unterdrückte. Als eine ähnliche Familie oder gar Sekte, die nur im Vakuum existieren kann, wird den späteren Kritikern auch die wahlverwandtschaftliche Vereinigung der Charta 77 erscheinen, manche werden sie sogar Ghetto nennen. Irrtum! Der gemeinsame Nenner – die aktive Verteidigung der Menschen- und Bürgerrechte – wird nie die Polarität von Meinungen gefährden, so verschieden wie die Lebensgeschichten der Unterzeichner. Der Dämon gleichgeschalteter Meinungen wird innerhalb der Charta nicht die geringste Chance bekommen, und das Regime begreift sofort, dass dieses auf den ersten Blick lächerliche Häuflein genau deswegen dem Totalitarismus die Todesglocke läuten wird. Die Mitglieder des Jugendensembles waren dadurch verwandt, dass sie erst anfingen, das Trugbild zu durchschauen.

Im Herbst 1950, bald nach der Rückkehr aus Moskau und aus dem Sanatorium, wo man den Poeten wieder aufgepäppelt hatte, bot ihm der gewerkschaftliche Verlag Práce unversehens an, Chefredakteur der soeben verwaisten Wochenzeitung Dikobraz, also »Stachelschwein« zu werden. Er war zweiundzwanzig Jahre alt, und seine ganze Berufserfahrung bestand aus drei Jahren in der Jugendredaktion des Rundfunks, trotzdem nahm er die Stelle ohne langes Zögern an. Wieder einmal lockte ihn unwiderstehlich ein Sprung von einer großen Schanze, dieses Mal schon im Bewusstsein eines kalkulierten Risikos. Es sollte ein Sprung sein, der den reifenden Künstler endgültig von der Nabelschnur einer Gruppe losriss, die doch nur aus Amateuren bestand, und ihn zu höheren professionellen Zielen führte; und es sollte auch ein Sprung sein, der ihn vor den Augen jenes hinreißenden Mädchens emporträgt, das gerade einwilligte, seine Frau zu werden.

Das »Stachelschwein« war zuvor eine typische humoristische Zeitschrift gewesen, und ihre überwiegend nichtkommunistischen Redakteure hatten ihr sämtliche Zähne gezogen, aufgrund der berechtigten Angst, sie könnten irgendwo anecken, auch wenn der Übermut neuer Parteibonzen, welche die öffentliche Kontrolle vermissten, immer mehr nach Satire schrie. Was sich die Unparteiischen nicht erlauben konnten, das konnte sich nun der junge Parteibarde herausnehmen, und deswegen musste er es auch tun. Das Magazin kämpfte unaufhörlich gegen die westlichen ›Kriegshetzer‹, aber es fuhr auch – zur Überraschung des Herausgebers – die Stacheln aus gegen jene, die in der Heimat, um an Macht und Eigentum zu kommen, schamlos die Privilegien der neuen Klasse ausnutzten. Was aus heutiger Sicht als eine kaum vernehmbare seismische Erschütterung erscheint, war der Auftakt eines Erdbebens, das die Poeten von allen scheinbaren Sicherheiten befreien und sie dadurch ersetzen sollte, was ihn bis zum Lebensende begleiten wird: die permanente Verunsicherung, die jeden Morgen dazu provoziert, sie während des Tages durch die Taten so weit zu überwinden, dass man am Abend mit dem, was ihr übrig bleibt, einschlafen könnte.

Die Durchsetzung der kritischen Rubrik »Auf die Stacheln!«, in diesem Ausmaß der ersten in der totalitär gleichgeschalteten Presse, erschütterte die Selbstsicherheit der angegriffenen Apparatschiks, die sich für unantastbar hielten. Ihr Geschrei, sie seien Opfer des Klassenfeindes oder gar Agenten des Imperialismus, prallte jedoch an dem harten Panzer der Popularität des Poeten ab und vor allem an seinem Parteiausweis, dessen Hauptvorzug darin bestand, dass er der ganzen Redaktion Immunität brachte. Der zweite Gewinn, mit dem er selbst nicht gerechnet hatte und der deswegen alle Höflichkeit und Bescheidenheit mobilisierte, war der Sympathiegewinn von Seiten der Elite tschechischer Humoristen und Satiriker, und vor allem des Schriftstellers Zdeněk Jirotka, Autor des zum Kult avancierten Romans *Saturnin*, der höchsten Respekt genoss. Der erklärte Demokrat mit der Haltung eines englischen Lords war der Erste von jener ›anderen Seite der Barrikade‹, der erkannte, dass es für den jungen Mann möglich war, sich dem kritischen Denken zuzuwenden, und er begann diskret und geduldig daran zu arbeiten.

Natürlich konnte er nicht vermeiden, dass in der Zeitschrift weiterhin blindgläubiger Blödsinn erschien, aber er stachelte seinen Chef, einen Grünschnabel, beharrlich an, in den sich verschärfenden Konflikten mit den Kritisierten unnachgiebig zu bleiben. Namentlich vor ihm hätte sich der junge Mann niemals erlaubt, die Klinken zu putzen und zu Kreuze zu kriechen. Im Nachhinein erfährt er, dass im Sommer 1952 eine Absprache der Gewerkschaftszentrale mit seiner Partei getroffen wurde, dass für ihn, obschon frisch verheiratet und werdender Vater und noch immer an der Hochschule studierend, entgegen der Praxis der Eintritt in den Grundwehrdienst nicht verschoben werde. Den erfahrenen Funktionären entging nicht, dass das enfant terrible gerade ordentlich scharfe Zähne bekam. Dies war der Vorbote des ersten ernsten Konflikts, der drei Jahre später ausbrechen sollte. Es blieb natürlich noch die Möglichkeit, mit der Philosophischen Fakultät, wo er die Mehrzahl der Prüfungen zwischenzeitlich schon abgelegt hatte, die übriggebliebenen Termine zu vereinbaren, aber da richtete zum ersten Mal das Alter das Wort an den jungen Mann: Er wäre dann an der Seite von Achtzehnjährigen als ein sechsundzwanzigjähriger Methusalem eingerückt. Er verpasste also auch die letzte Abzweigung, um das Studium abzuschließen. Dafür entschädigte ihn aber, dass diejenigen, die ihn beim Eintritt doch als einen skrupellosen Kommunisten gefürchtet hatten, sich wie von einem Sohn verabschiedeten. Zdeněk Jirotka wird es noch nach zwanzig Jahren bestätigen, wenn er ihm eine Petition für die Freilassung politischer Häftlinge unterschreibt und damit bei der neuen Macht selbst abgeschrieben wird.

15. KAPITEL

Das schlechte Lied von der eitlen Prinzessin

Die Mutter des jungen Mannes, die er verdächtigte, auf seine ernsthaften Liebschaften eifersüchtig zu sein, als stünde sie mit ihnen in Konkurrenz, und sie habe sie ihm nur deswegen ausgeredet, irrte sich im entscheidenden Fall leider nicht. Sie ahnte richtig, dass der knappe Altersvorsprung vor der attraktiven Auserwählten ihrem Sohn mit seinem Charakter und Erfahrungshorizont recht wenig Chancen gab. Die Mädchen haben beim Start ins Leben einen Vorsprung, die Männer gleichen ihn durch einen längeren Endspurt aus.

Die junge Frau Alena hatte kaum angefangen, die Theaterakademie der musischen Künste zu besuchen, als sie die Hauptrolle in dem Mär-

chenfilm *Die eitle Prinzessin* bekam. Niemand konnte ahnen, dass hier
ein Werk entstand, das noch im nächsten Jahrtausend jedes Jahr mindestens an Weihnachten ausgestrahlt werden würde, wenn sie schon
lange mit dem höchsten tschechischen Schauspielpreis, der Thalia, gekrönt sein wird. Zu ihrem Glück und zum Pech ihres kaum aus dem
warmen Nest gekrochenen Ehemanns war die Rolle des jungen Königs
mit einem der besten und bestaussehenden Schauspieler des Nationaltheaters besetzt, dem tschechischen Gérard Philipe. Zwischen einem
zweiundzwanzigjährigen Jungen und einem siebenundzwanzigjährigen
Mann liegen Welten – das weiß der inzwischen erwachsen gewordene
junge Mann heute. Auch wenn er Puschkin gewesen wäre, hätte er es
nicht geschafft, seiner Geliebten mehr zu sagen, als es sein damaliger
neuer Gegner auch ohne Worte fertiggebracht hatte. Jedes Mal, wenn er
den Film sieht, kann er sich von neuem überzeugen, dass das ja auch
nicht anders ausgehen konnte, sie hätte blind und taub sein müssen, um
nicht allein schon von diesem Aussehen und von dieser Stimme ent-
zückt zu sein. Alle beide sind in diesem Märchen so schön und zart an-
zusehen, dass man fast ihr Edelknappe sein möchte.

Für den jungen Mann war es ein umso heftigerer Schlag, weil er bis zu
dieser Zeit – das Protektorat war schon gänzlich in Vergessenheit geraten! – wie in Watte gepackt gelebt hatte, von Zuschauern und Lesern bewundert, bei allen Mitarbeitern und Freunden anerkannt und ausgerechnet mit diesem Mädchen beehrt wurde, das ihn seine privaten
Misserfolge vergessen ließ, als sie sogar für das ganze Leben seine Frau
wurde. Auch der erste Knacks schien banal zu sein. Das Zusammenleben
zweier so unterschiedlich temperamentvoller Wesen, wie es seine Frau
und seine Mutter waren, rief in der kleinen Wohnung der Eltern Un-
stimmigkeiten hervor, die ihm lange eher wie ein Lustspiel vorkamen,
bis seine Frau einmal nicht nach Hause kam und ihn wieder in ihr Studentenzimmer rief, wo sie zur Untermiete wohnte. Als sein Charme
nach beiden Richtungen endgültig versagt hatte, wurde er von Trotz abgelöst. Er pendelte von der einen zu der anderen und gab mit Heftigkeit
zu verstehen, dass er sich nirgends gerne aufhalte. Indessen überzeugte
er den Vater, dass es dringend notwendig sei, ihre Wohnung gegen zwei
separate einzutauschen.

Als er sich im Sommer von den weiblichen Polen seines Lebens verabschieden musste, weil er beauftragt wurde, das Fučík-Ensemble auf
dem Vorbereitungslager zu leiten und danach auf dem riesigen Weltfestival in Ostberlin, begrüßte er das nur: Der Abschied sollte den beiden zeigen, wie sehr er ihnen fehlte. Er rechnete auch mit Eifersucht,
denn gerade die Reihen der Sopran- und Altstimmen boten eine ständige Schönheitsschau. Das entsprechende Empfinden hatte leider nur
die Mutter, der er immer fehlte. Der anderen reichten zwei Monate,
um auf einen anderen Planeten zu kommen. Als er sie am Tag nach seiner Rückkehr bei Außenaufnahmen traf, um ihr glücklich mitzuteilen, dass der Wohnungstausch zwar nur eine Wohnung gebracht hatte,
dafür aber eine große mit zwei Eingängen, so dass sie dort auch die
Mutter nicht ewig antreffen müsste, war sie bereits fest in fremden
Händen.

Der erwachsene Akteur jenes privaten Dramas darf dank seiner Kontakte zu allen Generationen schon lange aus nächster Nähe das Entsetzen unreifer Liebhaber erleben, wenn ihnen ihre für immer und ewig
Auserwählten erbarmungslos mit den Greisen von dannen gehen, die
dreißig sind oder noch älter! Bei ihrer Erniedrigung sind sie nicht imstande zu glauben, dass alles, was man ihnen in der Kälberjugend geraubt hat, ihnen reichlich im Alter der alten Löwen dazugegeben wird.
Der Filmkönig enthüllte der Prinzessin in einem langen Blitzlicht die
Welt, von der jene bis dato keine Ahnung gehabt hatte, und umso weniger ihr frisch gebackener Gatte.

Der hat schon längst offen zugegeben, dass ihn damals der letzte Rest
an Selbstkontrolle verlassen hatte. Und auch die Selbstachtung, von der
Achtung anderen gegenüber ganz zu schweigen. Seine Reaktion war
umso radikaler, weil er in sein Problem das Theaterpublikum im ganzen
Land mit einbezog. So entstand ein Werk, das bei allen persönlichen
Peinlichkeiten die tschechischen Theater von den Kriegs- wie auch von
Aufbaustücken befreite und den Verfasser zu jenen magischen Brettern
führte, die er bei dem Zauberer Marion entdeckt hatte und die nächsten
fünfzig Jahre nicht verlassen wird. Dieses unanständige Stück, jedoch in
ziemlich anständigen Versen, hieß *Gutes Lied*, und er übertrug in ihm
sein Leid in eine melodramatische Geschichte, wobei er sich nicht ein-

mal bemühte, sie künstlerisch zu verfremden: Ein zynischer Schauspieler zerschlägt raffiniert eine unerfahrene, aber ›fortschrittliche‹ Ehe.

Zum Glück greift rechtzeitig das Kollektiv des Jugendverbands ein, das die Sünderin zur Einsicht, zur Reue und auch zur Umkehr bewegt. Sie ist dann sogar dazu fähig, den Verführer bei seinem nächsten Versuch in seine Schranken zu weisen.

Der Vater dieses Gedankens war ein heftiger Wunsch, der sich auch nicht erfüllte. Die treulose Prinzessin bereute gar nichts und der Schürzenjäger-König ließ sich in Zivil scheiden, um sie in Ehren heiraten zu können. Schon die ersten Premieren im Großen Theater in Pilsen und im Prager Theater in den Weinbergen, der damals neuen Bühne der tschechoslowakischen Armee, hatten riesigen Erfolg und nachhaltige Auswirkungen: Die Hauptdarsteller dieser Moralität hatten sich so sehr ineinander verliebt, dass sie sich von ihren bisherigen Partnern scheiden ließen. Derselbe Doppeleffekt brach dann bald wie eine Epidemie über alle tschechischen Bühnen herein. Wenn man die zahlreichen Reaktionen des Publikums mit einrechnet, kann man gar nicht abschätzen, wie viele Beziehungen dieses Stück zerstörte und wie viele Paare es von neuem in die Trauhallen brachte. Der Autor hat sich selbst dazugesellt, und als er sich am Hochzeitstag gegen Abend mit seiner neuen Frau Anna in die Proszeniumsloge setzte, wo ihn bald der wütende Verteidigungsminister wegen eines anderen Theaterstücks rügen sollte, stieß die ganze Truppe von der Bühne aus im Finale mit echtem sowjetischem Sekt auf das Paar an.

Bald darauf erreichte ihn im Theater ein Brief, in dem ihm eine Zuschauerin mitteilte, dass er der glückliche Vater ihres Kindes sein wird, und sie verlangte ziemlich folgerichtig, dass er als ein Dichter der Moral daraus seine Schlüsse ziehen sollte. Das süße Bewusstsein seiner Unschuld zwang ihn, sofort zu handeln, und er schlug ihr ebenfalls brieflich ein Treffen vor. Als er pünktlich an der verabredeten Station aus der Straßenbahn stieg und dort ein einziges Mädchen stehen sah, fragte er, ob sie auf ihn warte. Nein, sagte sie stolz, und einen Mittelsmann möchte sie auch nicht, sondern nur Pavel Kohout persönlich! Irgendein Schlitzohr hatte seine Identität angenommen, indem er vor ihr seine Liebesgedichte fließend rezitierte.

Und ein damals frischer Bräutigam wird ihm schließlich noch im Januar 1977 ›danken‹, wenn er nach seiner Verhaftung kommt, um ihn über die Charta zu verhören. Auch er, angeblich ein Major Svoboda, wird zum Auftakt den Trinkspruch aus dem Stück vortragen. »Nach diesen Versen habe ich meine Alte geheiratet!«, wirft er dem Autor mit saurer Miene vor, »und ich habe sie immer noch, und Sie haben schon die dritte!« Der Beschuldigte versucht, ihn dadurch zu trösten, dass seine Genossen heute auch sie festnahmen. Noch davor, in den hoffnungsvollen sechziger Jahren, wird ihn der Regisseur Jiří Weiss fragen, ob er die Hauptrolle des Films, der nach seinem Stück *So eine Liebe* gedreht werden soll, mit dem einstigen König besetzen dürfe. Natürlich wird er zustimmen, und erst bei der Premiere wird ihm klar, dass Vladimír Ráž ein weiteres Mal in die Rolle eines Ehebrechers geschlüpft ist, und zwar diesmal ganz von sich aus.

Was er mit all dem nicht unterschlagen wollte: dass ihm das *Gute Lied*, sein erster großer Theatererfolg, summa summarum als Ausgeburt seiner verletzten Eitelkeit erscheint, die den beiden in der Grundebene des Dreiecks Schaden zufügt, in dessen Eckpunkt er sich selbst als Opfer stilisiert hatte. Über den Abstand der Jahre hinweg kann er nur mit den Worten Bergeracs sagen: »Jetzt bitte ich Gott um Vergebung …!«

16. KAPITEL

Der Dichter dient dem Volke

Nennen wir ihn endlich so, wie er schon allgemein genannt wurde. Einige Tage nach der Scheidung heiratete er – darüber später – am 25. Oktober 1952 zum zweiten Mal; diesmal in einem eher unauffälligen Trauzimmer im Prager Stadtteil Smíchov, im engen Kreise der Familie, ohne seine russische Papachamütze, ohne Lieder und ohne Hochzeitsreise. Stattdessen trat er drei Tage später den Grundwehrdienst an.

Die Bahn fuhr mit den kahlgeschorenen Wehrpflichtigen die ganze Nacht hindurch, so lange brauchte sie für die 120 Kilometer über Regionalstrecken von Prag bis nach Karlsbad, denn ihre Fahrt sollte aus Gründen militärischer Geheimhaltung unbemerkt bleiben; diese Reise wird ihm später wie ein Schlüsselerlebnis vorkommen, vergleichbar dem Sprung von der großen Schanze in Harrachov. Im Zugabteil, nur von glimmenden Zigaretten erleuchtet und von einem schneidend beißenden Geruch erfüllt, wurden ebenso selbstverständlich regimekritische Witze erzählt wie im Ensemble die Aufbau-Lieder gesungen. Er war umso verwirrter, je klarer ihm wurde, dass er nicht zwischen Feinden saß, gaben doch fast alle bei der Musterung ihre Mitgliedschaft beim Jugendverband an, weswegen sie in die Unteroffiziersschule eingeteilt wurden. Das Maß, mit dem sie schamlos das Fehlen ihres politischen Bewusstseins demonstrierten, kam ihm umso abstoßender vor.

Nach diesem Sprung in eine Realität, die er nicht erwartet hatte, fühlte er sich wie vernichtet und aller Hoffnungen beraubt, mit denen er hierher gekommen war. Beinahe unmittelbar darauf musste in ihm jedoch ein ähnlich kinetischer Mechanismus eingesetzt haben, der auch einen Ball, einen Puck oder eine Billardkugel umso rasanter ins Spiel zurückkehren lässt, je heftiger sie auf ein Hindernis geprallt sind. Er beschloss, seine Mitkämpfer damit umzuerziehen, womit man einzig und allein bei ihnen etwas ausrichten konnte, und das war schlicht sein persönliches Vorbild. Wie einst beim sportlichen Wettbewerb um die Liebe nahm er all seine physischen Kräfte zusammen, in diesem Fall für ein Ideal. Sein Zug wurde bald für seine Musterhaftigkeit beim Frühsport ausgezeichnet, bei der Reinigung der Stuben, beim Stechschritt, beim Auseinandernehmen und Zusammensetzen des schweren Maschinengewehrs, beim Kriechen über schlammbedeckte Rennbahnen nahe Karlsbad und auch beim Singen, ja!, die einzige Truppe im ganzen Regiment sang durch sein Zutun beim Marsch zweistimmig!

Es hagelte Lob, das genauso ansteckend war wie der Applaus im Theater. Er war nicht weit davon entfernt, ein Gesuch zu schreiben, damit seine voraussichtliche Abkommandierung in die Kulturabteilung der Armee bis zu den Regimentsübungen vertagt wurde, bei denen sein Zug klar triumphieren musste, als ihm sein Übereifer den guten Ruf zunichte machte. Er bekam das Versprechen des Bataillonskommandeurs, dass die Einheit, die zuerst in dem ihr zugeteilten Gebiet Gräben ausheben würde, zur Belohnung das Karlsbader Theater besuchen dürfe. Dass

die Rivalen sich nicht besonders bemühten, hätte ihm eine Warnung
sein sollen, aber das begriff er erst, als die verspätete Abendbrotausgabe
den Zugführer Ferko nötigte, den Befehl zum Laufschritt zu erteilen.
Obendrein begann es auch noch zu nieseln, zwar nur leicht, aber doch
genug, um die langen Wintermäntel sowjetischer Machart für die paar
Kilometer von den Kasernen bis zur Stadtmitte noch schwerer zu machen. Die Stimmung der Herde sank merklich und erreichte ihren Tiefpunkt, als Ferko, der Zigeuner aus Ostrau, in seinem typischen Slowa-
kisch an der Kolonnade den Befehl gab, zu singen, »wie es euch der
Genosse Dichter gelehrt hat!« Er nahm das sofort zurück, als er hörte,
was dabei herauskam, aber das Martyrium wollte nicht enden.

Sie kamen so spät angestürmt, dass sie nicht mehr in die Garderobe
gelassen und geradewegs in den Saal gedrängt wurden, wo ihnen schon
die Drückeberger aus dem Regiments- und Divisionskommando, die
sich hier in Ausgehuniformen neben den hiesigen Schönheiten wichtig
machten, spöttische Kommentare zuriefen; das weltbekannte Karlsbad war damals kein Kurort, sondern eine Garnisonsstadt, zudem an
vorderster Frontlinie, an der der hinterhältige Angriff amerikanischer
Imperialisten wie auch deutscher Revanchisten gegen das sozialistische
Friedenslager abgewehrt werden sollte, worauf man in schnellem Gegenangriff zur Rheinebene vorstoßen sollte. Dann fing die Vorstellung
an. Was auf der Bühne gespielt wurde, hatte der Dichter vergessen, weil
sich das eigentliche Stück im Zuschauerraum abspielte. Aus den schweren Mänteln begann der Dampf aufzusteigen, und in dieser feuchten
Wärme schliefen die Mitstreiter nach der ganztägigen Rackerei und
dem fetten Abendessen wie die Murmeltiere reihenweise ein. Zu den
Dialogen auf der Bühne, die wegen der Geräusche fast nicht zu hören
waren, lief im Zuschauerraum Ferko umher und rief: »Genossen, nicht
schnarchen!«

Im Januar 1953, gleich nach dem Abschluss der Grundausbildung,
wurde der Dichter wider Erwarten, anstatt in irgendeine der Militärre-
daktionen in das zentrale Armee-Ensemble abberufen. Die gewaltige
Künstlerschaft, in der etwa dreihundert professionelle Musiker, Sänger
und Tänzer den Wehrdienst absolvierten, sollte auf eine offizielle Reise
in die Sowjetunion gehen, und man benötigte einen Conférencier, der

die russische Sprache beherrschte. Er musste ihr auch ein gehöriges Pathos verleihen, um in den Arenen vor Tausenden von Zuschauern nicht zu läppisch zu klingen. Schließlich freundete er sich auf der Reise, die von Kiew über Charkow nach Moskau und zurück nach Prag führen sollte, mit Radim Dreisl, dem künstlerischen Leiter, an.

Wenn der einstige Dichter im Jahre 1983 in Wien als Regisseur das Remake des Films *Das Ohr* drehen wird – der im Jahr 1969, bevor er in den Kinos erscheint, für zwanzig Jahre im Tresor landet, und sein Drehbuchautor Jan Procházka das erste zu Tode gehetzte Hochwild des niedergeschlagenen Prager Frühlings sein sollte –, wird er sich von den Technikern des tschechoslowakischen Rundfunks gegen Bezahlung aus Prag heimlich Dreisls Lieder aus den fünfziger Jahren überspielen lassen und hinüberschmuggeln, um sie als authentische Musikbegleitung zu benutzen. Und als er sie im Wiener Studio aufs Filmband kopieren wird, werden die Österreicher von den benachbarten Arbeitsplätzen zu ihm kommen und dem Zauber der anmutigen Melodien gänzlich erliegen. Es wird ihm schwerfallen, zu erklären, dass gerade jene den Weg der Tschechoslowakei in die Hölle begleitet haben, wo sie zum Glück dank Stalins vorzeitigem Tod nicht mehr angekommen ist. Radim Dreisl war der Erste, der ihm seine Bedenken über die politischen Prozesse anvertraute. Und nicht nur das.

Als der Dichter eines Morgens zum Dienst kam – das Ensemble hatte seinen Sitz im Prager Rudolfinum –, erblickte er einen Auflauf erregter Mitglieder und zufälliger Passanten. Sie mochten nicht auseinandergehen, nicht einmal nach der Abfahrt des Krankenwagens, weil sie immer noch den Mann in Offiziersuniform vor Augen hatten, der dort eine Weile am Fenster im obersten Stockwerk stand, bis er sich von dort geschmeidig abstieß, wie ein Schwimmer vom Sprungbrett. Der Autor der berühmtesten Lieder, welche die stalinistische glückliche Zukunft besangen, konnte die Erkenntnis, getäuscht und missbraucht worden zu sein, nicht überwinden. Er war einer der ersten Kommunisten, die dafür persönliche Verantwortung auf sich nahmen und somit allen übrigen die Frage stellten, wie sie damit umzugehen gedachten.

Den Dichter erwartete bald darauf die endgültige Abkommandierung in die Redaktion der Militärzeitschrift, die alle vierzehn Tage erschien

und die kulturpolitische Tätigkeit bei den bewaffneten Streitkräften inspirieren und entwickeln sollte. Der Kommandant war ein gewisser
Vlado Kašpar. In der Krähenschar gedeiht manches Mal die legendäre
weiße Krähe und unter den Schwalben eine, die den Frühling bringt.
Der Kriegspartisan und Kommunist, bald nach dem Krieg Ausbilder der
israelischen Hagana, dann Oberst unserer Armee, Chefredakteur des
beachtenswerten Journals »Tschechoslowakischer Soldat« – später in
Ungnade gefallen und zur Strafe Maurer –, war im Jahr 1968 führender
Journalist des »Prager Frühlings« und Gründer der nicht weniger exzel-
lenten Zeitung »Das Signal«, dann wieder zwanzig Jahre Ausgestoßener
und schließlich nach dem Fall des totalitären Regimes führender Funktionär des freien Journalistenverbands – er gehört zu den Persönlichkeiten, die schon zu Lebzeiten ihr eigenes Denkmal sind. Für viele wird
er das unerreichbare Ideal eines Chefs bleiben, dessen Autorität in, ja,
kompromissloser Güte wurzelt, gegen die man sich nicht wehren kann.

In der Armee, einem der Epizentren der Macht, bildete er innerhalb
der massenhaft verbreiteten Zeitschrift eine Enklave des unzensierten
Denkens, die er bis weit hinter die Grenzen der Vorsicht ausdehnte,
bis zum äußersten Maß der Tragfähigkeit. Als Rosinen pickte er sich aus
den Regimentern des ganzen Landes die jungen Talente heraus, er hatte
keine Bedenken, auch den slowakischen Lyriker Vojtěch Milhálik unter
seine Fittiche zu nehmen, damals noch ein katholischer Mystiker, dem
die Jahre bei den ›Schwarzen Baronen‹ bevorstanden. So wurden die
Soldaten genannt, die bei den schmachvollen Technischen Hilfstrupps
statt mit Gewehren mit Schaufeln hantierten. Mit stiller, aber immer
offenkundigerer Unterstützung verwandter Seelen in der politischen
Führung der Armee schaffte er es nicht nur, die erste Illustrierte mit hohem journalistischem, literarischem und auch gestalterischem Niveau
zu gründen, sondern dort auch heiklen Themen eine Plattform zu bieten, die bislang in der ganzen Gesellschaft tabuisiert worden waren. Der
»Tschechoslowakische Soldat« wurde seit einigen wenigen Monaten
auch in öffentlichen Tabakläden unter der Hand wie westliche Zigaretten verkauft.

Bald sollte das dem Dichter die Courage zu einer Tat geben, die die
Karriere als Minnesänger der Partei beenden und den langen Marsch

einleiten wird, der zuerst zur Beteiligung am Versuch, das stalinistische System zu reformieren, führt, dann zu den Dissidenten und schließlich ins Exil. Sein kritisches Stück über die Armee *Septembernächte* kommt im Jahre 1955 im »Soldaten« heraus, zwar in Teilen, aber in ungekürzter Fassung, und wird ein heftiges Erdbeben hervorrufen. Die drei Jahre, die er als Redakteur und Reporter in Uniform verbrachte, bezeichnete der Dichter schon bald als den entscheidenden Einschnitt in seinem Leben. Er verbrachte diese Jahre vorwiegend in verschiedensten Truppenverbänden im ganzen Land, auf Truppenübungsplätzen, in Offiziersmessen und Mannschaftskantinen, in Kasernen und sommerlichen Ausbildungslagern. Den Höhepunkt stellte im Jahre 1954 ein Herbstmanöver dar, als er in der Turmluke eines Panzers vom mährischen Olmütz bis nach Böhmen fuhr. Seine Verse hörten dabei auf, mit dem Säbel zu rasseln, und bekamen einen tröstenden Ton, weil er immer mehr junge Männer traf, bei denen der damals zweijährige und für viele schier endlose Dienst mit spärlichen Ausgängen oder Besuchen von Menschen, die ihnen nahestanden, emotionale Bindungen zerriss. Als er aus vertraulichen Sammelberichten von der alarmierenden Anzahl der Selbstmorde erfuhr, schrieb er in Briefform das Gedicht *Vom Mädchen, das allzu einsam war.*

Dieses kleine Gedicht verbreitete sich nach der Veröffentlichung im »Tschechoslowakischen Soldaten« in der ganzen Armee, von den Grenzsoldaten im westböhmischen Asch-Eger bis hin zu den östlichsten Garnisonen in der Slowakei, es wurde haufenweise als Mahnung nach Hause geschickt und auf die Innenseiten der Soldatenkoffer geklebt, und so funktionierte es noch bis in die siebziger Jahre hinein. Falls es auch nur einen einzigen Uniformierten vor der Kurzschlusshandlung bewahrt haben sollte, wird es auf seinen Autor als Bonus vor dem Jüngsten Gericht warten.

Die unzähligen Gespräche mit den ›Waffengenossen‹ beendeten das bisherige Unisono der Meinungen in der Familie, im Fučík-Ensemble und beim »Stachelschwein«, als der laute Misston sich mehrender Einwände und Beschimpfungen den Einklang ablöste. Gerade in der Armee begann der neue Geist des Unverständnisses zu entstehen, der bald die ganze Gesellschaft wachrütteln sollte. Der bisherige poetische Apparat des Dichters brach darunter total in sich zusammen, es versagte auch die berauschende Philosophie der frommen Wünsche. Auch er hatte in der Jugend nach Gefühlskrisen die Hamletfrage »Sein oder Nichtsein« nicht vermieden. Für immer bleibt in seinem Gedächtnis haften, wie ihn einmal im Stadion von Slavia der Gedanke, er sitze dort mit Tausenden künftigen Toten zusammen, entsetzte! Aber das war eher Koketterie. Die Lösung, welche Radim Dreisl gewählt hatte, lehnte sein Charakter im Kern seines Wesens ab. In dem Klima, das Vlado Kašpar schließlich geschaffen hatte, begann er zu ahnen, worin sein persönliches Problem und das der ganzen Gesellschaft lag, und womit er sich an seiner Lösung konkret beteiligen könne. In diesen Zeitraum fällt auch die seltsame Exkursion, die fast ein ganzes Vierteljahr andauerte.

Im Sommer 1953 wurde die erste tschechoslowakische Kulturdelegation zusammengestellt, damit insgesamt zwanzig Künstler China besuchten, das gerade zu derselben strahlenden kommunistischen Zukunft aufbrach. Die Leiterin der Expedition wurde die berühmte Autorin Marie Majerová und ihre Vertreterin die zarte Dichterin Marie Pujmanová, beide längst zu Nationalkünstlerinnen erklärt, weitere Koryphäen waren bekannte Künstler aller Bereiche, vom Schriftsteller und bildenden Künstler Adolf Hoffmeister über den berühmten slowakischen Schauspieler Andrej Bagár bis zu der legendären Theaterdiva Marie Burešová. Die mächtige Armee sollte aus ihren Beständen je einen geeigneten Tschechen und Slowaken abordnen. Die Wahl fiel auf unseren Dichter und auf Vojtěch Mihálik, den Vlado Kašpar gerade ins Boot seiner Redaktion geholt hatte; beiden war die Leutnantswürde verliehen worden, damit sie ihre Funktion als Kranzträger würdevoller erfüllen konnten.

Die Reise ins Land, in dem die Sonne aufgeht, begann mit einer fast dreitägigen Marter, weil die kleine Iljuschinmaschine mit zweihundertfünfzig Stundenkilometern flog und jeweils in Moskau, Swerdlowsk, Nowosibirsk und in Ulan Bator tanken musste. Die harten Sitze ließen sich nicht kippen, deshalb ruhten sich die Reisenden abwechselnd auf Decken aus, die sie im Mittelgang ausbreiteten. In Peking stellte sich zudem noch heraus, dass die Uniformen beider Dichter allzu sehr denen der Amerikaner ähnelten. Da der Krieg mit der Kuomintang, die von den Amerikanern unterstützt wurde, erst kürzlich beendet worden war, musste der Reisebegleiter, den die Regierung gestellt hatte, das Paar des Öfteren vor echtem Volkszorn schützen. Bald begann es dann aber gegen die Vorschrift zumindest ohne Kappe auszugehen.

In Nanking unterzogen sich beide einer Feuerprobe, als die Gruppe nach dem üppigen Mittagessen mit zehn Gängen und ebenso vielen Trinksprüchen von den Gastgebern unerwartet informiert wurde, dass sie im Folgenden die Ehre erhalte, das Grab von Sun Yat-sen, dem Gründer der Chinesischen Republik, besuchen zu dürfen. Der Bus hielt am Fuß der Treppe, die hoch oben neben dem Kästchen des Mausoleums zu einem kleinen Strich verschwamm. Die beiden alten Damen bat man in die Sänften, an deren Seiten kräftige Männer bereitstanden, während die Dichter-Leutnants einen riesigen Kranz zu tragen hatten und zum Aufstieg an die Spitze des Zuges gerufen wurden. Zudem herrschte wolkenlose Schwüle, und Mihálik sagte nach einigen Dutzend Treppenstufen: »Pavel, ich will nicht mehr, ich lege mich jetzt hin und schlafe …« »Dann schlaf doch!«, zischte ihm der Tscheche zu, »aber trage den Kranz dabei weiter, Herrgott nochmal!!« Er fauchte ihn ununterbrochen an und schleppte die Last mit dem dösenden Katholiken bis ganz nach oben, sorgte dafür, dass der Kranz vor der Gruft niedergelegt und der Ko-Dichter hinter ihr zum Schlafen gebettet wurde. Die Reiseführer mussten hinterher warten, bis er aufwachte, damit sie ihn zu den Übrigen bringen konnten.

Obwohl diese Pilgerfahrt schon nach sowjetischem Vorbild sorgfältig inszeniert worden war, damit die Gäste nicht von augenfälligen Problemen überschüttet wurden, brachte sie dennoch eine Reihe einzigartiger Erkenntnisse und Eindrücke, von den phänomenalen Leistungen der Sänger und Tänzer der Pekingoper oder der Schattentheater bis zur Aufklärungsarbeit chinesischer Soldaten, die während der Gefechte lesen und schreiben gelernt hatten, um nun Millionen von Bauern, immer noch Analphabeten, unterrichten zu können. Zu Ch'i Pai-shih, einem Klassiker zu Lebzeiten, wurde die Delegation ins Atelier geführt und dort aufgefordert, wie im Theater in Sesseln Platz zu nehmen. Erst dann wurde der Greis geweckt und von zwei Mädchen in traditionellen Gewändern zur gespannten Leinwand mehr getragen als geführt. Er streckte die zitternden Hände aus, ein weiteres Mädchen legte ihm einen Pinsel und ein Fläschchen mit Tusche hinein, dann vollführte er einige feste Pinselzüge und schuf mit nur wenigen Strichen ein einzigartiges Landschaftsbild. Dann lachte er wie abwesend seinem Publikum zu und wurde wieder zu seiner Lagerstätte gebracht, während zwei Männer im Mao-Look das Kunstwerk für die Nationalgalerie oder den Export verpackten.

Russisch war inzwischen das Esperanto des ganzen Friedenslagers geworden, aber ein Teil des chinesischen Geleits sprach damals sehr anständig Tschechisch, weil man sie noch vor Ende der Kämpfe zwischen den Armeen des Kommunistenführers Mao Tse-tung und den Truppen des Tschiang Kai-schek, Führer der Kuomintang, in weiser Voraussicht an die Prager Karlsuniversität geschickt hatte. Zu den vier Übersetzern gehörte ein junges Mädchen, das für eine weitere bizarre Szene sorgte. Bei einem der regelmäßigen wöchentlichen Treffen zur Bewertung der Rundfahrt entschuldigte sie sich im Hotel in Schanghai vor der ganzen Delegation dafür, dass sie den verehrten tschechoslowakischen Genossen und Dichter Mi Há-Lik durch ihr unpassendes Auftreten offensichtlich so provoziert habe, dass er sie zu vergewaltigen versucht hätte. Als sie ihn am Ende selbstkritisch bat, ihr dies ausdrücklich zu verzeihen – andernfalls müsste sie die Gruppe verlassen –, bekam er ganz rote Ohren. Von seiner Schürzenjägerei wurde er bis Prag kuriert. Leider nicht von seinem Alkoholkonsum!

Nach nahezu drei Monaten, in denen die Delegation China umkreist hatte, veranstaltete derselbe Protagonist bei der Rückkehr über die Mongolei einen unvergleichlichen Auftritt. In der Hauptstadt Ulan Bator stellte er kurz vor der Fahrt zu den Kamelhirten fest, dass es aus seiner Steingutflasche mit chinesischem Maotai-Schnaps, die einer großen Handgranate ähnelte, tropfte, so dass er ihn lieber austrank. Noch am Abend, nachdem die Ausflügler zurückgekehrt waren, war er zu nichts zu gebrauchen, er schlief fest und schnarchte laut. Die Leiterin der Delegation entschied deswegen, dass das abschließende Staatsbankett in der Festhalle in diesem besten, weil einzigen Hotel im ganzen Lande ohne ihn auskommen müsse. Er war also unglücklicherweise nicht dabei, als die Übrigen die Geschenke bewunderten, die sie auf ihren Betten vorfanden – eine dreiteilige mongolische Tracht – und sie sofort in ihre Koffer legten. Und leider wachte er noch auf, und angetrunken wie er war, verfiel er auf den Gedanken, dass seine Landsleute diese Bekleidung aus Höflichkeit für den Empfang angezogen hatten.

Die Nationalkünstlerin der Tschechoslowakischen Republik und der höchste Kommunist des mongolischen Volkes, Marschall Tschoibalsan, wollten nach ihren Ansprachen gerade mit zweihundert einheimischen Funktionären und den kostbaren Gästen aus der Tschechoslowakei auf die ewige Freundschaft trinken, als das Gläserklirren verstummte und die Anwesenden auf eine Erscheinung schauten, die sie nirgendwo einordnen konnten: einen dicken jungen Mann, der auf dem Kopf die Mütze eines tschechoslowakischen Offiziers hatte, aber auf dem Leib einen Reiterchalat trug. Die Frauenjoppe hatte er aus Unwissenheit wie eine schusssichere Weste von vorne übergestreift und das vier Meter lange Seidenband, verschränkt nach Art napoleonischer Grenadiere, über die Schultern gewickelt. Er sah aus wie die besonders schmachvolle Karikatur eines Mongolen. Sein Gehirn, immer noch vom Reisschnaps benebelt, verstand die lebhafte Reaktion der Gesellschaft so, dass man allein auf ihn gewartet habe. Wie in einem Stummfilm torkelte er halsbrecherisch zur Mitte der Tafel, kam dort sogar mit Erfolg an, gab der kreidebleichen Marie Majerová ein Küsschen, nahm ihr den Becher aus der Hand, stieß mit dem slowakischen Trinkspruch »Na zdravie!« mit dem versteinerten Marschall an, trank restlos aus bis auf den letzten Tropfen und legte sich dann wie in Zeitlupe auf den Marmorboden, wo er erneut sofort zu schnarchen begann. Die vier Wächter, die dieser Auftritt so verblüffte, dass sie nicht eingegriffen hatten, trugen den Dichter auf den Schultern im Laufschritt weg wie die vier Hauptleute Hamlet. Die Grabesstille deutete darauf hin, dass die Einheimischen die Gäste für die Beleidigung ihres Allerheiligsten gleich ausrotten würden, wie es die Přemysliden mit den Wrschowetzern gemacht hatten. Dann jedoch begann der Vorsitzende Tschoi zu lachen, lachte immer lauter, und im Handumdrehen dröhnte folgsam der ganze Saal vor Lachen. Nur die erste Dame der tschechischen Literatur weinte bitterlich. Am nächsten Tag flog Mihálik zur Strafe und sicherheitshalber nicht mit der Delegation mit, denn allein seine Physiognomie hätte genügt, die feierliche Abschiedszeremonie zu sabotieren. Der Postflieger brachte ihn dann auf Briefsäcken nach Moskau.

Vierzehn Jahre später, im August 1968, wird der inzwischen schon berühmte slowakische Poeta laureatus ein erschütterndes Requiem auf den Tod eines Mädchens aus Preßburg schreiben, das durch eine Kugel der sowjetischen Besatzer umgekommen ist. Obwohl es die damals freie Presse unmittelbar darauf veröffentlicht und es Tausende von Leuten bald auswendig können, kommt es zu der Orwell'schen Verkündigung der Zeitungen und des Dichters, dass nirgendwo jemals ein Mädchen auf diese Weise gestorben ist, weswegen er dieses Gedicht gar nicht schreiben konnte, und so sei alles nur eine weitere scheußliche Lüge der konterrevolutionären Kräfte. Aus dem mystischen Katholiken Vojtěch Mihálik wird ein dogmatischer Marxist, und er übernimmt als Gegenleistung unmittelbar darauf während der ganzen Besatzungszeit den Vorsitz der Nationalitätenkammer der ČSSR. Daraufhin wird er sich nur noch beim Verfassen von Lobeshymnen auf die kommunistische Partei und auf die Sowjetunion in den Tod saufen, wie sie einst sein tschechischer Gefährte schrieb, mit dem er die chinesischen Kränze niederlegte. Und die Karriere des hervorragenden Vlado Kašpar endet für zwanzig Jahre erneut bei der Schaufelarbeit, vor der jener seinen Schützling einstmals bewahrt hat.

17. KAPITEL

Des Dichters Ende

Zu seinen frühen Gedichten hat ihr Schöpfer nun schon genügend vermerkt. Man sollte ihn zwar gerechterweise als ›pars pro toto‹ begreifen, einen Teil, der das Ganze repräsentiert – standen doch fast alle tschechischen Dichter bei der Totenfeier für Stalin im Prager Schriftstellerklub auf dem Gang Schlange, bevor sie das Podium besteigen konnten, um ihr Klagelied anzustimmen! –, aber beschäftigen wir uns jetzt nur mit ihm. Sein Leben hat sich in den ersten fünfundzwanzig Jahren im Kraftfeld starker Autoritäten entfaltet. Dies waren natürlich die ständig präsenten Eltern, aber schon die zweite, patriotische Autorität, Vladimír Petřek, wurde von der tödlichen Autorität der Nazis vernichtet. Die romantische Autorität Miloslav Dismans wurde von der strengen Autorität der Revolutionäre des Jahres 1945 bezwungen, die sich allmählich in die kollektive Autorität der kommunistischen Partei und der Sowjetunion verwandelte, welche dann auch die Schwelle des Rationalen überschritt. Die ausklingende Autorität Gottes ersetzte vorübergehend Stalin wie eine Inkarnation des höchsten Prinzips der Liebe und der Wahrheit, die über den Hass und die Lüge siegen werden.

Die Grundlage für diesen Kult in Böhmen bildete jedoch wieder einmal eine konkrete geschichtliche Erfahrung. Es waren deswegen viele, die den Tod des Diktators im März 1953 nicht heimlich feierten, sondern ihre Taschentücher nass weinten, weil sie befürchteten, dass der Damm gegen die germanische Revanche bricht, die vom ganzen Westen unterstützt wurde. Die Propagandamaschine, nicht schlechter als die Goebbels'sche, integrierte in ihre Argumentation die Kampfparolen der McCarthy-Ära in Amerika. Auch die Poesie des Dichters war ein Teil der kommunistischen Ideologie, und obwohl er sie im guten Glauben schrieb, stellt sein erwachsenes Ego bei dieser freiwilligen Konfrontation mit dem eigenen Leben fest: Während sich sein Körper schrittweise von seinem permanenten Kränkeln erholte und später eine unerschütterliche Stabilität erlangte, hatte seine Seele diesen langwierigen Prozess immer noch vor sich. Er kann sich nicht mehr von dem Verdacht befreien, die Pubertät mit einer stark geschädigten Psyche verlassen zu haben, ja, mit dem zeitlichen Abstand über die Jahre hinweg kommt es ihm beim Lesen dieser Texte so vor, als wäre er aller Sinne beraubt gewesen. Aus dem Traum, dass er als weiterhin bekannter Dichter notwendig auch gut sein müsse, riss ihn glücklicherweise, auch wenn es wehtat, der gleichaltrige Brünner Literat und Kritiker Jan Trefulka.

Der Prager wird in der zweiten Halbzeit seines Lebens einige neue, sehr enge Freunde haben. Er findet sie zu spät, als dass sie ihn vor den elementaren Irrtümern in den Zeiten der jugendlichen Besessenheit hätten warnen können, aber früh genug, damit sie ihm helfen, sich von ihnen zu befreien. Er hat sich angewöhnt, sie nicht nur in Briefen, sondern auch im Geiste »meine teuren Kameraden« zu nennen. Das bleiben sie auch nach der Zeit des Totalitarismus. Ob er sie durch Zufall trifft oder sich mit ihnen verabredet, ist er jedes Mal freudig erregt, nicht viel anders, als wenn er schicksalshaften Frauen begegnet. Alle Treffen bereiten ihm die gleiche Freude, ob es die hektisch-herzlichen Zusammenkünfte mit Jiří Gruša sind oder die immer wieder behutsam-zurückhaltenden mit Ludvík Vaculík und Karel Kosík, die angenehm-schüchternen mit Ivan Klíma, die hedonistisch-provokanten mit Arnošt Lustig, die euphorisch-arbeitsamen mit Milan Uhde, die sanft-feierlichen mit Alexandr Kliment, aber auch die leider immer förmlicheren mit Václav Havel, dem Staatsoberhaupt.

An Jan Trefulka wird ihn das Band eines ganz anderen Ranges knüpfen. Dessen einzigartige Rolle besteht darin, dass er den nichtsahnenden Zeitgenossen brutal, aber lebensrettend aus der Umlaufbahn jenes ›sozialistischen‹ Poeten warf, der andernfalls in den immer dichter werdenden Schichten der Zeit verbrannt wäre wie so viele seiner Dichter-Genossen. Er gab ihm dadurch die einzigartige Möglichkeit, noch rechtzeitig neue Koordinaten für viele weitere Jahrzehnte seiner irdischen Mission zu finden. Die Rede ist von seiner vernichtenden Kritik an den Versen Pavel Kohouts im September 1954.

Die erste Reaktion des Dichters erinnert an einen Publikumsliebling, der, für sein falsches Singen kritisiert, den Kritiker beschuldigt, er hätte kein musikalisches Gehör. Dreißig Jahre später, im Jahre 1985, wird es ihm an einem schönen blauen Tag in Tirol passieren, dass er beim Langlauf eine schneefreie Stelle im Wald für einen Schatten hält und nach dem schweren Sturz sehen muss, wie ihm das gebrochene Schienbein aus der Haut ragt; er wird liegen bleiben, es mit seinem Schal bedecken und noch endlos lange Minuten, ehe man ihn fortbringt, ungläubig in die idyllische Landschaft schauen und nicht begreifen können, dass ein einziger Augenblick all seine Pläne dramatisch verändert hat: den lange vorbereiteten Film *Das Ohr* wird er für unbestimmte Zeit beiseite legen müssen. Auch damals, im Winter 1954, brauchte der in Mitleidenschaft Gezogene längere Zeit, ehe er begriff, dass Trefulkas Aufsatz alles in Frage stellte, wovon er bis zu dieser Zeit überzeugt war.

Die Zeit wird ihm zum Glück gnädig sein. Und wenn die Husák'sche Normalisierung im tschechischen Kulturwald eine mächtige Schneise schlägt, wird sich der ehemalige Dichter abermals mit Jan Trefulka unter den Verbliebenen, die Standhaftigkeit bewiesen haben, einfinden, dieses Mal auf der Seite der Abgeschriebenen. Der scharfe Geist, der im Kontrast zum äußeren Typus eines langsamen Bären steht, wird diesen echten Mährer zum härtesten Kern der Geächteten führen, die sogleich beginnen, ihrem Schicksal Widerstand zu leisten. Dann geschieht, was geschehen musste: Die Zentripetalkraft der Unterdrückung und Abwehr verbindet sie und führt nicht nur zu unzähligen Ideen, wie man das Regime der Totengräber begraben könnte, sondern auch zur Allianz, die einen immer persönlicheren Charakter annimmt. Unvergesslich bleiben die Maitreffen auf den Weinmärkten im südmährischen Valtice, wo sich in der einstigen Schlossreithalle im fröhlichen Lärm der Trinker auch der Tisch der theoretisch mundtoten Verräter freuen wird, zu denen eine treue Freundin wiederholt auch Trefulka aus Brünn mitbringt. Und am allerlogischsten erscheint die Tatsache, dass beide schon als feste Freunde gemeinsam auf der ersten Liste der »Schiffbrüchigen und Usurpatoren« landen, wie die Unterzeichner der Charta 77 hysterisch genannt werden.

Summa summarum: Seine Auferstehung hat der Prager ausgerechnet vor allem diesem Mann aus Brünn zu verdanken, der ihn erst einmal als Dichter in Staub und Asche verwandelte, bevor dann binnen kurzer Zeit daraus emporfliegen konnte … wer wohl? Nein, nicht der sagenhafte Phönix! Wieder nur der tschechische Hahn – Kohout, diesmal jedoch mit den Federn eines Dramatikers.

18. KAPITEL

Von Olek zum Dialog

Kurz darauf, als nach Anbruch der neunziger Jahre die erste Liste der Mitarbeiter der Staatssicherheit in der wieder freien Tschechoslowakei erscheint, überrumpelt der Moderator einer westdeutschen Fernsehtalkshow den Gast aus Prag mit der suggestiven Frage: »Was sagen Sie dazu, dass Sie auch auf dieser Liste stehen?« »Wie hätte ich denn nicht darauf stehen sollen«, antwortet der Gast, »wo ich doch selbst geholfen habe, diesen Dienst zu gründen!«

Wenn jemand die Bastille erobert, den König absetzt, die Republik ausrufen lässt und sich gegen den Rest der Welt stellt, ist er logischerweise auch damit einverstanden, ein Komitee für das Allgemeinwohl einzurichten, das die Revolution verteidigen soll, und deswegen erscheint es ihm auch moralisch gerechtfertigt. Nicht anders haben nach 1948 diejenigen, die während des Krieges und kurz danach aus Überzeugung Kommunisten geworden waren, die neuentstandene Staatssicherheit aufgefasst, der sich auch gute Freunde andienten. In diesem Sinne hat sie auch unser Poet moralisch mitbegründet, und eine Zeit lang hatte er mit ihrer Existenz auch gar kein Problem. Die Logik der These, dass es notwendig sei, die »zarten und noch so zerbrechlichen Triebe des Sozialismus« gegen die Angriffsversuche der Imperialisten zu verteidigen, die »das Rad der Geschichte zurückdrehen« wollten, wurde auch jenseits des Ozeans von Stimmen wie der Chaplins, Arthur Millers, Oppenheimers und weiterer berühmter Künstler und Gelehrter bestätigt, die vor die Ausschüsse gegen nichtamerikanische Umtriebe gezerrt wurden, dass es an die Inquisition erinnerte. Die neue Isolation nährte vor allem die alten Ängste vor den immer stärker werdenden Deutschen. Die Psychose des Umzingeltseins rief zum Zusammenschluss der Treuen, zu denen natürlich auch die Bewaffneten mit und ohne Uniform gehörten, die Letzteren umso eher, weil auch die Russische, aber davor schon die Französische Revolution die schlimmsten Feinde in den eigenen Reihen fand.

Zu der Zusammenarbeit bewegte den Leiter des Julius-Fučík-Ensembles auch die Gewissheit, dass man gerade diejenigen Mitglieder abschirmen könne, auf die der ›Kaderschatten‹ ihrer Eltern fiel. Als die Passbehörde etwa zehn Leute von der Teilnehmerliste für das Jugendfestival in Berlin gestrichen hatte, machte es ihm gerade jener Kontakt möglich, das Innenministerium zu überzeugen, dass es ohne die Betroffenen unmöglich sei, eine Spitzenleistung zu garantieren. Der vom Ministerium zugewiesene Genosse, der sich bloß Ludva nannte, machte es noch leichter. Als Kommunist aus der Zeit, in der die Partei noch verboten gewesen war, war er ein gemachter Mann, überdies mit einer don-

nernden Stimme ausgestattet, aber auch mit der Fähigkeit, zuhören zu
können. Die Einwände übermittelte er offenbar nicht nur, sondern unterstützte sie auch mit Erfolg; die Betroffenen vergalten es dann dadurch, dass niemals irgendjemand irgendwo im ›feindlichen Ausland‹
zurückblieb.

Die werdenden Reformatoren blieben eines schuldig, nämlich dass sie
nicht schon damals mit gleicher Tatkraft Nachforschungen anstellten,
wie sich die Strafe für die elterliche Abstammung mit der angeblich gerechtesten aller Gesellschaftsordnungen verträgt. Der geheime Patron
richtete auch die Kritik des Dichters am schlechten Verhalten diverser
Apparate aus, die allerdings immer noch entsprechend dem momentanen Zustand der Gesellschaft und seinem eigenen Denken ausfiel. Lud-
vas Verständnis für Fairplay bescheinigen viel später die Meldungen, wie
sie die umfangreiche Akte im Pardubitzer Archiv der Staatssicherheit
überliefert. Er wird den Dramatiker, sogar als die ›Normalisierung‹ ihren Höhepunkt erreichte, niemals als Feind und Verräter bezeichnen,
wodurch er deutlich aus der Reihe seiner Kollegen tanzt.

Das Ende der Tätigkeit im Ensemble begründete auch den Antrag des
Poeten, diese Zusammenarbeit zu beenden. Als Schriftsteller auf freiem
Fuß, so führte er an, vermisse er den eigentlichen Sinn der geheimen Zusammenarbeit, wenn er seine Bemerkungen zur Kulturpolitik der Partei
schon gleich als hoher Funktionär des Jugend- und Schriftstellerverbandes offen zur Sprache bringen kann. Die wichtigste Triebfeder war
allerdings, dass auch das Vertrauen der überzeugten Kommunisten, zu
denen er sich noch immer zählte, inzwischen durch die Erkenntnis erschüttert worden war, welche scheußliche Rolle der stalinistische Sicher-
heitsapparat innehatte, zu dessen Ableger sich die tschechische Staatssicherheit unverkennbar entwickelte. So wird sich die Akte *Olek*
schließen, und nach zehn Jahren wird ihn die über zehntausend Seiten
umfassende Monsterakte *Dialog* ersetzen, in der aus dem braven Genossen Jekyll nunmehr der ekelhafte Herr Hyde geworden ist.

Summa summarum: In dem Augenblick, als er begriff, dass sich die
Staatssicherheit in eine Unsicherheit für sein Land und dessen Bürger
verwandelt hatte, blieb er nicht nur bei dieser Feststellung, sondern entschied, sich ihr in den Weg zu stellen, auch mit dem historischen Be-

wusstsein, dass derartige Organe die Abtrünnigen am verbissensten verfolgen.

Es kommt ihm ganz logisch vor, dass gerade sein Offizier bei der ›Firma‹ keine ordentliche Karriere machen konnte und sie bald verließ. Die Pointe übertrifft jedoch die kühnsten Erwartungen. Als er ihn im Jahre 1999 mit Hilfe der Behörde zur Aufklärung und Dokumentation kommunistischer Verbrechen als Oberst Ludvík Arazim aufspürt und dieser bei einer Tasse Kaffee durchaus glaubhaft seine Lebensgeschichte erzählt, macht er seinem ›Objekt‹ ein überraschendes Angebot. Dass die Glocken für die große Sowjetunion definitiv ausgeläutet haben, begreift der Dramatiker, als Michail Gorbatschow, der vor kurzem noch Generalsekretär des Zentralkomitees der Kommunistischen Partei der Sowjetunion war und darum der zweitmächtigste Mann der Welt, mit seinem Enkel den Liebhabern des Fastfood in der Fernsehwerbung die Pizza-Hut-Kette empfiehlt. Und dass der allmächtige tschechoslowakische Geheimdienst unwiederbringlich der Vergangenheit angehört, demonstriert sein ehemaliger Offizier durchaus überzeugend, als er bei diesem letzten Treffen Kosmetikproben aus seiner voluminösen Aktentasche auf dem Tisch ausbreitet und fragt, ob er die Gattinnen ehemaliger Zielpersonen durch eine Heimpräsentation von Produkten der Firma, für die er jetzt arbeitet, erfreuen könnte.

19. KAPITEL

Wofür, Genossen?

Dieser Aufschrei gehört zu der zeitgenössischen Karikatur, auf der ein betrunkener Kommunist verzweifelt an einem vergitterten Kanaldeckel rüttelt. Millionenfach schrien ähnlich die gemarterten Opfer, die tatsächlich von irgendeiner Mutter Revolution verschlungen wurden. Die frische heimische Revolution zehrte nach der ersten Aufwallung nicht mehr am Fleisch, umso mehr jedoch an Geist und Seele.

Man schreibt das Jahr 1954. Auf einem Sommerübungslager der Armee stehen die Manöver bevor. Gleichzeitig spitzt sich der Konflikt zwi-

schen dem Kommandanten der Maschinengewehrkompanie, Leutnant
Zábrana, und Major Cibulka, dem stellvertretenden Regimentskommis-
sar für politische Angelegenheiten, zu. Im Zuge einer Schikane verbietet
dieser dem jungen Offizier, seine hochschwangere Ehefrau zu besuchen.
Zábrana, zudem noch von einem Armee-Journalisten verleumdet, verlässt in einer Kurzschlussreaktion die Einheit. Für die Fahnenflucht
droht ihm eine drakonische Strafe. In diese Handlung tritt der Divisi-
onskommissar Oberst Sova ein und stellt die Ordnung wieder her wie
der erzürnte Prinz am Ende von *Romeo und Julia*. Dies ist stichwortartig
der Inhalt des Dramas *Septembernächte*, das im Jahre 1955 veröffentlicht
und aufgeführt wurde.

Man kann es kaum noch spielen, das Schema ist durchsichtig, passé
sind auch die Szenen, die das Theater auf den Weinbergen, damals
Zentraltheater der tschechoslowakischen Armee genannt, von Schieß-
pulvergestank lüfteten; die sowjetischen Kriegsstücke ließen mit ihrem
Radau die Bewohner der benachbarten Straßen bis in die späten Nacht-
stunden nicht schlafen. Die *Septembernächte* wurden nur von befreien-
dem Lachen oder ergriffenem Schnäuzen ins Taschentuch begleitet, wie
es die Dialoge und die Geschichten auslösten, die der Autor während
seines Wehrdienstes gesammelt hatte.

Eine ganz andere Sache ist, was dieses Stück damals beim Publikum,
beim Ensemble und vor allem bei seinem Autor selbst bewirkte. Es gibt
viele Zeugnisse dafür, dass nach der Aufführung niemand mehr so war
wie vorher. Das Publikum erlebte zum ersten Mal einen Tabubruch;
wenn es in der Tschechoslowakei auf dem Höhepunkt des Kalten Krieges neben der kommunistischen Partei eine zweite heilige Kuh gegeben
hat, dann war dies sicherlich die Armee. Umso überraschender war es,
dass dieses Stück die Armee wie ein normales Schlachtvieh behandelte.
»Wir sind eine Volksarmee!«, ruft ein anderer Leutnant seinem Kommandanten zu, »und unserem Volk geschieht dort Unrecht!« Das Stück
zielt dabei auf einen weiteren geschützten Kentauren ab, einen ›verdienten Bolschewiken‹ proletarischen Ursprungs.

Wie konnte Mitte der Fünfziger die Zensur, die sich liebend gern mit
der Streichung von kleinen Sätzchen und Wörtchen aufhielt, bereits
zwei Jahre nach Stalins Tod zulassen, dass die zentrale Zeitschrift der

tschechoslowakischen Armee über zwei Monate hinweg in fünf Teilen einen dramatischen Text veröffentlicht, der durch sein Erscheinen in Fortsetzungen und ohne erklärende Kommentare wie eine Serie von Schlägen auf den Solarplexus wirkt. Und für die Aufführung übernimmt ihn das repräsentative Armeetheater in einer unveränderten Version.

Hat es etwa niemand rechtzeitig gelesen und gehört? Waren etwa alle, die die offizielle Veröffentlichung zuließen, und auch jene, die sie über Wochen duldeten, mit Blindheit und Taubheit geschlagen? Die Erklärung ist einfacher und verrät, wo die Kraft herkam, durch die sich aus den anfänglichen Schneekugeln allmählich eine Lawine der Reformbewegung zusammengeballt hat, um nach zwölf Jahren zum ersten Mal das sowjetische Reich real zu bedrohen. Die höchsten Machtorgane, parteiliche wie staatliche, öffentliche wie geheime, waren natürlich gespickt mit sowjetischen Kadern, deren Ideologie schon lange der blanke Zynismus war. Aber die Masse der Regierungspartei und auch die Mehrheit der Angestellten des Apparats wurde weiterhin von Männern und Frauen gebildet, die schon vor dem Krieg, währenddessen oder kurz danach zu Kommunisten geworden waren, in der Überzeugung, einer schwer gebeutelten Gesellschaft zu dienen. Jene waren es, die den Text eines kritischen Stücks bewusst durch die Zensurschleuse schwimmen ließen, in der Hoffnung, dass es den Schlamm entfernen und das ursprüngliche Ideal zum Vorschein bringen könnte. Solche beherrschten langsam, aber sicher auch die politische Hauptverwaltung der Armee und machten aus ihr schließlich eine Art Konkurrenz zum Innenministerium, die im Jahre 1968 den Versuch Antonín Novotnýs abwendet, durch einen Militärputsch an die Macht zurückzukehren.

Der Autor im Rang des Unteroffiziers, der die Uniform des Leutnants nach seiner Rückkehr aus China ins Depot zurückbrachte, hatte von dieser gewichtigen Schachpartie natürlich keine Ahnung. Es war erst das zweite Jahr, in dem er sorgfältig ein knappes, aber genaues Tagebuch führte. Seit dieser Zeit hat er es nicht mehr unterbrochen, und deshalb weiß er schon fünfzig Jahre lang, wann er wo war und was er dort tat. Anhand der Auswahl von Erlebnissen, die er für aufzeichnungswürdig hielt, kann man indirekt seine damaligen Prioritäten erschließen. Das Notizbuch des Jahres 1956 schreit am lautesten das heraus, was es ver-

schweigt. Die Diskrepanz sticht ins Auge: Alle Ergebnisse der Eishockey-
weltmeisterschaft sind dort vermerkt, aber eine Bemerkung über das Ereignis, mit dem der Zerfall des totalitären Imperiums begann, fehlt weit
und breit! Die Erklärung liegt auf der Hand: Der zwanzigste Parteitag
der Kommunistischen Partei der Sowjetunion, von dem allgemein erwartet wurde, dass er das Fragezeichen, das nun schon das dritte Jahr
nach Stalins Tod für alle Kommunisten quälend im Raum stand, beseitigen würde, nämlich wer die Sowjetunion und wohin er sie samt dem
ganzen Sowjetblock und den Verbündeten in der Welt eigentlich führt.
Diese Mammutsitzung begann ohne Saft und Kraft und verlief so fad,
dass die aufkeimenden Hoffnungen erneut auf unbestimmte Zeit vertagt wurden.

Man ertrug es umso weniger, je mehr Gerüchte in Umlauf kamen,
dass auch die politischen Prozesse im eigenen Land manipuliert wurden. Die Herzen und Hirne wollten nicht wahrhaben, dass es möglich
war, ein so hörbares und sichtbares Verfahren zu fälschen, wie es die wo-
chenlangen Gerichtsverhandlungen waren, die sogar im Rundfunk gesendet und ausführlich von der Wochenschau dokumentiert wurden.
Die Vorstellung, die Unschuldigen würden sich nach einem vorher geschriebenen Drehbuch zu den schwersten Verbrechen bekennen, die sie
nicht begangen hatten, und selbst um ihren eigenen Tod beten, gehörte
weiterhin ins Reich der verwerflichen Fantasien. Aus der Vergessenheit
kehrten jedoch Stimmen bedeutender Kritiker der Moskauer Prozesse
aus den Dreißigern zurück und wurden erneut kolportiert. Damals bezeichnete man sie als Knechte des Kapitalismus, die ihren Mist auf der
Urheimat aller Proletarier unseres Planeten abluden. Die einst zum
Schweigen Gebrachten fanden nun bei den frisch Verunsicherten Gehör.
In neuem Licht erschien auch der heimische Prozess mit der tschechischen Abgeordneten Milada Horáková, die sich zum mutmaßlichen
Verrat nicht bekannte und dennoch am Galgen sterben musste.

Chruschtschows Rede auf einer blitzartig einberufenen und streng
abgeriegelten nächtlichen Sitzung, vorher durch nichts angedeutet und
deshalb für alle unerwartet, war am Anfang so perfekt geheim gehalten
worden, dass lange Zeit nicht einmal die Delegierten der ausländischen
›Bruderparteien‹ etwas über sie verlauten ließen, obwohl sie der sowje-

tischen Zensur gar nicht unterlagen. Sie wussten sich damit überhaupt keinen Rat, dass ausgerechnet der Papst aller Kommunisten einen Großteil der sowjetischen Zeitrechnung, nach der sich die Uhren aller Genossen in der weiten Welt richteten, indirekt für eine absolute Lüge und blutigen Schwindel erklärte. Wenn man den tapfersten Menschen des zwanzigsten Jahrhunderts wählen würde, müsste dieser Titel am ehesten an Chruschtschow gehen. Einen gigantischen Keller mit Millionen von Leichen zu entdecken, sich der Mitschuld bewusst zu sein und dann hinzugehen, um dies vor dem Plenum der Henker und ihrer Helfershelfer offen auszusprechen, war überaus couragiert und mit dem Risiko behaftet, noch am Rednerpult physisch liquidiert zu werden. Die Reaktion des Plenums ähnelte zum Glück der Erstarrung eines Kaninchens vor einer sich plötzlich aufrichtenden Königskobra. Erstaunlicherweise fand man auch im sowjetischen Partei- und Staatsapparat genug Mutige, die Nikita dem Furchtlosen den Rücken deckten. Gerade von jener unglaublichen Ansprache führt der vertrackte, aber folgerichtige Weg zur völligen Auflösung der Sowjetunion am Anfang der neunziger Jahre!

In Böhmen schwärmte man inzwischen für die Eishockeyspieler und weiterhin auch für die *Septembernächte*. Für das Armeestück standen an der Kasse vorwiegend Zivilisten Schlange, zusätzliche Vorstellungen wurden angesetzt. Dann passierte es: Plötzlich hat es geblitzt und gedonnert. Vierzehn Tage nachdem Stalin in Moskau zum Massenmörder erklärt worden war, drohte er aus dem Jenseits seinen Prager Dichter totzubeißen. Irgendein Armeefunktionär, der das Stück glücklicherweise erst jetzt besuchte, war von den Lachanfällen im Zuschauerraum entsetzt, umso mehr, weil man gerade vor Offizieren spielte. Er schlug vermutlich Alarm, denn unmittelbar darauf kündigte der Verteidigungsminister – der zweite Mann nach dem Präsidenten und sein Schwiegersohn seinen Besuch an. Auch an diesem Abend saßen mehrheitlich Chargen im Saal, aber niemand lachte, in der Proszeniumsloge auf dem ersten Balkon, über den goldenen Aufschlägen der weißen Generalsuniform, sahen alle nur das versteinerte Gesicht, das sich der mächtige Mann vor großen Auftritten angeblich schminken ließ. In diese Loge wurde der Autor dann zusammen mit dem Theaterdirektor und dem Regisseur nach der Vorstellung einbestellt. Man muss einräumen, dass sich der gefürchtete Alexej Čepička zivilisiert verhielt. Im erleuchteten, aber schon unheimlich leeren Zuschauersaal hielt er eine eher allgemeine Rede darüber, dass die Zeit nach dem Tode des Führers Stalin allzu ernst sei, um etwas in Frage zu stellen, zu verunsichern, zu relativieren … Dann erhob er sich, seine Adjutanten schnellten auf und standen stramm, und er ging grußlos hinaus.

Gleich am Tag darauf rollte die Maschinerie an, als der Unteroffizier den Parteiausweis vorübergehend abgeben musste und zusammen mit den Hauptdarstellern des Stücks ins Zentralhaus der Armee vorgeladen wurde, wo sich die hohen Offiziere, die das Stück in Gegenwart des Ministers gesehen hatten, wie bei einem Alarm versammeln mussten. Das war der erste Konflikt des Autors mit der Macht, und was für einer! In seinen Absichten, geschweige denn in seinem Stück habe man nichts gefunden, was sich wahrheitsgetreu oder aufrichtig nennen ließe. Als sie ihm definitiv das Wort nahmen, griffen sie auch die Schauspieler an, wie sie denn in so einem Pasquill überhaupt mitspielen konnten.

Die Stille, die sich gleich nach der Versammlung ausbreitete, kündigte ein Gewitter an, das noch vernichtender ausfallen sollte. Die Theaterleitung wartete nicht ab und überklebte bereits die Plakate für die weiteren Vorstellungen mit dem Änderungshinweis ›entfällt krankheitshalber‹, während die Schauspieler fleißig verkündeten, sie seien alle gesund. Bald sollte sich zeigen, dass die unnatürliche Ruhe keinen vernichtenden Angriff ankündigte, sondern ganz im Gegenteil einen generellen Rückzug. Die ersten Franzosen und Italiener, die aus Moskau zurückkehrten, hielten es nicht mehr aus, den Mund zu halten. Das Schweigen der KPTsch-Führer war umso unerträglicher und rief vor allem Druck von Seiten der Arbeiterorganisationen hervor. Die geheime Rede lag zwar weiterhin in den Tresoren und die unerlässlichen Informationen wurden tröpfchenweise wie eine Arznei ausgegeben, die in größeren Dosen tödlich ist, aber die Nachfragen von unten klangen umso eindringlicher.

Den kommunistischen Schriftstellern spielten die Sterne am 21. April ihren höchsten Kollegen zu, den Autor eines Arbeiterromans, den Präsidenten der Republik und ersten Kommunisten im Land, Antonín Zápotocký. Bis zu dieser Zeit hatte er einen besseren Eindruck gemacht als die anderen Leithammel, indem er auf die Karte der Volkstümlichkeit setzte – er nannte seine erste Dame öffentlich Mutti! – und programmatisch die Tradition des guten Königs Václav fortzuschreiben versuchte. Umso leidenschaftlicher und unbefangener brodelte der Unmut aller, die nunmehr zweifelsfrei das wussten, was den Komponisten Radim Dreisl zu seinem Sprung ins Jenseits verleitete: dass sie über Mörder für Mörder gedichtet hatten. Der erwachsene Autor hat bis heute seine eigenen Worte in den Ohren, wie er vom Partei- und Staatsoberhaupt emphatisch fordert: »Sorge dafür, Genosse, dass auch wir über unsere Prozesse die Wahrheit erfahren, und wenn sie wirklich eine Kopie der stalinistischen waren, dann sollen diejenigen, die sie verursacht und politisch gedeckt haben, entsprechend bestraft werden!«

Die Art und Weise, wie ihm das Oberhaupt die Ohren volldröhnte, wirkte eigentlich beruhigend, es war geradezu ein väterlicher Zorn, der den Sohn ernsthaft warnte, nicht der Hysterie zu verfallen, wie zuvor schon einmal der Euphorie, er könne sich ja denken, dass es sich um eine parallele Entwicklung handeln muss, mit der sowjetischen abgestimmt, und unsere Partei brauchte bloß Zeit, damit auch die Resultate ihrer Nachforschungen einwandfrei und überzeugend wären. Das ergab Sinn, und Zápotocký hielt zudem auch den anwesenden Mitarbeitern des Apparats eine Predigt, die Aufregung der jungen Künstlergenossen doch zu verstehen, die nicht durch die Erfahrung der alten Arbeiterkader geschmiedet worden waren. Mit derselben tiefen und warmen Stimme beglückwünschte er beim Abschied den zuvor noch getadelten Autor zu seinem Stück, es sei schließlich ein Beispiel für die konstruktive Kritik, die das Vaterland der Arbeitenden jetzt am meisten benötige. Das klang wie eine vorläufige Gratulation zum Staatspreis, für den das Tschechische Pressebüro ČTK den Unteroffizier tags zuvor fotografiert hatte. Die Einladung auf die Prager Burg erwartete er jedoch vergeblich, und am neunten Mai fand er sich nicht in der Zeitung auf der Liste der Preisgekrönten. König Václav war nur eine weitere Figur aus der astronomischen Uhr der Lügner, weil er vorhatte, seine eigene Beteiligung an den Justizmorden zu verschleiern; noch auf den letzten Todesurteilen fand man seine Unterschrift.

Da ähnelte aber die sämtliche ideologische Abwehr der Führung der KPTsch schon einem behelfsmäßig aufgestockten Damm aus

Sandsäcken, durch den aus vielen Löchern, immer beunruhigendere Zitate aus der Rede Chruschtschows sickerten. Um den völligen Durchbruch abzuwehren und den Druck der Kritik nachhaltig zu schwächen, gab man eilig die nicht mehr zu haltenden Schanzen auf. Als Erstes verschwand von den Bildschirmen des gerade neu eingeführten Mediums, dem Fernsehen, die Salonuniform des Verteidigungsministers Čepička, der nach Aussagen der Historiker von Stalin auserwählt worden war, um die erste Angriffswelle gegen den Westen zu führen.

Die politischen Mühlen drehten sich hartnäckig rückwärts und versuchten, aus dem Hackfleisch wieder ein Beefsteak zu machen. Das Parteibuch wurde dem Dramatiker sofort und mit einer Entschuldigung zurückgegeben, die Theaterleitung änderte erneut das Repertoire, die *Septembernächte* wurden als Dauerbrenner wieder aufgenommen, um die Nachfrage zu befriedigen, und im Foyer waren es die hohen Chargen, die den Unteroffizier als Erste grüßten. Mit der Unterstützung der obersten politischen Hauptverwaltung der Armee begann man Vorbereitungen für den gleichnamigen Film zu treffen. Als sich wieder erstmals der Vorhang für sein Stück hob, schlich sich der Autor heimlich in die Ministerloge, wo sein Malheur erst ein paar Wochen zuvor begonnen hatte. Von niemandem bemerkt blickte er auf die Bühne, fühlte sich um Jahre gereift und begann von neuem zu glauben, dass seine Partei bald wieder so sein würde, wie er sie sich immer gewünscht hatte. Summa summarum: Er war selbst immer noch ein ziemlich getreuer Abdruck seines Stücks, in dem ein Deus ex machina im Rang eines gerechten Obersts alle Probleme zu lösen wusste.

20. KAPITEL

Die armen Teufel, zu allem fähig

Bereits am 12. Mai desselben Jahres machte es dem Autor eine andere Funktion möglich, eine weitere Front zu eröffnen. Das Zentralkomitee des tschechischen Jugendverbandes, das ihn im vorigen Jahr für die Künstler in sein Präsidium hinzugewählt hatte, traf sich in ungewohnter

Umgebung: Die jungen Eisenbahner hatten für die außerplanmäßige Sitzung einen Saal auf dem Prager Hauptbahnhof zur Verfügung gestellt. Beim Lärm und Quietschen der bremsenden und anfahrenden Züge und im dichten Nebel des Zigarettenrauchs – damals qualmte fast jeder! – verlor man langsam die Geduld. Die ›gewöhnlichen‹ Mitglieder, Schlosser und Maurer, Melkerinnen und Weberinnen, die für ähnliche Gremien seit Jahren von oben als stumme Statisten eingesetzt worden waren, um bei kleinsten Andeutungen zu applaudieren und beim Abstimmen die Hand zu erheben, sprachen zum ersten Mal frisch von der Leber weg. An diesem Tag fanden sie zur Bestürzung der Apparatschiks ihre eigene Sprache und ihre Forderungen. Sie erinnerten mahnend an die erste französische Ständeversammlung, als diese die Agonie der Monarchie witterte. Die Vorschlagskommission, für die auch der Dramatiker von den Aufständischen nominiert und gewählt worden war, vermerkte für die Resolution gewagte Forderungen; sie versprachen, die abgestorbene Organisation in eine agile demokratische Gemeinschaft zu verwandeln, die ihr Programm und auch ihre Vertreter ohne die Vormundschaft der Partei selbst bestimmen sollte.

Die bisherigen Vorstände packte das blanke Entsetzen. Die überzüchteten Kaninchen schrumpften und verwandelten sich in Mäuse, die bereit waren, alles zu tun. Dann aber retteten sie sich mit einem Trick, der in seiner Einfachheit schon wieder genial war. Da man wie gewohnt von einem formalen Ablauf der Sitzung ausging, rechneten die regulär beschäftigten Delegierten nur mit dem Wochenende. Am Sonntagabend aber musste die Mehrheit schon wieder dringend nach Hause und zur Arbeit. Niemand protestierte, als das Präsidium vorschlug, das Treffen zu unterbrechen. Mit Blick auf die schon fortgeschrittene Stunde war es angeblich nicht möglich, Ort und Zeit der Folgesitzung unmittelbar festzulegen, wo man die Resolution zu Ende bringen würde. Die Rebellen verpflichteten blauäugig die Vorschlagskommission, dies im Sinne der Diskussion auszuführen.

Gleich am folgenden Morgen begann die Massage. Ohne den Rückhalt des Plenums verwandelten sich die meisten Kater in Kätzchen, die von der Angst befreiten Mäuse wuchsen zu Ratten heran. Die gewohnte Abstimmungsmaschinerie überrollte die Minderheit in der Kommission, beraubte die Resolution jeglicher Schärfe und verwandelte sie in das übliche Blabla. Dieser Riss wird nie mehr gekittet, er wird allmählich zur Abberufung des Dramatikers vom Präsidium des Jugendverbands und dann auch zu seiner Entfernung von allen Kandidatenlisten führen. Das nächste Plenum des Zentralkomitees traut sich schon nicht mehr, etwas zu korrigieren, weil man wieder unter massiver Überwachung durch die Partei in einer veränderten politischen Landschaft zusammenkommt: im Herbst 1956, nach den blutigen Ereignissen in Ungarn.

Noch im Sommer des bewegten Jahres schien es, als würde der mächtige Druck der Entstalinisierung nicht nachlassen. Da begann man die ungekürzte geheime Rede schon in den Basisorganisationen der Partei zu verlesen, und die Wirkung glich einem massenhaften Katzengejaule. In diesem Zeitraum kam es zur Teilung der Kommunisten für die kommenden drei Jahrzehnte: Die Bruderschaft der Schuldigen schloss einen Pakt, der zwölf Jahre später in der Not die sowjetischen Panzer herbeirufen wird. Der Klub der Zyniker entschied, sich nach der Redewendung zu verhalten »Ist der Ruf erst ruiniert, lebt es sich ganz ungeniert«. Und die schicksalhafte Gemeinschaft derer, die es begeistert gestatteten und sogar besangen, beriet sich verzweifelt und stritt, wie man aus dieser Blutlache herauskommt. Diese Fragen wurden in schlaflosen Nächten für manche so unerträglich, dass sie den Gashahn aufdrehten oder den Abzug einer Waffe drückten.

Immer wenn die Geschichte des Kommunismus in Böhmen an diesem Punkt angelangt ist, wird eine Unzahl an Zeitgenossen und Nachkommen die logische Frage stellen: Warum hat es uns, warum hat es mich konkret nicht dazu gebracht, dieser verhunzten Partei den Rücken zu kehren? Was haben wir in ihr gesucht, was habe ich in ihr weiterhin zu suchen gehabt? Damals antwortete mir der Instinkt darauf, und auch über den Abstand der Zeit hinweg finde ich, dass das richtig war. Wenn man die damalige Partei den Verbrechern und Zynikern überlassen hätte, wäre als Folge davon eine zehn Jahre länger andauernde Phase der ›Normalisierung‹ am wahrscheinlichsten gewesen, während jeden Aufstand eine totale Niederlage erwartet hätte. Schon drei Jahre zuvor hatte die Welt erfahren, wie schnell der Arbeiteraufstand in Ostberlin ausgeblutet war. Nun war sie machtloser Zeuge eines neuen Scheiterns geworden. Auf den Volkszorn, der während der Industriemesse in Posen durch den Unwillen der polnischen Regierung hervorgerufen wurde, aus den Enthüllungen in Moskau Konsequenzen zu ziehen, antwortete Polens Verteidigungsminister, den weiterhin der sowjetische Marschall Rokossowskij stellte, mit dem Einsatz der Armee; nachdem die sechzig Toten und dreihundert Verletzten beiseite geschafft worden waren, ging die Messe weiter, als wäre nichts geschehen.

In der Tschechoslowakei erschien es hingegen am effektivsten, die andauernde Lähmung der hauseigenen Dogmatiker auszunützen und den Gang der Dinge dort zu ändern, wo er unheilvoll war, also direkt im Herzen der Partei. Dieser Gedanke gab Kraft für den Kampf um die Reform. Den Dramatiker hatten dafür kuriorserweise gerade die zwei Jahre beim »Stachelschwein« trainiert. Der wesentliche Unterschied lag darin, dass die kritisierten Leiter der Genossenschaftsläden oder die Direktoren staatlicher Betriebe von den höchsten Funktionären abgelöst wurden, die sich umso hartnäckiger verteidigten, weil es bei ihnen um alles ging: Sie hatten wirklich blutbeschmierte Hände. Sein Ringplatz sollte deswegen wieder die altbewährte Bühne auf den Weinbergen werden. Sieben Tage und Nächte lang schrieb er seine erste ›böse Komödie‹ mit dem Titel *Der arme Teufel*. Der anfangs harmlose Kleinganove Břetislav Chrt erregt das Mitleid seiner Umwelt so lange, bis er auf seiner Karriereleiter hoch genug geklettert ist, um seine naiven Gehilfen erbarmungslos zu vernichten.

Dieses Mal ging es um nichts weniger, als die Neuausgabe des gescheiterten stalinistischen Systems mit dem durchtriebenen Decknamen ›Kollektive Führung‹ unter die Lupe zu nehmen, und deshalb ist das Stück ein Text des Wandels, der den Dramatiker in künstlerischer Hinsicht weitaus früher befreite, als es sein politisches Bewusstsein schaffte.

Auf den ersten Termin nach der Prager Premiere wartete eine Reihe von Regionaltheatern. Nur dass gerade dieses Stück als Einziges noch vor seiner Aufführung verboten wurde. Nach der wiederholten Genehmigung durch die oberste politische Verwaltung der Armee, die erstaunlicherweise wie ein einäugiger König unter den Blinden übriggeblieben war, kam ein plötzliches Nein! direkt vom Zentralsekretariat der Partei.

Oder es war eher ein russisches Njet!, weil der Kreml gerade am Tag der Leseprobe eine weitere Tragödie zu schreiben begann.

Bis zu dieser Zeit hatte die beinahe wunderbare Entwicklung in Ungarn die Herzen aller Hoffenden emporgehoben. Das heimische Fernsehen ging zwar verdächtig sparsam mit den Bildern um, aber die tschechischen Rundfunksendungen aus dem Westen schafften es, dass die Menschen feuchte Augen bekamen, wenn die bewegenden Szenen der Verbrüderung der ungarischen kommunistischen Reformführer mit dem ganzen Volk geschildert wurden. Zuerst klang es so, als wäre die Entwicklung, die Chruschtschow vor acht Monaten eingeleitet hatte und die Imre Nagy gleich unerschrocken fortsetzte, durch nichts und niemanden mehr aufzuhalten. Dann schien es, als würde ein anderes Ensemble über Nacht anfangen, ein ganz anderes Stück zu spielen. Der ausländische Rundfunk bestätigte, was das tschechische Fernsehen schon vorsorglich als Warnung den dieses Mal erschrockenen Augen nahezu wohlgefällig anbot: Auf den Budapester Laternenpfählen brannten Menschen. Den grauenvollen Gestank lebender Fackeln in Prag im Mai 1945 konnte der Dramatiker immer noch wahrnehmen. Damals verbrannten die Tschechen die Deutschen, dieses Mal verbrannten die Ungarn die Ungarn. Auch dort vollzog die Straße den Akt der historischen Gerechtigkeit auf mörderische Art und Weise. Nikita der Furchtlose begann, einen Putsch der Stalin-Abkömmlinge zu fürchten, und schickte Panzer nach Budapest. Das nachfolgende Massaker war der schlagende Beweis, dass der Weg zur Freiheit nicht über die Barrikaden führt.

Der Dramatiker und seine nahen Freunde bestärkten sich wie Tausende von Gesinnungsgenossen gegenseitig in der Annahme, dass man in diesem gespaltenen, aber immer noch mächtigen Verein bleiben und für ihn gemeinsam eine Grundlage schaffen müsse, wenn man einen gangbaren Weg aus der historischen Falle finden wollte. Ein Ausstieg hätte damals bedeutet, dass gerade die ihre Positionen räumen würden, die die ganze Gesellschaft von dem Maulkorb und der Leine des Totalitarismus befreien wollten und auch konnten. Zu bleiben erforderte natürlich auch, sich taktisch zu verhalten. Es ist schön, Liebe und Wahrheit zu predigen, sollten die jedoch je Hass und Lüge besiegen – das wissen alle, die es probiert haben! – geht es nicht ohne Zugeständnisse und Geduld. Es graute ihnen vor den steigenden Zahlen der Toten von Berlin über Posen bis nach Budapest. Und eine Warnung war auch das Resultat der unterdrückten Widerstandsversuche, das überall gleich war: der Terror ultrakonservativer Kräfte. In der Tschechoslowakei, die erst anfing, sich aus deren Umklammerung herauszumanövrieren, durften sie keinen Vorwand bekommen, der sie wie in Ungarn berechtigt hätte, sowjetische Hilfe einzuholen!

Daher bemühte sich auch der Dramatiker bis zum Äußersten, seine Möglichkeiten auszuschöpfen, überschritt sie aber niemals waghalsig. So dass er auf keinem Forum ein Blatt vor den Mund nahm, aber auch keine Forderungen erhob, die in der jeweiligen Situation abenteuerlich gewesen wären. Darüber zu urteilen steht anderen zu. Hoffentlich beurteilen sie den ganzen Zeitraum anhand des Ergebnisses – des immer wohnlicheren Klimas der sechziger Jahre. Dass die Taktik der stillen ›Palisadenöffner‹ erfolgreich war, davon zeugt auch der Satz, mit dem der nichtsahnende Leonid Breschnew die Strategie des ›Prager Frühlings‹ absegnet, als die Reformer den Thron Antonín Novotnýs ins Wanken bringen: »Eto wasche djelo« – das ist eure Sache! Und dies bekundet auch die großartige Einheit, mit der die Bevölkerung der Tschechoslowakei ihre Okkupanten im August empfängt.

Eines aber bekennt auch der erwachsene Mann offen: Das wirtschaftliche und politische Versagen des Vorkriegssystems hat ihn in seiner Jugend zu sehr geprägt, als dass er sich hätte wünschen können, sein Land solle so mir nichts, dir nichts zum Kapitalismus zurückkehren. Der Glaube an die Möglichkeit irgendeines besseren dritten Weges wird um so stärker sein, als schon damals zahlreiche westeuropäische Länder auf ihn zusteuerten, indem der Kapitalismus durch den dauerhaft gleichbleibenden Druck der Gewerkschaften und auch der immer häufiger werdenden Regierungsbeteiligung der Linken sozial kultiviert wurde. Dass es übrigens im Jahre 1968 nicht mehr um weitere fromme Wünsche ging, sondern um die Suche nach konkreten Ausgangspunkten von dauerhafter Gültigkeit, bestätigt sich auch, wenn auf tschechischem Boden nach dem Jahr 1989 das kapitalistische System erneut errichtet wird, und zwar in einer Spielart, die vor allem den Schwindlern und den Finanzschurken entgegenkommt: Schon nach ein paar Jahren

erzwingt die Mehrheit der Wähler neue Debatten über einen besseren
Weg, indem sie die Sozialdemokraten und leider wieder auch die Kommunisten zurück in den Ring lässt. Aber das ist aus Sicht des Jahres 1956
eine absolute Utopie ...

21. KAPITEL

$1 + 1 = 5$

Der Chronist seiner eigenen Geschichte hat hier schon etliche Kapitel
seiner Revolutionsbegeisterung gewidmet, der Bemühung, sich den Beifall der Gleichgesinnten zu verdienen und alle Ungläubigen zu seiner
Wahrheit zu bekehren. Es ist höchste Zeit, sich einem anderen Schwerpunkt zu widmen, der diesen ersten zum Glück bald ablösen wird: das
Bedürfnis, von einem lebendigen Menschenwesen geschätzt und geliebt
zu werden. Das Antlitz, das der Dichter noch vor seinem Fall monatelang in der Sopran-Reihe im Fučík-Ensemble wahrnahm, wirkte scheu
und verletzlich wie ihre ganze Familie, die aus der tschechischen Enklave
in Bulgarien in die Heimat zurückgekehrt war. Der abgenutzte Ausdruck ›einfache Leute‹ passte zu ihnen, sie waren warmherzig, fleißig
und ehrlich, ihr irdisches Schicksal akzeptierten sie genauso selbstverständlich, wie sie Brot und Wasser zu sich nahmen.

Das Schicksal des Dichters sollte immer wieder überraschende
Wendungen im Angebot haben, die eher auf die Bühne passten als ins
normale Leben. Als er an einem Mittag im Oktober 1952 vom Gericht
zurückkehrte, welches das Ehebündnis mit der davongelaufenen Prinzessin annulliert hatte, war es eine schwarz gekleidete Frau, die als Erste
bei ihm klingelte; sie stellte sich mit dem ihm vertrauten Namen Cor-
nová vor. Sie sei gekommen, sagte sie im schönen Tschechisch längst
vergessener Patrioten mit unverwechselbarem Balkanakzent, weil sie
sich ihre Tochter schäme. Sie solle ausrichten, dass Anna in anderen
Umständen sei, aber nicht erwarte, dass sie der Dichter nach einer so
kurzen Bekanntschaft zur Frau nehme, wo sie ihn doch auch nicht auf
ihre kritischen Tage hingewiesen hatte.

Er besann sich den ganzen Nachmittag. Aber noch mehr, als ihm Annas stille Schönheit gefiel, traf ihn diese Noblesse. Die dramatische Einheit der Zeit zwischen den beiden Gipfelerlebnissen seines vierteljahrhundertjährigen Lebens signalisierte darüber hinaus den Willen der Sterne: sein Materialismus hatte nie völlig den Hang des Theatermachers zum Aberglauben vertrieben. Und es war sicher wieder auch der Doppelgänger des Cyrano in seinem neuesten effektvollen Auftritt, bei denen der Dichter selbst gerne vor Rührung verging, der ohne Ankündigung noch am selben Tag abends in die Wohnung von Annas Eltern kam, um sie zu ihrer Verblüffung, so wie es sich gehört, um die Hand ihrer Tochter zu bitten. Die bulgarische Mastika beschleunigte den Genrewechsel, und statt sich zu schämen, begossen sie das freudige Ereignis.

Der Dichter heiratete also zum zweiten Mal, diesmal schon mit viel weniger Pomp – und verschwand. Zuerst entschwand er zum Wehrdienst, dann auf die Tournee des Armee-Ensembles durch die Sowjetunion, dann auf Reportagereisen, auf Militärmanöver und schließlich für ein Vierteljahr nach China und in die Mongolei. Zu Hause war inzwischen dank Anna im Laufe von lediglich vier Jahren nach Ondřej, der einst Maler in Österreich sein wird, und Kateřina, der zukünftigen Schweizer Hotelmanagerin, auch Tereza, die spätere tschechische Schriftstellerin Tereza Boučková, hinzugekommen; diese wird sich dereinst in ihrem leidenschaftlich geschriebenen Erstlingswerk *Indianerlauf* sarkastisch »geplatzter Gummi« nennen, obwohl sie von den dreien das einzige echte Wunschkind gewesen ist; sie sollte nämlich das verkitten, was auseinanderzugehen drohte. Und der Vater und Gemahl dichtete für sie alle noch aus der Ferne weiter.

Anna war eine fürsorgliche Mutter, ihre Ruhe entwaffnete schließlich auch die Mutter des Dichters, und durch die gemeinsame Wohnung verlief kein Graben mehr. Der Dichter nahm das Trio, wenn er in seinem stürmischen Flug gerade einmal Zeit hatte, gern ins Theater mit, hauptsächlich zu den Proben seiner eigenen Stücke, aber er ließ davon ab, als er einsah, dass sie für seine Kinder bei weitem nicht so interessant waren wie für ihn; vielleicht irrte er sich, weil Ondřejs erstes Ölbild von der Premiere des Stücks *August August, August* inspiriert sein wird. Am häufigsten und am liebsten verweilte er mit ihnen im Schloss Dobříš bei

Prag, weil er sie so an die frische Luft bekam, ohne vom Schreibtisch auf-
stehen zu müssen: Er konnte hin und wieder einen Blick auf sie werfen
und mit ihnen durch das Parterrefenster sprechen.

Das Schloss Dobříš, ursprünglich Sitz der Familie Colloredo-Mans-
feld und dann des Reichsprotektors, nach dem Krieg tschechischen
Schriftstellern zur Verfügung gestellt, war in der zweiten Hälfte der fünfziger Jahre eine Prestigeangelegenheit, das Privileg anerkannter Meister
der Feder; die Schreiberlinge der Plebs lernten seine erhabenen Räume
nur über Konferenzen oder Seminare kennen. Seinen Glanz bekam das
schöne und klassisch bemalte Gebäude, das sich inmitten eines ausgedehnten Parks befand, durch Schriftsteller von Weltrang, die dort zeitweilig Asyl fanden, als sie in ihren Ländern von den Junta-Regierungen
verfolgt wurden. Jorge Amado, Nazim Hikmet, Pablo Neruda und andere verwandelten Dobříš in einen tschechischen Parnass. Unser junger
Mann war zwar nach der vernichtenden Kritik aus Mähren als Dichter
so gut wie tot, aber aus seinen Überresten entstand schon ein allmählich
respektierter Bühnenautor; sein Antrag auf Arbeitsaufenthalt in Dobříš
konnte umso weniger abgeschlagen werden, als er mit Frau und drei
Kindern in einer Wohnung mit den ebenso berufstätigen Eltern auf
engem Raum lebte. Bald wurden ihm also zu einem Spottpreis für einen
längeren Zeitraum zwei Zimmer hinter dem Speisesaal zugeteilt, im
größeren schlief er mit seiner Familie, im anderen schrieb er.

Dann fiel ihm auch die Ehre zu, als Erster der jüngeren Autoren nach
dem Abendessen am Tisch der ›Schlossherren‹ teilhaben zu dürfen, die
hier zweifelsohne Jan Drda und Erik Saudek waren, beide mit fünf Kindern und dadurch auch quasi Oberhäupter zweier herrschender Ge-
schlechter. Drda, der Autor des reizenden Romans *Das Städtchen auf der
Handfläche* und vor allem von Märchen, mit denen er bestimmt am
Himmel neben Andersen sitzt, und Saudek, der Hamlets *To be or not to
be, that is the question …* eine kongeniale tschechische Form gab: *Žít či
nežít, to je oč tu běží …*

Sie waren wie zwei Gestalten aus der Renaissance, durch ihre grenzenlose Unterstützung der kommunistischen Macht tragisch gezeichnet.
Dank ihnen hat sich Dobříš den Ruf eines der Orte erworben, von wo
aus die heimische Kultur reglementiert wurde. Das wird genauso der

Wahrheit entsprechen wie der Umstand, dass dort viele Jahre einige au-
ßergewöhnliche Geister lebten, Zwischenkriegsintellektuelle, die vom
Trugbild des Kommunismus schon viel früher getäuscht worden waren
als unser junger Mann, und deshalb Träger von Bazillen waren, die auch
ihn ansteckten, aber gerade an diesem Tisch begannen sie, in endlosen
Diskussionen die Blößen des Regimes aufzudecken.

Der junge Mann, sonst so gesprächig, und seine ohnehin wortkarge
Frau saßen dort schweigend unzählige Nächte, als vorsichtig die ersten
Zweifel ausgesprochen, widerlegt und von neuem bestätigt und wieder
zurückgewiesen wurden, womit sie sich im Kopf der Zuhörer nur noch
mehr festigten. Am Morgen war der Speisesaal das Eldorado der Kinder,
weil die Teilnehmer der Diskussion noch schliefen; die politische Para-
lyse bewirkte, dass letztlich keiner von ihnen auf Dobříš etwas von Bedeutung schreiben konnte. Ihr Lehrling, den echte Krisen erst erwarteten, sah in seiner fleißigen Tatkraft den einzigen Vorteil, den er ihnen
gegenüber hatte. Also schrieb er, schrieb und schrieb, und dabei wartete
er, wartete und wartete, bis sich aus der Schreibmaschine nach viel Un-
kraut die vielversprechende Knospe, die die Blume ankündigte, heraus-
schob. Eine Herausforderung war auch der Urteilsspruch, den ausgerechnet Jan Drda über ihn fällte, als er bei irgendeiner Konferenz auf
Dobříš eine Gruppe junger Literaten im Park Bäume bestimmen ließ.
Weil es im Vorfrühling passierte, wo es keine Früchte gab, die ihm hätten
helfen können, war unser Literat der Einzige, der so gut wie nichts erriet.
»Ich weiß nicht«, sagte der kraushaarige, quicklebendige Richter, ein ta-
delloser Kenner der Natur, die auch in seinem Werk nur so wucherte und
duftete, »aus wem von euch ein echter Schriftsteller wird, aber aus Pawlik
jedenfalls nicht!« Das wirkte, und Pawlik beginnt, sich vor der Natur zu
schämen und sie dann auch zu fürchten, von dieser Zeit an wird für ihn
das einzige zuverlässige Gras der Asphalt sein und sein liebster Wald die
Schornsteine. Die Stadtzentren ersetzen ihm die gesamte Natur der Welt,
mit der Ausnahme eines Gartens im Mäander des mittelschechischen
Flusses, wohin ihn sein Weg erst noch führen wird …

Als im August 1968 sechshunderttausend Soldaten das Land überfallen werden, wird Jan Drda, Autor vieler Texte, in denen er die Rote
Armee für die Befreiung desselben Landes im Mai 1945 rühmte, in die il-

legale Zeitung einen leidenschaftlichen Protest schreiben: Gebt ihnen kein Stück Brot und keinen Tropfen Wasser! Das wird sein Schwanengesang sein; der sich anschließende Hass ehemaliger Genossen aktiviert in ihm alle seine alten Gebrechen. Der junge Literat wird niemals die dramatischen Wolken vergessen, die an Drdas Begräbnis wie riesenhafte losgerissene Segel über dem kleinen Dobříšer Friedhof am Himmel hintreiben, und auch nicht die blutjunge Schlossgärtnerin, die ganz allein und heftig weinend hinter dem Trauerzug hergeht. In sie hatte sich der Gehetzte so schicksalhaft verliebt, dass er in seinen letzten Lebensmonaten von der prominenten Tischrunde und seiner Familie zu ihr ins Gartenhaus geflüchtet war.

Der junge Mann führte von diesem Tisch seine eigene Familie fort, kurz nachdem er dort das erste ordentliche Stück vollendet hatte. Wie stolz er doch auf diesen Status war, er musste ja nur seine Frau anhören, die sich zu Recht fürchtete, dass sich die Kinder mühelos den Luxus mit dem Dienstpersonal angewöhnten, der weit vom alltäglichen Leben entfernt war. Zu Annas Wesen gehörte auch ihre natürliche Intelligenz, und die lange Mitgliedschaft im Ensemble hatte ihr im gesellschaftlichen Umgang Sicherheit gegeben; das Zusammenleben mit dem voreiligen und weiterhin euphorischen Krebs-Löwen stellte für sie lange Zeit kein großes Problem dar. Zudem war sie eine ausgezeichnete Tänzerin und ganz nach dem Vater, seit jeher ein Liebhaber zweirädriger Maschinen, auch eine wackere Motorradfahrerin; den Motorroller der Familie, der dem ersten Auto voranging, hatte ausschließlich sie ausgewählt, gelenkt und instand gehalten. Und wieder wird sie es sein, die ihm endgültig die Kraft gibt, den Flug aus dem Familiennest, der längst fällig ist, zu verwirklichen – es früher zu verlassen ist ihm hauptsächlich aus Dankbarkeit der Mutter gegenüber nicht eingefallen. Das erste eigene Heim wird er bald in einem Städtchen am Fluss Sázava finden.

Wie schließlich kam, was gekommen ist, kann man nicht erklären, so mancher Leser weiß, wie rätselhaft chemische Prozesse beim Zusammenleben von Mann und Frau verlaufen können. Auch der erwachsene Mann streitet ab, dass er mit Anna jemals nach dem Modell des Vaters – jeder für sich! – gelebt hätte. Noch bevor der Bund der Ehe in der Tat zur Förmlichkeit verfällt, wird ihn gerade die Hochachtung ihr gegenüber zur Scheidung bewegen. Er fühlt, wie sein größter Seitensprung sie öffentlich erniedrigt, und versucht zumindest dadurch, sein Verschulden wiedergutzumachen. Zur Scheidung werden sie sich verabreden, auf den Termin gemeinsam vorbereiten. Beide Male werden sie sich gegeneinander so anständig verhalten, bis den Protokollführerinnen die Augen zu tränen beginnen und es ganze Arbeit ist, den Richter zu überzeugen, dass es um eine tiefe Zerrüttung geht, welche in diesen prüden Zeiten einzig und allein die Scheidung einer Ehe mit drei Kindern rechtfertigen kann. Am meisten steht ihm Anna durch ihre Zustimmung bei, und ihm wird schon bald ein Stein vom Herzen fallen, da es zwischen ihnen letztlich nicht zum Bruch kommt und sie ihr Leben als eine Frau verbringt, die begehrenswert bleibt. Aus ihrer Wohnung wird im Jahre 1979 ein wenig bekannter Dissident zu einer mehrjährigen Gefängnisstrafe abgeführt, ein gewisser Václav Havel.

Nun schreibt man jedoch erst den Januar des Jahres 1957, und die fünf erwärmen sich immer noch gerne im Garten des Schriftstellerschlosses auf Dobříš, wo der Dichter definitiv zum Dramatiker wird und reuig von der verräterischen Erato zur verführerischen Thalia zurückkehrt.

22. KAPITEL

So eine Liebe

Die Protagonistin des Stücks *So eine Liebe*, die Jurastudentin Lída Matysová, wird am Abend vor ihrer Eheschließung mit Milan Stibor an der Fakultät den neuen Dozenten für Familienrecht Petr Petrus treffen, den sie vor einigen Jahren innig geliebt hat, bis er unerwartet seine alte Bekanntschaft heiratete. Beide werden von ihren Gefühlen überwältigt und Lída findet sich nicht auf der Hochzeit ein. Der Skandal schwillt dank den Verwandten, Freunden und auch Funktionären der Fakultät an, die vor allem Lída anklagen, dass sie ihn durch ihre eigensüchtige Missachtung ethischer Normen hervorgerufen hat. Petrus hält dem Druck nicht stand, verlässt seine neue Liebe wieder und kehrt zu seiner Frau zurück, um seine Karriere nicht zunichte zu machen. Lída fällt aus dem Zug – höchstwahrscheinlich Selbstmord. Erst dann – post mortem – beginnt der Prozess auf der Bühne: Den Fall ermittelt und rekonstruiert ein allwissender Herr im Talar, der den Akteuren des Dramas unangenehme Fragen stellt, »die der Zuschauer ihnen stellen würde, wenn er könnte«, und er lässt sie die Schlüsselsituationen wiederholen, damit sie sich gegebenenfalls anders entscheiden können.

Das eigene Archiv überführt den Autor, dass die Rolle aus Bewunderung und tiefer Sympathie für Jana Dítětová geschrieben worden ist, eine bezaubernde junge Frau und glänzende Schauspielerin des damaligen Realistischen Theaters in Prag. Die gemeinsame Arbeit und die alte Freundschaft zwischen den Familien – ihr Mann, der Schauspieler Josef Vinklář, war auch ein Schüler Dismans – bewirkten, dass aus der Sympathie plötzlich eine starke Beziehung wurde. Welche Ungerechtigkeit des Schicksals, dass eine Krankheit diesem scharfsinnigen und außergewöhnlich begabten Wesen weit vor dem Höhepunkt des Lebens ein so trauriges und schweres Ende bereiten wird; nur kurz erfreut sie sich der Freiheit. Weit entfernt von der Fähigkeit eines Schwärmers, zu denen auch der bezauberte Dramatiker gehörte, sich in seine Träume so weit hineinzuleben, bis sie zur verletzenden Realität werden, lehnte sie es in einem kritischen Augenblick ab, nicht nur ihr Leben, sondern auch das seine und das aller übrigen Menschen, die zu ihnen gehörten, in die Luft zu jagen. Ein wenig später wird er das ohne konkreten Anlass zu Hause selbst tun … Es stimmt, dass *So eine Liebe* ohne sie nicht entstanden wäre.

Im Vergleich zu seinen vorherigen Stücken, die einer gegebenen These gedient hatten, geschah es zum ersten Mal, dass er die Geschichte durch eine konsequente Logik der Situationen und der Charaktere sich entfalten ließ, ohne die Figuren zurechtbiegen oder -brechen zu müssen. In keinem Augenblick hatte er einen durchdachten Plan und eine Ahnung davon, wohin man mit dem Thema gelangen und was man mit ihm ausdrücken wird, ein Prozess, bei dem der Autor gleichzeitig der erste Leser und Zuschauer ist, dessen spontane Reaktion ihn sofort korrigiert. Eine spannende Arbeit, solange dieser magische Kreislauf funktioniert. Wenn er sich in sich selbst verfängt und stockt, ist das eine »Kastrophe« – wie es Stieftochter Jolana als Kind zu sagen pflegte. Dann kann man nur abwarten, ob die Zeit den Knoten im Gehirn überraschend löst.

So eine Liebe gehört zu den wenigen Stücken, die in einem einzigen heftigen Zug entstanden sind, als wäre die Zeit stehengeblieben. Sie haben ihr Leben und ihre Kraft nicht verloren. Im Gegensatz zu anderen, mit denen sich der Autor über Monate und Jahre besondere Mühe gab, und vielleicht gerade deswegen kann man den Schweiß an ihnen riechen. Es ist immer noch Donnerstag, der 24. Januar 1957, der siebente Tag des Schreibmarathons, als er zu Anna, die gerade mit den Kindern im verschneiten Dobříšer Park spielt, aus dem Fenster seines Zimmers schreit: »Sie springt aus dem Zug!« So wurde er selbst durch das unerwartete Ende überrascht, das ihm nun erst den Sinn des schon vor einer Woche geschriebenen Anfangs klarmachte. Im Februar gab er im Theater den Text ab, im Oktober war schon Premiere – soll ein junger Stückeschreiber im nächsten Jahrhundert doch einmal probieren, ob sich Direktion und Dramaturgie seine achtzig Seiten innerhalb dieser Zeit wenigstens durchlesen würden!

Dafür stimmt die Beobachtung eines Kritikers, dass der Autor »in den zwei Hauptpersonen selbst zum Vorschein kam«, ja, zwischen diesen Polen schwankte doch damals seine Person hin und her. Gerade das wird in ihm unaufhörlich beim Schreiben einen Zustand höchster Anspannung erzeugen, mit jeder Replik wird er wiederholt in die ganze Figur eintreten, in ihre Biografie, ihre Philosophie und auch in ihren Wortschatz. Es wird ihm oft passieren, dass ihn am Abend das Gefühl eines turbulenten Tags befällt, wenn ihn die anspruchsvolle Gesellschaft buchstäblich auswrang, ehe er sich bewusst wird, dass er den ganzen Tag allein war.

Das Stück, sofort von vielen tschechischen Theatern angenommen, konnte sich auch der Gunst des Schicksals erfreuen. Noch ohne dass der Autor einen ausländischen Agenten hatte, eroberte es von selbst die Bühnen weiterer Länder. Die Buschtrommel der Übersetzer teilte den Theatern des ›Friedenslagers‹ schnell mit, dass es um einen Text gehe, der sich deutlich von den Stücken unterscheide, die ideologischer Ballast ersticke. Nach der ersten ausländischen Aufführung in Dresden, die Lucie Tambová, die Frau des Prager Herrn im Talar Valtr Taub, durch ihre Übersetzung in die Wege leitet, erscheint es bald im Repertoire fast aller Bühnen der Deutschen Demokratischen Republik, wo es in der Presse

einen hartnäckigen Streit über das Recht des sozialistischen Aufbau-
Menschen auf Selbstmord aufflammen lässt. Bald darauf schwappt es
auch über nach Ungarn, Polen und vor allem in die UdSSR, dort wird es
bis ans Ende des Jahrhunderts die Rangliste der meistgespielten Stücke
anführen; über sechshundert professionelle und Amateurbühnen werden es aufführen. Die UdSSR wird jedoch noch nicht an der Berner
Konvention beteiligt sein, so dass die Tantiemen gleich null sind; zwanzig Jahre später wäre der Autor Millionär gewesen. Das Schicksal ent-
lohnt ihn anderweitig: Von der sensationellen Resonanz erfährt Eric
Spiess aus dem Kasseler Bärenreiter Verlag, ein Mann, der neuerdings
auf der Suche nach frischen Stücken aus dem ›Osten‹ ist, die auch auf
westdeutschen Bühnen standhalten würden. Er wird zum neuen Schutzengel des Dramatikers, der in den folgenden zwanzig Jahren seine Bühnentexte auf alle Kontinente expediert.

Ein Nachtrag zur Metaphysik: Irgendwann um das Jahr 1960 kommt
der Autor im Sommer nach Moskau zu zwei Premieren der *Liebe*, ins
Theater der Lomonossow-Universität und ins Stanislawski- und Nemi-
rowitsch Dantschenko-Theater. Auf einem Spaziergang durch die sonntägliche Stadt stößt er auf ein drittes: in das Gebäude des berühmten
Kleinen Theaters war während der Ferienzeit das Ensemble aus Stalingrad gekommen, um dort mit dem Stück ein Gastspiel zu geben. Man
läutet gerade zur Nachmittagsvorstellung, und er kauft sich neugierig
eine Eintrittskarte. Bald beginnt sich in ihm ein Verdacht zu erheben,
bis er zur Gewissheit wird: Lída Matysová ist im Gegensatz zur Vorlage
gar nicht gestorben, der fiktive Prozess über ihren Selbstmord endet mit
der Lebenden! Die UdSSR ist den internationalen Konventionen auch
deswegen nicht beigetreten, damit man mit den Texten all das machen
konnte, was ideologisch passte. In Bezug auf die respektierte brüderliche
Tschechoslowakei galt in dieser Hinsicht jedoch die Anstandsregel. Der
Autor wird deshalb nach der Vorstellung beim Bühneneingang bitten,
zu den Schauspielern hereingelassen zu werden, und er schreckt sie auf
wie der Geist von Hamlets Vater.

Voller Scham erklären sie ihm überstürzt, dass sie den Originaltext
spielten bis zu dem Moment, als der Parteisekretär für Kultur die Vorstellung vor ihrer Tournee besuchte und entschied: »Die Stalingrader

lassen sich doch in Moskau nicht durch ein Stück lächerlich machen, in dem eine Tote spricht!« In der Tschechoslowakei waren die ersten Triebe der Reform damals schon gut sichtbar. Der Gast wird staunen, dass man sich hier in der sogenannten Tauwetterzeit unter Chruschtschow so etwas gefallen lässt, wo doch auch der erste erschütternde Roman Solschenizyns *Ein Tag im Leben des Iwan Denissowitsch* erschienen ist. Um drei Uhr früh weckt ihn dann im Wolkenkratzerhotel Ukraine das Telefon. Petr Petrus von der Wolga teilt ihm begeistert mit, dass die gemeinsame Sitzung der Kommunisten und Komsomolzen soeben zu Ende gegangen ist, tapfer abgestimmt und auch den heimischen Stalingradern den Beschluss bekanntgegeben hat, dass die Genossin Matysová im Stück wieder als Tote spielt und damit basta!

Und noch ein Nachtrag zum russischen Theater: Kurz vor der Premiere auf der Bühne, die die Namen der Klassiker Stanislawski und Dantschenko trägt, machen diejenigen, die bei den letzten Proben begeistert zugesehen haben, den Autor darauf aufmerksam, dass in der Rolle der Lída ein neues Talent glänzt, eine gewisse junge, hervorragende und zudem noch wunderschöne Alja Konstantinova. Er ist also schon ganz gespannt, aber gleich darauf wieder irritiert: Plötzlich tritt ein älteres beleibtes Weib in die Handlung, das dort überhaupt nichts zu suchen hat. Zu seinem Entsetzen wird er bald erkennen, dass ausgerechnet sie die junge zarte Lída verkörpern soll. Dies war damals keine Einzelerscheinung, im Moskauer Tschechow-Theater MCHAT spielte man die *Die drei Schwestern* in einer berühmten Vorkriegsbesetzung mit sechzigjährigen Damen, aber in *So eine Liebe* steht alles auf dem Kopf, als Petrus sich von seiner ansehnlichen Gemahlin ab- und zu einer Frau hinwendet, die seine Tante sein könnte. Schon während der Vorstellung wird er nach dem Nationalkünstler Janschin Ausschau halten, der die Regie führt. »Um Gottes willen, wer ist denn diese Lída?«, kann er gerade noch fragen, ehe ihm der Regisseur die Erklärung wie eine fürstliche Gabe serviert: »Meine Ehefrau!« Die Zuschauer nehmen das wie eine Selbstverständlichkeit hin, bis auf jene, die Alja schon gesehen haben und ihm desto mehr von ihr vorschwärmen. So ist es ganz natürlich, dass er am nächsten Tag auch zur Premiere mit der zweiten Besetzung kommen wird. Als er von neuem Frau Janschina sieht, denkt er an eine

Umbesetzung aus Krankheitsgründen, aber der Regisseur erklärt ihm in der Pause: »Für den Autor nur das Beste!«

Mit Alja werden ihn dann die Freunde im Privaten bekanntmachen, und er wird wie verzaubert sein, er verabredet sich mit ihr zu einem Wiedersehen in Leningrad, wo das Ensemble gerade gastieren soll. Er trifft dort heimlich mit dem Nachtexpress Roter Pfeil ein, übernachtet bei seinem Übersetzer Vladimír Savickij und macht sich inkognito, als Alja auf dem Plakat steht, zum Puschkin-Theater auf. Womit er nicht rechnete: Es ist hoffnungslos ausverkauft und das Gebäude zudem von Kartenjägern belagert. Für den Autor, der sich also nolens volens vorstellen muss, wird umgehend die Proszeniumsloge geöffnet, dort treffen unmittelbar darauf auch der Direktor und nach ihm Krim-Sekt und Kaviarbrötchen ein; angeblich wartet man noch auf den Fotografen. Das Publikum, das in Prag schon längst gepfiffen hätte, hält es auch noch nach einer halben Stunde Verspätung aus, sich auf russische Art untertänig zu verhalten, während der Verfasser, dessen Anwesenheit bereits vor dem Vorhang verkündet wurde, sich zutiefst schämt, dass er so alles aufhält, und wie auf Kohlen sitzt. Der Fotograf erscheint nicht, der Direktor verschwindet, dann endlich erhebt sich im Dunkeln der Vorhang und in der Rolle Lídas tritt die altbekannte Frau Janschina auf die Bühne, die man eiligst aus dem Hotel geholt hat. Alja wird für immer eine Fata Morgana bleiben, man gibt ihm nie auch nur ein Bühnenfoto von ihr!

Die erste ausländische Matys, ohne das tschechische -ová, der Dresdner Schauspielstar Annemarie Müller, die übereinstimmend mit der Person auf der Bühne auch in Zivil blanke Nerven hatte, litt sogar am selben Problem: Sie liebte hoffnungslos einen Mann, der ihr versprochen hatte, dass er sich scheiden ließe. Nachdem sie alle Vorstellungen sorgfältig abgespielt hatte, trat sie, ganz wie Lída, freiwillig aus dem Leben.

Um die Lída aus Athen war es doch ein wenig besser bestellt. Der einzige griechische Träger eines Hollywood-Oscars und daher allgemein verehrte Schauspieler und Regisseur Manos Katrakis wird es trotz seiner Berühmtheit nicht schaffen, dass ihm die Sponsoren rechtzeitig – Achtung, das ist die erste Erfahrung mit einer Spezies dieser Art! – das versprochene Geld für seine Privatproduktion überweisen. Der staunende Autor erlebt im hochentwickelten Kapitalismus, was in seiner armen sozialistischen Heimat nie hätte geschehen können: Während die Zuschauer schon im Foyer ihren Aperitif trinken, wird hektisch das Bühnenbild fertiggestellt und die Beleuchtung abgesprochen. Die Heldin erleidet bei der noch nicht fertig geprobten, waghalsigen Premiere gleich nach ihrem Sprung aus dem Zug einen Nervenzusammenbruch, so dass die Hauptdarstellerin den Schlussapplaus verpasst. – Die armen Lídas!

23. KAPITEL

Grundbuchnummer 177

Mit der Familiengründung ist auch eng die Geschichte des Hauses verbunden, das lediglich dazu dienen sollte, dass sein Inhaber selbständig wurde – hatte der Sohn doch beinahe dreißig Jahre bei den Eltern gewohnt! –, das aber mit der Zeit eine immer wichtigere Bühne seines Lebens wird. Als ihm das dritte Kind geboren wurde, meinte Anna, dass er über einen Sommersitz nachdenken sollte, wo sie mit ihrem Nachwuchs zumindest einen Teil des Jahres allein sein könnten, außerhalb der tagtäglichen Reichweite seiner energischen Mutter. Eine eigene Wohnung war damals auch für diejenigen eine Utopie, die die Mittel dafür aufbringen konnten. Und weiß Gott, er hatte diese dank *So eine Liebe* zum ersten Mal.

Als ideal erwiesen sich geräumige Wohnobjekte auf dem Lande, die auch im Winter bewohnbar waren. Mindestens fünf der besichtigten Häuser sprachen die ganze Familie an, die sie mehrmals besucht hatte, um sich ganz sicher zu sein. Schon bald war beinahe alles unter Dach und Fach gebracht, als ihm Bekannte eine Adresse in dem kleinen Städtchen Sázava nad Sázavou gaben, Ivan-Javor-Straße 177.

Er selbst sah die kleine Villa zum ersten Mal am 3. Dezember 1958, zum zweiten Mal mit seinen Leuten eine Woche später. Sie bestätigten ihm, was er schon gewusst hatte: dass dieser Kasten aus Beton und Glas, den sich gegen Ende der zwanziger Jahre ein Bankdirektor hatte bauen lassen – um einen Zufluchtsort vor den Kindern zu haben, die in einer hundert Meter entfernt gelegenen großen Villa wohnten –, das genaue Gegenteil dessen war, was er gesucht hatte: Außer der geräumigen Halle hatte es nur vier winzige Schlafzimmerchen, ein Badezimmer, eine Garderobe und drei WCs, weil eines davon für das Dienstpersonal vorgesehen war. Die Hypokaustenheizung, von den alten Römern erfunden, die die Wärme vom Kellerofen durch das Haus mittels Luftschächten leiten sollte, war nur für das lauwarme Beheizen im Frühling und im Herbst dimensioniert worden. Darüber hinaus war der viertausend Quadratmeter große Garten eingesäumt durch einen lebendigen Zaun aus Hagebuchen und voll von Obst- und Zierbäumen, die Pflege erforderten. Unter dem Abhang am Fluss gehörte noch eine über zehntausend Quadratmeter große Wiese in einem Flutgebiet dazu, die jedoch laut Verordnung bewirtschaftet oder deren Bewirtschaftung wenigstens durch eine Verpachtung sichergestellt werden musste. Eine Warnung war im Übrigen auch schon die in die Augen springende Tatsache, dass die so vortrefflich gelegene Villa in den Jahren der größten Wohnungsnot in diesem Städtchen mit großer Glasfabrik, das aus allen Nähten platzte, unbewohnt geblieben war.

Aber es war eben eine Bauhausvilla! Ein Exemplar der segensreichsten Architektenschule des zwanzigsten Jahrhunderts. Der anscheinend aufgeklärte Bankier hatte sich den jungen Architekten Stráník bestellt, der als Schüler von Corbusier ein Meisterwerk vollbrachte. Nach achtzig Jahren wird es ebenso gut aussehen und genauso funktionstüchtig sein wie bei seiner Entstehung, also in der Zeit, als der neue Eigentümer geboren wurde, der mithin Altersgenosse aller Bäume im Garten war. Die Kaufverhandlung, bei der er beinahe gar nicht feilschte, wurde schon am 17. Dezember aufgenommen und die Übertragung drei Tage später durchgeführt. Vater Otomar erkrankte bald darauf, und unter den damals noch dünnen fünf Birken saß er nur noch einmal im nächsten Frühling. Von den Schwarzweißfotos, die diesen Tag festhielten, geht die Nostalgie der Theaterstücke Tschechows aus. Einen Monat später wurde er eingeäschert, am Tag von Mutters sechzigstem Geburtstag, dessen Feier also gleichzeitig der Leichenschmaus war.

Schon im Jahre Zwei ließ sich der Dichter jedoch scheiden und das Anwesen in Sázava wurde zum Niemandsland. Seine Mutter, die ihm diese Scheidung nur schwer verzieh, teilte sich dort noch die nächsten drei Sommer mit Anna die Betreuung der Kinder. Das Bauhaus wunderte sich vielleicht, als in seinem Vorgarten Mutters Hennen gackerten und Kaninchen hoppelten. Dann starb sie auch an Lungenkrebs, wie der Vater, obwohl sie nicht rauchte, und der Besitz in Sázava wurde ein bisschen zur Kampfzone. Die Tochter Tereza Boučková beschreibt ihn dramatisch in ihrem Buch *Indianerlauf*. Der vierteljahrhundertjährige Abstand und der Zorn auf den Rabenvater, der aus dem Nest geflohen ist, setzt ihr logischerweise eine schwarze Brille mit Vergrößerungsgläsern auf, aber das Zusammenleben war damals für alle Bewohner wirklich nur unangenehm.

Zwei Welten prallten bei jeder Gelegenheit aufeinander, mit der Bettwäsche fing es an und mit dem Inhalt der Speisekammer endete es. Deswegen kommt er auf die Idee, das Haus der Familie zu überlassen und für sich woanders etwas zu finden, aber gerade, als er zu Anfang der siebziger Jahre den Kauf eines Hauses in Nordböhmen in Angriff nimmt – es wird ganz verlockend auch die Grundbuchnummer 177 tragen! –, macht ihm Anna einen Vorschlag: Die Pflege des Gartens sei für sie zu anstrengend, und für die heranwachsenden Kinder werde die Villa bald zu klein sein wie ihre Mäntelchen, sie würde ihm lieber Sázava überlassen, wenn er ihr die Hälfte des Preises auszahlt, weil sie einen schönen großen Bauernhof in Südböhmen gefunden habe.

Mit der Familientrennung hatten die bewegten Geschichten der Nummer 177 in Sázava an der Sázava, dem längsten Fluss Böhmens, erst ihren Anfang genommen. Bald sollten sie sogar einen wesentlichen Teil der Chronik der siebziger Jahre bilden, wie sie die Schreiber der Staatssicherheit ausführlich in der Monsterakte *Dialog* vermerken, fest davon überzeugt, dass sie nie in seine Hände fallen wird. Sie und auch er selbst werden noch staunen.

24. KAPITEL

Das Rad wird neu erfunden

Ein grundlegender Zug seines Wesens und damit auch seiner Existenz scheint ihm die Neugier zu sein: zu erfahren, was er noch nicht weiß, zu bekommen, was er noch nicht hat, zu erleben, was er noch nicht erlebt hat. Nicht einmal der Erfolg einer Sache hat ihn jemals dazu verlockt, sie sicherheitshalber zu wiederholen. Seine Stücke und Romane zeigen in ihrem Thema und auch im Genre keinerlei Ähnlichkeiten. Auch kann er nicht in einem künstlichen Vakuum leben, was sonst vielen Künstlern hilft, sich zu konzentrieren. Und er hat ein fast masochistisches Bedürfnis nach Konkurrenz. Wie sich dem Bürger, der das Alter Christi erreicht hat, im Zuge der Abschwächung des Kalten Krieges allmählich der Horizont vergrößerte, wuchsen auch die Vorbilder und immer höher lag die Latte seines Anspruchs, die der Dramatiker überspringen wollte. Nach den heimischen waren es allmählich Autoren, die aus dem Westen anlangten, vor allem Arthur Miller und Friedrich Dürrenmatt. Zu anderen hat er sich selbst ungeduldig aufgemacht; der Erfolg von *So eine Liebe* begünstigte, dass er und der erste Regisseur des Stückes eine Studienreise unternehmen konnten.

Mehr als zehn Jahre nach der Reise des Disman-Ensembles war London nicht mehr wiederzuerkennen, es hatte sich in eine erstaunliche Metropole gewandelt, die im Gegensatz zu Moskau und Leningrad funktionierte. Von allen Waren, die ihm die Konsumgesellschaft in ihren Verkaufspalästen anbot, bezauberten ihn am meisten die Schreibartikel. Schon seit der Zeit, als er dem besagten Papierhändler, Herrn Chroust, Bleistifte und Radiergummis als Vorschuss für das geplante Poem über das Kätzchen und Katerchen entlockt hat, war er von diesem Sortiment fasziniert. Gleich beim ersten Besuch des Warenhauses Selfridges verharrte er in der riesigen Papeterie, und auch in den nächsten Tagen bewegte er sich nicht wesentlich weiter. Er beschaute, streichelte, betastete, knetete, beroch und beschnupperte, zeitweise hatte er Lust, davon zu kosten, er eignete sich die einwandfreien, schönen und auch praktischen Dinge wenigstens dadurch an, dass er sie in seinem Bewusstsein registrierte. Am Tag vor der Abfahrt forderte ihn ein korrekt gekleideter Mann auf, ihm zu folgen. Im Büro erfuhr er bei einer *cup of tea*, wie er zu Anfang verdächtigt worden war, dass er ›ausbaldowerte‹, also einen Diebstahl vorbereitete, was bei der Art der Ware allerdings überraschte. Mit der Zeit jedoch war es dem Kaufhausdetektiv klargeworden, dass er die Sachen nur bewunderte. Falls er sich also nicht täuschte, würde er ihm gerne mit einer kleinen Probe aus dem Sortiment eine Freude machen. Die robuste Tasche, die mit Umschlägen, Briefpapieren, Bleistiften, Heftklammern und Klemmen, Linealen, Notizzetteln, Heften und weiteren Luxusartikeln vollgestopft war, enthielt auch ein in Satin gebundenes kleines Gedenkbuch und ein für ihn völlig neuartiges selbstklebendes Fotoalbum. Die letzten Reste dieses Schatzes werden auch die Jahre exilbedingter Abwesenheit in einer alten Truhe in Sázava überdauern.

Das blieb die einzige Erwerbung der Reise, das Zweierteam sparte eisern. Weil der Automat für die Gasheizung in den kalten Zimmern die Pences nur so verschlang, erinnerte sich der Autor, was ihn hier in den durchgefrorenen Schlafzimmern nach dem Krieg gewärmt hatte. Der Pensionsverwalter brachte den beiden armen Gästen, die von der anderen Seite des eisernen Vorhangs stammten, gerne gratis *hot bottles* fürs Bett, Gummiflaschen, mit heißem Wasser gefüllt. Sämtliche Pfund Sterling, die man ihm zugeteilt hatte, gaben sie für Musicals aus. Sie sahen insgesamt fünf. Drei davon konnten sie gleich als seichten Kitsch abtun. Zwei veränderten schlagartig ihr Denken über das Theater: *My Fair Lady* und vor allem die *West Side Story*.

Während des Musikfestivals »Prager Frühling« im Jahre 1990 wird ein Freund, der Wiener Rechtsanwalt Fritz Wilheim, anrufen, sein Klient Leonard Bernstein, der sich zum ersten Mal nach dem Fall des totalitären Regimes bereit erklärt hatte, auf dem Prager Frühling Beethovens Neunte zu dirigieren, habe ernsthafte Atembeschwerden und benötige bis zum Abend eine Sauerstoffflasche. Der Dramatiker beginnt, seine persönlichen Verbindungen zur Spitze der österreichischen Politik spielen zu lassen, die er zuvor nur für den Häftling Václav Havel eingesetzt hat, damit der eigens beschaffte Apparat auch an der Grenze grünes Licht bekomme. Dafür wird ihn der Maestro in die Loge einladen. Im

Restaurant Goldenes Prag bekennt ihm der Dramatiker dann in der Nacht, dass es der geniale Wurf der *West Side Story* war, nicht schwächer als die Shakespearevorlage, die ihm nach Rostands *Cyrano* eine neue Dimension von Theater eröffnete; er wird wohl nie Autor eines echten Musicals werden, aber der Wirbelsturm, den er damals auf der Londoner Bühne erlebte, wird für ihn zur persönlichen Messlatte von Leistung und Wirkung. An diesem Abend dirigierte der große Zampano zum letzten Mal, nach einigen wenigen Tagen wird er physisch sterben, während seine Seele, in dem überwältigenden Werk eingebettet, wohl bis ans Ende der Zivilisation am Leben bleibt.

Noch vor diesem elementaren Erlebnis versuchte der Dramatiker, das Rad selbst zu erfinden. So entstand seine neue Variation über das alte Thema *Die dritte Schwester,* ein Stück, mit Songs gespickt, einer der ersten ernsthaften tschechischen Versuche, eine bis dahin unbekannte Gattung zu erfinden. Das Skelett der Handlung: In einem Arbeitermietshaus an der Prager Peripherie erzieht Libuše, die älteste von drei Schwestern, die zwei viel jüngeren Petra und Pavla, zu einer Zeit, als die Mutter schon lange gestorben ist und mit ihr das Geheimnis, wer der Vater ist. Die Auflehnung der beiden Nachkömmlinge führt dazu, dass man nachforscht. Allmählich stellt sich heraus, dass es letzten Endes drei Väter gegeben hat, von denen sich die mittellose Mutter nacheinander aus Not aushalten ließ. Als Vertreter des Autors kommentiert ein Sänger die turbulenten Aktionen.

Sentimentale Musikkomödie wäre die treffendste Bezeichnung für dieses Genre gewesen. Auch wenn darin das allgemein Menschliche überwiegt, idealisierte, ja, romantisierte der Autor hier noch einmal die kommunistischen Proletarier der Vorkriegszeit, die die Generation der Kinder schon nicht mehr begreift und deswegen nicht wertschätzt. Aber auch mit kritischem Abstand mag er sie: Es ist sein erstes Stück mit vielen Figuren, die durch ihren reichen Wortschatz wirksam differenziert werden, es ist vielschichtig und trotzdem homogen, und stellenweise geht es sogar weit über die Grenzen der damaligen ideologischen Barriere hinaus.

Auch für *Die dritte Schwester* öffneten sich mit einem Schlag zahlreiche Bühnen der DDR und UdSSR, wo die Diskussion über *So eine Liebe*

immer noch tobte, und trotz des leichten Genres gelangte das Stück
schließlich an Theatertempel wie das Deutsche Theater in Berlin und
das Moskauer MCHAT. Durch *Die drei Schwestern* machten nämlich die
ostdeutschen und die sowjetischen Kollegen schlau die Genres zugänglich, die ihnen die Dogmatiker jahrelang verwehrt hatten. Die Tschechoslowakei galt zu Anfang der sechziger Jahre als ein sozialistisches Vorzei-
geland, in dem sogar die Wirtschaft zumindest so funktionierte, dass
kein Aufstand drohte. Was tschechisch war, war aus diesem einfachen
Grund für die weiteren ›Bruderstaaten‹ koscher, schon dadurch konnten
auch die berühmten Bühnen leichter eine Zustimmung für die Aufführung erhalten. Im Dezember 2002, bei der Premiere von *Nullen* in
Moskau, werden einige ältere Schauspieler den Autor daran erinnern,
wie er mit ihnen im Proberaum stundenlang persönlich den modernen
Rock 'n' Roll trainierte; und obwohl nur eine einzige Figur den Tanz für
ihren Auftritt brauchte, lernte ihn fast die ganze damalige junge Generation des MCHAT mit.

   Der Kulturattaché der ČSSR in Moskau, der slowakische Schriftsteller
Lajčiak, versuchte sich des Konkurrenten durch einen offiziellen Protest
zu entledigen, die Kritik zu Hause schätze das Stück als antisozialistisch
ein, und die Aufführung auf der ersten sowjetischen Bühne sei deshalb
unerwünscht.

   Legendär wurde der Anruf von Konteradmiral Golowko, dem stellvertretenden Oberbefehlshaber des Warschauer Paktes, der direkt beim
Präsidenten Antonín Novotný intervenierte. Dieser gab selbstverständlich seine Zustimmung, und der Autor wurde vorübergehend verdächtigt, auf den höchsten Ebenen Beziehungen zu haben. Auch für ihn war
es ein absolutes Rätsel, bis sich ihm die brillante Hauptdarstellerin nach
der Generalprobe als Kira Golowko vorstellte. Der Admiral, der sich auf
Anregung des Übersetzers listig ins Spiel gebracht hatte, damit seine
Frau die ersehnte Rolle spielt, führte dieses Mal den gerechten Krieg.
Vielleicht auch deswegen konnte das MCHAT *Die dritte Schwester* noch
ein ganzes Jahr lang aufführen, nachdem derselbe Warschauer Pakt im
August 1968 in die Tschechoslowakei eingefallen war – bis das Zentralsekretariat der KPTsch direkt bei dem Moskauer Chefideologen Suslow
klagte, dass der Autor des Stücks und der hinterhältige Konterrevolutio-

när, der im offiziellen sowjetischen Weißen Buch aufgeführt wurde, ein und derselbe seien. Zum Bedauern der Schauspieler wurde das Stück vor der vierhundertsten Vorstellung aus dem Repertoire genommen; und auf eine weitere Premiere in diesem berühmten Theater sollte der Dramatiker vierunddreißig Jahre lang warten.

An diese Produktion wird ihn noch lange eine der letzten runden Metallschachteln erinnern, die er öfter in Moskau geschenkt bekam. Als ausländischer Dramatiker ohne Anspruch auf Honorar lud man ihn zu jeder hundertsten Reprise für den Schlussapplaus und auch zu einem königlichen Bankett ein, wo nicht einmal die hungrigen und durstigen Schauspieler das Buffet bewältigen konnten. Nach Hause fuhr er immer mit fünf Kilo grauen Kaviars. Meistens ist er im Kühlschrank vertrocknet, in Böhmen mochte diese salzige Pampe, auch als Schuhwichse verspottet, damals niemand gern … Oh, mein Gott!

25. KAPITEL

Mit fremden Federn

In der ersten Halbzeit seines Dramatikerlebens gab es ein paar Perioden, wo es so schien, als ob sich sein Leben nur aus dem Verharren heraus entfaltete. Vor allem an der Wende der fünfziger zu den sechziger Jahren machte sich die fortschreitende Krise bemerkbar, die gesellschaftliche und die persönliche. Das Trauma der ungarischen Katastrophe hatte bisher alle Erwägungen beeinflusst, wie man die gespaltene Partei auf einen Reformkurs bringen könnte. Und auch die persönliche Situation mit Anna erinnerte an einen angehaltenen Film. Die Arbeiten dieser Zeit erscheinen so, als ob sie zwei Autoren hätten. Der schlechtere schrieb unter anderem Oden auf die Freude über die kubanische Revolution. Der bessere das Stück *Man nannte mich Genosse*. Die Kritik, auch die politische, zielte dabei nicht vorwiegend auf seine Ästhetik, sondern auf seine Botschaft. Der Prozess, bei dem der Autor seine Selbsttäuschung durchschaute, setzte sich fort: Zur Hauptperson wurde ein Mann, der neben anderen sich selbst betrog, wenn er mit seinem Glauben an die Revolution und besten Vorsätzen das Versagen seines Charakters rechtfertigt, der ihn bis zur Veruntreuung von Geldern führen wird. Die Hauptverwaltung der Presseaufsicht, die von Anfang an vorgeschlagen hatte, das Stück gar nicht erst zur Premiere zuzulassen, nutzte die schlechten Kritiken aus. Ausgehend von ihrer Initiative fand am 22. Januar 1961 nach sieben ausverkauften Vorstellungen wieder einmal eine Aufführung hinter verschlossenen Türen statt, diesmal für die Kommunisten aus den zentralen Institutionen. Der Zuschauerraum des Theaters auf den Weinbergen, der während der Vorstellung stürmisch auf alle Pointen reagiert hatte, war wie einst nach den *Septembernächten* wie tot, als vor dem zugezogenen Vorhang die Diskussion begann. Führende Funktionäre verurteilten durchweg die destruktive Wirkung des Werkes, das zwischen ein Parteimitglied und einen Betrüger ein unerhörtes und schamloses Gleichheitszeichen setze. Weitere ausverkaufte Vorstellungen wurden einfach abgesagt. An der abnehmenden Zuschauerzahl starben seine Stücke jedenfalls nie, behauptet der Autor stolz.

Das Verbot hatte für ihn natürlich auch andere Konsequenzen. Nur etwa fünf seiner etwa fünfzig Bühnenwerke werden in der Gewissheit entstehen, dass sie zum Teil mit einem Auftragshonorar bezahlt werden. Es ist lediglich der Zuschauer, der sich eine Eintrittskarte kauft und so für den Unterhalt des Dramatikers aufkommt. Der nun schon zweite Ausfall eines Stückes nach dem *Armen Teufel* rief eine moralische und auch materielle Erschütterung hervor. Der Betroffene musste sich so früh wie möglich wieder auf die Beine stellen, und dazu konnte ihm wieder nur die Arbeit helfen. Nur was für eine? Die ständige Bedrängnis durch die Zensur, die alle Ansätze des Reformdenkens unverhohlen eliminierte, nötigte ihn, andere Wege zu suchen, wie man ihr entkommen konnte und dabei nicht klein beigab. Zudem fühlte er, dass ihm beim Schreiben seiner Gegenwartsstücke schlicht der Atem ausging. Im Nachhinein erscheinen ihm die nächsten paar Jahre wie ein Versuch, sich zumindest dicht hinter der Spitze des Pelotons der Gegenwartsdramatiker zu behaupten. Allmählich fand er drei Auswege aus der Not: die Theaterregie, die Bühnenadaptationen bewährter Vorlagen anderer Autoren und letztlich auch den Film.

Mit Ausnahme des *Revisors* im Burgtheater wird er weiterhin nur eigene Texte inszenieren, die davor schon ein anderer Regisseur, der dieses Namens würdig ist, auf ihre Bühnentauglichkeit überprüft hat. Es wird ihm niemals einfallen, dass nur der Autor selbst sein Stück szenisch am besten umsetzen könne; schwerlich entdeckt er in ihm mehr als das, was er schon hineingeschrieben hat. Trotzdem wird er bis zum Anfang der neunziger Jahre immer wieder Regie führen, nachdem er aus seiner Heimat verstoßen worden ist, hauptsächlich in Hamburg und Berlin. Der Grund hierfür bleibt derselbe: aktive Entspannung vom Schreiben gepaart mit der Belebung des Handwerks.

Der Entstehungsmechanismus einer Vorstellung degradiert jedes Mal alle Mitwirkenden erbarmungslos zu Neulingen; Titel zählen nicht, auch keine Orden und nicht einmal bisherige Erfolge, vor allem verzeihen die Schauspieler dem Regisseur nicht das Geringste, der doch gleich nach der Premiere abfährt und sie alle allein zurücklässt, auch mit den Debakeln, mit denen sie sich weiter abplagen müssen. Jede Regie wird für den Dramatiker eine neue Herausforderung und Überprüfung des eigenen Schreibens bedeuten. Deshalb glaubt er, dass es in seinen Stücken vielleicht keine einzige, auch nicht einmal die kleinste Rolle gibt, für die die Schauspieler nicht ins Theater gehen möchten. Wenn es allgemein gilt, dass der Mensch im Leben zu seinem Glück zumindest eine Viertelstunde Ruhm benötigt, ist dafür auch ein Augenblick im Theater, falls er unvergesslich war, hinreichend. Wenn der verbotene Schauspieler Pavel Landovský nach Wien kommt, um dort nach dem Drehbuch des Prager Regimes ohne Sprachkenntnisse kläglich zugrunde zu gehen, erweitert sein Dramatiker-Freund, der gerade Gogols *Revisor* inszeniert, für ihn die Episode des deutschen Doktors, der nur Medizinerlatein spricht, um eine stumme Szene: anstatt Chlestakow zu bestechen, zeigt er ihm ohne Worte, wie man nach einer Sauferei den Wodka nicht erbricht. Der Gast löst in der zweiminütigen Szene einen stürmischen Applaus aus und wird bis zu seiner Pension in der Burg engagiert bleiben.

Anfang 1961 erlebte Prag zum ersten Mal das Cinemascope-Kino, Todds Version von Jule Vernes *Reise um die Erde in 80 Tagen*. Ein paar Tage später wettet der Dramatiker bei irgendeiner Premierenfeier, dass der Roman auch auf der Bühne gut funktionieren kann. Der Text dazu war in weniger als einem Monat fertig. Der Autor urteilt, dass er gerade durch dieses Stück endgültig seinen Rubikon überschritten hat: Das Schreiben *à la thèse* ließ er definitiv hinter sich, und vor ihm tat sich überraschend ein Schaffensraum auf, von all dem befreit, was ihn bisher wie ein Korsett, genannt Sozialistischer Realismus, eingeschnürt hatte. Die Schnelligkeit, mit der das Stück den eisernen Vorhang überwunden und die deutsch sprechenden Bühnen erobert hat, erklärt, dass es einen Theaternerv traf, der immer und überall funktioniert, unabhängig von Normen jeglicher Art, seien dies ästhetische oder ideologische.

Ja, es ging wieder darum, eine Latte zu überspringen. Als der Adapteur noch in derselben Nacht, in der er wettete, zu schreiben anfing, erlebte er erstmals das Gefühl der Schwerelosigkeit. Vor der Premiere der *Reise* am 27. Januar 1962 verstand man in Böhmen unter dem Begriff Dramatisierung eine wortgetreue Nacherzählung von Prosa. Schon beim Anlauf zu seinem Sprung begriff er, dass er die Struktur des Buches völlig vergessen und für die dreidimensionale Bühne ein neues Original erschaffen muss.

Sein ›Alter Mann‹, Verne, und sein ›Junger Mann‹, sagen wir der Adapteur selbst, begegnen sich nicht zum Zwecke der Verbreitung irgendwelcher Ideen, sondern damit das Stück funktionieren konnte. Einer, der sich die Geschichte mühselig ausdenkt, und der andere, ein moderner Mensch, der sie schon lange kennt – eine gute Gelegenheit, damit beide mit ihr wie zwei wetteifernde Zauberkünstler umgehen.

In diesem Fall war die Suche nach der optimalen Bühnenform gänzlich vorherrschend, nur der ewige *homo politicus* im Autor lehnte die Rutschbahn in ein seichtes Unterhaltungsbecken ab. Auch die rein komödienhafte *Reise* wollte das berühmte *theatrum mundi* vorführen und sich neben dem Stand der Zivilisation auch mit dem gegenwärtigen Stand der eigenen Gesellschaft auseinandersetzen.

Der Rest war nur noch das leichtfüßige Jonglieren mit den Sekunden, die die sieben Darsteller von über hundert Rollen zum Umziehen benötigten. Der Wettlauf mit der Zeit im Roman, schon längst durch die moderne Technik weit übertroffen, bekam auf der Bühne wieder eine aufregende Form. Den Höhepunkt des Abends bildete immer der Schlussapplaus, bei dem sich das Häuflein der Schauspieler wie am Fließband verbeugte, während es ein Dutzend Mal die Kostüme wechselte. Im Berliner Maxim-Gorki-Theater erhob sich schließlich die ganze hintere Kulisse, hinter der in wilder Arbeit eine kleine Armee von Kostümankleidern, Perückenmachern und Maskenbildnern schwitzte.

Die folgenden zwei Adaptationen von Karel Čapeks *Krieg mit den Molchen* und von Hašeks *Schwejk* waren die Früchte des Bedürfnisses, diese Freude an einem durch nichts gefesselten Schaffensprozess von neuem und schließlich ein drittes Mal zu erleben.

Die *Molche* mit den Untertiteln *Eine direkte Übertragung der völligen Apokalypse der Welt* und *Musical-Mystery* hatten die direkte Konfrontation mit jenem Schriftsteller zur Folge, der das Idol der tschechischen Demokraten war. Der Bearbeiter wusste, dass er sich total blamieren würde, wenn er ihn in den ideologischen Dienst eines Regimes einspannte, das der überzeugte Humanist ablehnte. Gleichzeitig aber arbeitete er mit der Vorlage, die von Čapek höchstselbst als politischer Appell gegen den Alptraum seiner Zeit – den Faschismus – konzipiert worden war. Er hielt sich restlos an diese Vorlage bis zu der Szene, in der sich der Industrielle Herr Bondy umdreht und der Rücken seines eleganten Wintermantels schon gestreift ist wie die Sträflingskleidung im Konzentrationslager, »Jude aus Polen, der Teufel wird dich holen!«, sprach leise der Chor. Dieser war der Schlüssel zur Adaptation: Er wurde von einem Dutzend Solisten gebildet, die mit den Hilfsmitteln der Marathonboten der Gegenwart ausgerüstet waren – mit Fotoapparaten, Mikrofonen und mit Kameras der Journalisten.

Sie traten zu einem monumentalen antiken Unisono an, und dann glossierten sie den Lauf des Jahrhunderts durch zeitgenössische Couplets mit neuen Texten, aber vor allem traten sie aus dem Chor hervor und spielten viele Nebenrollen. Die Apokalypse wurde von Filmbeiträgen eingeleitet, die die letzten Stunden der Menschheit einfingen. Während der Erste Lord der britischen Admiralität auf dem Mast der BBC verkündete, dass Großbritannien weiterhin über die Wellen herrsche, feierte Paris das Ende der Welt mit einer Übertragung aus dem Moulin Rouge und Moskau veranstaltete einen Soldatenaufmarsch auf dem Roten Platz, zu dem patriotische Verse donnerten.

Ein deutlicherer politischer Appell zielte dieses Mal auf eine Bedrohung ab, die immer aktueller wurde: dass die beiden ›Nuklearschirme‹

selbst eine totale Katastrophe verursachen, wie sie die soeben überstandene Kuba-Krise der Welt vor Augen führte.

Die tschechische Kritik sang chorweise die Ode über die Freude am Theater. Die anspruchsvolle Vorstellung erlebte in den nächsten Jahren über zweihundert ausverkaufte Reprisen. Keine günstige Kritik erfreute den Dramatiker jedoch mehr als die Anerkennung von Čapeks Frau, der Schauspielerin und Schriftstellerin Olga Scheinpflugová. Erst nach der Premiere, gestand sie, fiel von ihr die Angst ab, für die Schändung eines Werkes von Čapek eine riskante Klage gegen einen Kommunisten anstrengen zu müssen. Die Weltrechte, die sie ihm erteilte, ermöglichten eine Reihe von Inszenierungen in der Heimat und im Ausland, erst nach dem August 1968 wurden sie dem Bearbeiter durch die unsägliche Staatsagentur DILIA wieder entzogen.

Was Hašeks Roman betrifft, so war es ein noch riskanteres Experiment, den nationalen Liebling auf die Bühne zu bringen, weil kein Bearbeiter bis dahin einen befriedigenden Erfolg gehabt hatte. Bertolt Brecht gelang es sogar, mit *Schweyk im Zweiten Weltkrieg* sein vielleicht schwächstes Stück zu schreiben; im Exil ahnte er noch nicht, dass ein SS-ler seine Figur schon nach dem ersten Witzchen peitschen oder gleich niederschießen würde. Durch das Prinzip der Adaptation mit dem Untertitel *So haben sie uns den Ferdinand umgebracht und andere Zitate aus Den Abenteuern des braven Soldaten Schwejk* entstand eine Art schwarz-weißer Kinematographie aus der Stummfilmzeit, in der Geschichtsbilder und Szenen aus dem Roman, vom Attentat in Sarajewo bis zur berühmten Feldmesse tänzerisch umgesetzt wurden: Der betrunkene Feldkurat und der Ministrant Schwejk zelebrierten sie zur Melodie des Straußwalzers *An der schönen blauen Donau*, der unaufhörlich schneller wurde, die Choreographie von Jiří Němeček, dem Ballettchef des Nationaltheaters, rief jedes Mal frenetischen Applaus hervor. Ein Sextett aus Schauspielern und Sängern kommentierte die Abenteuer Schwejks mit einer Reihe von Songs, die kritisch alle Säulen des Machtapparats einschließlich der Geheimdienste abdeckte.

Und der Hauptsong, heute als Hit bezeichnet, wurde für die berühmte Szene Schwejks komponiert, in der seine Mitbürger beschlos-

sen, vor dem allgemeinen Wahnsinn ins Irrenhaus zu flüchten. Sie san-
gen ihn, in Zwangsjacken eingeschnürt, als *Marsch der Idioten*.

Summa summarum: Wenn der Dramatiker mit dem Abstand von
vier Jahrzehnten auf diese drei Adaptationen zurückblickt, muss er wiederholen: Während der Bürger in ihm noch immer dabei war, die Le-
benserkenntnis zu sammeln, hatte der Schriftsteller schon längst die
Schwelle dieser Erkenntnis übersprungen und kehrte niemals mehr zurück. Und das deswegen, weil dieser neue Kohout-Hahn sich anfangs
nur mit fremden Federn geschmückt hatte.

Ein Nachtrag zur *Reise*: Die Premiere in Kiel am 7. April 1964 wird die
erste sein, die der Autor mit amtlicher Genehmigung persönlich im
Westen miterlebt. Nach einer ätzenden Reise im Auto nach Nürnberg
und per Flugzeug über Frankfurt bis Hamburg kommt er schließlich
mit dem Bus in Kiel an, aber ohne Koffer, den er in der Aufregung am
Flughafen vergaß. Einen Abendanzug kann ihm in der Eile nur der Dramaturg leihen, der im Theater wohnt. Weil der hundert Kilo wiegt, wird
der Gast im Sakko und in den Hosen schier ertrinken. Mit dem Intendanten Doktor Kleiber wird er also verabreden, dass er, falls das Stück
Erfolg haben sollte, sich hinter der Brüstung seiner Loge verneigen
wird. Was nach der letzten Pointe ausbrechen wird, ist kein Beifall, sondern ein Begeisterungssturm, der sich bei dem bravourösen Schluss-
defileé der sieben Darsteller in siebzig Kostümen bis zum Stampfen
steigert. Das Publikum wird nach dem Autor rufen, der Regisseur und
die Hauptdarsteller laufen nach ihm, Widerstand ist zwecklos. Niemals
mehr wird er eine solche Verblüffung auslösen. Als sie ihn auf die Bühne
bringen, bricht der Beifall für einen Augenblick ab, der Saal starrt ungläubig die furchtbare Vogelscheuche an, die ihren Anzug wohl dem
toten Großvater angezogen hat. Weitere Ovationen werden dem er-
bärmlichen Talent aus dem kommunistischen Armenhaus dann eher
aus Mitleid entgegengebracht.

Um eine besondere Pointe wird sich später der Regisseur Horst Schönemann aus Ostberlin kümmern, dem die dreihundert Reprisen von
der *Reise* im Maxim-Gorki-Theater zur Chefposition an der ersten
Bühne der DDR, dem Deutschen Theater, verhelfen werden. Sein ehemaliger Autor, bereits verboten, verschafft sich aus Neugier die Biografie

des Kollegen, um nachzulesen, wie er sich aus diesem rückblickend unerwünschten Erfolg herauslügen wird. Die gewöhnliche Praxis wird in dieser Zeit der Orwell'sche Tintenkiller sein, dafür war der Triumph für den Regisseur jedoch allzu wichtig. Die Fotografien und Kritiken, die natürlich nur ihn erwähnen, füllen sogar mehrere Seiten. Das Problem löst ein einziger Satz:

Als Genosse Schönemann die Adaptation aufgeführt hat, konnte er nicht ahnen, dass aus dem Autor ein verbissener Feind des Sozialismus werden wird.

Ein Nachtrag zum *Krieg*: Am Vorabend seiner ersten ausländischen Premiere am 25. September 1966 im Großen Theater in Dortmund wird der Dramatiker nach der Generalprobe von der Arbeit des Prager Teams, dem Regisseur Jaroslav Dudek, dem Bühnenbildner Zbyněk Kolář und dem Komponisten Jan F. Fischer so begeistert sein, dass er auf die Idee kommt, ihre gegenwärtige Gefühlslage in ein Stück über einen dummen Clown einzuarbeiten, der sich in einem Spießrutenlauf aus Tritten und Prügeln zu seinem Traum durchkämpft, die acht weißen Lipizzaner des Herrn Direktors zu dressieren. Dessen Zirkus wird Holzknecht heißen, zu Ehren des alten Dortmunder Gasthauses, wo alles angefangen hat. Zu schreiben beginnt er eine Woche später, die fertige Fassung verliest er im Theater am 23. Dezember, und die Premiere wird bereits am 13. Mai des nächsten Jahres stattfinden.

Und ein Zusatz zum *Schwejk*: In Form eines fiktiven Filmdrehbuchs ist im *Tagebuch eines Konterrevolutionärs* die dramatische Episode an der ČSSR-Staatsgrenze beschrieben, wo der ausreisende Regisseur im August 1967, frisch geziert mit einem Parteiverweis für das Verlesen eines Briefes von Alexander Solschenizyn auf dem IV. Schriftstellerkongress, aufgehalten, bis auf die Autoreifen und Unterwäsche durchsucht und dann nach Hause zurückgeschickt wurde, von wo er in zwei Tagen ungehindert wieder nach Hamburg fahren durfte – ein Bild des sich zuspitzenden Zerwürfnisses zweier Flügel der kommunistischen Partei: Der eine wollte die Inszenierung verhindern, der andere hat sie möglich gemacht.

Während der Proben, über die der großartige Valtr Taub wachte, entdeckte der Autor-Regisseur Hamburg als eine der wenigen Städte, in denen er zu leben bereit gewesen wäre; im geteilten Deutschland wetteiferten die Hanseaten mit Westberlin und München erfolgreich um den Ruf des intellektuellen und dazu auch noch liberalen Zentrums. Mit einem der Medienstars wird sich der Dramatiker eine ganze Nacht lang zanken, als die leidenschaftliche junge Frau mit dem Namen Ulrike Meinhof ihm die Theorie des städtischen Guerillakampfes aufzwingen will, der die deutsche Demokratie der Macht eines durch den Kapitalismus morsch gewordenen Staates entreißen sollte. Nicht lange danach steigt sie zur heiligen Jeanne d'Arc der linken Terroristen auf und nach dem Zusammenbruch ihrer krankhaften Träume wird sie sich im Gefängnis das Leben nehmen. Der damalige Diskussionsteilnehmer, der sich soeben von einer anderen Träumerei erholte, wird sich oft an die tragische Entgleisung eines solch brillanten Geistes erinnern, wann immer er weitere militante Idealisten sieht und hört, in Deutschland, Österreich und später auch schon zu Hause.

Die letzte Aufführung von *Schwejk* wird die fünfzigste ausverkaufte Vorstellung sein, weil niemand mit einem solchen Erfolg rechnete und nicht nur auf den Hauptdarsteller andere Aufgaben warten. Ein Schneesturm wird den Regisseur zwingen, die Autofahrt in Frankfurt am Main zu unterbrechen, wo die Freundin Jelena seinem minderjährigen Sohn Ondřej ihr Tuch um den Kopf wickelt, damit er sich nach dem einstigen Rezept des Vaters als erwachsenes Mädchen ausgibt und den nicht jugendfreien Gangsterfilm *Bonnie and Clyde* besuchen darf. An der Grenze teilt derselbe Zollbeamte, der im Sommer den Wagen bis auf die letzte Schraube auseinandergenommen hat, den Heimkehrern bereitwillig mit, dass zum ersten Mann der Kommunistischen Partei der Tschechoslowakei ein gewisser, bis jetzt wenig bekannter Alexander Dubček gewählt wurde.

26. KAPITEL

J. M. = Z. = ZET = J. K.

Sie tauchte zur Halbzeit seiner bisherigen Existenz auf. Eine Freundin, Leiterin einer Theaterredaktion, hatte sie ihm als Elevin vorbeigeschickt, die sich durch Tippen etwas hinzuverdiente; sie waren sich nicht allzu sympathisch und sahen sich dann lange Zeit nicht mehr. Kaum hätte er sie besser beschreiben können, als er es bereits in der Gestalt namens Z. aus dem *Tagebuch eines Konterrevolutionärs* und dann auch als Zet in seinem zweiten ›Memoirenroman‹ *Wo der Hund begraben liegt* getan hatte. Dort ist die entscheidende Begegnung am 8. 8. 1963 detailliert geschildert.

In der Nacht traf ich sie in der Poetenweinstube Viola, umgeben von Gleichaltrigen. Sie sprach mich selber an. Mehr als der Inhalt, der unserer damaligen Nichtbeziehung entsprach, nahm mich ihre Sprache gefangen. Der Satzbau widersprach den Normen, doch er war ein Loblied auf die Fähigkeiten des Tschechischen, das Unaussprechliche mitzuteilen. Der Reichtum ihres Wortschatzes voller Neubildungen hob eine Konversation an der Bar auf das Niveau eines anspruchsvollen Bühnendialogs.

Ich fragte sie, warum sie nicht schreibe. Sie antwortete, sie erzähle lieber, weil sie dann nicht noch einmal drüberlesen müsse. Ich wandte ein, das Schreiben gebe doch den Wörtern Ordnung. Sie wandte ein, sie strebe nach keiner solchen Ordnung. Sie redigiere fremde Werke, wunderte ich mich, wolle sie nicht unter die Schöpfer aufsteigen? Sie fragte, ob ich denn mit meinem Schreiben so glücklich sei. Ich musste in diesem Moment verneinen. Warum ich also schreibe, wollte sie wissen. Es ist Leidenschaft, sagte ich, auch Ehrgeiz und vor allem ein Bedürfnis. Sie sagte, von Leidenschaft habe sie andere Vorstellungen, Ehrgeiz sei ihr nie eigen gewesen, und ihr einziges Bedürfnis sei Fröhlichkeit.

Nach der Sperrstunde boten ihr zwei der Anwesenden nacheinander an, sie zu begleiten. Erst nachdem sie nett abgelehnt hatte, merkte ich, dass sie zu niemandem gehörte. Ich sprang also über meinen Schatten und lud sie zu mir nach Hause ein. Das erste Mal blieb sie drei Tage. Meine Garçon-

niere, die mir nach der Scheidung geblieben war, hatte nur vierzehn Qua-
dratmeter, dafür aber war der eine gefälliger als der andere. Als sie gegan-
gen war, war es dort plötzlich so gemütlich wie in einer Turnhalle.

Ein bezeichnendes Bild der Familie, in der sie aufgewachsen war, bot
ihm der erste Besuch, zu dem er nach einem Jahr Bekanntschaft eingeladen wurde. Der Vater Jurist, der Grundstücke für eine damals noch
futuristische Autobahn aufkaufte, ein großer, schlanker, sportlicher Typ
und Philatelist, nobel und unpraktisch veranlagt wie ein englischer
Lord – sein künftiger Schwiegersohn borgt ihn sich als Modell für Doktor Tachecí aus seiner *Henkerin*! –, die Mutter Buchhalterin im Eisen-
bahnministerium, nur auf Kinder und ihren Mann fixiert, den sie nie
auch nur einen Tee kochen ließ, beide verarmte Nachfahren der ›besiegten Bourgeoisie‹, hatten erstmals im Leben beim Mittagessen im Kreis
der Familie einen lebendigen Kommunisten am Tisch sitzen. Das
Gespräch verlief stockend, denn die Tochter überließ es belustigt den
Anwesenden, es zu führen, wie sie es zu tun verstanden. »Und Herr Kohout«, fragte Frau Mašínová in ihrer Konversationsnot, »kennen Sie
Herrn Rùžička?« Wie gern hätte er beigepflichtet, damit man über etwas
reden konnte, doch er musste leider Nein sagen. Das ist seltsam! Jelena
die Ältere verstand das nicht, er war doch auch in der Partei – diese hatte
damals weit über eine Million Mitglieder …

Fünfzehn Jahre später würde der Vater aus Anstand zu seinem Chef
gehen und diesen darauf hinweisen, dass, wenn im Betrieb die Anticharta unterzeichnet werde, er nicht unterschreiben würde, weil seine
Tochter und sein Schwiegersohn mit als die Ersten die Charta 77 unterzeichnet hätten. Der erschrockene Direktor würde ihn bitten, das um
Gottes willen niemandem im Betrieb zu erzählen, er werde die entsprechenden Parteiorgane schon überzeugen, eine solch riskante Aktion den
Künstlern zu überlassen.

Schnell veränderte sie seinen Lebensstil, seine Routinen, die gesamte
männliche Aussteuer, mit der er normalerweise früher Objekte seines
Interesses zu fesseln versucht hatte. Er musste sich um dieses Wesen
plötzlich viel aktiver bemühen, als es sonst seine Art war. Zu den natür-
lichsten Atavismen in der Beziehung eines Mannes zu den Frauen ge-

hört doch die Demonstration von Stolz. Ein stolzer Mann, der sich von einer Frau beleidigt fühlt, auch wenn er sich die Gründe dafür oft nur einredet, tut gern selbst beleidigt, um Entschuldigungen und Versöhnungsversuche auskosten zu können. Das Mädchen, das er jetzt kennengelernt hatte, sah ihm kurz und verständnislos hinterher, ging dann aber in ihre eigene Richtung, und man musste sie immer wieder neu finden, denn sie kehrte grundsätzlich nie zurück.

In den Zeiten, in denen Prag kleiner, ruhiger, scheuer und überhaupt von Grund auf anders war, musste er wohl ein Dutzend Weinstuben aufsuchen, also mehr oder minder alle, um sie irgendwo in einem angeregten Gespräch mit einem Kollegen, einem Mitschüler, einem unbekannten Gast oder einem bekannten Ober zu finden. Als sie sich später für das erste realisierte Drehbuch einen klapprigen Polski-Fiat 600 kaufte, konnte er die Kneipen mit seinem Wolga schnell abfahren, denn nie bemühte sie sich, ihre rote Nähmaschine um die Ecke zu parken. Deprimiert war er auch von der Menge ihrer Verehrer, und das wurde wohl jeder, der mit ihr einen Konversationsabend in der anstrengenden Wortfolge absolviert hatte, mit der sie später ihre klugen Dialoge schrieb. Da er nach zwei misslungenen Ehen nicht die geringste Lust mehr auf eine dritte hatte, ärgerte es ihn, dass fast jeder um ihre Hand anhielt. Und er erschrak wirklich, als er sie im Sommer 1965 endlich telefonisch in Dänemark erreichte, wohin die Studenten der Filmakademie der bildenden Künste durch die beginnende Zeit der Reformen erstmals reisen durften, um Erfahrungen zu sammeln, und sie ihm sagte, sie werde wohl etwas länger bleiben, weil der dortige Filmprofessor sie stante pede heiraten wolle.

Sie verstand nicht, weshalb er sie eindringlich aufforderte, sofort zurückzukehren, doch seltsamerweise tat sie es. Was er nicht wusste: Vor dem Abflug hatte sich ein weiterer Skandinavier unsterblich in sie verliebt, an dem sie die Kombination aus einem militanten Kommunisten und einem Reitpferdezüchter faszinierte. Während sie der Tscheche mit einem Blumenstrauß an der Vordertreppe des Flugzeugs begrüßte, damals durfte man das noch!, stieg der Däne Lars über die Hintertreppe aus. Der Begrüßende war bis zum Abend wieder einmal beleidigt im guten Glauben, diesmal würde sie sich entschuldigen, stattdessen aber verschwand sie erneut, und ehe er ihr kleines Gefährt im Stadtzentrum entdeckte, stand sie vor der nächsten Eheschließung. Als er dort gerade in dem Moment, in dem sie gehen wollten, auftauchte, überließ sie es den Männern, sich zu einigen. Man ging also ins bekannte Lokal Viola, um das zu klären, doch kurz davor begann der rote Pferdestallbesitzer den tschechischen Genossen zu schütteln und zu schreien, er sei ein Geldsack! Der Adrenalinstoß im Blut des Beleidigten bewirkte, dass wenig später der hoch aufgeschossene Landsmann Hamlets, der nicht mit der körperlichen Gegenwehr des tschechischen Intellektuellen gerechnet hatte, den Asphalt der Nationalstraße küsste. Das Mädchen gab diesmal nicht dem Besiegten den Vorzug; mit dem Wissen, dass er sich das selbst eingebrockt hatte, ließ sie sich in die ›poetische Weinstube‹ entführen. Nun war der Däne beleidigt und beging einen Fehler, indem er ins Hotel ging und dort vergebens wartete. Ab diesem Moment musste sich der Sieger nur noch zweimal prügeln, glücklicherweise solange er auf dem Höhepunkt seiner Kräfte war.

Schon lange bevor er sie kennenlernte, erschien es ihm peinlich, nach der Scheidung weiter bei Anna und den Kindern zu übernachten, bestraft auch durch die Vorwürfe der Mutter, die sich so ganz untraditionell gegen ihn stellte. Mit Wissen des neuen Intendanten des Theaters in den Weinbergen zog er heimlich in eine leere Kammer im ersten Stock des Zuschauerraumes, wo in ferner Zukunft die Chefin der Platzanweiserinnen sitzen wird und er dann während der Pausen pietätvoll wie in die Gruft seines freien Jünglingslebens hineinschauen würde. Der nächtliche Aufenthalt von Personen im Gebäude war bereits damals streng verboten, übrigens wurde aus Sicherheitsgründen auch der Strom abgeschaltet. Seitdem besitzt er die Sinne einer Fledermaus, und daher stammt vor allem sein äußerst intimes Verhältnis zum Theater. Wenn das Licht erlosch und nur der Nachtpförtner wach war, schlich er sich mit einem Nachschlüssel über den Seiteneingang hinein, bereitete sich im Licht der Außenlaternen Essen und Trinken, das Tablett brachte er in den damals noch nicht verkleinerten, riesigen Zuschauerraum. Auf den Treppen in Höhe der dritten Reihe des ersten Balkons sitzend, speiste er dann in völliger Dunkelheit und dachte über Stücke nach, mit denen er das momentan schwarze Loch der ihm nur allzu gut vertrauten

Bühne erfüllen und aufhellen wollte. Das Gefühl der Sicherheit, dass er
es schafft, weil er Bestandteil des Theaterraums war, würde ihn durch
die Welt führen und zwingen, es zu versuchen, solange er zu denken in
der Lage sein wird.

Dieses ansonsten ungemütliche Dasein versuchte sie, als sie nicht
mehr weggehen musste, weil er aufhörte, die beleidigte Leberwurst zu
spielen, dadurch zu lindern, dass sie ihm die Hälfte eines Betts auf der
Dreimarschall-Allee anbot; diese hieß in der Zeit der ersten Republik
Fochstraße, unter den Nazis Schwerinstraße und unter den Kommunisten Stalinstraße, ehe die Einwohner beschlossen, weiteren Fehlgriffen
der Geschichte durch den unverfänglichen Namen ihres Stadtviertels,
also Weinbergerstraße, den Riegel vorzuschieben. In das gemütliche
Kämmerlein mit Aussicht auf den Park und das alte Wasserwerk, in das
die Tochter gezogen war, um außerhalb der Blicke ihrer Eltern erwachsen zu werden, führte aber ein recht komplizierter Weg um das Zimmer
der energischen Tante Olga und die Küche herum, wo die Großmutter
glücklicherweise fest schlief, beide waren sozusagen die Garanten der
töchterlichen Tugend. Gerade damals hätte er den Beinamen Indianer
verdient, den ihm zwanzig Jahre später seine schriftstellernde Tochter in
ihrem Buch gab: Er lernte, geräuschlos zu existieren.

Beide provisorischen Höhlen machten ihm das Arbeiten so unmöglich, dass er zum ersten und letzten Mal einen falschen Tausch vollzog,
wie sie damals den normalen Wohnungsmarkt ersetzten und wahrscheinlich zu seinen Lebzeiten auch nicht aufhören werden: die winzige
Garçonnière auf dem Karlsplatz Nummer vier trat ihm zwar behördlich
bestätigt und trotzdem in betrügerischer Form ein gewisser Herr Kope-
ček ab, und zwar für das fiktive Recht, in der kleinen Villa in Sázava zu
wohnen, in die er nie seinen Fuß setzte; er zog gleich zu seiner Prager
Ehefrau und verschwand für immer aus dem Blickfeld. Diese vierzehn
Quadratmeter mit dem Komfort einer Terrasse, eines Badezimmers,
einer Fußbodenheizung und eines Aufzugs konnte der glückliche Inhaber des Wohnungsdekrets vier Jahre später bereits legal gegen ein Zimmer, eine Küche und eine wunderbare Aussicht auf Prag vom Hradschin-Platz Nummer eins tauschen, was auch sehr dramatisch im Buch
vom begrabenen Hund beschrieben ist.

Als er dann im Gegenzug diejenige einlud, die ihm vorher Asyl bei Oma und Tante gewährt hatte, schaute diese früh am Morgen aus dem Fenster und entschloss sich zu bleiben; für sie war das die Chance, sich völlig von ihrer Familie zu lösen. Durch sie bevölkerte sich die neue Wohnung mit einer fröhlichen Horde junger Künstler, vor allem Kommilitonen von der Filmfakultät.

Der Dramatiker kehrte eines Nachts aus dem Ausland zurück, da vollführten junge Männer auf dem schmalen Sims im zweiten Stockwerk von einem Fenster zum anderen einen Tanz ohne Netz. Etwa zweimal klingelten junge Ausländer an der Tür, die sich schon im Flur auszuziehen begannen, sie wurden ohne weiteres Fragen zum Hradschin-Platz elf verwiesen, wo der Schriftsteller Jiří Mucha, der Enkel des berühmten Alfons Mucha, seine stadtbekannten Nudistenpartys veranstaltete. Und mehrmals jagte der berechtigte Wohnungsmieter alle Betrunkenen samt der Gastgeberin hinaus, wobei er sich ihre Rückkehr listig dadurch sicherte, dass er den Dackel Adam mit vor die Tür setzte.

Das Ringen mit Jelena, treffender kann man diese Art der gegenseitigen Annäherung nicht bezeichnen, setzte sich, wenngleich es sich dabei überwiegend um zivile Streitigkeiten handelte, trotz Kulissenwechsels unverändert fort. Die kulminierende Szene beschreibt das *Tagebuch eines Konterrevolutionärs*. Die Schilderung eines langen, wilden Streits auf der Piazza del quattro Novembre in Perugia am 21. August 1968 ist fast authentisch. Sein Angriff:

Du wusstest, dass ich Kommunist bin, noch bevor du zum ersten Mal zu mir kamst, du wusstest es wie all die anderen. Du warst vier Jahre lang dabei, wenn ich mich mit Dingen rumschlug, die mir letzten Endes gleichgültig sein konnten. Du hast zugesehen, wie ich mir den Kopf einrenne und das Leben kompliziere, obwohl ich meinen Beruf leben könnte wie ein ... ein roter Fürst! Aber nicht nur das, du hast gesehen, dass es sogar einen Sinn hat, dass diese Donquichotterie eine Kettenreaktion auslöst, dass sie auf eine Hoffnung hinzielt, die Inhalt und Form hat. Und doch macht es dir nichts aus, bei jeder idiotischen Gelegenheit dein abschätziges »ihr« auszusprechen. Ich bin vierzig Jahre alt, habe weder Glatze noch

Bauch, zwanzigjährige Damen schreiben mir Liebesbriefe. Trotzdem habe ich es zustande gebracht, die Weltwirtschaftskrise, München, Okkupation, Heydrichiade, Bombenangriffe, Barrikaden, den Februar, die Prozesse, den zwanzigsten Parteikongress und den Prager Frühling zu erleben! Die Geschichte hat ihre Spieler und ihre Zuschauer. Ich mache schon längst niemandem mehr einen Vorwurf, wenn er nur zusieht. Aber ich hasse Zuschauer, die gleichgültig Versklavung, Hungersnot und Kriege mit ansehen, um dann von ihren Logen aus die Revolution zu verurteilen, weil sie nicht angeklopft und die Pantoffeln angezogen hat. Zwanzig Jahre lang dauerte der Konflikt der Kommunisten mit Kommunisten, der Kampf um das endgültige Gesicht der Revolution – ein Streit, in dem unsere Genossen an der Macht nicht selten als schlagendstes Argument zum Strang griffen. Wir nahmen diese Konfrontation an und haben dabei gesiegt. Als wir endlich den festen Punkt erreichten, für uns, und vor allem für euch, da hebt ihr wieder einmal eure sauberen Hände und nennt uns alle ohne Unterschied: ihr!

Und Z.s Gegenangriff:

Du gehörtest zu denen, die wir hassten. In der Schule lernten wir deine Gedichte über Gottwald, über die Partei, über unsere großen Befreier. Wir stritten darüber, ob du sie aus Schwachsinn oder des Geldes wegen schriebst. Ich wollte das feststellen. Besonders weil du nicht gerade schwachsinnig aussahst. Ich wollte wissen, wie ihr wirklich seid. Auch deshalb bin ich wieder zu dir gekommen. Was für ein Schreck, als ich sah, dass du tatsächlich an all das glaubst. Fahr und sorg dich nicht, ich gehe hier nicht verloren. Euretwegen haben wir noch einen Vorteil. Damit wir unsere Herzen ganz der Weltrevolution geben, habt ihr uns schon in der Schule verheimlicht, dass wir ein Vaterland haben. Es galt als sträflich dumm, die Nationalhymne zu singen oder die Fahne zu hissen, wenn nicht die Fahnen unserer Brüder daneben wehten und ihre Hymnen mit erklangen. Ihr habt uns gelehrt, was der Erste Sekretär der mongolischen Partei über die Schafzucht sagte, aber ihr habt uns verheimlicht, dass der erste Präsident unseres Landes ein Philosoph war. Ihr habt das Haus, das Wladimir Iljitsch Lenin einmal zufällig aufsuchte, in ein Museum verwandelt, aber ihr ließt uns unwissend am Haus vorbeigehen, wo Franz Kafka geboren wurde und schrieb. Statt zur Gruft der böhmischen Könige habt ihr uns zur einbalsamierten Leiche Klement Gottwalds geführt. Ein paar Jahre später habt ihr sie mit der scheltenden Bemerkung verbrannt, dass es sich um ein typisches Produkt des Personenkults gehandelt habe. Als ob er sich selbst einbalsamiert hätte. Jetzt können wir Prag gegen jede Stadt austauschen und büßen nicht mehr ein als ein paar schöne Portale, die man überall finden kann. Wir können Hymne, Fahne und Sprache wechseln, ohne mehr zu verlieren als einige leere Symbole, die man in der ganzen Welt haben kann. Niemand hat uns Geschichte und Tradition eingeprägt. Wir können das Vaterland wechseln, wie man aus einer Tram in die andere umsteigt. Ich bin mir nicht sicher, ob ihr das gerade wolltet, aber Tatsache ist, dass ihr es erreicht habt. Heute sehe ich, dass es nicht einmal schwer ist, dich zu verlieren. Wenn du in der Gasse da drüben verschwindest, werde ich das Gefühl haben, du seiest nie gewesen.

Aus dieser Gasse läuft jedoch – fast zeitgleich im Buch wie auch damals in der Realität – ein Zeitungsverkäufer mit der brandneuen Sensation hinaus: Cecoslovacchia eeee occupaaaaaaata! Nach Hause kehrt das Paar zusammen zurück. So beginnt der dornige Weg des nicht zu bändigenden Mädchens zu einer jungen Frau, die man zehn Jahre später für mehrere Jahre hinter Gitter bringen will.

Summa summarum: Während sie ihn traf, als er bereits halb verändert war und sie diesen Prozess vollendete, muss er sich vorwerfen, sie weitaus stärker verändert zu haben. Das fröhliche Geschöpf wird bald erleben, wie es an seiner Seite aus schierer Sorglosigkeit in ein Unwetter und später auch in extreme Gefahr hineindriftet. Oft führt er als Beispiel für ihre sehr lockere Vorstellung von Zeit an, wie sie ihm einmal im Badezimmer auf dem Hradschin nach dem Hinweis, sie solle um sieben in der Stadt sein, verwundert entgegnete:»Es ist doch erst in fünf Minuten soweit!« Eine Königin der Relativität. Doch wenn man sie dann verhaften wird, kommt sie pünktlich.

Und die anfänglichen Initialen? Ohne zu fragen, stibitzen die Österreicher bei ihrer Aufnahme in den Staatsverband den ehrlichen Mädchennamen Mašínová und kleben einfach Kohout daran, sogar ohne das tschechische -ová. Als ihr dann nach dem Schlüsselrasseln auf dem

Wenzelsplatz die Tschechen die Staatsangehörigkeit zurückgeben, machen sie, ohne zu fragen, aus ihr wieder die Mašínová. Daraufhin hat sie dann zwei Visitenkarten, wie Mata Hari.

27. KAPITEL

Zu den Deutschen

Ein paar Monate bevor der Held seiner Jugend, der Priester und Philosoph Vladimír Petřek, verhaftet, gefoltert und hingerichtet wurde, diskutierte er eines Abends mit seinem Vater darüber, wie man sich nach dem Krieg gegenüber dem Volk der Massenmörder verhalten solle. Nachdem er jegliche rechtlose Gewalt abgelehnt hatte, schlug er eine solch seltsame Strafe vor, dass sie dem Jungen für immer im Gedächtnis geblieben ist. »Sollte ich«, sagte er, »nach dem Krieg auf dem Bürgersteig einen Deutschen treffen, dann sag ich zu ihm: ›Weich aus, Deutscher, siehst du nicht, dass hier ein Mensch kommt?‹« Aus der Perspektive des dritten Jahrtausends sicher eine unzulässige Bestätigung des Prinzips der Kollektivschuld. Dass dieses aber von einem Humanisten und Philosophen ausgesprochen wurde, der für seine Hilfe für Verfolgte mit dem eigenen Leben bezahlte, dokumentiert, welch fürchterlichen Hass die Deutschen als Volk hatten hervorrufen können. Die meisten Europäer betrachteten sie damals allesamt als eine besonders gefährliche Art von Schädlingen.

Die Beziehung der Mehrheit der tschechischen Gesellschaft zu den Deutschen pegelte sich zwischen Hass und Angst ein. Hass tragen logischerweise vor allem die Opfer in sich, instinktive Angst spüren fast alle Tschechen; das ist ein Atavismus kleiner Völker, die nie die großen gefährden, jedoch selbst jederzeit von ihnen ausgerottet werden können. Die Deutschen sind unser Schicksal. Manchmal waren sie uns gewogen, und wir wurden neben ihnen zu wahren Europäern. Als es sich während des letzten Krieges von uns abwandte, hätte es das letzte Mal sein können: In Salzburg hatten die Nationalsozialisten schon einen Plan ausgearbeitet, wonach zuerst die Juden, dann die Polen und gleich nach ihnen die Tschechen ausgemerzt werden sollten. Zu diesem Erbe kam, dass während des Kalten Krieges erneut das Phantom einer deutschen Armee auftauchte. Nur wenige bei uns konnten sich vorstellen, dass aus Soldaten-Henkern ein paar Jahre später demokratische Soldaten geworden sein sollten. Sogar der Autor der *Blechtrommel*, Günter Grass, begrüßte die Existenz der Deutschen Demokratischen Republik als Versicherung gegen einen Rückfall in den preußischen Militarismus. Einem bitteren Bonmot zufolge hatte Europa die Deutschen so gern, dass es sie gleich zweimal haben wollte!

Ausgestattet mit alten Erinnerungen und gemischten Gefühlen kam der Dramatiker im Juli 1963 nach München, wo für das Fernsehen seine Version der *Reise um die Erde in 80 Tagen* gedreht werden sollte. Der Chefdramaturg der großen Filmfirma Bavaria, Doktor Paul Appel, lud ihn erst einmal zum kalten Mittagessen in seine gemütliche Wohnung ein und bot ihm beim Dessert an, diese zu nutzen, wenn er zusammen mit seiner Frau den Sommer an einem nahe gelegenen See verbringen würde. Der Gast stellte fest, dass der Gastgeber beispielsweise vom Hussitentum mindestens so viel wusste wie er selbst, nicht zufällig sollte er zum geistigen Vater seines Stücks *Ecce Constantia* werden! Bei ihm begann die dann nie mehr endende Wallfahrt des Autors durch Städte, Theater und zu den Menschen in Westdeutschland.

Vielleicht war es ja auch ein Protest für Petřek, dass der Schüler während des Krieges den obligatorischen Deutschunterricht verdrängt und gleichzeitig recht gut Englisch und Russisch gelernt hatte. Kaum ging das Trauma, kehrte die Sprache wieder. Die Selbstausbildung beschleunigte bald seine Regietätigkeit auf deutschen Bühnen, wo er lange Wochen Sprache auf höchstem Niveau erlebt; deshalb liest er dann aufmerksam das gesamte deutsch-tschechische Wörterbuch, und danach wird ihm das Deutsche zur zweiten Sprache, in der er auch in der Lage sein wird, frei zu schreiben.

Wenn einige patriotisch veranlagte Landsleute nun über diese Entwicklung eines tschechischen Schriftstellers die Nase rümpfen, versucht er ihnen zu erklären, dass die Sprache ein genauso unschuldiges Transportmittel ist wie ein Lastkraftwagen; nur die Nutzer sind dafür verantwortlich, ob es Brot für die Menschen oder Menschen in Gaskammern bringt. Um die Unschuld bringen die Sprache oft auch diejenigen, die aus dem Eigennutz heraus, Macht zu erlangen oder aufrechtzuerhalten, die eigene Sprache zum Symbol des Guten machen, während sie eine andere zum Symbol allen Übels erklären. Das Schlachten auf dem Balkan begann mit der Ermordung der Nachbarn, die eine andere, und mit der Verehrung der Mörder, die die ›richtige‹ Sprache sprachen.

Mitte der sechziger Jahre brannte ihm das Problem der Sprache noch nicht allzu sehr unter den Nägeln. Eher die anderen Deutschen, mit denen er sich keinen Rat wusste. Die Deutsche Demokratische Republik war ein Teich, der dem tschechischen ähnelte; die Fische darin sahen etwas anders aus, aber sie verhielten sich fast genauso. Die Westdeutschen waren völlig anders. Am meisten überraschte ihn ihre unbarmherzige Reflexion der eigenen Vergangenheit. Er verstand allerdings, dass in dem Umfeld, in dem er sich fast ausschließlich bewegte, auch der Pestgestank ehemaliger und neuer Nazis an ihm vorbeizog, doch umso mehr bewunderte er die Gemeinschaft, die sie innerhalb einer Generation aus der anständigen Gesellschaft verdrängen und ihnen jeglichen Einfluss zu entziehen wusste. Der zweite markante Charakterzug war das unauffällige Entgegenkommen. Ebenso natürlich wie die Wohnungsschlüssel erhielt er Arbeitsangebote, aber auch kritische Anmerkungen; korrekt eingehalten wurden alle Vereinbarungen, auch wenn sie nur per Händedruck besiegelt worden waren.

Ja, Westdeutschland als Antriebsmotor ganz Westeuropas und sein verdächtigster Bestandteil gewannen den Besucher gleich beim ersten Mal für sich, weil es dessen grundlegende Bedürfnisse ansprach, wie es ihm seit Elevenzeiten das Interesse der Selbstverwirklichung diktierte: das Bedürfnis, fleißig zu sein, um die eigenen Ziele zu erreichen, das Bedürfnis, pünktlich zu sein, um nicht unnütz Zeit zu verlieren, das Bedürfnis, zuverlässig zu sein, um sich das Vertrauen aller zu erhalten, von denen man abhängig war, und das Bedürfnis, offen gegenüber sich selbst zu sein, um nicht wie in der eigenen Jugend von neuem Gefangener fremder Irrtümer und eigener Fehler zu werden.

Damals wurde in ihm eine zivile Schizophrenie geboren, die dann über eine Reihe von Jahren noch funktionierte, eine doppelte Sicht auf die Realität: So wie er in Westdeutschland begann, seinen neuen Part-

nern, aus denen auch Freunde wurden, die erwarteten Vorteile des re-
formierten Sozialismus zu erklären, die bisher nur von der tschechischen Kunst dokumentiert wurden, propagierte er zu Hause immer
stärker die bereits bestehenden Vorzüge der deutschen Demokratie.
Das, was logischerweise nicht in einem totalitären System funktionieren
konnte, das ihr in ihrem gesamten Charakter widersprach, grub sich
ihm als richtiger Befehl ein, den man einer nicht geeigneten Maschine
erteilte, die sich dann spreizte. Er entzog sich der Ordnung seines Systems, ohne Teil des anderen zu sein, er pendelte zwischen zwei Welten,
ähnlich einem ungesteuerten Fahrzeug, somit gefährlich für alle und für
sich selbst. Am meisten deprimierte ihn das Gefühl, dass sich die Westdeutschen wieder das Recht verdient hatten, den Bürgersteig zu nutzen,
und jetzt er sich dafür anstrengen musste.

28. KAPITEL

Das Los der Clowns

Clowns können machen, was sie wollen, falsch Geige spielen, dumme
Witze erzählen, laut weinen oder einander wild in den Hintern treten, in
der Manege gibt es sie deshalb, damit sich das verehrte Publikum nicht
während einer Pause langweilt oder die geheimen technischen Vorbereitungen für die Spitzennummern erspäht. Das sollte sehr bald ein Konflikt im Stück über August werden, und in einer ähnlichen Rolle war
vorher der Dramatiker selbst öffentlich aufgetreten.

Am 22. April 1966 strahlte das tschechoslowakische Fernsehen eine
zweistündige Sendung aus, die die Straßen leerfegte, genauso wie später
die populärsten Serien. Sie hieß *Spor*, der Streit, und die Angehörigen der jüngsten Generation, unter ihnen auch der bekannte Regisseur
Jiří Menzel, erst kurz zuvor mit dem Film-Oscar prämiert, gaben darin
beiden vorherigen Generationen die Schuld am Zustand der Gesellschaft, lies – des Sozialismus. Die Kameras fingen die leidenschaftliche
Atmosphäre im Verhandlungssaal des Gerichts auf dem Prager Obst-
markt ein, dem Senat saß ein wirklicher Richter vor, die Anklage vertrat

ein junger Analytiker, mit der Verteidigung betrauten die Programm-
macher aus guten Gründen den Dramatiker. Um die Sendung entbrannte ein schwerer Streit hinter den Kulissen. Dagegen stellte sich
erneut die Hauptverwaltung der Presseaufsicht – ein vornehmer Name
für die Zensur –, die die Sendung verbieten wollte. Die Redaktion des
Jugendfernsehens wandte sich mit einem vehementen Protest an das
Machtzentrum. Vom steigenden Einfluss der Reformer zeugte, dass die
ideologische Abteilung des Sekretariats der Kommunistischen Partei die
Sendung unerwarteterweise nur mit minimalen Korrekturen ausstrah-
len ließ.

Viele spätere Beobachter werden die ersten Versuche um eine Verbesserung der Machtverhältnisse mit Ironie und fast Verachtung kommentieren. Die sogenannten Reformkommunisten erscheinen ihnen
bestenfalls als dumme Narren, die Worthülsen an die Wände des durch
einen Panzer verstärkten Dogmas werfen. Auch die Rolle des Dramatikers in jener Fernsehsendung kann, mit Abstand betrachtet, ein Lächeln
hervorrufen, doch: Welche Ziele waren real und welche Argumente im
Jahre 1966 anwendbar, in einer Situation, die von immer misstrauische-
ren Dogmatikern und ihrer Zensur bestimmt wurde? Waren es nicht
gerade diese scheinbar unschuldigen Unternehmungen wie die Kafka-
Konferenz in Liblice, von einflussreichen Kommunisten mit Erklärungen beschirmt, die Genossen Wissenschaftler und Künstler suchten
nach einer Form des Sozialismus, welche – vervielfacht von den amei-
senhaften Anstrengungen Tausender anständiger Mitglieder der ›führenden Partei‹ – gerade die Erosion des gesamten Systems beschleunigt?
Die Kritiker dieser These sind noch immer eine reale Alternative schuldig geblieben, die zu einem vergleichbaren Happy End führen konnte.
Sie wiederholen mit der Empörung des Gerechten, die Mitschuldigen
der Deformationen hätten nicht das moralische Recht auf eine Reform.
Und schon hat man einen Teufelskreis, der so oft, wenn er durchbrochen wurde, zu tragischen Barrikadenkämpfen und schmachvollen Kapitulationen führte. Die Antwort auf die Frage, warum sich damals an
die Spitze des Ringens nicht mehr moralisch Berechtigte denn Schul-
dige gestellt haben, gibt wahrscheinlich ein bekannter tschechischer
Seufzer: Zu wenig Leute!

Die Rolle des Verteidigers seiner Generation in der Fernsehsendung übernahm der Dramatiker freiwillig zu einer Zeit, in der dies selbst ein bezahlter Anwalt ex offo abgelehnt hätte. Er übertreibt sicher nicht, wenn er behauptet: Die Sendung wurde nur gedreht und ohne Zensur ausgestrahlt, weil diesen Part zwar ein enfant terrible, aber ein Kommunist übernahm. Übrigens verteidigte er in der Sendung nicht das schlechthin nicht zu Verteidigende, er erinnerte mehr an den zeitlichen Kontext und gab allen den Mut zurück, die wie er selbst ohne böse Hintergedanken in die Sackgasse der Geschichte geraten waren und nun die Möglichkeit erhielten, Ruf und Ehre zu wahren. Und eine verborgene Absicht war es von Anfang an, diejenigen zu Wort kommen zu lassen, die dies bisher nicht öffentlich durften. Vielen Historikern kommt es so vor, dass, ähnlich wie bei der Konferenz von Liblice und beiden Schriftstellertreffen in den Jahren 1963 und 1967, ab der Sendung *Streit* der Weg zu den freien Tribünen des Prager Frühlings führte. Jener entscheidende IV. Schriftstellerkongress ist mit aller Dramatik und der Atmosphäre der damaligen Zeit detailliert im *Tagebuch eines Konterrevolutionärs* beschrieben, deshalb wird hier darauf nur verwiesen.

Summa summarum: Der späte Zeuge in der eigenen Causa erwartet nicht, dass er diejenigen für sich gewinnt, die über Generationen als eingefleischte Demokraten oder Antikommunisten zu seinen zivilen Antipoden gehörten oder gehören; längst hat er gelernt, sie zu verstehen, mehr als sie ihn. Er selbst aber bleibt kritisch gegenüber denjenigen, welche die Möglichkeit hatten, ihre moralische Ansicht durch den Widerstand gegen das Regime unter den wesentlich leichteren Bedingungen der siebziger und achtziger Jahre zu demonstrieren, und weil sie nichts weiter gezeigt haben, setzte sich die sogenannte Normalisierung nirgendwo so schändlich durch wie gerade in tschechischen Gefilden.

Wie überzeugend war der Einspruch von Regisseur Jiří Menzel in der Fernsehsendung, die Schuld für die Irrtümer trage nicht die gesamte Generation und die Verantwortung dafür müsse jeder Kommunist übernehmen. Er hatte recht, und viele nahmen sich dies zu Herzen. Wie traurig aber wird jedoch bald nach dem Panzer-August 1968 Menzels erniedrigende Selbstkritik hinsichtlich seiner wundervollen Filme aus der Vergangenheit sein, mit der er sich nach eigenen Worten die späteren erkauft hatte. Die Polen und die Ungarn, die nicht wie die Tschechen und Slowaken völlig vom Versprechen der Solidarität abfielen, werden noch ganze zwanzig Jahre lang gute Filme drehen. Die Wochenzeitung »Respekt« zitiert im Februar 2002 die neueste Erklärung von Menzel:

Dass ich die Anticharta unterzeichnet habe, tut mir nicht leid, ich denke nämlich, es war besser, dass ich weiter Filme gedreht habe, als dass sie von schlechteren Regisseuren gedreht worden wären, als ich es bin.

Es scheint ihm bis heute völlig zu entgehen, dass zur gleichen Zeit auch genauso gute oder sogar bessere Regisseure als er keine Filme machen durften. In seiner Argumentation hat er einen berühmten Vorgänger, der diese Mentalität am anschaulichsten zum Ausdruck gebracht hat:

Und wenn ich mich gegen die Ausübung meiner Pflicht gewehrt hätte, hätte man nicht vielleicht zehn andere Meister gefunden? Nicht eine Stunde länger wäre die Vollstreckung vertagt worden, und außerdem, wer weiß, wie grausam andere mit den Unglücklichen umgegangen und ihnen mit ihrem Nichtkönnen den letzten Moment ihres Lebens bitter gemacht hätten.

So erklärt nach seinem überstürzten Übertritt zum katholischen Glauben der bis dahin begeisterte Evangeliker Jan Mydlář, Prager Henker, warum er die Bedingung erfüllte, ohne die er im Jahre 1621 die siebenundzwanzig böhmischen Herren nicht hätte hinrichten dürfen. Vor allem dem Rektor der Karlsuniversität Jan Jesenius will er nach Zeugenaussagen die Zunge besonders schonend herausgeschnitten haben, bevor er ihn äußerst feinfühlig köpfte.

29. KAPITEL

Das Jahr siebenundsiebzig

Theatervorstellungen dauern ein paar Dutzend Minuten, doch bis es so weit ist, braucht es hunderte Stunden; im Scheinwerferlicht erblickt das Publikum die Früchte der Arbeit. Das Theatrum mundi des ›Prager Frühlings‹, das nur von den Veilchen bis zu den Pflaumen des Jahres 1968 gedauert hatte, begann bereits Ende der fünfziger Jahre zu proben, die Vorbereitungen gipfelten im Jahr siebenundsiebzig, als alles geschah, was nicht ungeschehen bleiben durfte, damit sich der Vorhang tatsächlich hob. Vor allem entbrannten Hoffnungen, die viel später zum Hauptziel einer Kanonade künftiger Liberaler werden, die die Behauptung aufstellten, dass es zwischen Kapitalismus und Sozialismus keinen verdammten Dritten Weg gibt und geben würde. Mitte der sechziger Jahre aber zeichnete sich dieser als reale Möglichkeit ab, und die vielen brillanten Köpfe, die ihn suchten, kann man nicht nachträglich als Hammel betrachten, auch wenn sich der zweite Präsident der ersten Tschechischen Republik, Václav Klaus, besonders stark darum bemüht. Im Wege stand dieser Suche der Felsbrocken der sowjetischen Ideologie, der auch optimistischen Prognosen zufolge mindestens fünfzig Jahre lang nicht wegzuräumen war. Doch zum ersten Mal blitzte die Chance auf, dass der Kreml einen Versuch erlauben würde, der einen Rückfall in Barrikadenkämpfe ausschloss, wenn die tschechischen Experimentatoren eine Art und Weise finden würden, das gesamte vor sich hinsiechende Imperium gesunden zu lassen.

Der Dramatiker behauptet, dass sein Denken bereits damals kein frommer Wunsch eines einsamen Clowns gewesen war, wie er ihm gerade in seinem Zirkusstück Leben eingehaucht hatte, sondern dass die plötzliche Möglichkeit, »acht weiße Lizipaner zu frisieren« (wie sein Held August die Lipizzaner nannte), von der gesamten tschechischen Elite gewittert wurde, seien es Intellektuelle oder anderweitig Arbeitende, Kommunisten oder Parteilose. Auch diese begannen, bei aller Skepsis, die führenden Geister der Reform zu verstehen und ihre Strategie und Taktik zu begrüßen: den Käfig zu öffnen, ohne dabei den Wächter zu erschrecken.

Von der Situation der Parteiopposition zeugt ein Dokument, kürzlich im Staatlichen Zentralarchiv gefunden. Unser Mann wird darin von einem unbekannten Meister aus dem Zentralkomitee der KPTsch unter der Signatur SÚA, Fonds 02/1, Band 44, Archiveinheit 45 porträtiert.

Der Auftritt Pavel Kohouts in der Parteigruppe und auf dem IV. Kongress des Verbandes tschechoslowakischer Schriftsteller bestätigte, dass er in seinem Denken und Handeln vom Programm und der Ideologie der Kommunistischen Partei der Tschechoslowakei weit abgewichen ist.

Pavel Kohout fordert im Widerspruch zu den Lenin'schen Prinzipien der Partei und den Interessen eines sozialistischen Staates unbegrenzte bürgerliche Handlungsfreiheit. Er stellt den Interessen der Gesellschaft, die der Staat repräsentiert, die Interessen der Bürger gegenüber und fordert das Recht auf Publikation ihrer privaten Meinungen ein. Von dieser Position aus greift er das Pressegesetz an, bezeichnet die ›Zensur‹ als schändliche Erscheinung unserer Gesellschaft und fordert das Recht, jegliche Meinungen zu verbreiten, die ein Bürger für richtig hält. Er greift die Parteiorgane an, spricht ihnen das Recht ab, den politischen Inhalt des Schaffens zu beurteilen und eventuelle Eingriffe bei den Herausgebern anzufordern ...

Mit seiner Forderung, die Menschen und vor allem die Jugend sollten sich auf der Basis einer freien Diskussion und Konfrontation von Ansichten ihre Meinung bilden, verlangt er faktisch auch Freiheit für die Verkündung feindlicher, gegen die Partei gerichteter Standpunkte ...

Pavel Kohout griff in seinem Auftritt die Außenpolitik von Partei und Regierung dadurch an, dass er die Ereignisse im Nahen und Mittleren Osten im Zusammenhang mit dem Konflikt zwischen Israel und den arabischen Staaten verzerrte. Nach Ansicht von Pavel Kohout kann man Israel nicht als Aggressor bezeichnen, ebenso wie es nicht möglich wäre, die Tschechoslowakei im Jahre 1938 als solchen zu bezeichnen, hätte sie den ersten Schuss abgegeben ...

Pavel Kohout verlas im Widerspruch zur gängigen Praxis im Kontakt mit den Bruderorganisationen der sozialistischen Länder auf dem IV. Kongress des Verbandes tschechoslowakischer Schriftsteller einen Brief des sowjetischen Schriftstellers Solschenyzin an die Tagung sowjetischer Schriftsteller ... Er musste wissen, dass eine Beurteilung, inwieweit der Inhalt der

Wahrheit entspricht und inwieweit er die sowjetische Ordnung verleumdet, ausschließlich den sowjetischen Organen obliegt ...

Der Auftritt Pavel Kohouts steht im Widerspruch zur Ideologie und den Interessen der Partei und des sozialistischen Staates. Seine Forderungen nach Freiheit für die Bürger sind ein Gemisch aus idealistischen und anarchistischen Ansichten, die die führende Rolle der Partei und die Rechte und Pflichten des Staates, die sozialistische Gesellschaft zu schützen, in Frage stellen.

Aus diesem Grunde wird der Antrag gestellt, Pavel Kohout aus der Kommunistischen Partei der Tschechoslowakei auszuschließen.

Zu einer Anschuldigung ähnlichen Umfangs bemerkte Schwejk auf dem Kommissariat: »Es is viel!« Dass es trotzdem nicht für einen Ausschluss reichte und im obersten Gremium nur eine strenge Abmahnung durchging, wonach der Bösewicht als Regisseur nach Hamburg reisen durfte, wobei seine Anhänger einen Versuch vereitelten, ihn von der Grenze aus zurückzuschicken, zeugte von den ständig schwächer werdenden Positionen der Konservativen in der Partei und der wachsenden Macht der Oppositionellen. Es ist nicht schwer, aus dieser Zeit Zeugnisse eingeschworener Demokraten zu bekommen, dass sie oft mehr Angst um das Gelingen des Versuchs hatten als die Reformkommunisten und sie vor allem warnten, was in riskanter Weise die sich abzeichnende Entwicklung bedrohen könnte.

Als dann der Regisseur des *Schwejk* in Hamburg die neueste Ausgabe des Journals »Die Zeit« kaufte und ein angebliches Manifest tschechischer Künstler las, das der Situation und der Stimmung in seinem Heimatland völlig widersprach, wusste er, was zu tun war. Der ungewöhnlich hysterische Protest gegen die kommunistische Vernichtung der Nationalkultur, der angeblich von Hunderten geheim gehaltenen Unterzeichnern herausgegeben worden sein sollte, wirkte wie eine besonders raffinierte Provokation der Macht, die eine Verstärkung des Gitters begründen sollte. Da die offensichtliche Fälschung, adressiert an den Rest der Welt, sogar mit einer energischen Aufforderung zur Solidarität aus der Feder des bekannten Schriftstellers Günter Grass erschien, richtete der Dramatiker an ihn eine polemische Replik im selben Blatt. Er versuchte zu erklären, dass sich in der gesamten tschechoslowakischen Gesellschaft gerade eine viel sachlichere und vor allem nicht anonyme Kritik artikuliere. Dies war der Beginn für die sogenannten *Briefe über die Grenze*, in denen beide Autoren die folgende dramatische Entwicklung dokumentierten. Das Ergebnis der öffentlichen Intervention und des Echos im Ausland stellte sich wenig später ein. Die geplanten Sanktionen im Inland wurden widerrufen, den konservativen Kräften, die aus den führenden Positionen in den Parteiorganen und aller von ihnen geleiteten Organisationen abgewählt worden waren, gelang es nicht, ihre reformliebenden Nachfolger zu diskreditieren. Auf allen Ebenen der Macht bildeten sich schnell Gruppierungen der Anhänger radikaler Veränderungen heraus, die ein paar Wochen später das langjährige Ringen um die Oberhand in der Staatspartei entscheiden sollten.

Dass der Herausgeber dieser Falschmeldung schnell gefunden war, erwies sich als nützlich. Dass er ins Gefängnis kam, war äußerst unangenehm, es schien, dass der Historiker Ivan Pfaff mit diesem Falsifikat dem Aufschrei seiner gemarterten Seele hatte Gewicht verleihen wollen. Doch die Luft war schon geschwängert von den anstehenden Veränderungen, die vor allem Freiheit für politische Häftlinge bedeuteten. Es würde dann das Duo Vaculík – Kohout sein, das gleich nach der ersten großen Bürgerversammlung des Prager Frühlings im März 1968 ein historisches Interview für die Zeitung »Literární noviny« mit einem Vertreter der Staatssicherheit erzwang: Der Stellvertreter des Innenministers Klíma wird es mit ihnen im berühmt-berüchtigten Gefängnis im Prager Stadtteil Ruzyně führen, und sie werden ihn gleich eingangs auffordern, unverzüglich Ivan Pfaff und den Schriftsteller Jan Beneš freizulassen. Beim Gehen wird der Vizegefängnismeister mit dem Komfort der neuen Zellen prahlen wollen. Das wird ihnen geschmacklos vorkommen, und so warten sie noch ein paar Jahre mit einer Besichtigung; dann werden sie freilich nicht mehr höflich ablehnen können, weil sie niemand fragt.

Auch zum Manifest schreibt das Leben seine Pointen. Eine gute und eine sehr traurige. Gerade an den Dramatiker, der als Erster aufdeckte, dass es sich um eine Fälschung handelte, wendet sich ein Jahr später Doktor Pfaff als frisch gebackener Emigrant mit der verzweifelten Frage, ob er ihm nicht helfen könne, seine kleine Tochter aus dem okkupierten

Land zu holen. Mit Hilfe der verbliebenen Verbündeten, die noch nicht ihrer Funktion enthoben waren, gelingt dies in letzter Minute. Nach dem November 1989 wird dieser eifrige Kämpfer gegen den Kommunismus unwiderlegbar als fleißiger Informant ›Erba‹ der tschechoslowakischen Staatssicherheit enttarnt, der seine sozialdemokratischen Genossen im Exil für ein paar zehntausend Mark verriet. Auch jener »Aufschrei der Seele« war wahrscheinlich ein Auftragswerk.

Im Jahr siebenundsiebzig wurde nicht mehr nur wissenschaftlich untersucht, wie man die dahinsiechende Wirtschaft durch eine lockere staatliche Planung intensiv betreuen könne, sondern man begann sogar in einigen Betrieben mit praktischen Tests. Der Volkswitz wertete dies mit dem Vorschlag, nach dem Vorbild Englands, wo die Taxis bestens funktionieren, sollten sie versuchshalber auch im Prager Rechtsverkehr links fahren. Effektiv, weil unter äußerster Ausnutzung aller Finessen von Gesetzen und Verordnungen, wagten Einzelne die unternehmerische Tätigkeit. Als eine von vielen Pionieren des freien Marktes sei die legendäre Frau Justrová erwähnt.

Die Zuschneiderin eines staatlichen Modebetriebs auf der National-straße half bei der Linderung der Klagen von Ehefrauen westlicher Diplomaten, die lange Wochen auf ihre Bestellungen warten mussten: Sie lud sie zu sich nach Hause ein und holte sich zur Mithilfe Näherinnen, die bereits in Rente waren und denen sie elektrische Importnähmaschinen kaufte. Die Verwaltung des diplomatischen Corps hielt gern den Mantel des Schweigens über diese schwarze Firma, weil sie plötzlich keine diesbezüglichen Beschwerden mehr klären musste. Der Einzige, der protestierte, war der scheue Herr Justra, der, wenn er nach Hause kam, seine Wohnung voller fremder Frauen vorfand. Als die neue Gefühlsbeziehung des Dramatikers zum dritten behördlichen Akt schritt und der Express-Bedarf eines Hochzeitskleides entstand, wurde er in diesen Produktionsprozess persönlich einbezogen. Drei Nächte lang fuhr er mit einer genauen Streckenführung von Adresse zu Adresse, um von den Näherinnen die Teilartefakte abzuholen, die dann im Wohn-zimmer und im Schlafzimmer der Wohnung bis zum Morgengrauen zu-sammengenäht wurden. Herrn Justra erlebte er dort in einem Zustand der völligen Resignation; er saß apathisch auf einem Sessel im Flur, selbst längst nicht mehr wahrgenommen von den Damen in Unterwäsche, von Whisky betäubt, den sie ihm gläserweise brachten.

Ab dem 13. Mai 1967 zog durch diesen Vorfrühling der Hoffnung in der Tschechoslowakei bereits das Stück *August August, August* von Theater zu Theater, ein Stück von der Macht eines unbändigen Traums, der nur zusammen mit dem Träumenden zu zerstören ist. Wenn August mit Hilfe seiner unerschöpflichen Fantasie alle Bedingungen erfüllt, die ihm der Herr Direktor in listiger Weise auferlegt, und sich so billig eine Reihe von tollen Nummern besorgt, wenn er sich nach einer riesigen Visitenkarte auch noch die ›Gemahlene‹ – also Gemahlin – Lulu anlacht, damit sie mit ihm in der ›Galosche‹ – also Galaloge – Platz nimmt, den ›Schwierigen Vater‹ – also Schwiegervater – Bumbul, damit er sie ihm gibt, und den Junior, damit dieser seinen Rum – also Ruhm – erbt, steht dem ›Frisieren‹ – also Dressieren – ›von acht weißen Lizipanern‹ – Lipizzanern – getreu dem Versprechen nichts mehr im Wege.

Der Herr Direktor Holzknecht will sein Wort halten, nur August, Lulu und ihr Junior wundern sich, dass er um die Manege herum ein Gitter bauen lässt. Auch das Wiehern kommt ihnen ungewöhnlich vor, doch er glaubt der Versicherung, die Pferdchen würden sich so sehr auf ihn freuen. Dann stürmen hungrige Tiger in den Käfig …

Bei der Probe des Schlusses gab es ein Problem. Die sich verbeugenden Augusts verwischten die tragische Note des Schlusses, indem sie ihren Tod in einen normalen Zirkustrick umwandelten; dass sich aber nach einer solchen Leistung die Protagonisten nicht verbeugten, war unmöglich. Die Lösung sollte dann bereits in den meisten Inszenierungen zum Stück gehören: Während sich der ganze Zirkus bereits ohne die Clowns verbeugte, rannten vier unbekannte bleiche Gestalten in Overalls auf die Bühne – August, Lulu, Bumbul und Junior hatten in der Zwischenzeit ihre Kostüme, Perücken und ihre Schminke abgelegt. Die Illusion blieb pietätvoll gewahrt, und die vier schweißgebadeten Marathonläufer erhielten ihre verdienten Ovationen.

In den zehn Jahren, die der Dramatiker als persona non grata zu Hause verlebt, wird er das Schicksal des August nur in Kritiken und Fotos verfolgen, von unzähligen Bühnen geschickt, kurioserweise auch in unermüdlichen und ebenso erfolglosen Versuchen der staatlichen Agen-

tur DILIA, gegründet ursprünglich als PR-Agentur für das einheimische Schaffen, den Siegeszug des August durch die Welt aufzuhalten.
Den Höhepunkt wird der Versuch bilden, der Dramatiker solle als leider
einzige berechtigte Person die Aufführung des Stücks in Kapstadt stoppen, wo doch Südafrika wegen der Apartheid einem Boykott unterliege.
Er wird dies mit der Begründung ablehnen, dass das Stück ja genau davon handele: der August sei doch ein Farbiger!

Nach seiner ›Entheimatlichung‹ wird er ihn persönlich in vielen Mas-
ken, Kostümen und Sprachen sehen, doch zumeist in Verbindung mit
einem Totenfest für den Prager Frühling, wie dies der Titel des Stücks
unwillkürlich evoziert. Gerade gegen diese primitiv kurzschlüssige Verbindung mit dem späteren Einfall der Okkupanten im August 1968 wird
Eric Spiess das Stück zu schützen versuchen; so lässt er beispielsweise
nach einer Generalprobe die Inszenierung des Schauspiels in Nürnberg
ändern, wo man sich ausgedacht hat, der Zirkus Holzknecht solle mit
den Fahnen des Warschauer Pakts auftreten und der Manegeninspektor
werde eine Stalin-Maske tragen.

Anfang 1990, kurz nach der Wende, lädt man den Autor zu einer
Sondervorstellung des Theaters in Pardubice ein, das den August als
Erstes nach der Okkupation einstudiert hatte. Der Gast wird eine Weile
lang den schrecklichen Eindruck haben, dass irgendjemand den Text
vollständig geändert hat, wo er doch nicht eines der Wortspiele hörte,
an die er jahrelang gewöhnt war. Bis er merkt: Man spielt es auf Tschechisch!

30. KAPITEL

Ein kurzer Frühling vor einem langen Winter

So wie die Aufzeichnung dieses Lebensweges voranschreitet, verkleinert
sich der anfangs scheinbar unüberwindliche Graben zwischen dem jüngeren und dem älteren Protagonisten dieser Geschichte. Der zweite stellt
nun mit ausreichendem Abstand fest, dass er hinter allem, was er zwischen Januar und August jenes Schicksalsjahres achtundsechzig gesagt,

geschrieben und vor allem getan hatte, auch noch heute steht; und er wundert sich, wie viele heutige tschechische Richter des damaligen Geschehens aus so vielen unanfechtbaren Dokumenten solch irrtümliche Schlüsse ziehen können. Belegen doch alle erhaltenen Spuren, dass der politische Prager Frühling keine gigantische Katerparty von Stalinisten war, die nach dem Blutrausch schlagartig wieder nüchtern wurden, sondern der Höhepunkt eines langjährigen, geduldig fortschreitenden und außerdem gesamtgesellschaftlichen Prozesses, der trotz seiner überstürzten Entwicklung der Ereignisse Hand und Fuß hatte.

Und er denkt weiter: Auch im Februar 1948 konnten sich die Kommunisten deshalb so stark durchsetzen, weil sich die meisten Bürger für sie entschieden hatten, denn sie hatten in ihren Reihen überwiegend Menschen, die nicht nur aktiv waren, sondern die auch aufgrund ihres Engagements vor dem Krieg, im Widerstand und nach der Revolution Vertrauen hervorriefen. Dass dies keine späte Frucht seiner blühenden Fantasie war und es wirklich erst nachträglich zu einer gewaltsamen Veränderung der ursprünglichen Ziele kam, auf die ein beträchtlicher Teil der Kommunisten aus dem Nachkriegsjahr Null zusteuerte, belegt ein wenig bekannter Ausspruch des überzeugten Demokraten Ferdinand Peroutka, als er den Wahlsieg der KPTsch im Jahre 1946 bewertete.

Die ist nicht mehr die ehemalige Partei, die leidend die Anweisungen der Kommunistischen Internationale ausführte. Durch die Adern dieser Partei fließt neues Blut, das Blut des ›normalen‹ tschechischen Menschen. Sie verkündet nicht mehr die Revolution, sondern sie bekennt sich zum Vaterland, zu Freiheit, Demokratie und Humanität.

Der ältere Zwilling des Jüngeren möchte an dieser Stelle noch einmal klar seiner alten Überzeugung Ausdruck verleihen, dass der Umbruch vom Februar 1948 nur vereinfachend als Putsch bezeichnet wird. Es war eher ein zweites München der tschechischen Demokraten, die erneut die Entwicklung und das Kräfteverhältnis fehlerhaft einschätzten, sich ungenügend abgesprochen hatten, schlecht vorbereitet waren und nicht nur kläglich kapitulierten, ehe sie zu kämpfen begannen, sondern gleichzeitig in Scharen zu den Siegern überliefen.

Es reicht, ihre Niederlage mit dem Erfolg anderer Europäer zu vergleichen, vor allem der Jugoslawen, die sich zumindest eine begrenzte Freiheit sichern konnten. Doch auch Österreich, beschwert von der Mitschuld eines Großteils der Bevölkerung an Hitlers ›Anschluss‹ und den
nationalsozialistischen Gräueltaten, war in der Lage, sich gegen die zu-
dringlichen Stalinisten zu wehren, und das nicht nur dank der Anwesenheit der westlichen Alliierten auf Teilen des Territoriums; es war der
österreichische Politiker Olah, der eine kommunistische Wende verhinderte, als er genügend ›seiner‹ Proletarier in Reserve hatte, die in der
Lage waren, mit Stöcken in der Hand zur rechten Zeit am rechten Ort zu
sein. Zwanzig Jahre später waren es die enttäuschten und mit dem Bewusstsein einer Mitschuld beladenen Reformkommunisten, die in der
Tschechoslowakei einen Prozess in Gang setzten, der in der Geschichte
totalitärer Staaten seinesgleichen sucht: die Macht, die sie gewaltsam an
sich gerissen hatten, freiwillig an die gesamte Gesellschaft abzugeben.

Diese, damals noch tschechoslowakisch, bereits durch München,
durch den Zerfall des Staates vor dem Krieg, die Okkupation, die Vertreibung der Deutschen und das üble Marodieren vieler Landsleute in
ihrer wilden Phase, dann durch den beginnenden Ost-West-Konflikt,
Beneš' Unentschlossenheit und Gottwalds Hinterlist gespalten, rückte
im Jahre 1968 instinktiv für die kurze Zeit der Freiheit und ihres neuerlichen Verlusts zusammen, wurde jedoch durch die geisttötende Normalisierung so zerrüttet, dass sie lange Zeit nicht mehr in der Lage und
eigentlich auch nicht bereit sein würde, objektiv zu bewerten, was dieses
Jahr bedeutet hatte. Nicht nur die ewigen Opportunisten, sondern auch
viele Menschen mit festen Ansichten sind davon überzeugt, dass es sich
um Betrug handelte. Reden und Artikel aus jenen Wochen belegen jedoch, dass die Vertreter des Reformflügels der Partei im ganzen Land
fast gleichzeitig, selbst wenn sie noch nicht untereinander verknüpft waren, ihr taktisches Schweigen brachen und öffentlich ihre strategischen
Ziele verkündeten. Wenngleich diese auch weiterhin mit minder auffäl-
ligen Worten beschrieben wurden – um die einheimischen Widersacher
nicht mehr als nötig zu reizen und sie nicht dazu zu bringen, Hilfe bei
ihrer Mutter, der Kommunistischen Partei der Sowjetunion, zu suchen,
wie sie es dann taten – ließ sich deutlich herauslesen, dass man eine plu-

ralistische Gesellschaft anstrebte, die selbst frei über ihren weiteren Weg entscheiden sollte.

Ja, der Gealterte gibt erneut zu, dass sie für ihn persönlich die Grundzüge der Vorstellungen aus den ersten Nachkriegsmonaten hätte entwickeln sollen, als auch kommunistische Ökonomen eine Art und Weise suchten, wie man mit dem Memento der Katastrophe vom Ende der zwanziger Jahre eine weitere Wirtschaftskrise, ein zu starkes Öffnen der sozialen Schere würde verhindern können. Die Suche nach einem eigenen Weg endete nicht durch ihre Unfähigkeit, sondern im Jahre 1947 durch Stalins striktes Verbot, den Marshallplan anzunehmen. Es ist sinnlos, darüber zu streiten, was hätte geschehen können, wenn nicht geschehen wäre, was nicht mehr ungeschehen gemacht werden kann. Es ist sogar äußerst wahrscheinlich, dass bei seinem Charakter und seiner Erziehung gerade Alexander Dubček, über seinen eigenen Mut erschrocken, aus einem unwillkürlichen Motor zu einer hartnäckigen Bremse geworden wäre, auch ohne die Bruderarmeen. Doch wenn in der Geschichte über Sieg oder Niederlage so oft eine zufällige Konstellation der Kräfte und vielleicht auch der Sterne entschied, hätte der Reformversuch 1968 mit Unterstützung des gewerkschaftlich revoltierenden Polen zu einer ähnlichen Kettenreaktion führen können wie das ungarische Loch im Eisernen Vorhang im Jahre 1989.

Viele westliche Ökonomen und Politiker werden noch lange Zeit nach der Invasion der Armeen des Warschauer Paktes bedauern, dass diese auch das verheißungsvolle Wirken des wissenschaftlichen Teams unter Ota Šik, das für kurze Zeit direkt in die Regierung Einzug hielt, gewaltsam beendete. Es ist bezeichnend, dass die späteren herausragenden Männer aus dem Prognostischen Institut an der Schwelle der neuen Ära ostentativ nicht eine Prise Interesse an den Gedanken von Professor Šik und weiteren Reformökonomen zeigen. Selbst der Gedanke an einen Dritten Weg wird für Václav Klaus ein Tabu sein.

Von der heißen Phase des Prager Frühlings bis zum bitteren Ende erfährt ein besonders neugieriger Leser detailliert im *Tagebuch eines Konterrevolutionärs*, das noch im Winter 1968/69 als vielleicht letztes Wort eines ›Aufständischen‹ entstand, der zusammen mit weiteren Mitstreitern kein Pardon, sondern eher die Vernichtung erwartete. Hier also nur zusammengefasst: Diejenigen Kommunisten, die während des Krieges und kurz danach zu solchen geworden waren, von der Vorstellung einer gerechteren Ordnung fasziniert, und die dann zuließen, dass sie ins Gegenteil verkehrt wurde, begaben sich – statt auf das Urteil der Geschichte zu warten, die zumeist post mortem kommt – auf den Weg der aktiven Buße und gingen auch nach der Niederlage nicht davon ab. Es ist verständlich, dass die Intellektuellen der Husák'schen Ära, die beispielsweise die Unterzeichnung der ›Anticharta‹ lediglich als Belanglosigkeit und eine Zusammenarbeit mit der Staatssicherheit in der Zeit der ›Normalisierung‹ als Kavaliersdelikt betrachten, vor den Tausenden, in der Regel unbekannten Mitgliedern der KPTsch, die nach 1968 trotz persönlichem Risiko lieber den Verlust einer anständigen Existenz als einen unanständigen Verlust der Ehre in Kauf nahmen, keine gentlemanlike Verbeugung vollführen. Aber es ist traurig, dass dies bis heute auch die Historiografen nicht getan haben!

Der zweite Einzug derselben Panzer, die im Mai 1945 die Tschechoslowakei befreit hatten, um sie im August 1968 zu okkupieren, verkehrte das Schicksal des Dramatikers ins Gegenteil. Der kurz vorher mit dem letzten legendären Angehörigen der deutschen Theateravantgarde, Karl-Heinz Stroux, unterzeichnete Vertrag sollte ihn für vier Jahre als Autor und Regisseur mit dem Schauspielhaus in Düsseldorf verbinden. Auch seine Weggefährtin, die erfolgreich ihr Debüt beim *Schwejk* in Hamburg gegeben hatte, sollte als Dramaturgie- und Regieassistentin ein Engagement erhalten. Die Ereignisse im August trafen das Paar auf ihrem ursprünglich als Hochzeitsreise geplanten Ausflug. Der Bräutigam wollte sich nicht zum dritten Mal in der Tschechoslowakei wiederholen, und so hatte er die Zeremonie – ein weiteres Wunder der Lockerung! – im österreichischen Salzburg organisiert, über den Freund Valtr Taub, der dort den Caliban in Shakespeares *Sturm* spielte. Die amtlichen Papiere trafen nicht rechtzeitig aus Wien ein, und so machte das Paar in der Zwischenzeit einen Abstecher ans Meer. Ab dem fürchterlichen Mittwoch, dem 21. August, konnten die beiden dann weder ans Meer noch an die Hochzeit einen Gedanken verschwenden.

Nach einer Zwischenstation in der Schweiz, wo ihnen Friedrich Dürrenmatt und Max Frisch zum Asyl verhelfen wollten, und nach einer Se-

EIN KURZER FRÜHLING VOR EINEM LANGEN WINTER

rie großer Protestmeetings in Deutschland, wo ihnen ebendies von
Heinrich Böll und Günter Grass angeboten wurde, traten sie zwar am
1. September ihr Engagement in Düsseldorf an, doch nur, um gleich wieder zu kündigen. Intendant Stroux wurde zuerst wütend, weil die Verstärkung schon einen Monat später in Gogols *Heirat* Regie führen sollte,
wieder mit Valtr Taub in der Hauptrolle. Als er die Tschechen am Abend
in seine Wohnung vorlud, eröffnete er ihnen jedoch den Hauptgrund
für seine Verärgerung. In einem mehrstündigen Monolog schilderte er
die Geschichte seines einstigen Weges zum Stern des Kommunismus,
die zu einem Kreuzweg wurde, gesäumt von zahllosen zu Tode Gemarterten.

Am meisten warf er sich vor, dass er und ihm Ähnliche eine weitere
Generation Bewunderer der Sowjetunion irregeleitet hatten, als sie die
kritischen Stimmen gegenüber den Vorkriegsprozessen anzweifelten
und später auch die eigenen wachsenden Zweifel für sich behielten, das
alles in der Angst, diese würden die Hoffnung gefährden, die ihr gesamtes Leben inspiriert hatte. Und seinen Glauben, sagte er bewegt, habe
eben die tschechische Chance rehabilitiert, wie sie der Welt zuerst die
neue Film- und Theaterwelle verkündet und dann in vollem Glanz
der Verlauf des Reformfrühlings dargestellt habe. Doch nun, sagte er, sei
alles zu Ende! Sich an die junge Tschechin wendend, die er seit der ersten
Begegnung gern mochte, legte er seine legendäre Barschheit ab, sagte
eine weitere Serie von Schauprozessen, neue Lager und dann auch weitere Kugeln in das Genick voraus, das kleine Land, besetzt von sechshunderttausend Soldaten, erinnerte ihn an das tragische Ende der balti-
schen Staaten. »Sie haben nicht das Recht!«, schwor er nachdringlich
seine Gäste ein, »Freiheit, Talente, Leben zu riskieren, bleiben Sie und
arbeiten Sie bei uns, hier tun Sie für alles, woran Sie glauben, auch für
alle, die Sie gern haben, viel, viel mehr als dort!«

Diese suggestive, spontane, direkt aus der Seele sprudelnde Rede, begleitet von dem Angebot, ihnen den Vertrag bis zum Ende seiner Inten-
dantur zu verlängern, ergriff sie. Im Taxi war keiner von beiden auch
nur eines Wortes mächtig. Direkt gegenüber dem kleinen Hotel war
noch irgendein Lokal beleuchtet, da mussten sie alles hinunterspülen.
Der Name »Sabra« sagte ihnen nichts, erst drinnen verstanden sie, dass

sie in einem jüdischen Restaurant waren, wo jeden Abend eine der hiesigen Diasporagemeinden zusammenkam. Gerade waren dies ehemalige Landsleute. Einer der Anwesenden erinnerte sich, den Dramatiker vor kurzem im deutschen Fernsehen gesehen zu haben, und ein weiterer, dass dieser auf dem Schriftstellerkongress des Vorjahres den kürzlich angegriffenen Staat Israel verteidigt hatte. Das gesamte Gasthaus setzte sich daraufhin zu einer angeregten Debatte zusammen, und diese wurde dann – wie hätte es auch anders sein können? – zu einer Trauerfeier für den tschechoslowakischen Frühling der Hoffnungen. Diejenigen, die aus der Heimat ins Land der eigenen Mörder emigriert waren, wo sie sich nun paradoxerweise sicherer fühlten als unter den Kommunisten, honorierten gerade jene aktive Buße der unwillkürlich Mitschuldigen.

Eine Weile später begriff das Paar: Auch wenn gerade diese Leute mit dem Instinkt der ewig Gefährdeten am besten verstanden, welche Gefahr eine Rückkehr nach Hause in sich barg, so wäre es niemandem von ihnen eingefallen, dass gerade sie beide hierbleiben würden! Und beide fühlten auch selbst nur allzu gut, dass dies dem bekannten feigen Kinderstreich ähneln würde – klingeln und abhauen. Als sie am anderen Tag im Intendantenzimmer damit argumentierten, zog Karl-Heinz Stroux nur noch resigniert eine Flasche Cognac hervor.

31. KAPITEL

Die Vögel kehren in den Käfig zurück

Zu tiefsten Vorwendezeiten wird im Garten von Sázava der Kanarienvogel Valtrr dem nicht sorgfältig genug verschlossenen Käfig entrinnen; vorher hatte er in der Halle ohne Angst sich selbst auf den Köpfen der Dackel das Gefieder reinigen dürfen, denn durch seinen heiseren Bass hatte er als besonders strenges Herrchen bei ihnen Respekt erlangt. Bei seiner Flucht wird er bis auf den Apfelbaum fliegen, sich hoch oben außerhalb der Reichweite von Leitern hinsetzen und die Welt aus der freien Vogelperspektive betrachten. Die Menschen unter ihm werden erstar-

ren, zu suggestiv sind die tradierten Behauptungen, fremdländisch gefärbte gefiederte Gesellen würden hierzulande mit Vorliebe von einheimischen Vögeln zu Tode gehackt, die darin vielen Landsleuten ähneln.
Auf dem freien Zweig des Theaters in Düsseldorf saß der Dramatiker damals ähnlich wie später Valtrr. Diesen wird schließlich ein Glöckchen in
den Käfig zurückrufen, das er immer so geliebt hatte, dass er ihm im
Zimmer immer hinterherflog und sich auf die Köpfe von Freunden
setzte, wo er dann wie ein Schmuckstück fotografiert wurde. Warum
kehrten sie beide in den Käfig zurück? Welches Glöckchen lockte sie?

Der Mittvierziger, innerhalb der wenigen Monate des Jahres 1968 um
ein paar Jahre gealtert, war seiner Naivität schon entwachsen. Wie aus
der Düsseldorfer Entscheidung zu sehen ist, kehrte er nicht aus der Illusion eines blinden Glaubens heraus zurück, sondern um seiner selbst
willen. Alles, was er bisher begriffen hatte, konnte er nun entweder
durch Emigration oder Kollaboration wegwerfen oder sichtbar machen:
dadurch, dass er zurückkehrte und trotzdem nicht aufgibt. Keinesfalls
aber kehrte er als Dummkopf zurück, sicherheitshalber rechnete er sogar mit den Folgen, die Karl-Heinz Stroux an die Wand gemalt hatte,
deshalb war er eigentlich eher angenehm überrascht. Nach der völligen
Kapitulation der tschechoslowakischen Führung in Moskau, deren Feigheit und Überflüssigkeit der am meisten gefährdete František Kriegl bestätigt hat, der sich wie ein jüdischer Johannes Hus verhielt und nicht
widerrief, war es wohl auch den größten Optimisten klar, dass sich die
Kommunistische Partei als Trägerin der Reform endgültig diskreditiert
hatte.

Er kehrte jedoch nicht zurück, um sich dann sinnlos einsperren zu
lassen! Zur grundlegenden Methode wurde ihm deshalb die legalistische
Tätigkeit – und dasselbe Prinzip eigneten sich dann auch Nichtkommunisten wie Jan Patočka oder Václav Havel an. Für die sogenannten Reformkommunisten bedeutete dies, kurzfristig die Partei zu einem weiteren politischen Ringen zu nutzen, solange der Verbleib nicht durch
Selbstbefleckung bedingt werde. Die Millionen Bürger, die so großartig
den Angriff der Bruderarmeen aufgehalten hatten, bis diese in Diskus-
sionsgruppen steckenblieben, waren der neuen und unsicheren Macht
immer noch gefährlich; es war zumindest einen Versuch wert, ihren

Trotz zu schüren. Die Mitgliedschaft in der Partei, wo viele Schlüsselpositionen immer noch von Reformern gehalten wurden, ermöglichte es dem Dramatiker, auch weiterhin Texte zu publizieren, aus denen er auch nachträglich nicht einmal andeutungsweise so etwas wie Kapitulation herauslesen kann. Im Gegenteil: Seine Parteiorganisation verabschiedete einen entschiedenen Protest gegen das ›Gummiknüppelgesetz‹ und dann noch schärfer gegen seine Anwendung am 21. August 1969, als die Rolle der Schläger in schändlicher Weise von der eigenen Polizei und Armee übernommen wurde. Als zwanzig Jahre später die Frage behandelt werden wird, ob der unbekannte Dissident Václav Havel oder die Legende des ›Prager Frühlings‹ Alexander Dubček Präsident des befreiten Landes werden soll, wird der Dramatiker unverbrüchlich an Havels Seite stehen. Durch dieses Gesetz hatte für ihn Dubček seinen Anspruch verwirkt. Danach übernahm dieser sogar das für ihn schmachvolle Amt des Botschafters in der Türkei und krönte dies später noch mit seiner Antwort auf die Aufforderung, die Charta 77 zu unterschreiben – er drücke die Daumen, doch er wolle sich alle Optionen für die Zukunft offenhalten. Damit begrub er sie erneut.

Die nur ein paar Wochen später aus den Lautsprechern ertönende Stimme in der größten Halle der Frankfurter Buchmesse, die wie ein moderner Erzengel die Vertreibung des Dramatikers aus dem Schoße der Vorhut aller Werktätigen verkündete, also seinen Ausschluss aus der Kommunistischen Partei der Tschechoslowakei, befreite ihn. Seine erste Tat in der Opposition war trotz allem ein formaler Widerspruch dagegen, wie das Stadtkomitee mit diesem Verdikt die Satzung mit Füßen getreten hatte. Nach der Einschreibeeingabe folgten Einschreibeurgenzen, genauso wie später schrittweise in Sachen Ausschluss aus dem Schriftstellerverband, Ausreise- und Arbeitsverbote, Regresse durch die staatliche Agentur und das Finanzministerium, Entzug des Offiziersgrades – manchmal kam er sich vor wie ein aufgeblasener Prozesshansel vom Dorfe.

Damit hingen auch seine letzten Besuche im Schriftstellerklub zusammen, wohin er, wenn ihn auf Befehl von oben die Kellner nicht mehr bedienten, sein eigenes Brot, Würste und Bier mitnahm. Es kamen Momente, in denen er sich nicht mehr nur für seine Kollegen – die an diesem Bann, aber schon bald an seiner Aufdringlichkeit Anstoß nahmen, die ihnen den Appetit verdarb –, sondern auch für sich selbst schämte. »Warum tut er das?«, fragte ihn auch seine Liebste. Es war eine Art Trance, in der er wieder einmal auf Cyranos Art versuchte, den Hochverrätern und Kleingläubigen zu beweisen, dass es ihn, und bei weitem nicht nur ihn, gab, da, hier, an dieser Stelle!, und dass eine Lüge deshalb nie zur Wahrheit werden könne.

Die Position war klar, jetzt würde man sie verteidigen müssen. Dabei spielte gerade die legalistische Tätigkeit eine entscheidende Rolle. Breschnews Führung im Kreml wollte die begonnene Brautschau mit dem Westen fortführen, und die Niederschlagung der tschechischen Rebellion im August erschien ihr als höchstes notwendiges Maß an Gewalt. Archive zeigen, dass sie sogar die tschechoslowakischen Kremlanhänger bändigte, damit diese nicht durch zu offensichtliche Ungesetzlichkeiten die sowjetischen Pläne zerstörten. Er wählte also ganz instinktiv die günstigste Methode des Widerstandes. Von seinem Anwalt – nach 1989 wird er verdientermaßen Sekretär der Anwaltskammer! –, der ihn nicht verließ, auch nachdem er Prozess um Prozess schon im Vorfeld verlor, lieh er sich alles aus, was das Urheberrecht und das Devisengesetz betraf. Die ›lex Kohout‹, wie man die geheime Verordnung bezeichnete, die alle verbotenen Autoren um neunzig Prozent ihres Honorars bringen sollte, außer Kraft zu setzen war fast primitiv einfach: Man nutzte die legalen Möglichkeiten eines anonymen Devisentauschs in amtlichen Wechselstuben und schickte die Belege ans Ministerium zum Beweis, dass man sie getreu dem Gesetz an den Staat abgeliefert hatte. Diese Anonymität aufzuheben hätte die Staatskasse Millionen an Valuta gekostet, die die Werktätigen von ihren Arbeitsaufenthalten mitbrachten oder von Verwandten bekamen, und es barg das Risiko des Volkszorns, den Partei und Regierung nicht noch einmal entfachen wollten.

Sympathisanten aus dem Finanzministerium werden dem Amateurrivalen im Jahre 1990 einen Stoß Expertisen und Mitschriften von Beratungen vorlegen, auf denen man jahrelang nach Lösungen gesucht hatte. Dies wird ein Zeugnis sein für die wütende Ohnmacht, nachdem die Helsinki-Konferenz die totalitären Regime ihrer klassischen Folterinstrumente beraubt hatte. Und auch ein Zeugnis dafür, wie anders sich das Prager Regime verhalten hätte, wenn sich seine populären Künstler, Sportler und andere Prominente in ähnlicher Form gegen derartige Schikanen gewehrt und sich nicht auf eine schändliche Kollaboration eingelassen hätten. Husáks mafiaartiges System setzte sich schnell durch, weil Größen wie Karel Gott es gegen manche Vorteile weitaus länger als notwendig am Leben erhalten hatten.

Es ist angebracht, leider oft in memoriam, an die Mutigen zu erinnern, die ihren eigenen Abschuss riskierten, indem sie den Betroffenen sehr geholfen haben, als sie viele im letzten Moment mit ordnungsgemäßen Verträgen ausstatteten; auf diese beriefen sich dann die Inhaber immer wieder unter dem Schirm internationaler Vereinbarungen, die ihre Kriminalisierung unmöglich machten. Kurz bevor der Dramatiker aus der DILIA, der einzigen Agentur, welche die Rechte von Theatermachern und Literaten vertreten durfte, verdrängt wurde, unternahm der damalige Direktor Kalaš für ihn eine rettende Tat. Er unterzeichnete und legalisierte damit eine siebzehnzeilige Vereinbarung – ähnliche Dokumente haben normalerweise Dutzende von Seiten! –, auf deren Grundlage die Weltrechte des Herrn Pavel Kohout auf zwei westliche Verleger übergingen: die dramatischen an Eric Spiess in Kassel, die Prosarechte an Jürgen Braunschweiger in Luzern. Josef Kalaš blieb wegen ähnlicher Rettungsaktionen bis zu seinem Rausschmiss in der Partei, wodurch er vielen Familien ihre legale Existenz sicherte.

Seine käuflichen Nachfolger konnten sich anstrengen, wie sie wollten, die Gültigkeit dieser Verträge war ohne Zustimmung der Autoren nicht aufzuheben. Den Dramatiker werden diese über den gesamten Zeitraum seines ›Hausarrests‹ in Böhmen über Wasser halten. Nie wird er auch nur einem seiner westlichen Verleger vorschreiben, keine regimenahen Autoren zu vertreten, er wird jedoch seinen Anteil daran haben, dass Jürgen Braunschweiger auch die im eigenen Land verbotenen Schriftsteller Alexander Kliment, Ivan Klíma, Ludvík Vaculík und Eda Kriseová in sein Verlagsprogramm aufnimmt, ebenso wie die Exilautoren Jiří Gruša und Jaroslav Vejvoda. Die Frau des slowakischen Opernkomponisten Ján Cikker hingegen wird nicht aufhören, von Bratislava aus auf den Bärenreiter-Verlag in Kassel Druck auszuüben, dieser solle neben ihrem dem Regime gewogenen Gatten keine Dissidenten und

Emigranten führen. Dank Eric Spiess gehen die Eigentümer der Firma nicht darauf ein, auch wenn die DILIA versucht, sie durch Entzug der einträglichen Musikrechte einzuschüchtern. Ein Vierteljahrhundert später erhalten beide unbeirrbar Verbündeten völlig zu Recht aus den Händen von Präsident Václav Havel die Staatsmedaille für Verdienste um die tschechische Kultur.

Während der Dramatiker gerichtliche Streite ausfocht, versuchte seine junge Szenaristin, das Studium an der Akademie der musischen Künste abzuschließen. Ihre subtile Diplomarbeit *Das Tier als Filmheld*, die mit Kühen aus Western begann und mit Rintintin und Lassie endete, wurde problemlos angenommen, weil der Opponent keine vergleichbare Literatur finden konnte. Daneben schrieb sie fleißig. Zwei Drehbücher, die *Einfälle der heiligen Klara* und *Eine Tanz- und Liebesstunde*, die sie dem Staatsfilm anbot, riefen solche Bewunderung hervor, dass sie zur Realisierung angenommen wurden. Der guten Absicht setzte die Autorin bald selbst ein Ende durch ihre Ehe mit dem Gedankenverbrecher, der sogar im sowjetischen Weißbuch genannt ist; danach verabschiedet sich der Staatsfilm von ihr mit dem Vorwurf, wenn sie schon durch die Bruderpanzer zwei Jahre auf die Heirat gewartet habe, so hätte sie die zwei mehr auch noch warten können.

Das konnte sie nicht, denn für beide schlug eine Vorschrift Alarm, wonach politische Häftlinge zu besuchen und ihnen zu schreiben nur den nächsten Angehörigen erlaubt war. Über dem Dramatiker schwebte das Schwert der Husák'schen Justiz so deutlich, dass sie zusammen eine in viel Kleinarbeit entstandene Chiffresprache erlernen, mit deren Hilfe es möglich war, jede wichtige Mitteilung in einen unschuldigen Brief hineinzuschleusen. Sie trainieren täglich und verbrennen die Tests konsequent im Kamin – bis zu ihrer Ausweisung aus der Heimat.

Gestärkt von Verträgen, die die Blockade durchbrachen, und auch durch den Trotz, der bei ihm immer wie der Dampf in einer Lokomotive funktionierte, begann der zwangsweise geparkte Reiseonkel aus Mangel an anderen verbotenen Tätigkeiten endlich in Ruhe zu schreiben. Und da er in absehbarer Zeit keine Chance haben würde, seine eigenen Stücke, die er als neuzeitliche Flaschenpost nach Kassel schickte, zu begleiten, wenn sie auf der Bühne entstanden, und deren Schicksal er nur in Kritiken verfolgen durfte, richtete er alle Hoffnungen auf die Prosa. Dazu wäre er wohl bei einem normalen Lauf der Dinge nie gelangt, nun wurde sie zu einem Ausweg aus der Not. Das erste Werk, eine Anspielung auf die propagandistischen Anklagen der Sowjetunion und der DDR, sarkastisch mit *Aus dem Tagebuch eines Konterrevolutionärs* übertitelt, erschien nach der ein halbes Jahr andauernden Tag- und Nachttätigkeit von Autor und Übersetzern bereits im Juni 1969 in Luzern, gleichzeitig in deutscher, englischer und französischer Sprache; mit kurzer Verspätung dann auch in weiteren europäischen Sprachen. Tschechisch wird das Buch in Prag erst lange dreißig Jahre später erscheinen ...

Das erste Prosawerk eröffnete dem Autor ungeahnte Horizonte. Zwanzig Jahre gefesselt vom uralten Gesetz des Theaters, alles in den Grenzen einer erträglichen Länge der Vorstellung nur durch Dialoge und Situationen wiederzugeben, konnte er nun plötzlich auch die innere Welt der Figuren schildern, sich frei in Raum und Zeit bewegen und sogar selbst als Kommentator in die Handlung eingreifen. Theater und Film halfen ihm wiederum, Dynamik und den scharfen Schnitt in die Prosa einfließen zu lassen, woraus sich im *Tagebuch* drei einander abwechselnde Erzählebenen ergaben. Die Meisterung ästhetischer Barrieren erleichterte die heilige Einfalt jedes Anfängers, der nicht weiß, was man nicht darf, und der deshalb grenzenlos alles nutzt, was sich ein von der Kritik gebeutelter Autor nicht mehr erlauben würde. Übrigens bestand das primäre Bedürfnis, das den Neuling vorantrieb, darin, Zeugnis abzulegen, solange Zeit war.

Dem erwachsenen Autor scheint es, dass er seine Vergangenheit hier und da ausreichend analysiert hatte. Er suchte dafür keine Ausreden, er erklärte sie nur insbesondere jungen Lesern im entsprechenden zeitlichen Kontext, auch als Warnung vor falsch gestellten Weichen, die ihnen vielleicht ihre Zeit nachstellen würde. Sein Lebenslauf erinnert ihn an den Strich eines Seismographen, der, von einer tektonischen Störung erschüttert, stark von seiner Achse abweicht, um danach wieder zu ihr zurückzukehren und sie ohne weitere Erschütterungen bis zu jenen Zielen weiterzuverfolgen, die ihm schon während des Krieges leuchteten: der Freiheit des Geistes und – er bekennt es offen wieder – zu einer solchen Ordnung, wo der Mensch kein Sklave mehr ist … heute allerdings weiß er, nicht nur des Kapitals, sondern auch eines Ideals!

Das Faktum Sterblichkeit und Vergänglichkeit, das ihn einst so verschreckt hatte, wird ihn später in schwierigen Situationen daran erinnern, dass die Stärke des menschlichen Wesens gerade im ständigen Bemühen besteht, den Sinn einer sonst unverständlichen Existenz zu bekräftigen. Er selbst sieht ihn darin, dass er nicht aufgehört hat, die jugendlichen Ziele aus der Verschüttung, die er mitverschuldet hatte, wieder auszugraben und zu bewahren, solange die Sorge um sie nicht die von den Toten auferstandene Demokratie übernehmen wird.

32. KAPITEL

Dazwischen

Das Wörtchen ›dazwischen‹, im Englischen ›between‹, charakterisiert die Zeitspanne, die dem Dramatiker ab dem Eindringen der Okkupantenpanzer im August 1968 bis zum Entzug des Reisepasses im November 1969 blieb, als er zur Präsentation von *Tschekkiläinen Päiväkirja*, der finnischen Übersetzung des *Tagebuchs*, nach Helsinki reisen sollte. Ungefähr fünfzehn Monate dauerte das Provisorium, in dem die sowjetischen Führer recht verwirrt testeten, was sie sich in dem paralysierten Land gegenüber seiner Einwohnerschaft und der Welt erlauben durften, ehe beide folgenden tschechoslowakischen politischen Führungen, die von Dubček und die von Husák, sie darin bestärkten, dass sie sich eigentlich alles herausnehmen konnten. In jener Zeit ›dazwischen‹ mussten sich zehntausende Tschechoslowaken entscheiden, ob sie in der Heimat bleiben oder sie verlassen würden, und wenn sie gingen, so hatten sie Zeit, mit ihrem Vermögen zweckgemäß zu verfahren. Diejenigen wiederum, die sich entschlossen zu bleiben, konnten die letzten Verrichtungen vornehmen, zu denen auch die erste Arbeit des Dramatikers gehörte, die kein Bühnenwerk war. Die Entstehung des *Tagebuchs* setzte eine Kausal-

kette an Ereignissen in Gang, die es in ihrer Bedeutung bei weitem über-
stiegen und ein wichtiges Kapitel in der Geschichte der tschechischen Literatur aufschlugen.

Als der Dramatiker auf der missglückten, durch die Invasion unterbrochenen Hochzeitsreise von Rom über das Schweizer Tessin, wo sich
ihm Günter Grass anschloss, nach Deutschland reiste, machten beide in
Zürich Halt, um in einer publizistischen Fernsehsendung aufzutreten.
Am Morgen vor der Abreise riefen gleich drei Schweizer Verleger an, der
Gast solle über den gerade niedergeschlagenen Prager Frühling ein Buch
schreiben. Zweien reichte die Versicherung, Prosa habe er noch nicht geschrieben und er wolle es auch nicht, der dritte, Editor-in-chief des großen privaten Verlags C. J. Bucher, ließ sich nicht abwimmeln und reiste
nach dem Gespräch aus dem nahe gelegenen Luzern an. Dafür versprach ihm der Dramatiker zumindest, in Prag aus dem Kreis seiner Bekannten einen Autor für ein solches Buch aufzutreiben. Nach seiner
Rückkehr stellte er fest, dass fast alle deutschen Verlagshäuser auf eine
ähnliche Idee gekommen waren, was er Luzern mit Bedauern wissen
ließ. In der ständig voranschreitenden Zeit ›dazwischen‹ erhielt er auch
eine Einladung nach Bern, wo die Premiere des Stücks *So eine Liebe* geplant war. Wieder wurde der Dramatiker dort von jenem Verleger aus
Luzern aufgespürt, und als er ihm Muster aus seiner Produktion bis ins
nächste, Hunderte Kilometer entfernte Hotel in Rom brachte, hatte er
nicht mehr den Mut, Nein zu sagen.

So wurde Jürgen Braunschweiger, gebürtiger Schwabe aus Stuttgart,
der ihn und nach und nach sieben weitere tschechische Schriftsteller unter seine Fittiche nahm, zum größten ausländischen Verleger tschechischer Literatur aller Zeiten, und Luzern am riesigen Vierwaldstätter See
zu ihrem größten Hafen für die nächsten zwanzig Jahre, da er von hier
aus auch die Herausgabe seiner Autoren in vielen Sprachen organisierte.
Der heimgekehrte Dramatiker lebte bereits das sechste Jahr auf dem
Prager Hradschin-Platz im Haus Nummer 1, wo neben einem Dutzend
tschechischer Mieter auch die Botschaft der Schweizer Eidgenossenschaft siedelte und die Botschafter selbst wohnten. Von der Schweiz
wusste er allerdings nicht viel mehr, als dass die Zunge ihrer Einwohner,
die angeblich Deutsch redeten, ihn kaum an die ihm vertraute Sprache

erinnerte. Der erste Besuch in Luzern noch im Herbst 1968 brachte ihm
weitaus fundiertere Erkenntnisse.

Als er einen großen runden Bau passierte, das dem Prager Panorama
mit der Bruderschlacht der Hussiten ähnelte, wurde er von einer Laut-
sprecherstimme in den Bann gezogen, welche die Anzahl der Gewehre
und Kanonen aufzählte, die von der Schweizer Armee innerhalb eines
Tages erbeutet worden waren. Er konnte sich an keine Schlacht in der
Neuzeit erinnern, die die Schweizer überhaupt geführt und schon gar so
erfolgreich gewonnen hätten. Nachdem er sich eine Eintrittskarte gekauft hatte, wurde er mit einem einzigartigen Erlebnis belohnt. Schon
immer hatte er das Prager Panoramabild als Unikat betrachtet, weil
seine Pendants in der ganzen Welt Schlachten von Siegern zeigen, während in Prag die Niederlage von Tschechen durch Tschechen zu sehen
ist. Das Rundbild von Luzern veranschaulicht eine typisch helvetische
Szene: eine Schlacht, die nie stattgefunden hat. Aufgebügelte Offiziere
der Eidgenossenschaft hoch zu Ross entwaffnen dort im Jahre 1871 an
der Schweizer Grenze eine hunderttausendköpfige französische Armee,
die von den Preußen vernichtend geschlagen worden war, und übergeben diese dem Roten Kreuz; die Franzosen gaben der Internierung in
einem neutralen Land vor der schändlichen Kapitulation den Vorzug.

Bald stellte der Besucher fest, dass sich die Jahrhunderte in Frieden
und Demokratie, die jedem Mann Infanteriewaffen in persönliche
Pflege überantwortet und in deren ältesten Kantonen noch immer unter
freiem Himmel durch Handzeichen abgestimmt wird, tief in das Denken der Einwohner eingebrannt hatte. In beispielhafter Weise erfährt er
dies durch die Frage eines seiner aufgeklärtesten Freunde, den er aus
Prag warnen wird, er solle ihm nicht unnötig Briefe schicken, da er keine
bekomme. Warum er sich nicht beim Postminister oder der Polizei be-
schwere, wird sich dieser Ur-Schweizer wundern, der sich einfach nicht
vorstellen kann, dass das Postamt selbst, auf Anordnung der Polizei, der
Dieb sein könnte. Und als dieser beste Bote von Jürgen, der Kunst-
schmied und hohe Politiker des Kantons Nidwalden Bruno Leuthold,
mit größter Verwunderung feststellt, dass seine neuen Bekannten, die
tschechischen Schriftsteller, nicht einmal eine stinknormale Armeepis-
tole zu Hause haben dürfen, schenkt er jedem von ihnen eines der be-

rühmten Schweizer Offiziersmesser, die sie als Mercedes unter den Ta-
schenmessern bezeichnen, weil man mit ihm schneiden, sägen, pieken,
bohren, schrauben, feilen, schleifen, stechen, schmieren, messen,
schneidern, mit der Lupe vergrößern, entkorken und alles Mögliche
und Unmögliche öffnen kann. Der Dramatiker tut nie mehr einen einzigen Schritt ohne dieses Wunderwerk.

Derselbe Gönner wird ihn, bereits als Amman, also Kantonspräsident, später zu einer der bekannten Abstimmungen auf der grünen
Wiese einladen, wo er ihm das Geheimnis der direkten Demokratie ent-
hüllt. Nachdem die Versammlung mehrerer hundert Bürger innerhalb
von knapp zwei Stunden Dutzende Programm- und Personalbeschlüsse
mit einem Minimum an Gegenstimmen verabschiedet hat, vertraut ihm
der Tscheche an, eine solch perfekte Abstimmungsmaschinerie kenne er
nicht einmal aus seiner kommunistischen Heimat, wo alles vorher von
den obersten Gremien der Staatspartei beschlossen werde. Bei uns, verrät ihm der Freund, wird das ein ganzes Jahr lang zu Hause und in den
Kneipen diskutiert, ehe sich dann vor dem großen Wahltag auch die
Partei- und Vereinsvorsitzenden untereinander einigen; dagegen stimmen dann nur notorische Querulanten!

Die Schweiz erwies sich bald als Land überwiegend nicht musisch ver-
anlagter, unzugänglicher Menschen, die jedoch, wenn sie jemandem
schon ihr Vertrauen und ihre Freundschaft schenkten, bereit waren, für
ihn alles zu tun, was in ihrer Macht stand. Es war eine ephemere Idee,
die irgendwann in einer vom Wein berauschten Diskussion über das
mutmaßliche Schicksal derjenigen geboren wurde, die nach Hause zurückkehren wollten: dass die Partnerin des Dramatikers, wenn sie nun
schon durch das Verschulden der Warschauer-Pakt-Armeen nicht hatte
heiraten können, zum Schein einen Luzerner Zahnarzt ehelichen
könne, bei dem Jürgens Frau Lisa als Assistentin arbeitete, um so die
Schweizer Staatsangehörigkeit zu erlangen und zu einem idealen Ver-
bindungselement zwischen dem Verleger draußen und den Autoren in
Prag zu werden. Doktor Joschy Achermann nahm den Vorschlag so
ernst, dass er sofort in Erfahrung brachte, was aus behördlicher Sicht zur
Umsetzung dieses Unterfangens notwendig war; er setzte auch einen
Entwurf für ein Gentlemen's Agreement auf, das dem Mädchen Unbe-

flecktheit garantierte, ob sie es wollte oder nicht. Und die Art und Weise, auf die sich später, als der Dramatiker und seine Frau einen einjährigen legalen Aufenthalt im Ausland riskierten, der Luzerner Stadt- und Kantonspräsident Hans Ruedi Mayer entschloss, ihnen die Rückkehr in die Heimat zu ermöglichen, entzieht sich jeglicher Vorstellungskraft: Wie noch detaillierter beschrieben wird, lässt er ihretwegen sogar ein Grab öffnen.

Summa summarum musste sich der Dramatiker fast bei jedem Treffen mit Schweizern die Frage stellen, wer ist hier eigentlich normal? Die Bürger eines Landes, die über Generationen hinweg am eigenen Leib keinen Krieg erfahren und sich eine gewisse Urunschuld bewahrt hatten, oder die Angehörigen von Völkern, die beide Formen von Verderb, den physischen und den psychischen, durch häufige Wiederholung von Katastrophen einfach in den Genen tragen und einen Abwehrinstinkt dagegen ausgebildet haben? Sicher ist, dass denen mit Erfahrung ihr Instinkt nie besonders geholfen hat, während es die Schweizer bei aller Naivität vermocht hatten, durch andere Eigenschaften, vor allem ihren felsenfesten Stolz und ihre Härte, selbst in Hitler das Gefühl hervorzurufen, dass er sich am Schweizer Käse die Zähne ausbeißen würde.

Diese Kompromisslosigkeit zeigte auch ein erstes Zusammentreffen mit der dortigen Polizei, das für alle weiteren steht. Im Luzern der sechziger Jahre herrschte noch in allen Lokalen mitternächtliche Polizeistunde. Die tschechische Gesellschaft, unter denen mit ihren Frauen auch der Maler Pravoslav Sovák und der Bildhauer Pavel Krbálek vertreten waren, die sich schon fest entschlossen hatten, hier im Exil zu bleiben, und sich gerade deshalb vom Dramatiker und seiner Fast-Ehefrau verabschiedeten, fragte ein paar Minuten vor zwölf den Wirt, ob er ihnen noch etwas einschenken würde. Er tat dies sofort, leider ohne Vorwarnung. Als wenig später eine zweiköpfige Polizeistreife in Lederoveralls die Kneipe betrat, fragten die Tschechen eher pro forma, ob sie leicht überziehen dürften, um noch austrinken zu können – ein Wunsch, den man in tschechischen Landen nicht auszusprechen braucht, wenn man noch bedient worden war. Mit der unnachahmlich singenden Intonation der deutschen Schweizer meinte einer der Polizisten höflich: »Das können Sie, aber dann kostet Sie das an Strafe mehr als der ganze

Abend.« Sofort standen sie auf der Straße, nachdem sie allerdings auf ex ausgetrunken hatten. Typisch ist auch ein Erlebnis der Frau des berühmten Regisseurs Leopold Lindtberg, deren Auto von der Polizei wegen Überschreitung der Höchstgeschwindigkeit angehalten wurde, als sie einem Krankenwagen mit Sirene hinterherfuhr. Als sie sagte, im Krankenwagen liege ihr Mann im Sterben, entgegnete man ihr, während man weiter den Strafzettel ausfüllte: »Aber Sie doch nicht?«

Die für die Tschechen wichtigste Persönlichkeit dieser Jahre in der Schweiz war Alice Bucher, die Inhaberin des bereits erwähnten Familienverlags und somit auch die Oberkommandantin von Jürgen Braunschweiger. Sie erinnerte an die eiserne Lady aus Dürrenmatts Drama *Der Besuch der alten Dame*, kombiniert mit der weiblichen Ausgabe des Brecht'schen Herrn Puntila, der seinen Diener Matti abwechselnd auf die Straße wirft oder ihn mit seiner Tochter vermählt. Das Mädchen, durch die Ehe zu Millionen gekommen und mittlerweile verwitwet, wurde im Alter offensichtlich von Anfällen der Liebenswürdigkeit heimgesucht, die sie bald durch Strenge kompensierte, um sie dann aufs Neue umzukehren. Unvergesslich bleibt eine Episode aus dem Jahre 1969, als der Dramatiker, immer noch Besitzer eines tschechoslowakischen Reisepasses, in Luzern die dreisprachige Ausgabe des *Tagebuchs* vorbereitete. Er, der Künstler der begleitenden Originalgraphiken Sovák und ihre Partnerinnen waren in einem Hotel der mittleren Kategorie, dem Luzernerhof, untergebracht.

Das bescheidene Zimmer, wo er mit Übersetzer und Wörterbuch vom Morgen bis in die Nacht hinein um jeden Ausdruck rang, während seine – immer noch nur – Freundin auf dem gemachten Bett die Konzepte ihrer Diplomarbeit für die Filmakademie ausgebreitet hatte, betrat ohne Vorankündigung Madame Bucher persönlich, um, wie sie sagte, die Lebensbedingungen ihrer neuen Autoren zu kontrollieren, von denen der eine bereits Emigrant war und der andere in die Höhle des Löwen zurückkehren wollte. »Wie können Sie«, warf sie dem begleitenden Verlagschef vor, »solche Geister in einem solch gedrängten Raum arbeiten lassen?« Es war dann auch leicht, beide Tschechinnen zu überzeugen, augenblicklich ihre Siebensachen zu packen, damit sie beide Paare in ihrer eigenen Limousine ins Grandhotel Montana bringen lassen konnte, das über der Stadt thront. Die Einladung erschloss dem Quartett selbstverständlich auch die exklusiven Speise- und Getränkekarten. Genau vierzehn Tage später stürmte sie zu Jürgen ins Büro und rief, wie es denn sein könne, dass man an irgendeinem Buch in einem Luxusetablissement arbeite? Die Vertreibung aus dem Paradies erfolgte gleich im Anschluss mit zwei Taxis, es ging in den Luzernerhof zurück.

Auch eine Geschichte vom Herbst desselben Jahres hat sich eingeprägt, als der Dramatiker das letzte Mal vor der langen Pause im Westen weilte. Das Paar hatte gerade bei den Sováks Unterkunft bezogen, als diese von Alice Bucher telefonisch zum Abendessen eingeladen wurden. Nach der Erwähnung, es sei auch das zweite Paar aus Prag da, folgte eine herzliche nachträgliche Einladung. Als sich jedoch alle vier am nächsten Tag in Abendrobe und mit einem Rosenstrauß an der Villa einfanden, war die Besitzerin am Haustelefon verwundert. Etwas später öffnete ihr Lebensgefährte, ein um vieles jüngerer Pole mit einem Grafentitel, in Morgenmantel und Pantoffeln. Ähnlich angezogen war auch sie und entschuldigte sich, sie hätten bereits zu Abend gegessen, doch glücklicherweise sei noch etwas in der Speisekammer. Sie aßen also, etwas verstört, getrocknetes Bündnerfleisch und lokale Käsesorten, was sie aber mit französischen Weinen älterer Jahrgänge hinunterspülten. Madame blühte im Laufe des Abends so auf, dass sie ihnen allen das Du anbot. Dieses besiegelte sie mit dem Dramatiker und dem Maler immer wieder mit den schmatzenden Schweizer Küssen à trois, dass ihre Frauen und der Graf bleich wurden.

Die Pointe des Abends aber kam am anderen Morgen, als die Nachbarin der Sováks anrief, um mit einer sehr sauertöpfischen Miene zu fragen, was ihnen denn zugestoßen sei, dass sie ohne Entschuldigung ihrem reich gedeckten Tisch ferngeblieben und auch nicht zu Hause gewesen seien. Da ging den Sováks ein Licht auf, dass auch sie – Alice Bucher hieß. In diesem Lichte erschien das Verhalten der alten Dame bewundernswert. Das Duzen und die herzliche Beziehung blieben für die Tschechen bestehen und hatten sogar noch ein ähnlich imponierendes Nachspiel.

Als Madame einige Zeit später von Jürgen Braunschweiger erfährt, dass der Dramatiker und seine Frau ihre Heimat nicht mehr verlassen dürfen, fährt sie zu ihnen nach Prag, um ihnen Mut zu machen. Leider einen Tag früher als angekündigt, und so sind sie noch in ihrem Haus an der Sázava. Der als Chauffeur fungierende Graf hatte sich keine Karte gekauft, und so verbrachte das Paar eine Stunde mit der vergeblichen Suche nach dem Hradschin-Platz. Das totalitäre Prag war nach Einbruch der Dämmerung wie ausgestorben, nirgendwo eine Menschenseele, bis ein Autokran nahte. Der Fahrer Karel Štich hält von allein an, als er das legendäre Gefährt erblickt, das er vorher nur von Bildern kannte: das neueste Modell einer großen weißen Rolls-Royce-Limousine. Er ist noch verblüffter, als er auf dem Zettel, den man ihm zeigt, die Adresse des Hauses, in dem er selbst wohnt, und den Namen seiner Nachbarn liest. Nachdem er die Herrschaften hingeführt hat und feststellt, dass die Gesuchten nicht daheim sind, fragt er unter Zuhilfenahme der Hände, ob er die Fremden in ein entsprechendes Hotel bringen oder provisorisch bei sich unterbringen soll, wo er doch gerade Strohwitwer sei. Der Graf zeigt an der ersten Variante Interesse, doch sie entscheidet sich für die zweite. Ihr Gefährte schläft mit dem Tschechen im Ehebett, während für die Multimillionärin eine primitive Liege in der Küche bleibt. Als der Dramatiker am Morgen zurückkehrt, begrüßt ihn eine filmreife Szene: Vor dem Salm-Palais beobachtet ein Häufchen Gaffer den Grafen, wo er im eleganten Sakko die Karosserie seines Prachtwagens poliert, so wie es der Hersteller jedem Fahrer vorschreibt.

Am Ende des anstrengenden Tages, nachdem die alte Dame in schneller Abfolge viele Sehenswürdigkeiten der Stadt einschließlich der Sammlung gotischer Kunst gesehen hatte, bemerkt der Graf, es sei an der Zeit, zumindest für diesen Tag ein Hotel zu besorgen. »Warum?«, wundert sich Madame, »ich schlafe auf dem Kanapee bei den Kohouts, mit dir wird doch der Herr Stých sein Bett teilen!« Am nächsten Morgen äußert sie vor der Abreise ihren Wunsch, einen Prager Markt zu besuchen. Die Gastgeber werden sich auf Schritt und Tritt für das spärliche Angebot an nicht gesäubertem Wurzelgemüse schämen, als sie aufjauchzt, weil sie Dill erspäht. Um jeden Preis will sie ihn kaufen, um sich daraus in der Schweiz zum Andenken eine Sauce zum Lachs zu kochen. Diesmal aber bricht der Graf ihren Willen mit der dringenden Erinnerung, dass sie auf dem Heimweg noch einmal in Wien übernachten. Sie

nickt und schickt ihn mit der Frau des Dramatikers vor, da sie noch einmal geschäftlich allein mit dem Dramatiker sprechen wolle. Dem versucht sie gleich fünf Franken aufzudrängen und verlangt von ihm wie
ein Kind, er solle ihr den Dill heimlich kaufen, weil der deutlich billiger
sei als in der Schweiz. Er schlägt das Geld aus, erfüllt jedoch die Bitte und
bildet auch eine Blickmauer, damit sie Bund für Bund hinter dem
Gummi des Ärmels ihres Nerzpelzes verschwinden lassen konnte. Madame bekennt später vor Jürgen, sie habe den Schmuggel so lange vergessen, bis ihr der Ober im Frack ehrfürchtig in der Halle des weltbe-
kannten Hotels Sacher den Pelz abgenommen habe und der
vertrocknete Dill wie Asche auf den Teppich gerieselt sei. Bei dieser
Schilderung soll sie lausbübisch gekichert haben.

Der Prager Preuße, wie man ihn seiner Pünktlichkeit wegen bezeichnete, blieb dem Schweizer Schwaben, der aus ihm einen Prosaschriftsteller machte und seine tschechischen Autoren nicht aufgab, auch als diese
der Welt eher zur Last fielen, bis zu dessen plötzlichem Tod im Jahre
2004 treu; der viel jüngere Jürgen Braunschweiger wird eben eines der
reizendsten Bücher taufen, die er je herausgegeben hat, als ohne Vorwarnung seine Lebensuhr stehenbleibt. Damals jedoch, im Herbst 1969,
als diese fruchtbare Zeit ›dazwischen‹, eine Zeit des Aufatmens, endete,
hatte ihr Bündnis gerade begonnen. Beide erwartete zusammen eine
moderne europäische Odyssee – eine mehrjährige Seefahrt ›zwischen‹
der Scylla des Ersehnten und der Charybdis des Möglichen.

An Bord dieses bedrohten Schiffs kam zwei Jahre später nach der
missglückten Landung in Salzburg erneut in ernster Absicht die junge
Frau mit Namen Zet. Über die verspätete dritte Hochzeitsreise hat ihr
erster Mann eine genaue Beschreibung abgeliefert.

Wir heirateten zu Silvester 1970 in Karlsbad. Zet bestellte das Aufgebot auf
ihren Mädchennamen. Kurz zuvor war eine Anzeige aus Prag eingetroffen,
wer der glückliche Bräutigam sei, und wahrscheinlich würde Alexander
Dubček als Trauzeuge erscheinen. In der Stadt dröhnte gerade die Norma-
lisierung à la Husák. Den dortigen Propagandisten zufolge hatten drei Kur-
gäste 1968 die Pest der Konterrevolution eingeschleppt: der Journalist Kyncl
und die Schriftsteller Procházka und Kohout.

Die Genehmigung zur Hochzeit war bereits erteilt, und es waren zumindest schon Maßnahmen getroffen worden, die aus dem damals noch undichten Apparat an unsere Ohren gedrungen waren. Tag und Nacht wurde der teuflische Trauzeuge von einem Geschwader der Verkehrspolizei erwartet, um ihm den Zutritt zu der sich bessernden Stadt unmöglich zu machen. Es kam dann wie bei Hašek, als man sich in der Kneipe Na Zavadilce darüber stritt, wie man sich am besten des Hutmachers Vašák entledigen könne, wenn dieser auftauche und beim Tanz sein Unwesen treiben wolle. Und wissen Sie, was dieser Lump gemacht hat? endet Schwejk, er ist nicht gekommen!

Der Gesuchte hatte natürlich von unserem privaten Glück keine Ahnung. Auf den Hochzeitsbildern warten dafür vor dem Standesamt einige unbekannte Fotografen. Geheime gab es also mehr als Hochzeitsgäste, deren waren sieben anwesend, uns inbegriffen, davon vier Schauspieler. Der letzte, ein Jugendfreund, wird sich nach der Wende als Mitarbeiter der Staatssicherheit entpuppen. Und wird die Frechheit haben, sich als erster demokratischer Bürgermeister seiner Stadt wählen zu lassen ...

Als wir nach dem Mittagessen nach Prag fuhren, weil die Trauzeugen am Abend Vorstellung hatten, deckte das Personal des Hotels Pupp, das gerade den Namen Moskau zurückerhalten hatte, den Saal für das letzte Abendessen des Jahres ein. Sie trauten sich nicht mehr, uns persönlich zu beglückwünschen, und so ließen sie, als wir vorbeigingen, ein paar Teller und Pokale aufs Parkett fallen, auf dass uns die Scherben Glück bringen möchten.

33. KAPITEL

Von Riesen und Miesen

Das erste Opfer, welches das System den altneuen Götzen auf den Altar legte, wurde nach dem Frühling 1968 der Szenarist, Romanschreiber und Volkstribun Jan Procházka. Mit ihm wurde – und seine Gefährten erlebten zum ersten Mal aus der Nähe, wie eine Hetzjagd eine bösartige Krankheit wenn nicht direkt hervorrief, so doch beschleunigte! – neben Josef Smrkovský der energischste Akteur der Reformbewegung getötet.

Seine drei Schicksalsfeen hießen Vitalität, Großzügigkeit und Riesenta-
lent. Seine politische Pubertät, die ihn mit dem Dramatiker und tausenden Altersgenossen verband, durchlief er umso schneller, als in ihm die
unreife Begeisterung eines Funktionärs der Jugendorganisation bald
von den vererbten Genen misstrauischer mährischer Bauern neutrali-
siert wurde. Innerhalb des Machtapparats erkannte er als einer der Ersten, worin das Problem lag.

Als ihn seine erfolgreichen Bücher und Filme zur staatlichen Kinematographie führten, entdeckte er in ihr ein wunderbares Instrument zur
Verbreitung von Erkenntnissen, und nicht nur der seinigen. Ähnlich
einem mächtigen Magneten zog er jene junge Garde an, die Anfang der
sechziger Jahre die Gedankenströmung der ›neuen Welle‹ provozierte
und beschleunigte. Sie sollte die toten Gewässer einer abgestorbenen
Gesellschaft zu neuem Leben erwecken. Forman, Němec, Chytilová,
Schorm, Passer und andere, der gemeinsame Pate aller war Jan Procházka! Ein zufälliges Treffen mit dem Präsidenten und ersten Sekretär
der KPTsch Antonín Novotný nutzte er, um ihn davon zu überzeugen,
dass schöpferische Freiheit auch seiner Absicht dienen würde – sich als
moderner kommunistischer Politiker zu profilieren. Als erfolgreichster
Chef der kreativen Gruppen befreite er durch sein persönliches Beispiel
weitere Leiter von Angst und Selbstzensur, und das internationale Echo
auf die tschechoslowakischen Filme verstärkte seine Position noch. Novotnýs Bestürzung, dass gerade sein Liebling im Jahre 1967 den widerspenstigen IV. Schriftstellerkongress logistisch vorbereitet hatte, kam zu
spät und hatte eine völlig gegenteilige Wirkung. Enthoben der Mitgliedschaft im Zentralkomitee der Partei wurde er so zum glaubwürdigsten
Sprecher aller Rebellen.

Respekt weckte er schon durch seine poltrige Robustheit, Bewunderung auch durch seinen geradezu unstillbaren Lebenshunger. In vielen
Prager Restaurants war er als echter Gourmet bekannt, in den Galerien
als großzügiger Käufer guter Bilder. Seinen Freunden erschien er als
mustergültiger Vater, der in seine ›verrückte Familie‹ – bestehend aus
vier Frauen – verliebt war. Zu seiner ›Lobby‹ gehörte auch der vielköp-
fige Fanklub des Prager Fußballvereins Slávia, für den er den damals
phänomenalen Flügelstürmer František Veselý einkaufte.

Eben dieser Jan wurde erneut zusammen mit Parlamentspräsident Smrkovský zum markantesten Sprecher der Reformer. Seine brüsken Äußerungen wie »Die Zensur hat aufgehört zu existieren, hurra! Das letzte Mal haben wir dies vor fünfzig Jahren erreicht!« bestimmten auf Dauer das einzigartige Genre riesiger Meetings, die im März 1968 dank Direktübertragungen das gesamte Land aufrüttelten. Neben dem politischen Wortführer der Reform wurde gerade er zum Erzfeind der Normalisatoren. Daher der Hass, der die Staatssicherheit und den neuen Fernsehchef Jan Zelenka, einen ehemaligen Busenfreund des Dramatikers, zu einem TV-Attentat führte: In einem Falsifikat, das als Werk tschechischer Emigranten in Paris präsentiert wurde, stellte man Jan Procházka in einer Montage alter abgehörter Gespräche als Heuchler dar, der sogar bereit war, Dubček zu verraten. Wie er sich gleich einem Musketier wehrte, zuerst gegen die Lügner und dann gegen den Krebs, wie er dann eher fiel denn starb, wie kompliziert sich seine Beisetzung gestaltete, wie er später noch geschändet und bestohlen wurde, auch darüber findet sich im *Begrabenen Hund* eine detaillierte Schilderung.

Procházkas Begräbnis war würdig. Leise und erhaben. Als ich mich von Jan kurz verabschiedete, sah ich von einem Lehmhügel aus, auf dem ich stand, wohl alle, die den Sisyphos-Fels der Reform dieses Landes fast dreizehn Jahre bergauf gewälzt hatten, bevor sie, gemeinsam mit ihm, zurück in den Abgrund gestürzt wurden. Dubček schickte einen Brief. Es fehlte nur Doktor Husák, der an seiner statt Polizisten schickte.

Hier stand auch der kranke Riese Josef Smrkovský, dessen Urne später auf einer Toilette im Zug gefunden werden sollte, der Philosoph Jan Patočka, bei dessen Beisetzung Motorräder brüllen sollten, und František Kriegl, der einzige tapfere Nein-Sager zu den Moskauer Protokollen von 1968, der ohne jegliche Zeremonie wie ein Verbrecher heimlich eingeäschert werden sollte. Hier wurden die Teilnehmer noch mit heimischen Amateurkameras gefilmt, mühsam getarnt auf Bäumen. In den folgenden Tagen wurden viele zum ersten Mal ernstlich verwarnt. Für die einen hörte damit die Zeit der Widerborstigkeit auf, für die anderen begann sie erst richtig.

Dreißig Jahre später reißt die umfangreiche *Akte Dialog* im Archiv der Staatssicherheit von Pardubice erneut Wunden auf; sie bringt einen glaubwürdigen amtlichen Zusatz zu einer weiteren Erinnerung.

Für Jans Denkmal haben zuletzt – bereits heimlich – seine Schauspieler zusammengelegt, ehe sie sich neuen Prinzipalen unterwarfen … Kostenlos hat es keiner derjenigen gefertigt, deren Werke er genauso gern kaufte wie Fußballflügel für Slavia, sondern ein Bildhauer vom Lande, der dies als Bürgerpflicht verstand. Zu zweit haben wir die schwere Marmorstatue Pietät mühsam kurz vor Allerheiligen aufgestellt.

Der Dramatiker und seine dritte Frau schlossen die verwaiste Familie des Freundes an seine an, auf Ersuchen seiner Witwe wurde er auch Vormund der zwei jüngeren, noch nicht volljährigen Töchter. Dreißig Jahre früher, ehe dies in Prag von bezahlten Schuldeneintreibern getan werden wird, holte er die ausstehenden Honorare von Filmregisseuren ab, unter deren Namen der verbotene Szenarist zuletzt geschrieben hatte und die nun versuchten, sie den Hinterbliebenen dreist zu stehlen.

Und was den Bildhauer vom Lande betrifft: Die Staatssicherheit wird bald von ihm eine ganz andere ›Bürgerpflicht‹ einfordern. Der getreue Gefährte des Dramatikers aus seiner Jugendzeit wird ihm noch eine lustige Geschichte erzählen, wie ihm der Kommandant persönlich anbot, nun werde er statt des Abtrünnigen sein Freund sein, ja, wie er sogar im Atelier auftauchte und die Wallung seines Herzens mit einer Flasche Wodka besiegelte, womit sein Interesse enden sollte. Als dann das Objekt im Jahre 1998 im Archiv der Staatssicherheit, das ihm mehr als zweihundert Zuträger mit ihren echten und ihren Decknamen vorstellt, seine erste Meldung entdeckt, lacht er noch, wie banal diese war. Nach der zehnten vergeht ihm das Lachen, und dann kommt er aus dem Staunen nicht mehr heraus: gerade sein ältester Freund wurde für Jahre zu einem von sechs überaus widerwärtigen Spitzeln. Er tat auch das nicht, was einige andere aus dieser Liste taten, die entweder andeuteten, in der Zwickmühle zu stecken, oder jeglichen Kontakt lieber abbrachen; er fertigte seinen beiden Freunden sogar ihre Büsten an, um aus der Nähe noch mehr über sie zu erfahren. Als Deckname verwendete er seinen eigenen Rufnamen, Václav. Von den paar wirklichen Messern im Rücken war eben dieses das Messer des Brutus.

Es gibt eine menschlich akzeptable Erklärung: Angst – man hatte wahrscheinlich versucht, ihn zur Strafe dafür zu erpressen, dass im August 1968 seine Plastik im städtischen Park die Skulptur des sowjetischen Rotarmisten-Befreiers ersetzte, und er wollte wohl Verbindung zu seinem Sohn halten, der in der Emigration lebte. Auch Angst und Scham können es gewesen sein, die ihn nach dem Fall des Regimes dazu bewegten, Beichte und Erklärungen auf später zu verschieben. Was man ihm jedoch nicht verzeihen kann: dass er sich nicht schämte, erfolgreich für das Bürgermeisteramt in seiner Stadt Karlovy Vary – Karlsbad – zu kandidieren. Als der Heimkehrer erstmals nach der langen Pause dahin zurückkehrt, wird er ihn noch spät in der Nacht mit einer Flasche Moët et Chandon herausklingeln und dabei nicht ahnen, dass er seinen fleißigsten Zuträger verköstigt, der sich dann noch jahrelang als sein treuer Freund ausgeben wird. Erst im Jahre 1998 nämlich wird besagte ›Quelle‹, wie die IMs genannt wurden, dem bis dahin immer noch Nichtsahnenden und seiner Frau die vor langer Zeit begonnenen Büsten bringen. Ein Vergleich mit dem Original zwingt ihn, sie zur Korrektur zurückzunehmen. Ach!, wird sich der Dramatiker erinnern, wenn schon der doppelte Václav in der Tür steht, lese ich morgen mal meine Staatssicherheitsakte, sie enthält angeblich mehrere tausend Seiten und die Namen aller Spitzel! Ab diesem Moment wird er weder die Büsten noch den Bildhauer je wiedersehen.

Sein Geschenk vom Beginn der neunziger Jahre aber, eine wirkungsvolle Metallplastik eines entblößten Herzens, das den zwiegespaltenen Torso eines Mannes verbindet, dessen Hände sich ungestüm über dem fehlenden Kopf emporrecken, als kapituliere er, wird der Beschenkte trotzdem nicht von der Wand nehmen. Er wird es als Selbstporträt seines Urhebers verstehen.

34. KAPITEL

Die Suche nach Spalten

Als Reaktion auf den Entzug des Passes, der seinen Kontakt zu den Theatern der freien Welt abbrach, probierte er sich in einem neuen Genre aus, zu dem ihn das Bedürfnis leitete, Zeugnis über die Entstehung, den Verlauf und die Niederlage des Reformversuches abzulegen. Sein Tagebuch erinnert ihn daran, dass er seinen zweiten Roman ohne Unterbrechung schrieb, vom 24. Januar bis zum 22. März 1970. Vielleicht entschied dieses rasante Tempo darüber, dass der Dramatiker auch weiterhin ein Prosaschriftsteller bleiben sollte. Da das *Tagebuch* eher ein Memoirenband war, wurde das kleine Werk mit einem sehr langen Titel zur ersten Fiktion – das *Weißbuch in Sachen Adam Juráček, Professor für Körpererziehung und Zeichnen an der Pädagogischen Lehranstalt in K., kontra Sir Isaac Newton, Professor für Physik an der Universität Cambridge.*

Der Titel verwies auf das von den sowjetischen Okkupanten herausgegebene Weißbuch, und die tragikomische Geschichte eines Mannes, der durch die Überwindung der Schwerkraft zuerst nur den Physikunterricht an seiner Schule unmöglich macht, dann aber nach und nach das Leben im ganzen Land lahmlegt, erinnerte an den gerade ausgeträumten politischen Traum. Die turbulente Handlung, die in einer Spirale unendlicher Sätze erzählt wird und immer neue Wendungen nimmt, wird von einer fiktiven Dokumentation ergänzt, was den Autor zu einem privaten Studium der Physik, der Rechtswissenschaft und der Psychiatrie zwang. Mit der Zoologie der Partei- und Staatsfunktionäre hatte er das meiste Vergnügen. Juráčeks epochale Tat wirft sie aus den eingefahrenen Ritualen heraus, und sie drücken sich in Panik gegenseitig an politische Abgründe.

Die Pointe der Geschichte prophezeite dann recht hellseherisch das weitere Schicksal des politischen ›Prager Frühlings‹, das zwanzig Jahre später in der Sowjetunion ›Perestrojka‹ heißen wird: An der Decke wissen am Schluss alle zu gehen, mit Ausnahme des Erfinders Adam Juráček, dem von den Verteidigern der Schwerkraft eine perfekte Gehirnwäsche verabreicht wurde.

Auch das Schicksal der drei Fachberater des Autors war typisch für die damalige Zeit: Der Jurist emigriert, der Psychiater kollaboriert mit der Staatssicherheit, doch vorher stellt er sich noch schützend vor einen Schulfreund, den Kernphysiker Jiří Skřivánek, dem nach 1968 verboten wurde, in diesem strategisch so wichtigen Fachgebiet weiterzuarbeiten; er holt ihn in seinen Pavillon, doch dort wird sich der des Sinns seiner Existenz enthobene Patient erhängen. Als viele Jahre später die Opfer der sowjetischen August-Invasion erfasst werden, kommt man bei der Anzahl der Erschossenen, Überrollten oder anderweitig Verletzten auf nicht mehr als eintausend. Nur haben diejenigen, die fremde Panzer auf das eigene Volk hetzten, Zehntausende verwirkte Schicksale auf dem Gewissen.

Spontan entstand das Verlangen, die Verbote zu umgehen. In vielen Menschen war die Energie des Prager Frühlings noch nicht versiegt, deshalb wollten sie sich nicht kampflos ergeben. Ein Dreigespann des Realistischen Theaters, der Regisseur Jiří Dalík und die Schauspieler Valtr Taub und Jiří Adamíra, hoben couragiert den Fehdehandschuh auf, der ihnen vom Dramatiker eines Herbstabends zugeworfen wurde: Sie sollten so tun, als würden sie das Stück ihrer Träume selbst schreiben. Dazu diente die Geschichte von Don Juan und seinem Diener Sganarelle, also von Rollen, die eben Adamíra und Taub schon immer hatten spielen wollen. Die vorgeschlagene List ging von der Tatsache aus, dass zu diesem Thema bereits führende Dramatiker aller Zeiten, von Tirso de Molina über Molière bis hin zu Max Frisch und Bertolt Brecht, Stücke geschrieben hatten; es stand also theoretisch in den Kräften der drei erfahrenen Theatermacher, aus allen einen Mix zu bereiten. Das armselige Bildungsniveau der modernen Inquisitoren bot die Garantie dafür, dass sie nicht in der Lage sein würden, eine Vergleichsstudie anzustellen, die den wirklichen Autor entlarvt.

Gesagt, getan. Während sich die drei Betrüger fleißig trafen, um gemeinsame Arbeit vorzutäuschen, die in Wirklichkeit in der Verfolgung der Hockeyweltmeisterschaft bestand, las der Dramatiker im Laufe der Woche alle bestehenden Versionen, um zu Nikolaus mit dem Schreiben zu beginnen und einen Tag nach Weihnachten den Auftrag abzugeben. Die Vorlagen hatten mittlerweile auch die anderen gelesen, somit konnten sie jederzeit unter Beweis stellen, sie zu kennen. Der entstandene Text wies jedoch für Eingeweihte nur allzu viele Zeichen einer konkreten Werkstatt auf, doch spielten die drei offiziellen Autoren ihre Nebenrollen so souverän, dass damals noch niemand wagte, sie durch einen bloßen Verdacht ins Unglück zu stürzen. Neben einer ungewöhnlichen Verwendung von Versen im Part des Sganarelle war es das Ende des Stücks, das in keiner Vorlage zu finden war. Dem Dreigespann wurde empfohlen, dies damit zu erklären, dass es zumindest in einem Punkt originell sein wollte.

Don Juan wurde nicht von seinem steinernen Gast, sondern der Verkörperung seiner entarteten Leidenschaft erschlagen: Als er ein Kind schänden will, erleidet er einen Schlaganfall. Der Theaterdirektor Karel Palouš verzog keine Miene, als er die Kompilation seiner Künstler las, und nahm das Stück *Don Juan und sein Diener* sofort in den Spielplan auf. Da die Frau des Dramatikers bereits früher im Realistischen Theater als Regieassistentin gearbeitet hatte, war die tägliche Verbindung mit dem tatsächlichen Autor wegen eventueller Textkorrekturen garantiert. Auch die Premiere lief normal ab, der Dramatiker saß ganz hinten und ging lieber nicht zur anschließenden Feier in den Klub. Von seiner Frau erfuhr er dann, dass auch die strengen Genossen, die die ideelle Aufsicht hatten, es nicht wagten, dem Verfassertrio den Erfolg abzusprechen. Sie erkannten an, dass man aus so viel gutem Stoff doch einiges recht anständig zusammenschneidern kann, und beneideten die drei eher um die Tantiemen, nicht ahnend, bei wem diese landeten. Für den Dramatiker aber war dies der letzte Versuch dieser Art, da er einen mächtigen Nachteil hatte; er konnte das Werk nicht mehr als sein eigenes im Ausland verwenden.

Mit wachsendem Druck des Regimes wurden Briefe und Proteste eine unzureichende Gegenwehr. Zur wichtigsten Waffe des Dramatikers konnte ein neuer Theatertext avancieren, zu dem er sich bekennen würde, damit dieser dann von dem einen oder anderen anständigen Direktor, der in den Prager Theatern überlebt hatte, angenommen werden könnte. So entdeckte er Leonid Andrejew, einen Antipoden Maxim Gorkis, der aus diesem Grunde in der UdSSR lange totgeschwiegen wurde; da sein Haus auf dem Gebiet stand, das Lenin nach der Revolution an die Finnen abgetreten hatte, wurde der große Autor sogar zum verräterischen Emigranten erklärt. Nun hatte er es hinter sich, die Sowjets hatten schon lange von den Finnen seine Exhumierung erzwungen und ihn als treuen Sohn der Mutter Russland auf heimischem Boden begraben lassen. Andrejew war also eine persona grata, und das faszinierende Thema war frei von jeglichen Zusammenhängen mit aktuellen Problemen, für dieses Ansinnen also direkt ein Geschenk des Himmels.

Die Erzählung mit dem Titel *Mysl* – entweder als *Verstand* oder *Fixe Idee* übersetzt – stellte sich für eine Adaptation als besonders schwer zu erklimmender Gipfel heraus, hatte doch Andrejew selbst die Erstbesteigung nicht gemeistert, als sich seine eigene dramatische Bearbeitung *Der Gedanke* mit der statischen Situation der Vorlage keinen Rat wusste. Beide Protagonisten des Originals sind nämlich Schriftsteller, die Handlung wird in Briefen erzählt. Kerschenzew beschließt, seinen Kollegen Saweljow – dessen Frau er um jeden Preis für sich gewinnen will, doch sie durchblickt als Einzige seinen dunklen Charakter und weist ihn zurück – mit einem Briefbeschwerer zu erschlagen. Er täuscht Wahnsinn vor, um der Strafe zu entgehen und seine Rache gebührend auszukosten. Der Aufenthalt im Irrenhaus verunsichert ihn aber: Ist er vielleicht tatsächlich wahnsinnig? In den Briefen an den Staatsanwalt legt er deshalb ein umfangreiches Geständnis ab und erbittet eine Strafe, um zwar unter Verbrechern, dafür aber normalen Menschen leben zu dürfen.

Aus den Schriftstellern wurden im Drama Schauspieler, und Kerschenzew begann, Wahnsinn vorzutäuschen, um Saweljow auf der Bühne, wie Hamlet Polonius, wirklich und dabei straffrei mit einem Degen zu durchbohren. Als er das in der Psychiatrie selbst aufdeckt, weil er sich tatsächlich vom Wahnsinn bedroht sieht, bittet der experimentierende Professor seine ehemalige Schauspieltruppe, die Geschichte nach seinem Textbuch zu spielen; am Schluss führt diese ihm vor, dass er nicht normal sei: Er hat nämlich nicht erkannt, dass der vermeintliche Staatsanwalt, vor dem er seine Geschichte aufführt, eben Saweljow ist, den er damals lediglich in seiner kranken Fantasie getötet, in Wirklichkeit aber nur wie ein Hund gejault hatte, dem er einst zu medizinischen Studien bei lebendigem Leibe das Fell abgezogen hat.

Entgegen der Vorlage erhielt die Adaptation eine neue Peripetie. Tat-

jana glaubt, zu Beginn habe ihn ihr Lachen mental aus der Bahn geworfen, mit dem sie seinen Heiratsantrag abgelehnt hat, und will an seiner
Behandlung teilhaben. Als ihr Mann, der sie vergebens zu warnen versucht, dass sie das Opfer einer neuen Verstellung sei, zuletzt weggeht,
sieht er, wie Kerschenzew, von seinen Wächtern weggebracht, schon
wieder das gleiche böse Lächeln im Gesicht steht, mit dem er seinen
Mord geplant hat; sein Verdacht hat sich bestätigt.

Kerschenzew, sagt er ... *du hast mich also doch getötet ...!*

Das Thema, der Konflikt und die Psychologie der Figuren blieben erhalten, doch in einer für das Theater umgewandelten spezifischen Form.

Direktor Palouš ging sich die Erlaubnis für die Aufführung des politisch unschuldigen Stückes vom Bezirksparteisekretariat holen. Der
Naivling wurde belehrt, dass nicht einzelne Titel verboten waren, sondern unfolgsame Künstler mit ihrem gesamten Werk. Kurz danach
brachten die verbliebenen Maulwürfe im zentralen Apparat die streng
geheime Liste Nr. 1 ans Tageslicht, nach der keine weitere mehr folgen
musste: Niemand Wesentliches fehlte darin, aus dem Verkauf und den
Bibliotheken wurde praktisch die gesamte tschechische Literatur aus-
sortiert, mit Ausnahme einiger zahnloser Dichter, Grafomanen und
derjenigen, die aus Angst oder gegen ein Entgelt nie zu etwas Nein gesagt
hatten.

Der *Arme Mörder* war somit für den Rest der Welt frei. Das Recht der
ersten Nacht erhielt das Schauspielhaus in Düsseldorf, wenngleich den
späten Dank für das Angebot in der Not nicht der alte Maestro Stroux,
sondern sein Nachfolger Uli Brecht erntete. Die Aufführung im Februar
1973 erlebten mit dem Autor auch seine größten Konkurrenten Václav
Havel und Ivan Klíma, natürlich auf dem Hradschin, wo sie beim Wein
auf den traditionellen Anruf über die Länge des Applauses und die Anzahl der Vorhänge warteten. Der Brauch, westliche Theater- und Buchpremieren als gemeinsamen Erfolg aller Verbotenen zu feiern, wurde
zum dauerhaften Kitt von Kollegialität und Freundschaft.

Der *Arme Mörder* sollte sich den Weg durch Europa umso leichter
bahnen, als er Schauspielstars eine außerordentliche Gelegenheit bot.

Die Vorstellung im Wiener Volkstheater sieht ein Jahr später der gebürtige Österreicher Herbert Berghof, damals ein berühmter Regisseur in New York. Ohne Zögern beginnt er mit einem schwierigen Prozess von Schritten, der mit der Überzeugungsarbeit bei reichen Thalia-Liebhabern seinen Anfang nimmt, dass ein Projekt entsteht, das ihr Herz und ihr Portemonnaie erfreuen werde, weil es vielleicht auf der berühmtesten Theatermeile der Welt, dem Broadway, endet. Der Dramatiker erhält von dort erst im Jahre 1976 die Einladung zur Premiere, stellt einen Reiseantrag mit der einfachen Begründung, es handele sich um das erste tschechische Theaterereignis von dieser Bedeutung.

Eine Weile wird es so scheinen, als sei der humanitäre Geist noch nicht wieder zurück in die Flasche gestopft worden, aus der er knapp ein Jahr zuvor in Helsinki feierlich befreit worden war. Der Broadway würde bereits in Reichweite sein, als eine weitere Runde Verhöre und Verbote ausbricht, und der Dramatiker wird sie, im Geiste der weit zurückliegenden Solidaritätserklärung, in Telefongesprächen mit den deutschen Medien als Verletzung der Helsinki-Verpflichtungen bezeichnen. Sein Reiseantrag gelangt bis auf den Tisch von Gustáv Husák, der – wie im Archiv zu sehen ist – eigenhändig mit »Negativ!« antwortet. Dadurch vereitelt er das wohl größte Erlebnis im Leben des Dramatikers, als er es ihm nicht ermöglicht, die Aufführung seines Stückes ›on Broadway‹ zu sehen und nach dem Moskauer MCHAT persönlich an den gegenüberliegenden Theaterpol der Welt zu gelangen.

Die berühmten Mühlen Gottes sollten ganze sechs Jahre mahlen, aber wiederum sicher. Als im November 1982 der Präsident der ČSSR zu seinem ersten ersehnten offiziellen Besuch in Wien landet, zahlt ihm der Dramatiker den verwehrten Broadway heim ...

Das Programm, die Kritiken und das Plakat mit den Unterschriften des Ensembles und der prominenten Zuschauer bringt ihm Berghofs Assistentin Marlene Mancini an jenem Januartag nach Prag, als Kommandos der Staatssicherheit die Unterzeichner der Charta 77 wie zur Schule zu allmorgendlichen Verhören ins Gefängnis nach Ruzyně bringen. Jeden Abend verwischt er dann mit wilden Umwegen, Sprüngen aus der Straßenbahn und Taxiwechseln seine Spuren und kommt ins Hotel Intercontinental, um als Fortsetzung detaillierte Berichte über

den Verlauf der Proben und die bisher laufende Serie zu hören, die ihn
für einen Moment in eine normale Welt bringen.

Die persönliche Begegnung mit dem *Mörder* liegt noch vor ihm. Die
Rolle des Anton Kerschenzew verkörpert einige Jahre später der Superstar Maximilian Schell, der Bruder der Tatjana vom Broadway, der berühmten Filmschauspielerin Maria Schell, die in dieser Rolle ihr Büh-
nendebüt feierte. Er möchte die Rolle gern zwei Monate in Folge im
hübschen Berliner Renaissance-Theater spielen, und es wäre ihm recht,
wenn der Autor, den es mittlerweile ins Exil verschlagen hatte, Regie
führen würde. Hätten es beide gewusst, wären sie wohl lieber nicht hin-
gefahren: Sie werden dort die Theaterhölle erleben.

Bis jetzt allerdings, wo die Scholle mit den verbotenen Autoren immer weiter von den bekannten Ufern driftete, stand am Beginn der siebziger Jahre ein Überlebenskampf auf der Tagesordnung; der immer stärker werdende politische Winter ließ seine lange Dauer ahnen und rief
danach, die kleine Villa an der Sázava dafür zu rüsten. Zu dieser Umgestaltung entschloss er sich, als die Zeiten am schwersten waren. So als
ahnte er, dass es noch schlimmer kommen würde und dass die bisherige
Sommerzuflucht auch bei Frost zum einzigen Dach über dem Kopf werden könnte, steckte er alle Ersparnisse in die Aktion. Als sich dann auch
noch eine mutige Firma fand, die vor dem verschrienen Kunden nicht
zurückschreckte, brauchte er noch freiwillige Hilfskräfte, die sein stra-
paziertes Budget entspannten.

Fotografien zeigen alle im Frühjahr 1973, mit Gerätschaften aller Art
von Schaufel bis Schubkarre, neben ihren Namen fehlt nur der berühmte Sheriff-Aufruf »Wanted!« wie unter den Porträts von Pferdedie-
ben: Václav Havel, Alexandr Kliment, Ivan Klíma, Karel Kosík und Ludvík Vaculík, mit dem Dramatiker also das komplette Sextett, das im
Dezember des Vorjahres nach seiner Petition für die Entlassung politischer Häftlinge von der anständigen Gesellschaft ausgestoßen wurde.

Kurz nach der Feier zum Abschluss der Arbeiten, an der alle Aufbau-
helfer teilnahmen, wurde das Haus auf mysteriöse Weise in Brand gesteckt, glücklicherweise wie durch ein Wunder von der Nachbarin gerettet. An der neuen Trutzfeier nahmen nach der Reparatur im Herbst
desselben Jahres auch weitere Gedankenverbrecher, Petr Pithart, Pavel

Rychetský und Rudolf Slánský, der Sohn des hingerichteten General-
sekretärs der Partei, teil. Propheten hätten hier die künftige Politpro-
minenz der freien Tschechischen Republik erblicken können, den Ministerpräsidenten, den Vorsitzenden des Obersten Gerichts und den
Botschafter in Moskau.

In der kleinen Villa, die damals noch ganz einsam oberhalb des
Flussmäanders stand, wird der Eigentümer zumeist in Badehose und an
einem Pult stehend auf einer erhitzten Schreibmaschine neben Dutzenden Protestbriefen auch etliche Theaterstücke und sein wohl wichtigstes
Werk, den Roman *Die Henkerin*, schreiben. Das Sázava der Kohouts und
das Hrádeček der Havels werden zu einer Achse, auf der sich die wesentlichen oppositionellen Aktivitäten der siebziger Jahre abspielen, ehe sich
die tschechische Dissidentenbewegung stark auffächert und bis zur
Totenglocke des Regimes führt, als im November 1989 Zehntausende
auf den Prager Wenzelsplatz kommen und als Ausdruck des Protests mit
ihrem Schlüsselbund rasseln werden.

35. KAPITEL

In der Umarmung des Ministeriums für Liebe

Der Titel, den George Orwell in seinem Roman *1984* den Geheimdiens-
ten des Big Brother im fiktiven kommunistischen London anheftete,
ist bezeichnend, das können auch die meisten Kunden der tschechoslowakischen Staatssicherheit bezeugen. Jedes ihrer Organe, das sie in die
Hand bekam, quoll über in dem Bemühen um ihr Wohl. In den fünfziger
Jahren waren das finale Angebot Galgen, in den Siebzigern und später,
nachdem der ›Prager Frühling‹ die ›Firma‹ das Fürchten gelehrt hatte,
nur Gefängnis und Schikanen. Dieser bedauernswerte Schritt zurück
war den tschechoslowakischen Genossen vom Großen Bruder im Kreml
aufgezwungen worden, und sie meckerten bitter darüber. Wie sollte man
Menschen Liebe eintrichtern, die sie verbissen ablehnten – ohne Folter?

Diejenigen, die jeder für sich allein, doch insgesamt ähnlich entschlossen waren, allen Gefahren zum Trotz im Lande zu bleiben, taten es

nicht, um sich hier sinnlos einsperren zu lassen. Die pragmatische Kal-
kulation ging von der realen Überlegung aus, dass die einheimischen
Satrapen sich nicht mehr erlauben würden, als ihnen Moskau genehmigte. Das strategische Ziel bestand somit darin, Husák keinen billigen
Vorwand für eine Repression durch ebenso riskante wie unwirksame
Aktionen zu liefern, und auszuharren, bis die primitive Art der Unterdrückung, ähnlich wie in Polen und in Ungarn, nicht mehr in den sowjetischen Kram passen würde; damals haben die Sowjets dem Westen in
Händlermanier eine Reduzierung der Waffen und auch gewisse Rücksicht auf die Menschenrechte angeboten – im Tausch gegen wirtschaftliche und geschäftliche Vorteile. Aus der damaligen Froschperspektive
schien es nicht, dass das berühmte Lager des Friedens und des Sozialismus nur zwanzig Jahre später auf dem berüchtigten ›Abfallhaufen
der Geschichte‹ landen wird, und umso eher war jeder Versuch wichtig,
das kurze menschliche Leben auch für jene erträglich zu machen, die dafür nicht mit einer wenngleich gut honorierten Erniedrigung bezahlen
wollten.

Das spätere Aktenstudium im Staatssicherheitsarchiv bringt wichtige
Erkenntnisse, und auch wenn darin ein ganzer Zug von Spitzeln vorbei-
defiliert, sind sie nicht nur negativ. Ja, es wird dort ein halbes Dutzend
Dolchstöße geben, wenn der Treuebruch von Lebensfreunden ans Tageslicht kommt; es erfordert dann eine schnelle Konzentration, wenn die
›Objekte‹ jemanden auf der Straße treffen, der die Hand zur üblichen
Begrüßung ausstreckt, ehe es ihnen durch den Kopf fährt, dass dieser
eine ›Quelle‹ war, die sie jahrelang denunzierte, und schon senken sich
die Augen zum ›Krawattenblick‹, mit dem der Dramatiker alle Diener
des Apparats, der die tschechische Kultur konsequent liquidierte, zu
meiden pflegte.

Bemerkenswerter und oftmals fast rührend sind dagegen die Spuren
von Menschen, die sich in der Umklammerung der Macht ebenso einfach wie erfolgreich zu helfen wussten. Das Archiv der Staatssicherheit
zeigt Glanz und Elend ein und derselben Gesellschaft, die nach dem
Vorbild ihrer Anführer zwar kapitulierte, aber nicht völlig verluderte,
weil sich ein Teil von ihr entschloss, sich das gute Gewissen zu erhalten.

Aus dem Dreck der Staatssicherheit stechen einige Verhörprotokolle

geradezu leuchtend hervor. Die fünfundzwanzigjährige Markéta Synková, die durch weiche Schönheit, eigenartige Gedichte und unverhohlene Frömmigkeit bestach, wird am Donnerstag, dem 6. Januar 1977 in
der Prager Villa, von der aus Havel, Vaculík und Landovský gerade die
Unterschriften der Charta 77 ins Parlament zu bringen versuchten, von
einem Staatssicherheitskommando nackt in der Umarmung des berühmten Shakespeare-Übersetzers Zdeněk Urbánek, ebenfalls Unterzeichner, vorgefunden. Sie scheint ihnen eine leichte Beute, bis sie sie
nach mehreren Stunden Verhör schmerzlich vom Gegenteil überzeugt,
wie der Staatssicherheitsoffizier Jan Sloup im Protokoll aufgezeichnet
hat.

*Auf meine Frage, ob sie sich irgendwie an der Organisation der Charta 77
beteiligt habe, führte Synková an, sie habe keine Tätigkeit entwickelt, die
mit dieser Charta in Zusammenhang steht, diese allerdings habe sie unterzeichnen wollen, was ihr vonseiten anderer Unterzeichner versucht wurde
auszureden, da sie sich dadurch eine ganze Menge Unannehmlichkeiten
würde einhandeln können. Sie denke aber immer noch über eine Unterzeichnung nach. Auf diese ihre Aussage hin empfahl ich ihr, die Charta 77
lieber nicht zu unterzeichnen, da dies ihr gesamtes weiteres Leben beeinflussen könne. Des Weiteren wurde Synková darauf aufmerksam gemacht,
dass sie mit Personen wie Pavel Kohout, Zdeněk Urbánek und weiteren keinen Kontakt mehr unterhalten solle, da diese feindliche Tätigkeiten gegen
die Tschechoslowakei entwickelten. Zu dieser Aufforderung äußerte Synková, sie sehe in Kohout und seinen Freunden keine Feinde der ČSSR, und
sobald sich die Möglichkeit ergebe, werde sie sich wieder mit ihnen treffen.
Ihrer Ansicht nach handele es sich um sehr nette und gebildete Leute.*

Ein solcher Mut eines Lämmchens in der Löwengrube bietet sich künftigen Archäologen der neuzeitlichen tschechischen Geschichte als Kontrast zur Haltung von Karel Gott und Jiří Menzel. Ja, sie bezahlt dafür
mit zig Kilometern von Fluren und Gängen, die sie bis zum Ende des totalitären Regimes in der Akademie der bildenden Künste wischen wird.
Ihr katholischer Herrgott wird es ihr jedoch reich vergelten, als er sie
dann erleuchtet und sie darüber einen starken Roman schreiben kann.

Eine besondere Erwähnung verdienen diejenigen, die als Bürger der freien Welt im Netz der Staatssicherheit landeten, als sie mit unschuldigen Absichten hierher kamen, um beispielsweise die Übersetzung eines in Vorbereitung befindlichen Stückes zu lektorieren oder sich auf dessen Inszenierung vorzubereiten, und dann aus heiterem Himmel abgefangen und fast der Spionage bezichtigt wurden. Die Unsinnigkeit, Ungesetzlichkeit und deshalb auch die Haltlosigkeit eines solchen Vorgehens entging den verschreckten Opfern zumeist, die im täglichen Ringen mit der totalitären Obrigkeit ungeübt waren, und in den paar Stunden, als man mit ihnen an der Grenze, auf dem Flughafen oder sogar im Polizeigefängnis Katz und Maus spielte, zeigte sich ihr Charakter.

Einerseits blieb Joan Daves, eine amerikanische Literaturagentin, bei ihrer Verhaftung durch die Flughafen-Passkontrolle ruhig. Ehe die Ermittler eintrafen, beseitigte sie sicherheitshalber die Korrespondenz ihrer Autoren mit Verlegern und Theatern, die sie bei sich führte, auf der Toilette und aß den neuesten Vertrag mit Ivan Klíma sogar auf. Danach versprach sie den Herren in die Augen, sie werde ihre Autoren in den Vereinigten Staaten mit einer eben um diese Erfahrung verstärkten Anstrengung vertreten.

Andererseits erschrak der Oldenburger Dramaturg Zehelein so sehr, dass man ihn absolut illegal drei Tage in der Zelle behielt, während deren er ihnen sogar das erzählte, was er nicht wusste, und unterschrieb überdies, dass er sich dort freiwillig aufgehalten habe; ab diesem Zeitpunkt führte er kein einziges Stück des Dramatikers mehr auf. Wenn dieser nach Jahren im Archiv seine erniedrigenden Aussagen liest, wird er sich an zahllose europäische intellektuelle Phrasendrescher erinnern, die ihren Kollegen im Käfig jahrzehntelang gute Ratschläge erteilten und ihnen Vorwürfe machten, wenngleich ihre eigene politische und menschliche Erfahrung gleich null war. Und er stellt sich nach dem November 1989 die meisten der scharfen Jungs aus dem tschechischen investigativen Journalismus in den Fängen der Staatssicherheit vor. Ihre Vorgänger, die Radikalen des ›Prager Frühlings‹, endeten bis auf seltene Ausnahmen in den bezahlten Diensten der Husák'schen Normalisierer.

Die Hauptkraft der *Akte Dialog* besteht jedoch in den zahlreichen Dokumenten, die das Ministerium für Liebe für sich selbst hinterlassen hat. Vor allem bietet es Informationen über den Mammuteinsatz der Operativen Einheit, die auch die unschuldigste Bewegung des Dramatikers kontrollierte, der Jagd auf den berühmten Schakal ebenbürtig, der den französischen Präsidenten ermorden sollte. Unter einer der Aktionen, als er bei einem normalen Einkauf verfolgt wurde, stehen die Namen von zweiunddreißig Spürnasen, deren einziges konkretes Ergebnis in der Spesenabrechnung bestand. Eine andere besonders gelungene Beschattungsaktion beschreibt eine Notiz vom 20. 4. 1973, Donnerstag, 21.20 – 2.40 Uhr.

21.20 in der Weinstube in der Mikulandská-Straße aufgegriffen. War in Begleitung der Gattin, des Schriftstellers Kliment, eines Schweizers und einer Frau. Sie tranken Wein. Später gingen sie in die Weinstube Viola. Dort tranken sie weiter Wein. 23.30 gingen Kliment, der Schweizer und die Frau, das Objekt und seine Gattin blieben und tranken Wein. 02.30 beide raus, liefen zu ihrem Wagen. In diesem Moment kamen 2 Männer aus der Weinstube und riefen dem Objekt zu, es solle zurückkehren, sie würden ihn fahren, was sie dann auch mit dem Wagen ABM 67–73 taten. Unterwegs wurden sie 2 × von einer Polizeistreife angehalten. Der Zweck der Aktion, das Objekt nach dem Genuss von Alkohol am Lenkrad zu ertappen, wurde somit nicht erreicht.

Nicht weniger Aussagekraft hat das Abhörprotokoll vom Karlsbader Grandhotel Moskva-Pupp, wo das Paar im Jahre 1978 für drei Tage absteigt, um nach dem dramatischen fünfzigsten Geburtstag des Dramatikers, der von einer Haussuchung und geheimnisvollen Erpressern aufgelockert wurde, auf andere Gedanken zu kommen – dies wird an anderer Stelle beschrieben. Das Zimmer 353, eines der berühmten ›Augen Gottes‹, reservierte er jedes Mal aus Sentimentalität, weil er einst die erste Nacht darin verbracht hatte, nachdem Karlovy Vary den Status einer Garnisonsstadt verloren hatte und das bekannte Etablissement, bisher als Unterkunft für Offiziere genutzt, seiner ursprünglichen Bestimmung als Kurhotel zurückgegeben worden war. Die darin befindlichen Abhöreinrichtungen zeichneten dort Minute für Minute auf, wie ein besonders gelungenes Beispiel zeigt.

25. Juli 1978:
Das Objekt hört die Morgennachrichten in deutscher Sprache. 10.01 Uhr
bestellt es ein Telefonat – Luzern Nr. 041 220722 und, wenn besetzt sein
sollte, die Endnummer 21. Um 11.05 geht der bestellte Anruf ein, das Objekt
spricht mit einem gewissen Braunschweiger (Telefongespräch wurde aufge-
zeichnet). 11.30 Uhr verlässt das Paar das Zimmer und kommt 14.10 Uhr
zurück. Gängiges Gespräch, Schreibmaschineschreiben, Radiomusik. 19.59
verließen die Objekte das Zimmer und kommen 26. 7. 1978 um 2.34 zurück.
Die Frau singt vor sich hin und verlangt Geschlechtsverkehr, der Mann ver-
sucht, es ihr auszureden. Um 3.50 Ruhe im Zimmer.

Doch vor allem tauchen in dieser Megaakte mit einer Regelmäßigkeit von
Meilensteinen, zwischen Anzeigen und Anweisungen zu verschiedenen
Maßnahmen, auch Gesamtbewertungen auf, in denen die Hierarchie
der Abteilung Inneres auf allen Ebenen – von Wachtmeistern über stellvertretende Minister – für ihre Vorgesetzten die Erfolge im Kampf gegen
Umstürzler stolz vermeldete, oft verbunden mit Anträgen auf Beför-
derung und Prämien. Allerdings vergaßen sie dabei Meldungen, die sie
zuvor abgegeben hatten. Es wirkt schon unfreiwillig komisch, wie der
persönliche Mephisto des Dramatikers im Laufe der Jahre, in denen er gerade aufgrund dieser Verdienste im Rang aufsteigt, fast mit den gleichen
Worten meldet, er habe mit dem Vorgeladenen kompromisslos gesprochen, und dieser habe sein Büro anschließend deprimiert verlassen. Es ist
angenehm, schwarz auf weiß bestätigt zu finden, dass keine der listigen
Absichten von Erfolg gekrönt war, den Dramatiker mit seiner Zustimmung außer Landes zu bekommen und seine Umgebung davon zu überzeugen, er sei ein Provokateur in den Diensten der Staatssicherheit, wie es
ein Bericht für den stellvertretenden Innenminister der ČSSR belegt.

Von seiner feindlichen Tätigkeit lässt Kohout nicht ab und gibt mit seinen
zahlreichen Erklärungen in westlichen Medien ständig Anstoß zu antiso-
zialistischen und antitschechoslowakischen Kampagnen. Auf dieser Basis
wurden mit operativen Mitteln die Bedingungen für eine langfristige Aus-
reise des Pavel Kohout ins Ausland geschaffen, mit der zwei grundlegende
Ziele verfolgt werden:

1) Kohout wird während seines Aufenthaltes im Ausland nicht in der Lage sein, dem Ansturm der Publizisten aus kapitalistischen Staaten zu widerstehen, und sich zu politischen Kampagnen gegen die ČSSR hinreißen lassen, wodurch er eine Handlung begehen würde, wonach die Aberkennung der tschechoslowakischen Staatsangehörigkeit für Kohout die Folge wäre und ihm eine Rückkehr in die ČSSR unmöglich gemacht würde.

2) Sollte Kohout diesem Druck widerstehen, ist es wahrscheinlich, dass sich bestehende Meinungen noch verstärken, in denen Kohout der Kollaboration mit den tschechoslowakischen Sicherheitsorganen verdächtigt wird. Dadurch käme es zweifelsfrei zu einer Abschwächung der Positionen Kohouts im Ausland, d.h. zu einer Einschränkung der Aufführung seiner Theaterstücke und der Veröffentlichung seiner literarischen Werke einschließlich der Einschränkung seines Einflusses auf die Dissidenten im Lande.

Der stellvertretende Obmann der Verwaltung II des Föderalen Ministeriums für Inneres
GenMaj. Bohumír Molnár 20. Juni 1974

Punkt zwei sollte ihnen leider später mit Hilfe westdeutscher linker Intellektueller gelingen. Sie waren entweder genauso naiv wie einst der Dramatiker, oder sie waren, teils sogar honoriert, selbst im Netz der Staatssicherheit und des tschechoslowakischen Aufklärungsdienstes verstrickt. Es ist klar, dass sich die Genossen vom Geheimdienst beim bestehenden Folterverbot Ausschreitungen nur privat erlaubten, wenn sie ihre Wut nicht zu bändigen wussten. Von einer außerordentlichen Aktion, die mit dem Zynismus eines Gangsterbosses vorbereitet wurde, berichtet im Sommer 1991 ein ihm Unterstellter, der sich bei dem Exilrückkehrer meldet. Im Garten an der Sázava wird Oberleutnant Josef Vajda bereit sein, auf Kassette aufzunehmen, wie er im Mai 1974 überraschend für eine Lappalie ausgezeichnet wurde: Er hatte mit seinem Kollegen rein zufällig einen Autodieb geschnappt – und zwar von einem Mann, der in der Prager Polizeistraße Bartolomějská die Fäden von Kri-

minalpolizei und Staatssicherheit zog, dem gefürchteten General Ripl.
Die Aufzeichnung des Gesprächs ließe sich in eine Krimigeschichte
übernehmen.

Vajda: *Die Sekretärin hat uns also Kaffee gebracht, man goss uns Wodka
        ein, und bei dieser Gelegenheit sagte General Ripl, dass es ver-
        dienstvoll war, was wir gemacht hatten, aber es gäbe hier auch
        andere, die der Gesellschaft viel mehr schadeten, und wenn es ge-
        länge, die zu liquidieren, wie er sich ausdrückte, dann wäre un-
        sere Karriere sicher.*

Kohout: *Was meinte er mit Liquidieren?*

Vajda: *Konkret wurde uns gesagt, dass der Schriftsteller Kohout ein
        Feind der Gesellschaft sei und von Prag über die Landstraße auf
        sein Landhaus an der Sázava zu fahren pflege, und wenn es uns
        gelänge, mit ihm eine Kollision herbeizuführen, bei der wir ihn
        dann in den Wald stoßen, so dass es so aussieht, als habe er dort
        einen Unfall gehabt, oder man lässt die Verkehrszeichen austau-
        schen, dass er sich statt auf der Nebenstraße auf der Hauptstraße
        wähnt, so wäre das eine echt verdienstvolle Tat, die er uns nie ver-
        gisst und wodurch unsere Karriere gesichert wird.*

Kohout: *Und was wäre geschehen, wenn der Schriftsteller oder also der
        Feind die Kollision überlebt hätte?*

Vajda: *Mit dieser Alternative wurde gar nicht gerechnet.*

Kohout: *Er stellte sich also vor, dass das eine so perfekte Kollision sein würde?*

Vajda: *Wahrscheinlich schon.*

Kohout: *Hatte er auch eine Vorstellung davon, wo das passieren sollte?*

Vajda: *Ich glaube, bei dem Dorf Samopše an der Kreuzung, dort sollten
        wir warten und über Funk eine Meldung erhalten, dass er kommt.*

Kohout: *Herr Vajda, wie kann eine solche Kollision in der Praxis aus-
        sehen?*

Vajda: *Wenn jemand mit hundert von Prag aus über eine Hauptstraße
        fährt und ich beispielsweise mit einem Wolga von der Seite in ihn
        hineinfahre, dann schmeiße ich ihn natürlich von der Straße, da
        muss er automatisch tot sein.*

Kohout: *Glauben Sie, dass das allen klar war, die mit im Raum saßen?*

Vajda: *Ja, sicher, denn als wir zurückfuhren, hat Oberst Podolínský davon gesprochen, somit war ich mir bewusst, dass ihm völlig klar war, worum es geht.*

Kohout: *Das war eigentlich kein Befehl, oder?*

Vajda: *Das war so ein, wie soll ich sagen ... ein Wunsch von General Ripl, und der musste für einen kleinen Streifenpolizisten ein Befehl sein.*

Kohout: *War er wirklich so gefürchtet?*

Vajda: *Er war ein Scharfmacher. Wenn er sprach, erlaubte sich niemand zu widersprechen, nicht einmal Oberst Podolínský ...*

Der damalige Wachtmeister entschied sich in seiner Not für das geringere Übel. Er überhörte den Wunsch einfach, und seine Karriere war dahin. Doch im Falle des geplanten Mordes handelte es sich wohl um ein Extrem, es gab eine ganze Skala von Mitteln, mit denen die Staatssicherheit einzuschüchtern, zu erpressen und Gesundheit und Existenz zu schaden wusste, oft jenseits der Grenze der Erträglichkeit. Umso mehr Bewunderung verdienen die Geiseln, die Frauen und Kinder, die dies mit den Belagerten aushielten. War doch die traurige Kapitulation vieler Kollegen durch die elementare Existenzangst der näheren Umgebung bedingt.

Das Archiv enthält auch nicht wenige Meldungen, die fast Lustspielcharakter haben. Faszinierend und herzergreifend ist ein erhaltenes Elaborat von Major Jirsák, der damit betraut wurde, eine Beschwerde des Dramatikers beim Innenminister abzuweisen, weil der Philosoph Hejdánek bei seiner Verhaftung »wie ein Paket« über die Treppen und die Straße geschleppt worden sei. Er schrieb sorgfältig nach seinen Vorstellungen eine ›Planskizze‹ des Gesprächs als Dialog:

Genosse Jirsák: *Herr Kohout, Sie sind der Verfasser des Briefes, den ich Ihnen vorlege?*

Kohout: *(Ja.)*

Genosse Jirsák: *Dann teile ich Ihnen offiziell mit, dass ich im Auftrag des Innenministers der ČSSR, Genossen Dr. Obzina, an den Sie den Brief adressiert haben, mit Ihnen spreche.*

Kohout:	*(Bitte.)*
Genosse Jirsák:	*Wenn wir Ihre Informationen und Standpunkte als be-gründet ansehen würden, würde die Führung des föde-ralen Ministeriums anders reagieren. Inhalt und Form Ihrer Briefe zeugen allerdings von einer groben, wissent-lichen Verdrehung der Wahrheit und somit von Ihrem unseriösen Versuch, diese nur als Deckmantel Ihrer Bei-träge zur feindlichen Propaganda gegen die Tschechoslo-wakei im Ausland zu verwenden. Deshalb teile ich Ihnen mit: Unsere Sicherheitsorgane halten genauestens die sozialistische Gesetzlichkeit und Rechtsordnung unseres Landes ein und werden so auch in Zukunft vorgehen. Angesichts des Tons Ihres Briefes möchte ich Ihnen noch privat sagen: Am Schluss führen Sie an, dass auch Sie sich weiterhin wie ein »Paket« zu verhalten beabsichtigen. Dieser Begriff charakterisiert in der tschechischen Spra-che das Handeln von Dorftölpeln. Ihr Handeln und Ihre Erklärungen entsprechen genau diesem Begriff. Damit betrachten wir weitere sachliche Verhandlungen als ge-genstandslos.*

Vom Ergebnis zeugt ein ebenso erhaltenes Abhörprotokoll des tatsäch-lichen Dialogs, zu dem das Objekt am 14. März 1978 vorgeladen wurde. Es sind vierzehn eng beschriebene Seiten, wo auch folgende bemerkens-werte Passage zu finden ist:

O(bjekt):	*In einer Woche ist es zehn Jahre her, dass ich 1968 den angeblich konterrevolutionären Auftritt im Prager Kulturpark verbrochen haben, doch mein Ko-Redner war Genosse Husák.*
M(ajor):	*Ich denke, Sie sollten den Genossen Husák außen vor lassen.*
O:	*Warum denn? Er hat dort gemeinsam mit mir geredet und noch radikaler …*
M:	*Nur Genosse Husák, wissen Sie, Genosse Husák und Sie, das ist ein Unterschied!*
O:	*Na, ich kann darin keinen Unterschied sehen.*

M: *Nun, ich denke, dass zwischen Ihnen und dem Genossen Husák
        ein großer Unterschied besteht!*

O: *Und das bedeutet, dass er sich erlauben kann, seine Meinung zu
        ändern, weil er ein Politiker ist.*

M: *Nicht nur, weil er ein Politiker ist, sondern die Wege, die Wege,
        die er ging, und der Weg, den Sie gegangen sind, die sind völlig
        unterschiedlich!*

O: *Entschuldigen Sie, aber Genosse Husák ist einen sehr ähnlichen
        Weg gegangen, weil er auch ein Feind des Volkes war!*

M: *Der Weg war ganz anders ...*

O: *Er war ein Volksfeind, ein Konterrevolutionär, der sich mit den
        schlimmsten Abfällen der Gesellschaft verbündet hat und ...*

M: *Herr Kohout, Genosse Husák ist nicht Gegenstand unseres Ge-
        sprächs!*

O: *Aber sicher doch, wenn Sie sich klarmachen, dass jemand, der
        zum Feind des Sozialismus erklärt und zu lebenslänglich verur-
        teilt wurde, noch Präsident und erster Sekretär der Partei sein
        kann, nicht wahr?*

M: *Das stimmt zwar, das Leben ist manchmal etwas verzwickt, das
        ist richtig ...*

O: *Ja, und es hat nicht aufgehört, so zu sein ...*

M: *Nur war die Zeit, von der Sie reden, etwas anders als heute ...*

O: *Das könnte doch auch eines Tages ähnlich aussehen, nicht?*

M: *Schauen Sie, wenn wir immer, unter allen Umständen, so den-
        ken würden, dann hätte es wohl gar keinen Sinn weiterzule-
        ben ...*

Den Preis für die beste Leistung verdient trotzdem die Staatssicherheit
in Brünn, als sie meldet, der Dramatiker sei im hiesigen Hotel Intercontinental mit einer sehr jungen Person weiblichen Geschlechts in eindeu-
tiger Absicht abgestiegen, und versucht, ihn ähnlich wie früher die
Schriftsteller Kundera und Vaculík anzuschwärzen: Sie empfiehlt ihren
Prager Genossen, die Information Kohouts Ehefrau zuzustellen und den
Namen der Geliebten gleich mitzuliefern: Jelena Mašínová!

36. KAPITEL

Die Taubs

Kurz nach dem Tod des Vaters des Dramatikers übernahm die Rolle des Mentors der Schauspieler Valtr Taub.

Seine Vergangenheit, zumeist von seiner führenden Rolle geprägt, die er bei der Annäherung der tschechischen und deutschen Avantgarde in Prag während Hitlers Kriegsvorbereitung gespielt hatte – so erreichte er beispielsweise mit dem Stück *Der Deutsche und der Tscheche* eine historisch einzigartige gemeinsame Inszenierung des deutschen Neuen und des tschechischen Nationaltheaters in Prag –, und machte ihn noch zu Lebzeiten zur Legende, auch wegen seiner engen Beziehungen zu Willy Brandt und Bruno Kreisky während ihrer schwedischen Emigration. Seine Bedeutung sank auch nach dem Krieg nicht, wo er als normaler Schauspieler in tschechischen Theatern wirkte. In Österreich und Deutschland galt er als aussterbendes Exemplar eines Przewalski-Pferdes durch seine Sprache, das berühmte ›Prager Deutsch‹; dieses gehobene Bühnendeutsch galt zu jener Zeit als sprachliche Norm für das deutsche Theater überhaupt, das mit zahlreichen regionalen Akzenten zu kämpfen hatte; im Neuen Deutschen Theater Prag gastierten deshalb zu Zeiten der Monarchie und auch der ersten Republik viele große Mimen aus Berlin, Hamburg, München und vor allem aus Wien.

Kein Wunder also, dass es nicht einmal die Staatssicherheit wagte, ihn normal anzuwerben. Für eine ständige Mitarbeit besonderer Art gewannen sie ihn viel subtiler: Aus der Akte in Pardubice geht hervor, dass er sich mit ihren Leuten, wenn sie ihn darum baten und er Zeit hatte, ähnlich wie mit seinen Bekannten in einer Umgebung traf, die ihm seit seiner Jugend vertraut war, in Prager Cafés. Sie machten ihm dies auch durch das Hauptthema der Gespräche einfacher, das immer die gemeinsame Sorge um das Talent auf der schiefen Bahn, seinen Ersatzsohn, den er Pavlíček nannte, bleiben sollte.

Doch nicht alles lief so glatt, was Lucie Taubová geschuldet war, allgemein als Lux bezeichnet, die trotz aller Enthüllungen nicht aufhörte, eine fast bigotte Kommunistin zu sein; die Partei wurde ihr ab ihrer Ju-

gendzeit, die sie unter linken deutsch-jüdischen Intellektuellen verbracht hatte, fast zur Religion. Das einzige Glück bestand darin, dass
auch nach seinem Parteiausschluss ihr Mann trotzdem weiter für sie ein
verehrter Hohepriester blieb, der sie aus ihren Träumen wieder auf den
Boden der Tatsachen brachte.

Es war Valtr Taub mit seiner modernen, intelligenten Schauspiel-
kunst, der den Dramatiker zu einer Reihe von Stücken inspirierte. Und
es war Lux, die schnell begriff, womit sie ihrem guten Valtr von Nutzen
sein konnte. Mit ersten Übersetzungen beschleunigte sie deswegen den
Start des jungen Stückeschreibers auf den Bühnen der DDR.

Ein Jahr später war sie auch die Mutter des Gedankens, Valtr sowie
den Dramatiker und Regisseur samt Partnerin als Assistentin langfristig
bei einem anderen Weggefährten aus Zeiten der Avantgarde, Karl-Heinz
Stroux in Düsseldorf, zu engagieren. Ein einziges Mal in ihrem Leben
hörten sie, wie sie die Sowjetunion in jener gemeinsam verbrachten
Nacht verurteilte, als sie nach Stroux' Monolog ebenfalls versuchte, das
junge Paar zur Emigration zu überreden; die Entscheidung, zurückzukehren, sah sie vor allem als Bedrohung der Pläne ihres Valtr. Dieser war
allerdings insgeheim froh, auch er wollte nicht auf seine Theaterbigamie
verzichten und änderte deshalb sein Engagement von einem Dauer- in
einen Gastspielvertrag. Bald kehrten auch die Taubs zurück, und Valtr
sicherte dies dadurch ab, dass er seine Frau überredete, in Prag ein damals beliebtes Fertigteilhaus zu bauen.

An einem Spätnachmittag im Sommer luden die Taubs das jüngere
Paar zu einem kleinen Ausflug ein. Das Ziel war bereits einige Minuten
später erreicht, ein Grundstück in Prag-Bubeneč, schräg gegenüber dem
Friedhof. »Dann haben wir es nicht weit!«, freute sich Valtr und schloss
das Tor des ramponierten Zaunes auf. Die große Parzelle war von Gras
überwuchert, doch dahinter erstreckten sich einladend ein kleiner Obst-
garten und ein Beet mit reifen Tomaten, alles im Preis enthalten. Das
Quartett pflückte sie und steckte sie in die Tasche, dann unterbreiteten
die Taubs ihre Pläne, maßen den Boden mit Schritten ab und malten
ihre künftige Heimstatt in die Luft. »Und hierher!«, nun zeigten sie auf
den bisher unsichtbaren Teil des Erdgeschosses mit eigenständigem
Hinterland, »zieht ihr, wenn es euch auf dem Hradschin zu eng wird!«

Etwa zehn Jahre später, im bewegten Januar 1977, wird der Dramatiker, während Valtr gerade am Wiener Burgtheater gastiert, Lucie schreiben, der Zeitpunkt sei gekommen: Er und seine Frau sollten aus ihrer
Wohnung auf dem Hradschin per Vollstreckungsbescheid ausgewiesen
werden, deshalb bäten sie darum, zumindest in der Gästewohnung eine
vorübergehende Bleibe zu finden. »Ich habe nicht geglaubt«, wird Lux
antworten, »dass du irgendwann fähig sein würdest, eine Bitte auszusprechen, die mich zwingt, Nein zu sagen!«

Die letzte Begegnung mit ihr zu Valtrs Lebzeiten sollte in der überfüllten Kantine des Burgtheaters stattfinden, wo sie den Dramatiker, der
dort nach seinem Rauswurf aus der Heimat ein ständiges Engagement
bekommt, zu sich zitiert, um ihm in dem Gewimmel, wo sie sich wahrscheinlich am besten versteckt fühlte, zu verbieten, durch ständige
Bitten um Treffen ihren Gatten der Gefahr eines Gastspielverbots auszu-
setzen. Er wird ihr nicht verraten, dass Valtr selbst es ist, der die Verab-
redungen von öffentlichen Telefonzellen aus veranlasst.

Es ist nicht zu klären, solange sich nicht auch die Archive der ausländischen Geheimdienste öffnen, ob er dazu weiterhin beauftragt wurde. Vielleicht fehlte ihm der Jüngere als langjähriger Partner in einem nicht enden
wollenden Gespräch über gegenseitige persönliche, künstlerische und
politische Probleme. Übrigens lässt alles, was dieser dann in seiner einheimischen Akte findet, den Schluss zu: Valtr Taub hatte niemals etwas gesagt, was seinem Freund hätte schaden können. Ob ihn sein Gewissen davor bewahrt hat oder ob er sich selbst schützte – hatte er doch zusammen
mit ihm das Regime schwer hintergangen, als er half, das Stück *Don Juan
und sein Diener* zu decken! Als Informant teilte er den Wissensdurstigen
grundsätzlich nur das mit, was im Interesse des Dramatikers lag: dass er
die Grenzen des Legalen nicht überschreite. Übrigens gehörte es zur Disziplin, die der Belagerte eisern einhielt, dass strategische Informationen
nie den Kreis der Eingeweihten verlassen durften; über wichtige Aktionen
konversierte er zu Hause nur auf kleinen Zetteln, die dann sofort im Kamin in Flammen aufgingen. So erfuhr beispielsweise der Ersatzvater von
der Vorbereitung der Charta 77 erst ex post.

Wiederholt war es die Vorstellung von Valtr in einer Hauptrolle, die
den Dramatiker zu einer Adaptation des in der Tschechoslowakei be-

liebten Buchs von Romain Rolland *Colas Breugnon* bewog. Die Geschichte eines alten Winzers, dem alle Schläge seiner Zeit, des Mittel-
alters, nichts anhaben konnten, gab auch dem sonst gequälten Verfasser
Hoffnung. Darüber hinaus lockte ihn auch die scheinbare Unübertrag-
barkeit auf die Bühne, so wie die Schlusssequenz des Buches, wo der
kranke Held im Bett eine lange Passage aus Plutarch liest. In der Adaptation *König Colas der Wievielte* stellen seine Kumpane, der Pfarrer Cha-
maille und der Notar Paillard, fest, dass der Freund nicht lesen kann, so
führen sie ihm den Lebenslauf Cäsars einfach vor, indem sie kurzerhand
die gesamte Familie in das Spiel einbinden.

Diese Rolle, die ihm auf den Leib geschneidert worden war, wird Valtr
Taub nicht mehr spielen, er stirbt unerwartet in Wien und wird nach
Prag überführt, wohin ihn die Exilanten nicht werden begleiten dürfen.
Erst als sie nach ihrer Rückkehr, wieder einmal in der Vorweihnachtszeit,
auf den Gräbern von Dichtern und Musikern, die für sie nie wirklich gestorben waren, auf dem Vyšehrad Kerzen anzünden, stoßen sie kurz hinter Karel Čapek und Olga Scheinpflugová auf das Ehepaar Taub. Offensichtlich hatte es Lux noch einrichten können, dass auch der Vater Jonáš
aus Telč zu seinem Sohn hatte ziehen können, der ihm als Botschaft des
Zusammenlebens die tschechische Form des deutschen Namens Walter
in die Wiege gelegt hatte. Der ehemalige Fastsohn lässt sein Gefühl sprechen. Das Ergebnis wird sein, dass er zwei Kerzen anzündet und zwei
kleine Steinchen niederlegt für die, die er so lange gern gehabt hatte.

37. KAPITEL

Gehen oder bleiben?

Es ist vielleicht auch logisch, dass keiner der Freiwilligen, die nach den
Panzern im August 1968 aus der freien Welt in den Käfig zurückkehrten,
die Absicht hatte, auf ewig dort zu bleiben. Als Dubčeks Führung selbst
bis auf ein paar ehrenvolle Ausnahmen vorführte, dass die kommunistische Partei als mögliche Trägerin einer Reform absolut und völlig gescheitert war, wurde klar, dass sich die tschechoslowakische Gesellschaft

nur noch selbst helfen konnte. Nach dem Zerfall aller zivilen Strukturen, ob von der Normalisierung verboten oder moralisch ausgehöhlt, bis die Gemeinschaft der Charta die Bühne betritt und sie bis zum Fall des totalitären Regimes nicht mehr verlässt, lag die Verantwortung bei den Einzelnen. Ihren Kern bildete eine starke Generation von Mittvierzigern, doch das größte Problem hatten die Ideologen des Regimes mit dem Mann, der am 16. September 1976 seinen Fünfundsiebzigsten feierte.

Jaroslav Seifert, der bekannteste tschechische Barde, dessen Verse bereits drei Generationen liebten, machte es der Macht nicht leicht; seine Unterschrift fehlte auf keiner wichtigen Petition, auch nicht auf dem Protestschreiben gegen den geplanten Prozess mit der Gruppe The Plastic People of the Universe, wenngleich man ihm kaum unterstellen konnte, zu den Bewunderern ihrer rohen Ästhetik zu gehören; für ihn waren es einfach Menschen, die wegen ihrer künstlerischen und politischen Ansicht verfolgt wurden, deshalb breitete er über ihnen die Flügel seiner Autorität aus, wodurch er viele Nachfolger inspirierte. Vor einer Strafe konnte er die Plastics nicht schützen, doch er beeinflusste den Umgang mit ihnen, indem er die Welt auf sie aufmerksam machte.

Und es wird für den kollaborierenden Schriftstellerverband noch schlimmer kommen, als dessen Führung im Schock der ersten Stunde die absurde Information herausgibt, keinen frisch gekürten Nobelpreisträger für Literatur in ihren Reihen zu haben und ihn auch als Dichter nicht zu kennen!

Die verbotenen Schriftsteller konnten ihre Vorgehensweisen so gut aufeinander abstimmen, wie es nur möglich war, schließlich musste jeder selbst entscheiden, was er sich leisten durfte und was nicht. Beschrieben wurden bereits die Umstände, die es dem Dramatiker ermöglichten, dank der letzten mutigen Mohikaner in Schlüsselfunktionen ordnungsgemäße Verträge abzuschließen, die es unmöglich machten, ihn wegen illegaler Verbreitung seiner Arbeiten im Rest der Welt zu kriminalisieren. Diese nur bedingt schusssichere Weste nutzte er bis ins Extrem. In absoluter Unsicherheit, als die heimische Obrigkeit dank der sowjetischen Absprachen mit dem Westen nicht wusste, wie hart sie mit all diesen bunten Vögeln ins Gericht gehen durfte, hatten die Belagerten eine absolute Sicherheit: dass die Repräsentanten des Systems auf allen Stufen ihnen ständig etwas vorlogen und ein unsauberes Spiel mit ihnen spielten, dessen Ergebnis ihre Beseitigung sein sollte, sei es durch Brechen des Willens oder durch Vertreibung.

Die Absicht seines Mephistos von der Staatssicherheit, eines Doktor Černý alias Oberst Pilatus, war für den Dramatiker hundertprozentig berechenbar: Dieser wollte sein Schadtier außer Landes bekommen, wie es nachträglich auch ein im Archiv gefundener Bericht von Generalmajor Molnár, Abteilung Inneres, bestätigt. All seine Spielchen konterte der Bedrängte deshalb mit einem eigenen Spiel, was ihm über fünf Jahre hinweg gelang: Er gab die ernste Absicht vor, langfristig ein Engagement im Ausland anzunehmen, und versuchte, daraus Kapital zu schlagen: Damit ihn der Jäger zünftig anfütterte, musste er sich nolens volens entsprechend anständig aufführen, und nicht nur ihm gegenüber. Auch mit harten Angriffen auf andere Kollegen, beispielsweise der Konfiszierung eines Manuskripts des Philosophen Karel Kosík, begründete der Dramatiker den weiteren Aufschub seiner Reise, nämlich dass er sie sich in einer solchen Situation moralisch nicht erlauben könne.

Andererseits war dieser für ihn ein durchaus angenehmerer Gegner als die Schläger oder auch die grünen Eleven, bei denen man nur hämisch schweigen konnte, weil jedes Wort zu schade war. Pilatus bot eine Garantie, die das Archiv in Pardubice ebenfalls belegen wird: Jede Beschwerde des Dramatikers gegen ihre Form der Apartheid wurde protokolliert, und in einigen Fällen, natürlich zumeist bei Bagatellen, führte diese sogar zu einer Korrektur: So wiederholte sich beispielsweise eine Aktion nie wieder, bei der man den Unterzeichnern der Charta 77 die Führerscheine entzog – man zwang selbst den bekannten Globetrotter Jiří Hanzelka, der mit seinem Auto der Marke Tatra zweimal die Erde umrundet hatte, erneut die Fahrprüfung abzulegen! Und wie sollte man das kindliche Erstaunen dieses Doktor Allwissend der Staatssicherheit vergessen, als er feststellte, dass der Dramatiker und seine Frau mit den neuen Pässen, die sie für immer nach Hamburg hatten locken sollen, probehalber ein Wochenende nach Budapest reisten!

Dort konnte er Jürgen Braunschweiger detailliert eine der wichtigsten Entscheidungen seines Lebens erklären, die auch den Verleger finanziell betraf: Er lehnte weitere 450000 Dollar ab, mit denen ein amerikanischer Filmproduzent kürzlich ein gleiches Angebot verdoppelt hatte, im Gegenzug aber sollte er ihm alle Rechte am *Tagebuch eines Konterrevolutionärs* abtreten und auf die Möglichkeit verzichten, gegen verzerrende Korrekturen zu protestieren, die man bei einem solchen Zusatz erwarten musste. Ein urteilsfähiger Leser wird wiederum verstehen, dass die Gründe nicht in der Angst vor einem neuen Konflikt mit dem Regime gelegen haben mögen, dieser war schon permanent! Der Autor konnte sich nur im Rahmen dessen, was man etwas pathetisch ›ziviles Gewissen‹ nennen kann, nicht vorstellen, in einer solchen Manier seine eigene Mitwirkung in einer nationalen Tragödie zu vermarkten. Eben diese Karte wurde nach Budapest zu einem starken Trumpf. Der falsche Doktor hatte natürlich längst die Privatpost früher gelesen als der Adressat, ganz zu schweigen von den Telegrammen aus Hollywood, und diesmal verriet er sich in seiner Erregung. Draußen fast eine Million Dollar zu haben, sagte er ihm in einer Mischung aus Neid und Hass, und hier festzustecken, das kann nur ein Verrückter!

Summa summarum ist es wirklich wahr, dass er wegwollte, sehr sogar, in die große europäische Welt, wohin er als Theaterautor schon längst zu gehören glaubte. Doch noch mehr als weg wollte er wieder zurück! Das und nichts anderes war der Sinn all seiner Versuche auszureisen: die künstlerische und menschliche Kommunikation mit der Welt zu erneuern, die ihm durch die totale Isolation auf immer zu entschwinden drohte, doch keinesfalls die Wurzeln abzureißen, ohne die er sich sein weiteres Dasein nicht vorstellen konnte. Im Unterschied zu den Strategen der Staatspolizei war er sich jedoch sicher, dass er dem Druck der ausländischen Journalisten standgehalten und sich nicht zu primitiven Äußerungen gegen das Regime in der Tschechoslowakei hätte hinreißen lassen, die einen Vorwand dafür böten, ihn nicht wieder zurückzulassen.

Jene ›bestehenden Meinungen‹, er kollaboriere mit den tschechoslowakischen Sicherheitsorganen, konnte er auch bei einem noch so vorsichtigem Verbleib in der Heimat nicht verhindern; wurden sie doch schon lange durch eine Sonderabteilung produziert und von Kollegen geschürt, die damit die eigene Kapitulation zu entschuldigen versuchten. Bei einer erfolgreichen Ausreise mit Rückkehr gab es dagegen die Chance, dass der ersten Schwalbe weitere folgen würden, wie es in Un-

garn, Polen und allmählich auch in Russland der Fall war – erinnert sei
an Jewgenij Jewtuschenko. An eine Ausreise ohne Rückkehr dachte der
Dramatiker nie. Er hätte doch gleich nach der eindringlichen Warnung
und dem großzügigen Angebot des Düsseldorfer Prinzipals Stroux bleiben und sich in dieser anderen Welt einnisten können, ohne Risiko und
die verlorenen neun Jahre, ähnlich wie Škvorecký, Lustig oder Kundera.
Nur war wirklich das Letzte, wovon er träumte, das Exil.

38. KAPITEL

Pavel Havel

Der erwachsene Mann kehrt immer wieder zu denjenigen zurück, die er
ein für allemal als ›meine teuren Freunde‹ bezeichnete. »Havel und Ko.«,
liest er in einer neuen Biografie über sich, »wurden in seinen Vorstellungen Helden, die sich als Einzige, darüber hinaus mit cyranischer Gra-
zie, der totalitären Macht entgegenstellten.« Ja, er spürt bis heute, dass
diese Vorstellungen nichts beschönigten. Der Kampf mit der Macht
solch großer Individualitäten, der sich trotzdem nach dem Schwur der
Musketiere »Einer für alle und alle für einen!« oft fanfaronisch abspielte –
beispielsweise als Karel Sidon, der niemanden auch nur ahnen ließ, dass
er einmal oberster Landesrabbiner Tschechiens werden würde, in seiner
Trafik aus allen Zeitschriften die erotischen Fotografien herausschnitt,
die Ludvík Vaculík kompromittierten, so dass er von einer Stunde auf die
andere arbeitslos wurde –, hatten nicht nur Sinn, sondern zumeist auch
einen gewissen Reiz und Witz. Neben dem Vater und Sklaven der Samis-
dat-Edition Petlice Vaculík verkörperte dies für ihn am deutlichsten der
unermüdlich agile Václav Havel. Ferdinand Vaněk, Protagonist seiner
Einakter *Die Audienz, Die Vernissage* und *Der Protest,* scheint für den älteren Kollegen bis heute ein getreues Selbstporträt Havels zu sein, wie er
Mitte der siebziger Jahre gewesen war. Noch nicht gezeichnet von fast
fünf Jahren Gefängnis, auch noch nicht durch mehr als zehn Jahre dauernde Manöver und Kompromisse als Präsident der Republik, lebte er
damals im Zustand einer absoluten Harmonie von Gedanken und Taten.

Ursprünglich hatten die zwei Männer solch verschiedener Herkunft das Ringen um die Existenz der Zeitschrift junger Literaten »Tvář«, um die Neuorientierung des Schriftstellerverbandes und schließlich um die Ausrichtung der gesamten Gesellschaft zusammengeführt. Es entstand die Notwendigkeit koordinierter Zusammenarbeit von Kommunisten und Nichtkommunisten, welche die beiden Dramatiker zu ihren Sprechern gewählt hatten.

Als dann alles verloren schien und die Kleindenker auf beiden Seiten riefen: »Rette sich, wer kann!«, entdeckten sie ganz im Sinne Goethes ihre ›Wahlverwandtschaft‹. Mit der Zeit wurden sie zu gemeinsamen Schlüsselbewahrern aller geheimen Verstecke, bürgerlichen und privaten, es fehlte eigentlich nur noch das Duzen. Der Ältere bot es an, als der Jüngere eines Abends, noch im schwarzen Anzug, von der Beerdigung seiner Mutter ins Café Viola kam. Bald war er neben dem nicht wegzudenkenden Dramaturgen Luboš Pistorius der wichtigste Mann in seinem Leben.

Wie konnte eine solch enge, ja! fast geschwisterliche Verbindung zwischen einem eingefleischten Demokraten und jemandem, der in fast allen Dingen sein Antipode war, entstehen? Aus der umfangreichen Dokumentation scheint hervorzugehen, dass sie ineinander Partner gefunden hatten, die nicht nur sehr schnell anspruchsvolle Ideen rasch in funktionierende Aktionen umzusetzen wussten, sondern auch jede Absprache einhielten. In einer Zeit, in der das Lebensumfeld beider eine Epidemie von Kapitulationen ergriff, waren sich beide gegenseitig eine Stütze. Die bekannte Achse Hrádeček–Sázava, auf der sich das Leben des harten Kerns der Geächteten überwiegend abspielte, funktionierte bald als Verbindungsweg zwischen zwei Teilen einer Familie.

Während Olga Havlová und Jelena Mašínová, beide begabt mit der Kunst, sehr geradlinig zu leben, sich nichts beweisen mussten und eine natürliche Beziehung zueinander fanden, die sie keine besonderen Anstrengungen kostete – Olga wird Jelena ohne Scheu nach Wien mitteilen, was sie und Václav an Kleidung brauchten, Jelena wird ihnen dies problemlos besorgen und mit Boten schicken –, waren beide Männer von dem Verlangen besessen, sich immer besser und tiefgründiger kennenzulernen. Die erhaltene Korrespondenz zählt viele Dutzende dicht beschriebener Seiten, die ihrer Beziehung eine konkrete Form verleihen und der legen-

dären Zeit den Duft von Menschlichkeit zurückgeben. Beispielsweise als
sich die Frau des älteren Dramatikers mit ihrer Mutter und der kleinen Jolana in dieser ganzen Misere zumindest nach einer Woche Erholung in
den tschechischen Bergen sehnt und der Freund aus dem Gebirgsvorland
sich aufmacht, um den Aufenthalt, den ein gewisser Empfangschef namens Fojčík immer nur ins Leere hinein versprach, telegrafisch zu bestätigen. Der private Brief spricht Bände über den Zustand der Gesellschaft
und die persönliche Beziehung des Absenders und des Adressaten; darüber hinaus trägt er alle Zeichen der Havel'schen Ästhetik.

*Lieber Pavel, nach deinem Brief habe ich nicht gezögert und mich auf den
Schwarzen Berg begeben. Ich muss dir mein Erlebnis ganz genau schildern,
denn es hatte es in sich, und trotz zahlreicher Leiden bedauere ich nicht, es
auf mich genommen zu haben (ich bin mir sogar nicht sicher, ob ich mein
Stück Berghotel nicht auf eine ganz neue Basis stellen sollte).*

*1/ Ich fuhr am Samstag gegen zwölf los und traf nach zahlreichen Schnee-
wehen gegen eins in Janské Lázně ein.*

*2/ Von eins bis drei stand ich an der Seilbahn an, dabei konnte man sich
nicht einmal sonnen, denn gerade dort, wo die Schlange wartete, war
Schatten. Aber damit nicht genug: Dort ist auch eine Art Müllhalde, und so
habe ich die ganze Zeit unvorstellbaren Gestank eingeatmet. Doch auch
damit nicht genug: Dort wehte ein schrecklich starker Wind, aber man
konnte nicht umherlaufen, damit man nicht seinen Platz in der Schlange
einbüßte, und so froren mir leicht die Füße ab, und ich habe den Eindruck,
dass ich mir dort eine Lungenentzündung geholt habe.*

*3/ Nach drei gelangte ich ins Berghotel. Der Empfangschef, Herr Fojčik, war
ganz in einen komplizierten Streit mit drei ostdeutschen Familien aus
Preußen verwickelt, die ihren Aufenthalt längst über das Reisebüro bezahlt
hatten und für die er keine Zimmer hatte. Der Streit dauerte etwas über
eine Stunde, und ich unterbrach ihn aus drei Gründen nicht: a/ er interessierte mich ungeheuer; b/ er interessierte mich auch deshalb, weil er es mir
ermöglichte, etwas tiefer in die Seele des Empfangschefs, Herrn F., und die
Verhältnisse im Hotel zu blicken, was mir nützlich erschien, auch zu einer
besseren Orientierung in deinem Fall und zur Wahl der richtigen Taktik; c/
man konnte ihn absolut nicht unterbrechen.*

*4/ Gegen vier war der interessante Augenblick gekommen: Der Empfangs-
chef, Herr F., entfernte sich für einen Moment, und ich konnte mich so, unglaublich schnell und erfolgreich, der Telefonistin und der Leiterin der
Zimmerreinigung nähern. Das leise Gespräch mit ihnen bestätigte voll und
ganz meinen Eindruck, den ich ab dem ersten Moment hatte, nämlich dass
der Empfangschef, Herr F., a/ ein völliger Idiot, b/ ein unvorstellbarer
Chaot, c/ ein Lügner und d/ ein Hysteriker war. Beide Damen sagten mir,
sie wollten seinetwegen kündigen, er habe die Zimmerbelegung derart
chaotisiert, dass dies deshalb von niemandem anderen als von ihm verstanden wurde, dass er es jedoch am allerwenigsten verstände. Sie zeigten mir
seine Aufzeichnungen voller Streichungen, Punkte, Kreuze, Ausradierun-
gen, Striche und Fettflecke, alle drei lachten wir sehr darüber, sie deuteten
jedoch an, von ihrer Seite aus sei dies Galgenhumor, denn dieser fürchter-
liche Tyrann beschuldige sie immer mal wieder vor den Gästen des Chaos,
das er selbst verursacht hatte. Ich schilderte den beiden Damen deinen Fall,
sie sagten mir, es sei typisch, sie würden dich kennen und hegten dir gegenüber große Sympathien, ihrer Meinung nach gäbe es überhaupt kein Problem, Jelena das versprochene Zimmer zu geben, doch ohne den Empfangschef, Herrn F., ginge dies nicht, er sei ein Hindernis, das wir gemeinsam
überwinden müssen und das nicht anders zu umgehen sei. Gleichzeitig
aber deuteten sie an, dass ihre Unterstützung für deine (bzw. unsere) Sache
wahrscheinlich nur platonisch ausfallen werde, weil sie es nicht wagten, es
dem Empfangschef, Herrn F., persönlich zu sagen. (Als ich dann mit ihm
redete, machten sie wirklich nur hinter seinem Rücken Grimassen, die
andeuteten, dass er ein Ochse sei, ich ausharren sollte, sie mit mir fühlten
usw.).*

*5/ Dann kehrte Herr F. an die Rezeption zurück und ich sagte zu ihm sehr
höflich und mit einem netten Lächeln, mein Freund, der Herr K., habe vor
einer Woche bei ihm ein Zimmer reserviert, er, der Empfangschef, Herr F.,
habe ihm dieses Zimmer versprochen, und Herr K. habe sich mehrmals –
mündlich, schriftlich und telefonisch – erkundigt, ob das Zimmer wirklich
reserviert sei, dass er jedoch, um wirklich ruhig zu sein, zum Schluss mich,
seinen Freund, geschickt habe, der in der Nähe wohnt, um als seine Vertretung zu bestätigen, dass alles gilt. Kaum hatte ich zu Ende gesprochen, begann der Empfangschef, Herr F., mich flegelhaft anzuschreien, er habe kein*

Zimmer für eine Frau Kohoutová, er habe dir angeblich nichts versprochen,
im Gegenteil, er habe dir und Frau Kohoutová mehrmals mündlich und te-
lefonisch mitgeteilt, es gäbe kein Zimmer und ihr solltet nicht mit einem
Zimmer rechnen und er verstehe nicht, wie ihr es wagen könntet, noch ein-
mal nach so vielen Ablehnungen euren Gesandten auszuschicken, damit
dieser ihn aufhalte. Da ich nicht wusste, ob diese Explosion nicht der erste
Akt eines Stückes war, das in eine Verhandlung münden könnte, begann
ich, auffällig einen Hunderter in der Hand hin und her zu wenden (ich
habe ihm das Geld deshalb nicht einfach direkt gegeben, weil Zeugen he-
rumstanden, und auch, weil ich beim vorherigen Studium seiner Mentali-
tät den Eindruck erlangte, dass es ihm nicht um Geld ging). Er reagierte auf
den Hunderter, auch wenn er auffällig hin und her gedreht wurde, nicht.
Als sein Ausbruch vorbei war, fing ich an, ihn zu überreden, an seine Ge-
fühle zu appellieren, ich behauptete, Jelena und ihre Mutter hätten schon
Urlaub genommen, ich berief mich auf deine Bestellung, es half nichts. Im-
mer wieder behauptete er, er habe kein Zimmer – und er werde nie ein
Zimmer haben! Diese mysteriöse Vorahnung hat mich besonders fasziniert.
Dann stand ich dort noch ungefähr zwanzig Minuten herum, dann erneu-
erte ich – abseits – meine Kontakte mit der verbündeten Telefonistin. Sie
war sehr traurig und verbittert, sagte, es tue ihr leid, sie wisse nicht, was
man tun könnte, schließlich versprach sie mir, dir morgen ein Telegramm
zu schicken, wenn ein Zimmer frei werde und wenn sie den Empfangschef,
Herrn F., für den Gedanken gewonnen habe, es Jelena zu geben. Da kam
der Herr F., der offensichtlich gute Ohren hatte und, scheinbar mit anderen
Dingen beschäftigt, heimlich unser leises Gespräch mithörte; er kam zu uns
und begann, die Telefonistin zu schelten, wie sie so etwas vorschlagen
könne, wo er doch klar gesagt hatte, dass es kein freies Zimmer geben werde.
In dieser Phase gab ich auf (vielleicht hätte ich noch zum Hoteldirektor ge-
hen sollen, doch davon riet mir die Information ab, dieser habe selbst Angst
vor dem Empfangschef, Herrn F.). Die Telefonistin schickte bereitwillig
meine Telegramme an dich nach Prag und vorsichtshalber nach Sázava –
doch auch dies geschah nicht ohne Einmischung des Empfangschefs, Herrn
F.: Er behauptete, man könne nicht zwei Telegramme mit demselben Wort-
laut und dieselbe Person an zwei Adressen schicken, dies sei doch eine Sau-
wirtschaft (das sagte gerade er!) und er wisse nicht, warum man dir nach

Sázava telegrafieren sollte, wo du doch aus Prag bist und in Sázava sowieso keine Telegramme ausgeliefert werden (!). Ich wandte ein, dies seien meine Telegramme, von mir bezahlt, und es sei somit meine Sache, an wen und wohin ich telegrafiere. Als ich ging, sagte er zu mir, ich solle mich nicht ärgern!!!!!

6/ Zu Hause war ich dann gegen halb sechs, durchgefroren, psychisch erschöpft, hustend, nervös zitternd. Ich aß (im Hotel wollte ich mich nicht mit Essen aufhalten, da ich die Schlange an der Seilbahn zurück und die Kälte fürchtete, die, je später, umso größer werden würde) eine Suppe, ein Hühnchen, ein Kompott, ein Dessert, ich trank einen Kaffee, einen halben Liter Wein, zwei Wodka und zwei Becherbitter sowie zwei starke Kräutertees, ich schluckte 14 verschiedene Tabletten, duschte, legte mich ins Bett und schlief 12 Stunden.

Es war ein unvergessliches Erlebnis! Ärgere dich nicht! (wie mir beim Gehen der Empfangschef, Herr F., sagte). Ich küsse Jelena und grüße dich herzlich, Vašek, Hrádeček, 23. 2. 1975

Die Jahre 1972–1978 waren randvoll nicht nur mit den sich steigernden Schikanen der Staatsmacht, sondern auch von stärker werdenden Aktivitäten ihrer Gegner, die überwiegend bei zahlreichen freundschaftlichen Treffen an dem einen oder dem anderen Ende der Verbindungslinie Sázava–Hrádeček entstanden und die immer in Orgien ausarteten. Die drei gefragtesten Rezepte sind im Roman vom *Begrabenen Hund* angeführt; die gewagteste Gourmetkreation bestand im Versuch des Herrn von Hrádeček, das phänomenale Festessen aus Hrabals Roman *Ich habe den englischen König bedient* nachzukochen, wo die Bediensteten eines afrikanischen Monarchen im Hof seines Prager Hotels Braten von exotischen Tieren, von der Giraffe bis zum Pfau, zubereiteten, der Größe nach ineinandergestopft. In tschechischen Gefilden wurden sie durch einheimisches Geflügel ersetzt: Eine mächtige Gans füllte der Gastgeber mit einer dicken Ente, die er zuvor mit einem gefüllten Hühnchen ausgestopft hatte. Der vorgebratene dreieinige Riesenvogel wurde dann im gusseisernen Bräter für das sonntägliche Mittagessen auf die Brüstung des Kamins gestellt. Leider ließ der erste Schlaftrunkene am anderen Morgen die beiden Hunde herein. Havels Zwergschnauzer Aida zog geschickt die Ente aus der Gans, und Kohouts rauhaariger Edison konnte noch das Hühnchen aus der Ente klauben. Eine weitere Mammutgans war nicht aufzutreiben, so blieben nur die Erinnerung an den Duft und die Vorstellung vom Geschmack.

Außer dass jeder der Verfemten das eigene Schreibprogramm weiterführte, entstanden auch Texte ›zur Erheiterung der Freunde‹. Dazu gehörte ein Ministück, das den sehr bezeichnenden Titel *Rr* bekam und das raffinierte Pseudonym Pavel Havel trug, auf den ihre Ermittler gekommen waren, weil sie sie manchmal irrtümlich umgekehrt ansprachen. Die Post funktionierte damals noch fast normal, und so schickten sich beide Dramatiker, von dem bekannten Sprachfehler des Jüngeren inspiriert, als Fortsetzung die Geschichte eines verzweifelten Schauspielers, der nicht in der Lage war, das Zungen-R zu sprechen und in seiner Verzweiflung einen Phoniater aufsucht. Die Autoren stachelten sich gegenseitig an, indem sie die verrücktesten logopädischen Schulen erdachten. Das Duett Havel und Pavel spielte die Szene persönlich in Hrádeček mit einer überraschenden Besetzung: Die Person mit dem Sprachfehler spielte der Gast von der Sázava, während der Hausherr den Part des Arztes übernahm, der überraschenderweise völlig fehlerfrei sprach.

Die drei Dutzend Zuschauer waren bis zur Pointe nicht in der Lage, herauszufinden, was Havels fehlerfreie Aussprache ermöglichte, erst ganz am Ende merkten sie, dass die Autoren eine mühsame, jedoch perfekt funktionierende List angewendet hatten: In dem fast einstündigen Dialog hatte der Professor in seinem Text keinen einzigen r-Laut.

Zur Belustigung für Freunde schrieb der Ältere dann den Einakter *Sex*, der die Charakterzüge des damals unzertrennlichen Sechsergespanns Havel – Klíma – Kliment – Kohout – Kosík – Vaculík bei der Vorbereitung der Sprengung eines feindlichen Zuges aufdeckte. Die sechs zu allem bereiten Intellektuellen arbeiten in einem unterirdischen Bunker, den sie sich im Prager Waldpark Stromovka eingerichtet hatten, eine geniale Partisanenaktion aus, doch gewisse persönliche Eigenschaften, die kleine Fehler entstehen lassen – beispielsweise dadurch, dass Havel in seiner angeborenen Redseligkeit den streng geheimen Plan vor seinen noch redseligeren Freunden in der Kneipe ausplaudert und Kohout in wachsender Zerstreutheit statt Sprengstoff Süßstoff bestellt – führen zu einem nicht geplanten Ende. Der Bunker fliegt in die Luft.

Die Zuhörer der ersten Lesung auf Hrádeček lachten so, dass der Autor erstarrte: Der Text bot verschiedenen Doktor Černýs den Schlüssel zu sechs Aufrührern, von denen jeder seine leicht verwundbare Achillesferse hatte. Diese Lesung blieb deshalb für Jahre die letzte Aufführung des Stücks, bald wanderte es per Boten zu Freunden in die Schweiz, und im tschechischen Umfeld erscheint es erst zum siebzigsten Geburtstag des Autors im Sammelband der sieben Einakter *Sechs und Sex*.

Beide auf den ersten Blick marginalen Arbeiten sind jedoch ein wichtiges Zeugnis dafür, dass sich die am meisten schikanierten Bürger des Landes einer guten geistigen Kondition erfreuten, die sie auch fleißig aufrechterhielten. Man kann überhaupt sagen, dass die Gemeinschaft der Ausgestoßenen, abgesehen von besonders angespannten Situationen, freudvoller lebte als das Gros der Gesellschaft, das unbewusst unter ihrem schlechten Gewissen litt. Dieses wird sie, wenn die Zeit der Freiheit kommt, wissentlich unterdrücken, um sich nicht lästige Fragen nach dem eigenen Verschulden stellen zu müssen, wie es ehemalige Kommunisten ständig tun.

Ernst gemeint sind auch drei Arbeiten des älteren Dramatikers, für die er sich von dem Jüngeren die Figur des Ferdinand Vaněk aus dessen Einaktern ausborgt; der scheue Antiheld wird zum Prototyp des nicht aggressiven, jedoch nicht einzuschüchternden Gegners des totalitären Regimes. Im ersten Kurzstück *Das Attest*, das noch im tschechischen Umfeld entstand, wird Vaněk ein kompliziertes Problem aus dem wahren Leben seines neuen Verfassers zu lösen haben: Wie kann man es anstellen, dass der Zuchthund des Dissidenten Welpen haben darf, wo er doch unter das Berufsverbot seines Herrchens fällt; auf tschechische Art klärt dies die über Beziehungen beschäftigte Tochter eines hochgestellten Genossen, die das edle Tier heimlich auf ihren Vater überschreibt. Im zweiten Einakter, *Morast*, der schon in Wien entsteht, wird Ferdinand dem Verhör durch drei besonders gewiefte Staatssicherheitsoffiziere standzuhalten haben, die alle Tricks bei ihm ausprobieren, jedoch durch einen eigenen Fehler als begossene Pudel enden. Das traurigste der drei kleinen Stücke heißt *Safari*, geschrieben zur Zeit von Havels

Haft als Reaktion auf die skandalöse Naivität vieler westeuropäischer Intellektueller. Der Schriftsteller Vaněk, unter mysteriösen Umständen in einem österreichischen Auwald aufgefunden, wohin er wahrscheinlich von der Staatssicherheit gebracht wurde, wird zu einer TV-Debatte mit einem roten Dramatiker, einer grünen Schauspielerin, einem schwarzen Journalisten, einem Literaturkritiker und einem Erotikdichter eingeladen, um diesen seine Erfahrungen mit dem totalitären Regime zu vermitteln. Unter der Leitung der Moderatorin, die seinen Namen jedes Mal anders ausspricht und wo es ihm nicht gelingt, auch nur einen Satz zu Ende zu führen, stellt Vaněk fest, dass die Einheimischen alles besser wissen als er, sie kennen sogar die Rezepte für böhmische Obstknödel. Der Einakter endet mit der Meldung, ein nackter Mann habe die Donau von Österreich in Richtung ČSSR überquert.

Nach allem, was beide Dramatiker und ihre Frauen in diesen schweren Jahren gemeinsam gemeistert hatten, war es nur natürlich, dass das ältere Paar die letzten Monate in der Heimat, nach dem Rausschmiss aus der Hradschiner Wohnung auf die schwer beheizbare Sommervilla an der Sázava angewiesen, in der Prager Wohnung von Václav und Olga Havel unterkommt, die sich deshalb in Hrádeček aufhalten werden. Dies geschieht kurz vor der großen Pause, nach der, wenngleich mit denselben Darstellern, ein anderes Stück gespielt wird. Es gibt Dramen wie *König Lear* oder *Peer Gynt*, deren Helden mehrere Lebensphasen durchlaufen, die sie sehr verändern. Dasselbe erwartet nach elf Jahren auch beide Autoren des Stücks *Rr* und des Textes der Charta 77. Im zweiten Teil treffen Havel und Pavel schon sehr gezeichnet aufeinander, der eine durch das Gefängnis, der andere durch das Exil.

39. KAPITEL

Die Chance aus dem dritten Korb

Wenn fast machtlose Bürger ihre Irrtümer korrigieren können, dann obliegt dies umso mehr den Großmächten. Nach dem katastrophalen Versagen Englands und Frankreichs im Jahre 1938, das die schreckliche

Schuld Deutschlands ermöglichte, hatten auch die Vereinigten Staaten von Amerika einen fatalen Anteil am Nachkriegsschicksal der europäischen Länder, die beim Treffen der Großen Drei in Jalta Stalin für sein Reich erschacherte. Es war dann vor allem die sowjetische Invasion in die Tschechoslowakei im August 1968, die den Demokratien weltweit zeigte, wie auch der Westen Europas enden könnte. Vor allem Amerika, England und das wiedergeborene Deutschland verbündeten sich zu einem Programm, dessen Ergebnis innerhalb von nur zwei Jahrzehnten die Welt verändern sollte. Militäroperationen eines gewissen Typs bezeichnet man als Umfassungsmanöver. Auch die neue Strategie hatte zwei Flügel, die man vereinfacht als Détente und Doppelbeschluss bezeichnen könnte. Auf der einen Seite Lockerung, das Angebot wirtschaftlicher Vorteile gegen politische Zugeständnisse, auf der anderen Seite Nachrüstung, bei der der Westen den Osten massiv übertreffen würde. Trotz des Widerstands der sowjetischen Habichte und paradoxerweise auch der westlichen Friedensbewegung, die teils durch ihre Einseitigkeit eher das Risiko eines Krieges beförderte, erreichten beide Offensiven ihr Ziel.

Zum Symbol für das Abklingen der Spannungen wurde der Kniefall, mit dem unerwartet Willy Brandt in Warschau die Opfer der deutschen Gräueltaten ehrte. Der kniende Kanzler gab Millionen Menschen den Glauben zurück, dass man Verbrechen zwar nicht ungeschehen machen kann, diese aber gerade deshalb zum gemeinsamen Einsatz verpflichten, um nie mehr eine Wiederholung zuzulassen. Ab diesem Moment setzten sich die Mechanismen von Regierungs- und Nichtregierungsorganisationen in Gang, die auch auf der anderen Seite des Eisernen Vorhangs ähnliche Initiativen hervorriefen. Die vereinigten kommunistischen Politbüros beugten sich der Erkenntnis, dass ihre Länder ohne ein gewisses Maß der Anerkennung der Rechte ihrer eigenen Bürger nicht in den europäischen Salon und somit zu den ersehnten wirtschaftlichen Vorteilen gelangen würden. Aus diesem Problem konnten sie sich nie mehr herauswinden, die reifste Frucht war die polnische Solidarność, die erstmals das Kräfteverhältnis innerhalb eines totalitären Staates änderte.

Zum zweiten Arm der Zange sollte in einer weiteren Etappe die militärische Entscheidung werden, auf die neuen sowjetischen Mittelstreckenraketen SS 1 und SS 2 mit Kernsprengköpfen, die vor allem in der Tschechoslowakei stationiert wurden, mit der Aufstellung ähnlich ausgerüsteter amerikanischer Raketen des modernen Typs Pershing und Cruise Missile vor allem in Westdeutschland zu reagieren. Die sowjetische Propagandainitiative wird dann erfolgreich Hunderttausende Demonstranten zu den Ostermärschen locken in der Überzeugung, die Kriegstreiber seien Ronald Reagan, Margaret Thatcher und Helmut Schmidt, die deshalb von ihren Plänen abzulassen hätten. Bereits im unfreiwilligen Exil wird der Dramatiker staunen, wie viele mit komplexer Information lebende erwachsene Menschen ihn in jugendlicher Naivität übertrumpfen! Das weitsichtige Dreigespann lässt glücklicherweise nicht locker, und die Militärmathematiker im Kreml werden Michail Gorbatschow bald empfehlen, die Weichen umzustellen und aus dem überheizten sowjetischen Kessel Dampf abzulassen, in einer Art und Weise, die stark an die Methode des ›Prager Frühlings‹ erinnert.

Der ehemalige Dissident liest nach mehr als einem Vierteljahrhundert seine Petitionen und Anklagen, adressiert an verschiedene kommunistische Funktionäre, und ist mit ihnen im Einklang. Er hat nie eine Antwort darauf erwartet, doch ihr wirklicher Sinn lag woanders: Eine wie die andere wurde nach der gesetzlich vorgeschriebenen Frist zur Bearbeitung von Beschwerden als unbeantwortet in der einen oder anderen großen europäischen Zeitung veröffentlicht. So beispielsweise der Brief vom Juni 1973 an den gerade ernannten Kulturminister Klusák, den Schwiegersohn von Präsident Svoboda. Darin wird ein Bild seines damaligen Ressorts gezeichnet.

Ich kenne einen Menschen, der vier Hochschulen absolviert hat, um nun schon das dritte Jahr (auch nach einem Infarkt) als Taxifahrer zu arbeiten.

Ich kenne drei Historiker, denen nicht mehr erlaubt ist, als in einem Keller die Zentralheizung zu bedienen.

Ich kenne einen wunderbaren Dichter, der mit Mühe Unterschlupf als Rettungsschwimmer in einem Freibad fand.

Ich kenne einen herausragenden Romancier, der Milch ausfährt, und einen anderen, der als Pförtner in einem Hotel arbeiten muss.

Ich kenne einen Filmregisseur, der nur engagierte sozialistische Filme drehte; nach zwei Jahren sinnloser Arbeitssuche landete er bei der Post.

Ich kenne zwei Literaturwissenschaftler, von denen der eine Schaufenster putzt, während der andere Glück hatte: Er ist Platzanweiser im Theater.

Ich kenne eine Schriftstellerin, die als Garderobenfrau in einer Bierkneipe arbeitet, ich kenne eine andere, die in einer Gärtnerei unterkam.

Meine Bekannten, ehemalige Studenten und ihre Professoren, Journalisten und politische Mitarbeiter mit riesigem Erfahrungsschatz, die heute als Maurer, Baggerfahrer, Chauffeure und Verkäufer arbeiten, kann ich in Dutzenden abzählen.

Und ich kannte einen außerordentlich begabten Wissenschaftler, den Vorsitzenden einer der Parteiorganisationen im Institut für Kernphysik, den man so gebrochen hat, dass er zwei Jahre in der Psychiatrie verbringen musste und der sich unlängst das Leben nahm. Vor allem an ihn denke ich beim Schreiben dieses Briefes.

In dieser Situation wagte es am 28. Januar dieses Jahres Ihr Vorgänger Brůžek in einer Fernsehsendung zu erklären, die Lage im Bereich Kultur sei »normal«.

Diese im Gegenteil völlig abnormale Situation dauert schon fünf Jahre, und es ist kein Ausweg in Sicht. Auch Ihre Antrittsrede hat keinen aufgezeigt! …

Auch auf diesen Brief kam keine Antwort, und so wurde die Übersetzung wortwörtlich in der »Frankfurter Allgemeinen Zeitung« abgedruckt und von dort aus weiterzitiert. Mit ähnlichen Stimmen – die bedeutendste war ein Brief von Václav Havel an ›Doktor‹ Husák, reihten sich die Tschechen hörbar in den Chor der Kritiker aus Mittel- und Osteuropa ein, der bis dahin überwiegend polnisch geklungen hatte, und nun, um zahlreiche Soli aus Budapest und Prag reicher, lieferte er den westlichen Unterhändlern der künftigen Konferenz für Sicherheit und Zusammenarbeit in Europa neue Argumente für das Ringen um den ›dritten Korb‹, wie die Problematik der Bürger- und Menschenrechte allgemein genannt wurde.

Als dann im Sommer 1975 das Regime in Prag sehr unwillig seine Unterschrift unter das Protokoll von Helsinki setzen musste, um die Absichten des Kreml nicht zu vereiteln, konnte der Dramatiker dessen Echtheit sofort überprüfen: Er ersuchte um die Genehmigung für eine sofortige Ausreise ins schweizerische Luzern, wo das Internationale Musikfestival mit der Weltpremiere seines Stücks *Roulette* eröffnet werden sollte. Die Aufgabe, einen neuen Bühnentext zu schreiben, hatte er zwei Jahre zuvor vom Kantonspräsidenten Hans-Ruedi Mayer angenommen, in einer Art Vorahnung, dass die Schweiz zur Durchbrechung der Blockade beitragen könne, und er entschloss sich, eine Erzählung von Leonid Andrejew, *Die Dunkelheit*, zu adaptieren.

In einer großen russischen Stadt wird ein Anarchist gejagt, der am nächsten Tag einen hohen Vertreter der Samodershawa, der höchsten Verwaltung, umbringen soll und für die letzte Nacht ein öffentliches Haus als Zuflucht aufsucht. Er erwählt sich ein schwarz gekleidetes Mädchen, das man ihm als Jungfrau vorstellt, und so trifft er in seiner absoluten Unerfahrenheit auf die gewiefteste Prostituierte, die wiederum nie zuvor einen anständigen Menschen kennengelernt hatte, geschweige denn ein Ideal. Während der junge Mann durch die Konfrontation mit dem wirklichen Leben sein falsches Ideal verliert, entdeckt Ljuba das richtige, als sie Alexej vor der Hinrichtung bewahrt, indem sie ihn mit der Pistole des Kommissars erschießt. Der Zusammenstoß der frommen Vorstellungen, die dem Dramatiker so vertraut waren, mit der menschlichen Hoffnungslosigkeit wurde durch die Gegenüberstellung beider Extreme mit dem Zynismus der Diener der Macht verstärkt.

Das ist die Botschaft des russischen Klassikers, die dem Bearbeiter erlaubte, der kategorischen Einladung von Präsident Mayer nachzukommen. Der arrogante Typ in der Passausgabe lachte über das Gesuch der sofortigen Ausreise. Als sich der Bewerber jedoch nicht abwimmeln ließ, holte er seinen Chef und konnte dann nur noch staunen. Es hatte den Anschein, dass gerade durch diese Ausreise langsam die Charta zum Schutz der Menschenrechte und Grundfreiheiten in der Tschechoslowakei Einzug hielt. Doch dies war nur eine neue List. Die anderen mussten noch fast fünfzehn Jahre warten!

Die Mehrheit der Aktivsten bildeten zweifelsohne ehemalige Kommunisten. Dass sie einst halfen, die Grundfreiheiten zu unterdrücken, war und ist Gegenstand berechtigter Kritik. Doch dass sie sich bei der

Wiedergutmachung der Folgen oftmals mutiger verhielten als einge-
schworene Demokraten, wird verschwiegen oder gar lügnerisch in Ab-
rede gestellt. Der zweite Václav im Präsidentensessel der Tschechischen
Republik, Klaus, geht so weit, dass er ihnen und mit ihnen der gesamten Dissidentenbewegung praktisch jegliche Bedeutung abspricht;
er spricht diese der ›schweigenden Mehrheit‹ zu, der er selbst angehörte
und ohne diese lautstarke Minderheit vielleicht bis heute angehört
hätte. Auf die politische Geschichtsschreibung wartet die grundlegende
Aufgabe, die Taten und die Untaten von mindestens drei Generationen
zu bewerten.

Summa summarum geht daraus der bisher verfluchte oder zumindest
verlachte Haufen der Reformkommunisten nicht ganz so schlecht hervor. Die Taktik des Dramatikers gegenüber dem repressiven Apparat
kann man in einem Satz ausdrücken: sofort jeden kleinsten Raum besetzen, den das Regime Husák unter internationalem Druck zähneknir-
schend räumen musste. Es war ja immer offensichtlicher, dass bei den
Verhandlungen über die Schlussakte der Helsinki-Konferenz die Satelli-
tenstaaten so tanzen mussten, wie Moskau pfiff. Und dass der Kreml
diesmal auf übertriebene Repressalien gegenüber Dissidenten verzichtete, wenn es wegen ein paar hundert Spinnern um die so notwendigen
Handelsmilliarden kommen könnte. Dafür gestand man die vorübergehende Lockerung irgendwelcher zwielichtiger Rechte zu, die man übrigens gut überwachen konnte. Diesen Denkfehler hat dann der Kern der
Dissidentenbewegung, unter starker Beteiligung ehemaliger Kommunisten, genutzt, um dem übermütigen Regime eine moralische Ohrfeige
zu verpassen, deren Abdruck durch keine Schminke zu vertuschen war.
Sie sollte das Datum 1. 1. 1977 tragen, als einige hundert Männer und
Frauen, die erstmals in der Geschichte des Landes das gesamte Spektrum des Volkes repräsentierten, höflich bei der herrschenden Staatspartei anfragten, warum sie denn ihre in Helsinki angenommenen Verpflichtungen nicht erfülle.

40. KAPITEL

Die Charta 77

Ein Vierteljahrhundert nach der Veröffentlichung der Charta 77 wird längst klar sein, dass es nicht übertrieben war, sie bereits damals als Fixstern zu bezeichnen. Der gelungene Versuch des Zusammenschlusses von Bürgern, die bis zu dieser Zeit an gegenüberliegenden Polen des politischen und religiösen Spektrums standen, geht als eines der wenigen strahlenden Kapitel in die tschechische Geschichte ein. Mitbürger, erst zwölf Jahre später durch den Lärm der einstürzenden Berliner Mauer aus dem Dornröschenschlaf geweckt, werden vergebens versuchen, diese Tat zu einer Art kryptokommunistischer Lappalie zu degradieren, um ihr eigenes Arrangement mit der Macht oder das gemütliche Warten zu verteidigen, bis sie irgendwann einmal von allein das Handtuch wirft. Die Freiheit bringt eine ganze Flut von Informationen und öffnet auch die bisher tabuisierte unrühmliche Geschichte der ›Anticharta‹, deren Unterzeichner sich ebenso vehement wie peinlich zu rechtfertigen versuchen. Zur Charta 77 gibt es bereits eine umfangreiche Dokumentation und Literatur, ein persönlicher detaillierter Bericht des Autors über den Dezember 1976 bis zum Januar 1977 findet sich im *Begrabenen Hund*, bleibt nur noch hinzuzufügen, was nur Eingeweihte wissen durften, weil die erste Ausgabe noch in tiefster totalitärer Zeit erschien. Nachträglich findet diese siegreiche Aktion sehr viele Väter und Mütter. Zwei, von denen gleich die Rede ist, gehörten wirklich dazu.

Neben der Notwendigkeit, jeden Unterzeichner zu einem eigenhändig verfassten Text zu verpflichten, damit dieser sich voll vergegenwärtigt, worauf er sich einlässt und was er riskiert – einigen erpressbaren Interessenten, die Ehe- oder Alkoholprobleme hatten, versuchten die Initiatoren ihre Unterschrift auszureden! –, schien das Wichtigste die Art der Veröffentlichung zu sein. Als Erster musste der Adressat den Text bekommen, also das Parlament der ČSSR. Doch schon einen Tag später sollte er in der gesamten demokratischen Welt erscheinen, um durch die dortigen Medien zu möglichst vielen Menschen im eigenen Land zu gelangen. Die langjährigen Erfahrungen mit westlichen Journalisten hatten den älteren Dramatiker, der sich darum kümmern sollte, gelehrt, sich keine Illusionen hinsichtlich gegenseitiger Kollegialität zu machen. Eine solche Sensationsmeldung exklusiv zu bringen war der Schlüssel zu Ruhm und Geld, den kein normaler Medienmensch teilen würde. Nur wenn eine Zeitung den Text mit Vorlauf bereits gebracht hätte, würden die anderen höchstens Ausschnitte in einer problematischen Auswahl abdrucken. Der ›abnormale‹ Geheimfavorit, der dieses Wunder vollbringen sollte, hieß Hans-Peter Riese.

Der Korrespondent des Deutschlandfunks wirkte zusammen mit seiner zärtlichen, schönen und klugen Frau Michaela Anfang der siebziger Jahre in Prag, bevor er ausgewiesen wurde. Das verdankte er dem damals noch tschechoslowakischen Bürger und Schriftsteller Ota Filip, der sich bei einem Verhör durch die Staatssicherheit in seiner Panik herbeidichtete, der junge Deutsche habe jene Petition zur Befreiung politischer Häftlinge bei den tschechischen Schriftstellern in Auftrag gegeben. Der Dramatiker wurde zum ersten Male verhaftet, und sein Haus an der Sázava wäre beinahe in jener Nacht abgebrannt, als ein Geheimkommando dort Filips privaten Brief suchte, in dem er sich reuig zu seiner Lüge bekannte. Rieses Ausweisung veränderte sein berufliches und persönliches Leben nachhaltig. Nun hatte er die Möglichkeit, sich zu revanchieren, wenngleich um den Preis, dass er nur das Gefühl einer Genugtuung erlangen würde. Vor allem aber musste ihm durch den ›Eisernen Vorhang‹ mitgeteilt werden, was in Vorbereitung war und welche Rolle er dabei spielen sollte.

Schon über Jahre durften keine westlichen Verleger, Regisseure und anderen Geschäftspartner der Verbotenen ins Land einreisen. An ihre Stelle traten Helfershelfer, oft vom Verbündeten aller Mutigen – dem Zufall – rekrutiert. Monsieur Zufall hatte dem Dramatiker zwei Jahre zuvor in einer Bar auf dem Hradschin-Platz eine Tschechin zugespielt, die nach Bayern geheiratet hatte. Das hübsche, nette Mädchen Ilona Drumm reiste dann oft in der Dämmerung nach Sázava. Wenn sie den Wagen mit dem Münchener Kennzeichen in der Garage versteckt und wichtige Nachrichten ausgerichtet hatte, packte sie die bestellten Einkäufe aus, und man begann zu kochen. Sie war eine begnadete Köchin, vor allem was die russische Küche betraf, doch ihre Meisterkreation war

ein Strudel, der in der Halle der Villa von vier Helfern auf altböhmische
Art wie ein Bettlaken gezogen wurde.

Als der Dramatiker seiner Frau anvertraute, er wolle Ilona zur Brief-
taube seines streng geheimen Projektes machen, war sie zuerst dagegen:
Sie hatte sich nämlich bei der ersten Begegnung sehr erfolgreich als
Deutsche vorgestellt, erst bei der zweiten gab sie sich zu erkennen und
entschuldigte sich, sie habe sich dadurch in der Tschechoslowakei vor
Anmachern schützen wollen. Natürlich hätte sie auch gezielt angesetzt
sein können, doch dagegen sprach, dass sie auf ihren geheimen Vorteil
verzichtete. Das Archiv von Pardubice bestätigt: Sie war sauber! Sie kam
im Jahre 1976 vor Weihnachten mit den Geschenken zur Bescherung für
die Familie ihrer Schwester. Am Abend des 17. Dezember, als der Text der
Charta 77 schon fertig war und für die erste Welle von Unterzeichnern
zweihundertzweiundvierzig Mal auf Schreibmaschine abgetippt wurde –
ihr jungen Leser sollt wissen, dass Kopierer in totalitärer Zeit einer ähnlich genauen Registrierung unterlagen wie Schusswaffen! –, erklärte ihr
der Dramatiker in einem Park auf dem Hradschin, wo kein Lauschan-
griff drohte, was man von ihr verlangte. Darauf ging sie mit in die Wohnung, wo sie in der Küche übernachten sollte, aber sie schlief nicht viel,
denn sie lernte den langen Text auswendig.

Weil ihn der Rundfunkredakteur Riese an der Stimme erkennen
musste, kündigte der Dramatiker ihm an anderen Morgen, ohne sich
vorzustellen, von einem Münzapparat aus in Machomanier den Besuch
einer hübschen Dame an, die eine Sünde wert sei; er legte sie ihm ans
Herz. Zwei Tage später hatte der Freund einen Solokarpfen zu Hause,
wenn auch nicht für sich allein. Trotzdem hatte er eine tolle Arbeit geleistet: Er konnte persönlich die Chefredakteure der wichtigsten westlichen Tageszeitungen davon überzeugen, dass keiner von ihnen Zweiter
sein werde, wenn alle das Gentlemen's Agreement einhalten und das bri-
sante Material am Tag nach Dreikönig veröffentlichen würden, also am
Freitag, dem 7. Januar 1977. Daran hielten sich alle, von der »Frankfurter
Allgemeinen Zeitung« über die Londoner »Times« bis hin zur »New
York Times«. Ihm entging nur, dass die Pariser »Le Monde« bereits am
Vorabend erscheint.

Was zunächst eine Katastrophe zu sein schien, erwies sich als Geschenk des Himmels. Die anderen Tageszeitungen wurden zu dieser Zeit sowieso gedruckt und trugen das Datum des nächsten Tages. Die ›Salve‹ erfolgte also mit aller Macht, und das Echo durch die vorzeitige Veröffentlichung bewirkte sogar, dass die ersten Verhafteten, Havel, Vaculík und Landovský, in der Nacht freigelassen wurden und sich besser darauf vorbereiten konnten, ehe es sie drei Tage später hart auf hart traf. Ilona und Hans-Peter wurden im *Begrabenen Hund* durch die Anonymität geschützt. »Erleben wir anständigere Zeiten, werden wir sie öffentlich umarmen«, steht dort. Hiermit seien also beide öffentlich umarmt, denn ohne ihre selbstlose Bereitschaft und Intelligenz wäre der weltweite Antritt der Charta 77 nicht so wunderbar gelungen.

Sie wird der tschechischen und auch der gesamten osteuropäischen Dissidentenbewegung neben der polnischen Solidarność zwölf Jahre lang als wichtigstes Vorbild und Herausforderung leuchten, da sie sich auch trotz der freien Meinungspluralität Aktionseinheit bewahrt. Da sie nur von Menschen geschaffen wurde, bleiben ihr dann in der Freiheit scharfe, manchmal sogar geschmacklose Streitereien nicht erspart. Ehe sie jedoch zum Instrument verfeindeter Individuen und Strömungen werden kann, entschließt sich ihr wahrer Kern nach der Wende zur Einstellung der Tätigkeit.

41. KAPITEL

Die zärtliche Henkerin

Der Gipfel des Lebens bietet eine unverzerrte Sicht auf den gesamten Weg vom Fuße des Berges an. Aus der Vogelperspektive erscheinen dem erwachsenen Mann dann als die fruchtbarsten Jahre seltsamerweise die schwierigsten, die Siebziger. Das gilt nicht nur für das Exil, in dem er wie ein aufgescheuchter Vogel die Welt umkreist, sondern schon für die Zeit, als er einer der kleinen Fische im Dissidentenaquarium war; auch der roheste Abfischungsversuch konnte ihn nicht von seiner Schreibmaschine loseisen, im Gegenteil, er schmiedete ihn immer stärker an sie, so als sei sie eine echte Waffe. Er verfasste neben einem halben Dutzend

Theaterstücke auch Dutzende Feuilletons, die man als beständige Teilnahme an jenem Selbstbedienungsprojekt werten kann, das die regimetreuen Zeitungen ersetzte, weil sie in zahllosen Abschriften die Runde machten. Doch vor allem arbeitete er an der Fortsetzung seines Romans *Die Henkerin.*

Das schlimmste Erlebnis seines Lebens blieben die politischen Galgenprozesse der fünfziger Jahre, die er damals zu seiner Schande nicht gleich durchschaute. Das Phänomen der Todesstrafe erschien ihm dann umso bedeutender, als der Landesverräter Husák, der damals ›nur‹ lebenslänglich bekommen hatte, zwanzig Jahre später Erster Sekretär der KPTsch und dann auch Präsident der ČSSR sein konnte. Nach dem gleichen Schlüssel hätte nun auch fast jeder der zum Tode Verurteilten auf der Prager Burg sitzen können, wenn nicht die Hinrichtung dazwischengekommen wäre! Die Literatur zur Todesstrafe, mit der der frisch gebackene Prosaiker auf Wunsch über unauffällige Boten von seinem Schweizer Verleger versorgt wurde, verblüffte ihn durch die Anzahl der Titel und die Breite des Spektrums, der historische Aspekt der Schuld-Sühne-Beziehung vermischte sich mit dem politischen, philosophischen, aber auch technischen, der ausschweifend und anschaulich in den Handbüchern für Scharfrichter verschiedener Bereiche beschrieben wurde. *Hanging* hieß das Manual für die britischen Scharfrichter, der Amerikaner Elliot riet den Kollegen, vor der Exekution den elektrischen Stuhl mit einem Brocken Pferdefleisch zu testen. Aus dem Thema rann Blut, nur ergoss sich dieses täglich aus den Fernsehbildschirmen in Strömen, wodurch es seine Wirkung verfehlte. Welchen Blickwinkel sollte man sich noch ausdenken, damit auch ein abgebrühter Leser diesem Problem Aufmerksamkeit schenkte? Es siegte der tschechische schwarze Humor, eine Kreuzung aus Hašek und Kafka.

Das engelsgleiche Mädchen Lízinka, das erst nach fast vierhundert Seiten seinen ersten und gleichzeitig auch letzten Satz des Romans sagt, der endlich die bislang rätselhafte Dimension seiner Seele offenlegt, gewinnt durch seine zarte Schönheit auch den sonst unbeugsamen Vorsitzenden der staatlichen Kommission für sie bei der Berufswahl, der das Faszikel mit den geheim gehaltenen Fächern öffnet, die den Kindern der Regimeprominenz vorbehalten sind. Bald darauf wird Lízinka direkt in

der Wohnung ihrer Eltern von zwei Männern in ungewöhnlichen Anzügen mit Staatswappen, die sich als Professor Wolf und Dozent
Schimsa vorstellen, einem psychotechnischen Test unterzogen. Für die
Aufnahmeprüfung sperren sie das Mädchen im Badezimmer ein, wohin
der Famulus vorher seltsame Lehrmittel gebracht hatte. Als dann die
zwei den Eltern feierlich mitteilen, dass die Tochter bestanden hat, fragt
die begeisterte Mutter überhaupt nicht nach, worin, während der Vater,
ein Philologe, erschrickt, als er in der Wanne einen toten Karpfen und
ein abgestochenes Huhn findet. Er begreift, dass seine Tochter bei Henkern in die Lehre gehen würde, und will sie mit dem toten Vogel in der
Hand aus der Wohnung jagen. Dadurch handelt er sich einen langen
Vortrag von Professor Wolf ein, der mit wissenschaftlicher Akribie begründet, warum in einem Probejahrgang heimlich die erste Fachschule
für Hinrichtungswissenschaften gegründet wird.

Die pragmatische Mutter setzt sich nach dem Abgang des Paares in
hitzigem Streit mit dem Gatten durch, umso leichter, als auf die von ihm
suggestiv gestellte Frage, ob denn s e i n e Tochter ehrlich lieber Henkerin denn eine züchtige Bäckerin oder Gärtnerin werden wolle, Lízinka
ehrlich mit ihrem reizenden Kopf nickte.

Das gewählte Genre ermöglichte es, auch erschütterndste sachliche
Informationen in die düstere Humoreske einzubauen, als trockenen
Unterrichtsstoff, der von den künftigen Henkern genauso wie von Medizinstudenten gebüffelt wird. In einer Zeit, in der das von Film und
Fernsehen abgestumpfte erste Signalsystem des Menschen die Schreie
und das Blut von Gefolterten schon gar nicht mehr wahrnahm, versuchte der Roman, für das Thema auf Umwegen zu gewinnen und die
Ablehnung der Todesstrafe anzuregen.

Der tragende ›Spieß‹ war also vorhanden, doch die Arbeit zog sich
sieben Jahre hin. Die ständige Übelkeit vom Magen her, die der Stoff mit
sich brachte, versuchte der Autor durch das Gegengift ermutigenderer
Texte zu vertreiben, vor allem für das Theater. Es ist nicht schwer zu verstehen, dass ein Thema, an dem man lange arbeitet, auch den Zustand
der Seele beeinflusst; aus den Schicksalen und Situationen, die über
mehrere Jahre geflochten werden, kann man nicht aussteigen wie aus
einer Straßenbahn, sie werden Teil der Realität. Darin wird der *Henke*

rin, die den Verfasser tagtäglich auch in der Fiktion in die reale Welt der Henker und Folterknechte entführte, später der Roman *Sternstunde der Mörder* gleichen; mit diesem erlebt er noch einmal die düstere Kriegszeit im Protektorat. Seine engere Umgebung ist sich einig, dass ihn die Atmosphäre schlimmer Geschichten auch abends unter Freunden nicht verließ. Die *Henkerin* schrieb er überdies auch in einer schlimmen Zeit.

Das Husák-Regime konnte sich tausendmal damit brüsten, fast dem kompletten Schwarm der nationalen, verdienten und ausgedienten Künstler die Federn ausgerissen zu haben, welche die Chartisten im Nationaltheater verdammt hatten – wo ihre Vorgänger ebenso artig die Attentäter von Reinhard Heydrich verurteilt hatten! –, was mit seinem Pomp an die Konstanzer Ächtung des böhmischen Ketzertums erinnerte. Die unerwartete internationale Welle der Sympathie mit den Charta-Unterzeichnern erhitzte die Machthaber bis zur Unzurechnungsfähigkeit, was deren fast schon krankhaftes Bestreben belegte, den ›Selbsternannten und Gescheiterten‹, wie man sie brandmarkte, alles zu nehmen, vorerst bis auf das Leben. Als unser Mann bei der amtlichen Zwangsausweisung am 11. Mai 1977 durch das Spalier enttäuschter Vollstrecker schritt, die seine Erniedrigung auskosten wollten, und seine Wohnung nur mit seiner Frau, dem Dackel, dem Wellensittich im Käfig und der Schreibmaschine unterm Arm verließ, während sie sämtliches Hab und Gut verächtlich den Spediteuren der Staatssicherheit überließen, brachte das trotzige Verlangen, es ihnen mit Zins und Zinseszins heimzuzahlen, zwei fixe Ideen hervor: dass er sofort und für immer aufhören würde zu rauchen, um die niederträchtigen Schufte gesund zu überleben, und dass er nach Jahren vergeblicher Versuche die *Henkerin* fertig schreiben würde, um wieder einmal über seinen Schatten zu springen.

Trotz aller Kränkungen und Leiden war er, immer noch durch sein langjähriges freiberufliches Wirken verwöhnt, ein Schriftsteller, der nicht musste, was er nicht wollte. Bereits auf diesen paar Metern Treppenhaus und Hof wandelte er sich zu einem vom Wollen besessenen Autor. Er überlässt den Literaturwissenschaftlern und auch den Psychiatern die Analyse, was ihn beim Schreiben dieses rabenschwarzen Buches geleitet haben mag. Er kam sich beim Schreiben wie in einem Gesundungsfieber vor, statt an Vaters Schreibtisch, der ihm nach der Vertreibung aus seiner Wohnung für Jahre hinter dem Horizont entschwand, schrieb er stehend an einem Pult im Garten an der Sázava, im Schlafzimmer der Stiefeltern, in der Küche bei den Havels, einfach überall, wohin er seine Kofferschreibmaschine der Marke Wanderer stellen konnte, die ihm sein Vater bereits zum zehnten Geburtstag geschenkt hatte, weil er die Krakeleien des zwangsumgeschulten Linkshänders nicht mehr entziffern konnte. Wofür vorher sieben Jahre nicht gereicht hatten, gelang innerhalb weniger Wochen, in denen er praktisch nur aß, schlief und schrieb, entgegen seiner Gewohnheit auch in der Nacht.

Manchmal amüsierte er sich ausgesprochen, um sich all die Schrecken vom Leib zu halten, wenn er beispielsweise die Übersichtspläne für den Ganzjahres-, Monats-, Wochen- und sogar den Tagesunterricht der Mittleren Berufsschule für Lebensmittelwirtschaft und Ernährung erdachte und in eine Grafik bannte. Die lange Liste an Decknamen enthielt Begriffe wie Klahir und Mohir als Bezeichnung für die Kabinette für klassisches oder modernes Hinrichtungswesen, sie steigerte sich mit Chiffren wie Zevostra für die zentrale Vollstreckungsanlage oder Germanex für das Gerätemagazin für Exekutionen durch Erhängen und gipfelte in Abkürzungen wie Tine, Otte und Elis für Guillotine, Garotte und elektrischen Stuhl.

Und so geschah es in dem kleinen Zimmer an der Sázava, bei der Umgestaltung mit einem beruhigend dunkelblauen Teppich sogar an der Decke ausgekleidet, dass am Sonntag, dem 25. September des Jahres der Charta 77, kurz vor Mitternacht die Geschichte zu ihrem Ende kam, indem die schöne Henkerin Lízinka erfolgreich mit der fehlerfreien Hinrichtung ihres Dozenten Schimsa ihr Abitur besteht und voller Freude endlich auch mit einem einzigen Satz dem Leser das gesamte Universum ihrer Seele eröffnet:

– *Er hat nicht einmal gefurzt!*

Gegen die amtlichen Behauptungen der Husák'schen Minister des Inneren, Junek und Obzina, es handele sich um ein Pamphlet, das die Tschechoslowakei und den Sozialismus in den Dreck ziehe, erheben sich, ein

Jahr später, nach der Berufung des Autors gegen die Aberkennung der
Staatsbürgerschaft, Verleger aus zehn Ländern, allerdings vergeblich.
Die *Henkerin* erscheint in allen wichtigen Sprachen der westlichen Welt
und nach dem Fall des Eisernen Vorhangs auch in den Ländern dahinter. Erwähnung verdient, dass bei Autogrammstunden im Ausland wie
zu Hause am häufigsten Mädchen im Alter der Protagonistin kommen,
um sich das Buch signieren zu lassen. Künftige Henkerinnen? Der Autor
hört endgültig auf, ein reiner Dramatiker zu sein, und wird weitere zehn
Romane schreiben. Alle ziehen ihn in ihren Bann, doch nie wieder wird
er ein solch intensives Entweder-Oder erleben wie bei seiner *Henkerin*.
Wahrscheinlich deshalb, weil es nicht nur darin, sondern auch dabei ununterbrochen ums Leben ging.

42. KAPITEL

Die Auferstehung des begrabenen Hundes

*Der Hund liegt zwanzig Schritte südlich von der Villentür begraben. In die-
ser schönen toten Ecke entstand der Friedhof unserer Tiere. Sollte hier in
Zukunft einmal ein Nichteingeweihter graben, wird er eine Überraschung
erleben. Neben einem Skelett, in dem auch ein Student der Tiermedizin die
Gebeine eines jungen Dackels erkennen würde, wird er auf eine Urne stoßen, wie sie in tschechischen Krematorien nur für menschliche Überreste
benutzt wird. Sie sind grundsätzlich mit einer Nummer versehen und
streng registriert. Diese ist nicht nummeriert. Die richtige Frage lautet also
nicht: Wo liegt der Hund begraben?, sondern: Wer ist zwanzig Schritte südlich der Hallentür des Sommerhauses Nr. 177 in Sázava an der Sázava im
Besitz des Ehepaars Kohout begraben worden?*

*Ich habe mit diesem Zeugnis sieben Jahre gewartet, bis mein Entsetzen
und meine Wut, die Gefühle des Betroffenen, nachließen und sich der Berichterstatter, der Erzähler an die Schreibmaschine setzen konnte. Ich will
die Geschichte ohne Fantasie schildern, mich auf die genaue Dokumentation stützen, die ich damals von Stunde zu Stunde in Wort, Bild und Ton
angefertigt habe.*

Weil der ausführliche Bericht über die Ereignisse der Monate Juli, August und September 1978, den ich in Fortsetzungen dem Staatspräsidenten Husák sandte, wie üblich durch die Hände der Staatssicherheit gehen musste, hätte jede unbelegte Behauptung Strafverfolgung nach einer ganzen Reihe gefügiger Paragraphen nach sich gezogen. Dass dies nie geschehen ist, bezeugt die Wahrheit der Geschichte.

Endlich sind wir bei ihm, dem schon mehrmals Erwähnten. Die Lebensgeschichte des Rauhaardackels Edison Venor wird zum Rückgrat eines Prosawerkes, wiederum ein ›Memoiroman‹, der sieben Jahre nach seinem Tod überwiegend in der Schweiz entstand. Neben ihm werden darin auch echte Vertreter der damaligen Opposition und ihre Verfolger auftreten, die ähnlich wie der Autor nicht ahnen, dass das dissidentische Schadwild, das sie erjagen wollten, in nur wenigen Jahren von staatlichen Hochsitzen aus sie einschüchtern wird; ebenso hätten sie damals nicht geglaubt, dass ihnen ihre schändlichen Ungesetzlichkeiten zu einem Großteil nachgesehen werden würden, so als hätten sie jemandem mit einem Ball das Fenster eingeworfen.

Für den Leser, zu dem das Buch *Wo der Hund begraben liegt* nicht gelangte, ein kurzer Handlungsabriss: Anfang Juli 1978, zufällig kurz vor dem zehnten Jubiläum der Besetzung der Tschechoslowakei durch die ›Bruderarmeen‹, nimmt hier eine Verbrecherorganisation ihre Arbeit auf, wie sie in totalitären Staaten nicht einmal ansatzweise hätte funktionieren können. Die anonymen, mit einer Kinderdruckerei verfertigten Briefe fordern, mit einer halben Million Kronen solle sein Leben und das seiner Nächsten freikaufen – wer? etwa der Millionär Karel Gott? weit gefehlt! – der streng überwachte Dissident Kohout, dessen einheimische Einkünfte gleich null sind und dessen ausländische von diskriminierenden Verordnungen gekürzt werden. Das Opfer wendet sich als normaler Bürger, der für eine Familie zu sorgen hat, an die Kriminalpolizei und erhält sofort ständigen Personenschutz, was die Gangster nicht daran hindert, auch mit den Beschützern frech Blindekuh zu spielen.

Es ist wirklich seltsam, dass in der dicken Akte der Staatssicherheit, die jede Kleinigkeit registriert, zu dieser Affäre, die über zwei Monate lang einen nicht geringen Teil des Sicherheitsapparates beschäftigt hat,

nichts vermerkt ist, es gibt nur ein paar Blätter am Rande; wahrscheinlich unterlag sie der höchsten Geheimhaltungsstufe. Die wahren Täter
können trotzdem durch ein paar unvorsichtige, protokollierte Sätze
überführt werden. Wie beispielsweise in der Meldung von Oberst Kříž,
der die Rolle des Polizeierzengels spielte und die aufmüpfigen Schäfchen
vor den Kabalen der Hölle zu schützen vortäuschte.

Ich stellte Kohout drei Genossen von der IV. Verwaltung des Innenministe-
riums der ČSSR auf Anordnung des Kommandanten der Sicherheitskräfte
der Hauptstadt Prag und des Bezirks Mittelböhmen, Generalmajor Ripl,
als Mitarbeiter der Kriminalpolizei vor.

Und wieder findet sich hier die Schlüsselgestalt, die vorher einen Mord
glücklicherweise nur ›auf böhmische Art‹ in Auftrag gegeben hatte.
Auch dieser wichtigste Drahtzieher des repressiven Apparats fällt nach
dem November 1989 in weichen Samt, der die Gerechtigkeit, in diesem
Falle sehr schnell, der Instanz des Jüngsten Gerichts überlässt.

Daraus wird deutlich, wie sich die beiden Seiten der Polizeistraße
Bartolomějská gegenseitig beim Räuber-und-Gendarm-Spiel zur Hand
gingen. Und dann erst der ›Durchgangsbericht‹ vom 18. Juli, als der
Druck der ›Räuber‹ seinen Gipfelpunkt erreichte und der Erpresste
nachts in einem einsamen Buswartehäuschen außerhalb von Prag die
halbe Million Kronen hinterlegen muss, die ihm zu diesem Zweck, angeblich mit Farbe präpariert, die ›Gendarmen‹ geliefert haben.

In der Aktion Dialog, Reg.-Nr. 15205, ist das Objekt KOHOUT, Pavel, ein
nicht publizierender Schriftsteller. Mit dem Ziel, seine antisozialistischen
Aktivitäten zu verhindern, vor allem anlässlich seines 50. Geburtstages, der
in einem Treffen nicht publizierender Schriftsteller gipfeln sollte, und an-
lässlich des 10. Jahrestages der internationalen Hilfe der Warschauer-Pakt-
Armeen, wurde ein Komplex operativer Maßnahmen ausgearbeitet.

Mit Hilfe der operativen Kombination unter Ausnutzung künstlich ge-
schaffener Elemente wurden bei KOHOUT, Pavel Stresssituationen ausge-
löst, die darin gipfelten, dass er bei der Polizei um Personenschutz ersuchte.
Seit dem 12. 7. 78 steht er unter offener Kontrolle der Polizei.

Das Objekt schließt jedoch aus zahlreichen anderen Dokumenten, dass sein Geisteszustand im Laufe der gesamten Erpresseraktion von Panik weit entfernt war. Er befand sich in einer seltsamen Lage, in die ihn schon vor Jahren das erste Verhör versetzt hatte und die wiederkehrte, wann immer er es brauchte: so als sei er nicht das Objekt dramatischer Ereignisse, sondern deren Chronist. Dies belegen auch vier lange Briefe an Gustav Husák, die in Fortsetzungen fast wie ein behördlicher Bericht alles schildern, was sich abgespielt hatte. Dadurch, dass der Absender sie zeitgleich für westliche Medien übersetzte, spannte er über seinen Leuten einen Rettungsschirm auf. Vielleicht auch deshalb war schließlich der einzige Tote – der arme Dackel.

Dann nämlich war auch schon die Wut der Mörder des armen Tieres, das ihr Prestige derart bedrohte, zu der Tat gereift, die zu ihrer Machovisitenkarte werden sollte. Da sie zu ihrem Bedauern nicht zum zweiten Mal sein Haus anstecken durften, um ihn darin zusammen mit allen seinen Leuten verbrennen zu lassen, entschlossen sie sich zu jenem kleinen Mord, der in einem Eintrag vom 10. August geschildert wird:

Die schwindelige Nacht hat verschuldet, dass ich noch um halb neun im Bett liege; mir träumt, ich höre einen Schrei, taste mit der Hand um mich und komme zu mir, bin allein auf der Couch, in den gelben Segeln der Gardinen die schräge Morgensonne, ein freundlicher Tag heißt mich willkommen, doch auf der Treppe ein rasches Stapfen und in der Tür Jolana, rot unter der Rabenmähne.

– Editschek!

Ich weiß nichts, und ich weiß alles; ich schnelle hinunter und sehe – dich, fünf Schritte von der Tür unter dem ersten Apfelbaum versuchst du zitternd aufzustehen, erst jetzt nehme ich auch die vier Frauen wahr, in ihren Augen die letzte Hoffnung, dass vielleicht – ich!, wer sonst; doch ich kann dich nur, halbnackt, aufheben und an die Brust drücken, deine Zunge ruht wohl zum letzten Mal in meinem Gesicht, wogegen sich mein Inneres immer so blöd sträubte wie gegen jedes unerwartete Liebkosen, doch sie leckt es nicht ab, wie sie es immer wieder versuchte, aus der Kehle kommt ein dünner, hohler Laut, als hättest du Valtrrs Gesang gelernt, um ihm endlich gewachsen zu sein, seine Augen sind ganz dicht an den meinen, aber be-

schlagen, als ob ich aus der Nähe auf einen Spiegel hauchte, deinen kleinen
Körper lassen in immer kräftigeren Wellen Krämpfe erzittern, es scheint
darin ein viel Größerer zu gebären, Zet beißt sich in die Gelenke der geball-
ten Fäuste, mit denen sie sich den Mund verschließt, ihre Mutter ist blass,
Frau Maří schluchzt, Jolana betrachtet alles mit der Neugier einer Unwis-
senden, bis sie mit einem Schlag die Erkenntnis überkommt, wir sind alle
da, zu allem bereit, und vermögen nichts, nichts!, ich streichle dich, flüstere
dir irgendwelche lang vergessenen Koseworte ins Ohr, die ich zu Menschen
niemals sagen würde, bis der gnädige Gott der Dackel dich von deinem Lei-
den erlöst, Edi, Edison, Edisöhnchen.

Die weinende Jolana bemerkt durch ihre Tränen hindurch eine angebis-
sene Wursthälfte und hebt sie auf; darauf leuchten, unschuldig wie Schnee,
weiße Kristalle.

»So wirst auch du enden!«, lassen ihm die Giftmischer in einem weiteren
anonymen Schreiben ausrichten. Es war ein schwerer Angriff auf die
Psyche der Belagerten, und der Dramatiker trat diesem sofort entgegen,
indem er noch am Nachmittag bei Pilsen Edisons Tochter Fína kaufte
und mitbrachte, deren Herumgetapse die Trauer zu vertreiben half;
Herrchen und Frauchen mussten jedoch vorher auf dem Boden herum-
kriechen, um weitere Wurstminen aufzuspüren. Das Veterinäramt wird
bestätigen, das es sich um Strychninchlorid gehandelt hatte, das nur
Auserwählten zugänglich war. Auch die Asche des Hundes musste deshalb in einer Urne begraben werden. Weil für Tiere keine Urnen mehr
da waren, wird die Behörde eine nummerierte für menschliche Überreste freigeben. Dann werden die Polizeiobersten das Herrchen beschuldigen, dass er sich alles allein ausgedacht, vorgespielt und den Hund vergiftet hat.

Dafür wird ihr Opfer zu einem literarischen Helden, der das wechsel-
volle Schicksal seiner Herrschaft kopierte, als sie ihn, zuerst zum Schein,
verkaufen mussten, damit er Champion und Zuchthund der Tschechoslowakischen Sozialistischen Republik werden durfte, und ihn dann
wieder kauften, um an Dutzenden seiner Welpen Freude zu haben, ehe
hernach seine negative Kaderherkunft aufflog und er zuerst von der
Zucht ausgeschlossen und dann sogar heimtückisch getötet wurde –

dies alles wird auch bald in dem Einakter *Attest* beschrieben, der von Wien bis Vancouver gespielt wird. Danach wird er an jenem Herbsttag des Jahres 1990 zur Hundelegende, als in der Villa an der Sázava wieder diejenigen zusammenkommen, die sie in den Jahren der Belagerung besuchten. Es werden an die vierzig sein, zumeist noch vor kurzem verbotene Schriftsteller, und den Garten belagern noch einmal Polizisten, die wieder mit Václav Havel anreisen, diesmal jedoch als Leibwache des Oberhauptes eines freien Staates. In der Pause wird der Brünner Dramatiker Milan Uhde, auch schon ein hoher Staatsfunktionär, fragen, wo denn nun der vierbeinige Freund Eda begraben sei. Und die erhabene Gesellschaft begibt sich zu einem kleinen Kreuz am Zaun, um des unschuldigen Bauernopfers zu gedenken. Damit hält schrittweise die politische Kultur wieder in Tschechien Einzug.

43. KAPITEL

Abschied von Ithaka

Das liegt jedoch erst in weiter Ferne, während nun, im Sommer 1978, bereits in den obersten Etagen der Macht der Antrag des Dramatikers auf einen einjährigen Arbeitsaufenthalt im Ausland begutachtet wird, zu dem ihn das Wiener Burgtheater infolge des gerade verliehenen österreichischen Staatspreises für europäische Literatur eingeladen hatte. Diesmal meinte er es ernst. Der Hauptgrund waren jedoch keine falschen Terroristen, sondern ein wirkliches Problem: Die über seiner Frau schwebende Gefahr, bis zu fünf Jahre Haft wegen schwerer Körperverletzung an einem Polizisten in Zivil zu bekommen, war plötzlich aktuell. Dieser hatte ihr am 10. Januar 1977 bei einer Entführung mit dem Auto schmerzhaft den Mund zugestopft, weshalb sie ihn gebissen hatte. Aus den Protokollen geht hervor, wie der Ermittlungsrichter Marcel Malkus aus dem Verhör der Täter ein Netz für ihr Opfer spann. Von der totalen Unterordnung der gerichtlichen Gewalt unter die Willkür der Staatssicherheit zeugt ein beweiskräftiges Dokument.

X. Verwaltung des Föderalen Ministeriums des Inneren
2. Sektion, 1. Abteilung.
Am 21. September 1977 führte ich Verhandlungen mit dem Ermittlungs-
richter der Staatsanwaltschaft JUDr. Malkus. Gegenstand unserer Bespre-
chung war die organisatorische Sicherstellung des Verlaufs des Gerichtspro-
zesses gegen Jelena Mašínová. Es ist nicht auszuschließen, dass an der
Hauptverhandlung auch eine ganze Reihe von Rechtsexponierten aus ih-
rem Kontaktumfeld teilnehmen wird. Um eine Enttarnung meiner Person
als operativer Mitarbeiter der Staatssicherheit zu verhindern, wurden mit
JUDr. Malkus folgende Maßnahmen vereinbart:
— Es wird die Besetzung des Gerichtssaals mit von uns ausgewählten Per-
*   sonen sichergestellt.*
— Bei der Hauptverhandlung werde ich als Zeuge in Dienstuniform der
*   Polizei mit dem Grad eines Unterleutnants auftreten.*
— Zur Veränderung meines Aussehens lasse ich mir bis zur Hauptverhand-
*   lung einen Bart wachsen.*
Ausgearbeitet von: Oberst Dvořák, Josef

Es war anzunehmen, dass die Staatssicherheit einen ganzen Theaterzir-
kel in den Prozess einbinden würde, der sich von Vorbildern aus den
fünfziger Jahren inspirieren lassen würde. Es wurde einem kalt bei der
Vorstellung, dass so amateurhaft-lächerlich vor einem Vierteljahrhundert das Prozessspiel gegen eine andere Frau, Milada Horáková, begonnen hatte, die dann aber zu spüren bekam, dass die letzte Requisite,
der Galgen, funktionstüchtig war. Dokumente im Archiv belegen, dass
man für Jelena die mögliche Höchststrafe vorgesehen hatte, die diese Tat
zuließ, natürlich ohne Bewährung. Nur riefen die Opfer der fünfziger
Jahre bei denjenigen, die das damalige Schauspiel nicht rechtzeitig
durchschauten, nun ständige Alarmbereitschaft hervor, sie ließen Instinkte und Mechanismen entstehen, die einen Rückfall verhinderten.
Während des legalen Jahres im Westen sollte also eine wirksame Verteidigung für Jelena organisiert werden, vor allem eine amtlich protokollierte Aussage des früheren Botschafters der Schweizer Konföderation in
Prag, Walter Jaeggi, der den Überfall vom Fenster seiner Residenz aus
fotografiert hatte und als Kronzeuge der Verteidigung erscheinen wollte.

Es begann eine systematische Vorbereitung, die auch damit rechnete, dass die Staatssicherheit die Abwesenheit der Reisenden nutzen würde, um im schon damals umfangreichen Archiv Nachforschungen anzustellen; es musste unauffällig so gelagert werden, dass es keinen Unbefugten in die Hände fiel. Nun begann das unbarmherzige Zählen der Tage und Stunden und damit auch der Versuch, von allen Plänen noch umzusetzen, was möglich war. Der Höhepunkt war zweifelsohne die Wohnungsvorstellung von *Play Makbeth*.

Den heranwachsenden Kindern der Freiheit sei im telegrafischen Stil erklärt, dass es sich um ein Experiment handelte, das sich an den Heimzirkeln aus der Zeit der nationalen Wiedergeburt im neunzehnten Jahrhundert inspirierte: Konnte man in bürgerlichen Wohnungen musizieren, musste man dort doch auch Theater spielen können! Mit diesem Glauben knüpfte der Dramatiker an Solo-Abende an, die bereits früher Vlasta Chramostová, die Grande Dame des tschechischen Theaters, in ihrer Wohnung am Nationalmuseum veranstaltet hatte, im Grunde deshalb, um darüber hinwegzukommen, dass sie bereits jahrelang nicht auf einer normalen Bühne hatte spielen dürfen. Diesmal sollte ein ganzes Stück in die Wohnung passen, und nicht irgendeines: eines der Schlüsseldramen der Weltliteratur, Shakespeares *Macbeth*, wohl das zeitloseste Gleichnis über die Geburt und den Fall von Tyrannen.

Die Erfahrungen aus allen bisherigen Adaptationen konzentrierte der Autor nun auf das Erfinden eines Genres, das er als Miniaturisierung bezeichnete. Er strich die verzweigte Handlung so, dass sie verständlich blieb, wenngleich sie nur von zwei Protagonisten getragen wurde, von Vlasta und vom ebenso ausgestoßenen Pavel Landovský. Im Laufe der Arbeiten, als sich jegliche Hoffnung verflüchtigt hatte, dass sich noch ein Kollege auf dieses riskante Abenteuer mit den Verfemten einlassen würde, zog er ein natürliches Multitalent heran, den jungen Schriftsteller und Maler Vlastimil Třešňák, dazu noch Gitarrist und Sänger, auch bat er seine Tochter Tereza mitzuspielen, die einst Schauspielerin hatte werden wollen. In der letzten Phase stellte er fest, dass er für die nicht wenigen verbliebenen Rollen unbedingt noch eine fünfte Person benötigte. Da es dabei nicht um schauspielerische Leistung im eigentlichen Sinne des Wortes ging, stellte er sich selbst zur Verfügung.

Die neunzigminütige Vorstellung wanderte so wirklich durch verschiedene Wohnungen und besaß, weil sich die Zuschauer stark angesprochen fühlten, den Nimbus einer verbotenen Frucht. Interessenten für *Play Makbeth* gab es immer mehr, und so wurden sie auch bald angezeigt. Die Staatssicherheit ließ die sechzehnte Aufführung von der Polizei stürmen, als hätte sie ein Versteck von Saboteuren ausgehoben. Alle Anwesenden wurden kontrolliert und protokolliert. Weitere Vorstellungen versuchte man dadurch zu vereiteln, dass man immer einen der Darsteller zum Verhör kassierte. Den letzten Trumpf spielte dann trotzdem der große William aus: Während die Polizei bei den Lockadressen lauerte, wo sich nichts ereignete, drehte das Quintett das ganze Stück als Schmalfilm.

Auch die suggestive Aufnahme von Kameramann Stanislav Milota, brillant von Hand in langen Sequenzen aufgenommen, weil Wiederholungen wegen Materialmangels unmöglich waren, konnte nicht die einzigartige Atmosphäre der Vorstellungen wiedergeben, von denen jede bewies, dass Theater, auch wenn es aller Hilfsmittel wie Bühnenbild, Kostüme, Requisiten und Beleuchtung beraubt ist, einfach alles kann, wenn die Schauspieler mit dem Autor und den Zuschauern zu einer Einheit verschmelzen. Durch den Film gelangt das Werk jedoch über das österreichische Fernsehen in die weite Welt. Das Staunen darüber und das Niveau der Behörde, die den realen Sozialismus sogar vor Shakespeare zu schützen versuchte, widerspiegeln sich in einem Verhörprotokoll vom 5. Oktober 1978, aufgesetzt von Václav Říha, Oberst der 1. Abteilung der 2. Division des Föderalen Ministeriums des Inneren, der unablässig nach den Spielorten fahnden ließ, um zumindest einen aus der Fünfergruppe zu verhaften.

Tereza Kohoutová als einer der Schauspieler des Macbeth wurde um 19.30 Uhr bei der Staatssicherheit Prag ins Gesprächszimmer verbracht, um mit ihr ein Gespräch durchzuführen. Sie äußerte, dass sie es ablehnt, sich mit den Angehörigen des Ministeriums des Inneren auch nur über irgendetwas zu unterhalten. In ihrem gesamten Auftreten war der arrogante Einfluss ihres Vaters feststellbar. Am Ende des Gesprächs wurde die Genannte darauf hingewiesen, dass wir kein Interesse daran haben, dass sie sich weiter-

hin im Umfeld des tschechoslowakischen rechten Flügels, d. h. im Stück
Macbeth bewegt, denn falls sie ihre Tätigkeit weiter betreiben wird, werden
gewisse Maßnahmen vonseiten des Föderalen Ministeriums des Inneren er-
griffen, um ihre Tätigkeit einzudämmen. Sie kann als gegeben annehmen,
dass die weitere Entwicklung ihres Lebens ganz in ihrer Entscheidung liegt
und sie auch darauf Einfluss hat, ob es zum Abschluss der von ihr besuchten
Sprachschule kommen wird. Sie wurde darauf aufmerksam gemacht, dass
unsere Gesellschaft kein Interesse an der Aufführung von Stücken des Typs
Macbeth habe.

Mit dem *Play Makbeth* verabschiedete sich der Dramatiker von seinen
beiden Kindern, nachdem das dritte, die ältere Tochter Kateřina, bereits
vorher, am Abgeordnetentag, beim Außenminister Chňoupek vorge-
sprochen und nach dem Rezept ihres Vaters ihn ersuchte, sich an die
Buchstaben des ›dritten Korbs‹ von Helsinki zu halten: Er genehmigte
ihr einen längeren Aufenthalt in der Schweiz, damit sie die Hotelfachschule in Luzern besuchen konnte. Der dramatische Herbst des
Jahres 1978, als unser Mann permanent den Eindruck hatte, wieder auf
der großen Sprungschanze in Harrachov über dem steilen Eiskanal zu
stehen, aus dem er kaum mit ein paar blauen Flecken davonkommt,
war gleichzeitig die Zeit, in der er sich wirklich als Vater fühlte. Scheu,
die er vor einem großen Publikum nie gehabt hatte, empfand er von
klein auf in allen ernsthaften Gefühlsbeziehungen, so auch gegenüber
den eigenen Kindern. Ab dem Moment, da sie begannen, ihre Gedanken zu formulieren, nahm er sie als drei eigenständige Wesen wahr. Die
mehrfach von ihm geäußerte Behauptung, sie hätten sich seinen Charakter geteilt, ist kein Bonmot. Die Halbzeit dieses Buches zwingt
den Autor und Vater, ihre Schicksale zumindest zu umreißen, damit
sie hier keine Episodenfiguren bleiben, die sie nie waren und nie sein
werden.

Was das Husák'sche Regime mit den Worten von Oberst Říha Tereza
versprach, wurde in höchstem Maße ihrem Bruder zuteil: Das Archiv
der Staatssicherheit quillt über von schmachvollen Anweisungen an
Schulen und Institutionen, alles dafür zu tun, dass sie keinesfalls zum
Studium oder zu einer Arbeitsstelle gelangten. Die Tatsache, dass sie sich

ihr Los selbst aussuchten, da sie gegen die Empfehlungen engster
Freunde in der nächsten Welle die Charta 77 unterzeichneten, schmälert
nicht die väterliche Verantwortung; er war ja der klassische Rattenfänger,
der schon durch sein bloßes Vorbild seine Kinder aus der Ruhe der nor-
malisierten Heimat auf die schiefe Bahn des Widerstandes gelockt hatte.

An seinen Sohn Ondřej, der für das Wohnungstheater witzige Kostüme und Kulissen geliefert hatte, die in den Kofferraum von Autos
passten, würde er bald aus Österreich zum druckfrischen Bühnenbild-
nerdiplom auch eine professionelle Ausrüstung zum Reinigen von
Schaufenstern mitschicken, womit der sich noch lange über Wasser halten muss. Bald aber beginnt er ernsthaft zu malen und nimmt dann zusammen mit seiner ebenfalls malenden Frau Eva, die er kurz nach der
Scheidung zum zweiten Mal heiratet, das Asylangebot der Republik Österreich an. Seine wunderbare Disziplin, mit der er auch nach seinem
fünfundfünfzigsten Geburtstag den Tag mit drei Stunden intensiven
Trainings beginnt, verbindet sich mit Unnachgiebigkeit, die sein gesamtes Schaffen begleitet; er lässt sich für nichts zu modischen und lukrati-
ven Trends hinreißen, die sein spartanisches Leben verbessert hätten,
und folgt wie ein Jagdhund seiner eigenen Vorstellung von Malerei, die
er mit langen ironischen Titeln ergänzt. Am Beginn der neuen Zeitrechnung wird der Vater verwundert feststellen, dass er in dem baumstarken
Athleten, der nicht aufhört, seinen Schädel zu rasieren, und nie eine Krawatte umbindet, einen Freund hat.

Von seiner älteren Tochter Kateřina wird er einmal schreiben, sie habe
von seinem Charakter »alles Blitzende und Fröhliche« übernommen,
»was hilft, die Widrigkeiten des Alltags glatt zu überwinden, es jedoch
schwermacht, das Leben zu meistern, weil es dazu verleitet, längst reife
Entscheidungen auf die lange Bank zu schieben«. Gerade ihre Ausreise
in die Schweiz in einer Zeit, als er selbst daran dachte, traf ihn tief; dies
belegen Briefe, die er ihr in den ersten paar Wochen so ausdauernd und
ehrlich schrieb wie sonst nur an die größten Lieben seines Lebens.
Angstvoll nahm er bereits ab ihrer Pubertät wahr, wie sie den Jungen
und Männern, in die sie sich verliebte, jedes Mal wahre Geysire der Zuneigung entgegenschickte, vor denen er selbst bei Frauen erschrocken
zurückwich, gar floh; ihr Bedarf an absoluter Liebe ergriff und ver-

schreckte ihn, weil sie permanent keine Erfüllung fand. Trotzdem erschien sie ihm von den dreien vom Charakter her am nächsten.

Für Tereza, so wieder der Vater, »scheinen meine Leiden, Sehnsüchte und Lebenskrämpfe übrig zu bleiben«. Ihr künftiger Roman *Indianerlauf*, ein stark und konzentriert verfasstes Buch, wurde von einem Gefühl inspiriert, das die Deutschen so prägnant Hassliebe nennen – dem Vater gegenüber. Seine jüngere Tochter wird er trotzdem immer bewundern: In den vielen Jahren, in denen sie putzen gehen musste, aber auch auf dem Tiefpunkt ihrer Beziehung zu ihm gibt sie ihre gemeinsamen politischen Haltungen nie auf. Und als man ihr, der damals noch Kinderlosen, verkündet, als Chartistin könne sie die Adoption eines weißen Kindes vergessen, ein ›farbiges‹ aber sei sofort zu bekommen, nimmt sie nach und nach zwei zu sich und begibt sich in den mutigen Kampf gegen den tschechischen Rassismus, aber auch gegen ihre Gene. Den wird sie leider dramatisch verlieren, darüber aber ihr bestes Buch schreiben – *Das Jahr des Hahns*, dessen Auflage die letzten Bücher des Vaters weit übersteigt.

Neben diesen dreien verabschiedete er sich noch von einem vierten Kind, einem angeheirateten, wenngleich es auch nicht seiner Frau gehörte. Das Mädchen mit schwarzen Haaren wie Drahtseile hatte Jelenas Bruder in Tschechien vergessen, als er nach 1968, wie sie meinte, »eher vor seiner Frau als vor den Russen« floh. In ihre Erziehung teilten sie sich dann mit der Mutter, einer Fließbandarbeiterin, und damit die Kleine bei Mutters wechselnden Schichten nicht auf der Straße aufwuchs, ging Jolana, nachdem man die Ersatzeltern aus Prag vertrieben hatte, in Sázava auch zur Schule. Vor allem sie weiß, wo der Hund begraben liegt, denn sie war bei seiner Ermordung dabei. Erst damals, sicher unter dem Druck der kritischen Situation, die alle Schutzreflexe mobilisierte, wurde der Dramatiker von Vatergefühlen eingeholt, die seine eigenen Kinder durch das vorherige Tohuwabohu nicht erlebt hatten. Als der Exilant zurückkehrt, wird Jolana schon über zwanzig sein, als Stewardess der tschechischen Fluggesellschaft ČSA selbst hin- und herschwärmen und ein Kind haben, durch einen netten Zufall mit dem Enkel von Husáks TV-General Zelenka, dem es nicht gelingt, seinen Spross zu überzeugen, die Mesalliance mit der Ziehtochter von Kohout habe die CIA eingefädelt. Jolana dankt ihren Pflegeeltern ihre Kindheit durch Treue, die sich durch ihre unversiegliche Energie noch potenzieren wird.

Summa summarum: Nun verließ er all seine Kinder im Augenblick, als er sich dessen vollkommen bewusst war, dass er sie hatte und auf seine Art innig liebte. Und deshalb auch in der festen Hoffnung, irgendwann zu erreichen, dass er es von allen auf ihre Art erfahren würde. Er ahnte nicht, dass Prag sein Ithaka war, in das er erst mehr als zehn Jahre später zurückkehren und alles und alle völlig und ganz anders vorfinden würde.

Der Dramatiker und seine Frau reisten symbolträchtig am 28. Oktober 1978, dem sechzigsten Jahrestag der Gründung der freien Tschechoslowakei, aus der Heimat. In ihr, die momentan unfrei war, versüßte man dem unbequemen Bürger den Abschied. Der Bevollmächtigte von Kanzler Kreisky und künftige Verbündete und Freund, Bruno Aigner, wurde an der österreichischen Zollstation in Gramatten trotz Regenschirm mächtig durchnässt, während gegenüber in Nová Bystřice die Wächter im ›Lager des Friedens und des Sozialismus‹ zum letzten Mal ihre Muskeln spielen ließen.

Mehr als eine Stunde dauerte der Streit, ob der Dramatiker seine Fachliteratur über Johannes Hus ausführen dürfe, ohne die er, wie er wusste, kaum sein geplantes Stück würde schreiben können. Er sagte zu seiner Frau, sie solle einsteigen, und denen, er kehre nach Prag zurück. Schnell gab man ihm die Tasche mit den Büchern wieder, reichte ihnen die Pässe, öffnete die Panzerschranke. Das Regime war, wie wiederum die Archive belegen werden, fest davon überzeugt, er wäre ja schön dumm, wenn er je zurückkehrt, das würde ihm schon seine gefährdete Frau schnell ausreden. Er war jedoch in die Vorstellung verbissen, die dreihundertfünfundsechzig Tagesrunden im Ring der Welt zu überstehen und diese Schranke auch bei seiner Rückkehr zu passieren.

44. KAPITEL

Die Welt zur Probe

Als das Paar an jenem feiertäglichen Abend auf komplizierte Weise – weil sich schon in Prag, als er sich vom Grab seiner Eltern auf dem Vyšehrad verabschiedete, bei seinem Wagen der Rückwärtsgang verhakt hatte, so dass man immer nur vorwärts fahren konnte – im Zentrum von Wien vor dem Hotel Am Graben ankam, fielen sie ihren engsten Freunden in die Arme. Bereits am Mittag waren die Verleger Eric Spiess und Jürgen Braunschweiger sowie der Medienpatron der Charta 77 Hans-Peter Riese angekommen. Von ihnen erhielten sie einen detaillierten Plan, wie man die genehmigten zwölf Monate am effektivsten und intensivsten erleben und nutzen könnte. Dieser erschien schon auf den ersten Blick verrückt, doch noch verrückter war, dass er dann noch ergänzt und trotzdem eingehalten wurde. Den Rest der Nacht verbrachten sie im legendären Café Hawelka, dessen Eigentümerin noch im nächsten Jahrtausend in Großmutters Pfannen böhmische Buchteln backen würde. Getrieben von der Euphorie, die den Schlaf verscheuchte, erlebten sie noch den nächsten Tag und den Abend, als der Dramatiker auf der Bühne des Volkstheaters jene Adaptation von Kafkas *Amerika* sah, bei der er dem Koautor Ivan Klíma näherkam. Er ahnte nicht, dass er die letzte Inszenierung seines Stücks in dem Theater sah, das vorher durch eine Reihe seiner Stücke den Staatspreis ›verschuldet‹ hatte, den er hier entgegennehmen sollte. *Amerika* war Kohouts Schwanengesang auf dieser Bühne, sie nimmt danach keine weiteren seiner Texte an, und er wird erst im Archiv der Staatssicherheit erfahren, warum.

Dies wird der erste Paukenschlag, der das viele Jahre dauernde Konzert einleitet, das von den Trommelschlegeln seiner fortschrittlichen Kollegen in der freien Welt gespielt wird. An jenem Tag allerdings war er überglücklich, unwissend, wie er war.

In den ersten Tagen brauchte er seine gesamte Energie, um sich die Journalisten vom Leib zu halten, die in Scharen nach Wien kamen. Es waren zumeist Verbündete, und er durfte sie nicht beleidigen, aus Dank-

barkeit und aus der rationalen Überlegung heraus, dass sie auch weiterhin gute Partner bleiben sollten.

Bei den Programmplanungen störte anfangs, dass es unklar war,
wann und wie man ihm den Staatspreis verleihen sollte. Die Regierung
in Wien wollte nicht durch einen besonders festlichen Akt die so schon
angespannten Beziehungen zu Prag strapazieren, vielleicht hatte sie
auch Angst, damit einen billigen Vorwand zu liefern, dem Laureaten die
Staatsbürgerschaft zu entziehen. Schließlich ließ sich der Kulturminister
Fred Sinowatz einfach krankschreiben, damit seinen Part sein Stellvertreter übernahm; ein paar Tage später aß der Minister mit dem Laureaten inoffiziell in einer Ecke des Hotels Bristol zu Mittag. Auch Bruno
Kreisky empfing das Paar zu einer Privataudienz in seiner Kanzlei. Er
fragte, ob die beiden ihre Entscheidung, nach einem Jahr zurückzukehren, ernst meinten, und das verbindliche Ja freute ihn; er versprach, die
Reise zu verfolgen, um ihnen im Bedarfsfall ein ›Alibi‹ auszustellen. Der
Gast machte mit ihm aus, ihn über den Aufenthalt durchgehend zu in-
formieren und sich kurz vor seiner Rückkehr persönlich zu melden. Einen Tag darauf sprach sich eine knappe Hälfte eines Viertels aller Österreicher, die zu den Urnen gegangen waren, in einem Volksentscheid
gegen die Fertigstellung des Kernkraftwerks Zwentendorf aus, das
Kreisky als sein wesentliches Vermächtnis verstand. Es war klar, dass damit auch seine Ära endete, doch nur die Sterne wussten, dass damit das
österreichisch-tschechische Problem mit Namen Temelín beginnen
würde.

Zum bedeutendsten Verbündeten wurde für den Dramatiker der In-
tendant des Flaggschiffs der deutschsprachigen Bühnen, des Wiener
Burgtheaters, Achim Benning. In das Fahrwasser, in dem er schon zehn
Jahre lang nicht mehr geschwommen war, warf ihn dieser gleich mit der
Aufforderung, er solle Gogols *Revisor* bearbeiten und auf der großen
Bühne selbst inszenieren. Den Hauptmann sollte Norbert Kappen spie-
len, ein genialer, jedoch unberechenbarer Kauz, der nur kurz vorher
Otomar Krejča die Rolle von Goethes Mephisto zurückgegeben hatte.
Als er diesen neuen Tschechen beschnuppert hatte, schlug er ein. Der
Prager hatte eingedenk der Äußerung, mit der sich Gogol gegen die Zen-
sur wehrte, sein positiver Held sei das Lachen, das Genre der Groteske

gewählt, am Schluss war dies schon fast eine Hommage an Chaplin, als die Ratsherren, geschockt durch die Ankunft des wahren Revisors, dem Hauptmann, der triumphierend im Bottich sein Bad zelebriert, eine Torte ins Gesicht schmeißen. Kappen ließ sich mitreißen und zog durch seine Hartnäckigkeit das anfangs verlegene Ensemble nach.

Vor allem aber musste das Paar eine Bleibe finden. Eine gewisse Zeit wohnten sie in Hotels, doch nach zwei Monaten hatten sie das Leben aus dem Koffer satt. Damals bot ihnen die Regieassistentin Jenny Kenezy die Mietwohnung an, in der ihre kürzlich verstorbene Mutter gewohnt hatte. Das alte Hochhaus in der Dominikanerbastion am Donaukanal glich den Plattenbauten in den Prager Siedlungen, und als die Interessenten die Ausstattung sahen, schlugen sie ein, denn von hier aus konnten sie sich nur sehr intensiv auf die Rückkehr nach Prag freuen. Die Mutter war eine bekannte Barsängerin gewesen, nur wenig mehr als einen Meter fünfzig groß, und ihre ganze Arbeitsgarderobe hing unter der Zimmerdecke. Sie lebten dort also zwischen rosafarbenen Tapeten und Bezügen unter Dutzenden Kleidchen, die ihnen die nette Jenny für die Kinder der Chartisten anbot; sie malten sich aus, wie die lieben Kleinen in Gold und Silber, Tüll- und Flittermodellen durch das Husák'sche Prag laufen würden.

Jene knapp zwölf Monate müssen summa summarum als die vollgestopfteste Zeit ihres Lebens bezeichnet werden. Ein getreues Abbild ihrer eingehenden Odyssee bieten die Kalender der Jahre 1978 und 1979, in denen alle Orte und Tätigkeiten aufgeführt sind. Sie schafften dreiundfünfzig Orte in Europa und in den Staaten, davon siebzehn Präsentationen der *Henkerin*, acht Premieren und zahllose Begegnungen, die Inszenierung des *Revisors* und den Schnitt der Filmaufzeichnung von *Play Makbeth*.

Damals kam es ihnen vor, sie schafften diese Hetzjagd quer durch die Welt als zeitlich begrenzten und deshalb verrückten Versuch, so viel wie möglich vom freien Leben in sich aufzusaugen – für die nächsten Jahre im Käfig. Durch den 4. Oktober 1979 sollte daraus ein jährliches Reise- und Arbeitspensum werden, das sich auch nach dem November 1989 nicht änderte, wie dies am Ende jedes Romans der Verweis auf die Orte belegt, an denen er nach und nach geschrieben wurde.

Die lange Liste der Reisen und Aufgaben widerspiegelt jedoch nicht die schwere, langwierige geistige Krise, mit der der Dramatiker fertig werden musste, als man im Frühjahr 1979 in Prag Václav Havel und weitere Freunde verhaftete. In dem Chor, der weltweit dagegen protestierte, fehlte logischerweise seine Stimme; genau auf diesen Tag hatten die Prager Geier gewartet, um ihm ›kostenlos‹ die Staatsbürgerschaft zu entziehen, so wie allen, die ähnlich ins Garn gegangen waren. Doch gerade deswegen – das wusste am besten seine konkret gefährdete Frau – musste er umso eher zurückkehren, sofern seine Reise nicht ihren Sinn und auch er sein Gesicht verlieren sollte.

Beim versprochenen letzten Besuch erzählte Kanzler Kreisky beiden von seinem kürzlichen Treffen mit dem Ministerpräsidenten der ČSSR Štrougal: Der habe ihm bestätigt, dass kein Grund eingetreten sei, warum ihnen die Rückkehr verwehrt werden sollte, und dass nach diesem erfolgreichen Versuch weitere Arbeitsaufenthalte widerspenstiger Künstler zu erwarten seien. Im krassen Widerspruch dazu stand die amtliche Zuschrift, die aus der tschechoslowakischen Botschaft in das Theater gelangte. Anders als eine absichtliche Drohung konnte man die neuerliche Vorladung von Jelena Mašínová zu einem Verhör in Prag, einen Tag nach dem Ablauf des Ausreisevisums, nicht verstehen; die lebenslange freie weite Welt stand plötzlich einem nicht abzulehnenden Angebot gegenüber, drei bis fünf Jahre hinter Gittern zu verbringen.

Der Dramatiker erwartete, dass seine Frau zumindest fragen würde, ob dies nicht eine neue Überlegung wert sei, doch sie fragte nicht. Sie wusste, dass eine Rückkehr nicht nur eine Frage seiner Ehre war, sondern dass sie wirklich den zehn Jahre dauernden Belagerungszustand brechen könnte. So vertraute sie ihr Schicksal den Sternen und ihm an, und er versuchte, den versprochenen Zeugenaussagen zu glauben. Dann setzte sie sich in ihren roten Fiat und fuhr seinem Renault hinterher, dem Gefängnis entgegen.

Wenn das kein Heldentum ist, was denn dann??

45. KAPITEL

Freiheit hart auf hart

Der Ablauf des D-Day – 4. Oktober 1979

13.50 – das Paar Kohout-Mašínová passiert die tschechoslowakische Grenze im Bereich Grametten – Nová Bystřice.

14.30 – nachdem ganz normal die Pass- und Zollabfertigung erfolgt ist, passiert auf einmal gar nichts; die Uniformierten verschwinden mit den Dokumenten.

15.30 – beide werden vom Stellvertreter des Kommandanten merklich unsicher aufgefordert, nach Wien zurückzukehren, wo sie auf der tschechoslowakischen Botschaft ein wichtiger Brief erwarte.

16.00 – als sie dem nicht Folge leisten mit der Begründung, ihr Aufenthalt im Ausland sei beendet, werden sie in einem Raum im ersten Stock eingeschlossen und von Zeit zu Zeit wiederholt zur Ausreise nach Österreich aufgefordert, was sie immer wieder mit dem Argument ablehnen, sie seien in diesem Land zu Hause.

17.00 – von irgendwoher kehrt in schlottrigem Zivil ein aufgeregter Kommandant zurück, der das originelle Argument vorhält, sie kehrten vor Ablauf des Ausreisevisums zurück.

18.00 – er trägt bereits ein Uniformhemd und hat wahrscheinlich auch neue Informationen, denn er droht der Frau des Dramatikers mit dem bevorstehenden Prozess; diese schließt trotzdem eine Rückkehr nach Wien aus und besteht auf der Heimreise.

20.00 – nach einer zweistündigen Pause trägt der Kommandant schon ein Offizierskoppel mit Pistole und setzt den beiden das Ultimatum, unverzüglich das Territorium der ČSSR zu verlassen, sonst würden gegen sie nicht näher bezeichnete harte Sanktionen angewendet.

21.00 – er kommt, um seine Aufforderung zu wiederholen, und erhält wieder die Antwort, die Festgehaltenen reisten nach Sázava nad Sazavou, wo Eltern, Freunde, die Dackelhündin Fína und nicht zusammengekehrtes Laub auf sie warteten; aus dem Fenster beobachten sie dann, wie die Polizisten mit Pkws die Straße versperren – in Richtung Inland.

21.50 kommt der Kommandant zum letzten Mal, nun schon mit Mütze und vor allem mit einem Dutzend blutjunger und offensichtlich verdutzter Soldaten; geübt im Abfangen von Mitbürgern, die aus der Heimat fliehen wollen, sollen sie jetzt die zwei eigenhändig ins Ausland verfrachten.

Die Beschreibung der Aktion muss noch ergänzt werden: In diesen schicksalhaften Stunden waren die Tschechen an der Grenze zweier Welten nicht allein. Als sie ihrer Freundin Jenny die rosafarbene Wohnung mit dem Himmel aus Kinderkleidchen zurückgaben, klingelte unerwartet ein letzter Gast: Auf der Schwelle stand die majestätische Mutter der Schauspielerdynastie Schell, Margarethe, mit einem Köfferchen und erklärte, sie werde die zwei auf Wunsch ihrer Tochter Maria begleiten, um bei ihrer Rückkehr ein glaubwürdiger Zeuge zu sein. Es war unsinnig, aber auch beruhigend, dass sie nicht wie Steine im Wasser hinter der Grenze verschwinden würden. Die alte Dame erlebte die Szenen des nicht enden wollenden Nachmittags und Abends zusammen mit ihnen und stand doch außerhalb des Geschehens, da sie trotz Übersetzung nicht verstand, was geschah, und die wütenden Männer vom Innenministerium wiederum wussten nicht, was sie mit dieser königlich erhabenen, massigen Dame anfangen sollten.

Als dann das Kommando Soldaten auf den Befehl »Packt sie!« beide ergriff und diese nach der Regel des gewaltlosen Widerstands zu einem toten Gewicht wurden, das das Doppelte seiner selbst wiegt, rief ihnen Margarethe hinterher: »Soll ich mich auch hinaustragen lassen?« »Nein!«, rief er ihr zu, denn in diesem Fall hätten beide Seiten Schaden erleiden können, »um Gottes willen, geh du allein!« Als die Grenzhüter den nun schon hysterischen Befehl des Kommandanten, »verdammt, haut denen den Leerlauf rein und schiebt sie raus!«, ausgeführt und beide Wagen hinter die elektronisch geöffnete Panzerschranke befördert hatten, die von anderen Bürgern unter Gewehrfeuer mit einem Traktor durchbrochen werden musste, rannte einer der Grenzer bis nach Österreich, um den Schweizer Pass ins Autofenster zu werfen. Danach schloss man die Schranke und löschte das Licht, so als sei die Heimat eine Nachtbar und sie die Rausschmeißer.

Laut Zeugnis seiner Frau meldete der unverbesserliche Optimist zeitgleich den ersten Vorteil der neuen Situation: »Zumindest muss ich dieses Jahr nicht das beschissene Laub zusammenrechen!« Beide aber vergegenwärtigten sich nach dem achtstündigen erschöpfenden Ringen vor allem, dass das Damoklesschwert ihres Gefängnisses verschwunden war. So als habe jemand mit den Glühlampen an der Grenze auch die hohe Anspannung in ihnen ausgeknipst. Als er noch ein kleiner Junge war, wollte er einmal sehen, wie der elektrische Strom über eine Pinzette läuft, deren beide Enden er mit den Fingern in die Steckdose gesteckt hatte. Damals waren es zum Glück nur hundertzwanzig Volt, und er weckte mit seinem Geschrei den Vater auf, der ihn aus dem tödlichen Kreislauf herausriss. Das Gefühl eines kleinen elektrischen Stuhls kehrte wieder und ließ ihn auch nach seiner Rückkehr in die Heimat im Herbst 1969 ganze zehn Jahre nicht los. Hinter der Trennlinie zwischen Nová Bystřice und der Gemeinde Grametten verschwand es vollständig.

In jenem Moment, am Abend des 4. Oktober 1979 um zehn Uhr zehn, waren beide das erste Mal im Leben richtig frei. Dabei sollte ihnen immer fehlen, was einen Exilanten zum Exilanten macht: die eigene Entscheidung, deren Folgen oftmals bis zum Tod andauern, ob man sie sich positiv zurechnet oder es bitter bereut. Auf der anderen Seite blieben sie auch für immer von Sentimentalität verschont: Für sie hatten andere entschieden, und in ihm rief dies statt Traurigkeit und Unsicherheit die gesunde, kalte Wut hervor, schon seit je sein bestes Triebmittel.

Zu den Absurditäten des immer noch andauernden Tages gehörte, dass sie sich illegal in Österreich aufhielten, da ihr Aufenthaltsvisum durch die Ausreise in die Tschechoslowakei abgelaufen war. Die hiesige Zollstelle war bereits geschlossen, und die Grenze wurde auf dieser Seite von niemandem bewacht. Im ersten Stock des Gebäudes flimmerte ein Fernseher, und so klopften sie einen Zöllner in Pantoffeln heraus, der sie zumindest provisorisch aufnahm. In der nächstgelegenen Kleinstadt Heidenreichstein, ähnlich verschlafen, klingelten sie auf seinen Rat hin bei einem Hotel, wo man für sie aus Mitleid den ruhenden Koch herbeorderte. Beim Essen hörten sie in den Mitternachtsnachrichten des österreichischen Rundfunks, dass der Schriftsteller und Dissident Kohout mit seiner Gattin in die Tschechoslowakische Sozialistische Republik zurückkehren durfte, die dadurch bewiesen hat, das Abkommen von Helsinki zu erfüllen.

Die beiden machten natürlich kein Auge zu. Je weniger sie wussten, desto besser wollten sie auf alles vorbereitet sein. Klar war nur, dass einer der Falken in Prag eine irreparable Situation geschaffen hatte, um ein paar Tauben vor vollendete Tatsachen zu stellen. Die Betroffenen mussten sich nun zusammentun, damit es dem Verursacher so weh wie möglich tun würde. Der Anfang gelang: Da man sie nicht erwartet hatte, hatte man die Chance verpasst, ihrer Rückkehr administrativ und ohne Skandal zuvorzukommen. Die gewaltsame Abschiebung würde, nachdem man sie bereits abgefertigt hatte, die Medien aufrütteln, und sie beide hatten diesmal keinen Grund, sich gegen die Journalisten zu wehren, im Gegenteil! Sie mussten nur ihre gesamte Energie auf eine wirksame Salve verwenden, ebenso wie bei der Charta 77.

Bruno Aigner erwartete sie am anderen Morgen schon an der Grenze Wiens mit der Information, Kanzler Kreisky, der Štrougals Versicherung als bedeutsamen Meilenstein durch Europa kolportiert hatte, fühle sich ganz persönlich hintergangen und warte auf einen detaillierten Bericht. So fuhren sie zur tschechoslowakischen Botschaft, wenngleich sie den Verlauf des Besuchs vorher abzuschätzen wussten: Um das angekündigte Schreiben aus Prag abholen zu dürfen, sollten sie ihre Pässe vorlegen. Gerade darauf waren sie vorbereitet und hatten diese bei Bruno im Auto gelassen; sie erklärten hier, sie würden am Montag um zehn wiederkommen. Sie brauchten Zeit! Während sie nach Jenny suchte, um erneut das Zwergenparadies zu mieten, fuhr er ins Burgtheater, wo ihm Achim Benning wieder einen Raum und eine Sekretärin zuwies, damit er eine Erklärung für die Pressekonferenz diktieren konnte.

Am Montagmorgen setzten die Ausgesperrten ihre Idee vom Freitag um, damit diese ihnen die nächsten Monate leichter machen möge, ehe sich ihrer ein weniger rabenelterlicher Staat annehmen würde: Die tschechoslowakischen Reisepässe ließen sie sich Seite für Seite kopieren und von einem österreichischen Notar beglaubigen, die Originale hinterlegten sie im Theater und fuhren ihrem bürgerlichen Abschuss entgegen. Inzwischen hatte auch Bruno Aigner mächtig gewirkt: die Polizei leitete sämtlichen Verkehr aus der Penzinger Straße hinaus, wo die Botschaft residierte, nun war sie voll von Journalisten, allein ein halbes Dutzend Fernsehsender war vor Ort. Der Dramatiker versprach ihnen Informationen auf dem Rückweg. Dann sog ihn zum letzten Mal der Husák'sche Sozialismus ein.

Das Regimetrio kam gleich bei der Einleitung aus dem Konzept, als es statt der Pässe die beglaubigten Kopien erhielt; der Plan, aus den beiden für eine gewisse Zeit unbewegliche Heimatlose zu machen und sie daran zu hindern, sich weiter als Tschechoslowaken frei in der Welt zu bewegen, war gescheitert. Prag aber hatte wahrscheinlich befohlen, sein Urteil umzusetzen, koste es, was es wolle, so wurde schließlich gesagt, Herrn Kohout Pavel sei die Staatsbürgerschaft entzogen worden, während Frau Mašínová Jelena zurückkehren könne. Nach dieser so witzigen Scheidungsanleitung samt Verweis hinter Gitter folgten aus den Fingern gesogene Beweise für feindliche Aktivitäten. Für die Journalisten fasste sie der Dramatiker auf der Straße kurz zusammen und lud alle für Mittwoch ins Foyer des Burgtheaters ein.

Daraufhin fragte Bruno Kreisky nach den weiteren Plänen und initiierte eine Interpellation seiner eigenen Abgeordneten, um einen Grund zu haben, im Plenum aufzutreten. In einer Fernsehdirektübertragung bezeichnete er die kürzliche Erklärung des Botschafters aus Prag Kadnár, Österreich solle aus wirtschaftlichen, politischen und strategischen Gründen ein größeres Interesse an der Entwicklung der Beziehungen zur ČSSR zeigen – mit dem klaren Unterton: eher als zu irgendeinem Dissidenten –, als unverschämte Drohung. Der Kanzler deklarierte dies wortwörtlich als Unverfrorenheit, wie sie in der Diplomatie ihresgleichen suche, da so nicht einmal Kolonialherren mit ihren Vasallen umgegangen seien. Darauf sprach er die Schlüsselsätze, die das Parlamentsprotokoll zur neuen Existenzbasis des Dramatikers machte.

Ganz sicher wird der Schriftsteller Pavel Kohout von den österreichischen Behörden auch weiterhin als tschechoslowakischer Staatsbürger betrachtet, wie er dies auch selbst wünscht. Ich habe Herrn Pavel Kohout den Rat gegeben, nichts zu unternehmen, was eine Revision der Entscheidung der tschechoslowakischen Behörden verhindern könnte, was allerdings nicht bedeutet, dass dies um den Preis eines Verzichts auf grundsätzliche Standpunkte erfolgen sollte.

Die Resolution, die nach einer scharfen Diskussion die gewaltsame Ausbürgerung des tschechischen Schriftstellers als grundlegende Verletzung
des Abkommens von Helsinki verurteilte, ging als Rarität in die Annalen
des österreichischen Parlaments ein: Erstmals nach vielen Jahren wurde
sie von allen Abgeordneten einstimmig angenommen.

46. KAPITEL

Und vom Gipfel, August …!

Zur Pressekonferenz, an der am 9. Oktober 1979 im Burgtheater an die
einhundert Journalisten teilnahmen, kam aus der Schweiz der Stadt-
und Kantonspräsident von Luzern Hans-Ruedi Meyer, um die Hinterlist
der tschechoslowakischen Führung mit seiner eigenen Geschichte zu
belegen. Er war es, der ein paar Jahre zuvor bei dem Dramatiker für ein
internationales Festival das Stück *Das Roulette* bestellt und ihn kurz
nach dem Finale der Helsinki-Konferenz sogar zur Premiere herausge-
boxt hatte. Nachdem er von dem Versuch des einjährigen Aufenthalts im
Ausland erfahren hatte, entschloss er sich, auf eigene Initiative dem Paar
die Rückkehr zu sichern, indem er zwei Lebende zusammen mit einem
Toten verband.

Bereits viele Monate vorher hatte mit ihm der damalige Botschafter
der Tschechoslowakei in Bern über die Herausgabe der sterblichen
Überreste des großen tschechischen Komponisten Bohuslav Martinů
verhandelt; dieser war in Luzern verstorben und hatte sich in seinem
letzten Willen ausbedungen, im weitläufigen Garten seines Freundes zu
ruhen, solange in seiner Heimat die Kommunisten herrschen würden.
Bei seinem wachsenden Weltruhm war dies den Kulturträgern zu Hause
ein mächtiger Dorn im Auge, und so nahmen sie listig seine französische
Witwe ins Visier. Man lud sie nach Prag und in die Heimatstadt ihres
Mannes, nach Polička, ein, und sie staunte, wie er dort vergöttert wurde.
Für das Versprechen, den Rest ihres Lebens für sie zu sorgen, nahm sie in
ihr Testament auf, dass sie in Polička beerdigt werden wolle, natürlich
zusammen mit ihrem Mann. Kurz darauf starb sie, und der erste Teil des

Wunsches wurde erfüllt. Mit dem zweiten Teil versuchte der Botschafter, Präsident Meyer zu erpressen, der ernstlich darüber nachdachte, weil er als reiner Demokrat und zudem Jurist die unterschiedlichen Wünsche beider Verstorbenen gleich ernst nahm. Der riskante Ausflug des Dramatikers und seiner Frau brachte ihn auf den Gedanken einer Art Versicherung, die darin bestand, dass nach einem so gefragten toten Landsmann problemlos auch ein unerwünschtes Paar Lebender heimkehren dürfe. Der Botschafter sagte dies verbindlich zu.

Als echter Schweizer betrachtete Hans-Ruedi Meyer eine mündlich geschlossene Vereinbarung als Vertrag, der bis zum letzten Punkt eingehalten werden muss. Da absolute Diskretion vereinbart worden war, organisierte er – er war außerdem Brigadier der Schweizer Armee! – generalstabsmäßig die heimliche Überführung der sterblichen Überreste. Das aus Böhmen geschickte Auto, ein unauffälliger schwarzer Lieferwagen, wurde mit Zustimmung des Eigentümers des Privatgrundstücks, der dem energischen und bedeutenden Politiker nichts abschlagen konnte, in der Nacht zum Grab vorgelassen, die Exhumierung erfolgte pietätvoll durch einheimische Fachleute bei Notbeleuchtung. Dann kam es zu einem unerwarteten Problem: Nach zwanzig Jahren war der ursprüngliche Sarg wie erwartet vermodert, doch die, die aus Böhmen einen neuen mitgebracht hatten, ahnten nicht, dass der Maestro ein außerordentlich großer Mann gewesen war; er passte bei weitem nicht in diesen hinein. Ein Schreckensmoment des Geschehens war der Vorschlag der tschechischen Spediteure, für die wohl eine ähnliche Korrektur üblich war, die überstehenden Knochen mit einem Spaten zu brechen und danebenzulegen. Daraufhin befahl ihnen der Präsident und Brigadier, sie sollten draußen im Wagen warten, und fuhr in die schlafende Stadt, wo er der Reihe nach die Inhaber von Beerdigungsinstituten weckte, bis er einen besonders großen und luxuriösen Sarg gefunden hatte. Er bezahlte ihn aus der eigenen Tasche, weckte die Tschechen und schickte sie mit der kostbaren Fracht hinter den Eisernen Vorhang.

Prag hielt auch den anderen Teil der Vereinbarung ein: Die Schweizer Delegation war dabei, als man den Komponisten in Polička neben seiner Frau bestattete. Die Zeremonie, die von der Tschechischen Philharmonie begleitet und von Tausenden Menschen besucht wurde, überzeugte den

Stadtpräsidenten von Luzern davon, dass seine Entscheidung richtig gewesen war; aus der Einsamkeit des fremden Gartens war der Künstler dahin zurückgekehrt, wohin er gehörte, unter seine ergebensten Zuhörer,
die seine Musik in schweren Zeiten aufgerichtet hatte. Ein unerwarteter
Schlusspunkt, gar eine persönliche Ohrfeige, schien nun dem Politiker
und Menschen Meyer die heimtückische Ausbürgerung des Schriftsteller-
paares zu sein. Auf der Pressekonferenz präsentierte er den Fall als him-
melschreienden Beweis für Willkür, doch die beiden erstarrten trotzdem,
weil sie den immerhin problematischen Handel mit dem Toten, wenngleich unbewusst, mitverschuldet hatten. Glücklicherweise können sie
schon zehn Jahre später aufatmen: Bohuslav Martinů ruht in der Erde eines Landes, in das Verwaltung ihrer eigenen Angelegenheiten zurückgekehrt war und in das auch sie beide nach ihm zurückkehren würden.

An jenem Vormittag, als der unfreiwillige Exilant im überfüllten, festlichen Foyer des Burgtheaters minutenlang von Mikrofonen, Kameras
und Fotoapparaten umzingelt war, hätten ihm wohl viele mitleidsvoll
auf die Schulter geklopft, wenn er sich öffentlich zu seiner Vision der
Rückkehr als zu einer realen Hoffnung bekannt hätte. Er war sich dessen
sicher, mitten im Getöse der Menge verspürte er urplötzlich Angst vor
der Einsamkeit. Auf dem Gipfel seines Ruhms erinnerte er sich an die
drohende Warnung des Herrn Direktor Holzknecht: »Und vom Gipfel,
August, führen alle Wege nach unten …!«

Er wusste, dass dieser Zirkus wenig später an andere Stationen weiter-
ziehen und – wenn überhaupt – nicht so schnell zu ihm zurückkehren
würde. Er verstand in dieser Stunde, dass sein Ruhm schon Schnee von
gestern war. Er war nicht mehr der geschützte Dissident, von dem anders als positiv zu schreiben geschmacklos gewesen wäre, sondern jetzt
ein normaler Emigrant, der überall auf der Welt den Einheimischen die
Arbeit wegnimmt. Und der für viele seiner Landsleute weiter ein ekelhafter Bolschewik sein wird, während die meisten seiner westlichen Kollegen, wie er sie schon kennenlernte, ihn zum Verräter der heiligen Sache des Sozialismus erklären werden.

Dann aber meldete sich der unbeirrbare Optimist in ihm erneut zu
Wort und erinnerte ihn daran, dass er doch schon die tausend Jahre
Großdeutsches Reich, die Hitler ihm versprochen hatte, überlebt habe

und, mehr noch, dass jetzt für ihn die von Stalin verheißenen ewigen Zeiten mit der Sowjetunion vorbei seien, weshalb er vielleicht auch glauben könne, diese paar Jahre Freiheit und Demokratie, die eben für ihn angebrochen waren, zu überstehen. Aus der Ecke, wo er nach dem letzten Interview verharrt hatte, rief ihn seine Frau heraus: »Unsere Freunde sind schon auf dem Weg zur Zehner-Marie, sie lädt alle ein!« Im bekannten Heurigen der Wirtin Käthe Musil hatte vor einer Woche ihr Abschied von Wien und von der Welt stattgefunden …

Auf dem Weg rechnete er nach, dass seit dem Moment, da man ihm die Heimat ausgeknipst hatte, fast einhundertvierzig Stunden vergangen waren, in denen er praktisch nicht geschlafen hatte. Er schöpfte Kraft aus dem tröstlichen Wissen, im Leben selten frischer gewesen zu sein. Und er munterte sich mit einer weiteren Hoffnung auf, dass ihn diese Energie und dieser Optimismus noch ein paar Jahre lang nicht verlassen würden.

47. KAPITEL

Zwei Schicksalsschläge

Der in England lebende schwedische Schauspieler Gunnar Möller, vor allem beim deutschen Publikum wegen seiner Filmkomödie *Ich denke oft an Piroschka* beliebt, übernahm Anfang der siebziger Jahre die Rolle des Adolf Hitler in einem Filmmonsterprojekt, das die moderne Geschichte der Tschechoslowakei im Geiste der Husák'schen Normalisierung verfälschte. Der Schwede war, wie viele westliche Schauspieler, von der Politik unbefleckt und hatte von der Lage in dem für ihn exotischen Land, wo er ordentlich Geld verdiente, nicht die geringste Ahnung. Davon zeugte, dass er überall nach dem tschechischen Dramatiker suchte, in dessen Stück er kurz vorher in Deutschland gespielt hatte. Er suchte ihn in Prag sogleich auf und wunderte sich, dass ihm sein Gastgeber empfahl, sich nicht allzu sehr mit dieser Bekanntschaft zu brüsten.

Er hörte nicht auf ihn und war noch verwunderter, als ihn fast alle in den Filmstudios Barrandov vor einem weiteren Kontakt mit der persona non grata warnten. Das Leben in England und Schweden hatte jedoch einen so starken Sinn für Fairplay bei ihm entwickelt, dass er wieder und wieder bei dem Dramatiker klingelte, mitsamt seiner genauso vitalen Frau Brigitte, die, wenn sie nicht in Deutschland Theater spielte, mit einem Nachschub an französischem Käse und Wein nach Prag reiste. Sein Vertrag verbot solche Kontakte unter Rücksicht auf die ausländische Öffentlichkeit nicht ausdrücklich, die Dreharbeiten liefen, und der Schauspieler war in der Rolle des Führers so gut, dass man seinen Fehltritt als Ausdruck von Kauzigkeit verstand und ihn schweigend überging.

Eine reizende Episode war seine unerwartete Ankunft in der kleinen Villa an der Sázava, die im Frühjahr 1973 renoviert wurde. Er ließ das Auto des Filmstudios schon vor dem Gasthaus U Malešáka halten, um sich tschechischen Rum zu gönnen, an dem er Geschmack gefunden hatte. Im Garten kam er am späteren Nachmittag reichlich müde an, ging aber nicht auf sein Zimmer, weil er noch etwas frische Luft schnappen wollte. Nachdem die Handwerker gegangen waren und er immer noch nicht zurückgekehrt war, begannen die Hausherren, auf den Wiesen am Fluss und im angrenzenden Wald nach ihm zu suchen. Bei Einbruch der Dämmerung überlegten sie, was weiter. Das Einschalten der Polizei hätte ihn über alle Maßen kompromittiert, andererseits konnte man nicht riskieren, dass er irgendwo vergebens auf Rettung wartete. František Brož, der Bauleiter, der bei der Suche geholfen hatte, stolperte plötzlich über einen langen, dunklen Gegenstand, der im Gras lag: den eingerollten Teppich aus der Halle, der am nächsten Morgen ausgeklopft werden sollte. Er wickelte ihn langsam auseinander – und darin schlief Hitlers Doppelgänger den Schlaf der Gerechten, er hatte sich unbemerkt darin eingerollt, weil ihn die starke Abendsonne störte.

Im Oktober 1979, nicht ganz einen Monat nachdem der Dramatiker seiner Heimat verwiesen worden war, erhielt er im Burgtheater einen seltsamen Brief. Er trug den Briefkopf des berühmten Londoner Gefängnisses Old Bailey, und der Stempel bestätigte, dass er die Anstaltszensur durchlaufen hatte. Der erste Satz war unvergesslich.

Teurer Pavel, wir beide haben gerade grausame Schicksalsschläge hinnehmen müssen. Dich hat man deiner Heimat entledigt, ich habe meine teure Brigitte umgebracht …!

So erfuhren seine Freunde, überwältigt von ihren eigenen Sorgen, nachträglich, dass Gunnar in einem schlimmen Streit, wie ihn vom Wein oder Whisky entfesselte Eheleute auch in böhmischen Landen führten, einen massiven Hocker nach seiner Frau geworfen hatte und sie nicht mehr rechtzeitig ausweichen konnte. Die Öffentlichkeit und die Medien sprachen ihn schuldig und bedauerten ihn zugleich als Unglücksraben, ein englisches Gericht sollte ihn bald in einem Medienprozess verurteilen, aufgrund seines guten Leumunds und seines reuigen Geständnisses nur zu ein paar Jahren Gefängnis.

Der Vergleich dieser beiden Schicksalsschläge war im Grunde absurd, drängte sich jedoch auf. Eine Handlung im Affekt stand auf der einen Seite, sicher vom Naturell der beiden Eheleute bedingt, jedoch ohne Absicht und deshalb tragisch: Sie nahm der Frau das Leben und dem Mann für lange Zeit die Freiheit. Auf der anderen Seite die Macht, die in böser Absicht einen unbequemen Bürger, den sie momentan nicht umbringen durfte, ihn aber zumindest von seinen natürlichen Wurzeln wie Familie, Heimat und Sprache trennte. Im konkreten Fall bestrafte sie jedoch jemanden, der ihr vor Jahren geholfen hatte, seine Heimat zu knechten, und so gesehen war der Dramatiker mit dem Häftling aus Old Bailey wirklich schuldverwandt.

Die Presse wird später von Zeit zu Zeit lobend erwähnen, zu welch einem begabten Gärtner sich der Schauspieler im Gefängnis gewandelt habe. Nach seiner Entlassung bleibt er einige Jahre stumm, und er meldet sich bei niemandem. Als er wieder in einer Hamburger Vorstadt mit dem Theaterspielen beginnt, wird das für die Bühne eine Zeit lang ein Problem sein, denn dank der Boulevardpresse wagt es ein Teil des Publikums nicht, einem Mann zu applaudieren, der wegen Totschlags im Gefängnis saß. Als sie wieder in Hamburg zu tun haben, kaufen sich die ehemaligen tschechischen Freunde Karten und klopfen nach dem Ende der Vorstellung an der Garderobe. Er wird gleichzeitig lachen und weinen. Er lädt die beiden zum Abendessen ein, bleibt ausschließlich bei Sodawasser und wird nur von seiner Frau sprechen. Im Gefängnis, sagt er ihnen, hat er wiederholt versucht, sich detailliert ihr gemeinsames Leben, vom Kennenlernen bis heute, zu vergegenwärtigen, er sagt wirklich ›bis heute‹ und schildert auch minutiös die Begegnungen in Prag und in

Sázava. Sie haben dann denselben Weg, nehmen ihn also mit dem Taxi
zu seiner Pension mit. Beim Abschiednehmen teilt er ihnen freudig mit:
»Ich werde ihr das alles gleich erzählen!«

»Wem …?«

»Brigitte doch, ich rede jede Nacht mit ihr!«

Er winkt und eilt zu ihr.

Wenngleich jeder auf andere Art, so kapselten sich beide Schicksalsschläge langsam, aber sicher ein.

48. KAPITEL

Auf Dauer in Österreich

Die zweite Halbzeit, wenn man so den Lebensabschnitt bezeichnen
kann, der ihnen vom Schicksal auf unbestimmte Zeit zugedacht war, begann mit den üblichen Sorgen, wie sie jede Veränderung der Obrigkeit,
auch in einer Demokratie, mit sich bringt. Papiere und Gebräuche, die
über Nacht ihre Gültigkeit verloren hatten, mussten durch neue und
funktionierende ersetzt werden. Den alten Pässen der Tschechoslowakischen Sozialistischen Republik hatte glücklicherweise die Erklärung des
Kanzlers im Parlament Legitimität verliehen, dass Österreich diesen ge-
setzwidrigen Akt nicht anerkenne. Deshalb erteilen alle Länder Westeuropas und die Vereinigten Staaten bis zu einem Jahr gültige Visa. Das
Provisorium war jedoch auf den ersten Blick erkennbar, diese zwei
Büchlein blähten sich bald verdächtig durch die eingeklebten Seiten mit
ihrer Stempel- und Gebührenmarkensammlung auf. Am meisten von-
nöten war keine virtuelle, sondern eine tatsächliche Staatsangehörigkeit,
am besten allerdings die österreichische, doch gerade um diese konnten
sie nicht selbst ersuchen, wenn sie nicht in Frage stellen wollten, dass sie
auf der Beibehaltung der ursprünglichen Staatsbürgerschaft bestanden.

Genauso verstand dies Bruno Kreisky, der auf die hinterhältigen
tschechoslowakischen Politiker wütend war, und empfahl der Schriftstellerin Hilde Spiel, der Vorsitzenden jener Jury, die dem Dramatiker
den Staatspreis verliehen und ihn zur Überreichung eingeladen hatte,

dass sie im Sinne der Verfassung, die künstlerische Leistung mit der Verleihung der Staatsbürgerschaft würdigend, für die Kommission einen Antrag stellen solle. Und schnell sagte er zu ihr am Telefon, während sie danebenstanden: »Du weißt doch, wie das in Österreich läuft!« Und wirklich, vielleicht wegen der vielen Fürsprecher, wurde das Verfahren mit außerordentlicher Gründlichkeit aller zuständigen Behörden betrieben. Die erste Lehre war also, dass ein Übermaß an Befürwortern, wie in böhmischen Gefilden auch, Anfeindungen und Missgunst schürt, wahrscheinlich ein Erbe des langen Miteinanders.

Zuerst mussten sie noch warten, wie ihr Widerspruch gegen die Ausbürgerung ausgehen würde. In das Gebäude der tschechoslowakischen Botschaft in Wien wurden für den 18. Januar 1980 wieder beide vorgeladen. Erwartungsgemäß hatten die Falken in Prag sämtliche Argumente und Zeugenaussagen direkt in den Papierkorb geworfen. Da halfen auch die Expertisen von acht Verlagen nichts, die fremdsprachige Ausgaben der *Henkerin* vorbereiteten, dies sei ein Roman und kein politisches Pamphlet. Was man nicht erwartet hatte: Nachträglich wurde auch der Frau des Dramatikers die Staatsbürgerschaft aberkannt, was man damit begründete, dass sie an seinem Leben teilgehabt hätte. Ein Gefängnisaufenthalt drohte zwar nicht mehr, doch der abartige Erlass schnitt sie von ihren Eltern und der kleinen Jolana ab, die zu Hause so sehr auf sie wartete.

Man versuchte, den frisch gebackenen Exilanten von vielen Seiten zu überzeugen, er solle abwägen, ob er als neuen Mittelpunkt des Lebens das richtige Land gewählt habe. Dank der Publizität kamen auch verlockende Angebote von amerikanischen und kanadischen Universitäten, doch er spürte, dass er sich dadurch zu stark von allem entfernen würde, worauf ihr beider Leben basierte. Darüber hinaus schien ihm, dass das beste Transportmittel des Schreibens für ihn die deutsche Sprache war. Auch dazu gab es Anmerkungen: Deutschland bietet die höchsten Honorare und die Schweiz die niedrigsten Steuern. Bald fand er ein Gegenargument: Österreich hat den besten Wein! Dieser Scherz verdeckte die tiefe Erkenntnis, dass sich die neue Lebensszene in vielerlei Hinsicht von der alten nur dadurch unterschied, dass dort nicht tschechisch gesprochen wurde. Fast dreihundert gemeinsam verbrachte Jahre haben notwendigerweise in den nationalen Eigenheiten tiefere Spuren hinterlassen als die sechzig getrennten.

Staatsbürger der Republik Österreich wurden sie am 27. Juli 1980. Nach dem Schwur auf die Verfassung, die alle Zuzügler bereits damals vernünftigerweise zur Wahrung der Demokratie, der Einhaltung der hiesigen Gesetze und der lokalen Traditionen verpflichtete, stießen sie mit dem Oberlandrat des Wiener Rathauses, Herrn Müller, etwas untraditionell darauf an, dass sie die verliehene Staatsbürgerschaft vielleicht einmal mit Dank wieder gegen die ursprüngliche würden eintauschen können. Als sie vom Rathaus ins gegenüberliegende Burgtheater gingen, wurden sie von einem Rufen aufgehalten. Der Oberlandrat lief mit einem Protokoll hinter ihnen her, das sie beim Trinken vergessen hatten zu unterschreiben. Sie holten das auf der Motorhaube eines parkenden Autos nach. Erst zu Hause bemerkte die Neu-Österreicherin, dass sie nicht mehr Mašínová hieß – sondern Kohout und ohne die Endung, mit der das Tschechische so feministisch die Weiblichkeit unterstreicht.

Seine zweite Priorität war es, aus dem Panoptikum der Kleidchen in der Bleibe am Donaukanal wegzukommen. Nach all den Jahren, in denen er die Schreibmaschine in fremden Wohnungen geöffnet hatte, brauchte er einen eigenen Raum, und da er von früh bis spät im Theater arbeitete, übernahm seine Frau die Suche, mit Hilfe seines Freundes Werner Stanzl; der hatte als Redakteur des ORF fünf Jahre zuvor, als er mit ihm im Garten an der Sázava das erste politische Interview gedreht hatte, ungewollt seine erste Verhaftung herbeigeführt. Danach versuchte er, dies wiedergutzumachen, indem er ein halbes Jahr wöchentlich eine Sachertorte schickte, bis sie den Empfängern bis ans Lebensende vergällt war. Seine Frau sehnte sich nach dem grünen Stadtrand, ihr Mann, der weiterhin erklärte, sein Gras sei der Asphalt und seine Bäume die Schornsteine, wollte im Zentrum wohnen. Sie verstand, dass es in der momentanen Situation notwendig war, ein Kompromiss war also die Vision einer Wohnung mit Grün auf der Terrasse.

Beide Abgesandten unterhielten sich irgendwann bei einem Gläschen etwas länger und kamen dann erst fünf Minuten vor der Schließzeit in das Immobilienbüro auf dem Petersplatz. Wären sie früher gekommen, hätte man ihnen gesagt, dass der erste Bezirk nichts Entsprechendes anbiete. So aber trafen sie den Architekten Hausner, gerade als er sein Atelier auf dem Kohlmarkt Nummer eins abtrat. Das schmucke Haus an der Ecke vom Graben hatte schon lange durch die grüne Skulptur eines Pferdes mit Reiter auf dem Dach ihre Blicke in seinen Bann gezogen. Die Vorstellung, direkt darunter zu wohnen, war viel zu gewagt, um wahr zu sein.

Gleich am anderen Morgen gelangten sie mit einem elegant getäfelten Lift in den obersten Stock und waren enttäuscht, als sich ihnen statt eines sonnendurchfluteten Ateliers ein dunkler Keller eröffnete; alle Fensterscheiben waren mit undurchlässiger Farbe gestrichen. Außerdem fehlten eine Küche und ein Bad und überhaupt – Platz! Eine Eingebung riet ihnen, vom Treppenhaus über eine ausklappbare Treppe höher zu steigen. Sie entdeckten einen großen Boden mit einem kleinen Maschinenraum für den Aufzug, doch vor allem eine Dachterrasse mit einem Beet, das sorgfältig für die Aussaat von Gemüse vorbereitet war.

Sie entfernten die Verdunklung und sahen, dass die französischen Fenster zum Kohlmarkt und zum Graben im rechten Winkel einen gläsernen Streifen bildeten, das Wahrzeichen dieses Cinemascope waren die Kuppel der Wiener Peterskirche, fast ein Ebenbild zur Prager St.-Nikolaus-Kirche, und der Turm des Wiener Pendants zum Prager Veitsdom – des Stephansdoms. Ein radikaler Umbau verband das Atelier mit dem Dach über das vom Boden abgeteilte Zwischengeschoss, in dem bald das Archiv wuchern wird. Somit entstand eine weitere Heimat, die sie sich – aus Sicht der Vernunft verschwenderisch – immer wieder in fremden Häusern errichteten; die zwei Unvernünftigen aber wussten, was sie gewinnen würden: Viele Stunden am Tag an ihre Schreibtische gefesselt, schöpften sie aus jedem Blick auf den schönsten Teil Wiens Energie, so als seien ihre Augen eine zweite Lunge.

Dann kam es zu einer Havarie. Das Wohnschiff, das sich über die Dächer der Metropole zu erheben schien, lief unverhofft auf versteckte Riffe, die auch in Österreich lauern. Es zeigte sich, dass der Bauleiter, nachdrücklich von der damaligen Hausverwaltung empfohlen, die Auswahlverfahren vorgetäuscht hatte, denn die Firmen bildeten einen unverbrüchlichen Verband, um sich gegenseitig zu bezeugen, dass es der Auftraggeber sei, der durch nachträgliche Wünsche die Kosten explodieren ließ. Das Paar steckte also in der Mitte des Umbaus, als ihm dieser kleine Pate mitteilte, die geplanten Mittel seien aufgebraucht, und alles würde etwa das Doppelte von dem kosten, was sie in den Jahren angespart hatten, in denen statt ihrer selbst ihre Stücke durch die Welt gewandert waren.

Der Dramatiker verschuldete sich nie. Wann immer ihm Geld fehlte, lebte er so, wie er konnte. In dieser ungewohnten Situation schlug er seiner Frau vor, sich die hervorragende Adresse und den Bau vom nächsten Interessenten auszahlen zu lassen, den man sicher nicht lange würde suchen müssen, und an einen Ort zu ziehen, wo sie finanziell nicht ausbluten würden. Daraufhin fragte sie ihn, warum er sich denn um Gottes willen nicht wie alle anderen auch etwas borge? Er sprang also über seinen eigenen Schatten und unterzeichnete in der gegenüberliegenden Bank einen für sie sicher lächerlichen, doch für ihn schwindelerregend hohen Wechsel.

Doch der Untergang war nicht aufzuhalten. Der Briefträger brachte ihm täglich Mahnungen, und er hatte Angst, dass auch das mächtige Darlehen schnell dahinschmelzen würde. Damals schlug ihm einer seiner neuen Bekannten, der Rechtsanwalt Hans Nemetz, vor, die Konten zusammen mit der Verwaltung des Geldes ihm anzuvertrauen. Als dann alle fleißig weiterarbeiteten und sich der Kontostand nicht merklich veränderte, fragten die beiden, wie er dieses Wunder vollbracht habe. Ganz einfach, verriet er, er bezahle den Firmen erst einmal nichts. Wie nichts? Na gar nichts! Und die Firmen? Nun, die haben das natürlich richtig verstanden und lassen deutlich im Preis nach, das ist für sie billiger als ein Prozess, bei dem ihr Kartellvertrag auffliegt! Der Umbau war nach fünf Monaten beendet, die Schuld wird zehn Jahre später getilgt sein, weil sie bald zu sehr viel menschlicheren Zinsbedingungen eine neue Freundin aus der Schweiz übernimmt.

Mit der Wohnung hatten sie auch den Goldschatz des Hauses gemietet, die Besorgerin, die sie um dieses Beet auf dem Dach gebracht hatten. Frau Maria Guntersdorfer sprach nur Niederösterreichisch, so dass sie die ersten Jahre nur anhand der Tränen und des Lachens erahnen konnten, ob sie zu irgendetwas kondolieren oder gratulieren sollten. Um ihre Stimme, mit der sie die Werbungsausträger verscheuchte, hätte sie man-

cher Feldwebel beneidet. Das Patrizierhaus mit den reich intarsienver-
kleideten Fenstern im Treppenhaus, deren vorherige Mieter, wie es damals Mode war, in stadtnahe Villen umgesiedelt waren und von Firmen
abgewechselt wurden, die nach einer besonders erhabenen Adresse
lechzten, glich nach dem Verschließen einer leeren Kirche und duftete
unablässig vor Sauberkeit, an kirchlichen Feiertagen auch nach Paraffin-
kerzen und frisch geschnittenen Zweigen. Die kunstvoll geschmiedeten
Jugendstilgeländer befreite sie täglich von Staub, und beim Wischen der
Treppenstufen redete sie mit ihnen; als er sie einmal dabei ertappte, erklärte sie ihm, sie kenne alle und jede sei anders.

In den Diensten einer mächtigen Bank bewohnte sie im Zwischengeschoss eine dunkle Grotte von zwölf Quadratmetern samt Toilette im
Treppenhaus, eine Wohnung, wie sie einst den noch jungen Poeten zu
flammenden Versen gegen die kapitalistischen Blutsauger inspiriert
hätte. Mit ihr zusammen wohnte dort auch ihr ältlicher, sehr korpulen-
ter Sohn, ihr Stolz und ihr Unglück. Er war vielleicht ein zuverlässiger
Fuhrmann, doch einmal im Quartal betrank er sich schwer aus Wut,
wieder nicht in der Lotterie gewonnen zu haben, und zerschlug die so
schon ärmliche Einrichtung. Dann rief sie heimlich vom benachbarten
Frisiersalon aus an und bat um Hilfe, der Dramatiker lief, drohende
Schreie ausstoßend, im Morgenmantel durch das nachts menschen-
leere Haus, und der feige Sohn rannte in den Keller, um sich zu verstecken.

Als Frau Maria zehn Jahre später endlich eine städtische Wohnung erhält, geht zeitgleich mit ihr fast die gesamte Zunft der österreichischen
Hauswarte in Pension, was das Ende der goldenen Ära einleitet. Ihre
Nachfolgerin, die in zwanzig Jahren nicht einmal versucht hat, sich die
hiesige Sprache anzueignen, so dass der Tscheche sein Serbokroatisch
auffrischt, wird für die notwendigsten Arbeiten für einen geringeren Teil
ihres Gehalts bedürftige Landsleute anwerben. Da scheint es ihnen dann
schon, dass auch die Verkäuferinnen weniger nett, die Briefträger unzu-
verlässig und die Polizisten arrogant sind, und sie erschrecken, dass der
sogenannte ›Landovský-Effekt‹ obsiegt: Als das Burgtheater seinen aus
Prag vertriebenen Schauspieler in das teure Berlitz-Institut schickt, damit er sich die deutsche Sprache aneignete, widersteht er ihr souverän,

während sein Lehrer von ihm gratis Tschechisch lernt. Es wird drohen, dass eher die Österreicher sich den Tschechen als die Tschechen sich den Österreichern angleichen werden!

49. KAPITEL

In Österreich zu Hause

Der österreichische Halt in diesem Bericht hat zwei Gründe: Er entspricht der Generalpause zwischen zwei unterschiedlichen Lebensabschnitten und er widmet sich den existenziellen Problemen der Ausgesiedelten, die einstweilen sowohl Politik als auch Kunst auf dem Nebengleis abgestellt haben. Gestern noch umsorgte Gäste, waren sie über Nacht in die Normalität einer fremden Gesellschaft hineingeworfen, die ihnen plötzlich sehr unnormal vorkam.

Aus der Sorglosigkeit, die man sich dort angewöhnt, wo man als Bürger automatisch vom Staat abkassiert wird, weckte die Neulinge ein anderer von den neuen Freunden, Doktor Kurt Neuner, seinerzeit österreichischer Schattenminister der ÖVP für Finanzen und dann Chef eines großen Steuerberatungsbüros. Als er sich mit den diversen Tätigkeiten der beiden Klienten in verschiedenen Fächern und Ländern vertraut machte, prophezeite er ihnen lange und unangenehme Verhandlungen mit dem Finanzamt und riet zu eiserner Geduld, weil das Ergebnis zur Festlegung der Regeln für ihre Existenz vielleicht bis zu ihrem Lebensende dauern würde. Er sollte recht behalten.

Schon die ersten Treffen bestätigten diese Vorhersage. Als Hindernis, das Kontrolle erschwerte und Steuerflucht möglich machte, erschienen den Beamten gerade die Splitterbeträge der Autorenhonorare. Im ersten Wiener Bezirk war kein anderes Paar erfasst, bei dem der Mann Romane und Dramen schrieb, seine Frau Hörspiele und Filmdrehbücher und jeder von ihnen unterschiedliche Einnahmen von unterschiedlichen Stellen und unterschiedliche Ausgaben aus unterschiedlichen Gründen hatte. Die vorgeschlagenen Konstruktionen würden entweder sie oder den Fiskus benachteiligen.

In ihrer Not kommen sie auf eine Idee, die sogar den Berater überrascht: Könnten sie nicht eine Schriftstellerfirma gründen? Nach weiterer
Prüfung leuchtet es auch der Behörde ein, dass sich dadurch die Durch-
dringung aller Aktivitäten am übersichtlichsten erfassen lassen würde.
Steuerlich entsteht eine Autorengemeinschaft bürgerlichen Rechts. Da-
nach kommt es zur entscheidenden Phase. Direkt mit den Beamten der
Finanzverwaltung versuchen die Neuösterreicher nun, einen Abschrei-
bungsschlüssel in etwa fünfundzwanzig Ausgabeposten auszuhandeln.
Diese drei Tage sind schwer zu vergessen, sie trugen die Anspannung von
Generalproben vor einer besonders anstrengenden Premiere in sich.

Jeden Morgen betritt der Steuerberater mit seiner Assistentin die
Wohnung, ihnen gegenüber sitzen drei Finanzbeamte mit einer Proto-
kollantin, bereit zu einem hartnäckigen Ringen, bei dem die Staatsor-
gane höchstens Wasser trinken und sich nie eine Zigarette anzünden; sie
stellen ihre Unbestechlichkeit zur Schau, ebenso wie es die frisch gebackenen Kunden aus böhmischen Landen auf dem Terrain der Staatssicherheit getan hatten.

Bei den Ausgaben für Theater-Kino-Museen-Fernsehen stocken die
Verhandlungen zum ersten Mal. Der Leiter der Delegation ist der Ansicht, Amüsements könnten nicht durch steuerliche Vergünstigungen
gestützt werden. Die Debatte dreht sich im Kreis, ehe die weibliche
Hälfte der Firma fragt, ob er die Steuerbescheide zur Bearbeitung mit
nach Hause nimmt. Wissen Sie, erklärt sie ihm, ins Theater zu gehen ist
für uns die Fortsetzung dessen, was wir den ganzen Tag tun, und in der
Regel ist es eher ermüdend als amüsant. Man stellt das Thema also zurück, doch bald entbrennt der nächste Streit. Die Abschreibungen sollen
auch für das Flugticket nach Avignon und die dortigen Hotelkosten
nicht gelten. Der Dramatiker belegt mit seiner Korrespondenz, dass
französische Theatermacher am 20. Juli 1981 eine *Nuit pour Havel*, eine
Nacht für seinen inhaftierten Kollegen, veranstaltet haben; er flog sogar
kurz nach einer Knieoperation mit Krücken hin, er hat dort gesprochen
und alles selbst bezahlt, somit hatte er die Reise zur steuerlichen Anrech-
nung ausgewiesen.

»Ist dieser Vatzlaf Hafl Gesellschafter in Ihrer Firma?«, fragt der
Hauptdelegierte.

Er verneint dieses, und der andere besteht also auf den Buchstaben des Gesetzes. Es handelt sich um eine geringe Summe, jedoch in erster Linie ums Prinzip, deshalb beginnt der Dramatiker zu erklären, wer Václav Havel ist und was er mit ihm gemeinsam hat, doch die Beamtenlogik ist nicht zu durchbrechen. Eine Lösung kommt ihm, als die Rechnungen auf den Stapel der nicht anzuerkennenden wandern.

»Eigentlich gehört das in eine andere Rubrik. Sie haben doch eine steuerliche Geltendmachung der Werbeausgaben genehmigt!«

»Aber was hat denn damit dieser Hafl ...«

»Dieser Havel bot mir die Gelegenheit, mich selbst zu präsentieren. Durch meine Teilnahme war ich in mehreren Fernsehsendern und in Zeitungen, so viel Werbung hätte ich gar nicht bezahlen können! Im Gegenteil: Wenn ich nicht hingeflogen wäre, um meinen Kollegen zu verteidigen, wäre das eine Negativreklame für mich und meine Waren gewesen.«

»Was verkaufen Sie denn?«, wundern sie sich.

Es erscheint angebracht, in einer Terminologie fortzufahren, die eher für den Absatz von Käse verwendet wird.

»Meine Stücke und Romane. Ich arbeite zumeist ohne Auftrag und deshalb mit dem Risiko, meine Arbeiten vielleicht nicht loszuwerden. In Frankreich besteht ein großer Markt.«

»Hat dort schon mal jemand etwas von Ihnen gekauft?«, forscht man weiter.

»Natürlich!«, versichert er ihnen reinen Gewissens, »zwei Romane und zwei Stücke, und gerade in der Zeit meines Besuchs hatte ich ein neues Buch zum Verkauf, somit war die Werbung notwendig, und die Reise kann nicht als Privatausflug angesehen werden.«

Man legt dies zu den strittigen Fällen und kommt nun zum nächsten, der das Schlüsselproblem darzustellen scheint. Er verstehe schon, meint der Sprecher, dass sie aufholen wollen, was ihnen zu Hause von der Zensur versagt worden ist, wenn sie sich als Leute vom Fach so viele Videofilme ausleihen, aber sie wollen doch nicht wirklich Pornos steuerlich geltend machen?

»Sicher nicht!«, versichern ihm beide arglos.

»Warum haben Sie sich also die *Sekretärinnen nach Büroschluss* aus-

geliehen? Uns liegt ein Gutachten vor, dass es sich hier um einen Porno-
film der niedrigsten Kategorie handelt.«

Die Verhörten sehen sich fragend an.

»Den haben wir uns ganz gewiss nicht ausgeliehen!«

Daraufhin legt er einen Zettel mit dem Kopf des Geschäfts vor, in dem
sie sich versorgten.

»Das muss ein Irrtum sein!«, erklären die beiden einstimmig und verstehen bereits, was auf dem Spiel steht: Sie merken, dass diese Winzig-
keit für die Behörde als Test für alle strittigen Behauptungen von entscheidender Bedeutung ist. Der Dramatiker hebt den hingeworfenen
Fehdehandschuh auf.

»Können wir da hingehen? Und wenn es sich herausstellt, dass wir
recht haben, sollte das auch alle weiteren offenen Punkte beeinflussen.«

Das Oktett wandert also in den nahen Videoverleih, dessen Eigentümer den Kunden verheimlicht hat, dass er von der Finanzpolizei über sie
ausgefragt worden war; er wird die Inkarnation des schlechten Gewissens sein, als er – die Computerära zeichnet sich erst am Horizont ab! –
aus seinem Karteikasten die Blätter mit dem Namen KOHOUT heraus-
fischt. Das Pult liegt bereits voll mit unumstrittenen Titeln, als er dem
Hauptkontrolleur eine Karteikarte reicht. Der liest den Titel genüsslich
und laut vor.

»*Sekretärinnen nach Büroschluss.*«

»Erlauben Sie!« Beide greifen nach dem Zettel, um ihn zu prüfen.
Dann sticht ihnen plötzlich etwas ins Auge, und einstimmig rezitieren
sie die Worte unter dem Familiennamen:

»KOHOUT, Leopold, Niederösterreichische Landesregierung!«

Verlegen lachen auch die Fahnder, welches Repertoire sich der Na-
mensvetter als Staatsbeamter und Kollege auslieh. Doch sie zeigen einen
Sinn für Fairplay: Die Autorengemeinschaft musste jedoch bereits beim
damaligen Finale furioso anerkennen, dass die Kunst eben doch auch
ein Marktprodukt ist und noch so ehrlich gemeinte Solidarität mit anderen der eigenen PR dient.

50. KAPITEL

Verwurzelung

Die Seelen lechzten nach Tätigsein und die Gläubiger nach Geld. Aus der organisatorischen und technischen Lawine konnten die Verschütteten eben nur durch ihre Arbeit befreit werden. Der Autor wurde allgemein als fleißig angesehen. Konzentrierte Arbeit, sei es als Dramatiker, Regisseur oder Organisator, erleichterte ihm seine menschliche Existenz, weil sie ihn am besten über ihre Gräben und Schluchten hinwegtrug. Kaum hatte er sich also aus dem Ämterkarussell befreit und das Wesentlichste unter Kontrolle, suchte er nach einer anständigen kreativen Aufgabe und bekam davon gleich drei.

Auf der ältesten und schönsten Bühne Wiens, dem Theater in der Josefstadt, das durch seinen riesigen Kronleuchter, der bis an die Decke gezogen werden musste, damit er die Zuschauer auf dem Balkon nicht in der Sicht behinderte, und vor allem durch sein treues und deshalb altes Publikum bekannt war – so dass man dort sagte: tausend Jahre pro Reihe –, hatte er die Ehre und das Vergnügen, bei seinem *August* Regie zu führen; verkörpert wurde dieser von dem herausragenden Komödianten und österreichischen Publikumsliebling Otto Schenk. Sie dachten sich ihren August als halsstarrigen Träumer, der auch richtig wütend werden konnte; als am Ende in der Dunkelheit die Tiger brüllten, verriet ein Lichtblitz, dass der Zirkus nicht einmal diese besaß, deshalb mussten die Büttel des Direktors die Auguste einfach erschlagen.

Für die kleine Bühne des Hamburger Thalia-Theaters TIK, das Theater im Künstlerhaus, arbeitete er an einer eigenen Inszenierung von Havels *Protest* und seinem *Attest*. Parallel dazu schrieb er seinen Roman *Die Einfälle der heiligen Klara* nach dem Drehbuch der ehemaligen Studentin der Filmakademie Jelena Mašínová, das schon längst von der staatlichen Filmgesellschaft hätte gedreht sein können, wenn sich die Autorin nicht durch ihre staatsfeindliche Hochzeit mit ihm versündigt hätte.

Es war die Geschichte des Mädchens Klara Zimová, einer Altersgenossin der Lízinka Tachecí aus der *Henkerin*, im Unterschied zu ihr aber außerordentlich klug und außerdem mit der übernatürlichen Fähigkeit begabt, Dinge des täglichen Lebens vorherzusehen, wie Mathematikaufgaben oder in Lotterien gezogene Zahlen. Klaras Einfälle, die einer nach dem anderen in Erfüllung gehen, bedrohen die katholische Kirche ebenso wie die Kommunistische Partei, doch gerade als sie des Betrugs bezichtigt wird, sieht sie ein Hochwasser und ein Erdbeben vorher. Darf die sozialistische Macht eine unwissenschaftliche Prophezeiung zurückweisen, wenn dadurch das Leben der Werktätigen bedroht wäre? Glaubhaft-witzig war die überraschende Entwirrung der Handlung, hübsch auch die Pointe der Autorin: Klara verliert ihre Zauberbegabung in dem Moment, als sie das erste Mal geküsst wird. Der Roman hielt sich getreu an die Vorlage, siedelte sie aber in der zweiten Hälfte der sechziger Jahre an, um die unverwechselbare Atmosphäre einzufangen, die wenig später von Panzern zerstört wurde.

Da sie das rosafarbene Provisorium am Donaukanal bereits verlassen hatten und das nächste Domizil erst im Entstehen war, nahmen sie dankbar Einladungen neuer Freunde an, in ihren Sommersitzen zu wohnen. Aus den Gastgebern, die an der Sázava zehn Jahre lang Verbündeten in der Not Zuflucht gewährten, sollten zehn Jahre später selber Gäste aus Not bei Bekannten in der freien Welt werden. Dadurch wurden auch die Bande zu dem beliebten Schauspieler und neuen Intendanten des Hamburger Thalia-Theaters Peter Striebeck gestärkt, die sich jedoch leider nur ein Jahr später dramatisch auflösen sollten.

Jetzt aber freuten sie sich an ihnen, vor allem dank seiner Frau Ulla, die vor jenen zehn Jahren in Hamburg unter der Regie des Autors die Heldin Lída in *So eine Liebe* gespielt hatte, ebenso am Meer vor der Schwelle ihres Hauses in einer malerischen Fischersiedlung bei Málaga, damals noch nicht von hässlichen Hotels zubetoniert. Dort kochte der Tscheche für die Erwachsenen und Kinder eine ›Axtsuppe‹ in einem Kessel genau wie im Märchen. Alle glaubten ihm, auch als man nach Salz, Kümmel, etlichem Wurzelgemüse und Kartoffeln noch Fleisch zur Axt tat. Katja war damals noch klein, und sie wird ihm diese Geschichte noch im nächsten Jahrtausend vorhalten, wenn sie mit dem Hamburger Schauspielhaus auf dem Prager Theaterfestival deutscher Sprache auftreten wird.

Für viele Jahre wurde eine weitläufige Villa am Ufer des Lago Mag-

giore im Schweizer Tessin zu ihrer Arbeitsbasis, die ihnen wiederholt
von Annemarie Reynolds überlassen wird. Der promovierten Anglistin
und Witwe jenes Tabakfürsten, der die Zigaretten der Marke Camel kre-
ierte, waren sie völlig unbekannt, als sie im Exil landeten. Trotzdem half
gerade sie mit einem Finanzdarlehen, die Wohnung in Wien zu retten,
und am Lago Maggiore entstehen wesentliche Teile aus dem *Begrabenen
Hund* sowie zwei Romane, *Eine Tanz- und Liebesstunde* und *Ende der
großen Ferien*. Bald merken sie, dass diese empfindsame Frau, ähnlich
wie auch ihnen, Dutzenden anderen unter die Arme greift. Sie hört nie
auf, zu zeigen, dass es auch eine Nobilität des Vermögens geben kann,
wenn man großzügig ist und dem Auseinandergehen der Schere zwischen Arm und Reich Einhalt gebietet.

Die *Einfälle der heiligen Klara* entstanden in jenem Jahr Eins vor allem
auf einer kleinen Insel, die von der Hochspannung dreitausendjähriger
europäischer Geschichte erfüllt war, als sie unter zwei Herrschern sogar
zum Herzen des riesigen Römischen Reiches avancierte. Den Heimat-
losen sollte Capri neben Wien zu einem neuen Fixpunkt werden, den
man braucht, um das verfahrene Leben wieder in Bewegung zu bringen.
Deshalb verdient die Insel ein eigenes Kapitel.

Der getreue Freund Zufall wollte es, dass sich gleichzeitig auch das
ZDF für die *Klara* interessierte, und so konnte sich die Autorin im Gegenzug aus dem noch unfertigen Roman Passagen für ihre neue Dreh-
buchfassung ausborgen.

Die Atmosphäre einer tschechischen Stadt vermittelte dem Filmstab
recht getreu das kroatische Zagreb, die Exilanten konnten sich mehrmals in der bisher unverdorbenen Atmosphäre des freidenkerischen Ju-
goslawien erquicken, wo sowohl Havel als auch Kohout normal aufgeführt wurden und wo absolut nichts darauf hindeutete, dass sich dort
zehn Jahre später jahrelange Nachbarn gegenseitig die Kehlen durch-
schneiden würden.

Das Jahr neunzehnhundertachtzig war ein Jahr voller Perspektiven,
das in den Menschen die Freiheit weckte, ein Jahr der Waffenruhe, als
sich die Neulinge von den überstandenen Turbulenzen erholten und für
alle kommenden rüsteten, von denen sie glücklicherweise noch keine
Ahnung hatten. Die Wohnung mit ihrer göttlichen Aussicht war fertig,

schön und preiswert vom Wiener Flohmarkt eingerichtet, von dem die Österreicher stolz behaupten, dass eben dort der Balkan beginnt. Waren aller Art wurden dort wirklich von der rechten Seite, die von den südlichen Völkern gehalten wurde, auf die linke, die den Einheimischen vorbehalten war, transportiert und umgekehrt: An dieser gedachten Grenze stieg oder sank ihr Preis merklich. Die Weihnachtsfeiertage 1980 sollten die Vertriebenen endlich ›zu Hause‹ feiern dürfen. Die geborenen Prager waren zu Wienern geworden.

Die einzigartige Atmosphäre der Großstadt, die nach einem Flüsschen benannt war, das an den Prager Bach Botič erinnerte, verdankte sich einem Genius Loci, der Zeiten höchsten Ruhms und tiefer Einbrüche erlebt hatte. Vor dem Altar des Stephansdoms war wochenlang Přemysl Otakar II. ausgestellt, damit sich auch das einfache Volk davon überzeugen konnte, dass der gefürchtete böhmische König wirklich wie ein Löwe in den Sümpfen des Marchfeldes niedergestreckt worden war, wo dereinst in blutgetränkter Erde der schmackhafteste Spargel wachsen wird. Die Habsburger Monarchie wurde außerordentlich mächtig, nachdem die utraquistischen Antichristen 1620 in der Schlacht am Weißen Berg geschlagen worden waren und in Eger die verräterische Schlange namens Wallenstein erstochen worden war. Danach bissen sich an Wien durch das Verdienst der Verbündeten aus Polen auch die Türken die Zähne aus, und zum Nabel der Welt wurde es durch Napoleons Waterloo, nach dem hier der historische Kongress stattfand, um Europa in neue Portionen aufzuteilen.

Prag war und bleibt königlich. Wien ist imperial. Die Stadtmauer wurde durch den Ring ersetzt, einen Boulevard, der das Stadtzentrum mit monumentalen Palais umgab, zwischen die dann neben der neuen und der alten Burg noch das Parlament, die wichtigsten Museen, die Oper und das Burgtheater passten. Alle Bauten überragte das pseudogotische Rathaus, mit dem die Bürger dem Herrscher zu verstehen gaben, dass sie eine Kraft darstellten, mit der er zu rechnen hatte. Übrigens hatten auch die Tschechen ihren Marsch zur Demokratie und Eigenständigkeit gerade an dieser Stelle eröffnet: Masaryk saß hier im alten Abgeordnetenhaus, lange bevor er auf dem Prager Hradschin Einzug hielt. Gerade hier zeichnete sich in den besten Zeiten der Vorbote des geeinten Europa ab, wie es schon Georg von Poděbrady erträumt hatte.

Die Monarchie, über der die Sonne nie unterzugehen schien, musste aber für den frevelhaft ausgelösten Krieg schwer bezahlen. Die Welle, die sie fortriss, ließ nur den österreichischen Kern stehen, der Republik wurde. Auch diese schuf imponierende Leistungen im sozialen Bereich; zu einem Denkmal wurde der riesige Karl-Marx-Hof, ein Gelände mit Tausenden Arbeiterwohnungen, revolutionär nicht nur mit Namen und Geist, sondern seinerzeit auch mit einem ungewöhnlichen Luxus wie eigenen Toiletten. Noch vor der Roten Armee zerschossen sich dieses Areal die Österreicher selbst im Bürgerkrieg des Jahres 1934. Wer von den Anführern der Linken nicht durch eine Kugel an der Mauer bekehrt wurde, floh in die freie Tschechoslowakei, die sich nach 1968 und von neuem 1977 durch den Export ihrer intellektuellen Verbrecher reichlich revanchierte.

Der Machtantritt des großen Rattenfängers in Deutschland mobilisierte die alten Anhänger des austrogermanischen Volkes, Bürgerkrieg und Terror der Rechten veränderten das Kräfteverhältnis und das Klima im Lande radikal. Im Jahre 1938, als Hitler Österreich ohne zu fragen zur Ostmark des Dritten Reiches erklärte, jubelten ihm die meisten Einwohner zu. Sieben Jahre später lag Wien in Trümmern, doch den wohlgesonnenen Sternen und wunderbaren Politikern gelang ein Wunder: Das Volk, das ein vollwertiger Komplize Hitlerdeutschlands im Kampf für die Unterjochung der Welt gewesen war, wurde zu seinem ersten Opfer erklärt. Dann aber gelangte das Land unter Anstrengungen selbst zur Demokratie, die die Tschechoslowaken, die zu den Alliierten gehörten, durch schlechte Politiker und auch falsche Entschlüsse der meisten Einwohner verloren hatte.

Wien bereitete sich an der Wende der siebziger zu den achtziger Jahren auf einen großen Sprung vor. Die bislang verschlafene Innenstadt verlor zwar an Intimität, erlangte jedoch dafür das Antlitz einer modernen Metropole. Der Wandel begann im Stadtzentrum, wo langsam, aber in großem Maßstab eine Fußgängerzone entstand. Das neu eingeführte Tempo dreißig musste nicht kontrolliert werden, es wurde von den immer zahlreicheren Fiakern gewährleistet, die vor Kolonnen dahinschleichender Autos ihren Gästen in schwer verständlichem Englisch mit Wiener Akzent ausführlich die Schönheiten der Stadt erklärten.

Die ständig mit Pferdeäpfeln gedüngten Straßen wurden regelmäßig
von Reinigungskolonnen gesäubert, in denen sich neu angekommene
Emigranten aus der Dritten Welt, die von lokalen Konflikten, Hunger
oder einfach nebulösen Hoffnungen hierher verschlagen wurden, etwas
zu ihrem Taschengeld hinzuverdienten. Als Taxifahrer erlebte man immer mehr Iraner und Türken, die Krankenhäuser lechzten nach den
gut ausgebildeten und stets freundlichen Krankenschwestern von den
Philippinen, die neue Hausmeisterschaft rekrutierte sich aus dem zer-
fallenden Tito-Staat; vor der Kirche Am Hof kamen die Jugoslawen immer noch sonntags zuhauf in schwarzen Kleidern und bunten Tüchern
zusammen, nicht ahnend, dass sie ein paar Jahre später ihre Sprachen
über den ganzen Platz verstreuen würden. Nur die Kroaten bleiben
dann hier, während die übrigen Völker für den Verderb ihrer ehemaligen Landsleute in anderen Wiener Gotteshäusern beten. Böhmische
Weihnachtslieder erklangen in der Kirche Maria Am Gestade in der
Nähe des Donaukanals.

Die Abendausgabe der Boulevardzeitung »Krone« und der Halbbou-
levardzeitung »Kurier« verkauften überwiegend Sikhs mit Bärten und
Turbanen, langstielige Rosen wurden in Cafés und Restaurants von
Ägyptern feilgeboten; um die Qualität ihrer Waren zu belegen, stellten
sie überall einen riesigen roten oder weißen Strauß auf ein Pult oder auf
die Erde, wo dieser wie ein Bündel duftender Lanzen aufrecht stehen
blieb. Selbst die größten Schneemassen konnten das Zentrum höchstens
für ein paar Stunden lahmlegen; die ganze Nacht über war unter den
Fenstern das babylonische Stimmengewirr im klirrenden Konzert der
Kratzeisen, Spaten und Karren zu hören, die die weiße Bescherung zur
Donau transportierten.

Der Strom, der sich einst von der Stadt gelöst hatte, zog diese wieder
an sich, als parallel zu ihm ein Flussbett gezogen wurde, das ein even-
tuelles Jahrtausendhochwasser ableiten sollte. So entstand ein fünfzehn
Kilometer langer Inselstreifen, durchzogen von Rad- und Waldwegen,
mit grasigen Ufern, schattigen Hainen und einer Reihe von Picknick-
plätzen mit steinernen Tischen, der Zehntausende Wasser- und Sonnen-
anbeter gleichzeitig beherbergen konnte. Die Wiener bekamen so ihre
Riviera. Einmal im Jahr wurden sie von der Donau zu einem Fest gela-

den, dann kamen dort bei Musik und Feuerwerk bis zu eine Million
Menschen zusammen.

Bruno Kreisky entschloss sich endgültig, die Politik zu verlassen, und
auch seine Gegner bedauerten es aufrichtig, nun auf die jeden Mittwoch
ausgestrahlte Livesendung aus dem Kanzleramt verzichten zu müssen,
wo der rote Sonnenkönig nach der Regierungssitzung vor die Kamera
getreten war, um den Journalisten Rede und Antwort zu stehen. Mit tiefer Stimme, langsamer Diktion und wachsendem Verdruss, was von der
Unlust zeugte, über ein so dummes Volk herrschen zu müssen, begann
er an den alten Monarchen zu erinnern, doch im Unterschied zu ihm
verfügte er immer noch über die Gabe eines schneidigen Humors und
vor allem über ein phänomenales politisches Gespür.

Er war der erste Staatsmann der demokratischen Welt, der offiziell
Jassir Arafat einlud und sogar umarmte. Deshalb konnte er dann für
tausende Juden aus der Sowjetunion den sicheren Transfer nach Israel
gewährleisten. Als die Palästinenser österreichische Geiseln nahmen,
um ihn zu zwingen, ein jüdisches Übergangslager zu schließen, gab er
ohne zu zögern nach; gleich nach der Freilassung der Geiseln eröffnete
er ein neues, das weiter Übersiedler transportierte; die Aktion wiederholte sich nicht, jemand von den muslimischen Brüdern hatte den Militanten offensichtlich gut zugeredet.

Zum nicht sonderlich erfolgreichen Nachfolger von Kreisky wurde
eben Kulturminister Fred Sinowatz, und auch eine weitere Begegnung
mit ihm gehört zu den ausdrucksvollsten Genrebildern Wiens dieser
Jahre. Im Stadtzentrum durften damals noch die Anbieterinnen des
ältesten Gewerbes der Welt arbeiten, was an der Ecke von Kohlmarkt
und Graben eine elegant gekleidete Dreiergruppe sehr dezent tat.
Die Älteste, vielleicht schon sechzig, studierte fleißig die Einbände
in den Auslagen der Buchhandlung Berger, solange sie nicht von Herren aller Altersgruppen als Erste weggeführt wurde; der Fleischer in
der Straße behauptete von ihr, sie könne am besten zuhören und erzählen, angeblich vor allem Märchen. Die Mittlere sah schlecht; wenn
der Dramatiker nachts seinen Rauhaardackel ausführte, erkannte sie
ihn und wendete sich ab, wenn er allein kam, stellte sie ihm jedes
Mal die Routinefrage: »Junger Mann, wollen wir etwas Nettes ma-

chen?« »Das bin ich!«, antwortete er, und sie griesgrämig: »Ach, Herr
Nachbar!«

In einer lauen Frühlingsnacht waren wieder einmal alle drei zu haben,
als vom Michaelerplatz über den menschenleeren Kohlmarkt ein kleiner
dicker Mann im schwarzen Anzug mehr schlich als lief, das Paradebild
eines schüchternen Kunden aus der Provinz, der gern von den Verfüh-
rungen der Großstadt kosten wollte. Der Dramatiker, der aus der Ge-
genrichtung kam, wunderte sich, dass die drei Damen den Mann höflich
grüßten, aber nicht weiter ansprachen; erst dann erkannte er den Bundeskanzler. Dieser wiederum dann auch ihn, und er teilte ihm bereitwillig mit, er wolle nach der Arbeit Luft schnappen, ehe er seine auf dem
Schwanensee weilende Frau abhole. Dass er gerade durch die Gasse der
käuflichen Liebe lief, war ihm dank dem Äußeren und dem Benehmen
der Damen überhaupt nicht in den Sinn gekommen, er verabschiedete
sich und schaukelte allein weiter über den entvölkerten Graben zur
Kärntner Straße Richtung Staatsoper.

Ein paar Jahre später wäre er kaum noch zwischen den Mengen Ein-
heimischer und Ausländer hindurchgekommen, die hier bis in die späte
Nacht hinein von einem summenden Restaurant zum anderen kursier-
ten. Auch in der ehemaligen Judenstadt entstanden in drei zusammen-
laufenden Gassen schnell lange Streifen unterschiedlichster Lokale, das
Gebiet erhielt den Namen Bermuda-Dreieck, weil hier zuhauf Bürger
beiderlei Geschlechts verloren gingen. In der Fußgängerzone mehrten
sich die Sonnenschirme im Schanigarten, nach den einstigen Dienern
benannt, die Tische und Stühle hinaustrugen und allgemein Jean! gerufen wurden.

Es tauchten, noch ohne Genehmigung, die ersten Straßenmusikanten
und auch Obdachlose und Bettler auf, die sich darin unterschieden, dass
die einen Passanten ansprachen und die anderen ihre ständigen Plätze
hielten, an die ihnen die Bosse mittags Hotdogs schickten. Doch im
Stadtbild, so wie es die Tschechen gewohnt waren, fehlten weiterhin Betrunkene und Uniformen. Für einen ehemaligen Bürger eines Polizei-
staates war es ein starkes Erlebnis, den Bundesinnenminister mit
dem typisch tschechisch-österreichischen Namen Blecha – der Floh – zu
sehen, wie er Tag für Tag ohne Schutzengel immer dieselbe Trasse ab-

schritt, um in seinem Lieblingsrestaurant Gutruf zu Mittag zu essen. Viele grüßten ihn höflich, niemand störte ihn aufdringlich. Tschechische Namen standen im Telefonbuch immer noch mit deutschen im Wettbewerb.

Für die Neubürger vollzog sich direkt vor ihrer Nase der allmähliche Wandel des Lebensmittelgeschäfts, das zum Flaggschiff der Firma Meinl avancieren sollte. Vorbild waren die zwei Delikatessen vorbehaltenen Stockwerke des KaDeWe in Berlin, die größte Attraktion eine Allee aus künstlichen Bäumen, an denen als riesige Früchte Schinkenkeulen baumelten. Das Wiener Speisenpalais an der Einmündung des Kohlmarktes, das als einziges den Untergang des Firmennetzwerkes überleben wird, erreicht nach zwanzig Jahren seine größte Dimension, doch von Anfang an bot es ein faszinierendes Sortiment; allein an geschnittenem Schinken gab es an die drei Dutzend Sorten.

Der Ausgebürgerte erinnerte sich an ein Ereignis aus dem Jahre 1947, als den einheimischen Tschechoslowaken fast schon der Weltmeistertitel im Eishockey entglitten war. Nach der Niederlage von Tre kronor konnte man nicht erwarten, dass der schwedische Favorit von der letzten und dazu noch deutlich unterernährten österreichischen Mannschaft geschlagen werden würde, die erstmals nach dem verlorenen Krieg teilnehmen durfte. Im Nationaltheater betrat dann Eduard Haken die Bühne und sang: »Schickt nach Doktor Bartolo und saget ihm, dass Österreich hat Schweden geschlagen! Und wenn er euch fragt, dann war es zwei zu eins!« Aus Dankbarkeit wurden damals in der gesamten Tschechoslowakei Sonderschichten gefahren und ganze Züge mit Kohlen und Kartoffeln ins frierende und hungernde Österreich geschickt.

Jetzt tauchten in den tschechischen Läden bessere Waren nur noch zu Weihnachten oder vor Parteitagen auf, und in den Auslagen der Fleischereien thronten Schweinsköpfe aus Gips, bei Festen sogar die Lenin-Büsten. Als der Schwiegervater des Dramatikers, ein Mann mit dem Naturell eines englischen Lords, der nie in seinem Leben gelogen hat, erstmals von Prag nach Wien gelassen wird und seine Tochter ihn bittet, Beinschinken von Meinl mitzubringen, verschreckt ihn die unerwartete Notwendigkeit einer Auswahl so sehr, dass er im Schock mit dem üblichen Refrain aus Böhmen heimkehrt: »Es gibt keinen Schinken!«

Wie ein Wunder schien ihnen eine Einrichtung mit dem Namen Heuriger, eine Erinnerung an Kaiser Joseph II., der in der österreichischen Geschichte eine Rolle spielte, die mit der Karls IV. in Böhmen vergleichbar ist. Neben der Beseitigung der Leibeigenschaft, dem Toleranzpatent und der Auflösung von Klöstern, alles Akte, die die Österreicher bis heute in Befürworter und Gegner spalten, einte und ergötzte er sie alle auf ewig durch einen Erlass, nach dem kleine Winzer und Landwirte ihre Erzeugnisse öffentlich verkaufen durften. Die Weingüter wurden zu Wirtshäusern, die auch unter freiem Himmel Plätze boten und durch einen ausgesteckten Zweig kundtaten, dass ausgeschenkt wurde; bis heute ist dies auch in der Slowakei Brauch.

Eine ungeschriebene Regel war, dass der Gast den Wein der Wirtschaft zu trinken hatte, seine Speisen aber selbst mitbringen durfte. Die letzten Traditionsbewussten taten das auch weiter, die Übrigen gaben schon bald den reichhaltigen Büfetts den Vorrang, die voll von Backwaren aller Art, Brotaufstrichen, Salaten, Käse, überbackenen Teigwaren, Fleisch und frisch Geräuchertem waren. Die tradierte Geschichte, wie sich ein Familienvater vom Ober die restliche Hälfte einer Kalbshaxe für seinen Hund einpacken ließ, worauf die Kinder freudig riefen: »Papa, Papa! du kaufst uns einen Hund?«, war nur eine Anekdote; für die Reste stand üblicherweise Alufolie zur Verfügung.

Von den zahllosen Heurigen, die Wien umgaben, konnte man bald schon ein paar von den großen abschreiben, die von Bussen mit Japanern und sonstigen Gästen vom anderen Ende der Welt angefahren wurden, denen man für gutes Geld die Blutwurst vom Vortag aufwärmen und auch nur den zweitbesten Wein einschenken konnte. Man brauchte nur zu fragen, wohin Freunde gingen, um dann festzustellen, dass für die Hiesigen ganz Österreich ein einziger kulinarischer Himmel war. Der Paradiesgarten der zwei Weinliebhaber aus Prag sollte für viele Jahre im Weinviertel Grinzing in der steilen Himmelstraße liegen. Der Heurige Oppolzer bot auf dem Rasen aufgestellte Tische in einem heimeligen Garten voller Blumen, über den mit stolzem Antlitz und unsanften Rufen ein Pfau herrschte, der seinen Namen eben vom Reformkaiser Joseph hatte.

Das Einzige, worin Wien Prag nie einholen konnte, war das Gottesge-

222

schenk der Prager Topographie. Dem Moldaukessel, der unzählige Ansichten von vielen Stellen aus bot, konnte die flache Schüssel, deren Ränder sich erst weit am Horizont erhoben, kaum konkurrieren. Als der Dramatiker einmal in einem Fernsehinterview gezwungen war, beide Städte zu vergleichen, fiel ihm eine griffige Formel ein, die er dann ständig verwendete: Prag ist das schönere Wien, Wien ist das funktionierende Prag.

In der Wohnung auf dem Kohlmarkt nahm auch das Gästezimmer im Stock darüber seinen Betrieb auf: Die Tschechoslowakei verließ damals auf Zeit der ehemalige Kritiker, nunmehr Verbündete und Freund des Poeten, der Dichter und Romancier Jiří Gruša, der von Wien aus für ein Jahr nach Amerika fliegen sollte, mit einem Köfferchen und ein paar Dollar in der Tasche, um sich dann dort nach den Plänen der Prager Obrigkeit zum Nobody zu wandeln. Er kehrt dreimal nach Wien zurück: als Botschafter der freien Tschechischen Republik, als von den Österreichern nominierter Vorsitzender der internationalen Schriftstellerorganisation P.E.N. und als Direktor der prestigeträchtigen, von Maria Theresia gegründeten österreichischen Diplomatenakademie, der vor einer ganzen Schar hiesiger verdienter Diplomaten den Vorrang erhalten hatte. Das soll ihm mal einer nachmachen!

Das Leben bevölkerte sich also, doch den beiden fehlten die alten guten Bräuche, vor allem einer, auf den sie sich zu Hause immer lange im Voraus gefreut hatten, der alljährliche Spaziergang am Heiligabend über den Friedhof auf dem Prager Vyšehrad und die Zeremonie, kleine Lichter auf die Gräber der Lieblingsautoren zu stellen. Sie begaben sich also auf gut Glück einen Tag vor Weihnachten zu einem ähnlich kleinen Wiener Friedhof, der den verlockenden Namen St. Marx trug. Der Instinkt hatte sie zum richtigen Ort geführt. Das im Biedermeierstil angelegte kleine Areal, auf dem man ursprünglich auch Mozart in die Pestgrube geworfen hatte, bevor man seinen touristischen Wert entdeckte und ihn an einer zugänglicheren Stelle beisetzte, nahm längst keine Gäste zur letzten Ruhe mehr auf, durch die blattlosen Zweige erspähten sie nur eine einzige Kerze. Diese lockte sie zu einem Grab, auf dem ein frischer Strauß Rosen lag, die der Frost noch nicht dahingerafft hatte, daneben eine rot-weiß-rote Schleife mit der Aufschrift

Herrn Josef Madersperger, dem Erfinder der Nähmaschine, seine treuen Wiener Schneider

Eine solche Treue der modernen Wiener Schneider für den Mann aus dem fernen Kufstein, der für sie vor einhundertfünfzig Jahren das Instrument mit Pedal erfunden hatte, machte ihn für die neuen Zuzügler zum Patron; er sollte sie inspirieren, damit auch sie es hier zu etwas brachten. So stellten sie, wie so oft zu dieser Zeit auf dem Vyšehrad, ihre Kerzen hinzu, und dieses Grab wird ihnen dann stellvertretend für alle Verlorenen bis zum 10. Dezember 1989 dienen, an dem die ersten Schritte des aus dem Exil nach Prag Heimkehrenden gerade nach ... ach, dies liegt noch in weiter, weiter Ferne!

51. KAPITEL

Wenn die Linke nicht weiß

Das Stück *Play Makbeth* und seine Aufführungen in Prager Wohnzimmern und auf Dachböden bedeuteten für den Dramatiker nicht nur ein wichtiges Kapitel im Konflikt mit der totalitären Macht, sondern eine wesentliche Entdeckung: Er erkannte die elementare Kraft des Theaters, das im Unterschied zu Film und Fernsehen, die durch die Technik eingeschränkt sind, alles kann, weil es von uneingeschränkter Fantasie nur so strotzt. Seine eigene in Prag war trotz allem nicht so unbändig, dass ihm in den Sinn gekommen wäre, diese in der Not entstandene Adaption auch auf normale Bühnen zu übertragen. Als er sich persönlich davon überzeugt, wird ihm die ›Miniaturisierung‹ großer Theaterstücke zu einer ständigen Leidenschaft.

Die erste Inszenierung des *Play Makbeth* im Westen im Januar 1981 erlebte er noch einmal in einem Alternativraum. Im Speisesaal eines großen Ausflugsschiffes, das wochenlang mit ihr den Rhein entlangreiste, führte in Bonn Günter Pavel Fieber Regie; er stammte aus den Sudeten, von wo aus er als jüdisches Kind die Vernichtungslager der Nazis durchlief und mit viel Glück in Nachkriegsdeutschland landete. Er hatte be-

reits vorher in Ingolstadt in einer Weltpremiere die Einakter *Pech unterm Dach*, *Krieg im dritten Stock* und *Brand im Souterrain* aufgeführt,
somit wird sich der Autor vergebens darüber den Kopf zerbrechen, warum er kurz nach der erfolgreichen Begegnung mit ihm auf dem Wasser
alle Kontakte abbricht; er wird bald erkennen, dass er nur der Erste von
vielen war, die noch folgen sollten.

Gerade damals beginnt das Virus zu wirken, das auch weitere langjährige Freundschaften zerfrisst. Seine Überträger werden jene Vertreter
und Sympathisanten insbesondere der deutschen und der österreichischen Linken, die glauben, ein ›real existierender Sozialismus‹ sei besser
als gar keiner und seine Gegner aus den Reihen der Dissidenten und
Emigranten dienten so den Ideologen des Kalten Krieges. In einer Gesellschaft, die über sämtliche Informationen verfügt, wird sich in un-
glaublicher Weise eine Hetzjagd wiederholen, wie sie zwei Generationen
zuvor eine Jagdgesellschaft von Naivlingen und bezahlten Agenten auf
die Kritiker der Stalin'schen politischen Prozesse veranstaltet hatte. Der
Westen wimmelt gerade von Ersteren, was umso erschütternder ist, als
sie oftmals ein gesegnetes Alter erreicht haben und von einer Gloriole
von Universitätstiteln und künstlerischen Preisen umgeben sind. Besonders deprimierend ist dann ihre Unwissenheit, die viele vielleicht sogar
absichtlich pflegten, damit sie nicht die Kreise ihrer pseudofortschritt-
lichen Dogmen stört.

Die schlimmste Entgleisung ist und bleibt der Besuch des weltbekann-
ten Schriftstellers und Philosophen Jean-Paul Sartre bei den verurteilten
Anführern der Rote Armee Fraktion im Gefängnis Stammheim. Der
große Magier wird dadurch ihre Gloriole von Guerillakämpfern für eine
bessere Welt stärken, weitere junge Heißsporne verwirren und auf den
Weg des Terrors führen.

Die geöffneten Archive des tschechoslowakischen Geheimdienstes
und der Staatssicherheit werden nach November 1989 aufdecken, dass
dies eine Infektion war, die von Moskau und Prag durch die Abteilungen
für Desinformation exportiert oder im Westen von Verblendeten und
Bestochenen selbst produziert wurde. Wenn Pavel Fieber zwanzig Jahre
später erneut im Leben des Dramatikers auftaucht, wird er sich bei ihm
entschuldigen, man habe ihn damals für einen Überläufer ins Lager der

Imperialisten gehalten. Die Buschtrommeln der progressiven Dramaturgen hätten verkündet, er werde wegen seiner reaktionären Haltungen von geheimen Fonds extremer rechter Organisationen ausgehalten und müsse daher verdientermaßen boykottiert werden.

Anderen linken Propheten und öffentlichen Meinungsmachern reichten die Äußerungen des Dramatikers in den Medien, der ›real existierende Sozialismus‹ sei ein zynischer Betrug und die westliche Friedensbewegung diene oft auch unbewusst als Schutz, hinter dem Moskau seine Messer für eine neue Tschechoslowakei und ein neues Afghanistan wetze. Ein trauriger Beleg, der die Brunnenvergifter aus den Reihen westlicher, von Moskau honorierter Kommunisten entlarvte, taucht später aus jenen Archiven auf und wird ihm erst nach Jahren erklären, warum das Wiener Volkstheater, seine bis dato ständige Bühne, nichts mehr von ihm spielen wollte. Die Meldung der Staatssicherheit AZ A-58–4/17–81 zitiert aus einem geheimen Bericht der Kommunistischen Partei Österreichs, die beim Sekretariat der Kommunistischen Partei der Tschechoslowakei einging:

Die Leitung des Österreichischen Gewerkschaftsbundes hat auf Initiative unserer Mitglieder der Direktion des Volkstheaters einen Brief übersandt, dass sie im Falle einer Aufführung der Stücke von Kohout auf der dortigen Bühne für die nächste Saison ihr Abonnement kündigt (etwa 200 Karten pro Vorstellung).

Der Intendant Paul Blaha erkannte offensichtlich lieber an, dass der Autor, über den er in seiner vergangenen Ära begeisterte Kritiken geschrieben hatte, ein Renegat sei, und seine Nachfolgerin Emy Werner wird den Boykott für ebenso lange zwanzig Jahre ausweiten, für die der Dramatiker in seiner Urheimat verboten ist. Kurz nach der Ausbürgerung trifft er immer häufiger auf Wirkungen der Kampagne, gegen die man sich nicht wehren kann, und zwar in einer Form, die ihn an die Tätigkeit der Hauptverwaltung der heimischen Presseaufsicht in Kombination mit Selbstzensur erinnern. Dienergehorsam wird sich jedoch diesmal nicht die Staatsmacht, sondern die vom altbekannten Dämon der Zustimmung besessene intellektuelle Eidgenossenschaft des Westens erzwingen.

Der Schwanengesang der westdeutschen Solidarität erklingt im Februar 1980 in München. Das öffentlich-rechtliche Fernsehen wird dort ein ehemaliges Straßenbahndepot mieten, um darin nach eingeschmuggelten Protokollen den kurz zuvor stattgefundenen Prager Gerichtsprozess gegen die Unterzeichner der Charta 77 nachzustellen. Die werden ohne Honorar von einheimischen Schauspielern dargestellt, mit zwei Ausnahmen. Den Part von Václav Havel übernimmt sein Freund Pavel Kohout, den der Otka Bednářová die bekannte Simone Signoret. Im Publikum sitzen für drei Tage als Komparse auch ihr Mann Yves Montand und mit ihm der Regisseur der Grass'schen *Blechtrommel* Volker Schlöndorff. Regie führen die französischen Stars Patrice Chéreau und Ariane Mnouchkine, die von ihnen gegründete Vereinigung AIDA zur Verteidigung verfolgter Künstler wird die tschechischen nie verlassen.

Den letzten Versuch, die westdeutschen Kollegen und Kulturfunktionäre von der Notwendigkeit einer Unterstützung für Dissidenten östlich der Elbe zu überzeugen, unternimmt Lew Kopelew. Der Offizier der sowjetischen Armee, der für Jahre in den Gulag geschickt wurde, weil er 1945 hinter der Front seine Soldaten davon abgehalten hatte, deutsche Zivilisten zu quälen, und dann unerbittlicher Chronist, wurde nach seiner Ausbürgerung aus der UdSSR das Exilpendant zu Alexander Solschenizyn. Gegenüber dem fremdenfeindlichen Verteidiger der Monarchie und Orthodoxie, der sich hinter den Mauern seiner amerikanischen Festung verschanzt hatte, erschien dieser poltrige, dichtbehaarte, aber liebenswürdige Riese wie ein rational handelnder Humanist.

Kopelew bat den tschechischen Dramatiker, zusammen mit ihm die Gesellschaft Orient-Okzident zu gründen; als Brücke zwischen Ost und West sollte sie deutsche Verlage zur Herausgabe von Werken verbotener Autoren bewegen, indem man Mittel zur Anfertigung der Übersetzungen beschaffte. Auf einer Pressekonferenz anlässlich der Frankfurter Buchmesse erklangen aus dem Mund vieler Persönlichkeiten mehrere Versprechen. Herausgegeben werden konnte ein einziger Roman über die gewaltsame Vertreibung der Kaukasier aus Sibirien am Beginn des Krieges. Danach war das Geld aufgebraucht und die Versprechen vergessen. Die durch ihren Vorsitzenden Bernt Engelmann repräsentierten westdeutschen Schriftsteller gaben ihren Kontakten zu den offiziellen

Russen, die nicht mit Kaviar und Wodka sparten, den Vorrang; nach dem Fall der Berliner Mauer wird es dafür eine weitere Erklärung geben: Er war Mitarbeiter der DDR-Stasi.

Summa summarum: An die Stelle der Verbotsinstanzen von Partei und Staat traten in der freien Welt Verleumder und Boykotteure, die, wenn sie es nur gewollt hätten, sich alle Informationen über den ›Sozialismus‹ hinter der nächsten Grenze persönlich hätten verschaffen können. Nur wollten sie es nicht, weil sie, wenn sie es nicht nur allzu gut wussten, es ahnten und befürchteten, dass dies die Statik ihrer seelischen Sicherheit erschüttern würde.

52. KAPITEL

Mein Haus – meine Burg

An der Schwelle der sich so ankündigenden Zeiten, die anders, aber nicht besser waren als die zu Hause, lebte der Dramatiker noch im Schutz einer Festung. Wurde die Schriftstellerin Hilde Spiel, die für ihn den Staatspreis erdacht hatte, ungewollt zur Mutter seines Exils, wurde ebenso ungewollt zum Vater seiner Vertreibung Achim Benning, der neue Intendant des Wiener Burgtheaters. Er war es, der auf die Idee kam, die Preisverleihung mit einem einjährigen Arbeitsaufenthalt im Theaterdom auf dem Ring zu verbinden. In diesem Abschnitt trug die Ringstraße den Namen des längst verstorbenen Bürgermeisters Karl Lueger, was in den ersten Tagen einige Mitglieder der Prager Familie zu Begleitschreiben verleitete, die im Theater Lachkrämpfe hervorriefen.

Sehr geehrter Herr Lueger, übergeben Sie netterweise den beigefügten Brief Herrn Pavel Kohout.

Die Burgszene wurde 1741 von Kaiserin Maria Theresia gegründet, die ihm sogar den ursprünglichen Namen Teutsches Theater gab, wogegen es sich bald, aus dem Wesen seines Österreichertums heraus, vehement

zu wehren begann. Es gibt wirklich kein anschaulicheres Beispiel für
die Eigenständigkeit des österreichischen Volkes als einen Vergleich
klassischer Komödien: Den zwei deutschen, dem *Zerbrochenen Krug*
und der *Minna von Barnhelm*, die nicht sonderlich zum Totlachen geeignet sind, stehen dutzende österreichische Komödien gegenüber, von
denen die von Nestroy oder Raimund bis heute als lebendig gebliebene
politische Grotesken fungieren. Das Burgtheater hielt sich für den
gesamten Zeitraum seiner Existenz in der vorderen Gruppe der einflussreichsten Theater des deutschsprachigen Raumes, bis es zu deren
Flaggschiff wurde, das man nur noch einfach und erhaben als »Die
Burg« bezeichnete.

»My home, my castle!«, wiederholte der Dramatiker in stiller Begeisterung die ganzen Jahre über, wenn er mit eigenem Schlüssel die Tür in
der Durchfahrt des rechten Flügels aufschloss und über die Seitenstufen
am Fuße einer der zwei Festtreppen nach oben stieg; später sollten sie in
seinem Film *Das Ohr* die Eingangsräume der Prager Burg ersetzen, die
davon nicht zu unterscheiden waren. Das mit Mahagoni verkleidete
Zimmer, das der Dramaturg Rudolf Weiss, der seine Reise nach Wien
praktisch vermittelt hatte, liebenswürdigerweise mit ihm teilte, hatte
früher dem Intendanten gedient, ehe der jetzige beschloss, die Kapitäns-
brücke näher an die Bühne zu verlegen. Der gesamte Komplex brannte
während des Krieges aus, er wurde neu errichtet und modern ausgestattet, blieb sonst aber bis ins Detail identisch, also auch mit der geheimen
schmalen Wendeltreppe, über die die Direktoren wahrscheinlich vor
nicht abzuwimmelnden Autoren flüchteten; sie lag raffiniert versteckt
unter einer Abdeckung im Privat-WC. Der Dramatiker musste vor niemandem mehr fliehen, doch gern entschuldigte er sich bei seinen Gästen für einen Moment, um nur wenig später auf mysteriöse Weise durch
die Tür in ihrem Rücken zu erscheinen.

Als er die Einladung zum einjährigen Aufenthalt annahm, ließ er über
den Emissär Weiss dem Chef ausrichten, er wolle und könne nicht Mitglied der Dramaturgie sein, aus zwei Gründen: Er könne keinem Autor
etwas anderes raten, als wie er selbst dessen Stück schreiben würde, vor
allem aber möchte er in den zwölf Monaten gern all das aufholen, worum man ihn in den vergangenen zehn Jahren gebracht hatte. Achim

1930. Mutter Ludvíka mit ihrem Polenbub, dem kleinen Pavlíček, in der Oase des Friedens, dem verschlafenen südpolnischen Kurort Oświęcim, der sich einige Jahre später in die Todesfabrik Auschwitz verwandeln wird.

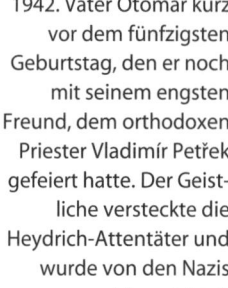

1942. Vater Otomar kurz vor dem fünfzigsten Geburtstag, den er noch mit seinem engsten Freund, dem orthodoxen Priester Vladimír Petřek gefeiert hatte. Der Geistliche versteckte die Heydrich-Attentäter und wurde von den Nazis hingerichtet.

1954. Der junge Poet, derzeit im zweijährigen Militärdienst, versucht sich in der Mongolei als Kamelkavallerist. Der Rang eines Leutnants wurde ihm verliehen, damit er für die erste tschechoslowakische Kulturdelegation in dem soeben befreiten China würdevoll Kränze niederlegen konnte.

ben: 1967. Der Chefideologe der Kommunistischen Partei der ČSSR, Jiří Hendrych, eröffnet
n Juni schwitzend den IV. Schriftstellerkongress, auf dem namhafte Literaten des Landes den
ufstand proben. Diese Tagung kann man als Anfang des politischen »Prager Frühlings 1968«
etrachten.

nten: Der Dramatiker verstößt gegen alle Verbote und liest im Plenum den Protestbrief von
lexander Solschenizyn gegen die Zensur in der Sowjetunion vor; die Parteiführung rügt
n mit Verwarnung. Ein halbes Jahr später wird er Vorsitzender der reformkommunistischen
chriftsteller.

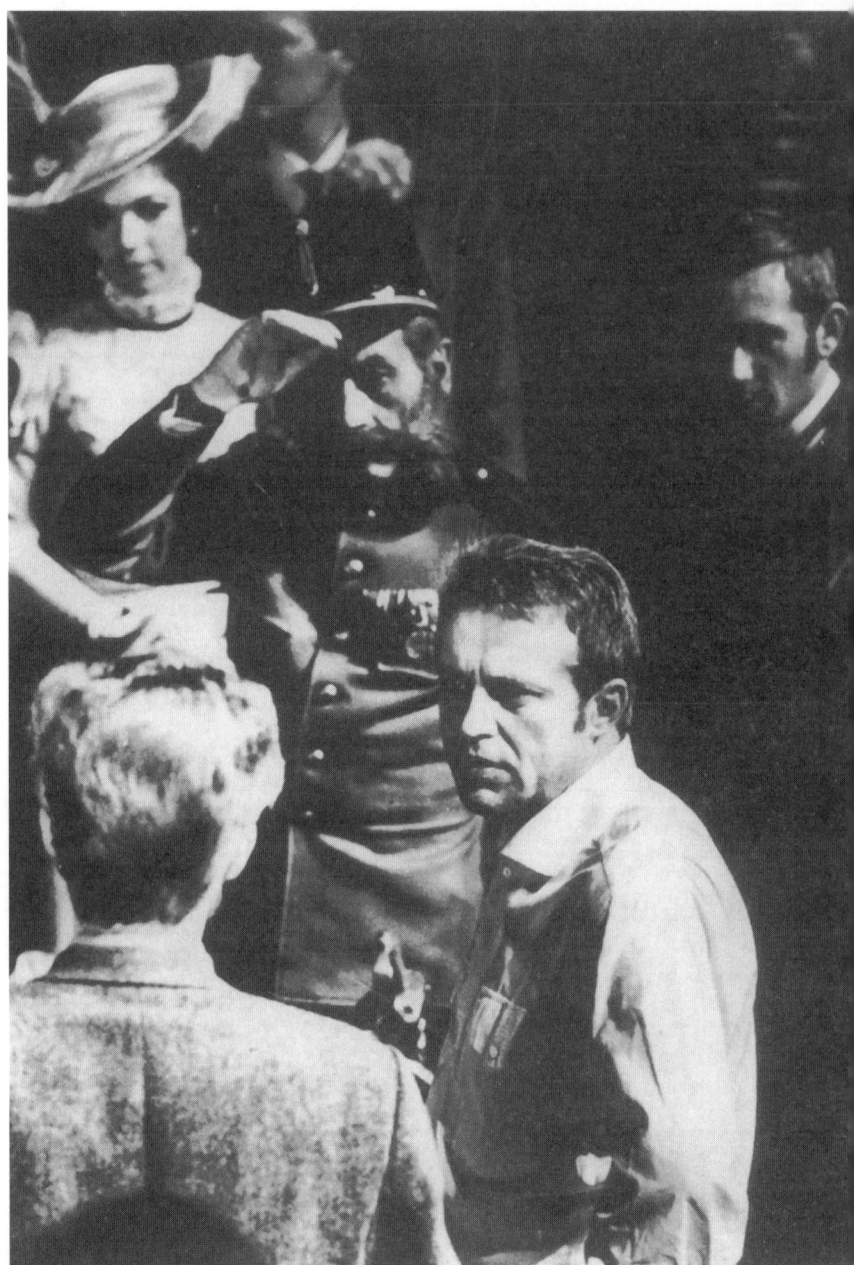

Herbst 1967. Nach dem misslungenen Versuch der konservativen Parteibosse, dem Dramatiker die bereits genehmigte Ausreise nach Hamburg zu verbieten, inszeniert er dort am Schauspielhaus seine bejubelte Hašek-Bearbeitung *Josef Schwejk*; es folgen fünfzig ausverkaufte Vorstellungen.

August 1968. Der Einmarsch der Warschauer-Pakt-Armeen überrascht den Dramatiker beim Urlaub in Italien. Mit seiner Freundin Jelena von Günter Grass in dessen Schweizer Domizil Gordevio eingeladen, entscheidet er sich ungeachtet der Radionachrichten für die Rückkehr nach Prag.

1977. Seit acht Jahren darf der »Gedankenverbrecher« nicht publizieren, öffentlich auftreten, das Land verlassen. Zur Strafe für die Charta 77 verliert er die Prager Wohnung und bewohnt sein Sommerhaus im Städtchen Sázava. Dort trotzt er der Macht mit fleißigem Schreiben.

1977. Die einstige Freundin Jelena Mašínová, Absolventin der Prager Filmhochschule, hat den
ramatiker an Silvester 1970 geheiratet und fällt unter alle Verbote. In seinen »Memoiromanen«
ekommt sie den letzten Buchstaben im Alphabet; sie wird dort Z. oder Zet genannt.

Im Sommerhaus macht der Dramatiker Aufnahmen mit der Neuerfindung Polaroid.
Hier seine Zet mit Dackel Edison und Wellensittich Valtrr.

Valtrr, berühmt bei Freund und Feind durch
seine frechen Sprüche, schmückt auch den
Hobbyfotografen auf dessen Selbstbildnis.

Die Ziehtochter Jolana im Alter von acht
Jahren. Die Fotos mit Valtrr wurden dann von
allen Besuchern des Hauses verlangt und
bilden eine Galerie.

Auch in Havels Hrádeček finden Feiern der
Geächteten statt. Die Mütze hatte dem Gastgeber Havel für die Aufnahme ein Offizier
geliehen, der Fan von ihm war.

ric Spiess, langjähriger Leiter der Theater-
bteilung des Bärenreiter-Verlags in Kassel,
er seinen ČSSR-Dramatikern immer treu
lieb.

Jürgen Braunschweiger, deutscher Verleger
in der Schweiz, der die Werke verbotener
tschechischer Prosaiker weltweit verbreitete.

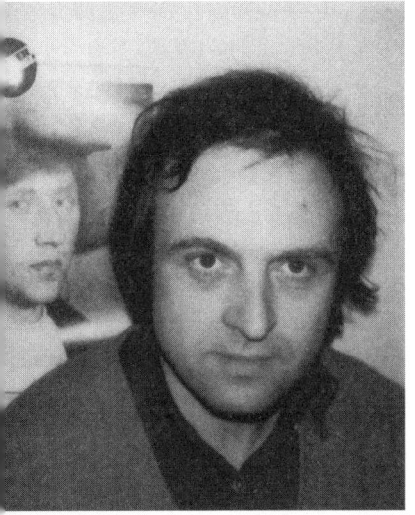

977. Der Schriftsteller und spätere Bot-
chafter der Tschechischen Republik in Bonn,
erlin und Wien, Jiří Gruša, vor der Aus-
ürgerung.

Siebziger Jahre. Ondřej Kohout mit seiner
ersten Plastik. Einige Jahre später muss
er nach Österreich auswandern, wo er als
Maler lebt.

Siebziger Jahre. Die ältere Tochter Kateřina, jetzt erfolgreiche Managerin in der Schweiz, und die jüngere Tochter, die heutzutage hoch anerkannte tschechische Schriftstellerin Tereza Boučková, bereiten sich auf eines der Hausfeste der offiziell geächteten Freunde ihres Vaters vor.

Oben: Siebziger Jahre. Die Schriftsteller Milan Kundera und Pavel Kohout wandern durch Prager Straßen, um weit weg von den Abhöranlagen neueste Informationen auszutauschen. Verewigt wurden sie von einem der Fotografen der Staatssicherheit, der sie verdeckt observierte. Ein Bild aus PKs Stasiakte »Dialog«.

Unten: 19. 7. 1978. Am Vorabend seines Fünfzigsten genießt PK in seinem von der Polizei bewachten Landhaus das tolle Leben. Kurz davor musste er auf Anordnung der Kriminalpolizei die von ihr geliehene halbe Million Kronen an »Erpresser« abliefern, die später als Beamte der Staatssicherheit demaskiert werden.

Siebziger Jahre. Die Freunde in Havels nordböhmischem Haus sind schon schlafen gegangen. Der Gastgeber lässt den Abend mit Pavel Kohout unter den Fittichen von Jelena Mašínová alias Zet ausklingen. Am Auslöser des Fotoapparates der treue Begleiter der Verfemten, Oldřich Škácha.

Oben: Seit 1972 entstehen die Kohout'schen Neujahrskarten P.F. (pour féliciter). Die berühmteste wurde von der Staatssicherheit nach der Veröffentlichung der Charta 77 zur Hetzjagd gebraucht, sie erschien in den tschechischen Medien mit der Bildunterschrift »Das süße Leben der Chartisten«.

Unten: Das Bild für die P.F.- Karte 1989 wurde in Vorahnung der Ereignisse an Kohouts sechzigstem an der Thaya-Brücke im österreichischen Hardegg aufgenommen, die damals das vierzigste Jahr ohne Bodenbretter dastand. Schon achtzehn Monate später wird man sie wieder passieren dürfen.

Oben: 1990. PK, Zet und ihr dritter Dackel Áda beenden das erste Jahr in der alten Heimat, immer noch auf eine Wohnung wartend, die ihnen die Rechtsnachfolger des alten Regimes schulden. Vorausschauend wählen sie das Panorama, das sie bald aus ihren neuen Fenstern sehen werden.

Unten: 2004. Auf dem Dach des Mietshauses am Moldau-Kai, unter dem soeben ein Studio gebaut wurde, wo das riesige Archiv seinen Platz findet, seit sechzig Jahren geführt, vor der Staatssicherheit versteckt und auf Umwegen ins Ausland gebracht. Mit von der Partie der vierte Rauhaardackel, Richy.

ben: Neunziger Jahre. Wie in den schlimmen Zeiten wird Weihnachten mit einem Schnecken-
sen unter alten Freunden gefeiert. Am Tisch die beiden Autoren der Charta-77-Erklärung,
er Staatspräsident Václav Havel und der Heimkehrer PK, der jedoch mit einem Bein in Wien
eiben wird.

nten: Stehend singt ein mährisches Lied Ludvík Vaculík, dessen Rede auf dem Schriftsteller-
ngress 1967 den Aufstand des Geistes angezettelt hatte. Ganz vorne Ivan Klíma, mit Vaculík
ater der tschechischen Samisdat-Editionen und Initiator der vom Regime unabhängigen
ltur. Rechts die rauchende Zet.

Das aktuelle Bild. Der Dramatiker, Romancier, Essayist und Regisseur ist nach der Wende 1989 nicht in die aktive Politik gegangen – er nennt das die »bürgerliche Reue für den jugendlichen Denkfehler«. Er bleibt jedoch ein scharfer Beobachter und Glossator der Entwicklung in Europa und besonders in seiner Urheimat Tschechien und Wahlheimat Österreich. Dem hintersinnigen Rat seiner Zet, »Du sollst dich schonen, bist nicht mehr einundachtzig!«, gedenkt er offensichtlich nicht zu folgen …

Benning verlieh ihm nach seiner Ankunft den typisch österreichischen Titel Consulent, der toll klang und alles Mögliche bedeuten konnte. Mit ihm umreiste der Dramatiker ein großes Stück der Welt, assistierte bei vielen seiner Theater- und Buchpremieren, sog wieder den Geist der Freiheit in sich ein, um dann lange unter dem Wasser des Totalitarismus aushalten zu können, und zu all dem durfte er bei seiner eigenen Bearbeitung von Gogols *Revisor* mit einem der besten Ensembles der Welt Regie führen.

Als man ihn bei seiner Rückkehr nach Hause aus der Heimat wieder nach Österreich verfrachtete, bot ihm der Intendant ein Engagement bis zum Ende seines Wirkens an. Diesmal ging es um etwas anderes als früher, und er versuchte, diese Liebenswürdigkeit so gut abzuarbeiten, wie er konnte. Seinen rätselhaften Titel verstand er als Funktion eines Liberos oder auch Mädchen für alles. Er schreibt vier neue Stücke und bereitet diese für die Premiere vor, veranstaltet zahlreiche Matineen, übersetzt vom Blatt zur Information neue Texte von Václav Havel. Als das Theater versucht, den Chef des Moskauer Tanganka-Theaters Ljubimow, der gerade emigriert ist, als Regisseur zu gewinnen, mobilisiert er sein ehemals recht passables Russisch und vermittelt in einem zweistündigen Telefongespräch dessen Engagement.

Achim Benning als absolute Ausnahme unter den führenden Theaterleuten der deutschsprachigen Länder bleibt den verbotenen tschechischen Autoren auch später auf dem gleichen Posten in Zürich treu. Bereits in der Burg belegte er dies mit einem großartigen Akt der Solidarität. Das tschechoslowakische Innenministerium hatte sich zur Aberkennung der Staatsbürgerschaft von Pavel Landovský den Augenblick ausgesucht, den es als den geeignetsten betrachtete: einen Tag bevor die Burg mit der Inszenierung von Tschechows *Kirschgarten* nach Moskau reisen sollte. Der frisch Ausgebürgerte erhielt somit kein sowjetisches Visum, und alle Schlauberger in Prag und Moskau hielten es für sicher, dass Benning seine kleine Rolle umbesetzen würde, umso mehr, als die Lastwagen mit den Dekorationen schon vor Ort waren. Der Intendant erklärt jedoch auf einer riesigen Pressekonferenz, er betrachte diesen Akt als Beleidigung des gesamten Burgtheaters, das deshalb überhaupt nicht reisen werde.

Der Dramatiker hört nicht auf, dankbar für die Möglichkeit zu sein, den Ablauf des Theaterkolosses, weltweit wahrscheinlich nur mit dem Moskauer künstlerischen akademischen Theater MCHAT vergleichbar, das er in den sechziger Jahren als Autor des Stücks *Die dritte Schwester* hautnah erlebt hatte, von innen kennenzulernen. Zwischen beide Giganten gerät er, als nach der aufgeschobenen Moskau-Reise der Österreicher die Russen nach Wien eingeladen werden. Wenngleich dies bereits in der hoffnungsvollen Zeit der Perestrojka sein wird, lässt er dem Oberhaupt der Gäste, seinem langjährigen Freund Oleg Jefremow, mitteilen, er solle keine Angst vor heimtückischen Fallen haben.

Nach der Ankunft des Ensembles aus Moskau ruft ihn eilig Bennings rechte Hand, Frau Stauber, ins Theater und fordert ihn geheimnisvoll auf, sich in der Direktorentoilette einzufinden. Dort erdrückt ihn der nervös rauchende Jefremow wie immer mit einer fast knochenbrechenden Umarmung und verspricht ihm ergriffen, ihn in Moskau zu spielen, sobald bessere Zeiten angebrochen seien. Als sich, schon im nächsten Jahrtausend, der neue MCHAT-Chef Oleg Tabakow entschließt, das Stück *Die Nullen* aufzuführen, verhehlt er nicht, damit das Versprechen seines Vorgängers einzulösen. Diesem bringt der Dramatiker statt des üblichen Becherbitters eine rote Rose mit; leider kann er sie nur noch auf dem verschneiten Grab in der Theaterabteilung des Nowodjewitz-Friedhofs niederlegen.

Die Burg und das MCHAT waren sich auch darin ähnlich, wie einträchtig sie die Staatskassen ihrer Länder mit der Unterhaltung ihrer riesigen Ensembles belasteten; sie nahmen immer wieder die besten jungen Talente auf, alte Mimen aber behielten sie buchstäblich bis zu ihrem letzten Atemzug. Es ist nicht übertrieben, zu behaupten, dass die Verehrer des alten Attila Hörbiger in den *Kirschgarten* gingen, an dessen Schluss er als Diener Firs in einem verlassenen Haus vergessen wird und sich dann dort zum ewigen Schlaf legt, um sich davon zu überzeugen, dass er sich zum Schlussapplaus wieder erheben würde. Das war übrigens eine revolutionäre Neuerung, mit der Benning nach zweihundertvierzig Jahren das ungeschriebene Gesetz änderte, dass sich des Kaisers Schauspieler nicht verbeugten. Alte Burg-Besucher ärgerten sich darü-

ber lange Zeit so sehr, dass sie bereits beim ersten Vorhang den Mitwirkenden den Rücken zeigten.

Die Bezeichnung ›Burgschauspieler‹ adelte einen Mimen fast, und
der Titel ›Kammerschauspieler‹ glich dem Generalsrang. Die Bühnen-
eingänge des Burgtheaters und der Seitenbühne Akademietheater wurden nach den Vorstellungen von kaum weniger Autogrammjägern belagert als die Staatsoper.

Der Dramatiker wird ein paar Jahre später an einer sonderbaren
Kreuzung stehen: Soll er seine Pragmatisierung erleben oder nicht, wie
das Vorrecht dieses Theaters bezeichnet wurde, dass die Mitglieder nach
einer gewissen Zeit Anspruch auf einen unbefristeten Vertrag hatten
und Künstlerbeamte des Staates wurden, die nur in eine entsprechende
Pension verabschiedet werden. Ein schönes Lockmittel, doch dabei
bleibt es, dem Dramatiker wird es nicht zu seinem Lebenslauf und zu
seinen künftigen Plänen passen. Ehrlicherweise muss gesagt werden,
dass schließlich Bennings Nachfolger Claus Peymann die Entscheidung
trifft und ihn zusammen mit noch einem Stammautor, Václav Havel,
über Bord wirft, sie werden erst dann für ihn kein lästiges Insekt mehr
sein, als der Dissident zum charismatischen Staatsoberhaupt und der
Exilant zum Begründer des Prager Theaterfestivals deutscher Sprache
avancieren.

Summa summarum ist für diese Institution charakteristisch: Als der
Dramatiker fünfzehn Jahre später im hinteren Schubfach seines
Schreibtischs einen Gegenstand findet, den niemand von ihm zurück-
haben wollte, den Patentschlüssel zur Durchfahrt des rechten Flügels
der Burg, über den man ins ganze Gebäude gelangt, kann er der Versuchung nicht widerstehen, ihn eines Nachts beim Gassigehen mit seinem
Rauhaarfreund noch einmal auszuprobieren; es überrascht ihn nicht,
dass er noch passt.

Über die Zeit seines einzigen Dauerengagements kann er nur mit
Kaiser Franz Joseph sagen: »Es war sehr schön, es hat mich sehr gefreut!«

53. KAPITEL

Verstärkungen

So wie man einst zu Hause die Zentimeter eines Bandmaßes abgeschnitten hatte, um die Dauer des Wehrdienstes zu verfolgen, zeigte ihm hier eine Vogelfeder die Zeit des Exils an; bereits zum vierten Mal kam sie mit der Vorweihnachtspost. Die treue Frau Javůrková, Mariechen genannt, hatte sie ihm geschickt. Sie hatte jahrelang auf dem Hradschin-Platz und im Haus an der Sázava auch in schweren Zeiten Ordnung und Moral hochgehalten. Sie brachte ihren Pfleglingen durch die staatssicherheitliche Umzingelung frische Hörnchen und Milch, fast wie die Roxana aus Rostands *Cyrano de Bergerac*, die mit einer Kutsche voller Delikatessen das spanische Lager durchquerte, um die bei Arras eingeschlossenen Kadetten zu verpflegen. Ihr war nun Valtrr, der gebildete Wellensittich, der mehr als dreißig Wörter beherrschte, anvertraut. Sein krächzender Bass hatte sich auch beim Dackelrekordmann Edison Venor, dem ›Zuchthund der Tschechoslowakischen Sozialistischen Republik‹ und künftigen Protagonisten des Memoirenromans *Wo der Hund begraben liegt*, Respekt erkämpft, weil er statt seines Herrchens von den Bolschewiken in Sázava feige vergiftet wurde.

Valtrr war auch als Schmuckstück in den Haaren beliebt, mit ihm ließen sich viele Geächtete vom Dramatiker per Polaroid-Kamera porträtieren, die damals nicht ahnten, dass sie als hohe Staatsmänner die Demokratie neu begründen würden. Er liebte Sekt, den er den Gästen vom Rand des Pokals wegtrank, und sorgte dann für Belustigung durch sein beschwipstes Herumsegeln. In die Geschichte eingegangen ist er durch jene Haussuchung in Sázava, die das Husák-Regime dem Dramatiker zu seinem Fünfzigsten widmete; über den Köpfen verschiedener Havels, Landovskýs und anderer Ausgeburten der Hölle vermeldete er klangvoll und deutlich aus seinem Käfig:

Mám rrrád ministrra vnitrra! – Ich liebe den Innenminister!

Man ließ ihn, er saß schon hinter Gittern.

Die Stiefmutter Heimat sandte den Exilanten überraschenderweise samt der vierten Feder auch ein tolles Weihnachtsgeschenk nach Wien: seinen Sohn, die Frau des Sohnes und den Sohn des Sohnes, wie er kokett das Wort Enkel zu umgehen versuchte. Ondřej hatte, weil er der Älteste der drei Kinder des Dramatikers war, als Einziger der Sperre zuvorkommen können, die seinen jüngeren Schwestern Kateřina und Tereza den Zugang zur Hochschule verbaute. Bei ihm konnten anständigere Professoren noch den Vorteil geltend machen, dass er bei der geschiedenen Mutter lebte, womit er von seinem Vater, dem Dissidenten, nicht jeden Tag aufs Neue verdorben werden konnte. Er absolvierte, wie bereits erzählt, an der Theaterakademie der musischen Künste das Fach Bühnenbild, dann aber verdarb er sich selbst, indem er die Charta 77 unterzeichnete. Von dem halben Dutzend Berufen, die für die Unterzeichner erlaubt waren wie Nachtwächter, Lagerarbeiter, Heizer, Wasserableser oder Hausmeister, wählte er das Putzen von Schaufenstern an der frischen Luft der Großstadt, doch nach zwei Jahren hatte er genug davon und ersuchte darum, auswandern zu dürfen.

Das Prager Regime – das auch weiterhin durch das Helsinki-Protokoll eingeschnürt wurde, das Moskau immer dringender für seine Geschäfte mit dem Westen benötigte – durfte notorische Opponenten nicht bestrafen, wie es wollte, deshalb ließ es sie jetzt lieber ziehen, wohin sie wollten, damit sie im einheimischen Dampfkessel nicht noch den Druck erhöhten. Ondřej heiratete damals schnell zum zweiten Mal die aus Mähren stammende Malerin Eva Vonešová, von der er sich zuvor schon einmal hatte scheiden lassen, und beide sollten nun mit ihrem kleinen Sohn Mikuláš für immer verschwinden.

Damit es sich die Antragsteller nicht noch einmal überlegten, durften sie etliche Dinge mitnehmen, was sie an die alte Heimat erinnern würde. Es wurde vereinbart, dass sie ein paar Möbelstücke und alle Bilder und Bücher, die nach dem Rauswurf des Dramatikers und seiner Frau aus der Wohnung auf dem Hradschin-Platz an verschiedenen Stellen deponiert waren, als ihr Eigentum erklären, verzollen und abtransportieren sollten.

Am 16. Dezember 1981 kamen die drei in Wien an, wo sich ihrer standardgemäß die Einwanderungsmaschinerie annahm, die die Republik

Österreich seit der Zeit des Ungarnaufstandes im Jahre 1956 perfektionierte. Nun fertigte sie schon zum zweiten Mal nach 1968 Tschechoslowaken ab. Sie erhielten hier Asyl, ein Dach überm Kopf, eine anständige Starthilfe und die Chance, sich selbst zu beweisen, was wirklich in ihnen steckte. Viele waren so ihren Altersgenossen zu Hause ein Stück voraus, indem sie Jahre früher verstanden, dass Freiheit keine Art von staatlicher Pension ist, sondern eine Aufforderung zu Eigenständigkeit und Verantwortung für sich selbst. Einige waren zu ihrem Unglück nicht fähig oder bereit, auch nur die Sprachbarriere zu überwinden, die sie als Erstes überraschte.

Als der Dramatiker im Voraus darüber nachdachte, wie er seinen Leuten am besten helfen könnte, ging er von seiner eigenen Erziehung aus. Diese hatte er vor allem in den Jahren der Weltwirtschaftskrise erhalten, als ihm die Eltern nur das Notwendigste bieten konnten; eine Ausnahme bildete das Puppentheater, das seinen Beruf vorbestimmte. Sie blieben dabei, auch als es ihnen wieder besser ging, für alles, was über den Rahmen des Normalen hinausging, musste sich der Junge selbst etwas dazuverdienen. So hatte er es auch bei seinen Kindern gehalten.

Seinen Sohn empfing der Dramatiker ganz besonders herzlich, da er Angst um ihn gehabt hatte. Der stattliche junge Mann hatte lange Zeit seinen ehemaligen Kumpels aus dem feuchten Viertel geglichen. Seine Spitzenleistung hatte darin bestanden, nach Hause zu seiner Frau ohne den Kinderwagen zurückzukehren, in dem er seinen einjährigen Sohn zum Spaziergang mitgenommen hatte. Glücklicherweise erinnerte er sich wohin, und man fand Mikuláš friedlich schlafend vor der Altstädter Bierstube Zum Tiger. Anzuerkennen war, dass Ondřej bereits die Unterzeichnung der Charta 77 und die Mitwirkung an dem riskanten Makbeth-Projekt Disziplin beigebracht hatten.

Für ihre Bleibe im Flüchtlingshotel kaufte man den Seinen einen Fernseher, damit sie von Anfang an von der neuen Sprache umgeben waren. Sie drückten die Schulbänke, dazu schrieb er sie gleich für zwei Semester Intensivkurs ein. Und natürlich erhielten sie die permanente Einladung, sich zu Tisch am Kohlmarkt einzufinden, wenn auf dem ihrigen die Teller leer zu bleiben drohten. Bald begannen sie, Deutsch zu verstehen, dann auch mehr und mehr zu sprechen. Damit Ondřej endlich eine Ar-

beit aufnehmen konnte, zog ihn der Vater als Bühnenbildner zu seiner
Filmversion von Procházkas *Ohr* heran, wissend, dass er das Fach erlernt
hatte und seinetwegen zu Hause nicht hatte ausüben dürfen. Dann
wurde der Sohn auch von anderen Regisseuren engagiert, ehe er sich
entschloss, sich zwar mühselig, aber dafür unabhängig von der Malerei
zu ernähren.

Wenige Jahre später zeigt er dem Vater mehrere Räume in einem alten
Haus, zwar im Herzen Wiens, jedoch in baufälligem Zustand. Der Dramatiker kommt das zweite Mal in die Situation, dem Sohn seine Courage auszureden. Erstmals hatte er ihn 1977 nicht davon überzeugt, die
Unterzeichnung der Charta vorläufig nur zu hinterlegen und in seiner
wackligen Position nicht die direkte Konfrontation mit der Macht zu suchen. Der Sohn lässt sich auch diesmal sein Vorhaben nicht ausreden
und richtet zusammen mit seiner Frau mit ihrer eigenen Hände Arbeit
eine weitläufige Wohnung mit zwei Ateliers her. Dass er von seiner
Kunst leben kann, nachdem er durch seine spartanische Lebensweise
das Recht gesichert hat, zu malen, wie und was er will, dafür erntet er des
Vaters größten Respekt.

Der Sohn seines Sohnes, Mikuláš – durch eine Äußerung seiner ersten
österreichischen Lehrerin bekannt, die in der ersten Klasse der Mutter
sagt, er sei der Beste von den Türken – beide exotischen Sprachen klangen für sie gleich –, hatte deutlich das Talent beider Eltern geerbt. Der
Vater des Vaters wird seine ersten beiden Werke zu Hause aufhängen und
sie auch noch nach Jahren wehmütig betrachten, weil es auch die letzten
bleiben werden. Als das aufmerksame Kind aus der Nähe verfolgen
kann, dass das Schaffen der Eltern ein stetes existenzielles Risiko birgt,
studiert er später Ökonomie und beginnt seinen Lebensweg in einer österreichischen Bank. Bald aber versucht er, einen Roman zu schreiben.

Fast zeitgleich mit den frisch Enterbten kam auch ein Speditionsfahr-
zeug der Firma Dworak in Wien an. In der Wohnung erschien zuerst ein
schwerer geschnitzter Schreibtisch, den einst Vater Otomar von der
Wiener Firma Gerstl gekauft hatte und den der Junge von Kindesbeinen
an kannte, dort Hausaufgaben erledigt und später Romane geschrieben
hatte; nun kehrte das Stück in die Stadt zurück, von der es einst nach
Prag gekommen war. Schrittweise tauchten vom Treppenhaus die Bi-

bliothek und der Lehnstuhl gleichen Ursprungs auf, das ehrwürdige, hohe Stehpult für Amtsschreiber, eine Couch mit Sesseln, die Thonet-Kleiderständer, die Jugendstiluhr, Bilder und immer wieder Bilder, Bücher und immer wieder Bücher, Gläser und immer wieder Gläser, geschliffen für die Herrschaft oder gepresst für die Dienerschaft, auch ein Defilee Karlsbader Trinkbecher von Mitte des vergangenen Jahrhunderts bis zum Zweiten Weltkrieg, dies alles über Jahre in Prager Antiquitätengeschäften zu einem Spottpreis erworben, nur so zur Freude; die am Morgen fast leere Wohnung war am Abend voll und eingewohnt, als hätten schon Generationen dort gelebt. Schließlich tauchte als Krone des Ganzen in den Armen der Umzugsmänner der alte Kühlschrank auf.

Das Wunder der modernen Technik mit weißer Emaille und Holztäfelung vom Ende der zwanziger Jahre des zwanzigsten Jahrhunderts bot Raum von einst sensationellen sechzig Litern und wurde mit Ammoniak gekühlt. Der Vater des Dramatikers hatte das Gerät für seine junge Frau Ludvika gekauft, und somit war es genauso alt wie ihr Kind. Zur Instandhaltung reichte aus, es alle paar Jahre auf den Kopf zu stellen, und trotzdem sollte es noch im nächsten Jahrtausend Flaschen kühlen.

Als der österreichische Vertreter der schwedischen Firma Elektrolux feststellt, dass das altertümliche Modell, das auf der Wiener Terrasse weitere Jahre den launischen Wetterschwankungen standhält, im Stockholmer Firmenmuseum fehlt, bietet er ganz im Ernst seinen Volvo dafür. Der Eigentümer kommt in eine ähnliche Situation wie damals, als ihm Hollywood fast eine Million Dollar bot, wenn er es erlaube, den Memoirenroman *Aus dem Tagebuch eines Konterrevolutionärs* so drehen zu lassen, wie es dem amerikanischen Filmproduzenten beliebte. Irgendetwas in ihm wird es ihm auch diesmal nicht erlauben. Er behilft sich also mit der Erklärung, dass der Volvo nicht auf die kleine Terrasse passe.

54. KAPITEL

Der Kampf mit den Engeln

Das neue Stück für das Burgtheater betrachtete vierundzwanzig Stunden im Leben der großen tschechischen Schauspielerin Marie, die ihrer Überzeugung wegen seit Jahren nicht mehr spielen darf und darüber hinaus mit den psychischen Folgen eines Autounfalls zu kämpfen hat, bei dem sie sich selbst um ihre kleine Tochter Tereza gebracht hatte. Zusammen mit ihrem Mann Josef, einem Kameramann mit Berufsverbot, verdient sie ihren Lebensunterhalt durch Anfertigung von Tischlampen in Heimarbeit, die sie an Bekannte verkauft. Um nicht verrückt zu werden, studiert sie so das Einpersonenstück des ebenfalls verbotenen Dramatikers über eine Schriftstellerin aus dem vergangenen Jahrhundert mit ähnlichem Schicksal ein und entschließt sich, es in ihrer Wohnung aufzuführen. Zur abendlichen Premiere lädt sie persönlich ihre Familie und die nächsten Freunde ein, die sie den ganzen Tag lang abklappert. Dabei lehnt sie stets eine moralische Kapitulation ab, zu der sie von den unterschiedlichsten Drohungen und Versprechungen ihrer drei Engel verführt wird, die sich abwechselnd in Psychiater, regimenahe Theatermacher und Leute von der Staatssicherheit verwandeln. Aus den einzelnen Begegnungen entsteht eine Galerie von Porträts der Typen, die den Totalitarismus repräsentieren, und derjenigen, die unter ihm leiden, jedoch den kleinen Vorteilen vor dem Risiko des Widerstands den Vorzug geben.

Das Schicksal dieses Stücks, das unter innerem Überdruck geschrieben wurde und auch in der dramatischen Stilisierung ein Porträt von Vlasta Chramostová und Stanislav Milota abgeben wollte, die für den Autor wie Familienmitglieder waren, verdient eine detaillierte Beschreibung. Der erste Teil entstand im Sommer 1980 innerhalb weniger Tage auf Capri, und sein Autor eilte damit nach seiner Rückkehr nach Großgmeind bei Salzburg, wo der Intendant des Burgtheaters seinen Urlaub verbrachte. So wie er es von Böhmen her gewohnt war, Interessenten Havels neue Stücke zu ›verkaufen‹, indem er sie vom Blatt herunter übersetzte, bot er diesmal im Garten am Fuße der Alpen sich selbst feil.

Obwohl das Programm der Saison bereits angekündigt war, setzte Achim Benning das Stück auf den besten Platz mit der Premiere am 7. März 1981, wieder in der Regie von Leopold Lindtberg, der während des Krieges in Zürich die bedeutendsten Werke von Bertolt Brecht erstmals inszeniert hatte.

Der zweite Teil entstand in einem heruntergekommenen Hotel der rumänischen Sommerfrische Neptun II., denn das Land Ceauşescus war das einzige, in das auch die Schwiegereltern und vor allem die kleine Ziehtochter Jolana, für die das alles am schwersten war, einreisen durften. Der Flughafengrenzer in Bukarest schlug den neuen österreichischen Pass auf, schaute in seine Listen, grinste und meinte auf Englisch: »Oh, Mister Kohout aus Prag kommt zum Baden!« Die Repräsentantin des Wiener Tourismusbüros informierte ihn am Strand flüsternd, wann die Polizisten in der Hotelrezeption die Aufzeichnungen aus seinem Zimmer holen würden; sie nahmen diese am Nachmittag um fünf mit einer gottgleichen Selbstverständlichkeit, auch vor seinen Augen, entgegen. Die machten ihnen keine Arbeit; während sich die anderen vier draußen an ihrem Zusammensein erfreuten, war im Zimmer nur das Klappern der Schreibmaschine zu hören, in die manchmal eine Wanze von der Decke fiel. So wurde auch der Schluss des Dramas fertig!

Die deutsche Übersetzung entstand parallel, über Jahre bildete das Ehepaar Baumrucker aus München, das nach dem Krieg mit den Eltern aus Prag und Brno vertrieben wurde, ein zuverlässiges Team. Der Verleger Eric Spiess erhielt bereits nach der ersten Hälfte Angebote von Nationaltheatern aus Dänemark, Norwegen und Schweden, in Belgien arbeitete man an einer Übersetzung ins Flämische und ins Französische. Für die deutsche Premiere auf der großen Bühne des Hamburger Thalia-Theaters bedang sich nach dem Erfolg der Einakter *Protest/Attest* (wiederum in einer Inszenierung des Dramatikers) Peter Striebeck aus, selbst Marias Mann Josef zu spielen. Dann wurde er von dem besagten sich ausbreitenden Virus befallen. Der Dramatiker und Regisseur wird erst später erfahren, dass sein Freund und Intendant, nachdem er das Stück in den Spielplan aufgenommen hatte, immer wieder von seinen Dramaturgen davor gewarnt wurde, sich an den gemeinsamen Idealen zu versündigen.

Auf den Schuss vor den Bug folgte ein direkter Treffer: Die berühmte Schauspielerin Annelouise Römer – sie sollte die Maria spielen und hatte bereits ein angeregtes Gespräch mit dem Regisseur geführt – sagte plötzlich ab. Die Künstlergruppe von Claus Peymann, mit der sie schon in Bochum und in Stuttgart gearbeitet hatte, warf ihr vor, mit ihrem berühmten Namen ein antisozialistisches Pamphlet decken zu wollen – die Terminologie unterschied sich nicht von der aus der Heimat! – und sie wagte es nicht zu widersprechen; statt Engeln kreiste der Dämon der Zustimmung über ihr, der bestätigte, dass er überall zu Hause sein könne. Der Intendant schlug seinem tschechischen Freund vor, er solle bei einem anderen seiner Stücke Regie führen, nur hatte der den Text bereits einer Schauspielerin geschickt, die er persönlich zwar nicht kannte, der gegenüber er jedoch Sympathien hegte; Senta Berger, Film- und TV-Star, sagte auch gleich zu. Sie wollte wieder einmal Bühnenluft schnuppern, und außerdem, vom Virus nicht ergriffen, offen ihre Solidarität für Vlasta Chramostová und alle verfolgten Kollegen bekunden. Sie freute sich ebenfalls darauf, mit Striebeck zu spielen.

Gemeinsam mit ihm hatte das Theater Direktor von Vogel übernommen, der für die Finanzen verantwortlich war. Da die erste gemeinsame Saison nicht gut geendet hatte, war *Maria* für ihn auch ein Stück, das künstlerisch und finanziell zu Buche schlagen sollte. Er genehmigte ein großzügiges Budget für Kostüme und Ausstattung, für die der Regisseur wiederum Pavel Bílek aus Wien kommen ließ. Für *Attest* und *Protest* hatte er sich bereits vorher in Hamburg ein stehendes Buch ausgedacht, aus dem sich ein ganzes Zimmer mit Möbeln ausbreiten ließ. Nach der Pause lag es auf der Seite, und aus ihm klappte die Amtsstube des Vereins der Hundezüchter heraus; als diese dann von einem Prachtexemplar der fiktiven Rasse Tschechischer Schnapphund, der kein Lachen verträgt, am Ende zerstört wird, klappte es zu und verwandelte sich in ein niedriges Podium. Das Publikum stampfte vor Begeisterung und kaufte zuhauf das Programm, in dem das Zauberpuzzle aus Karton zu haben war. Auch für das Stück über Maria mit den zahlreichen Schauplätzen entwarf er eine einfallsreiche Ausstattung und lieferte dafür wie immer das exakte Modell, das die Funktionen anschaulich vorführte; somit wusste das Theater, dass es mit der Dekoration seine liebe Mühe haben würde; deshalb wurde die ungewöhnliche Zahl von dreiundvierzig Proben angesetzt.

Vier Tage vor der Leseprobe traf in Wien eine weitere Hiobsbotschaft aus Hamburg ein: Der Intendant unterzog sich einer Knieoperation. Der Meniskus hatte ihn schon jahrelang gequält, es war also klar, dass es ihm nun gerade recht kam, von seinem wachsenden ideologischen Problem zumindest physisch entbunden zu sein. Auch das respektierte der Freund, die Rolle war zwar groß, aber keine Hauptrolle; er schlug dafür Michael Hinze vor, seinen Hamburger Petrus aus *So eine Liebe* 1969, doch das Theater teilte ihm einen Schauspieler zu, der gerade legal aus Ostberlin zu einem Gastvertrag angereist war. Ab der ersten Probe war klar, wen man da geschickt hatte. Mit der bekannten DDR-Aggressivität wollte er ausschließlich nach der Stanislawski-Methode arbeiten, was in seiner Interpretation bedeutete, dass statt zu proben bis zum Umfallen diskutiert wurde. Bald rechnete sich der Regisseur aus, dass sich die Szenen ohne ihn viel schneller entwickeln, der Schwätzer beschnitt ihm seine knapp bemessene Zeit.

Es war nur tröstlich, dass er in Hamburg war. Er hatte sich schon bei *Schwejk* in die Stadt verliebt, und nach seinem Rauswurf aus der Heimat hatte er sogar überlegt, ob er nicht für immer in dem Hafen voller wunderschöner Boote vor Anker gehen solle, wo sich die Moldau mit dem Meer vermischte – der lag jedoch weit ab von der Hauptbühne seines Lebens. Er bewunderte den allgegenwärtigen Geist der Freien Hansestadt, den auch die Flutwelle neuer Einwohner nicht hinwegspülen konnte. Auch diese waren bald dynamisch, großzügig und skandinavisch abgehärtet, er verstand nun auch, warum dies die einzige Stadt im Dritten Reich gewesen war, vor der sich Adolf Hitler immer fürchtete.

Er selbst schöpfte Energie an den Wochenenden auf dem Fischmarkt, wohin er sich in den frühen Morgenstunden in ein angenehmeres Theater begab als das, in dem er selbst verharrte. In der Luft lag der Duft von exotischen Gewürzen, Südfrüchten und vor allem sämtlichen Meeresfrüchten, die in den Aufbauten der Lkws einzeln und zuhauf verschwanden, denn sie wurden außer von den Hausfrauen von Köchen aller Hotels gekauft. Er freute sich vor allem auf das Glöckchen, das das Ende einläutete: Die Gemüsehändler und Fischer hörten auf einen

Schlag auf, laut ihre Preise herzubeten, sie nahmen die restlichen Stücke und warfen sie mit fröhlichem Rufen in die Menge, tausenden Händen zu, die in der Hoffnung auf ein kostenloses Mittagessen Bananen, Melonen und Heringe kunstvoll aus der Luft angelten.

Die Woche über hieß die Hoffnung des Dramatikers Senta Berger. Sie war nicht nur eine wunderbare Schauspielerin, sondern auch ein Arbeitstier, sie schlug zusätzliche Proben in den Abendstunden mit all denen vor, die gerade nicht spielten. Ihrem Einsatz ist es zu verdanken, dass sie im Grunde fertig waren, bevor die Technik an den Nerven zu zerren begann. Zur ersten Begegnung mit dieser kam es ganz nach Plan neun Tage vor der Premiere. An jenem schwarzen Freitag, dem 30. Oktober 1981, brach sein erster großer Konflikt im neuen Leben und in der neuen Welt aus. Er war schon einige Tage herangereift, als sich der neue Josef bei der Direktion beschwerte, er werde durch den Regisseur daran gehindert, »zu der Figur heranzureifen«; Striebeck schaute sich zwei Proben an, dann sagte er zu dem Beschwerdeführer, er liege nicht deutlich hinter den anderen zurück. Inzwischen bereitete die Dramaturgie für den Druck ein Programmheft vor, das seinesgleichen suchte: Das Theater distanzierte sich darin von dem Stück, das es aufführte, mit dem Lieblingsargument der eingefleischten Linken, die Kritik am Sozialismus schwäche den Kampf für Frieden und nehme den Applaus von der falschen Seite an. Das war eine Unverfrorenheit, doch er ließ es sein, er glaubte, den Streit auf der Bühne zu gewinnen.

Jeder Theatermacher weiß, dass die erste Begegnung der Schauspieler mit den Kostümen und den unbekannten, noch widerstrebenden Kulissen fast immer eine Katastrophe und somit deprimierend ist; in dem Tohuwabohu kann man sich nur auf die investierte Arbeit verlassen, darauf vertrauend, dass man, wenn sich alle an die neuen Elemente gewöhnt haben, mit immer größeren Sprüngen zur gewünschten Qualität gelangen werde. Die erste Durchlaufprobe ist jedes Mal ein intimes Martyrium, das nur für die direkt Beteiligten bestimmt ist, ebenso wie eine Familie sich keinen Zaungast ins Haus holt, wenn sie sich zwischen Geburt und Abtreibung entscheidet. In der Pause stellte der Regisseur fest, dass Peter Striebeck auf den ersten Balkon heimlich die gesamte Direktion einschließlich der Sekretärinnen eingeladen hatte. Da logischerweise nichts klappte, weil die Schauspieler mehr mit der Technik als gegen die Engel zu kämpfen hatten, reifte in den ungeladenen Zuschauern die ihnen von Josef eingepflanzte Psychose, es drohe ein Fiasko. Das Theater hatte ihn vor kurzem mit einem Werk des ›progressiven‹ Dramatikers Pohl erlebt, als während des langweiligen Stücks nacheinander die Mehrheit des Publikums den Saal verließ. Die Dramaturgie, die das Stück irrtümlich angesetzt hatte, forderte nun, dass auch die *Maria* abgesetzt werde, um zumindest das politische Image des Hauses zu wahren.

Die langjährige Freundschaft war ein Stück Selbstverleugnung wert. Er schluckte die verrückte Idee hinunter, den Leuten, die in dem Irrglauben lebten, etwas vom Theater zu verstehen, nur weil sie dort Schreibmaschinen bedienten, das vorprogrammierte Chaos vorzuführen, und versicherte, die Produktion sei richtig angelegt und benötige lediglich Zeit, um alles zu vollenden. Es schien, dass man ihn verstanden hatte. Zwei Tage und zwei Nächte lang gewöhnten sich dann alle an die Dekoration, bis alles zu funktionieren anfing. Die Schauspieler waren gerade dabei, ihre Hemmungen abzulegen, als es die Gegner erneut versuchten. Am Dienstag vor der für Samstag geplanten Premiere wurde der Regisseur kurz vor der Probe ins Intendantenbüro gerufen, wo neben dem Dramaturgen auch der geschminkte Josef saß. Peter versicherte seinem Freund seine andauernde Hochachtung vor den verbotenen Kollegen in der Tschechoslowakei, deshalb, erklärte er überraschend, beabsichtige er nicht, die unglückliche Inszenierung zu stoppen. Doch hier erwarteten alle, dass der Autor und Regisseur, darüber hinaus ein Vertrauter der Betroffenen, dies selbst tun werde, wenn er nicht ihnen und sich selbst einen Bärendienst erweisen wolle.

Er hatte den Eindruck, als sei der ganze Verein verrückt geworden, man forderte nichts Geringeres, als dass er zwei Monate Anstrengung Dutzender in den Kamin schrieb und darüber hinaus die Totgeschwiegenen erneut zum Schweigen brachte. Bisher hatte er sich bei keiner Inszenierung in der Zeit geirrt, die Zeit war das Einzige, was in seinem Leben nie ein Problem gewesen war, hatte er doch den Spitznamen Prager Preuße bekommen, und er war sich auch jetzt sicher. Wenn ich entscheiden soll, sagte er, dann übernehme ich für die Premiere die volle Verantwortung und ihr lasst uns einfach machen! Während der anstrengenden Probe, umgeben von Bühnen-, Licht- und Tonmeistern, nahm er sich selbst nicht wahr, er musste sich allen anderen widmen, doch auf dem Heimweg mit dem leise dahingleitenden Alsterdampfer wurde ihm klar, dass er sich in dieser Freien Hansestadt ähnlich wie in Prag zur Zeit der Charta 77 fühlte. Mit dem Unterschied, dass es dort nur um ein zeitweiliges Gefängnis, hier jedoch um seinen Namen und um seine Ehre ging.

Seine Frau hatte mehrmals mit ihm zusammengearbeitet und wusste, warum er sich sicher sein durfte, doch ihr widerstrebte mit der Zeit eine Kunstform, bei der sich so viele fähige Menschen passiv auf einen verlassen mussten, dessen Unfähigkeit, Nichtbegabung oder Pech sich erst offenbarte, wenn es zu spät war. Freude bereitete ihnen nur die Hamburger Wohnung, schon zum zweiten Mal hatten sie den ersten Stock in der Villa der netten alten Frau von Nicolai mit der schönen Aussicht auf die Alster gemietet. Dort weckte sie gegen drei Uhr morgens telefonisch der Verwaltungsdirektor von Vogel. Er hatte sich in einer Bar betrunken, wie er zugab, was auch zu hören war, deshalb wagte er es auch zu stören, er habe Angst davor, dass der Regisseur am Morgen das Handtuch werfen werde. Würde er dies tun, drohe dem Theater ein finanzielles Debakel, weil fünfzig schon teilweise ausverkaufte Vorstellungen wegfallen würden, die man durch nichts ersetzen könne; Peter und er würden sicher vom Senat abberufen, wenn sie das berühmte Thalia-Theater innerhalb einer und einer halben Saison total ruinierten.

Er wolle die Arbeit zu einem erfolgreichen Abschluss führen, versicherte ihm der aus dem Schlaf Gerissene, kippen könnten diesen Entschluss nur sie, die beiden Direktoren, durch ein gemeinsames Verbot. Kaum hatte er sich am Morgen ans Regiepult gesetzt, kam der Inspizient, der Intendant warte mit den Dramaturgen im Probenraum, um mit dem gesamten Ensemble zu sprechen. Als alle da waren – in den Kostümen nahmen sich die drei Balletttänzer als weiße Engel mit mächtigen Flügeln besonders apart aus! –, vertraute sich Striebeck auch den Schauspielern mit seiner Befürchtung an, die Inszenierung befinde sich technisch und auch künstlerisch in einem Zustand, der nur zu einem schändlichen Ergebnis führen könne. Dann erklärte er auch ihnen, warum ihn die politischen Umstände hinderten, die Arbeit selbst zu stop-

pen, und so erwarte er dies umso eher von den Machern selbst. Im Laufe
dieser Ansprache tauchte auch von Vogel mit verknautschtem Gesicht
und Sakko auf, von seiner nächtlichen Tour gezeichnet. Er trug jedoch
nüchtern vor, dass sich das Theater einen solchen Luxus nicht leisten
könne. Beide begannen zu streiten, und der Regisseur forderte, wozu er
weiter das Recht hatte, die Schauspieler auf, den Streit den Direktoren
zu überlassen und schnell die Probe zu beginnen.

Dieses Treffen verschuldete, dass die erste Hauptprobe nur bis zur
Mitte gelangte, der Rest belastete das Programm des nächsten Tages. Der
Zeitverlust war bereits bedrohlich. Doch als er am anderen Tag Schlag
zehn Uhr klatschte, damit es weiterging, erschien die gestrige Schar von
Kritikern direkt auf der Bühne. Der Intendant bat die Schauspieler, sich
in den Zuschauerraum zu setzen. Er habe nicht geschlafen, sagte er zu
dem kostümierten Häufchen, das wieder von den geflügelten Tänzern
dominiert wurde, er sei den ganzen Morgen um das Theater gelaufen
und nun wolle er nach reiflicher Überlegung denjenigen zur Vernunft
rufen, der die Hauptverantwortung für die drohende Katastrophe trage.
Er halte es für unfair, dass ihn der Autor und Regisseur in solch unange-
nehmen politischen Zusammenhängen zu einem Verbot zwingen wolle,
wo er doch die Möglichkeit eines ehrlichen künstlerischen Rückzugs
habe, der in der Branche viel wohlwollender aufgenommen werde als
ein peinlicher Misserfolg. Von Vogel war leider nicht anwesend, somit
wendete der Angesprochene selbst ein, er erwarte am Samstag eine Vorstellung, bei der alles klappt, wenn man endlich aufhören würde, ihn
und das Ensemble bei der Arbeit zu stören. Daraufhin wandte sich Peter
Striebeck, und darum ging es wahrscheinlich schon von Anfang an,
Senta Berger zu.

Von ihr hatte hier in den sieben Wochen niemand einen Seufzer gehört und keine Anzeichen schlechter Stimmung gespürt, schon gar
keine Staralüren, sie war diszipliniert wie ein Soldat, fragte höchstens
einmal und bot gleich eine Lösung an, sie zweifelte nur, um weiter zu suchen und zu finden, einfach eine Schauspielerin höchster Klasse. Nun
sprach sie Striebeck nachdringlich als letzte Instanz an, die den Knoten
lösen konnte, ob sie nicht, getrieben vom Gefühl der Verantwortung,
zum Beispiel aus Krankheitsgründen, von der Vorstellung zurücktreten

könne. Alle Blicke ruhten nun auf ihr. Sie richtete sich todernst in der ersten Reihe auf und sagte, wenn diese Courage weder der Direktor noch der Autor und Regisseur hätten, fühle sie sich verpflichtet, diese aufzubringen. Also dann, ja, sie sei bereit zu erklären, sie fühle sich stark indisponiert und nicht in der Lage, ihre Teilnahme an der Premiere zu garantieren, die aus diesem Grunde auf einen unbestimmten Zeitpunkt verlegt werden müsse, also auf Sankt Nimmerlein!, fügte sie gleich hinzu, es könne ja sicher niemand von ihr verlangen, so einen Wahnsinn noch einmal zu erleben. Damit war es entschieden, und der Intendant dankte ihr ergriffen, als ein fieses Lachen ertönte. Aus den Kulissen trat der applaudierende Darsteller des Fleischers Olda.

Diese kleine, aber effektvolle Rolle hatte der Autor in Wien für den Emigranten Pavel Landovský geschrieben, den das Deutsche immer noch aus dem Sattel hob. In Hamburg hatte man diese einem Schauspieler zugeteilt, wie man ihn wohl in jedem Theater aus Gnade überleben lässt. Der beliebte Kollege war als gerade geheilter Notoriker ins Theater zurückgekehrt und hatte hier eine neue Chance erhalten. Er war die ganzen Probenwochen dankbar artig, ehe diese Plenarsitzungen begannen. Im Laufe der heutigen, als wiederum seine Hoffnungen auf die Rückkehr dahin waren, trank er auf dem Inspizientenstuhl hinter dem Portal einen Flachmann Jägermeister aus. »Ich habe es gewusst!«, schluchzte er lachend, »ich habe es gewusst! Gnä' Frau reist aus Hollywood an, lässt sich hier von uns allen zwei Monate lang zuspielen, und dann scheißt sie auf uns!!!« Senta war krebsrot, als sie wütend die Bühne verließ, »Pavel, ich bin in der Garderobe und erwarte, dass die Probe beginnt!«

Ihr folgten auch die anderen. Als Letzter schloss sich der verunsicherte Josef an. Außer der Direktion blieb nur der Inspizient mit offenem Buch und Mund zurück. »So, meine Herrschaften«, forderte der Regisseur die auf der Bühne auf, »wir müssen!« Jetzt konnte Peter das Verdikt verkünden, doch ihm gegenüber stand wieder der hergeeilte von Vogel, der aussah, als lege er in der nächsten Sekunde seine Funktion nieder, damit der Intendant sein Harakiri selbst betreibe. So wurden sie vom herabgelassenen Vorhang verdeckt. Als der sich wieder hob, befand sich auf der Bühne nur die angestrahlte Dekoration eines Parks, und die zweite Hälfte des Stücks lief problemlos.

Die nächste Hauptprobe am Freitag ging dann sogar erstmals seit Beginn ohne Unterbrechungen über die Bühne, auch mit dem ausgenüchterten Fleischer Olda. Josef schwieg und spielte endlich. Die Chefs und Dramaturgen ließen sich nicht blicken. Da er immer noch mit dem Zeitmanko zu kämpfen hatte, das Bestandteil des Komplotts gewesen zu sein schien, bat er die Schauspieler um einen Tabubruch, nämlich die Möglichkeit einer technischen Generalprobe am Tag der Premiere. Senta nickte als Erste, auch wenn sie hinter der Bühne hartnäckig nicht mit ihm sprach. Sie begann damit erst wieder in der Nacht nach der Premiere.

Alles lief, wie es sollte, Senta war von Auftritt zu Auftritt besser, und mit ihr stieg die Leistung aller, auch Josef war anständig. Der Dramatiker hatte schon immer den Applaus mit der Stoppuhr gemessen, große Erfolge beginnen mit der fünften Minute. Man klatschte zehn Minuten. Bei den Soloverbeugungen hörte Senta-Maria das in Deutschland ersehnte Bravo! Das Stück *Maria kämpft mit den Engeln* erlebt sechzig ausverkaufte Reprisen, und das Thalia-Theater wird mit ihm Gastspiele in ganz Deutschland geben.

Zehn Jahre später bringt der Fall des Eisernen Vorhangs ein starkes Nachspiel: Josef schreibt dem Autor nach Wien, die ›Genossen in Ostberlin und in Hamburg‹ hätten ihn damals in die Mangel genommen, er schäme sich nachträglich dafür und entschuldige sich aufrichtig bei ihm. Ob es nun die Angst vor Vergeltung oder wirklich das schlechte Gewissen gewesen war, die ihm die Hand führten, er blieb unus inter pares, der Einzige unter Ähnlichen, der sich dazu bekannte.

Zu den allgemein positiven Kritiken gratulierte telefonisch Maximilian Schell, sie sollten zusammen schon ein paar Wochen später in Westberlin den *Armen Mörder* proben. Der Exilant kam langsam zu sich und begann sich wieder zu freuen. Er war glücklich, diesen unvorhergesehenen Theaterkrieg nur mit einer leicht angeschlagenen Seele überstanden zu haben, wenn auch leider um den Preis einer für immer zerstörten Freundschaft. Er ahnte nicht, dass ihn bald ein zweiter erwarten würde.

55. KAPITEL

Einszweidrei!

sagte einst die Lieblingsoma aus dem schlesischen Karviná, wenn der
Bub etwas schneller als bald tun sollte, »Das, mein liebes Pavelchen,
muss man einszweidrei machen!« Nun prägte er diese Parole selbst. Es
ist unglaublich, wie viele intelligente Menschen, die ihre Flucht aus der
Heimat bis ins kleinste Detail planten, die unauffällig alles verkauften,
was sie besaßen, und über geheime Kanäle Zeugnisse und Diplome nach
draußen schmuggelten, das wichtigste Problem vergaßen: dass man im
Ausland nicht Tschechisch sprach. Das Ergebnis waren schwierige Starts
bei der Arbeit, aber auch menschliche Tragödien.

Der Dramatiker hatte den ganzen Krieg über am Gymnasium
Deutschunterricht gehabt, doch er hatte die Sprache der Okkupanten
ebenso verdrängt wie seine Kinder später die Sprache der Russen; er
ging mit soliden Grundkenntnissen des Russischen und auch des Englischen in die Freiheit, das er im Privatunterricht vom Vater und vom
Cousin erlernte. Die deutsche Sprache tauchte erst wieder aus seinem
Unterbewusstsein auf, als er auf den Bühnen Texte hörte, die er kannte,
weil er sie selbst in Tschechisch geschrieben hatte; einen qualitativen
Sprung erlebte er, als er im Herbst 1967 in Hamburg seinen *Schwejk* in-
szenierte. Er konnte damals bereits recht anständig kommunizieren,
aber kaum mehr als einen Brief oder einen primitiven Artikel verfassen.
Für Romane oder sogar Theaterstücke war er ähnlich gerüstet wie ein
Schwarzwaldwanderer für den Himalaja. Tschechisch, Russisch, Englisch und einst auch das abstoßende Latein lehrten ihn allgemein, auch
die deutsche Grammatik zu verstehen, ihre Logik konnte man ableiten.
Was ihm im Exil fehlte, war der Wortschatz. Er entschloss sich, diesen
einszweidrei aufzustocken.

Dies erleichterte eine sofortige Inspiration. In der Ausstellungskoje
seines Verlegers Jürgen Braunschweiger auf der Frankfurter Buchmesse
erblickte er einen Satz fotografischer Farbporträts schöner Frauen aller
Erdteile. Er staunte ein erstes Mal, dass der Arzt seines kleinen Hundes,
Thomas David, ein Emigrant aus Ungarn, der Autor war. Er staunte ein

zweites Mal, als er erst auf einen Hinweis bemerkte, dass die scheinbare Kette am Handgelenk der zarten Blondine eine Rille war: Die Hand war am Unterarm angesetzt. All diese wunderschönen Frauen waren Puppen aus den Schaufenstern internationaler Metropolen, die durch das Glas bei entsprechender Beleuchtung fotografiert worden waren, deshalb wirkten sie so natürlich. »Was wollt ihr damit?«, fragte er sich, und als man ihm sagte, man möchte einen Kalender daraus machen, kam ihm eine Idee.

Unter allen Köpfen gehörte ein einziger der Puppe eines männlichen Glatzkopfs mit dem breiten Lächeln eines Herzensbrechers. Er machte ihn zum Adam, dem Gott die Möglichkeit gibt, sich sein Weib diesmal nach eigenem Geschmack auszusuchen. Die schönsten Puppenfrauen benannte er nach dem Alphabet, von A bis Z. Daraufhin schlug er das große Wörterbuch der deutschen Sprache beim ersten Buchstaben auf und las sorgfältig sämtliche Wörter auf A, wobei er sich ein paar hundert herausschrieb. Den ganzen folgenden Tag betrachtete er diese global und versuchte, Zusammenhänge zu entdecken. Und schließlich, am dritten Tag, setzte er aus ihnen einen Text zusammen, der die erste von Adams potenziellen Frauen charakterisierte.

ANNA Aschblond, attraktiv, adrett und apart, also eine atypische Alemannin, amüsant aber auch aristokratisch, anlockend aber allerhand anständig, angesehene Architektin mit angeschlossenem Atelier, aufsehenerregend, applauserweckend, auf Anhieb angemessen als adäquater Anwuchs, als Adams Alterego … aber: Antifeministin, Atomkraftsegnerin, alle alternativen Aktivitäten als abfällig abblitzend, also altmodisch, asozial, albern. Anschluss absolut ausgeschlossen, andernfalls Abstriche an Adams Autorität. Ade, amore, ad acta, Anna!

Ermuntert von diesem hoffnungsvollen Ergebnis legte er auch den nicht verwendeten Abfall sämtlicher Wörter auf A in seinem Gedächtnis ab und widmete sich drei weitere Tage in ähnlicher Form dem Buchstaben B. Das Resultat:

BELLA Bildhübsches blondes böhmisches Biest, barbarisch barfuß, Beine wie Biene, barocker Busen und braungebrannter Bauch, beinahe byzantinische Büste, bewaffnet mit bewundernswerten Brustwarzen, im Bett eine Bescherung, brenzlige Beute, blanke Bombe, bloßer Brand, Blut und Boden, beherrschte beim Beischlaf beliebige Bewegungen, brüllte und biss bestialisch, betäubte barmherzig, bis sie brüderlich behutsam beruhigte. Bilanz: Begabt, bewandert, begehrenswert, bedächtig, brav, eine besonders brillante Braut ... bedauerlicherweise bestens bekannt – bisweilen beschäftigt beim benachbarten Bordell. Bedauere, Bella, bye-bye ...!

Der Appetit kommt beim Essen, und das fremde Idiom begann ihm wie seine Muttersprache zu schmecken. Aus jedem Buchstaben entstand innerhalb von drei-vier Tagen eine sinnvolle Mikrogeschichte, und in seinem Gehirn setzte sich eine breite Schleppe der übrigen Worte fest.

Dann traf er erstmals auch auf den Buchstaben G, zu dem er noch zweimal zurückkehren sollte.

GOLDA Goldas gotisches Gesicht gehörte geborener Gräfin. Geiler Gehetzter hat gebenedeite Geheimnisse gespürt, große Gefühle, gescheite Gedanken. Mit Golda als Gemahlin geriete er gewiss ins Gewitter der Genialität, der Glanz von Goldas gebildetem Geiste gäbe Gewicht dem glücklichen Gatten. Gereizter Gaukler gedachte aufs Ganze zu gehen, ihr Gold und Geld zu geben, ihr vor Gott das Gelübde abzulegen. Glücklicherweise gab Golda vor dem Gelöbnis Galadiner: gekochte Gurke mit gemischtem Gras, gedämpfte Gummibaumblätter mit gebeiztem Gemüse und ein Glas Glühwasser ohne Gallenreizstoffgehalt. Gewaltig, Geliebter, gell? gab sich Golda gut gelaunt, gratuliere, ich gehöre zu den Gründungsgrünen, gemeinsam mit Gattin gewinnst du gleichermaßen gesunde, grüngetreue Gerichte aus gedärmgedünsteten Gärten! Geschockter Gigolo ging geradeheraus ins Gasthaus, gabelte mit Genuss und Gusto eine ganz gefährlich gebratene Gans und giftig gezuckerte Germknödel. Der grausamen Gefährtin gedachte er mit Gin, Genever und Grog: goodbye, Greengolda!

Die Begegnung mit dem Wörterbuch und das Jonglieren mit Wörtern
dauerten fast drei Monate. Das Ergebnis war eine großer Bildband mit
dem Titel *Puppenmenschen*, das anmutigste aller Bücher, das er in Luzern
herausgab. Das Nebenprodukt war, dass die Sprache, in die er seine Gedanken bisher schnell, aber eben doch hineinübersetzt hatte, zu einer
Sprache wurde, in der er zu denken begann. Deutsch fast perfekt einszweidrei – sollte man sich das nicht patentieren lassen?

Ähnliche Spiele mit der deutschen Sprache werden dann Geschenke
für nahe Menschen, mit dem Buchstaben G zum zweiten Male 2004, als
sich in Wien der tschechische Botschafter und Schriftsteller Jiří Gruša,
inzwischen der mehrmals ausgezeichnete deutsche Dichter Georg Gru-
scha, soeben gewählter Präsident des Internationalen PEN-Clubs, verabschiedet. Er wird ihm folgendes Epitaph vortragen:

*Gruša geht! Geborener Glaubensmensch, gebürtiger Gedichteschreiber, ge-
übter Gourmet und geschätzter Gesandter Gesamttschechiens in geläuter-
ter Germania und geschrumpftem Großösterreich, generell genannt Georg
der Größte, geruht gerade zu gehen. Geh, geliebter Georg, geh und goutiere
gemäß Gepflogenheiten gehobener Gilde gut gelaunt, mit Glamour, Genuss
und Gusto die grob gerechnete Glanzleistung:*

*Graben und Gräber gestriger Gegner geschlossen, gefährliche Geschwüre
gegenseitiger Gehässigkeit geheilt, grausige Gewalt-grandguignols in gemütliche Gasthausgelage gewandelt und gewichtige Gefechte um Grund-
sätze gemeinsamer Gerechtigkeit zu Gunsten ganzer Generationen gewonnen, geh, geh geraden Ganges in den geheiligsten Gral der Geogeschichte.*

*Goahead, gelegentlicher Ghostwriter geringfügig gescheiter Galions-
gestalten, gottseidank gewählter Gouverneur des Global-PENs, genieße
grenzenlos gewagt gemischte Getränke, gesunde Gerichte genauso wie gewährte Gunst getreugeliebter Germanen-Gattin.*

*Großartig gebotschaftert, gewaltig gedichtet, gekonnt Gaumen gepflegt,
grandios Gesicht gewahrt – gastfreundlich, gradlinig, geistreich, gesamt gesagt genial! Gesundheit und Glück, Georg! Geschenke, Gebete, Gesänge,
Gratulationen, gesammelte Grüße geistiger Genossengemeinde. Gott gab,
Gott geb! Go, go, Gruša, go!!*

Summa summarum: Er löste genüsslich das Deutsche Buchstabe für Buchstabe aus dem ganzen Alphabet heraus, so wie er später lernt, ein Körbchen Austern auszuschlürfen.

56. KAPITEL

Die späte Schwester

Was der kleine Junge von damals, ein Einzelkind, im Leben am meisten brauchte, wonach er angestrengt suchte, was er nur zu oft fand und ungern wieder verlor, war eine enge Bindung zu anderen Menschen. Hatte er jedoch anfangs große Gruppierungen gemocht, die zuerst durch ihren gemeinsamen Glauben und später im Theater durch gemeinsame Arbeit verbunden waren, suchte er später Beziehungen auf Augenhöhe. Bei allen ihm nahestehenden Frauen hatte er das Glück, dass sich ihre Anmut mit Intelligenz verband. Die gegenseitigen Bindungen waren in der Regel genauso inspirierend wie konfliktreich und endeten häufig dramatisch. Männern blieb er bis zum Ende seines Lebens gewogen, sofern sie ihn nicht von sich aus verließen, wenn die Freundschaft mit dem Geächteten ihre Existenz bedrohte.

Das Exil schnitt ihn auch von den Menschen ab, die für ihn die Heimat verkörperten. Neue zu finden war bei seinem Naturell auch nach dem Eintreffen eines Teils seiner Familie eine der dringlichsten Aufgaben. Dabei begriff er schnell, wie trügerisch eine Bindung durch die Muttersprache sein konnte, die viele romantisch als Schlüssel zur Verbundenheit betrachten. Die meisten sollten dies wohl verstehen, als auf dem Balkan frühere Nachbarn gerade wegen des sprachlichen Unterschieds zu morden beginnen und dieselbe Muttersprache zur Entschuldigung der Mörder aus allen ethnischen Gruppen dienen wird. Tschechen gab es in Wien mehr als genug, doch nur wenige waren bereit, mit dem Dramatiker zu sprechen, sei es aus Aversion oder aus Angst. Die Chartisten waren in der Regel viel jünger und hatten ihre eigenen Interessen, wenn nicht eigene Ressentiments; mehrere Versuche, Leseabende mit anschließendem Imbiss zu gestalten, wie man es in Prag und in Sázava machte, wollten in der neuen Wohnung nicht recht gelingen. Also waren nun die Österreicher dran.

Es war Kanzler Kreisky persönlich, der ihm den ersten Kontakt besorgte. Er bestärkte den Regierungsbeauftragten für die Exilanten von der Charta, den Tschechen Přemysl Janýr, indem er ihm einen jungen Mann aus dem Nachwuchs der Sozialdemokratie zuteilte, Bruno Aigner. Der sollte im Leben des Dramatikers ständig auftauchen, seit jenem 28. Oktober 1978, als er geduldig unter dem Schirm im strömenden Regen an der österreichischen Grenze in Grametten gewartet hatte, bis man auf der anderen Seite in Nová Bystřice das tschechische Paar durchsucht und durchgelassen hatte. Als Pressesprecher des Parlamentspräsidenten Heinz Fischer wird er zu einer Instanz, an die sich der Dramatiker in allen dringenden Fällen wenden sollte, wo die normalen Wege einfrieren; dann fungierte er als Eisbrecher.

Bruno der Unbestechliche schneidet in Zeitungsartikeln ins Fleisch seiner eigenen Partei und wird zum Angstgespenst jener Genossen, die sich auch in der Freiheit bestechen ließen wie im Osten die Spitzen der Nomenklatura. Als er später beschließt, für das Parlament zu kandidieren, um zu beweisen, dass er nicht nur ein ewiger Nestbeschmutzer, sondern Verantwortungsträger sein will, wird man ihm auf der Kandidatenliste in Graz den letzten, den neunzigsten Platz zuweisen. Er wird sich trotzdem Urlaub nehmen und diesen als Kamelott mit Flugblättern auf der Straße verbringen. Der Dramatiker kommt zumindest für einen Tag, um dort mit ihm zusammen zu stehen und ihm so für die Hilfe für so viele Tschechen in Not zu danken. In jenen Wahlen fällt der Idealist natürlich durch, doch er wird zuletzt lachen. Während einige seiner Gegner verdient im Gefängnis landen, gewinnt er für Heinz Fischer als Motor seines Stabs die Präsidentschaftswahlen 2004 und wird zum Kopf seines Büros für Medien und Kommunikation. Die einzige Veränderung an ihm wird die Krawatte zur Einführungsfeier des Präsidenten sein. Er bittet den Fotografen um das Negativ und legt dieses zusammen mit der Krawatte in den Safe. Zahlreiche Treffen bei Kaffee oder Wein sind für den Dramatiker eine Schule der Demokratie und für Bruno vielleicht ein Kurs in Totalitarismus.

Zu festen Freunden wurden Menschen, die den Neulingen anfangs nur geholfen hatten, die Probleme ihrer neuen Existenz zu lösen; es waren ähnlich entgegenkommende Charaktere, mit allem ausgestattet, was sich wie einst in Prag in den intellektuellen Kreisen anderer Zentren der Monarchie vermischte. Als das Land und die Stadt Wien ein Vierteljahrhundert später dem Dramatiker eine Goldmedaille verleiht und ihm anbietet, er solle siebzig Freunde zur Feier einladen, beginnt seine Liste mit der serbischen Putzfrau und einem bosnischen Techniker, geht weiter über österreichische Gastwirte, Winzer, Steuerberater und andere bis hin zu einer slowenischen Journalistin und endet mit einem ungarischen Chirurgen. Dabei stellt er fest, dass er das komplette politische Spektrum der Republik eingeladen hat. Das Leben hat ihn gelehrt, nahe stehende Personen nicht nach Sprache oder Ansichten, sondern nach dem Charakter zu wählen.

Der beständigste Zuwachs seines Lebens wurde bald die damals fünfunddreißigjährige Gerda Neudeck. Sie trat als rechte Hand des bekannten Architekten Roland Rainer ins Leben der frisch gebackenen Exilanten und war energisch, zuverlässig, entscheidungsfroh und immer tatkräftig. Auch war sie in Wort und Schrift mit Deutsch und Englisch ausgestattet, sie sprach recht anständig Persisch, konnte Stenographie und war dazu ein Organisationstalent, um das sie Offiziere militärischer Stäbe beneiden konnten. Das Persische war ihr von ihrem Verlobten geblieben, den sie bei einem Verkehrsunfall verloren hatte. Ihren Namen erhielt sie dann durch die Hochzeit mit einem Mann, den sie durch die gesammelte Energie all ihrer Eigenschaften liebte; er hielt es nicht aus, entzog sich ihr langsam, bis er ganz verschwand. So verwendete sie die überschüssige Kraft gänzlich auf ihre Arbeit. Die Krise kommt, als sie sie verliert, denn ihr langjähriger Arbeitgeber geht in Pension.

Es zeigt sich, dass die mächtigen Chefs attraktiven Zwanzigjährigen, wenngleich diese ihnen die Arbeit und das Leben erschweren, vor einer kinderlosen Mittvierzigerin den Vorrang geben, selbst wenn diese bis zum Umfallen arbeiten kann. Ein Dutzend Vorstellungsgespräche enden mit einem höflichen Nein, umso mehr, da sie ein Gehalt verlangt, das sie zu Recht gewohnt ist. Der Dramatiker nimmt an ihrem Ringen teil, so gut es geht. Er wird für sie Inserate konzipieren, er nimmt sie zu

einem Stundenlohn als seine erste und wahrscheinlich auch letzte Sekretärin in Anspruch, um durch sie vor allem sein Schriftdeutsch in Form
bringen zu lassen. Und als es ihm in den Sinn kommt, in Wien Anfang
1987 eine öffentliche Feier des zehnten Jubiläums der Charta 77 zu veranstalten, schlägt er sie als Hauptorganisatorin vor.

Das meistert sie mit Bravour, dabei wird Fürst Karel Schwarzenberg
auf sie aufmerksam, wenig später bittet er sie um eine kurzfristige Aus-
hilfe. Gleich am nächsten Morgen ruft er an, sie solle seine Reise am
Nachmittag in die Schweiz absagen, weil man ihm in der Nacht das Flugticket, die Geldkarte und den Pass gestohlen habe. Als sie ihn fragt, was
für ein Problem er darin sehe, denkt er, sie fantasiere. Am Nachmittag
fliegt er mit einem kompletten Ersatz, den sie zu beschaffen wusste. Sie
bleibt bis zum Ende ihres Arbeitslebens als Direktorin des zentralen
Schwarzenberg'schen Büros im Palais. Ein Jahr später bittet sie ihn, der
Fürst solle für das nächste große Bankett die Bosse einladen, bei denen
sie vergebens vorstellig geworden war. Diese sehen sie dann an seiner
Seite, und er stellt sie ihnen als seine rechte Hand vor. Eine Vergeltung
der Marke Gerda.

Als 1986 der fünfzigste Geburtstag seines Freundes Havel naht, schickt
der Dramatiker gerade sie mit einem besonderen Geschenk in die von
der Polizei umlagerte Wohnung in Prag. Und als die Wende gekommen
ist, lernt sie für ihren Fürsten innerhalb weniger Wochen gut Tschechisch und erlebt den Jubilar bereits als Staatsoberhaupt viel persönlicher, weil sie ihn bei seinem ersten Kuraufenthalt in Deutschland um-
sorgt. Neben der normalen Agenda kümmert sie sich auch um die
Wiederherstellung der halb zerfallenen Wirtschaftsgebäude im Schwar-
zenbergischen Orlík zu einem Touristenrestaurant, benannt Toryk,
nach dem Hund, den der Fürst als Kind besessen hatte. Faulenzer werden vor der Frau flüchten, die es nicht duldet, dass aus der Küche etwas
mitgenommen wird, die in Zeiten des Hochbetriebs den Kellnern persönlich vorführt, dass man das schmutzige Geschirr schnell wegbringt
und die zu all dem auch noch kernig tschechisch schimpfen kann.

Ihre stärkste schwache Seite war und bleibt die Organisation von Festen für diejenigen, die ihr besonders nahestehen. Als der Dramatiker im
Juli 1988 – jetzt im Detail erzählt – versuchen will, der Feier seines Sech-

zigsten zu entgehen, wird sie ihm ein angenehmes Zimmer im einstigen Speicher des Prämonstratenserklosters Geras in Niederösterreich besorgen. Als er sich das erste Mal zum Abendbrot begibt, erblickt er etwa dreißig Verwandte und engste Freunde. Als er einen Tag später mit dieser Meute von einem Ausflug kommt, dessen Ziel die Fußgängerbrücke über die Thaya in Hardegg war, aus der die Tschechoslowaken den Boden herausgerissen haben, damit die Österreicher sie nicht überfallen können, findet er im Hotel weitere dreißig Bekannte vor. Und als ihn am dritten Tag auf Anordnung von Gerda eine Kutsche in die Kirche bringt, trifft er dort wohl auf jeden, mit dem er in den letzten zehn Jahren in Europa eine engere Beziehung angeknüpft hat. Er wird sich am meisten mit der Messe beschenkt vorkommen, die der Zisterzienserabt Angerer auf Fürsprache von Karel Schwarzenberg für ihn zelebriert. Als Nichtkatholik wird er die Bewegungen der Gläubigen in seinem Rücken wahrnehmen, um im richtigen Moment aufzustehen oder sich zu setzen, als Evangelischer, der gleich nach dem Krieg aus der Kirche ausgetreten war, versteht er das alles als symbolische Geste, mit der er auch in das geistliche Leben seiner neuen Heimat aufgenommen wird.

Summa summarum: Eines schönen Tages wird er sich dessen bewusst, dass er statt eines Bruders, den er sich als Einzelkind ersehnt hatte, schon zwanzig Jahre lang eine Schwester hat, wie sie die meisten Menschen sich nur erträumen können. Und als sie sechzig wird, ringt er für sie noch einmal mit dem Buchstaben G.

Geschätzte Gerda-Gäste, geadelte Gesichter, gemeine Genossen, gesammelte Gesellen, ganze geehrte G-Gemeinde! Gaudeamus! Gerade gelingt uns gemeinsam zum gegenwärtigen Gipfel der gesamten Genesis zu gelangen, vom großartigen, geradezu großformatigen Geschöpf Gottes, getauft ganz gewöhnlich Gerda, gelegentlich Gerda die Gütige, gelegentlich Gerda die Grantige, gegebenenfalls gar Gerda die Grausame, generell gehandelt als Gerda die Große.

Gerdas Geschichte und genauso Gerdas Gegenwart, Gerdas gewichtige Gaben wie grenzenlose Gescheitheit, geniale Geistesgegenwart und gewaltige Gedächtnisstärke gehören von Gelehrten gesammelt und gewertet, in Gymnasien gelernt und von Gewerkschaften wie Genossenschaften gehul-

digt. Gerda gleicht gesegneten Gestalten größten Grades, geboren zu Gunsten der Gemeinschaft.

Glück gibt Gerda gänzlich das Gefühl, gottverlassenen Geistern Garantie zu geben, günstigeren Gezeiten entgegen zu gehen. Gesalbter Göttin der Gerechtigkeit gleich, gibt Gerda geistig Geschwächten Gleichgewicht, gänzlich ausgehungerten Gourmanen genetisch großgezüchtete Gänse aus Gerdaschem Gasthaus, grünorientierten Gourmetten Gulasch aus gedünsteten Grieß, geldlosen Gigolos gratis Gehälter, gesuchten gutherzigen Ganoven geheizte Grüfte in Geras, Gestrandeten gebrauchte Gucci-Garderobe des geflüchteten Gatten.

Ganz wie Glanz zum Gold gehört zu Gerda Gram, Groll, ja, Gebell, wenn Geistesgestörte Gerdas Geduld und Galle – grammatikalisch grob gesagt – zum Glühen gebrachten, gerade als Gerda Genannten Gutes zu gewähren gedachte. Gerdas Günstlinge gedeihen, Gerdas Gegner gehen zu Grunde, Gerda gleicht Goliath, gepaart mit Gepard.

Geliebtes Geburtstagskindlein, geehrte, geachtete, gefürchtete, gefürstete, gerade gefeierte Gerda, du gehörst in Guinness-Galerie geschichtlicher Galionsfiguren, gleichzeitig Gerda-Guru, Gerda-Gaudi, Gerda Garbo, Generalin Garigerdibaldi, gurz und gut Gerda Grande, Gnädige Gevatterin, genieße getrost geballte Gunst und geistvolle Geschenke getreuer Garde von Gerdianern, gehab dich gesund und glücklich. Gott geb Gnade. Vom ganzen Gerzen grüßt – Gogout.

57. KAPITEL

Maximax

Anfang Januar 1982 landete der Autor und Regisseur mit seiner Frau und Assistentin in Westberlin, wohin er nur mit dem Flugzeug durfte; der Kulturhenker des Politbüros der SED Hager hatte ihn im Jahre 1968 als Schädling bezeichnet, und sein Fluch galt im gesamten Friedenslager ähnlich wie die Khomeini'sche Fatwa. Das Paar kam in einem riesigen Atelier der Akademie der Künste unter, in das auch Leinwände des Slawenepos von Alfons Mucha hineingepasst hätten. Wenig später kam aus

Oslo die Szenografin Madla Hrůzová angereist, und das tschechische
Trio verlebte einen fröhlichen Abend in der Illusion, auf die Produktion
außerordentlich gut vorbereitet zu sein. Doch alles war dahin, als ihnen
der Direktor des schönen Renaissance-Theaters im Herzen der Stadt,
Heribert Sasse, am ersten Probentag anschaulich vorführte, was er ihnen
sicherheitshalber verschwiegen hatte: dass das Bühnenbild für die Fey-
deau-Posse, die hier ganze sechs Wochen täglich laufen sollte, leider
so beständig sei, dass man es erst nach der Derniere abbauen könne,
knapp eine Woche vor ihrer Premiere. Er bat die Ankömmlinge, im
Foyer zu proben. Dies allerdings lehnte der Protagonist, der mit seinem
Tross soeben eingetroffene Maximilian Schell, kategorisch ab. Er fühlte
sich berechtigt, vom Vertrag zurückzutreten und abzureisen.

Doch Not macht erfinderisch. Am Morgen kam der Autor mit einem
Vorschlag: Statt dass die Schauspieler in seinem Stück ins Irrenhaus
kommen, würde der Psychiater den Irren in sein Theater bringen! Die
bestehende Kulisse, ein französischer Salon, bleibe so als grotesker Kontrapunkt des russischen Psychodramas erhalten. Einen Teil werde man
so präparieren, dass ihn Kerschenzew am Ende des ersten Teils in einem
Anfall von Wahnsinn würde zerreißen können, der zweite spielt dann
vor der hinteren Bühnenwand, an der von einer früheren Inszenierung
die Skizze einer Ruine erhalten geblieben war. Sasse freute sich, weil er
beim Bühnenbild kräftig sparen konnte, und Superstar Maximilian war
sogar begeistert, weil es sich eigentlich um ein neues Stück handelte und
die Aufführung den Zusatz Weltpremiere erhielt.

So wurde im Grunde eine gleiche, allerdings in vielen Details andere
Version des Stücks geboren, als Berliner Fassung bezeichnet, die nach
der Premiere deutsche Kritiker zu Polemiken und Überlegungen führte,
warum es wohl zu so bedeutenden Veränderungen gekommen sein
mochte. Ursprünglich wollte der Autor doch in die Welt hinausschreien,
dass er sich als Bürger zu Hause wie im Irrenhaus fühle, wolle er nun
über eine neue Chiffre andeuten, dass dort Irre an der Macht seien? Der
Dramatiker kann sich über diese konfusen Interpretationen nicht genug
wundern, das war aber auch alles, die Staatsbürgerschaft hatte man ihm
ja wegen ähnlich dummen Tratsches bereits nach der *Henkerin* aberkannt.

Er staunte allerdings auch als Regisseur, als er in Berlin den Broadway zu erleben glaubte. Der berühmte Schauspieler mietete sich eine Villa im Nobelviertel Dahlem und brachte sowohl seine Schwester Immy mit, die Aufzeichnungen über jeden seiner Schritte anfertigen sollte, als auch seinen Neffen Oliver, damit dieser über jedes seiner Worte Protokoll führte. Bald werden die Techniker dem Regisseur verraten, die Proben würden per Videokamera vom Balkon aus aufgezeichnet, weil der Meister sie in der Nacht mit seinen Leuten überprüfe. Er wird sich verwundert zeigen, dass ihn niemand gefragt hat, doch eigentlich empfindet er gegenüber einer solch gründlichen Arbeitsweise Respekt. Der Star ist sonst mustergültig kollegial, hilft den Jüngeren geduldig, er hat nur immer mehr Ideen, die Ratlosigkeit hervorrufen. Einigen kann der Theaterdirektor unter Verweis auf das Budget standhalten, zum Beispiel als der Protagonist in der Bahnhofsszene echten Lokomotivendampf vermisst. Eine Nebelmaschine funktioniert aber schon am nächsten Tag, bezahlt aus der Tasche des Künstlers. Dann glaubt er, zu der Dekoration würde eine Parodie auf Tingeltangel passen, und lässt auf seine Kosten einen Choreographen aus Paris einfliegen. Der Regisseur baut alles ein, es stört nicht und hält den großen Zampano bei Laune.

Trotzdem bricht mit einem Mal Disharmonie aus. In der Schlüsselszene – als Kerschenzew den Pflegern entkommt und in selbstmörderischer Absicht am Portal hängt, wollte Maximilian eine aktuelle politische Botschaft zum Heute sprechen. Ja, gerade in dieser wackligen Position erscheine ihm der Text der Charta 77 am besten geeignet. Er gedachte damit auch die drei anwesenden Tschechen zu ehren und zeigte sich überrascht, als gerade die einwenden, so etwas würde weder die Geschichte noch das Genre vertragen. Der Schauspieler kontert mit einer Erinnerung, wie er sich am 21. August 1968 in Salzburg aus dem Eisstadion eine Schallplatte mit der tschechoslowakischen Staatshymne ins Theater hatte bringen lassen, um in der Rolle des Hamlet unter ihren Klängen aus Protest gegen die Panzer in Prag begraben zu werden.

Die Frage, wie denn das österreichische Publikum diese erkannt habe, beleidigt ihn schwer, macht den Vorschlag zu einer Grundsatzfrage und bedingt damit seine Teilnahme an der Inszenierung, und als der Regisseur sich nicht erweichen lässt, verlangt er, ihn auszutauschen. Wieder folgt eine stürmische Debatte, auf der sich der unglückliche Direktor, getrieben von der grauenhaften Vorstellung, der große Mime könne ihn verlassen, ihm anschließt, während sich das Ensemble wie zu Zeiten von Charta und Anticharta in zwei Lager spaltet. Der Regisseur vermerkt, dass sich mit ihm auch der Autor als gefeuert betrachten würde, und das samt dem Stück. Das bringt die Theatergewerkschaftler in Rage, die ihn beschuldigen, mit seiner Unnachgiebigkeit Arbeitsplätze zu gefährden.

Es wird ihn fast die Frau kosten, die nicht verstehen will, warum er sich das alles gefallen ließe; sie hat ihre Assistentenstelle schon hingeworfen und will nun weg, irgendwohin, wo es weit und breit keinen Schell, keinen Sasse, keine ebenso feigen Schauspieler wie zu Hause und eigentlich auch kein Theater gibt, das alles verkörpert, was ihr schon längst quer im Magen liegt. Mit der Geduld eines Elefanten, die er hauptsächlich seinen Trainern von der Staatssicherheit zu verdanken hat, bleibt der Dramatiker am Tisch, im Bett und hinter dem Regiepult und versucht, allen um sich herum möglichst ruhig Paroli zu bieten.

Bald geht es ums Ganze. Der Schauspieler wütet, fühlt sich enttäuscht; er habe einem Menschen sein Vertrauen, seine Zeit und seine Energie geschenkt, der, wie er wortwörtlich donnert, bestätige, dass er zu Recht aus seiner Heimat vertrieben worden sei. Die Kollegen, die der Regisseur persönlich besetzt hatte und mit denen er nicht zum ersten Mal arbeitet, werden rot, entschuldigen sich aber gleichzeitig, ihre Position sei sehr viel wackeliger als seine: Die Produktion abzublasen bedeutete für sie den Wegfall von vier Monaten Gage und dann noch Arbeitslosigkeit. Der große Max erklärt, er werde die Generalprobe am nächsten Morgen nur dann spielen, wenn im Zuschauerraum nicht dieser Störenfried sitze. Dieser erklärt den Zurückgebliebenen, weshalb er dort auf jeden Fall wieder Platz nehmen werde, und wünscht ihnen eine gute Nacht. Er kommt sich immer mehr wie in Prag vor, von dem Dutzend antworten ihm nur noch vier.

Um elf Uhr abends läutet in der Akademie der Künste, wo er zur Abwechslung seine Frau zu überzeugen versucht, nicht auf der Abreise zu bestehen, denn er werde alles wie in Hamburg durchstehen, das Telefon. Der Theaterdirektor bittet ihn verzweifelt, sich Punkt zwölf in der Villa des Schauspielers einzufinden, in die beide dringend gerufen worden seien. Der Dramatiker weckt im Hotel seinen Verleger Eric Spiess, der bereits zur Premiere angereist war, beide treffen rechtzeitig in der vornehmen Halle ein, wo auf dem Kanapee der kranke Held im Morgenmantel liegt, genauso wie vor dem Ende des gerade geprobten Stückes. Mit Hilfe seiner Schwester und seines Neffen erklärt er mit brüchiger Stimme und führt es auch mit einer matten Geste anschaulich vor, sein Arzt habe ihm schriftlich Arbeitsunfähigkeit bescheinigt, somit verletze er den Vertrag nicht, wenn er morgen nicht erscheine. »Würde sich etwas daran ändern«, stellt der Regisseur die Kontrollfrage, »wenn ich morgen nicht erschiene?« »Selbstverständlich!«, meint die Schwester verbittert, »Max ist doch deinetwegen psychisch zermürbt!«

In diesem Moment durchfährt den Exilanten jene stille, kühle Wut, die in Prag seine Konflikte mit dem Regime begleitete. »Können deine Schwester und dein Neffe mal woanders hingehen?«, fragt er frostig. »Max!«, staunt sie, »du lässt das zu?« Er lässt einen schweren Blick über alle Anwesenden gleiten und fordert dann die Seinen auf: »Geht!« Nun sind sie zu viert, und der Kümmerling von einst, der bei aller Arbeit in den Theatern von Prag über Wien und Hamburg bis hierher nie die Stimme erhoben hatte, steht auf und schreit in deutscher Sprache, »Du bist ein verzogener Narziss, ein eitler Egoist und dazu noch ein Dummkopf, du provozierst und erpresst und willst mich aus dem Theater verjagen, auch wenn nur ich es bin, der dich vor den blöden Ideen deines präpotenten Gehirns schützt, du drohst und simulierst, obwohl du nur allzu gut weißt, dass du gerade auf einen riesigen Erfolg zusteuerst, nur willst du ihn mit niemandem teilen, du hast dir sogar die Manieren derjenigen zu eigen gemacht, die mich zu Hause liquidieren wollten, doch wenn die es dort nicht geschafft haben, dann schaffst du das umso weniger hier, du wirst also morgen kommen und spielen, was wir zusammen geprobt haben, oder ich werde dem Publikum zuerst deine Bescheinigung und dann auch deinen Text selbst vorlesen!«

Der Verleger nickt, der Direktor schwitzt, der Liegende regt sich nicht, in der Halle ist umso deutlicher die Uhr zu hören, alle wissen, dass der nächste Satz alles entscheidet. Doch der Regisseur ist schon sicher, dass es positiv ausgeht, denn er spürt, dass sich bestätigen wird, was er stets seiner widerspenstigen Frau gesagt hat: dass gegen ihn nicht mehr der Schauspieler Maximilian Schell ankämpft, sondern der böse Irre Kerschenzew aus dem Stück. Er wird sich nicht täuschen. Der schreckliche Mann auf der Couch erhebt sich nicht und schreit nicht: »Hinaus!«, nur seine Augen beginnen fast zu glänzen, als er seufzt: »Ich wusste, dass du Schauspieler nicht magst ...« »Ach!«, so der Stehende, als höre er ein verabredetes Stichwort, »warum hast du denn nicht gleich gesagt, dass du meine Liebe vermisst, morgen fresse ich dich vor Liebe auf!«

Als er sich an sein Regiepult setzt, steht auf der Bühne das Ensemble, einem Häuflein der ersten Christen in der Arena ähnelnd, die zwischen Tiger und Löwe wählen sollen. Mit der üblichen Kaffeetasse in der Hand und einem Schal um den Hals, ohne Schwester und Neffe, erscheint der Mime, grüßt alle freundlich und blickt in die Dunkelheit des Zuschauerraums. »Bist du da?«, fragt er und meint: »Heute früh habe ich im Fernsehen Schweiz – Tschechoslowakei im Handball gesehen.« »Und?«, fragt der Regisseur, »wer hat gewonnen?«, und er: »Es stand sechzehn zu sechzehn!«, und der Regisseur, »Dann soll das auch so bleiben!« Die staunende Truppe geht das Stück durch, und es läuft wie geschmiert, nach der Generalprobe bespricht man in gereinigter Atmosphäre wie neugeboren die Verbeugungsrunde. »Max, du wärst bestimmt nicht besonders erfreut«, meint der Regisseur: »wenn du mich auf die Bühne führen müsstest«, doch er darauf: »Alles, wie es sich gehört, Pavel!« Und sogleich probiert er es mit ihm zusammen aus.

Dann kommt die Premiere, und er spielt wie der Teufel, er wird toll sein, genial, das Publikum setzt am Ende bald mit Bravorufen ein und beginnt zu trampeln, als er sich allein verbeugt, und der Tscheche verzeiht ihm alles bis auf das, dass er seiner Frau das Theater wahrscheinlich auf ewig vergällt hatte – bis jener Vorhang kommt, nach dem er auf die Bühne geführt werden sollte. Doch Kerschenzew holt ihn nicht, Kerschenzew bleibt auf der Bühne und badet allein in den Ovationen. Da erhitzt der Autor und Regisseur noch einmal sein Gemüt und wartet entgegen allen Regeln nicht, bis ihn vielleicht jemand anderes holt, er kommt selbst auf die Bühne, marschiert zu dem immer noch hinterlistigen Irren und knurrt ihm glücklich und wütend zu: »Es soll sechzehn – sechzehn bleiben!!« Es wird ihre letzte Berliner Begegnung sein, denn

der große Magier bezahlt dem Ensemble einen separaten Premieren-
abend, dem niemand widerstehen wird, der es noch zwei Monate mit
ihm dort aushalten muss.

Zwanzig Jahre später wird der Dramatiker in Prag auf die Bühne des
ausverkauften Theaters in den Weinbergen treten, als der Schweizer
seine Lesung für das Prager Theaterfestival deutscher Sprache beendet,
um mit ihm ein Gespräch vor dem Publikum zu führen. Sie treffen sich
so wirklich erstmals, seitdem in Berlin der letzte Vorhang gefallen war.
Und sie umarmen sich spontan. Summa summarum: Den Krieg gegeneinander haben damals beide miteinander gewonnen.

58. KAPITEL

Um ein Haar!

Nun ist ein Bericht an der Reihe, wie der betrachtete Lebenslauf um ein
Haar kurz nach der Premiere des *Armen Mörders* hätte zu Ende sein
können. Dessen Himmelfahrt durch die komplette deutsche Kritik ließ
die private Theaterhölle vergessen, und die Aufmerksamkeit des Exilanten richtete sich auf die nächste Aufgabe. Er durfte das vollenden, worin
er sich dem toten Freund Jan Procházka verpflichtet fühlte: sein bestes
Drehbuch für *Das Ohr* von neuem zu drehen, dessen ursprüngliche Version bereits dreizehn Jahre im Prager Safe lagerte und nur zur Abschre-
ckung den Ideologen der Bruderparteien vorgeführt wurde.

Die Geschichte des stellvertretenden Ministers für Bauwesen, der Anfang der fünfziger Jahre die ganze Nacht zu Hause auf seine Verhaftung
wartet, nachdem er entdeckt hatte, dass er in der Regierungsvilla den
Abhörenden all seine Fehltritte offengelegt hatte, und stattdessen am
Morgen als gebrochener Mann vom Ersten Genossen in den Sessel seines gerade festgenommenen Chefs gehoben wird, konnte dank des immer noch geltenden Vertrags mit einem deutschen Verlag zum zweiten
Mal gedreht werden, diesmal für das ZDF. Mit dem tschechischen Groß-
film, worin auch ein Staatsbankett auf der Burg vorkam, konnte und
wollte er nicht konkurrieren, Schwerpunkt des neuen Drehbuchs wurde

das Herzstück von Procházkas Drama, das in der Villa spielte. Besetzt wurden Protagonisten aus dem Burgtheater, Joachim Bißmeier und Gertraud Jesserer, die Rolle des Führungsoffiziers der Staatssicherheit wurde dem Tschechen Pavel Landovský auf den Leib geschrieben.

Die Vorbereitungen waren in vollem Gange, als der Regisseur und seine Frau von dem ihnen treu ergebenen Freund Werner Stanzl zum Besuch der Kinderbuchmesse in Bologna eingeladen wurden; er stellte dort Ausmalhefte aus, die der tschechische Grafiker und Chartist Karel Havlíček hübsch mit Texten des Dramatikers versehen hatte. Der wahre Sinn des Unterfangens bestand in einem Frühjahrsausflug mit Wohnwagen. Damals durfte man noch direkt unter dem Balkon der Julia in Verona parken und nächtigen. Dort in einer lauen Nacht lokalen Wein zu genießen, beim gleichen Konzert der Zikaden, wie es die Liebenden gehört hatten, war ein Erlebnis an sich. Das Ziel aber war Florenz, das ihn schon seit Jahren gereizt hatte.

Der erste Tag dort war so herrlich, dass der Dramatiker am späten Abend auf dem Weg aus der Trattoria in der eitlen Absicht, sich Stanzls schönem Nachwuchs Eva als flinker Mittfünfziger zu präsentieren, wie einst auf dem Schulhof eine Kette übersprang, die unter dem Schild Via Dante Alighieri die Fußgängerzone abschloss. Nach der Landung durchfuhr sein rechtes Knie der schlimmste Schmerz, den er je erfahren hatte. Im schmalen Hängebett des Wagens bekam er die ganze Nacht kein Auge zu, am Morgen aber versicherte man ihm im Krankenhaus, das Röntgenbild sei negativ, es handele sich wohl am ehesten um eine Prellung. Man bandagierte ihm das Bein, und die französischen Krücken, die ihm der Freund kaufte, wurden zu einer lustigen Requisite. Am Abend, als seine Frau bemerkte, wie er unverhohlen ständig die Zähne zusammenbiss, kam sie als Erste zur Vernunft und fuhr ihn sofort nach Wien. Das Bein schwoll inzwischen hässlich an, er spürte auf den tausend Kilometern jede Unebenheit auf der Fahrbahn.

Prag war voller Ärzte, entweder Verwandte oder Bekannte, in Böhmen gehörten Ärzte zum Theater dazu. In Österreich kannten sie bisher keinen. Ihre neuen Freunde schütteten sie zwar mit sicheren Tipps führender Professoren zu, doch den Verletzten führte der Verstand dahin, wo man am Fließband und auf Kasse operierte, in die Unfallchirurgie des AKH, des Wiener Allgemeinen Krankenhauses. Ein Röntgenbild wurde sofort angefertigt, doch dann schickte man ihn mit einer Entschuldigung zum Warten nach Hause; es war Karfreitag, und alle OP-Kapazitäten mussten für die Opfer der Osterkriege auf den Straßen frei bleiben. Er versuchte, Manns *Mephisto* zu lesen, doch der Schmerz war immer stärker, beinahe legte er auch den Hörer auf, als ihn ein Zuschauer anrief, der seine Privatnummer herausgefunden hatte, um ihm zu erzählen, wie sehr ihn vor Jahren das Stück *August August* im Akademie-Theater begeistert hatte. Glücklicherweise sprach der Mensch rechtzeitig von seinem Knie, dessen Bilder er gerade gesehen habe, und er tippe auf einen kompletten Riss aller Bänder. Knie, so fügte er fast genießerisch hinzu, seien seine Spezialität, und es würde ihn freuen, wenn er ihm das seine bereits am anderen Tag bringen würde.

Vilmoś Vécsei, damals noch Dozent, nahm ihn mit der Entschuldigung auf, er werde vielleicht einen Moment vor dem OP geparkt, bis die Serie der verunglückten Fahrer abreiße. Und tatsächlich erwachte er zweimal halb aus der Umnachtung der Beruhigungsmittel, jedes Mal neben anders blutenden Körpern, während seine Frau, die stundenlang an einer Hotelbar auf das Ergebnis wartete, wie sie später berichtete, begann, sich bei Zweigelt-Achteln ein Leben ohne ihn vorzustellen, und nach der guten Nachricht aus dem Krankenhaus nur schwer in das Leben mit ihm zurückkehrte.

Drei Jahre später verletzt sie sich in den österreichischen Alpen beim Skifahren selbst das Knie, und statt nach Hause lässt sie sich direkt zu Vilmoś bringen, der ihren Mann am Morgen trotz Protest in grüne Kleidung steckt und die Desinfektion durchlaufen lässt. Ein Schriftsteller muss alles kennenlernen, um keinen Mist zu schreiben! Er betrachtete ein Regal mit CDs, ehe er sich entscheidet: »Zu Jelena passt Cello!« Er lässt Brahms laufen, und der erste lange Schnitt in das unmenschlich grün gefärbte Bein treibt den Gatten auf den Gang hinaus. Doch sogleich fängt er sich wieder, kommt zurück und wird nur noch staunen und ihn bewundern: Mit seinem Stiernacken, vornübergebeugt und hin- und hertretend, erinnert der Operateur an einen Boxer, er sägt, bohrt, schneidet, schraubt und näht verbissen, und dabei prüft er auch noch einen ganzen Schwarm stotternder Medizinstudenten. Als der Ein-

griff und der Unterricht beendet sind, entlässt er den erschöpften Nachwuchs, stellt die Musik lauter, lockert den Verschluss, das leichenblasse
Stück Fleisch wird rosig, immer dunkler und auf einmal wieder zu
einem Teil eines lebenden Menschen. Dann legt dieser Fleischer dem
Freund die Hand auf die Schulter und sagt gerührt: »Wegen dieser Augenblicke wollte ich Chirurg werden!«

Als dann die Stelle des Chefs der größten österreichischen Unfallkli-
nik AKH ausgeschrieben wird, die jährlich an die fünfzigtausend neue
Fälle behandelt und über einhunderttausend kontrolliert, ist er es, der
auch unter der Regierungskoalition, die die Posten fast ausschließlich an
Inhaber roter oder schwarzer Parteibücher verteilt, den wichtigsten
Chefarztposten des Landes erhält, obwohl er parteilos und ein Ungar ist,
der im November 1956 als Kind mit den Eltern vor sowjetischen Panzern
nach Österreich geflohen war. Der Chef von dreihundert Ärzten und
Schwestern und Vater von acht Kindern, heute schon einer nächsten
Doktorendynastie, ist ein Lehrbeispiel dafür, wie arme Einwanderer ein
reiches Land bereichern können, er wird der Erste sein, der hier ein
neues Buch des Autors liest und dann kommt, um darüber zu reden,
bald sprechen sie sich mit »mein böhmischer« und »mein pannonischer
Bruder« an. Beide setzen zusammen den verpassten ungarisch-böhmi-
schen Ausgleich in Kraft, an dem leider die Kaiserlich-Königliche Dop-
pelmonarchie, Keimzelle der Europäischen Union, gescheitert war.

Die Geschichte ist jedoch noch nicht zu Ende. Im Bett neben dem erfolglosen Hüpfer lag damals über Ostern nach einem Autounfall mit ge-
quetschtem Brustkorb ein großer Mittvierziger mit dem edlen Gesicht
eines Hollywood-Sheriffs, der von morgens bis abends Fachabhandlun-
gen aus allen Bereichen der Medizin las; Gunther Kleinberger, Dozent,
leitete im selben Krankenhaus die Intensivstation. Den Fernseher schal-
teten sie nur zu den Nachrichten ein, sonst begaben sie sich Abend für
Abend in die Erlebnis- und Gedankenwelt des anderen. Am sechsten
Tage wurde der Dramatiker entlassen und verabschiedete sich nur ungern von seinem neuen Bekannten.

Die Verletzung warf alle Pläne über den Haufen; mit einem Regisseur
auf Krücken wollte kein Institut eine Unfallversicherung abschließen,
der Dreh des *Ohrs* wurde um ein Jahr verschoben. Zu Hause fühlte er

sich immer schlechter. Um sich psychisch zu mobilisieren, begann er an
seinem ›kleinen‹ *Cyrano* zu arbeiten, das unbewegliche Bein dabei im
mittleren Schubfach des väterlichen Schreibtisches fixiert, dieser unbequemen Position schrieb er seine Atemnot zu, unter der er mit einem
Mal litt. In einer plötzlichen Erleuchtung wählte seine Frau die Nummer, auf der sie ihn vor kurzem im Krankenhaus angerufen hatte.

Es meldete sich der Mitpatient, er stellte gleich am Telefon die Diagnose und kündigte Soforthilfe an. Wenige Minuten später traf auf dem
Kohlmarkt ein Krankenwagen mit Sirene ein, der Patient wurde im
AKH aufgenommen und auf der Intensivstation sofort an Geräte anges-
chlossen. Die bereits in Florenz durch die ungeeignete Bandage ausge-
löste Thrombose war zu einer Embolie gereift, die der Transport nur
knapp abwenden konnte; später zeigte man ihm ein Bild von seiner
Lunge, die von Blut fast überschwemmt war. Für dieses Mal hatte er seinen Tod überlebt.

Der Wegfall des Filmens hatte eine natürliche Konsequenz. Die Hek-
tik des Lebens, die sich praktisch nach seiner Ankunft in Österreich
nicht verringert hatte, war mit jenem letzten jungenhaften Sprung in
Florenz vorbei, so als habe ihn eine Kugel gestoppt. Vor ihm lag eine wo-
chenlange Pause, ehe das Leben wieder in geregelten Bahnen verlief.
Dies nutzte sie, um endlich durchzusetzen, dass sie sich beide zumindest
eine Weile wie normale Menschen verhielten. In dem frei gewordenen
August bereisten sie planlos und ohne vorherige Reservierung! – bei seinem Naturell etwas völlig Revolutionäres! – halb Frankreich.

Endlich sah er Arras, das er seit seiner Jugend mehrmals mit Cyranos
Kadetten belagert hatte, und La Rochelle, von wo aus er oft mit den drei
Musketieren, die vier waren, nach England ausgelaufen war. Die Ziele
waren große und kleine Kathedralen, von denen sie an die zwei Dutzend
bewunderten.

Vor allem aber sehnte er sich danach, mit eigenen Augen die Normandie zu sehen, wo sich nach Stalingrad die größte Schlacht auch um sein
Leben abgespielt hatte. Als man ihm dort aufgrund seiner Krücken kostenlos eine Eintrittskarte für den Landungsstrand gab, musste er lachen.
Richtig nachdenklich wurde er, nachdem man ihm auch eine Freikarte
für die Festungen von Verdun geschenkt hatte.

Natürlich machte er auch in Vezelay Halt, um die Reben zu kosten, von denen der Winzer Breugnon so geschwärmt hatte. Und am Haus von Romain Rolland erinnerte er sich an dessen Frau, die Verfasserin des verrücktesten Briefes, den er je gelesen hatte. Als Valtr Taub, der damals in Frankfurt am Main Theater spielte, sie in den siebziger Jahren für den Dramatiker, der nicht mehr ausreisen durfte, um die Erlaubnis für die Adaptation des Romans *Colas Breugnon* bat, war sie begeistert und schlug ihm spontan am Telefon vor, ihn zu besuchen, sie werde bald mitteilen, wann. Dann kam das handschriftliche Schreiben.

Cher Monsieur,
ich teile Ihnen mit, dass mich übernächsten Samstag ein Liegewagen des Nachtschnellzuges aus Paris um 6.50 nach Frankfurt bringen wird. Es wäre charmant, wenn Sie mich auf dem Hauptbahnhof erwarten würden.
Marie Romain Rolland
P.S. Cher Monsieur,
gerade fiel mir ein, dass das Ruckeln des Schlafwagens ermüdend und vor allem überflüssig ist. Deshalb komme ich am selben Tag mit dem Orient-express um 14.20 nach Frankfurt.
Marie Romain Rolland
P.P.S. Cher Monsieur,
gerade bin ich zu der Ansicht gelangt, dass es für mich viel angenehmer wäre zu fliegen. Es wäre charmant, wenn Sie mich auf dem Frankfurter Flughafen am Flug der Air France um 12.50 erwarten könnten.
Marie Romain Rolland
P.P.P.S. Cher Monsieur,
gerade habe ich festgestellt, dass ich übernächsten Samstag keine Zeit habe. Betrachten Sie diesen Brief als gegenstandslos.
Marie Romain Rolland

Ein weiteres Postskriptum traf nie ein, um die Rechte kümmerten sich Agenturen, doch sie schickte noch ein Jahr lang direkt an den Dramatiker Direktiven, wie er adaptieren solle. Fast hätte sie die Premiere vereitelt, als sie kurz vorher verlangte, es sollten die zwei gestrichenen Kinder wieder in den Text eingefügt werden; dann beruhigte man sie wahrscheinlich mit der Aussicht auf Tantiemen. Er erhielt den Eindruck, dass sie alle Stücke und Romane zusammen mit ihrem Mann geschrieben haben musste. Ehe er feststellte, dass sie ihn erst ganz kurz vor seinem Tod im Jahre 1944 geheiratet hatte. Und dass sie zu der Zunft der berühmten russischen Brik-Schwestern gehörte, die, als sich Majakowski und Jessenin erschossen hatten, zu den Franzosen gingen. Das Trio heiratete Paul Eluard, Louis Aragon und Romain Rolland! Das soll ihnen mal einer nachmachen!

Frankreich präsentierte sich dabei überall, in malerischen Dörfchen und in den modernen Großstädten, als Land eingefleischter Patrioten, die es ablehnten, anders als in ihrer Muttersprache zu kommunizieren. Auf Deutsch reagierten sie überhaupt nicht, wohl wegen Hitler, aber mit Englisch war es nicht besser, wahrscheinlich wegen Jeanne d'Arc. Daran wird sich auch zwanzig Jahre später nichts ändern: Von den Antworten auf die Frage »Do you speak English?« sind zwei auch weiterhin typisch: Die Frau am Flughafen-Informationsschalter sagt: »Un peu«; und der Polizist fragt: »Pourquoi?« Dass gerade die Franzosen zusammen mit den Deutschen zu den Architekten des vereinten Europa werden, erscheint wie ein Wunder.

In der Normandie traf der Dramatiker Milan Kundera wieder. Davon wird noch die Rede sein.

59. KAPITEL

Don Pablo de la Mancha

Ein bereits erwähntes Ereignis muss hier näher erläutert werden. Noch im ›legalen Jahr‹, wie sie die bewilligte Ausreise zwischen Oktober 1978 und Oktober 1979 nannten, hatte ihn ein Gefühl erfasst, das er nicht loswerden konnte. Als im Frühjahr 1979 Václav Havel und andere Freunde in Prag verhaftet wurden, durfte er, wenn er die tschechoslowakische Staatsbürgerschaft nicht sofort aufgeben wollte, in Wien nicht öffentlich für sie eintreten. Auch wenn diese Reaktion vor der Ausreise vereinbart worden war – er sollte sich nicht zu etwas hinreißen lassen, was seine

Rückkehr unmöglich gemacht hätte! –, lag es ihm nach wie vor im Magen. Nachdem man ihn trotzdem aus dem Land hinausgetragen und -geschoben hatte, war seine erste große Aktion auf der Bühne des Burgtheaters eine Sonntagsmatinee, die den Verhafteten gewidmet war. Das schlechte Gefühl trug er aber weiter in sich, weil es direkt vor den Verhaftungen zu einer ernsten Missstimmung mit dem nächsten Verbündeten zu Hause, Václav Havel, gekommen war. Die Gründe dafür erklärt ein Brief, den der Dramatiker aus Wien an die Prager Familie zu Händen seines Sohnes Ondřej mit der gewöhnlichen Post schickte, damit dieser auch ganz sicher vom Auge des Regimes gelesen wurde.

Ich weiß nicht genau, an wen ich diesen Brief adressieren soll, so dass ich euch bitten möchte, den richtigen Adressaten ausfindig zu machen, es sei denn, es handelt sich um eine Täuschung: Am 13. dieses Monats wurde ich von der hiesigen Botschaft vorgeladen. Der Botschafter forderte mich auf, die Nutzung meiner Prager Wohnung für antistaatliche Treffen, die zur Ausübung von Straftaten dienen, zu unterbinden – andernfalls würden entsprechende Maßnahmen eingeleitet. Ich antwortete, dass ich mich zu diesem Fall nicht äußern kann, weil ich keine Gelegenheit habe, dies nachzuprüfen, aber gleichzeitig weigerte ich mich zu glauben, dass der zweite Hauptmieter dieser Wohnung, mein Sohn, eine Straftat irgendeiner Art verüben würde. Es täte mir leid, wenn jemand, der aufrichtig besorgt ist, ob wir zurückkehren, gleichzeitig eine Situation schüfe, der zufolge wir womöglich nach der Rückkehr keine Wohngelegenheit vorfänden. Es macht mich betroffen, wenn unsere letzten Zufluchtsorte ohne unser Einverständnis und Wissen benutzt werden sollten. Für die Behörden kann ich nur eines tun: die Schlösser austauschen lassen. Ich bitte euch, meine Gründe und Wünsche zu respektieren, ansonsten würdet ihr eine heikle Verantwortung übernehmen: Ein Dach über dem Kopf ist das mindeste, was wir in der Heimat haben möchten. Ihr P.K.
15. 3. 1979

Mit Hilfe eines Kuriers schickte er heimlich einen anderen Brief, in dem er die Schärfe des vorausgegangenen erklären wollte: Man solle keinen Anlass dafür liefern, ihm so leicht die Wohnung wegzunehmen; und übrigens, fügte er noch hinzu, sei es eine richtige Schnapsidee, eine mit Wanzen gespickte Wohnung als Treffpunkt der Charta-Sprecher zu benutzen. Der Briefträger war aber schneller als der Kurier, und der damalige Freund seiner Ex-Frau Anna hatte in seiner Antwort mit beißender Ironie nicht gespart.

Ich habe Deinen Brief gelesen, der zwar an unbekannte Täter adressiert war, die eine Straftat begehen, indem sie in Deinen Wohnungen hausen und dadurch nicht nur diese in Gefahr bringen, sondern auch Dich selbst und Deine Position in den Augen der tschechoslowakischen Regierung; also ich habe ihn gelesen, wohl wissend, dass er in Wirklichkeit an mich gerichtet war. Du weißt allzu gut, dass ich das einzige bin von uns räudigen Schafen, das einige Male dort übernachtete, und es hat mich sehr, sehr traurig gemacht. Mir wurden viele Dinge klar: Unter anderem auch, wie die wenigen aus Gnade der Obrigkeit im Ausland verbrachten Monate aus einem Menschen einen vollkommen anderen machen können; ich habe verstanden, warum man Dich so bereitwillig hatte ausreisen lassen, und ich habe verstanden, warum ich ihre Angebote, ähnliche Ausflüge (natürlich bieten sie es mir auch an) zu unternehmen, niemals annehmen kann. Du hast ihre Sichtweise übernommen. Den gehetzten Unterzeichner der Charta, dessen Versteck durch einen unglücklichen Zufall entdeckt wurde, hast Du als einen Straftäter gesehen, der rücksichtslos (wahrscheinlich nur aus Bequemlichkeit) Deinen Status bedroht und Du seinetwegen die Schlösser austauschen lässt. Ich respektiere es, entschuldige mich, schäme mich, verfluche mich, weil ich weiß, dass Du wie immer recht hast und dass Du niemals verstehen wirst, hinter Deiner amtlichen Wahrheit könnte ein unabsichtliches Unrecht gegenüber einem Menschen stehen. Ich habe nun eine einzige Bitte: Lass Dich wenigstens nicht auf das Prinzip der Geiseln ein und bestrafe nicht für meine unverzeihliche Torheit Deine ehemalige Familie. Sie kann wirklich nichts dafür. Mach's gut. 30/3/79 – Václav H.

Inzwischen erreichte auch der Kurier mit seiner Erklärung Prag und brachte dann Havels Entschuldigung und einen Vorschlag nach Wien zurück, diesen Fall als ein Missverständnis zu vergessen. Die Zustimmung kam in Prag aber nicht mehr an, denn hinter dem Adressaten schloss sich das Gefängnistor. All das quälte den Dramatiker weiter und zwang ihn zu testen, wie man die immer dichter werdenden Nebelschwaden des Vergessens zerteilen konnte. Als der österreichische Präsident Rudolf Kirchschläger zu einem Staatsbesuch in die ČSSR fuhr, erhielt der Autor einen Eiltermin bei ihm und ging in Jeans dorthin, weil er gerade von der Probe im Burgtheater kam. Er bat ihn um eine Intervention für alle Verhafteten und insbesondere für den Preisträger des österreichischen Staatspreises für europäische Literatur Václav Havel. Auch übernahm er später Havels Part in einer Münchner TV-Rekonstruktion seines Prozesses in Prag. Er bat zum ersten Mal erfolglos den deutschen und österreichischen Schriftstellerverband um Hilfe, nicht ahnend, dass es für immer vergeblich war; er übersetzte die Nachrichten von Olga Havlová über Havels Gesundheitszustand und schickte sie an die richtigen Adressen. Er konnte sich hundertmal weismachen, dass er kein schlechtes Gewissen haben musste, er hatte es einfach.

Husáks Staatsbesuch in Wien, der für Herbst 1982 angekündigt war, bedeutete deshalb eine neue Hoffnung. Es gehörte zu den zeitgemäßen Ritualen, dass die Potentaten aus dem Osten vor solchen Reisen, die bei der eigenen Bevölkerung ihr Ansehen steigern sollten, ähnlich wie einst die orientalischen Monarchen ihre Huris und Sklaven den westlichen Gastgebern als Geschenk ihre inhaftierten Dissidenten überließen. Über seinen Freund Bruno Aigner in Kreiskys Amt erfuhr er aber, dass es dem aufgeblasenen Husák nicht in den Sinn kam, jemanden aus dem Knast freizulassen. Deshalb wurde er selbst der Vater der Idee, dass man ihm seinen Besuch – auch als Vergeltung für den verbotenen Broadway – irgendwie ... nun ja, vermasseln sollte.

Die Liste der üblichen Mittel und Wege war kurz und keine davon würden zu einem Ergebnis führen, das mehr als ein Kräuseln der Wasseroberfläche bedeutete. Auch bei den Besuchen der kommunistischen Machthaber wurden auf ihren Wunsch Demonstrationen nur in einer solchen Entfernung erlaubt, dass der Gast aus Prag das Grüppchen protestierender Tschechen gar nicht sehen würde. Vielversprechender war eine andere Idee, sie brauchte aber perfekte Organisation und absolute Verschwiegenheit, also vertraute er sie nicht einmal seiner eigenen Frau an, damit sie sich nicht unnötig aufregte. Er weihte nur den Kulturredakteur des Hamburger Magazins »Stern«, Jürgen Serke, ein, einen Literaturwissenschaftler, der zwanzig Jahre später für sein Buch über deutsche Schriftsteller in Böhmen, *Böhmische Dörfer*, in Prag ausgezeichnet werden wird. Ihn brauchte er, damit er sich nicht vorzeitig verraten würde, wenn er selbst das Flugticket kaufte, und damit jemand aussagen könnte, falls man ihn in Prag behalten sollte. Doch damit rechnete er eigentlich nicht, denn der Plan war durchdacht und vielversprechend: Er wollte am 17. November, am selben Tag wie der Präsident, aus Frankfurt nach Wien fliegen, allerdings mit einem unsinnigen Umweg über Prag und Zürich, und im Prager Transit den toten Käfer spielen, bis die deutsche Maschine zurückfliegen würde, damit man ihn da nicht reinsetzte. Danach wollte er sich beim Warten auf die Schweizer Maschine bei der Passkontrolle melden und um ein Treffen mit seiner Tochter Tereza ersuchen, die er seit drei Jahren nicht sehen durfte. Wenn sie ihn verhaften würden, so seine logische Schlussfolgerung, müsste Husák sofort den Staatsbesuch in Wien abbrechen und nach Hause fliegen. Wie dem auch sei, morgen würden in allen Zeitungen auch die Namen von Havel, Dienstbier und anderen stehen.

Alles klappte wie geplant. Der Prager Flughafen Ruzyně war beim damaligen Betrieb um die Mittagszeit wie ausgestorben, und im Transitbereich beachtete ihn niemand, schon deshalb, weil sich dort alle, die Husák begleitet hatten, fröhlich zuprosteten. Er schaffte es, aus einer Telefonzelle Tereza anzurufen, der er schon vor einer Woche hatte ausrichten lassen, sie solle ganz bestimmt zu Hause sein. Er bat sie nun, schnell zu kommen. Dann meldete er sich bei den Staatsorganen. Der Mann im Häuschen der Passkontrolle dachte, er habe Halluzinationen, als er den Antrag des Exilanten las, er berufe sich auf irgendein Abkommen von Helsinki und möchte sein Kind sehen. Doch sein Vorgesetzter verstand recht schnell, welch ein Malheur er verursachen oder aber vermeiden könnte. Während die unerwünschte Person an der plötzlich leergewordenen Bar ihr Sodawasser trank, wurde offensichtlich auf höchster Ebene fieberhaft verhandelt.

Gleichzeitig fand in Wien eine Pressekonferenz statt, die Bruno Aigner für seine Frau organisierte. Sie schwamm tapfer in den Gewässern, in die man sie hineinwarf, und las den Aufruf ihres Mannes vor, dass die

Organe der ČSSR endlich das erfüllen sollten, wozu sie sich in Helsinki verpflichtet hatten. Sie beantwortete alle Fragen der Journalistenschar, so wie sie es in der Vergangenheit noch nie getan hatte und es in der Zukunft auch nie mehr tun wird, denn sie war und bleibt das Gegenteil von ihm.

In Prag füllte sich die Bar am Flughafen wieder, wie die Apostel in der Turmuhr defilierten dort die Geheimpolizisten, die er von Verhören her kannte, sie machten drohende Gesichter, es fehlte nur noch, dass sie ihre Zähnen bleckten und mit den Handschellen rasselten. Endlich kam zu dem Mann an der Bar ein Offizier und versuchte wenig überzeugend, ihm wie gewohnt Angst einzujagen, aber dann brachte er ihn in eine Koje, in der seine Tochter saß. Unter Aufsicht eines anderen Wächters fand das Treffen statt, und er konnte sich später an kaum etwas erinnern, weil er so gerührt und dabei bemüht war, Haltung zu bewahren, wie auch sie es tat. Nach fünfzehn Minuten, als der Aufruf zum Flug nach Zürich kam, umarmten sie sich zum Abschied und trennten sich für viele weitere Jahre. Das Verhalten der Tochter wurde im Protokoll vom 25. 11. 1982 ausgewertet. Darin bezeichnete Hauptmann Vach František ihre Vernehmung als ›angeordnete Vorführung‹.

Von Anfang an verhielt sie sich aufsässig und weigerte sich, die gestellten Fragen zu beantworten. Sie behauptete, dass die gestellten Fragen sie nicht interessieren, und in das Protokoll über die Aussage können wir schreiben, was wir wollen, weil sie es sowieso nicht unterschreibt. Angesichts dessen, dass ihr Verhalten im Widerspruch zu der Form der angeordneten Vorführung stand, wurde die Obengenannte ausdrücklich darauf hingewiesen, dass sie sich anständig verhalten und die Fragen ordnungsgemäß beantworten soll. Ihre Reaktion war mehr oder weniger hämisch, denn sie sagte, sie wird sich so verhalten, wie sie will. Im Hinblick auf ihr Verhalten wurde die angeordnete Vorführung beendet. Vorschlag für die weitere Vorgehensweise: zu veranlassen, dass ihr Besuch der Volkshochschule der Kunst abgebrochen wird.

Der Vater, der dies eines Tages im Archiv des Innenministeriums lesen wird, kann nur den Hut vor ihr ziehen. Das kurze Treffen bezahlt sie mit vielen Jahren minderwertiger Beschäftigung, er damit, dass er in der deutschsprachigen Kulturszene fast komplett abgeschrieben wird.

Diese verzieh ihm nicht, dass er, offensichtlich von den kapitalistischen Kriegstreibern angeheuert, die Friedensmission des Oberhauptes aus einem sozialistischen Land untergraben hatte. Aber alle österreichischen und viele europäische Zeitungen brachten Titel wie: HUSÁK IN WIEN, KOHOUT IN PRAG! Es folgten Kommentare, die den Staatsmann kritisierten, der hierher kam, um den Demokraten zu spielen, währenddessen seine Pseudojustiz die echten Verteidiger der Menschen- und Bürgerrechte Havel, Dienstbier und andere im Gefängnis eingesperrt hielt.

Zeugen des Treffens der beiden Präsidenten erzählten, dass sich Gustáv Husák mit Tränen in den Augen bei Rudolf Kirchschläger beklagte, sein Bemühen um die Verbesserung der Beziehungen sei sträflich vereitelt worden. Der neue Bürger der Republik Österreich erhielt aber auch eine mündliche Nachricht von Bruno Kreisky, er solle nicht die Bemühungen seiner Diplomatie durch weitere Don-Quijote-Aktionen torpedieren. In einem Brief erläuterte ihm der Schriftsteller seine Beweggründe und erinnerte den Kanzler an dessen Rede vor dem Parlament, in der er den frisch Ausgebürgerten mit einer Mahnung zur Umsicht aufgefordert hatte:

… was aber nicht bedeutet, dass es für den Preis geschehen solle, man würde sich von grundsätzlichen Standpunkten lossagen.

Und auch von den unterstützenden Aktivitäten, die er seinen inhaftierten Freunden zu Hause schuldig sei, schrieb ihm der tschechische Österreicher zurück, denn im Unterschied zu ihnen könne er frei handeln. Von dem Patron der Charta sollte leider bis zu seinem baldigen Tod keine Antwort mehr kommen, und dessen Nachfolger, Kanzler Sinowatz, wird einem Treffen ausweichen, wie schon bei der Verleihung des Staatspreises. Die Enttäuschung vergeht, als dem Gerügten bewusst wird, dass er nach den Zwängen des Totalitarismus auch weitere loswurde, denen die Menschen durch die Abhängigkeit von den Trägern jeder beliebigen Macht, ja sogar in der Demokratie ausgesetzt sind. Und obwohl es ihn schmerzte, dass es ihn von jenem Mann entfernte, den er besonders schätzte und mochte, begriff er, dass er erst jetzt richtig frei war.

Summa summarum: Alle Ehre dem unauffälligen Widerstand, der in Zeiten des Totalitarismus vielleicht nur in der Weitergabe von Gedächtnis und Anstand bestand, die von vielen Eltern und Lehrern an die Kinder und Schüler geschickt bewahrt und aufrechterhalten wurden. Es kann aber kein Zweifel mehr darüber bestehen, dass gerade die Gesamtzahl aller ähnlichen Don-Quijote-Streiche, die in Tschechien, Ungarn, Polen, Russland oder woanders betrieben wurden, ganz nach dem klassischen Sprichwort »Gutta cavat lapidem non vi sed saepe cadendo – Steter Tropfen höhlt den Stein«, dazu beitrug, die Statik der Weltmacht ins Wanken zu bringen, so dass ein wenig später ein glückliches Zusammenspiel von fähigen Politikern und günstigen Sternen zu ihrem Fall führen wird.

60. KAPITEL

Der Hund, der lachte und biss

Es gab keinen zuverlässigeren Beweis, dass die Wiener Wohnung zu einem wirklichen Zuhause wurde, als dass man anfing, dort einen Dackel zu vermissen. Immer wieder erinnerte daran der verblichene Edison Venor, der von einem Theater zum anderen durch halb Europa und Kanada wanderte. Auf all den Bühnen wurde zusammen mit dem Stück *Protest* von Havel auch das Stück *Attest* von Pavel aufgeführt. Jene Geschichte des Dissidenten Vaněk, dessen rarer und hochprämierter Hund aus politischen Gründen nicht für die weitere Zucht zugelassen werden sollte.

Es gab immer mehr Angebote, wie man die Wunde nach dem Verlust des vergifteten Dackels wieder hätte heilen könnte. Das erste kam von Frau Helga Mayer, der Vorsitzenden des Wiener Dackelzüchterclubs. Sie hatte das Stück *Attest* im Akademietheater gesehen, weinte die ganze Vorstellung über und legte den Verlassenen dann einen ganzen Katalog guter Rassen vor. Doch die Stammrasse steckte in Malešice bei Pilsen fest, woher der berühmte Edison und auch alle seine Nachkommen herkamen. Der Dramatiker begann, einen Generalstabsplan zu entwickeln, wie man an einen weiteren Enkel des Rauhaarmärtyrers kommen könnte, ohne dass der Züchter, Herr Kristl, einen dicken Minuspunkt in seine Kaderakte bekommen würde.

Der Urvater aller Familiendackel, auch ›Weltmannen‹ genannt, Adam von der Schwarzen Mühle bei Prag, hatte das Herrchen im Dezember 1965 in der Wohnung der Eltern seiner neuen Freundin Jelena unter dem Weihnachtsbaum hervor angeblickt; seinen Stammbaum trug er in der Schleife. Zwanzig Jahre später wollte ihr der Gatte in Wien ein ähnliches Geschenk machen; die Operation musste also nicht nur vor dem tschechoslowakischen Aufklärungs- und Abwehrdienst verheimlicht werden, sondern auch vor der eigenen Frau. Das System der Kuriere funktionierte gut. Das Hündchen wurde bestellt und bezahlt, noch bevor es gezeugt wurde, und im Alter von sechs Wochen von Pilsen nach Prag zur Jolanas Mutter Vladěna transportiert. Es musste nur noch nach Wien gebracht werden. Einzig die aufopferungsvolle Frau Helga war für diese Aufgabe geeignet und erklärte sich dafür bereit.

Das touristische Visum bekam sie vor Weihnachten 1982 erstaunlicherweise sofort, und ihre Aufgabe war einfach: von Znojmo aus zum Stadtrand von Prag zu fahren und eine Erfrischung im damaligen Sporthotel bei Průhonice zu sich zu nehmen. Im Restaurant konnte sie die junge Frau mit der Kiste nicht übersehen, in der die bestellte Schmuggelware auf Stroh schlafen sollte. Diese durchaus friedliche Mission wurde bereits bei der Einreise von einem Grenzoffizier dramatisch verdorben. Ohne mit ihr ein einziges Wort zu wechseln, schickte er die nette ältere Dame zur Leibesvisitation und ließ auch noch ihr Auto wie einen Kinderbaukasten auseinandernehmen. Als man es nach drei Stunden wieder zusammensetzte, durfte sie ohne ein Wort der Erklärung weiterfahren.

Sie gehörte zu den vielen Österreichern, die nie einen Staat hinter dem Eisernen Vorhang besuchten, weil sie eben einen solchen Umgang erwarteten, der zwangsläufig mit ihrem spurlosen Verschwinden enden würde. Als sie später davon erzählte, verwandelte sie sich in eine wie von einer Aufziehfeder angetriebene mechanische Puppe. Sie war sich sicher gewesen, dass ihre Verbindung mit dem gefährlichen Exilanten längst entdeckt worden war und dass man jetzt nur auf ein corpus delicti wartete, um sie bestrafen zu können. Sie selbst konnte nicht nachvollziehen, wie sie es schaffte, bis zu dem verabredeten Motel zu fahren und sich dort der jungen Frau zu erkennen zu geben, von der sie vermutete, sie würde observiert, wenn sie nicht schon gegen eine Provokateurin ausgetauscht worden war.

Doch dann sah sie das nach Pipi riechende kleine Wesen, und als sie es am Fell hochhob, muss es ihr wie dem biblischen Jakob ergangen sein, der durch die Berührung mit der Erde die Kraft für den Kampf gegen den Engel schöpfte. Die Überbringerin eines solchen Geschöpfs konnte keine Dienerin des Bösen sein, und Frau Helga machte sich Vorwürfe, dass sie, weil sie kein Tschechisch sprach, ihr Gegenüber nicht vor dem drohenden Verhängnis warnen konnte. So bezahlte sie wenigstens die zwei Tassen Kaffee und machte sich auf den Rückweg. Zur Dämmerung gesellte sich nun auch noch der Schneefall, und sie merkte, dass sie auf der Autobahnbaustelle, die mit etlichen Umleitungen unterbrochen war, ganz allein fuhr.

Sie entschloss sich, noch mehr Kraft zu schöpfen, hielt an und steckte den behaarten Winzling in ihren Ausschnitt. Hätte er sich gesträubt, so erzählte sie dann, hätte sie wahrscheinlich zu weinen angefangen und wäre auf jenem Rastplatz stehen geblieben, bis sie eingeschneit wäre, so dass man sie erst beim Tauwetter im Frühjahr entdeckt hätte. »Aber er war von sich aus zwischen meinen Busen gekrochen wie in ein Erdloch!«, schilderte sie gerührt, »hickste einmal und schlief ein.« Und sie näherte sich der bedrohlichen Grenze, wo die Falle zuklappen sollte, mit einem erhabenen Gefühl, sie habe nicht umsonst gelebt, wenn sie versuchte, aus dem riesigen Gefängnis wenigstens ein kleines unschuldiges Seelchen zu retten.

Versöhnt mit Gott, Menschen und Hunden stoppte sie vor der Grenzschranke in Hatě. Dass sich ihr derselbe Offizier näherte, der zuvor die demütigende Durchsuchung befohlen hatte, erweckte in ihr einen ungeahnten Trotz, sie war bereit, behauptete sie später, ihr schweres Schicksal wie ein Mann zu tragen. Der Scherge nahm wieder ihren Pass, und als er die kleine Höckerschnauze sah, die aus ihrem Dekolleté herauslugte, sagte er lächelnd, als hätte es die morgendliche Schikane überhaupt nicht gegeben: »Scheene Hundi!«, drückte ihr den Stempel in den Pass und betätigte die Schranke.

Ádas feierliches Hervorkrabbeln unter dem Weihnachtsbaum erzeugte in der Wohnung auf dem Kohlmarkt die erwartete Reaktion. Bald sollte sich zeigen, dass ihm die Hunde-Schicksalsgöttinnen turbulente Situationen als Patengeschenke zugeeignet hatten. Ende Januar wollten ihn seine Herrchen mit dem Volksgarten bekanntmachen, in dem sich Jogger aus den Ministerien und Hunde aus Wiens Stadtzentrum treffen. Es war höchst unterhaltsam, wie er unbeholfen auf einen Schneehang hinaufkletterte, bis er auf der anderen Seite so schnell wie auf einem Schlitten verschwand. Als sie dort hingeschlendert waren, erstarrten sie: Hinter dem weißen Wall war ein großes Brunnenbecken verborgen, dessen Wasseroberfläche gerade erst zuzufrieren begann. Áda watschelte zur Mitte hin, und als das Eis dünner wurde, watete er durchs Wasser – und brach ein.

Der Herr sprang hinterher. Er dachte, das Wasser würde ihm bis zu den Knien reichen, doch es war bis zu den Ellbogen hoch. Mit diesen bahnte er sich den Weg wie ein Eisbrecher. Áda konnte noch nicht richtig laufen, geschweige denn schwimmen, also fischte er seinen kleinen Körper aus dem Wasser und trug ihn hoch über dem Kopf zurück. Doch sein langer Kamelhaarmantel sog sich inzwischen so voll, dass er sich nicht über den Brunnenrand hinausschwingen konnte. Nach endlosen Sekunden kam ihm in den Sinn, das Tier abzugeben, den Mantel auszuziehen und hinauszuwerfen. Dann rettete er sich selbst mit einem entschlossenen Sprung. Auf dem Nachhauseweg musste auch Áda die eigenen Beine schwingen, damit es ihm warm wurde; glücklich angekommen, landete er mit seinem Herrchen in der heißen Badewanne.

Das Frauchen nahm, mit besten Absichten, seine Erziehung und das Training auf, bis sich zeigte, dass Rauhaardackel ihren Leuten ausschließlich das Füttern erlauben, wenn diese offenbar nicht in der Lage sind, ihnen bei Lebensgefahr im Fuchsbau zu helfen. Er war ein außerordentlich freundliches und harmloses Wesen bis zu jenem Nachmittag vor der Wiener Premiere des ›kleinen‹ Cyrano. Beim Spaziergang durch den Prater drehte sich ein großer Schäferhund träge und langsam nach ihm um und biss ihn in den Hals. Der hervorragende Arzt Thomas David, der Fotograf der Puppenmenschen, nähte ihn noch rechtzeitig zusammen und versorgte ihn mit einem weißen Verband. Sein Polaroidbild bekam am Abend der Hauptdarsteller Joachim Bißmeier als Geschenk. Als er das Bild ohne Brille ansah, dachte er, es sei eine Aufnahme von ihm selbst vom fünften Akt der Generalprobe. Seitdem liebte Áda Schäferhunde grenzenlos und biss Menschen.

›Angstbeißer‹ nannte ihn sein Arzt. Sobald jemand klingelte, musste Áda ins Badezimmer, und erst wenn er sich von einer herzlichen Unterhaltung der Ankömmlinge mit den Hausherren überzeugt hatte, glaubte er, dass ihm keine Gefahr drohte. Wenn er es nicht ins Bad schaffte, gab es Probleme. Auch wenn seine Zähne nur kleine Abschürfungen hinterließen, bekamen es immer die Hosen ab. Die politische Zugehörigkeit seiner Opfer war ihm egal; zu ihnen gehörten der Demokrat Pavel Tigrid und auch der Sozialist Jiří Pelikán, der Fürst Karel Schwarzenberg, dessen Blut überraschend gewöhnlich rot war, wie auch der Reformkommunist Zdeněk Mlynář, den zwickte er sogar zweimal.

Trotz aller seiner Macken kann man summa summarum sagen: Er war der am meisten verunsicherte aus der ganzen Reihe der Familienhunde, ein dackeliger ›sanfter Barbar‹, der seine unkontrollierten Angstausbrüche durch eine vollkommene Ergebenheit aufwog, indem er sich sofort nach der Tat zum Empfang einer verdienten Strafe selbst anbot: auf dem Rücken liegend und das wehrlose Bäuchlein nach oben gestreckt. Zudem hatte er noch eine rührende Eigenschaft: Er konnte lachen. Er stemmte sich mit den Vorderpfoten morgens auf das Bett und grüßte die eben Erwachten mit gehobenen Mundwinkeln und halb gebleckten Zähnen. Es war ein unwiderstehliches Lachen, das entgegnet werden musste. Áda war der Bote eines guten Morgens.

Dafür durfte er erleben, aus dem Exil in das Heimatland zurückzukehren und im Sázava-Garten fröhlich zwei kleine Kreuze zu markieren; das eine von seinem ermordeten Großvater Edison Venor und das zweite seines Onkels Janeček, den die Sázava-Pazifikbahn überfahren hatte. Dann sollte er als Erster der Familie in das Alter der Krankheiten kommen. Die Geschwulst im Kopf gelang es noch wegzuoperieren, doch es schien, als hätten ihn danach, trotz aller Medizinzauber, seine Sinne verlassen. Nachdem er morgens schwer aus seinem Körbchen gestiegen war, fing er an, um das Haus im Uhrzeigersinn herumzulaufen und hörte mit dem Wandern mit heraushängender Zunge um die scheinbar endlose Mauer erst am Abend wieder auf. Ab und zu stolzierte schon fast verachtungsvoll der Fasan an ihm vorbei, den er früher zu so wilden Flügen trieb, dass er mal im Gebüsch Federn lassen musste. Der Köter der Nachbarn fraß ihm sogar straflos den Napf leer. Seine Menschen litten mit ihm.

Eine Telefonzelle in Köln wurde zu seiner Gedenkkapelle. Dort, während einer Lesereise, erfuhr sein Herr, dass die Frau nach einigen schlaflosen Nächten in Sázava zu der schweren Entscheidung kam: Nach dem letzten Leckerbissen schlief er auf ihrem Schoß ein, so dass er den Tierarzt mit der Spritze nicht mehr sehen konnte. Danach richtete sie für ihn zum letzten Mal eine Schlafstätte dort ein, wo einst der Gärtner eine Hecke zum romanischen Bogen gestaltet und sein Nachfolger eine Trauerweide gepflanzt hatte – auf dem Friedhof der verwandten Tiere. Auch er wird nicht spurlos verschwinden!

Außer dem dritten Kreuz sollte ihn auch das Hörspiel *Ádiedi*, das sein Frauchen verfasst, mit seinem berühmten Großvater verbinden. Es ist die Geschichte eines Mannes namens Áda, der so einsam ist, dass er seinem Hund Eda das Sprechen beibringt, wodurch sich ihre beiden Wesen verbinden. Das entgeht nicht der Staatsmacht, die die beiden für ihre Geheimdienste anheuert und sie letztendlich gegeneinander ausspielt. Dieses Hörspiel wird in verschiedenen Sprachen in mehreren europäischen Rundfunkanstalten gesendet, und dem Herrchen, obwohl er das Stück selbst ins Deutsche übersetzt hat, fällt nicht auf, dass es noch eine andere Dimension besitzt. Diese wird vom berühmten italienischen Regisseur Giorgio Strehler entdeckt; er nimmt den Text als Vorlage für die Bühnenbearbeitung auf der kleinen Szene des Pariser Odéon, damals Théâtre de l'Europe. Eine junge griechische Regisseurin inspiriert die Debütantin dazu, das mit unzähligen Personen besetzte Stück auf nur fünf Schauspieler zu reduzieren, und auch danach leistet sie hervorragende Arbeit.

Dieses Stück bezaubert auch den deutschen Komponisten Meinrad Schmitt, der daraus eine reizende Kammeroper komponiert. Die Premiere findet am 24. Februar 1995 in Regensburg statt. Während der Vorstellung erlebt in der Nähe des Theaters ein neuer Dackel seine erste Hotelnacht, diesmal ein Zwergdackel aus der Fína-Familie, und er beendet die Trauerzeit nach Áda. In der Nacht findet man ihn nach langem Suchen unter dem sorgfältig zusammengelegten Bettüberwurf. In Textilien aller Art, von Handtüchern bis zu Mänteln, sollte er für immer seine Schlafhöhlen finden. Und weil sein Herrchen zu der Zeit für das Berliner Schlossparktheater *Richard den Dritten* ›verkleinert‹, bekommt der Zuwachs den Namen Richy. Dank des Wechsels seiner gelegentlichen Betreuer erlernt er beide Sprachen, und so wird er von allen Familienhunden der am meisten gebildete.

Dieses Buch erlebt er in seinem besten Alter. Man sagt, dass das erste Hundejahr dem ersten Menschenjahr gleicht, doch danach werden die Jahre der Hunde mit sieben multipliziert, und so ist er mit seinen fünfzehn Jahren schon viel älter als sein Herrchen. Seine Pfoten werden so weiß, dass sie an die Gamaschen der Gangster aus dem Film *Manche mögen's heiß* erinnern. »Was hat er für schöne Söckchen!«, rufen seine Bewunderer auf den Straßen in Prag und in Wien. »Er hat sie gerade gewaschen!«, sagen dann seine Herrchen, und wenn sein dandyhaftes Halstuch gelobt wird, erklären sie: »Das hat er sich von seinem Taschengeld gekauft!« Diejenigen, die eine lebhafte Fantasie besitzen, haben ihren Spaß, die mit weniger Fantasie stutzen. Richy spürt, dass er im Mittelpunkt der Aufmerksamkeit steht, und es schmeichelt ihm sichtlich. Wie der Herr, so der Hund.

61. KAPITEL

Es war auf Capri …

sang die Mutter dem Bub beim Pulloverstricken vor, und manchmal zeigte sie ihm ein verblasstes Foto, das sie mit Strohhut beim Eisschlecken auf der Piazza zeigte, während der Vater genüsslich an einer Zigarre zog und irgendein Getränk vor sich hatte. Die Melodie erklang auch von der kleinen Spieluhr, ein Souvenir des lange zurückliegenden Ausflugs. Jahrzehnte später sollte es der Dramatiker den Theatern leihen, die sein Stück *Patt oder Spiel der Könige* aufführten, denn darin kamen auch die Insel Capri und jenes Lied vor.

Noch im ›legalen Jahr‹ 1979 erlebten sie an Deck des Aliscafi, des Trag-
flügelbootes, das stündlich von den neapolitanischen Molen Beverello
und Mergellina startete, wie die wunderbarste Silhouette, die sie je gesehen hatten, aus dem Dunst auftauchte und schnell größer wurde. Der
Allmächtige hatte sie nach dem klassischen goldenen Schnitt erschaffen
und sie eindrucksvoll mit dem üppig bewachsenen kaiserlichen Wohnsitz Villa Jovis und dem kahlen Felsen Monte Solare geschmückt. Vom
Hafen Marina Grande aus fuhren sie mit dem Taxi über die halsbreche-
rische Hochstraßengalerie, an einer Felswand klebend und nur so breit,
dass sich die Fahrer entgegenkommender Kleinbusse angeberisch mit
der Linken abklatschten. In den nächsten Jahren sollte der Dramatiker
unzählige Male diese Strecke absolvieren, doch jedes Mal wird er dabei
die Augen schließen.

Sie stiegen auf der Piazzetta des Dorfes Anacapri aus, das direkt oberhalb der berühmten Höhle Grotta azzurra, der Blauen Grotte, liegt, in
der das Wasser durch die Sonnenspiegelung tief azurblau phosphores-
ziert. Es war eines der vier Dörfer auf der kleinen Insel, von der aus eine
Zeit lang das gesamte römische Imperium regiert wurde. Wie mit einem
Juwel rühmte sich damit später für ein paar Jahre jeder europäische und
afrikanische Eroberer, der etwas wert war.

Durch die engen Gassen, die keine Autos durchließen, aber zum
Glück auch die gleißende Sonne nicht, schleppten sie ihre Koffer samt
Schreibmaschinen bis zu einem ehemaligen Hotel, das neuerdings zu
Privatappartements umgebaut worden war.

Den Leiter des Verlages für juristische Fachliteratur, Günther Friedrich, seine Frau Lilo und ihre vier Kinder, eine Familie, die in Deutschland allgemein als links-katholisch bezeichnet wurde, hatten sie erst wenige Wochen zuvor bei einer Lesung in Freiburg kennengelernt. Die
Familie hatte ihnen gleich angeboten, zum ersten Mal die Wohnung zu
nutzen, die sie gerade auf Anacapri gekauft hatten. Es war ein kleines
Appartement, aber selbst im heißesten Sommer angenehm kühl. Sie bot
das Wichtigste zum Leben und dazu noch eine große Terrasse mit einem
hinreißenden Blick über siebzehn Kilometer Wasser auf Neapel und den
Vesuv. Der dicht besiedelte Streifen an der Küste leuchtete nachts wie ein
Diadem aus einer kostbaren Kollektion.

Sie fanden auch sofort Freunde vor Ort, die ihnen zumindest einige der verlorenen Freunde in der Heimat ersetzten. Den Wirt an der Grotte Pasquale Farace, den Maler von Ölbildern und Aquarellen mit lokalen Motiven Salvatore Federico, den jungen, rüstigen Rentner Adelmo Guido, den älteren Immobilienmakler Raffaele Alberino sowie den blauäugigen, blonden Gianni-John Holden, der im Sommer 1944 mit der amerikanischen Armee auf der Insel gelandet war und sie für immer besetzte – das waren die Fünf, die sich suchten und fanden, um sich dort ein dolce vita à la caprese einzurichten.

Bei den beiden Gästen aus Böhmen erwachte wieder die Lust, jederzeit und bei jeder Gelegenheit zu feiern, wie sie es paradoxerweise vom schweren Charta-Jahr gewohnt waren. Und so zogen sie nach ihrer Schreib-Arbeit Abend für Abend von einer Trattoria zur nächsten, von einer Terrasse auf die andere, um zu essen, zu trinken und zu tafeln. Unter der Begleitung von Salvatores Gitarre sang er sogar nach vielen Jahren wieder. Über der Bucht von Neapel hallten die Melodien und Texte aus der Zeit im Städtchen Bělá pod Bezdězem während des Krieges und auch aus dem Julius-Fučík-Ensemble, nicht aus einer Nostalgie heraus, sondern im Gegenteil: vor lauter Freude, weil sie beide den zehnjährigen Krieg mit dem Regime – toi, toi, toi – mit ungebrochenem Geist und Körper überstanden hatten.

Nebenbei sollte ihn das Singen einmal vor einem Malheur retten. Am Tag seiner Rückreise nach Wien sollte er schon am gleichen Abend an einer Live-Sendung im österreichischen Fernsehen teilnehmen. Doch am Morgen erfährt er, dass die Besatzungen der Schnellboote, die zwischen Capri und Neapel fahren, wieder einmal ihrer Lieblingsbeschäftigung nachgehen – dem Streik – und dass das große Schiff nicht rechtzeitig für seinen Abflug das Festland erreichen würde. Pasquale, der sie zum Hafen bringt, wendet sich an den Kapitän, doch ihm fällt gar nicht ein, den Eilenden als einen Schriftsteller vorzustellen, sondern als einen Bariton, der abends in der Wiener Oper singen soll. Das Riesenschiff, das auch die großen Lkw mit sämtlichen Abfällen der Insel transportiert, wird statt der üblichen neunzig Minuten diesmal nur siebzig brauchen. Unter bewundernden Blicken wird sich der Dramatiker während der Überfahrt den Schal um den Hals wickeln, um die Stimme zu schonen.

Das paradiesische Capri schien außerhalb von Italien zu liegen, das gerade eine schwere Zeit durchmachte. In der Ermordung von Aldo Moro gipfelte der Angriff der terroristischen Roten Brigaden auf den schon durch die Mafia geplagten demokratischen Staat. Die fünf Caprioten nannten sich programmatisch nach der berühmtesten Attraktion auf der Insel Brigada azzurra, die Blaue Brigade. Der Hauptinhalt ihrer Tätigkeit war die erotische Bedienung der Touristinnen, vor allem der aus Skandinavien, die ihretwegen jedes Jahr wiederkamen und mit ihrem Lob für Zuwachs der Klientel sorgten. Die drei ruhigeren Mitglieder kümmerten sich um die Logistik, also um Werbung und Termine, während die eigentlichen Dienste von zwei Matadoren unermüdlich und kostenfrei gewährleistet wurden.

Die Tschechen beteiligten sie häufig am gemeinsamen Ausklang bei Gitarre und Wein, den die frisch Beglückten bereitwillig zahlten. Viel später erfuhr der Dramatiker, dass ihm dabei die Schlüsselrolle zugefallen war, von der er keinen blassen Schimmer hatte: Mit seiner angeblichen Berühmtheit hatten die Männer ihren Ehefrauen begründet, warum sie fast ihre ganze freie Zeit mit ihm verbringen, tags wie nachts. Zu Spitzennummern wurden die Inselrundfahrten mit dem Motorboot. In der Bucht vor dem öffentlichen Strand am Leuchtturm Faro mussten die Gespielinnen ins Wasser springen und so lange schwimmen, bis die Brigadisten mit den tschechischen Alibispendern die Klippe umrundet und ihren Ehefrauen und Kindern zugewinkt hatten, um danach schnell ihre Schönheiten aus dem Wasser zu fischen.

Insgesamt würde es mehr als fünfzehn Inselbesuche geben, jeweils drei bis sechs Wochen lang. Summa summarum ergeben sie fast ein ganzes Lebensjahr. Jedes Mal bringen sie eine beendete oder angefangene Arbeit zurück. Und jedes Mal erfasst sie das Kraftfeld dieser zehn Quadratkilometer mit den dünn bewaldeten Felsen, vollgestopft mit beeindruckender Geschichte. Immer wieder laufen sie kreuz und quer über die wenigen Fußwege, die die Überreste der Baudenkmäler aus allen Zeiten verbinden, und sie lassen die unzähligen Geschichten auf sich einwirken.

Die Geschichte der beiden Kaiser, Tiberius und Augustus, ist hier heutzutage noch am stärksten präsent, weil sie das Zentrum der Macht aus

Rom hierher versetzten und von der Villa Jovis aus fast die ganze damalige Welt beherrschten. Der beeindruckende Blick auf den Vesuv war für viele antike Dissidenten der letzte gewesen, aber auch für hohe Beamte und Senatoren, die von Sklaven über die steilen Treppen auf den Gipfel zum Palast des Herrschers getragen wurden, um von dort oben, diesmal ganz ohne Begleitung, ins Meer zu stürzen. Neapel sehen und sterben!

Die Geschichte des Schriftstellers Maxim Gorki, der hier seinem Lebensirrtum erlag, indem er die Bolschewiken, seine späteren Giftmischer, unterstützte; und die Geschichte von Lenin, der ihn hier kurz besuchte, und wem wohl hatte die Sowjetunion ein Denkmal auf Capri hingestellt? Ihm natürlich. Die hiesigen Faschisten pinselten es von Zeit zu Zeit nachts schwarz an, und die Angestellten des Munizipiums am Tag wieder weiß. Dadurch wurde der Anführer des Proletariats zusehends dicker. Paradoxerweise stand er auf der Via Krupp, nach einem Mann benannt, dem wegen seiner verbotenen Liebe zu Männern eine ähnliche Ehre versagt blieb, genauso wie dem Dichter Byron.

Die Geschichte der ›dottoressa‹, die hier beinahe zu einer Heiligen wurde, als sie viele Jahre lang mit einem kleinen Arztkoffer zu Fuß über die Trampelpfade zwischen den Dörfern und Einsiedeleien wanderte. Die Geschichte der Tochter von Heinrich Mann, Erika, die vor ihrem dominanten Vater hierher flüchtete und zum Trotz einen einfachen Matrosen geheiratet hat. Und dann natürlich auch noch die zwei auf der Insel allgegenwärtigen Geschichten: die von Axel Munthe, dem Autor von *Das Buch von San Michele*, der hier wie ein Gehetzter immer wieder seine Unterkunft wechselte, sowie die des genialen Curzio Malaparte, ein Günstling von Mussolini und deshalb privilegierter Autor, dessen Buch *Kaputt* die einzigen authentischen aus der Sicht der Achse Berlin–Rom geschriebenen Reportagen über den Zweiten Weltkrieg enthält.

Eine Geschichte für sich ist das Haus von Malaparte, den Kinoliebhabern aus Godards Film *Die Verachtung* bekannt, ein eindrucksvolles Werk der modernen Architektur mit einem langen Treppenaufgang, der zum Flachdach hin schmaler wird. In den großen Fenstern der Casa Malaparte stehen umrahmt wie lebende Bilder, die sich mit den Jahreszeiten wandeln, die Pinien und das Meer. Gebaut an einer der entlegensten Stellen der abgewandten Inselseite ist die Villa nur über einen äußerst steilen Pfad oder auf dem Wasserweg erreichbar. Als sich Malaparte auf seine alten Tage sogar auch noch für den Maoismus begeisterte und darüber in einen Streit mit der ganzen Familie geriet, schenkte er kurzerhand das Haus der Republik China. Den Beschenkten bereitete er aber ein Problem; seit Jahren lebte hier nur der chinesische Hausmeister, ein einsamer Robinson unter den langnasigen Weißen. Als die Schwestern nach Malapartes Tod den Kampf um das Haus eröffneten, verlor das mächtige Reich der Mitte verdächtig schnell den Prozess. Die Caprioten amüsierten sich schadenfroh, als die neuen Besitzerinnen es nicht erreichen konnten: Der Weg war für sie unpassierbar, und die Versuche, dort anzulegen, vereitelte ›il mare agitato‹, das unruhige Meer.

Die letzte noch lebende Legende durften die Tschechen aus Wien selbst miterleben, als Graham Greene in sein Haus auf Capri kam. Sie meldeten sich bei ihm an, um sich persönlich für seine nicht nachlassende Unterstützung in der Zeit der Charta 77 zu bedanken. Sie verbrachten in seinem Garten einen langen, heißen Nachmittag und einen großen Teil des Abends, aber von dem intensiven Gespräch blieb ihnen in Erinnerung, dass sie dank dem lebenslangen Training des Dramatikers unbeschadet in den richtigen Betten landeten. Denn gleich zu Beginn hatte Mrs. Greene einen Berg Eis gebracht und vier dicke Gläser sowie vier Flaschen des irischen Maltwhiskey hingestellt. »Damit jeder den Überblick behält!« Sie und ihr Mann brachen zwei weitere an.

Eine besondere Geschichte war die eines Freundes der Blauen Brigade, Peppino, der als Kind nach einer Hirnhautentzündung die Sprache verloren hatte. Eine Szene, die sich häufig wiederholte, faszinierte immer wieder aufs Neue: Ein gut aussehender, schwarz gekleideter Mittvierziger mit einer goldenen Kette um den Hals stößt geräuschvoll eine Salve unartikulierter Laute aus; seine Freunde, die ihn von Kindesbeinen an kennen, übersetzen diese problemlos in die menschliche Sprache und wiehern vor Lachen. Der Taubstumme erzählt Witze! Die sollte auch die Figur des taubstummen Bruders Bohuš im Theaterstück *Die Nullen* erzählen, das der Dramatiker viel später, wieder zurück in Tschechien, schreiben wird.

Anrührend ist auch ein kleines privates Drama mit glücklichem Ausgang. Bei einem der eingeübten Wechsel, bei dem die tschechischen Gäste die Wohnungsschlüssel übergaben und zusammen mit den deutschen Eigentümern die letzte Nacht im Haus vor der Abfahrt der ersten Fähre verbrachten, konnten sie noch den neuen Bikini der Tochter-Abiturientin loben, der ihren schlanken Körper unterstrich. Und weil die ältere Schwester kurz davor ins Kloster gegangen war, überraschte sie umso mehr der Brief der Eltern, den sie in Wien zwei Wochen später erhielten. Einen Tag nach ihrer Abfahrt habe die jüngere am späten Abend unter einer immer stärker werdenden Übelkeit gelitten. Der Rettungshubschrauber aus Neapel war damals noch nicht im Einsatz gewesen, es gab keine Fährverbindung mehr, und so blieb nur der Notdienst unten in der Stadt übrig. Dort hatte gerade ein Zahnarzt Dienst. Nichtsdestotrotz habe er das Mädchen untersuchen wollen, während die Eltern im Warteraum darüber nachgrübelten, was man weiter tun könne. Ein Kinderschrei riss sie aus den Gedanken. Das nichtsahnende Fräulein, bei dessen Erziehung offensichtlich die katholische Keuschheit dominierte, brachte auf dem Zahnarztstuhl einen voll ausgetragenen Jungen zur Welt. Der kleine Benjamin wurde zum Maskottchen der Stadt Anacapri. Beim Erscheinen dieses Buches wird aus ihm gerade ein deutscher Neurochirurg ...

Auch eine Hundelegende gehört hierher. Der Held war ein fast zwanzigjähriger Basset namens Gastone, der sein ganzes Leben lang auf der Strecke zwischen Anacapri und Capri reiste. Als ihn ein Ort langweilte, was mehrmals am Tag geschah, schlenderte er zum oberen beziehungsweise unteren Ende der Hochstraßenestakade und betrat die Fahrbahn. Weil auf der Insel nur eine begrenzte Anzahl der genehmigten Wagen verkehrte, wusste der Fahrer jedes Pkw, Kleinlasters oder Kleinbusses, dass er bremsen, den Anhalter ins Fahrzeug tragen und an das andere Ende der Strecke transportieren musste. Als auch das für Gastone zu mühsam war, tauchte er nur auf der Piazza in Anacapri auf, und zwar ausschließlich um Mitternacht, als wäre er der Geist des Hundes von Hamlets Vater.

Die Aufenthalte auf der magischen Insel sollten auch den Zugang zu italienischen Düften und Aromen eröffnen. Vor allem Adelmo war ein ausgezeichneter Koch. Ihm wird der Dramatiker für immer für ein Gericht dankbar sein, das er in seiner persönlichen kulinarischen Rangliste direkt hinter den Linsen mit Reis und den böhmischen Obstknödeln platzierte. Damals stand jenes Gericht, weil es zu schlicht und zu preiswert war, auf keiner Speisekarte, wurde aber überall auf Wunsch zubereitet, mit der lobenden Bemerkung, der Gast sei ein Kenner und Feinschmecker. Noch zwanzig Jahre später wird der Autor mit dem Aglio-Olio-Rezept von Adelmo in seiner Samstagskolumne angeben.

Den zweiten Sommer auf Capri verbrachte mit ihnen zum Teil der Hamburger Redakteur des »Stern«, Jürgen Serke, schon damals als Autor der bedeutenden Anthologie *Die verbrannten Dichter* bekannt, Porträts deutscher Schriftsteller, deren Bücher die Nazis auf den Marktplätzen ins Feuer warfen. Auf Capri begann er, die zweite Folge zu schreiben, mit dem Titel *Die verbannten Dichter*, der den Exilautoren aus den Ländern des Sowjetblocks gewidmet war.

Das Buch wurde ergänzt von eigenartigen Fotos eines sehr verschlossenen, aber außergewöhnlich freundlichen Fotografen aus Hamburg, Wilfried Bauer, dessen Lebenswerk in hervorragenden Aufnahmen uralter Bäume bestand, die er auf seinen Reisen über die ganze Welt suchte. Im Winter 2005 zündet er in seiner Hamburger Wohnung das Archiv mit allen Negativen an und springt wie eine brennende Fackel aus dem Fenster ...

Weil sie so oft auf der Insel waren und er die Zeit dort so intensiv erlebte, selbst wenn er etliche Stunden auf der Terrasse an der glühenden Schreibmaschine verbrachte, konnte der Dramatiker in die nationale Mentalität eindringen, die ihm anfangs ziemlich fremd war. Als einen ›Prager Preußen‹ stießen ihn jegliche Ungenauigkeit und Unpünktlichkeit ab, die hier auf der Tagesordnung standen, und manches fand er geradezu absurd.

So machte man ihn auf Schiffe an der rechten und der linken Seite der langen Mole Mergelino aufmerksam. Die sichtlich veraltete Flotte links bildeten die Barken der Zollbehörde. Die eleganten schwarzen Boote rechts sahen schon auf den ersten Blick moderner aus – sie gehörten den Schmugglern. Wenn sie die Nachricht bekamen, dass sich ein Schiff mit versteckter Ware näherte, schafften sie es, diese auf offenem Meer umzuladen und zu verschwinden, bevor die Zollbeamten am Horizont erschienen. Das wusste jeder, aber ein Richter in der Demokratie wird erst dann tätig, wenn der Kläger den Schuldigen ergreift, und das war technisch unmöglich.

In jenem Jahr trat der Premier Bettino Craxi ins Amt und erklärte der Unterwelt in Neapel den Krieg. Schon beim nächsten Besuch sahen die Tschechen supermoderne Boote mit sichtlicher Fülle an Pferdestärken auf der staatlichen Seite liegen, und noch im selben Sommer wurde der Kampf entschieden: Viele Villen auf Capri verwaisten, weil sie den nun angeklagten Mitgliedern der örtlichen Camorra gehörten. Nur wenige Jahre später wird ihr Bezwinger Craxi von der unerbittlichen italienischen Justiz der Korruption überführt; er rettet sich mit einer Flucht nach Afrika und stirbt im Exil.

Aus seinem Vaterland kannte der Dramatiker ähnliche Absurditäten, und gerade ihretwegen funktionierte es trotz seiner Möglichkeiten und Fähigkeiten nicht. Italien war ein Land, wo fast alle zu spät zur Arbeit kamen und wo man sich selten auf eine Verabredung verlassen konnte, doch es war gleichzeitig eine erfolgreiche und blühende Großmacht, die neben einer ausgezeichneten Küche auch Weltniveau in Design bot, an Mode, Autos, Wein, Fußball, Film und was es sonst noch alles gibt. In einem bestimmten Augenblick wird er den Zusammenhang blitzartig herstellen und begreifen, warum das so ist.

Wie fast jeden zweiten Abend saß er auf der Piazzetta in Anacapri und beobachtete von der Pizzeria-Terrasse aus das allnächtliche Theater unter ihm, das an die menschengefüllten Bilder von Breughel erinnerte, an die ersten Filme von Forman und die besten Inszenierungen von Peter Brook. Ein zur Musik aus dem Kofferradio tanzendes Pärchen, leidenschaftlich diskutierende, eine Zigarette nach der anderen rauchende Greise, endlos tratschende Weiber mit ihren Einkaufsnetzen zwischen den Füßen und dazwischen ein ungestört arbeitender Straßenkehrer, auf jedem seiner Schritte von seinem ergrauten Hund begleitet, ein mit der Verkäuferin flirtender Carabiniere, die Melonen und Brüste gleicher Größe feilbietet, kreischende Mädchen, die Verstecken spielen, und kickende Jungen, denen aus der offenen Kirchentür der Pfarrer gekonnt ihren Ball zuspielt, all das strahlte so eine Dynamik und so eine freudige

Kraft aus, dass er überwältigt wurde. Er hat begriffen: Die Italiener fanden das Gleichgewicht zwischen der Elementarkraft der Alten Welt und der tatkräftigen Rationalität der Neuen.

Auch wird er darüber belehrt, wie man am besten das Problem des lokalen Patriotismus, ja gar des Nationalismus, lösen kann. Er spürte ziemlich bald, dass sich die Caprioten für etwas Besseres als die anderen Italiener hielten. Als er darüber mit dem Brigadenchef Pasquale sprach, bekam er eine Erklärung unter vier Augen: Wir haben uns von den Italienern schon längst getrennt, haben es ihnen aber lieber nicht gesagt!

Als der Dramatiker, endlich wieder in Prag, seinen Siebzigsten feiern soll, wird er sich ein riesiges Fest in Mánes verbieten, auf dem er zweihundertmal die Hand zur Begrüßung und zweihundertmal zur Verabschiedung drücken müsste, während sich die anderen auf seine Kosten fröhlich den Bauch vollstopfen und die Kehle volltrinken würden. Stattdessen packt er für fünf Tage und Nächte eine fünfköpfige, gut ausgewogene Familien- und Freundesdelegation zusammen – die Stieftochter Jolana mit ihrer Tochter Anna, den Sohn des eigenen Sohnes Mikuláš, die ›späte Schwester‹ Gerda Neudeck aus Wien und den Kollegen Alexander Kliment aus Prag –, und auf der Insel Capri, unter Arco naturale, über Spaghetti mit Knoblauch und Öl, bei einheimischem Wein und neapolitanischer Musik, werden sie zwischen Zypressen, Zikaden und Zithern glücklich und fröhlich wie Kinder bei einem Schulausflug sein.

62. KAPITEL

Abseits werf' ich meinen Filz ...

Die Mephistos des Sowjetblocks verführten nicht nur die eigenen Landsleute; sie brachen auch den Charakter von Menschen in der freien Welt, wenn sie diese als Sprachrohr oder Aushängeschild brauchten. Die Dramatiker Havel und Kohout waren traurig und verwundert, als sie am Anfang der siebziger Jahre von dem bedeutenden Bohemisten und Übersetzer Peter Künzel in der deutschen Presse beschuldigt wurden, sie hätten mit ihrem übertriebenen Radikalismus die Okkupation ihrer

Heimat durch die Armeen des Warschauer Paktes mitverschuldet. Es war ein Leckerbissen für die Husák'sche Propaganda, und der Ankläger verdiente sich verschiedene Privilegien einschließlich langer Aufenthalte im Schloss der tschechischen Schriftsteller. Zwanzig Jahre später wird er anhand der Archive als offizieller Spion, Denunziant und Provokateur enttarnt, bezahlt vom tschechoslowakischen Aufklärungsdienst und später von der Staatssicherheit – und zwar bereits seit seiner Abschiebung aus dem Sudetenland nach dem Krieg!

Ähnliche paradiesische Früchte hätte auch der belgische Theaterregisseur Walter Tillemans ernten können, wenn er auf dem Prager Hradschinplatz am 11. Januar 1977 bei der Verhaftungen der ersten Charta-Unterzeichner seinen Blick abgewandt oder die offizielle Version bestätigt hätte, dass die Hüter des Gesetzes einen Drachen namens Jelena Mašínová daran hindern mussten, dieselben totzubeißen. Aber der junge, bärtige Flame, der an die Kapitäne holländischer Segelschiffe erinnerte, schrieb noch am selben Tag dem tschechischen Kultusminister, dass er keine Stunde länger Gast eines Staates bleiben möchte, der seinen bewaffneten Dienern erlaube, andersdenkende Bürger, ganz zu schweigen von Frauen, zu schlagen und zu entführen! Damit landete er auf der Liste der unerwünschten Personen.

Die Inszenierung, die er mit ihm damals in Prag besprechen wollte, sah der Dramatiker zwei Jahre später schon als Verstoßener. Sein *Colas Breugnon oder Gott in Frankreich* nach dem Roman von Romain Rolland wurde auf der Szene des altehrwürdigen Theaters Bourla in Antwerpen zur Visitenkarte eines begnadeten Künstlers. Obwohl er vier Sprachen beherrschte und ein wandelndes Lexikon war, verfügte Walter Tillemans auch noch über einen besonderen Instinkt: Er konnte sowohl aus den Höhen des Intellekts als auch ›aus dem Bauch‹ die Dramaturgie und die Regie führen. Ein ganzes Jahrzehnt lang galt sein Theater als eines der besten in Europa.

Das Raamtheater, errichtet in einer ehemaligen Kaufmannsbörse, deren runde, von Säulen gestützte Galerien die bürgerliche Version des elisabethanischen Globe verkörperten, war so flexibel wie sein Gründer und ersetzte dem Dramatiker das verlorene tschechische Theater nachhaltiger als das majestätische Burgtheater. Nach *Colas* folgten *Play Mak-*

beth, *August August, August* und dessen Kurzfassung für Kinder, dann kamen *Attest, Marie kämpft mit den Engeln, Patt oder Spiel der Könige, Reise um die Welt in 80 Tagen*, die Bühnenbearbeitung von *Sommernachtstraum, Hamlet, Geschichten aus dem Wiener Wald* und letztendlich auch von *Cyrano*. Auch das Stück seiner Frau *Ádiedi* kam dazu. Es waren ein Dutzend Titel, ein Dutzend Festtage. Trotzdem gab es nicht ein Zuviel an Kohout; ein reiches Repertoire moderner und klassischer Stücke aus dem eigenen Land und aus der ganzen Welt, hauptsächlich für ein junges Publikum, stand auf dem Programm. Und weil sich das Flämische zum Holländischen so ähnlich verhält wie das Tschechische zum Slowakischen, wurde das Haus auch zum Treffpunkt der Theaterbegeisterten aus den Niederlanden.

Das Temperament und die Ausdauer des Regisseurs kannten keine Grenzen, und die Art und Weise, wie er aus den Schauspielern das Maximum an Wahrhaftigkeit, Spontaneität, aber auch unentbehrlicher Präzision und letztendlich auch Wirksamkeit herausholte, die das Ganze zum Publikum transportierte, suchte seinesgleichen. Er konnte mit minimalen Mitteln die Imagination der Zuschauer wecken und in ihnen ein bleibendes Erlebnis hinterlassen. Eines seiner Projekte, vom Umfang her vielleicht das kleinste, sollte trotzdem zum Mount Everest des Dramatikers werden.

Als ihn Tillemans mit der Bitte überraschte, er solle für das Raamtheater und seine damals sechs Herren und zwei Damen starke Truppe sein Schicksalsstück, den *Cyrano* von Rostand, ›verkleinern‹, eröffnete sich ihm die Möglichkeit, seinen endlosen Konflikt mit diesem Text, der ihm schon in der Kindheit die Tür zur Welt des Theaters geöffnet und ihn mit seinen Tugenden und Lastern angesteckt hatte, von Grund auf zu klären. Sein ganzes Leben lang sollte er sich, wie andere mit der TBC, mit einer multiplen Krankheit namens BBB auseinandersetzen – Ballast, Bombastik, Banalität. Immer wieder wird er nach riskanten Genremitteln im Grenzbereich suchen, mit denen er auch oberflächliche, amusische oder gar zynische Zuschauer erreichen und ergreifen könnte. Und jetzt wollte er die Lauterkeit des Stückes von Rostand dadurch hervorheben, dass er es von allem, was billig und gefällig war, befreite.

Zum Ausgangspunkt wurde die leere Bühne, die Rostand persönlich in Form seiner Bühnenanweisung unter Begleitung realer Geräusche vor jedem Akt suggestiv beschreibt, damit sich die Zuschauer selbst die Szenerie vorstellen können. Dann wirft er den schwarzen Mantel ab, setzt sich eine lange Pappnase auf, die ihm um den Hals baumelte, und wird zum Cyrano. Der Bearbeiter operierte all das heraus, was vom Kern des Stückes ablenken könnte – von Roxanas tragischem Irrtum, die zu spät erkennt, dass sie nicht das Gesicht des hübschen Christian liebte, sondern die Seele des langnasigen Raufbolds, der in die Rolle des Souffleurs verbannt wurde. Die Fassung trug wegen der minimalen Besetzung und Mittel den Titel *Der arme Cyrano!*

Tillemans ließ die Gesichter aller acht Schauspieler weiß schminken, und sein Kostümbildner Bob Verhelst, ein in der ganzen Welt gefragter Designer für Männermode, kleidete sieben von ihnen mit weißen Jeansanzügen und weißen Turnschuhen ein. Wie ein exotischer Vogel, in blauer Jeans und blauen Schuhen, wirkte der Held, der sich bei den berühmten Monologen selbst wie ein Rocker mit seiner Gitarre begleitete. Man spielte vor einem weißen Segeltuch, das von zwei hohen Ständern hing und bis zur Rampe reichte. Am Ende jedes Aktes hob es sich mit Hilfe von Seilen, begleitet vom mächtigen Geräusch einer Meereswelle, als würden die Figuren weggespült, damit sich die Bühne leer und rein für den nächsten Akt präsentieren konnte.

Aufgrund der großen Zahl seiner Premieren erlebte der Dramatiker vielleicht alles, was einem Theaterautor passieren könnte; von der Verzweiflung, wenn man die Schande nur mit versteinerter Miene aushalten kann, bis hin zum Glück nach einem extremen Erfolg. Aber als am 18. Dezember 1982 Cyrano, dargestellt von dem hervorragenden Karel Vingerhoets, den Kampf gegen den »stumpfnäs'gen Wicht« beendete und vom oberen Portal ein einziges Baumblatt unwirklich langsam schwebend herabfiel, hielt die Stille im Saal an, obwohl bereits alle Darsteller zum Schlussapplaus auf die Bühne traten. Auch nachdem die Zuschauer zu Ende geklatscht hatten, blieben viele auf ihren Plätzen sitzen, um das Erlebte ausklingen zu lassen. Der Dramatiker blieb auch, und er betrachtete die nun vom Arbeitslicht beleuchteten schmutzigen, abgewetzten Bretter mit dem Gefühl, dass sie tatsächlich nicht nur die Welt bedeuten können, sondern auch den ganzen Kosmos des Menschlichen.

Dem *Armen Cyrano* folgten noch weitere Bearbeitungen. In einem Experiment, das den Dramatiker am meisten zufriedenstellte, weil er deswegen sogar das Deutsch Hebbels lernte, wurden alle drei Teile der *Nibelungen* zu einem einzigen Abend komprimiert und dazu noch mit einem Kammerensemble aufgeführt; auf der Bühne spielte sich ein alt-germanischer blutiger Thriller ab. Neben den Originalstücken und den freien Bearbeitungen schienen ihm die ›Verkleinerungen‹ als Versuche, zum Kern der Geschichte zu gelangen und dabei das lebende Gewebe des Werkes nicht zu beschädigen, künstlerisch gleichwertig zu sein.

Walter Tillemans war der Achilles des Theaters; und auch er hatte eine verletzliche Ferse: Er war kein glücklicher Verwalter, und dazu hatte er noch einen schlechten Buchhalter. Das Raamtheater kam in finanzielle Turbulenzen, und in einer kritischen Phase erlitt der Meister einen Herzinfarkt. Er überlebte es, aber wie wenn ein Mensch plötzlich seine Sehkraft, sein Hörvermögen oder seinen Geruchsinn verliert, so verließ ihn mit einem Mal die wilde und nicht nachlassende Lust auf das Theater.

Als ihn sein Stammautor zu Beginn des neuen Jahrtausends wieder besucht, wird er mit der ihm angeborenen Leidenschaft einen Weinberg bewirtschaften, der zwei anständige Tropfen erzeugt, einen weißen und einen roten, De Witte und De Rotte – der gute Flame Colas Breugnon lebt weiter!

Und so stoßen sie auf die Hoffnung an, sich noch einmal in dem endlosen Streit zwischen Autor und Regisseur um das wahrhaftigste Verhalten erdachter Personen begegnen zu können.

63. KAPITEL

Die Nation im Exil

Eine Nation ist das höchste gesellschaftliche Gebilde, das durch die geschichtliche Entwicklung der Menschheit entstand. Das Exil ist hingegen eine ewige Wanderbewegung in der menschlichen Geschichte. Welche Beziehung besteht zwischen ihnen?

In der Geschichte des tschechischen Volkes spielte das Exil eine besondere Rolle. Die militärische Episode vor dem Lustschloss Stern auf
dem Weißen Berg bei Prag im Jahre 1620, mehr ein Scharmützel als eine
Schlacht, hatte Böhmen am Ende höheren Blutzoll abverlangt als der
ganze Erste und Zweite Weltkrieg zusammen. Nach dem Dreißigjähri-
gen Krieg sank die Bevölkerungszahl Böhmens auf den Stand des Mit-
telalters, und mit den Folgen des Eigentumswechsels werden sich Gerichte noch vierhundert Jahre später bei den Restitutionen befassen. Die
protestantische Geisteselite, soweit sie nicht hingerichtet wurde oder
sich nicht mit der katholischen Macht arrangierte wie später manche
Künstler mit den Kommunisten, verließ ihre Heimat und irrte durch die
Fremde. Die kühnsten versuchten, ihre Heimat mit schwedischen
Schwertern zu befreien, und erlebten eine tragische Niederlage durch
die böhmischen Studenten, deren Geist und Arme inzwischen in der Art
der damaligen Normalisierung von den Jesuiten beherrscht wurden.
Und einer der Exilanten, der evangelische Geistliche und Schriftsteller
Jan Ámos Komenský, in Europa Comenius genannt, sorgte als Spitze der
Pyramide dafür, dass die tschechische Intelligenz den Grundstein für
das Bildungswesen in der ganzen Welt legte.

In der Zeit der Monarchie ging man selten ins Exil, sie war so groß,
dass man frei herumwandern konnte, um ein besseres Los zu finden, so
wie es jetzt auch in der europäischen Union allmählich der Fall ist. Immer mehr politische Flüchtlinge gab es erst, als die tschechischen Bemühungen um Ausgleich versagten, wie es den Ungarn gelang. Die Spitze
der Pyramide wurde diesmal ein Hochschulprofessor aus Mähren, Tomáš Garrigue Masaryk, der nach dem Ersten Weltkrieg versuchte, in Europas Mitte eine zweite Schweiz zu errichten. Leider schlug die Weltwirtschaftskrise wie die Keule der Zyklopen auf die damals prosperierende
Tschechoslowakei: Infolge der Krise wandte sich nach dem nächsten
Krieg eine breite Bevölkerungsmasse der Hoffnung namens Kommunismus zu.

Zwischen den Kriegen emigrierte man vor allem aus Armut, und Chi-
cago wurde nach Prag die zweitgrößte tschechische Stadt; bald gab es
dort den tschechischen Bürgermeister Čermák. Dann kam das Jahrhundert richtig in Fahrt, und es folgten drei Flüchtlingswellen. Nach 1938

wollten sich die Juden vor Hitler retten, nach 1948 die Demokraten vor Stalin und nach 1968 alle, einschließlich der Reformkommunisten, vor Stalins Nachgeborenen. Im Jahr 1977 schlossen sich noch einige Dutzend Charta-Unterzeichner an. Zwischen diesen Wellen verließen viele Einzelpersonen die Heimat, weil sie dazu gezwungen wurden oder sie sich selbst dazu entschlossen.

Jede dieser Wellen schuf sich zahlreiche Organisationen, in denen die Flüchtlinge versuchten, neben ihren eigenen auch die wirklichen oder vermeintlichen Interessen des Heimatlandes zu vertreten. Im Ersten Weltkrieg vereinte sie Masaryk erfolgreich mit dem Ziel, die selbständige Tschechoslowakei zu gründen. Zu ihrer Wiedergeburt rief im Zweiten Weltkrieg Eduard Beneš von London aus alle Exilkräfte zusammen, doch er konnte nicht verhindern, dass in Moskau ein zweites Zentrum entstand, in dem Stalins Günstling Gottwald sogar für die eigenen Genossen Galgen vorbereitete. Einige Jahre später, im Jahre 1948, verstanden einige Politiker im antikommunistischen Exil nicht, dass unter veränderten geopolitischen Bedingungen das Modell einer Auslandsregierung nicht wiederholbar ist, und begannen, Teilregierungen zu gründen, die sich an Peinlichkeit gegenseitig überboten.

Jede Welle brachte ihre Ressentiments, Zuneigung und vor allem Hass mit sich, und all das durfte endlich frei und ungestraft gezeigt werden. Im Souterrain des Exils herrschte die Denunziation – die verschiedenen Verbände und Organisationen schwärzten sich gegenseitig bei den Institutionen ihrer neuen Heimat an – sowie Verleumdungskampagnen in der Landsmannschaftspresse, deren Niveau mit der Zeitschrift »Studiosus« vergleichbar war, die der kleine Junge in der Schule herausgegeben hatte.

Auch in Österreich, der neuen Heimat des Dramatikers, gab es eine starke Minderheit der tschechischen Emigranten, deren Wurzeln weit in die Monarchie reichten, und auch die Erste Republik sorgte für viel Nachwuchs. Damals hatte es einige Dutzend tschechischer Schulen gegeben; nach Hitlers Einmarsch, als sich die meisten Landsleute aus Angst zur deutschen Sprache bekannten, reduzierte sich ihre Anzahl auf ein halbes Dutzend, und nur eine einzige überlebte den Krieg. Kein Wunder, dass sich um diese Schule ein politischer Kampf entfachte mit absurdem Ergebnis: Damit die alte Minderheit, die sich beinahe militant von den ehemaligen Kommunisten im Exil abgrenzte, ihren Einfluss nicht verlor, ließ sie sich von den in Prag herrschenden Kommunisten unterstützen und auch ideologisch beeinflussen. Dieser ›Katzenhund‹ sollte einen fatalen Nachwuchs bekommen.

Gerade zu der Zeit der Charta 77 beschloss die österreichische Regierung, einen Beirat für die Angelegenheiten von Minderheiten zu gründen. Die tschechische konnte bei ihren Bemühungen für eine möglichst starke Vertretung mit der Unterstützung der neu Angekommenen rechnen, die hier viele Sympathien seitens der politischen Elite und der Öffentlichkeit bekamen. Dass die Vertreter der alten Minderheit diese demonstrativ ablehnten, hing wiederum damit zusammen, dass einige von ihnen mit Prag kokettierten, ja fast kollaborierten. Die kleinlichen Streitereien verzögerten zwar die Teilnahme im Beirat, dafür aber festigten sie die persönlichen Positionen der Einzelnen. Um so wichtiger waren alle Tschechen, die über den gegenseitigen Streitigkeiten und Unlieben standen und die gemeinsame Sprache auf ein Qualitätsniveau erhoben, das der gemeinsamen Sache diente.

Zum Verwalter der Flüchtlingswelle nach 1968 wurde der ehemalige Sozialdemokrat und politische Häftling Přemysl Janýr. Viele warnten den Dramatiker vor dessen steifer und zugeknöpfter Art, doch er schätzte ihn immer mehr, als er seinen endlosen Kampf in zwei Richtungen beobachtete: zum einen gegen die unfreundlichen Immigrationsbeamten – einige von ihnen lebten so ihren antitschechischen Komplex aus, typisch für die Vertriebenen aus den Sudentengebieten –, zum anderen gegen die Unwilligkeit eines Teiles der jungen Charta- und Undergroundanhänger, das österreichische Asyl mit eigener Disziplin zu würdigen; ihren Vorstellungen von der Freiheit entsprach selbst die Demokratie nicht. Přemysl Janýr gründete und leitete jahrelang den Kulturklub der Tschechen und Slowaken und bemühte sich, wenn auch meist vergeblich, die Neuen mit den Alten zusammenzubringen.

Die Schlüsselfigur für die Tschechen in Wien war Karel Schwarzenberg, genannt Kary, der seinen Fürstentitel auf seinen Visitenkarten gegen den Forst- und Gastwirt-Titel austauschte. Der gläubige Katholik schien die Bedeutung des großen Einflusses und des Vermögens, zu de-

nen er nach der Adoption durch seinen Onkel gekommen war, vielmehr
wie eine Verpflichtung gegenüber seinen Nächsten zu verstehen. Der
Dramatiker war hingerissen von der sonderbaren Mischung aus Herz-
lichkeit, Intelligenz, Großzügigkeit und auch einer Art Verrücktheit, mit
der er beispielsweise in der Lage war, zu einer Hausparty lange nach der
Verabschiedung aller Gäste zu kommen und bis in das Morgengrauen
mit den einschlafenden Gastgebern über die tschechische Geschichte zu
diskutieren. Er bewunderte seinen Hunger nach Leben, das er sich immer wieder von Frauen verkomplizieren ließ. Er staunte über seine un-
sinnige Großzügigkeit gegenüber den Schmarotzern und über die
Nichtbeachtung seiner treuesten Seele, Gerda Neudeck, die sieben Tage
in der Woche für ihn da war und trotzdem manchmal Jahre auf ein Wort
des Dankes warten musste. Er schätzte ihn wegen seines beständigen Engagements für die Rückkehr der Demokratie in seine Heimat und wunderte sich später über seine Auffassung der Kanzlertätigkeit auf der Prager Burg, die eher wie der Dienst bei einem Monarchen anmutete. Und
er wird ihm großen Respekt dafür zollen, wenn er 2010 als Gründer der
neuen Partei TOP 09 den Impuls für eine grundlegende Reform in die
tschechische Politik einbringt.

Eine andere zentrale Gestalt der tschechischen Politik war in Wien
Zdeněk Mlynář, ein hochgebildeter Mensch, Entomologe und Polito-
loge. Im Jahr 1968 war er das Gehirn des Reformflügels der KPTsch und
einer der Paten der Charta 77, der sich sogar beim Soljanka-Kochen wie
ein Pokerspieler verhielt, als er sein Rezept nicht verraten wollte. Er imponierte mit seiner Fähigkeit, sich mit den führenden Demokratenper-
sönlichkeiten im Exil zu verständigen, so dass die Hauptströmung dann
in der Lage war, eine einheitliche Strategie zu verfolgen. Er beeindruckte
mit zwei Leidenschaften: durch die Fachaufzucht von Schildkröten, die
genauso geheimnisvoll waren wie er selbst, sowie durch seine tiefe Überzeugung, dass er die Erneuerung der Kommunistischen Partei mit Hilfe
seines langjährigen Freundes Michail Gorbatschow zu Ende führen
würde. Im November 1989, am Morgen nach dem Fall des Regimes, ruft
er den Dramatiker an und warnt ihn, auf keinen Fall gleich nach Prag zu
reisen und in der Euphorie politischen Selbstmord zu begehen. Wenige
Stunden später entscheidet er sich plötzlich, seinerseits dorthin zu fah-

ren und begeht in einer Fernsehdiskussion den Suizid selbst, indem seine Vorstellung von der zukünftigen Ausrichtung der Tschechoslowakei, die den ›Prager Frühlings‹ fortsetzen soll, den Geist des Augenblicks vollkommen verfehlt. Danach wird er noch von den Medien fälschlicherweise beschuldigt, an dem Einmarsch der Warschauer-Pakt-Armeen beteiligt gewesen zu sein, und als Kopf des Linken Blocks überlebt er dessen Niederlage nicht lange.

Von den auswärtigen Persönlichkeiten, die der Dramatiker oftmals in Wien und sonst wo in der Welt traf, mochte er besonders Jiří Pelikán. Er schätzte seinen Elan, seine Deutsch-, Französisch-, Englisch- und Italienischkenntnisse sowie seine Bereitschaft und Fähigkeit, mit andersdenkenden Menschen zusammenzuarbeiten. In der Region Mailand erlebt er aus nächster Nähe seine Wahlkampagne für das Europaparlament; bei der Wahl schlug er dank seinem Charisma und seiner Botschaft die Elite ortsansässiger Kandidaten einschließlich des berühmten Theaterregisseurs Giorgio Strehler, um für zwei Wahlperioden in Brüssel und Straßburg die Interessen seiner künftig freien Heimat zu vertreten. Der Dramatiker verstand sich gut mit ihm, auch darin, wie sie beide versuchten, ihre persönlichen Denkfehler der Nachkriegszeit zu korrigieren.

Jiří Gruša hatte er schon lange gern, und seitdem er ihn in Wien bei seiner Ausreise aus Tschechien über den Ozean vorübergehend untergebracht hatte, trafen sie sich, so oft es nur ging. Mit ihm erlebte er die schwere Geburt der Fibel für tschechische Kinder im Ausland, und als in Prag sein Sohn unerwartet starb, veranlasste er, dass Gruša sein dickes Buch *Ende der großen Ferien* ins Deutsche übersetzen konnte, damit er auf andere Gedanken kam. Ins Herz schloss er auch seine deutsche Frau Sabine, die erreichte, dass sich dieser großer Geist nicht mehr durch die chronische Missachtung der eigenen Gesundheit gefährdete. Später wird sie nicht nur die Stadtbibliothek in der deutschen Hauptstadt Bonn leiten, sondern zugleich als Gattin des tschechischen Botschafters Menus für Bankette organisieren. Der Dramatiker wird sich kein geeigneteres Paar für die tschechische Burg vorstellen können.

Die Entdeckung für ihn war Pavel Tigrid, der Herausgeber der ältesten und bekanntesten Exilzeitschrift »Das Zeugnis«. Er imponierte ihm vor allem dadurch, dass er es schaffte, als einer der aktivsten Gegner der

Kommunisten über seinen Schatten zu springen und sich ohne Vorurteile mit jenen zu verbünden, die sich dem Kampf für Demokratie und Freiheit anschlossen. Schon beim zweiten Besuch des Paares aus Wien in Paris, als Tigrid erfuhr, dass die beiden noch nie *frutti di mare* gegessen hatten, lud er sie ins La Coupole ein und ließ einen ganzen Berg von Meeresgetier auffahren. Er weckte für immer ihr Gefallen daran und beseitigte dabei auf einen Schlag alle trennenden Schranken zwischen ihnen.

Urgesteine der tschechischen Szene in Wien waren Lída und Alois Englander. Lojsitschek, wie er allgemein genannt wurde, war österreichischer Jude aus einer reichen Familie, die rechtzeitig aus Prag hatte flüchten können. Von dort brachte er die bildhübsche und hochbegabte Schauspielerin Lída Matoušková nach Wien mit. Gemeinsam verwandelten sie nach dem Panzer-August 1968 alle ihrer Quartiere zu Schlafstätten für diejenigen, die hier darüber nachdachten, ob sie die Rückkehr in den vertrauten Käfig riskieren oder die unbekannte Freiheit wählen sollten, die ihnen wie ein Hochseilakt ohne Netz vorkam. Auch später halfen sie mit Rat und Tat den Menschen zu Hause und im Exil; nicht wenige, für beide Seiten geheimen Treffen fanden in ihrer Wohnung in der Straße Am Graben in Wien statt. Er blieb bis zu seinem letzten Atemzug ein Playboy; sie verabschiedete ihn, wenn er bereits als schon recht alter Herr von jüngeren Freunden auf ein Gläschen mitgenommen wurde, mit ihrem berühmten Ausruf: »Nicht dass du dich zu Tode vögelst!« Sie selbst war und bleibt eine wunderbar vornehme Dame, die eines Tages nach seinem Tod allen Freunden ausrichten lässt, sie wird sie nie mehr empfangen, um ihnen die Erinnerung an ihr Antlitz nicht zu zerstören.

Den engsten Umkreis des Dramatikers bildete neben dem Sohn Ondřej, der Schwiegertochter Eva und ihrem Mikuláš auch die ältere Tochter Kateřina, die nach dem Abschluss der Hotelfachschule Luzern in Zürich arbeitete. Ihre Offenheit und allzeit gute Laune erfreuten ihn und munterten ihn auf, umso mehr wird es ihm leidtun, dass sie im Familienkrieg, den die jüngere Tochter Tereza in den Medienkommentaren zu ihrem Buch *Indianerlauf* erklärt, nicht zur Vermittlerin wird, sondern, ganz anders als ihr Bruder, zur streitbaren Partei gehört. Dieser Streit wird erst nach zwanzig Jahren allmählich abklingen.

Auch ein weiterer Teil seiner Familie im Exil, wohin es sie ebenfalls wegen der Charta verschlagen hat, machte sich recht gut. Die Schwägerin, Architektin Helena Bukovanská, fand ohne Probleme Arbeit in führenden Ateliers, ihr Mann Jiří Tykal wird als technischer Geologe eine Karriere machen, die man unter den gegebenen Bedingungen als einzigartig bezeichnen kann: Mit dem Handicap des tschechischen Akzents, verstärkt noch durch einen Sprachfehler, den Smetana in seiner Oper *Die verkaufte Braut* in einer Stotterarie vertont hatte, fällt er nicht unter die Sozialhilfeempfänger; er schafft es, sein Abitur auf Deutsch nachzuholen, und dank seines Könnens und Fleißes erreicht er den Titel eines österreichischen Regierungsrates.

In Prag war der Dramatiker der Vormund der Töchter von Jan Procházka, des vom Regime zu Tode gehetzten Schriftstellers. Nach dem Tod ihres Vaters wurde die jüngste, Krista, von ihrer Mutter und den zwei älteren Schwestern als Aschenputtel betrachtet. Als sie ihn Ende der achtziger Jahre anruft, sie sei mit ihrem Liebsten nach Österreich abgehauen, heißt er sie in Wien willkommen und nimmt die nur Tschechisch sprechende Zwanzigjährige wieder in seiner Familie auf. Als ihr eifersüchtiger Maler sie später vor lauter Liebe umbringen will und bereits die ganze Wohnung trauerschwarz anstreicht, findet Krista ein Geheimversteck auf dem Kohlmarkt. Ihr ehemaliger Vormund wird währenddessen mit dem Rasenden von Kneipe zur Kneipe ziehen und ihn mit Alkohol und mit eigenen Liebesdramen abfüllen, um ihn davon zu überzeugen, dass es besser ist, das Leben in der Umarmung einer anderen zu verbringen als im Knast. Bald darauf wird der Beinahemörder Jiří Klösel Erfolge sowohl bei Galeristen als auch bei Frauen verzeichnen. Sie wird zwar nicht eine Schriftstellerin wie ihre Schwestern, dafür aber bemerkenswert schnell Magister der Theologie und Philosophie.

Die tschechischen Emigranten waren in der ganzen Welt verteilt, und mit ihren verschiedenen Meinungen und Interessen trieben sie wie zersplitterte Eisschollen übers Meer, aber ihre führenden Persönlichkeiten waren sich erstaunlicherweise einig und hielten beim Widerstand gegen das Regime Husáks zusammen, unter anderem auch deshalb, weil die ehemaligen Kommunisten, Jiří Pelikán in Rom und Zdeněk Mlynář in Wien, ziemlich schnell ihre persönlichen und politischen Beziehungen mit den ewigen Demokraten Pavel Tigrid in Paris oder Jiří Gruša in Bonn klären konnten. Trotz Konkurrenz verhielten sich auch die tschechischen Redakteure von Radio Free Europa, der Stimme Amerikas und der BBC fair zueinander.

Im Jahr 2003 veröffentlichte der Historiker Vilém Prečan fünfzig Briefe, die innerhalb vieler Jahre das Ehepaar Škvorecký aus Publishers '68 im kanadischen Toronto mit Adolf Müller und Bedřich Utitz aus dem Index-Verlag in Köln ausgetauscht hatten. Im Kampf um die tschechischen Autoren zu Hause und in der Welt, der auch ein Kampf um das Überleben zweier kleiner Exilverlage war, gelangten sie oft bis an die Grenze des Konflikts, doch immer siegte auf beiden Seiten die Gewissheit, dass sie alle derselben Sache dienen. So nahm es auch der Autor in Wien wahr, der bereits aus Prag seine neuen Manuskripte abwechselnd mal dorthin, mal dahin schickte.

Bei all seinen Vorbehalten, die der Dramatiker gegenüber František Janouch, dem Begründer des Fonds Charta 77, hegt, rechnet er ihm hoch an, dass es ihm gelang, das tschechische Exil durch die modernste Kommunikationstechnik mit der Heimat zu verbinden. Auch deshalb wird es weit effektiver als andere nationalen Kommunitäten aus den Ländern des sowjetischen Imperiums funktionieren.

Die Verdienste von Pavel Tigrid werden später in der freien Heimat unter anderem mit dem Sessel des Kulturministers gewürdigt. Josef Škvorecký bekommt in Havels anfänglicher Euphorie den Orden des Weißen Löwen, der sich eher für Generäle eignet. Bedřich Utitz wird erst acht Jahre später mit dem Masaryk-Orden ausgezeichnet. Adolf Müller – auch aus Köln – wird für die vergleichbare Leistung und trotz Mahnungen seiner Autoren auf die bescheidene Auszeichnung für seine Verdienste fast bis ans Lebensende warten. Schändlich unbeachtet bleibt der Beitrag weiterer Reformkommunisten, vor allem der von Jiří Pelikán. Er sollte bis zu seinem frühen Tod vom Staat kein angemessenes Dankeswort hören.

Nach dem November 1989 wird sich die heimische Opposition lieber mit Marian Čalfa verbünden und der erste Präsident mit ihm gleich Freundschaft schließen, der die Rolle des regierenden Kommunisten abstreift und über Nacht zum regierenden Demokraten wird, um

Havels Lieblingsparole mit dem Beispiel zu stützen, wie schnell Liebe und Wahrheit über Hass und Lüge siegen können; er führt eine Metamorphose vor, die für das Guinness-Buch der Rekorde reif wäre, so dass die jahrzehntelang andauernden und beschwerlichen Umwandlungen der Reformkommunisten als Lachnummern erscheinen.

Summa summarum heißt die Antwort auf die zu Beginn des Kapitels gestellte Frage: Das tschechische Exil stellte sich zu jeder Zeit als eine getreue Fortsetzung derselben Nation an einem anderen Ort dar.

64. KAPITEL

Das Volk daheim

Der Versuch, mit dem eigenen Volk reinen Tisch zu machen, geht weiter und ist schon deshalb gerechtfertigt, als das Volk die Federn seines Hahns (Hahn heißt auf Tschechisch Kohout) schon lange Jahre kritisch rupft, was dieser diszipliniert erträgt. Dabei muss man einräumen, dass er sich, obgleich vollblütiger Tscheche, grundsätzlich als ein Prager vorstellte und die tschechische Schicksalsgöttin genauso ehrte wie die deutsche oder die jüdische, die das dreieinige Genie seiner Geburtsstadt herabgesandt hatte. Denn dort zählten auch Rilke, Werfel, Kisch, Brod und Kafka zu seinen Mitbürgern.

Seit der großen Völkerwanderung im ersten Jahrtausend nach Christus blieben die Völker in kritischen Situationen wohl oder übel zu Hause. Eingefleischte Gegner der Emigration haben recht, wenn sie sagen, dass sie ausschließlich individuell funktioniere und nie eine Lösung für ein nationales Schicksal war und auch nicht sein kann. Auch der große Comenius, der die Geschichte der europäischen Bildung schrieb, konnte seinen schwer geprüften Landsleuten nur dadurch helfen, indem er ihre Existenz, ihre Sprache und ihren Glauben im Bewusstsein der Welt aufrechterhielt. Selbst Masaryk wäre im Exil Universitätsprofessor geblieben – genau wie Václav Havel zu Hause Dramatiker und Dissident war und Václav Klaus ein Bankbeamter, gemäßigt fortschrittlich im Rahmen des Gesetzes –, wären da nicht mächtige geschichtliche Bewegungen, die von Grund auf das Kräfteverhältnis in der nationalen wie auch der internationalen Gemeinschaft verändert hatten.

Erst die sich nähernde unabwendbare Niederlage der österreichisch-ungarischen Monarchie rüttelte die Tschechen dermaßen auf, dass sie von der Front zu den Legionen überliefen und zu Hause dann die k. u. k.-Adler von den öffentlichen Gebäuden herunterrissen. Erst Hitlers Tod und der Fall Berlins ermutigten die Tschechen so sehr, dass sie endlich mit dem Aufstand begannen und anschließend mit der Tötung von den nun meist wehrlosen Deutschen. Erst die totale Schwächung der Sowjetunion sowie die Unruhen in Ungarn und in der DDR erfassten die Tschechen so weit, dass nach dem Fall der Berliner Mauer immer mehr von ihnen Tag für Tag auf die Straßen gingen, bis sie die Polizisten an Zahl weit übertrafen, die bis dahin immer die gleichen Dissidentengrüppchen auseinandertrieben.

In Zeiten, in denen Nationen überfallen und vergewaltigt werden, verhielten und verhalten sie sich unterschiedlich, je nach ihrem Charakter, ihrer Tradition und den Umständen. Die Polen attackierten mit der Kavallerie zwar vergeblich, aber heroisch die deutschen Panzer; dadurch konnten sie wenigstens ihre Ehre retten und ihren Stolz aufrechterhalten. Die Männer Norwegens hatten im Oslofjord zuerst mit veralteten Kanonen den deutschen Kreuzer Blücher versenkt, und anschließend fuhr der Kern der Armee zusammen mit ihrem König auf Schiffen, Barken und Ruderbooten nach England, um die Alliierten zu unterstützen – daher kommt ihr heutiges Selbstbewusstsein. Trotz starker Repressalien hatten zehntausende Franzosen ihren Widerstand nie aufgegeben, und so behielt das ganze Land das Gefühl von Größe. Die Tschechen, so schien es, wurden nach einigen Jahrzehnten wachsender Selbstsicherheit, die auf dem erfolgreichen Kampf der tschechoslowakischen Legionen an den Fronten des Ersten Weltkrieges basierte, innerhalb eines halben Jahres durch das Münchner Abkommen und die deutsche Okkupation gebrochen. Zu dieser Zeit konnten sie nur mit Tränen in den Augen die Fäuste ballen, und nachdem die Gestapo mit Leichtigkeit einige Widerstandsgruppen niedergemetzelt hatte, verhielten sie sich oft so, als würde sie das Ganze nichts angehen.

Der Teppich, unter den die kommunistische Propaganda nach dem

Krieg jahrzehntelang all das gekehrt hatte, was ihr zur Rechtfertigung des Terrors, der Unfreiheit, der schlechten Lebensqualität und der neuerlichen Besatzung des Landes durch eine andere Armee nicht passte, verdeckte auch das wahre Bild des Protektorats. Der hingerichtete General Eliáš, die gefallenen Drei Könige – die Offiziere Mašín, Morávek, Balabán – und jene tapferen Fallschirmspringer, die Reinhard Heydrich töteten und am 18. Juni 1942 von der Gruft der Karl-Borromäus-Kirche aus die genau genommen einzige Schlacht gegen die Deutschen auf tschechischem Boden vor dem 5. Mai 1945 geführt hatten, blieben das Symbol des Widerstands, der im größeren Ausmaß in der Heimat nicht stattfand.

Im Gegenteil. Während tausende mutige Männer und Frauen aus der Tschechoslowakei an allen Fronten an die Kampftradition der Legionen anknüpften und die tschechoslowakischen Piloten den Luftkrieg um England mitentschieden, wurde der hohe Offizier und berühmte Publizist der ehemaligen Republik Emanuel Moravec zum Prototyp des Protektorats-Tschechen. Ein Mann, der noch während des Münchner Abkommens um jeden Preis zum bewaffneten Widerstand der Armee aufgerufen hatte, sah plötzlich die Zukunft der Nation unter dem Schutz des Großdeutschen Reiches, mit Gnade des Führers Adolf Hitler. Als Mitglied der Kollaborationsregierung, verantwortlich auch für Kultur, unterließ er es nicht, die tschechischen Intellektuellen und vor allem die tschechische Arbeiterschaft bis zu seinem Selbstmord am letzten Tag des Prager Aufstandes ideologisch zu zermürben. Er und der Staatssekretär Hermann Frank, ein sudetendeutscher Buchhändler aus Karlsbad, korrumpierten sie erfolgreich durch das Programm ›Kraft durch Freude‹.

Das tschechische Proletariat und der Mittelstand erlebten vorher nach sieben mageren Jahren während der Weltwirtschaftskrise eine kurze Konjunkturphase. Daher fiel die Entscheidung leicht, zwischen der Peitsche drakonischer Strafen für den Widerstand und dem Zuckerbrot sozialer Errungenschaften als Ausgleich für politische Passivität und wirtschaftliche Aktivität zu wählen, Letztere vertreten durch billige betriebseigene Wohnungen, Sonderzuteilungen der Lebensmittel oder kostenlose Aufenthalte in Erholungsheimen. Die Sudetendeutschen werden bis zu ihrem Tod klagen, dass die Tschechen als Bürger zweiter

Klasse während des Krieges fast die gleichen Vorzüge wie sie genossen, ohne dabei kämpfen zu müssen.

Diese wichtige Begünstigung war allerdings ein Bestandteil von Hitlers Strategie: Sie sollte verhindern, dass die tschechischen Soldaten ihre Aktionen aus dem Ersten Weltkrieg wiederholten, durch die sie die österreichische Armee zersetzt und die Alliierten gestärkt hatten. Es war nämlich längst entschieden und durch die streng geheim gehaltene Konferenz in Salzburg abgesegnet worden, dass das tschechische Volk unmittelbar nach dem Sieg des Deutschen Reiches durch Vernichtung, durch Assimilation oder durch Umsiedlung nach Sibirien, wie es Stalin mit aufrührerischen Völkern im Kaukasus vorgeführt hatte, ausgelöscht werden sollte. Das freundliche Gesicht, welches das Deutsche Reich denjenigen zeigte, die seine Kreise nicht störten, und das Beispiel der Männer wie Emanuel Moravec zeigten ihre Wirkung. Das Gesamtbild des Protektorats ist erschütternd, denn es trägt den Untertitel Kollaboration. Noch erschütternder sind die bis heute nur zögerlich veröffentlichten Statistiken über die mächtige Leistung der tschechischen Industrie, vor allem der Rüstungsindustrie, die effizient das bombardierte Ruhrgebiet ersetzt hatte.

Der Grundmechanismus der Einwirkung auf die Bevölkerung stellte die Gleichschaltung – ein im Protektorat geborenes Wort – des Rundfunks, der Presse, der Kultur und Bildung dar, also ihre Angleichung, die Herbeiführung der identischen Argumentation. Der spätere Dramatiker hatte von der Sexta bis in die Prima nur wenige Professoren erlebt, die vorgeschriebene Rituale wie den deutschen Gruß oder das Verlesen von Siegesnachrichten im Rahmen des Mathematik- oder Deutschunterrichts befolgt hatten, sie versuchten, vorsichtig die Bremse zu betätigen oder unauffällig den Rückwärtsgang einzulegen. Deshalb unterschieden sie sich deutlich von ihren Kollegen, die den Entschluss gefasst hatten, den Deutschen zu dienen, und den grenzenlosen Optimismus der Leitartikelschreiber oder Rundfunksprecher nachahmten. Nur die Familie bot wirkliche Sicherheit.

Der Protestant, der nach dem Krieg aus der Kirche austrat, war kein Anhänger von deren Vergötterung, wie sie die Katholiken zelebrierten. Seine Jugenderfahrung aus dem Protektorat würdigte jedoch die Familie als den letzten wirklich uneinnehmbaren Bunker, in dem die Moral der Nation aufrechterhalten wurde und dadurch überlebte. Es waren sein Vater und seine Mutter, die ihm während des Krieges das Prinzip der seelischen Gesundheitspflege in Grenzsituationen vorgelebt hatten: sich als Normalmensch dem Bösen nicht zu widersetzen, falls es einen vernichten kann, ihm aber auch keinen einzigen Finger entgegenzustrecken, um bei der Auslöschung anderer zu helfen. Das würde er später – in aller Ehrfurcht gegenüber den Helden, wie es Doktor Vladimír Petřek aus der Borromäus-Kirche oder der von den Nazis ebenfalls hingerichtete Bruder der Mutter Karel waren – als den unauffälligen Widerstand des besseren Teils der tschechischen Gesellschaft gegen das Böse während des Nationalsozialismus, des Stalinismus und der ›Normalisierung‹ bezeichnen, als Botschafter des Gedächtnisses und der Anständigkeit in allen Regimes.

Den Zustand der Besetzung, den er von seiner Kindheit her kannte, erlebte er im Jahr 1968 zum zweiten Mal im Leben, aber in einer vollkommen anderen Gestalt. Der Einmarsch einer mehr als eine halbe Million starken Armee mit unzähligen Panzern und Flugzeugen, gegen die Millionen von unbewaffneten Menschen auf die Straßen zogen, die vollkommene Verzweiflung der ersten Nacht und das Chaos der ersten Woche der Invasion, die Spontaneität der Bereitschaft zum Widerstand und das Nichtvorhandensein einer einheitlichen Regierung, die Abwesenheit der entführten Autoritäten, alles in allem also die Ingredienzien, aus denen sonst Blutbäder geboren werden – und im ganzen Land gab es etwa nur einhundert Tote, meist Opfer von Verkehrsunfällen? Im Vergleich zum zerschossenen Budapest von 1956 mit Tausenden, die im Kampf getötet, und Dutzenden, die später hingerichtet wurden, gab es in Prag 1968 nur die durch Geschosse zernarbte Fassade des Nationalmuseums, die angeblich Schuldigen wurden aus der Partei ausgeschlossen, verloren höchstens ihre Arbeit und wurden nur dann verhaftet, wenn sie danach ausdrücklich verlangten? Wieso war das denn so?

Aus der Perspektive der fortschreitenden Zeit erscheint die unsichere Vergeltung für den Prager Frühling 1968 als der Anfang des Zerfalls der Sowjetunion, die neben der wirtschaftlichen und militärischen Kraft zugleich auch ihr Selbstbewusstsein zu verlieren begann. Nur sieben Jahre

später unterschrieb sie das Helsinki-Abkommen, in dem sie sich als Gegenleistung für die Vorteile, die sie für das Aufhalten oder wenigstens für
die Verlangsamung der Krise unbedingt brauchte, zum ersten Mal verpflichtete, den heimischen Kritikern bürgerliche Rechte zuzuerkennen,
also zumindest sie nicht umzubringen und zu vertreiben.

Im Unterschied zur Deutschen Demokratischen Republik, in der
selbst nach dem Fall der Berliner Mauer der bekannte oppositionelle
Schriftsteller Stefan Heym und einer der Chefs der verbrecherischen
Staatssicherheit, harmlos Stasi genannt, Mischa Wolf, die auf einem
Lastwagen improvisierte Bühne besteigen, um sich gemeinsam zum Sozialismus mit menschlichem Antlitz zu bekennen, hatte in der Tschechoslowakei seit August 1968 nicht einmal das Politbüro der Kommunistischen Partei an diese Illusion geglaubt, denn es wusste am besten, dass
es sich nur um den nackten Machterhalt handelte. Die Tschechen verbanden sich zu einer Solidarität, wie man sie nur in den Tagen der Mo-
bilisierung im Jahre 1938 hatte erleben können. Das von Anführern der
Erneuerung unterschriebene Moskauer Protokoll und das folgende
›Schlagstock-Gesetz‹ haben die Nation dreißig Jahre nach dem Münchner Abkommen endgültig gebrochen.

Wie sonst als durch Krümmung des Rückgrats der ganzen Gesellschaft kann man sich das Versagen von so vielen erklären, die während
der Zeit des kommunistischen Regimes ihre Würde und demokratische
Überzeugung beibehalten hatten und nun beinahe demonstrativ den
Verbänden, Vereinen, Institutionen und Funktionen beitraten, aus denen gerade diejenigen ausgeschlossen wurden, die sich weigerten, den
hinterhältigen Überfall des Landes als brüderliche Hilfe zu bezeichnen.
Anders kann man die Leichtigkeit und das Tempo nicht begreifen, mit
denen das Regime den unterwürfigen Gehorsam so vieler bekannter
Künstler gewann, mit der Ausnahme eines harten Kerns von Schriftstel-
lern, Malern und Musikern aus der Underground-Bewegung. Anders
kann man auch die Hartnäckigkeit nicht verstehen, mit der nicht die
Russen, sondern die Tschechen selbst ihre Landsleute verfolgten. Dem
Dramatiker würde es einmal im vollen Ausmaß das geöffnete Archiv der
Staatssicherheit in Pardubice vorführen und beweisen, in dem er seine
dicke *Akte Dialog* findet.

Regelmäßig telefonierte er mit Václav Havel, und wenn dieser gerade einsaß, mit seiner Olga. Sie bat von Zeit zu Zeit Jelena, ob sie nach eigenem Geschmack für die beiden »etwas Neues zum Anziehen, was einen erfreuen würde« besorgen könnte. Die Einkäufe brachten Bekannte nach Prag, die Quittungen gingen per Post an Klaus Juncker aus dem Hamburger Rowohlt Verlag, der die Rechte auf die Theaterstücke Havels vertrat. Eine außerordentlich dramatische Nachricht von Olga über den kritischen Gesundheitszustand ihres inhaftierten Mannes erreichte über Bruno Eigner Bundeskanzler Kreisky in Wien, Willy Brandt in Bonn sowie Olof Palme in Stockholm; die Intervention der starken drei von der Sozialistischen Internationale beschleunigte Havels vorläufige Entlassung, Prag entschied, er solle doch besser im zivilen Krankenhaus sterben. Als er diesen Wunsch nicht erfüllte, ließen sie ihn lieber auf Bewährung frei.

Es war wunderbar, dass alle zu Hause, die der Dramatiker gut kannte und mochte, nicht die geringste Lust zeigten, sich mit diesem Regime zusammenzutun, selbst nach langen Jahren des Unrechts und mit einer schwindenden Aussicht darauf, dass sich etwas in ihrem Leben deutlich verbessern würde. Ihr Schicksal wurde mit einer bewundernswerten Standhaftigkeit von ihren ganzen Familien mitgetragen, auch wenn diese Solidarität meist Selbstaufopferung bedeutete. Die heranwachsenden Kinder konnten das ihnen untersagte Studium kaum mehr nachholen. Die großartige Malerin Jiřina Klimentová bezahlte einen hohen Preis für die Unterschrift ihres Mannes Alexander unter der Petition für die Befreiung politischer Häftlinge und unter der Charta 77 mit vielen Jahren Ausstellungsverbot. Doch durch diese Haltung begann die Kette der mit München begonnenen Kapitulationen zu reißen, und erneut keimte eine Moral, die sich später auch den amoralischen Handlungen widersetzen sollte, welche die Klaus'schen Privatisierungen begleiten würden.

Der Dramatiker bemühte sich, nach wie vor seine nächsten Freunde zu Hause zu verstehen, und es beunruhigte ihn, dass sie ihn immer weniger verstanden. So war er zum Beispiel nicht in der Lage, ihnen zu erklären, dass sein wachsender Konflikt mit der intellektuellen Linken im Westen nicht persönlicher Natur oder konkurrenzbedingt war, sondern das Ergebnis geistiger Massenverwirrung, die an die Nachkriegskonfusion junger tschechischer Linker erinnerte. Und schon gar nicht wollten sie ihm glauben, dass ein Michail Gorbatschow nicht unbedingt ein trojanisches Pferd sein musste, der dem Kommunismus die Tür zur freien Welt von innen öffnen solle, sondern dass auch erfahrene Politiker ihn für eine beachtenswerte Persönlichkeit hielten, die einen gewissen Bonus verdiente. Als er seinem agilsten Freund Havel zum ersten Mal schrieb, die Charta 77 sollte darüber nachdenken, was sie der tschechischen Gesellschaft nach Husák anbieten würde, bekam er sinngemäß die Antwort: »Deine Sorgen möchte ich haben!«

Summa summarum: Die Uhr des Volkes im Exil und die des Volkes daheim liefen verschieden. Die eine ging vor, die andere nach.

65. KAPITEL

Albrecht der Große und die sieben Zwerge

Man weiß, dass am Anfang das Wort stand. Doch kaum jemand weiß, dass am Anfang der Rettung tschechischer Wörter für die Welt nach August 1968 und nach Husáks Putsch drei Menschen standen: Eric Spiess, Leiter der Theaterabteilung im Verlag Bärenreiter in Kassel, Jürgen Braunschweiger, der junge Chef des Verlagshauses C.J. Bucher im Schweizer Luzern, und Klaus Juncker vom Rowohlt Verlag. Sie nahmen nicht nur eine ganze Reihe tschechischer, zu Hause verbotener Dramatiker und Schriftsteller unter ihre Fittiche, sondern sie ließen sie dann auch nicht fallen, als sie in der freien Welt nicht mehr angesagt waren. Über die ersten beiden wurde bereits in den gesamten ›Memoiromanen‹ viel gesagt, jetzt muss man nur ergänzen, wer ihre Tätigkeit absegnete.

Der Inhaber des Kasseler Verlages, der früher ausschließlich Musik verlegt hatte, war einer der ersten Aufklärer, die dem Osten die deutsche Kulturszene eröffnete und umgekehrt. Es ist unfair, die Wegbereiter zu verdächtigen, sie würden nur von finanziellen Interessen geleitet. Als die tschechoslowakische staatliche Agentur DILIA später Karl Vötterle vor die Wahl stellte, ob er den Schreiberling Kohout behalten und den

Verlust einer viel höheren Provision für die Werke tschechischer Komponisten riskieren wolle, sagte er so kompromisslos Ja, dass Prag sich das schnell überlegte, um nicht einen guten Partner zu verlieren.

Jürgen Braunschweiger wurde ähnlich von Frau Alice Bucher die Vollmacht erteilt, auch wenn ihre flüchtige Freundschaft mit dem Dramatiker es natürlich nicht schaffte, den strategischen Plan zu ändern, nämlich das ganze Imperium innerhalb von einigen Jahren zu verkaufen. Die Leitung war zu ermüdend für sie und machte ihr keine Freude mehr. Seit der Zeit begann der Leidensweg einer Reihe von tschechischen Schriftstellern, die einst Jürgen gebeten hatten, sich ihrer anzunehmen. Nach kurzen Zwischenstationen im Schweizer Verlag Ringier, beim amerikanischen McGraw Hill und dem deutschen Reich Verlag sollten sie eine feste Bleibe im renommierten Familienverlag Hoffmann und Campe in Hamburg finden. Ihr Inhaber, der uns alle einlud, starb leider kurz darauf, und der Juniorchef Thomas Ganske berief einen neuen Direktor, der aber von den tschechischen Schriftstellern nur den Autor des Romans *Die Henkerin* übernehmen wollte.

Die Zeit der Sympathien mit dem ›Prager Frühling‹ war verflogen, doch auch allgemein brach das Ende der alten Zeiten an: Bekannte Lektoren verließen die Ruder großer Verlage, sie wurden unbarmherzig durch Geschäftsleute ersetzt, für die Bücher nur eine Ware bedeuteten, die sich nur wenig von Käse unterschied. An dieser Kreuzung musste sich der neu gebackene Prosaschriftsteller zwischen Sologang und der Solidarität entscheiden. Als ihn Ganske junior in Wien besuchte, um ihm in Hamburg eine lebenslange Bastion neben Siegfried Lenz anzubieten, erklärte ihm der Schriftsteller bei etlichen Gläsern Wodka schweren Herzens, er könne sich nicht von den zu Hause verbotenen Autoren trennen, solange er für sie eine Art Lokomotive bedeutete. Am nächsten Morgen flog der Konzernchef davon und mit ihm auch diese Chance. Jürgen Braunschweiger bemühte sich in ganz Deutschland um eine neue, doch da waren sie alle schon in einem Sack mit der Aufschrift *Dissidenten*, vor denen die Szene nun Abscheu verspürte.

Ein Jahr später, im Herbst 1982, kam der Schriftsteller wieder auf die Frankfurter Buchmesse. Bei seinem Gang durch die riesigen Hallen sprach ihn an einem Stand ein Mann an, der zu den Sternen der Verlagswelt gehörte. Doktor Albrecht Knaus, bis vor kurzem Programmchef eben jener Firma von Ganske, der mit der Münchner Verlagsgruppe Bertelsmann vereinbarte, dort unter seinem Namen und nach seinem Geschmack einen Belletristikverlag zu leiten. Der ungewöhnlich vitale Siebzigjährige sagte zu dem Autor, mit dem er vorher noch nie gesprochen hatte: »Ich habe gehört, Sie sind frei, wollen Sie es bei mir versuchen?« Da war schon klar, dass man die tschechischen Sieben nicht mehr beisammenhalten konnte, und auch die Kollegen fingen schon an, sich einzeln umzuschauen: Ivan Klíma bei Blomberg in Stockholm, Jiří Gruša bei Tomáš Kosta in Köln.

Das Angebot raubte ihm den Atem, denn es kam aus der höchsten Liga. Die Vereinbarung stand innerhalb von zehn Minuten fest, überdauerte leider nicht ganz eine Stunde. Als er zum Stand vom Reich Verlag kam, fand er dort den strahlenden Jürgen vor. Kurz davor hatte ihm der deutsche Verleger Pawlak versprochen, alle Tschechen zu übernehmen, mit der Bedingung, dass der meistverkaufte nicht fehlen darf. Da gab es nicht viel zu überlegen, er lief zurück zu Albrecht Knaus und entschuldigte sich. Dann ging er mit dem bedrückenden Gefühl davon, dass ihm zum zweiten und wohl letzten Mal ein Okzident-Express vor der Nase weggefahren war.

Das Engagement bei Pawlak endete mit einem Fiasko. Es stellte sich heraus, dass der einst erfolgreiche Verleger nun die Autorenrechte als Pakete und die Restbestände für den Ausverkauf in den deutschen Kaufhäusern aufkaufte. Es entstand eine kritische Situation, in der wieder der damalige Stadtpräsident von Luzern und zugleich Anwalt Hans-Ruedi Meyer glänzte. Der hatte vergeblich versucht, dem lebenden Kohout die Rückkehr in die Heimat zu ermöglichen, indem er den toten Martinů zurückgab. Jetzt drohte er dem Händler internationale Schmach an, sollte er denjenigen Schaden zufügen, die schon genug von den Kommunisten gebeutelt werden. Bei dem entscheidenden Treffen in seinem Büro bot Meyer plötzlich für alle Autoren zehntausend Franken an. Für Pawlak war es reiner Erlös, so dass er sofort annahm. Der Ex-General öffnete den Tresor, ordnete die Scheine auf dem Tisch an und schenkte dem Dramatiker den Vertrag: »Das ist meine Strafe für das schlechte Geschäft mit eurer Regierung, das dich die Heimat kostete!«

Wieder ein Jahr später holte der Autor tief Luft, bevor er den Stand des Knaus Verlages erneut betrat. »Wollen Sie nicht die verkaufte Braut haben, die jetzt wieder frei ist, Herr Doktor?« Die Verbindung wurde mit dem klassischen Handschlag besiegelt, und das erste Projekt, auf das sie sich einigten, sollte den Titel tragen *Wo der Hund begraben liegt*. So einfach kam die fast zwanzigjährige Zusammenarbeit mit dem geistigen Doppelgänger des Dramaturgen Luboš Pistorius auf dem belletristischen Feld zustande. Sie begann mit zweijährigem Warten, bis das Buch geschrieben und übersetzt wurde. Es hatte einen komplizierten Aufbau, einhundertelfmal überkreuzten sich zwei Zeitebenen, die eben dadurch das Kraftfeld der Autobiografie bildeten. »Ich gebe es gern so heraus«, sagte dann Doktor Knaus, »nur ordnungshalber frage ich, ob Sie möchten, dass es mehr als einhundert Leute zu Ende lesen.«

Der Autor verstand nicht, was er damit meinte. »Ihr Buch ist eine komplizierte Maschine«, fuhr der Verleger fort, »die offensichtlich dort funktioniert, wo die Figuren und die Handlungen bekannt sind. Die deutschen Leser, überhäuft durch fremde Namen und überlastet von unklaren Zusammenhängen, werden womöglich an etlichen Kreuzungen den Durchblick verlieren und viele geben auf. Wollen Sie nicht versuchen, eine auch in einer anderen Welt verständliche Fassung zu schreiben? Kommt es Ihnen nicht darauf an, uns die Probleme eurer Welt zu erklären?«

Bevor der Autor in Wien ankam, wusste er, was er tun würde: Für die deutsche Fassung seinen Hefezopf entknoten und die Geschichte in einer richtigen Zeitabfolge erzählen, damit die Handlungslogik hervortreten konnte. Das würde aber viel mehr bedeuten, als das Buch nur auseinanderzuschneiden und es neu zusammenzukleben. Weil sich alle Überleitungen verändern und die Verweise sowie die Leitmotive verschieben, würde er das Buch eigentlich neu schreiben müssen, ganz gleich und doch ganz anders. Er schaffte es über den Winter, und der *Hund* wird dann einige Nachdrucke sowie Taschenbuchausgaben erreichen.

Schon bei seinem ersten Besuch in München bekam er Verträge für drei Romane und eine sehr anständige Vorauszahlung, die der Verleger im Fall schwacher Nachfrage großzügig als eigenen Verlust betrachten wollte. Die Themenwahl überließ er dem Autor und kündigte weiterhin im Voraus seine Werke an, die er selbst erst später auf Deutsch lesen konnte. Dies wurde zum einzigen Problem, denn das Niveau der Übersetzungen vom mittlerweile nicht mehr existierenden Ehepaar Baumrucker erwies sich als unerreichbar. Bis zum nächsten Buch versprach Doktor Knaus, eine Lösung zu finden. Es sollte das Buch *Tanz- und Liebesstunde* sein.

Es war zu Beginn der sechziger Jahre, als die junge Autorin des Filmes *Die sieben Getöteten*, Jelena Mašínová, mit ihrem damaligen Regisseur und späteren Ehemann Pavel die Kleine Festung in Theresienstadt besuchte, wo das Leben vieler Hunderter politischer Gefangener aus ganz Europa geendet hatte. Mehr als all die konservierten Spuren des Schreckens erschütterte sie das verfallene Schwimmbecken zwischen den Wallanlagen, das der berühmt-berüchtigte SS-Kommandant Jöckel für seine heranwachsenden Töchter von Häftlingen hatte bauen lassen. An diesem Schwimmbecken entstand eine starke Filmstory:

Ein deutsches Mädchen, das Ballett über alles liebt, kommt aus dem zerbombtem Berlin hierher zu ihren Eltern. Auf Bitten der Mutter besorgt der Vater-Kommandant eine Tanzlehrerin zu ihrem Geburtstag, eine Jüdin aus dem Nachbarghetto. Als die Tochter mit Erstaunen feststellt, dass diese die berühmte Primaballerina der königlichen Oper in Budapest ist, drängt sie den Vater, der Frau die Rückkehr auf die Bühne zu ermöglichen. Dadurch bringt sie ihn und sich selbst in einen Konflikt zwischen dem Gewissen und dem Glauben an den Führer. Der Vater, der für die Tochter immer die moralische Autorität darstellte und selbst überzeugt war, auch in diesem Fall das Recht zu befolgen, muss sich in dieser Bedrängnis mit dem Vorschlag seines Untergebenen einverstanden erklären, dieser würde die Ursache des Problems beseitigen. Die trotzende Tochter glaubt nur allzu gern, sie habe der Tänzerin geholfen, und mit viel Appetit beißt sie in die Geburtstagstorte.

Es entstand ein eindringliches Kammerdrama aus dem Privatleben der Genozidverursacher. Das Drehbuch wurde als die beste Jahrgangsarbeit an der Filmakademie ausgezeichnet und sogar von der Staatlichen Filmproduktion für die Realisierung angenommen. Doch ausgerechnet dann, wie schon erwähnt, heiratete die Autorin eine schlechte Partie und folgte ihrem Mann, einem Gedankenverbrecher, in das Nichtsein.

Dieser lieh sich die Vorlage aus, als in Österreich überraschenderweise das Thema Krieg und Moral aufflammte, in Verbindung mit dem nationalen Streit um die präsidiale Eignung von Kurt Waldheim, dem ehemaligen UNO-Generalsekretär, der seine Nazi-Vergangenheit verheimlicht hatte. Der Romanautor verwendete die Grundkonstruktion des Filmsujets ohne Änderungen, nur die vierundzwanzig Stunden dauernde Handlung ließ er an einem konkreten Tag spielen, dem 6. 6. 1944, als die Alliierten in der Normandie vom Schiff gingen. Die sechs Protagonisten stattete er noch mit ihren vorausgegangenen Schicksalen aus, um zu beleuchten, was die einst normalen Menschen zu Rassenmorden führte.

Obwohl die Vergabe der Übersetzung ausgeschrieben wurde, war er von keiner Probe überzeugt. Zu der Zeit ging Albrecht Knaus in Ruhestand, und sein Nachfolger fragte ihn, ob er nicht als Lektor arbeiten möchte und zusammen mit dem Autor, der ganz passabel das Deutsche beherrschte, eine brauchbare Fassung anfertigen würde. So begann die Geschichte der Nummer 505 im Münchner Hotel Eden-Wolff. Die Direktoren des Altbaus gegenüber dem Hauptbahnhof schätzten es, dass unter ihrem Dach nicht nur Geschäftsleute und Touristen nächtigten, sondern dass dort von früh bis spät zwei Männer an einem Buch arbeiteten. Der Name des Hotels stand im Buchimpressum beinahe wie ein Geburtshaus, und das große Apartment mit abgetrenntem Schlafzimmer wurde für dreizehn Jahre Entstehungsort der deutschen Fassungen von *Ende der großen Ferien, Ich schneie, Die Sternstunde der Mörder, Meine Frau und ihr Mann* und *Die lange Welle hinterm Kiel*.

Den Tagesablauf kannte das Hotel auswendig. Albrecht Knaus, schon fast neunzigjährig, setzte sich um halb zehn Uhr morgens gut gelaunt an die Texte und Wörterbücher. Um zwölf brachten die Kellner die Speisekarte, und um eins kam das komplette Mittagessen, damit man sich den Weg ins Restaurant sparte und keine Zeit verlor. Um halb zwei begab sich der alte Herr ins Schlafzimmer, wo für ihn ein zweites, nur mit einem Überwurf bezogenes Bett bereitstand. In der Zwischenzeit übertrug der Autor die Änderungen in das tschechische Original. Um zwei Uhr klopfte er pflichtgemäß an die Tür, damit der Herr Doktor nicht zu lange schlief. Der ging dann vor den Abendnachrichten nach achtstündigem Arbeitstag genauso frisch nach Hause, wie er angekommen war. Der Autor unternahm anschließend seinen Erholungsspaziergang durch seinen ›Park‹ – die brodelnde Unterwelt des Münchner Hauptbahnhofs.

Die bis zu drei Wochen dauernden Arbeitsmarathons wurden für den Autor zur Universität. Sein vielseitig gebildeter Lektor war nicht nur ein sprudelnder Quell der deutschen Sprache, aus dem er den Schüler mit Konjunktiven und anderen grammatikalischen Wundern tränkte, sondern auch ein wunderbarer Erzähler seiner eigenen Erlebnisse, die es möglich machten, die deutsche Geschichte und die deutsche Psyche zu verstehen. Selbst seine Ehe war schon ein Roman. Als ein von der Krim in die Reserve abkommandierter Wehrmachtssoldat, weil er als Einziger von drei Söhnen am Leben blieb – im Jahr 1942 konnte sich auch das Dritte Reich noch den humanitären Luxus nach Art *Der Soldat James Ryan* leisten –, hatte er sich in einem Münchner Caféhaus zufällig zu der Witwe eines Offiziers an den Tisch gesetzt, dessen Adjutant sein gefallener Bruder Helmut gewesen war. Er konnte sie nicht vergessen und tauschte den ganzen Krieg lang Briefe mit ihr, als er wieder im Kampfeinsatz war. Im April 1945 überkam ihn die Angst, wie Jane das ganze Chaos des kommenden Zusammenbruchs Deutschlands allein überstehen sollte.

Er erhielt die Erlaubnis, sie an der zwischen Görlitz und Reichenberg steckengebliebenen Front zu heiraten, sie war einverstanden, kam auf abenteuerliche Art und Weise dorthin, und nach einer eiligen Hochzeit stellte man ihnen im Pfarrhaus sogar ein Bett für die Hochzeitsnacht zur Verfügung. Schon am frühen Morgen wurde sie durch Artilleriegeschosse der letzten sowjetischen Offensive beendet, die nun die Braut zur sofortigen Abfahrt und die Einheit zum Rückzug zwang. Aber die beiden trafen sich schon im Mai glücklich wieder, als der junge Offizier klugerweise die Flucht aus dem Gefangenenlager in Südböhmen riskierte und sich dadurch viele Jahre in Sibirien ersparte, nachdem die Amerikaner dieses Lager den Russen übergaben. Auf der Prager Karlsbrücke, die er mit seiner Einheit beim Rückzug überquerte, hätte er am 8. Mai seinem späteren Autor begegnen können, der dort mit Helm und Bajonett ausgestattet – mehr hatte er nicht besorgen können – die offe-

nen Barrikaden auf dem Weg zu seinen Eltern passierte. Wer Albrecht
Knaus kennenlernte, musste zu der Überzeugung kommen, dass es auch
deutsche Soldaten gegeben hatte, die den Kodex anständigen Verhaltens
einhielten.

Während im Hotelzimmer Nummer 505 die deutschen Fassungen
der Romane unter Bedingungen, um die der Autor von jedem Kollegen
beneidet würde, entstehen durften, endeten schlagartig die Wunder im
mächtigen Konzern Bertelsmann, der Dachorganisation von damals
acht Verlagshäusern. Kolbe – Paeschke – Dede – Eck – Bittel – Blessing –
Vidoni, nein, es handelt sich nicht um eine Sportmannschaft, sondern
um die Chefs des Knaus Verlages nach dem Weggang seines Gründers.
Sieben Verleger innerhalb von fünfzehn Jahren, das ist ein Zeugnis für
die Entwicklung des einst berühmten Verlages, zu dessen Hauptpro-
gramm die interne Schlacht um Funktionen und Gehälter wurde.

Nur mit dem vierten und fünften Nachfolger sollte der Autor ernst-
haftere, wenn auch nur kurze Gespräche über seine Pläne und Probleme
führen können. Sonst erlebte er zum Beispiel, dass ihn Ewald Dede
feierlich nach Berlin einlud und durch die exklusiv eingerichtete Arbeitsstelle führte, wohin der Knaus Verlag auf seine Initiative hin aus
München umgezogen war. Noch vor der Veröffentlichung des nächsten
Romans bekam der Autor von Dede eine kurze Faxnachricht, der Verlag
ziehe wieder nach München zurück. Die Ausgaben wurden abgeschrieben, und der Tatkräftige verließ den Verlag mit einer hohen Abfindung.
Die rausgeschmissenen Millionen trugen dazu bei, dass einige für die
Werbung notwendige Tausender nicht zur Verfügung standen. Der Roman *Sternstunde der Mörder*, nach und nach in Frankreich, Italien, in
den Niederlanden, in Norwegen, Schweden, Griechenland und in der
Türkei herausgebracht, bekam in den USA ausgezeichnete Kritiken und
in Spanien den Preis für das bestverkaufte belletristische Werk. In München kam es nicht einmal zur zweiten Auflage, und bald sollte er als Ta-
schenbuch erscheinen.

Ein weiterer Chef, aus den Tiefen des Konzerns Random House eingesetzt, der inzwischen die Bertelsmänner mitsamt des Namens ver-
schluckte, wird wieder versuchen, die Autorenrechte unter Ausschluss
der Öffentlichkeit zu behalten und belebt dadurch die Erinnerung an

den unheilvollen Pawlak. Jürgen Braunschweiger, der von neuem versucht, es zu verhindern, wird aber ganz unerwartet bei der Präsentation eines seiner schön gemachten Bücher sterben. Zum Glück findet sich wieder ein Jurist, diesmal ein Freund aus Hamburg, Klaus Mölln, der dem ganzen Einhalt gebietet: Das bloße Ersuchen, man möge die Verkaufsabrechnungen für die Dauer des Vertrages vorlegen, lässt zutage treten, dass dies durch die vielen Leitungswechsel unmöglich ist. Der arrogante Ton wird zu einem kulanten, und der Autor bekommt die Rechte zurück. Er wird schnell die sieben Zwerge vergessen, weil ihm aus jener Zeit sieben Romane und die Erinnerung an Hunderte unvergesslicher Stunden im Zimmer 505 des Hotels Eden Wolff mit Albrecht dem Großen für immer bleiben werden.

66. KAPITEL

Die anmutigen Wege der Lesereisen

Im Zusammenhang mit dem Boykott jener Autoren, die mit ihrer Kritik am ›realen Sozialismus‹ den linken Künstlern im Westen nicht in den Kram passten, war der Wegfall der Theaterhonorare aus deutschsprachigen Ländern immer empfindlicher zu spüren. Die Prosawerke des Autors wanderten in den Spuren seiner Theaterstücke zwar durch die ganze Welt, doch die Einnahmen dafür waren deutlich geringer. Er musste sich einen Zusatzjob suchen. Sogar Karel Čapek blieb trotz seines Welterfolgs Journalist, und zwar aus dem einfachen Grund: Er wollte ein gewisses Niveau beibehalten. Damit ein tschechischer Schriftsteller im zwanzigsten Jahrhundert reich wurde, musste er entweder ein Vermögen erben, Bestseller schreiben oder die Zeit der ›Normalisierung‹ ausnutzen, in der charakterlose Handwerker ausgezeichnet bezahlt wurden, nachdem man die Konkurrenz totgeschwiegen hat.

Der Dramatiker gehörte eine Zeit lang zu der mittleren Kategorie, doch dann hatte er Pech. Als, wie schon erzählt, das Stück *So eine Liebe* auf sechshundert Bühnen in der Sowjetunion gespielt wurde, gehörte die UdSSR noch nicht zu den Unterzeichnern der Berner Konvention und zahlte den Autoren keine Kopeika. Das Geld für die erfolgreichen Titel der siebziger Jahre wurde durch geheime Erlasse, in denen die Honorare auf das Minimum heruntergedrückt wurden, entwertet, und das Exil trieb ihn für viele Jahre in die Schulden. Der frisch gebackene Romanautor hatte sich zwar so verkauft, dass der Verlag nicht klagen musste, aber auch nicht so, dass sich der Autor eine Pause gönnen konnte. Ähnlich geht es wohl den meisten Schreibern in der Welt, und es hat auch eine gute Seite: Dostojewskijs *Spieler* wäre nie geschrieben worden, wenn nicht der Autor wegen des Roulettespiels in Baden-Baden das Negligé seiner Frau verpfändet hätte.

Wenn die literarische Arbeit nicht durch eine Anzahlung gedeckt wird, stellt sie noch keinen Wert dar, von dem man leben könnte. Auch gelungene Werke warten manchmal ziemlich lange, bis sie realisiert werden und bezahlt sind. Sogar ein erfolgreicher, aber freiberuflicher Theaterautor muss etliche Titel haben, damit irgendeiner irgendwann irgendwo gespielt wird und Tantieme bringt, vorausgesetzt, die Zuschauer kommen; wenn nicht – Pech gehabt! Ein Romanautor ist noch schlimmer dran. Nur wenige Titel überschreiten die Grenze von fünftausend Exemplaren und nur wenige Honorare zehn Prozent vom Buchpreis. Wenn ein Buch dreißig Euro kostet und die ganze Auflage verkauft wird, so beträgt das Honorar vor dem Abzug der Steuer fünfzehntausend. Hatte er zwei Jahre daran gearbeitet, verdient er etwas mehr als sechshundert monatlich. Bei fremdsprachigen Ausgaben teilt er das noch mit dem Übersetzer.

Die Entscheidung, professioneller Schriftsteller mit allen Risiken zu werden, traf unser Mann als Dreißigjähriger und bereute dies nicht einmal in den Zeiten, als das notwendige Niveau nur mit äußerster Anstrengung aufrechtzuerhalten war. Im Laufe der Jahre pendelte es sich ein. Luxus sollte nicht etwa Sportwagen bedeuten oder exklusive Urlaubsreisen, sondern vor allem ein schönes, wenn auch nur gemietetes Wohnen, wo man stundenlang in guter Laune an der Schreibmaschine sitzen und einen schönen Ausblick genießen konnte. Als Luxus wollte er die Möglichkeit betrachten, mehrmals wöchentlich in einem Restaurant zu essen, um nach der ganztägigen Einsamkeit mit ausgedachten Figuren die Kulissen zu wechseln und lebendige Menschen zu spüren; diese wollte er oft auch am heimischen Esstisch empfangen.

Im Sinne des Vaters, der immer sagte: »Wir sind nicht so reich, um billige Sachen kaufen zu können!«, werden ihm der beige und der blaue klassische Trenchcoat von Burberry noch in fünfundzwanzig Jahren ihre Dienste erweisen. Als Pünktlichkeitsfanatiker, der seit seinen jungen, durch den Rundfunk geprägten Jahren nach der Stoppuhr lebte, fand er heraus, mit welcher Uhr die NASA Armstrong zum Mond geschickt hatte, und zu seinem Fünfzigsten kaufte er sich eine Omega Professional, die er sich von Freunden aus der Schweiz in das eingekesselte Sázava-Haus bringen ließ, damit sie ihn ohne Verspätung bis an sein Lebensende begleite. Doch nicht einmal so stark reduzierter Luxus konnte aus den immer mehr sinkenden Einnahmen aufrechterhalten werden. Zu seiner neuen finanziellen Absicherung wurden deshalb persönliche Auftritte.

Historisch betrachtet erlebte er seine Jungfernlesung noch als Bürger der ČSSR in der berühmten Buchhandlung Felix Jud in Hamburg im Juni 1969; damals war die erste deutsche Ausgabe seines ersten Romans *Aus dem Tagebuch eines Konterrevolutionärs* erschienen. Anschließend schloss sich in Tschechien für zehn lange Jahre hinter ihm der Käfig. Als man ihn davonjagte, wurden die Autorenlesungen zum Kilometerzähler seines Lebens. Was zuerst nur spontan vonstatten ging, bekam eine feste Gestalt, nachdem ihn Albrecht Knaus unter seine Fittiche genommen hatte. Seitdem herrschte eine junge Frau namens Petra Sommer über ihn, die die Lesungen Dutzender Autoren der Verlagsgruppe Bertelsmann organisierte; trotzdem gelang es ihr, sie alle individuell und einwandfrei zu betreuen.

Neben Knaus war sie die Einzige, die sich um den Neuling kümmerte, und zwar mehr und besser als die sieben Nachfolger Knaus' zusammen. Ihre Aufgabe war es, die Anträge auf Lesungen mit der Lebensart des einen oder anderen Autors zu verbinden, und wenn dieser öfter verlangt wurde, seine Auftritte so logisch wie möglich zu verknüpfen. Als sie erfuhr, dass der Autor gern unterwegs arbeitete, zauberte sie Tourneen, bei denen er die meisten Veranstaltungsorte durch Zugfahrten von einem zentral gelegenen Hotel, in dem er tagsüber schrieb, erreichen konnte. Eine Spitzenleistung war allerdings die wohl reizvollste Reise überhaupt im Jahr 1988: eine Serie von fünfunddreißig Auftritten.

Dafür hatte sie ein Mercedes-Wohnmobil für den Autor gemietet; damit fuhr er zusammen mit seiner Frau und dem Dackel Adi durch die van-Gogh-gelben Rapsfelder, von Südbayern bis nach Schleswig-Holstein. Das Fahrzeug nannte er nach dem tschechischen Märchengespenst Barbucha, denn beide Teile des Namens erfassen die zwei Hauptfunktionen des Wagens: das Buch und die Bar. Das Publikum hörte Ausschnitte aus dem Memoiroman *Wo der Hund begraben liegt*, und am Ende der Diskussion kam als Höhepunkt des Abends der Sohn des zotteligen Helden auf die Bühne: Adi, der hinter die Geschichte des ermordeten Vorfahren den sichtbaren Punkt eines neuen Hundelebens setzte.

Es sollte eine Aktion sein, für die sich kein Generalstab schämen müsste; sie war bis in die kleinsten Details durchdacht, wie zum Beispiel, dass täglich ein Stromanschluss und fließendes Wasser vorhanden waren oder dass Karten mit markierten Anfahrtsrouten zu den jeweiligen Orten bereitlagen. Die Reisebeschreibung funktionierte ausgezeichnet, wurde allerdings einmal mit beinahe katastrophalen Folgen missachtet. In der Kurstadt Bünde bestand der Buchhändler darauf, den Künstler in einem Vorort zu empfangen und ihn zum Ziel zu geleiten. Der Autor, der gerade am Steuer saß, schlug zum ersten Mal die entsprechende Karte nicht auf und legte sein Hirn bei dem Begleiter ab, der vorfuhr. Ein furchtbarer Schlag, begleitet von einer kräftigen Erschütterung, riss ihn aus der Behaglichkeit. Auf der nicht markierten Strecke befand sich eine Eisenbahnbrücke, die einige wenige Zentimeter tiefer lag als der Kasten mit der Klimaanlage auf dem Dach des Wohnmobils. Der Wagen verkeilte sich in der Unterführung wie ein Korken in der Flasche. Während die herbeigerufenen Helfer die Luft aus den Reifen ließen und sich wie Affen an den Wagen klammerten und versuchten, mit ihrem Gewicht die Höhe zu verringern, damit er durchfahren konnte, regelten der Autor und seine Frau den Verkehr an der Hauptstraße in der Stoßzeit. An dem Abend begann dennoch die Lesung wieder pünktlich.

Über die Auftritte in den deutschsprachigen Ländern wurde gewissenhaft Buch geführt. Noch im Jahr 2006 führte die Tabelle *Wo der Hund begraben liegt* an, neunundachtzigmal gelesen, gefolgt von weiteren Romanen *Ich schneie*, einundsiebzigmal, *Das Ende der großen Ferien*, einundsechzigmal, und der rekordverdächtige, weil immer noch ver-

kaufte, letzte Roman *Die lange Welle hinterm Kiel* mit der Zahl von fünf-
undachtzig; nach fünfzehnjähriger Zusammenarbeit widmete ihn der
Autor eben jener Frau Petra Sommer. Fast fünfzigmal las er öffentlich
seinen turbulenten Einakter *Krieg im dritten Stock*. Der Vorleser sollte
danach die meisten deutschen Städte in- und auswendig kennen und die
Deutschlandkarte blind zeichnen können. Die Anzahl von öffentlichen
Auftritten aller Art wird die Zahl sechshundert übersteigen.

Die überraschend hohen Besucherzahlen bei einem nichtdeutschen
Autor konnte man dadurch erklären, dass neben den Theaterzuschau-
ern und Romanlesern jene dazukamen, die von dem Autor nichts gesehen und nichts gelesen hatten, trotzdem an der Zeit interessiert waren, in der er lebte. Nachvollziehbar war der Besuch der tschechischen
Emigranten, deren kritische Einstellung im Verlauf der Jahre erfreu-
licherweise immer stärker nachließ. Auch die einstigen Landsleute waren dabei – die Vertriebenen. In den seltensten Fällen handelte es sich
um äußerst Militante, doch bei solchen Auseinandersetzungen mischte
sich das Publikum ein, das nie auf ihrer Seite stand.

Das stärkste Erlebnis: Eine Lesung in Göttingen war zu Ende. Der
letzte EC sollte den Autor nach Frankfurt in sein Hotel bringen. Er ließ
sich eine Viertelstunde früher, so seine eiserne Gewohnheit, vom Veranstalter zum Bahnhof bringen, den einst irgendwelche beschränkten
Stadträte weit hinter die Stadt verbannt hatten. Angesichts der Entfernung schickte er seinen Begleiter gleich ins Bett, obwohl in dieser Nacht
die Temperatur plötzlich unter Null fiel und er selbst nur einen leichten
Mantel trug. Unmittelbar darauf donnerte es aus dem Lautsprecher, der
Zug würde sich um sechzig Minuten verspäten. Auf dem modernen
Bahnhof gab es sonst keinen Menschen, und der warme Warteraum war
bereits geschlossen, damit er keine Obdachlosen anlockte. Der Autor
wärmte sich in einem Telefonhäuschen, bis auch dieses der Frost durch-
drang. Er lief schnell über den Bahnsteig hin und her und machte Turn-
übungen. Der Lautsprecher gab noch eine halbe Stunde dazu. Dann
rannte er auf dem Bahnsteig und schrie, damit seine Stimmbänder nicht
einfroren. Als der donnernde deus ex machina die Verspätung auf hundert aufrundete, rezitierte er schon lautstark den *Cyrano*. In den Speise-
wagen, der gnädigerweise direkt vor ihm anhielt, musste dem Halb-

erfrorenen der Schaffner hineinhelfen. Die Deutsche Bahn spendierte
ihm dort einen doppelten Cognac.

Unübertrefflich blieb allerdings die Lesung in einem kleinen schwäbi-
schen Schlösschen, das sich ein junges Kunsthistorikerpaar als Wohnung und Ausstellungsräume gemietet hatte. Zu gegebener Zeit führten
sie den Autor aus seinem Zimmer in den Speisesaal mit festlich gedeck-
tem Esstisch für sieben Personen. Die siebte Person sollte zu seiner
Überraschung er selbst sein, und beim Aperitif las er seine übliche einstündige Auswahl aus *Die lange Welle hinterm Kiel* für drei Paare vor, die
aus purer Freude, den Autor den ganzen Abend nur für sich zu haben,
das ganze Honorar zusammenlegten.

Als er im nächsten Jahrtausend aufhörte, Romane zu schreiben, bot
er den Interessenten bei seinen Auftritten Lesungen seiner Einakter und
vor allem Vorträge. Mit dem ersten Vortrag, *Der wilde Osten geht nach
Westen*, in dem es um den guten und den schlechten Beitrag ging, den
die neuen Länder in der Europäischen Union leisten, bereiste er ganz
Europa von Barcelona über Brüssel und Helsinki bis nach Istanbul. Für
den nächsten, *Glanz und Elend der Demokratie*, bekam er den Ehren-
doktortitel der Universität Almaty samt Talar und Hut: In der ehemaligen Sowjetrepublik wurde die Demokratie von einem durch beste
Erfahrungen aus früherer Zeit ausgestatteten Präsidenten eingeführt –
zuletzt war er in Kasachstan Generalsekretär der Kommunistischen Partei. Als er erfuhr, dass der frisch gebackene Ehrendoktor mit den Dissidenten zusammentraf, ließ er ihm keine Papiere ausstellen. Der Talar
wird also in Prag als Morgenmantel benützt.

Summa summarum sollte sich seine zusätzliche Tätigkeit in Form
von Lesungen und Vorträgen neben dem Schreiben von Romanen und
Theaterstücken als drittes Standbein erweisen, ohne das er im Exil das
Gleichgewicht und später, schon in der Freiheit, nicht hätte halten können, was für ihn der allerschönste Luxus war: die Möglichkeit, beim
Schreiben die Türme des Heiligen Stephan in Wien sowie den Hradschin in Prag abwechselnd zu betrachten.

67. KAPITEL

Alte Liebe

Zum Romanschreiber wurde der Dramatiker aus rein rationalen Gründen: Nach den Panzern vom August '68 entstand das Bedürfnis, Zeugnis abzulegen. Später war es eine Art existenzielle Notwendigkeit, wobei zur Existenz nicht nur die Ernährung des Körpers gehörte, sondern auch die Sättigung des Geistes. Es machte ihm immer mehr Spaß, Romane zu schreiben, denn dort öffnete sich das Innere der Personen, das er auf der Bühne ausschließlich durch Situationen und Dialoge darzustellen vermochte. In der Prosa konnte dies dagegen in den feinsten Nuancen der Gefühle erfasst werden. Literatur bot ihm auch noch einen unvergleichlich längeren Schutzraum vor den Widrigkeiten der Zeit und vor der Missgunst der Mächtigen; er konnte sich nicht nur für einige Tage oder Wochen hineinflüchten wie bei der Arbeit an einem Theaterstück, sondern für Monate oder gar Jahre. Längst wusste er, dass das Schreiben über fremde Leben ihm am besten half, das eigene zu verkraften, und mit zunehmendem Alter war er für die ungewollten Anlässe dankbar, die ihn zur Prosa zwangen. Doch die Sprache des Herzens sollte das Theater bleiben.

Seit *So eine Liebe* und *Reise um die Erde in 80 Tagen*, bei denen er glücklicherweise seine dramatische Begabung entdeckt hatte, war jeder seiner Versuche um ein Theaterstück vergleichbar mit einem Ausflug ins Unbekannte. Während ihn Autoren wie Thomas Bernhard oder Václav Havel an Bohranlagen erinnerten, die immer tiefere Schichten ihres Grundthemas aufdeckten, kam er sich selbst so vor, als sei er ein Bagger, der sich langsam vorarbeitet und dabei immer neue Probleme zutage fördert. Auf die Gefahr der Oberflächlichkeit hin musste er nicht von den Kritikern aufmerksam gemacht werden, dessen war er sich selbst bewusst. Doch das Bedürfnis, jedes Mal etwas ganz anderes zu beginnen, war stärker als die Vorsicht. Es kam aus seiner Natur und hatte auch seine Vorteile: Als er einmal seine fünfzig Bühnentexte vor sich hinlegt, wird er sich darüber freuen, wie wenig tote Stereotype er nach so vielen Jahren darin findet und wie viel lebendiges Theater.

Verbannt von den tschechischen Bühnen, verlor er zum zweiten Mal das, was er am besten konnte und am liebsten machte: seine dramatischen Vorlagen von der literarischen Empfängnis bis hin zur Geburt auf der Bühne zu begleiten. Er beherrschte diesen Prozess, nachdem er einige Male Theaterregie geführt und den Grundsatz begriffen hatte: Es gibt immer nur einen, der die Inszenierung leitet, denn nur er ahnt, wie man die Idee realisieren kann, und weiß, in welchem Stadium sich der Prozess befindet. Deshalb kommentierte er nie, intrigierte nie und erteilte nie hinter dem Rücken der Regisseure Ratschläge. Doch er versuchte, seine Ziele mit ihrer Hilfe zu erreichen. Soweit sie das wollten, konnten sie in ihm den Sparringpartner, das Alter Ego oder eine andere Sichtweise entdecken; sie verstanden, dass sie seine Einwände und Vorschläge zum eigenen Nutzen ohne Zeugen und deshalb ohne Gesichtsverlust annehmen konnten. Nach seinen eigenen Regiearbeiten in Hamburg und Berlin, die sich zu mühsamen Kämpfen entwickelten, konnte er auf weitere gut verzichten, doch er verlor nicht die Lust, Bühnenstücke zu schreiben. Und wenn diese in den großen deutschen Theatern nicht gespielt wurden, so nahm er gerne den Auftrag an, seinen ersten Text für eine Tournee zu schreiben.

Die Institution der Wandervorstellungen gab es früher in Tschechien in Form der Gruppen, die halboffiziell von bekannten Schauspielern organisiert wurden. In deutschsprachigen Ländern betrieben einige Produzenten einen Wettbewerb um hunderttausende Zuschauer in kleinen Städten, in denen man kein festes und gutes Ensemble halten konnte, und deshalb wollte man sich die günstigsten Produktionen aussuchen, die für eine Tournee inszeniert waren. So entstand ein dichtes Netz, das auch Stars beschäftigte. Die lehnten feste Einstellungen ab, um dem Film und Fernsehen zur Verfügung zu stehen, wollten aber auch den zeitlich begrenzten Kontakt zum Publikum nicht verlieren.

Not an guten Regisseuren – soweit sie Zeit hatten – gab es keine, und der Spielplan, der von Boulevardstücken bis hin zu Shakespeare reichte, glänzte manchmal auch durch die eine oder andere Uraufführung. So eine bestellte sich der Berliner Produzent solcher Theatertourneen, Erich Kuhnen, dem kurz davor die Konkurrenz den *Armen Mörder* vor der Nase weggeschnappt hatte. Er vertraute sich dem Dramatiker mit seinem langjährigen Wunsch an, Dostojewskijs Roman *Der Spieler*, den schmalsten seiner Prosabände, aber genauso mitreißend wie die großen Werke, auf der Bühne zu sehen. Einige Autoren hatte er bereits zu gewinnen versucht, aber für alle stellten sich die Schlüsselszenen am Roulettetisch als Problem dar.

Das war natürlich eine Herausforderung, und weil der Dramatiker sofort die Spur witterte, unterschrieb er den Vertrag und folgte ihr. Nachdem er aus der Geschichte sieben tragende Figuren übernommen hatte, komprimierte er ein Dutzend weiterer in zwei Personen, die er Irgendeiner und Irgendeine nannte. Er konzentrierte sich auf die Kernszenen des Romans und nahm gleichzeitig Geräusche zur Hilfe, eine Reminiszenz an Dismans Ensemble. Kinderstimmen, Vogelgezwitscher, das Rattern der Kutschenräder und die Pferdehufe – er sammelte die Elemente eines Hörspiels, die eine beschreibende Dekoration ersetzten, es wurden immer mehr, und sie steuerten auf die Höhepunke im Casinosaal hin, in dem die majestätische russische Fürstin, genannt Babulenka, in ihrem Rollstuhl zuerst die Bank sprengt und danach fast ihr ganzes Vermögen verspielt. Ein Rechteck aus grellem Licht sollte wie im Film nur den oberen Teil der Figuren aus dem Dunkeln über dem unsichtbaren Roulettetisch ausschneiden; das Spiel selbst konnte der Zuschauer an den Gesichtern ablesen und es hauptsächlich hören. Das auf ein Maximum verstärkte Rollen der Roulettekugel, ihr Holpern an den Wänden der letzten Felder und das finale Aufschlagen, all das nahmen die Tonmeister in der letzten Phase der Proben auf und synchronisierten es mit den Dialogen und Aktionen der Schauspieler. Die Wirkung war so suggestiv, dass diese Methode zum Bestandteil aller weiterer Aufführungen von *Der Spieler und sein Glück* wurde. Die Tonaufnahme von der Premiere sollte nach der Wende auch den tschechischen Theatern zugute kommen.

Die Proben in Berlin frischte eine reizende Episode auf. Als sein Sohn Ondřej aus Wien zu Besuch kam, um wieder einmal die Bühnenausstattung für ihn zu machen, versprach ihm der Vater einen klassischen böhmischen Lendenbraten mit Sahnesoße, den er im tschechischen Restaurant Schwejk gegessen hatte. Was sie aber diesmal auf den Teller bekamen, war ungenießbar. Der Besitzer entschuldigte sich, dass sein Koch eine bessere Stelle gefunden hatte, und so habe er einen frisch eingetroffenen Emigranten aus Brünn eingestellt, der die hier verwendeten Zutaten noch nicht kannte. Bei den nächsten Besuchen empfahl er dem Dramatiker neue Gerichte, doch der war stur. »So wird er das wenigstens lernen!«, wiederholte er in einem Anfall von Messianismus und ließ halbvolle Teller zurückgehen. Nach der Premiere wollte er zum Abschied noch einmal den Lendenbraten essen. Der war wieder ausgezeichnet, und der Dramatiker bat den Besitzer, dem Koch einen guten Drink zu bringen. »Pepi!«, rief der Chef glücklich in die Küche, »Herr Kohout spendiert dir einen Wodka!« Durch die geöffnete Tür hörte man eine gequälte Stimme: »Der Kohout kann mich am Arsch lecken!« Der junge Mann blieb in diesem Restaurant, und bei weiteren Besuchen des schwierigen Gastes wird er ihm als Dank für die Geduld selbst Wodka zukommen lassen.

Nach der Rückkehr wartete in Wien ein neues Problem. Kaum wurde der finanzielle Verlust nach dem Wohnungsumbau aufgefangen, kaum stabilisierten sich die Rückzahlungen der Schulden, kaum wurden bis zum nächsten Unfall die Krücken weggelegt, die gerissenen Verbindungen zur Heimat wieder grob geknüpft und der erste Schock über den Wegfall einstiger Verbündeter im Westen überwunden, da drohte nun der Verlust jenes Mannes, der fünfundzwanzig Jahre lang die Hauptrolle in seinem Leben als Theaterautor gespielt hatte. Es war Eric Spiess, der sich in den Ruhestand verabschiedete; die neue Generation der Besitzer des Kasseler Verlages Bärenreiter wollte seine Abteilung verkaufen und sich wieder ausschließlich auf Musik konzentrieren.

Der hochgewachsene, bedächtig sprechende Mann, der auch mit seiner Art zu gehen ein wenig wie ein Schlafwandler wirkte, ehemaliger Philosoph, Dichter und Verfasser von Opernlibretti, Liebhaber und Kenner des Weins, faszinierte auf eine geheimnisvolle Art und Weise Katzen: Haufenweise ließen sie sich dort nieder, wo auch immer er wohnte. Den Beruf als Theateragent übte er erst beim Bärenreiter Verlag aus und kam schnell an die deutsche Spitze, nachdem er alle deutschsprachigen Theaterhäuser besucht hatte, um seine tschechischen und russischen Autoren persönlich vorzustellen. Auch blieb er trotz des veränderten politischen

Trends seinen Autoren treu. Den Vertrag mit siebzehn Zeilen und weltweiten Rechten, den er im letzten Moment auf der Frankfurter Buchmesse im Jahr 1969 mit seinem ersten Schützling abgeschlossen hatte,
erfüllte er eisern und redlich. Als der Dramatiker 1978 für ein Jahr nach
Wien reiste, erwartete ihn gleich am ersten Tag ein Kassenbuch, in dem
er die letzten neun Jahre bis auf den letzten Pfennig abgerechnet fand.

Doch den entscheidenden Dienst erwies sein Verleger ihm nach der
Ausbürgerung. Der Zustand des Devisenmangels, in dem sich die Autoren aus dem politischen Osten bei ihren Besuchen der freien Welt dau-
ernd befanden, wurde zum Gegenstand von Unterstützungen und anderen Samaritertaten, an die sie sich über die langen Jahre hinweg gewöhnt
hatten. So berechtigte die Einladung ins Hotel zur kostenlosen Benut-
zung anderer Dienste von der Minibar über die Wäscherei bis zum
Telefon. Gewohnheit ist ein eisernes Hemd, und der Dramatiker wurde
durch einen Brief seines Betreuers entkleidet: Dieser zählte ihm erbarmungslos alle Unsitten auf, die er mit ins Exil gebracht hatte und die er
schnellstmöglich ablegen solle, wenn er nicht den Ruf eines Schmarot-
zers haben wolle. Dafür konnte er sich bei ihm nur bedanken. Eric Spiess
war die tragende Säule seiner Existenz, und sein heranrückender Weggang zwang den Zögling, einen Nachfolger zu suchen.

Naheliegend erschien die Agentur Thomas Sessler Verlag in Wien zu
sein, die für den Kasseler Verlag die Rechte des Autors in Österreich vertrat. Unter weiteren Interessenten bekam sie dann den Vorrang, als sie
sich an ihn Ende Oktober 1983 mit einem Anliegen wandte: Das Theater
in der Josefstadt, die zweitbedeutendste Wiener Bühne, suchte dringend
die Adaptation des Orwell-Romans *1984*, wobei, wie sich später heraus-
stellte, Orwells Londoner Verlag einen internationalen Wettbewerb ausgeschrieben und dem Sieger die Weltrechte versprochen hatte. Abgabe-
termin war der 1. Dezember, und andere Autoren hatten wegen dieser
Galgenfrist abgelehnt. Der Ehrgeiz des Dramatikers lief wieder einmal
auf Hochtouren; er erbat sich das Buch und eine Woche Bedenkzeit.
Aufzeichnungen belegen, dass die vielversprechende Idee am 7. November kam, also am Tag der Großen Sozialistischen Oktoberrevolution, deren Folgen Orwell dauerhaft inspiriert hatten. Da er unter Zeitdruck
war, forderte der Dramatiker eine Schreibkraft an, die Kurzschrift be-

herrschte. Und so fing er gleich am nächsten Tag an, die deutsche Übersetzung in der einen, die eigenen Notizen in der anderen Hand, die Bühnenfassung auf Deutsch zu diktieren.

Ähnlich wie schon vor zwanzig Jahren bei Vernes *Die Reise um die Erde* und danach bei *Der Krieg mit den Molchen* von Čapek begann auch Orwells Roman, sich zügig aus der zweiten Dimension in die dritte zu verwandeln. Die Arbeit begann jeden Tag gegen neun Uhr und ging so lange, wie die Sekretärin, zum Glück eine standhafte, ruhige Frau, mit Kaffee und Weintrauben versorgt, in der Lage war zu arbeiten.

Und so gelangte er am dreizehnten Tag ans Ende, wo er sich wie damals bei *Don Juan* eine einzige Abweichung gegenüber dem Original erlaubte: Bei dem geheimnisvollen O'Brian, der die letzte Hoffnung Winstons verkörperte, nämlich dass man sich durch einen Aufstand aus dem totalitären Gedankenterror befreien könnte, handelt es sich in Wirklichkeit um den Staatsfeind Immanuel Goldstein selbst, der jeden, der wie Winston Smith dem System zu entkommen versucht, zu verwirren, zu verführen, dann zu enttarnen und schließlich zu brechen weiß. Smith findet am Ende eine einzige Zuflucht mit dem Kopf im Schoß des Großen Bruders – eine tragische, aber leider auch logische Pietà.

Weil beim Verlauf der Arbeit von Tag zu Tag deutlicher wurde, dass sie gelingen würde, hatte man den Text gleichzeitig ins Englische übersetzt. Fristgerecht wurde er aus Wien abgeschickt, und anschließend waren alle Beteiligten so erschöpft, dass sie sich mehr um Weihnachten kümmerten als um das Ergebnis. Die Bescherung war um so erfreulicher: Den Theatern, die Interesse hatten, wurde die Bühnenfassung als verbindlich angeboten; eine gute Hälfte trat von ihrem Vorhaben zurück, als das Honorar für eigene Bearbeitungen entfallen war. Die Premiere in Wien fand noch im Jahr 1984 als Welturaufführung statt.

Der Dramatiker übertrug seine nun freien Weltrechte an Sessler, doch das hätte er nicht tun sollen. Die Agentur zeigte sich als ein apartes Unternehmen, das vor allem Werke verwaltete, die in Österreich gut gingen, wie zum Beispiel die Stücke von Ödon von Horvath. Ihn ließ sie sogar, als sein ursprünglich fünfzigjähriger Urheberschutz endete, zum zweiten Mal beerdigen, um daran zu erinnern, dass sie ihn noch vertrat.

Es war ein ähnlich morbides Unternehmen wie die Überführung der sterblichen Überreste von Bohuslav Martinů. Horvath, der vor den Nazis nach Frankreich geflohen war, wurde während eines Gewitters auf den Champs-Élysées von einem herabstürzenden Ast erschlagen und als armer Emigrant mit drei anderen in einem Grab beerdigt. Sein bei der Exhumierung anwesender Übersetzer, Heinz Schwarzinger, reagierte schnell, als der Totengräber einen Schädel zur Seite legte und sagte, dieser sei furchtbar löchrig. Er verstaute ihn samt anderen in der Nähe liegenden Knochen in einem Kindersarg, den er dann heimlich im Rucksack ins Flugzeug mitnahm, um, unter Ausschaltung der Bürokratie, den Termin zu schaffen.

Er erschrak, als er am Flugzeug in Wien einen roten Teppich und vier schwarz gekleidete Angestellte der Stadt Wien sah, die zusammen mit dem Bürgermeister Zilk auf den Sarg warteten. Er schlich sich in die Ankunftshalle, und von dort ließ er den ranghöchsten Wiener benachrichtigen, dass die Zeremonie geändert werden müsse. In einem normalen Sarg wurde dann der Reemigrant auf dem Friedhof in dem von Weinbergen umgebenen Vorort Heiligenstadt beigesetzt. Die vielen Gäste, die zum Leichenschmaus im nahen Heurigen kamen, waren beim Abschied unangenehm überrascht, als sie vom Personal abkassiert wurden. Der berühmte Autor der *Geschichten aus dem Wiener Wald* ging, ohne zu bezahlen.

Der tschechische Dramatiker mit seinem bei der einheimischen Linken umstrittenen Ruf und mit sinkender Beliebtheit auf deutschsprachigen Bühnen wurde nun von dieser Agentur vertreten, die den Anschein erweckte, sich für ihn entschuldigen zu müssen, und als er nicht schnell genug den erwarteten Gewinn brachte, hielt sie die Vertragsbedingungen nicht ein. Als sich der alteingesessene Berliner Verlag Bloch und Erben seiner annimmt, sollte der Wiener Chef die Übergabe der Rechte lange hinauszögern, wie ein beleidigter Stiefvater, der zwar den Bastard selbst hinausekelte, ihn aber noch so teuer wie möglich verkaufen möchte. Fünf Jahre später wird sich der Autor an einem weiteren Scheideweg befinden: Beide Prokuristen des Bloch Verlags, die er gleich gerne mochte, teilen ihm mit, sie würden getrennte Wege gehen, und er müsse sich entscheiden, wem er folgen wolle. Es bleibt nichts anderes übrig, als eine Münze zu werfen, und so wird er der erste Autor der neuen Berliner Agentur Pegasus.

Summa summarum: Seine alte Liebe Theater überlebte auch die Jahre, in denen ihn Literatur dominierte, und sie sollte auch dann keinen Rost ansetzen, als er später zu Hause zu ihr zurückkehrt.

68. KAPITEL

Brief an einen Toten

Das alte Sprichwort »Der Weg zur Hölle ist mit guten Vorsätzen gepflastert« begleitete den größten gesellschaftlichen Skandal der Ersten Republik. Der Hotelier Steiner hatte am Ende der zwanziger Jahre seinen Palast am Pulverturm eröffnet, der die erste Hoteladresse Prags werden sollte. Mit besten Absichten nahm er sich deshalb vor, an Silvester die Eröffnung in der Luxusrotunde der Kellerbar Boccaccio zu feiern. Dazu lud er die crème de la crème des politischen und finanziellen Lebens ein und sorgte für ein erstklassiges kulinarisches und künstlerisches Programm, das unvergesslich bleiben sollte. Das gelang ihm in der Tat, wenn auch etwas anders, als er es beabsichtigt hatte.

Nach den Aperitifs, der Trüffelsuppe sowie dem Auftritt berühmter Sänger und befrackter Kellner, die ohne Unterlass Langusten, Hummer, Kaviar und Champagner auftischten, kam es zum Höhepunkt des Abends, den der maître de plaisir des Hoteliers in bester Absicht organisierte. Zwei livrierte Bedienstete brachten ein großes Aquarium mit vielen flinken Goldfischen auf die Bühne. Dann erschien ein exotisch gewandeter Riese, die Lichter im Saal und in den Logen erloschen, das Orchester spielte einen Tusch, worauf ein Trommelwirbel folgte, wie er im Zirkus einen Salto mortale begleitet. Der Künstler griff schwungvoll nach dem Aquarium, hob es geschickt in die Höhe, legte eine Ecke des Beckens an seinen Mund und trank; er trank und trank unter dem wachsenden Applaus der begeisterten Zuschauer. Ein wahrer Beifallssturm erhob sich, als er ihnen das leere Gefäß zeigte. Er stellte es wieder auf dem Tisch ab, beugte sich darüber, stützte sich mit beiden Armen an den Seitenwänden ab und kotzte den ursprünglichen Inhalt bis auf das letzte Tröpfchen und Fischchen hinein.

Das unbeschreibliche Geräusch, das darauf folgte, begleitete das Massenkotzen fast aller anwesenden Damen und Herren in die Teller und auf ihre Abendkleider. Ihre Flucht beendete den Silvesterabend lange vor Mitternacht, die Tapeten und Bezüge mussten erneuert werden, und die Luft im Saal konnte erst ein Vierteljahr später als rein bezeichnet werden. Die Neueröffnung fand ganz unauffällig statt.

Dieses einst noble Etablissement, das heute das österreichische Grand Hotel Bohemia beherbergt, war in den sechziger Jahren eine etwas schäbige Pension, in der die auswärtigen Funktionäre der Kommunistischen Partei gewohnt hatten. Unter ihnen war auch ein gewisser Alexander Dubček, der die beste Absicht gefasst hatte, dem Sozialismus der sowjetischer Prägung ein menschliches Antlitz zu verleihen.

Ähnlich gute Absichten konnte man auch den meisten europäischen Sozialisten der achtziger Jahre nicht streitig machen. Zum Erbrechen in anderer Weise war allerdings ihre zum Himmel schreiende Beschränktheit, die den Weg in die gleiche Hölle pflastern half, in die zum Glück nicht diejenigen tschechoslowakischen Kommunisten gelangten, die im Knast, im Underground oder im Exil landeten. Das Zerwürfnis zwischen ihnen und der intellektuellen linken Szene Deutschlands wie Österreichs vertiefte sich noch mehr, als die westlichen Großmächte auf die Nachrüstung durch die sowjetischen Raketen SS 20 und SS 21 – die zwei S erzeugten besonders starke Wirkung! – mit der Stationierung von Pershing-Raketen und Cruise Missiles reagierten.

Die Friedensbewegung, über die einige Jahre später die Archive der Berliner Gauck-Behörde verraten sollten, wie stark sie von sowjetischen Agenten unterwandert war, verfluchte – ob durch Profit oder Verblendung motiviert – jeden als ›kalten Krieger‹, der aus eigener Erfahrung erklärte, der Kreml würde nur eine einzige Sprache verstehen, nämlich die der Stärke. Diesmal sang sogar die deutsche Rechte mit der Linken im Duett, weil die Wirtschaftsbosse Angst hatten, die gereizten Herrscher des Ostblocks könnten ihnen den Geschäftshahn abdrehen. Die Stücke von Václav Havel wurden nur noch im Burgtheater gespielt, und auch das sollte aufhören, nachdem Achim Benning von Claus Peymann abgelöst wurde. Die Kohouts und Grušas brachte man im Exil genauso zum Schweigen wie schon vorher zu Hause.

Als weißer Rabe erwies sich einer der aktivsten und deshalb sehr anerkannten Links- und Friedensaktivisten, der deutsche Maler, Karikaturist und Schriftsteller Klaus Staeck. Als ihm der Dramatiker die Absurdität der Situation schilderte und es als eine Art Verrat von logischen Verbündeten bezeichnete, erkannte Staecks ehrliches sozialdemokratisches Herz dieses Unrecht und wollte es nicht mehr tragen. Beim Versuch, die Teilnahme des Dramatikers an den geplanten ›Deutsch-deutschen Friedensgesprächen‹ durchzusetzen, stieß er gegen eine unüberwindliche Hürde: Auch die Verhandlungsführer aus der DDR müssten damit einverstanden sein. Die aus dem Westen lehnten es ab, sich dafür einzusetzen. Sie hatten Angst, das Treffen, von dem sie sich unsinnigerweise eine Aufweichung der DDR-Haltung versprachen, könnte scheitern.

Staeck konnte sich aber bei der nächsten Gelegenheit durchsetzen, als in der Westberliner Kunstakademie auf Initiative des deutschen Schriftstellerverbandes hin eine Konferenz mit dem Titel »Die Verbesserung von Mitteleuropa« stattfinden sollte. Er bestand so kompromisslos auf der Teilnahme des Tschechen, dass die Widersacher vor seiner vernichtenden Ironie zurückschraken, die er auf seinen berühmten Plakaten so medienwirksam einzusetzen wusste. Der Exilant wurde also in dasselbe Gebäude eingeladen, in dem er vier Jahre zuvor schlaflose Nächte beim Ringen um den *Armen Mörder* mit Maximilian Schell verbracht hatte.

Statt eines stillen Ateliers, wo er damals gewohnt hatte, empfing ihn heute ein mit lärmenden Delegierten gefüllter Saal, die einander offenbar bestens kannten. Er stellte fest, es waren Menschen aus der Kunstszene, die sich seit Jahren für diejenigen hielten, auf deren Schultern die Last des Kampfes für den Weltfrieden ruhte, und die von einem Kongress zum nächsten reisten. Am 15. März 1986 – also rein zufällig dem Jahrestag der deutschen Besetzung der Tschechoslowakei – wartete der Dramatiker den ganzen Tag auf seinen Aufruf, ohne dass er aus dem Mund seiner internationalen Kollegen eine einzige Verurteilung der europäischen totalitären, durch die sowjetischen Führung gelenkten Regime gehört hätte. Im Gegenteil: Die amerikanische Autorin Susan

Sontag verurteilte leidenschaftlich die aggressive Politik Washingtons, das sich weigerte, mit dem so friedliebenden Moskau zu sprechen. Als er endlich zu Wort kam, verlas er seinen frisch verfasssste, jedoch an den im Jahr zuvor verstorbenen Heinrich Böll gerichteten Brief. Auch noch zwanzig Jahre später bietet dieser ein so trauriges Bild der damaligen Situation, dass es sich lohnt, ihn fast in seiner ganzen Länge zu zitieren.

Dass ich am Ende des Krieges Kommunist wurde, daran waren die europäischen Pazifisten und die Deutschen schuld, lieber Heinrich. Die Ersten, weil sie mein Land einem Drachen zum Fraß vorgeworfen hatten, in der idiotischen Hoffnung, er wäre für alle Zeiten gesättigt. Die anderen, weil sie dem größenwahnsinnigen Wunsch verfallen waren, alles Unvollkommene auf der Welt zu zerstören, was auch meine arische Familie zwei Opfer kostete. Als ich dann die lyrische polnische Stadt Oświęcim besuchte, in der ich meine Kindheit verbrachte, und dort das grausame Auschwitz vorfand, wurden die Deutschen zum Alptraum für mich. Das Wunder meines neu entstandenen Vertrauens zu ihnen ist Menschen wie Ihnen zuzuschreiben. Ihre Sprache war für Menschen wie mich ein neues Deutsch.

Deutsche wie Sie haben verstanden, dass der sogenannte ›Prager Frühling‹ eine epochale Bedeutung hatte, denn er bot dem Sozialismus und zugleich auch der ganzen Welt eine neue Chance. Dies war gefährlich sowohl für die Habichte im Osten als auch für die im Westen. Als die erstgenannten diesen Erneuerungsversuch zunichte machten, waren auch die anderen erleichtert. Deutsche wie Sie stellten in den folgenden Jahren, als der Kern tschechischer Intellektueller auch in der Belagerung die moralischen Grundwerte verteidigte, einen wichtigen moralischen und existenziellen Rückhalt dar.

Als ich mich im Jahr 1978 auf meine legale Reise in den Westen begab, die ohne mein Verschulden zu einem zeitweiligen Exil wurde, fand ich eine verwandelte Landschaft vor. Ein Warnschuss kam als Antwort auf mein Bemühen, Hilfe für Jiří Gruša zu organisieren, auf den damals in Prag ein Prozess wegen eines Romans wartete. Um den Kreis derjenigen in Deutschland zu erweitern, die wie Sie sowie Lenz und Grass immer wieder intervenierten, bat ich einen Altersgenossen von Gruša um eine Beurteilung. Die Antwort ließ mich frösteln.

»*Ich bekomme*«, *antwortete der Kollege Chotjewitz,* »*in der letzten Zeit so viele Briefe von tschechoslowakischen Kollegen, dass ich manchmal denke, unter die dortigen* ›*Verfechter der Menschenrechte*‹ *musste sich ein Agent des westlichen Nachrichtendienstes eingeschleust haben, denn ich bin nicht die richtige Adresse. Wenn Ihnen so ein Provokateur einen Autor wie mich empfiehlt, der hierzulande der Kommunistischen Partei nahesteht und die großen Fortschritte in der DDR anerkennt, besteht die reelle Chance, dass ich mich in einer Art äußere, die zur Diskreditierung der kommunistischen Bewegung in der Bundesrepublik Deutschland dienen könnte.*«

Das einflussreichste deutsche Theaterjournal »*Theater heute*« *hatte meinen polemischen Beitrag zur feindseligen Rezeption unserer kritischen Theaterstücke schon angekündigt.* »*Auf den ersten Blick freute ich mich darüber*«, *schrieb dann der Chefredakteur Rischbieter, als er ihn mir zurückschickte,* »*doch als ich den Umbruch machte, riefen Ihre massiven Vorwürfe in mir Zweifel hervor. Weitere Nachforschungen bestätigten mir, dass bezüglich der erwähnten Werke keine politischen, sondern vielmehr ästhetische Einwände berücksichtigt wurden. Deshalb möchte ich Sie bitten zu verstehen, dass ich nur ungern Ihr Manuskript veröffentlichen würde.*«

Peymanns Leitung im Bochumer Theater empfahl der bekannten Schauspielerin Annelouise Römer, aus der Aufführung meines Stückes Maria kämpft mit den Engeln *auszusteigen, denn dieses sei reaktionär. Das Drama schildert dabei das Schicksal einer großen tschechischen Schauspielerin, die wegen ihres echten sozialistischen Engagements seit siebzehn Jahren die Bühne nicht betreten darf.*

Nachdem auch im Theater in Braunschweig mit einer ähnlichen Begründung die Premiere eines Stückes von Ivan Klíma fast verhindert wurde – weil die Schauspieler nicht ihre Gage verlieren wollten, unterbrachen sie wenigstens den Abschlussapplaus, um sich von dem Werk persönlich zu distanzieren –, ließ ich dem Feuilletonchef der Wochenzeitschrift »*Die Zeit*« *meine Bitte zukommen, dieses Problem öffentlich diskutieren zu lassen.* »*Ich bin ein Redakteur*«, *antwortete mir Fritz Raddatz,* »*von dem erwartet wird, dass er sich nicht in ein Thema verrennt. Für eine Diskussion, die Sie meinen, habe ich deshalb keinen Platz.*« *Genug Platz fand*

*sich dagegen für einen ausführlichen Bericht des österreichischen Dra-
matikers Peter Turrini über seinen Besuch der UdSSR. Seine Haupt-
erkenntnis:*

*»Bedauernswert ist, dass die westliche Propaganda gegen die Sowjet-
union auch Sachen erwähnt, die es wahrscheinlich nicht gibt. Kennzeich-
nend dafür ist die Frage der Dissidenten, die sich bei uns eines scheinbar
großen Interesses erfreuen. In der Sowjetunion werden sie von der Bevölkerung in einem Maße isoliert, das man sich hierzulande überhaupt nicht
vorstellen kann. Das bedeutet nicht zwingend, dass sie schlechte Schriftsteller sind. Doch es ist wichtig zu sehen, dass die anderen Schriftsteller und die
Bevölkerung eine Identität verbindet, die zwischen den Dissidenten und
dem Publikum nicht besteht.« Der Gedankenfehler ist so grausam, dass
man Gänsehaut bekommt.*

*Die überwiegende Mehrheit der deutschen Kollegen hatte neben den
ständigen Protesten gegen die Gewalt in entfernten Teilen der Welt für eine
ähnliche Aktion keine Zeit und keine Lust, auch wenn es in direkter Nachbarschaft um das Leben eines der wichtigsten europäischen Autoren ging.
Václav Havel saß schon das vierte Jahr im Gefängnis, als ich versuchte, den
Vorsitzenden des Schriftstellerverbandes, Bernt Engelmann, zu überzeugen, dass er keineswegs die Entspannungspolitik bedrohen würde, wenn er
sich bei dem Kongress in Sofia für seine Entlassung einsetzte. Als er mich
nach wiederholten Anfragen anrief und sagte, dass die tschechoslowakischen Funktionäre einen solchen Kollegen zwar nicht kannten, aber versprachen, der Sache nachzugehen, wusste ich nicht, ob ich das nur für Naivität halten sollte. Havel musste fast sterben, bevor man ihn nach Protesten
von Staatsmännern und prominenten Persönlichkeiten aus aller Welt auf
Bewährung in ein Zivilkrankenhaus entließ.*

*Nach sieben Jahren im Westen fühle ich, lieber Heinrich, wie das Gefühl
der deutschen Überlegenheit wächst. Die junge Generation, die mit dem
Totalitarismus keine Erfahrungen hat, macht ihre frommen Wünsche zum
Vater des Gedankens, dass der ›reale‹ Sozialismus wertvoller ist als ihre ver-
faulte Demokratie. Beschäftigt mit Problemen ihrer Welt, begreifen sie
nicht den grundsätzlichen Unterschied: Gerade sie, die kritischen Geister,
wären in unserer Welt als Erste verboten oder als Erste gebrochen. Und die
Älteren, die es ihnen erklären könnten, haben Angst, gegen den Modetrend*

der Zeit zu laufen, und stellen sich stattdessen lieber an ihre Spitze, als könnten sie dadurch jünger werden.

Ja, lieber Heinrich, die in der Heimat zum Schweigen gebrachten Schriftsteller werden in Deutschland zum zweiten Mal zum Schweigen verurteilt; subtil, aber wirkungsvoll als Dissidenten bezeichnet und in die reaktionäre Ecke gerade von denjenigen gedrängt, die sie für Verbündete hielten. Sichtbar wurde es bei den ›deutsch-deutschen Friedensgesprächen‹ im Jahr 1983. Weil der Boykott der Verfolgten schon bis zum Himmel schrie, entschied man sich für eine scheinheilige Lösung. Die Veranstalter luden nur diejenigen ein, die ihr Land nicht verlassen durften. Im festen Glauben, dass wenigstens Günter Grass nach wie vor seine schriftstellerische Moral über die politischen Taktiken stellen würde, schickte ich ihm einen gemeinsam mit Jiří Gruša verfassten Text, damit er ihn an unserer Stelle verlas. Doch auch dieser fiel der neuen deutschen Selbstzensur zum Opfer, lieber Heinrich, aber weil mein Leben ein einziger großer Refrain ist, habe ich jetzt die Möglichkeit, diesen Text an der gleichen Stelle persönlich vorzulesen – mit einer dreijährigen Verspätung, dennoch mit einer unverminderten Aktualität:

»Zweifellos kennt die heutige Welt kein anderes gemeinsames Thema als die Beibehaltung des Friedens. Doch die Geschichte lehrt uns, dass jeder Aggression das Abschaffen der Bürgerrechte, die ihr im Weg stehen, vorangeht. Es geht nicht darum, dass die Schriftsteller mit den Waffen des kalten Krieges kämpfen, sie sollen aber durch ihre konsequente Handlung die Zensoren und Gefängniswärter in Mittel- und Osteuropa davon überzeugen, dass sich ihre Politik nicht auszahlt, weil sie keine Zustimmung findet. Schriftsteller sollen sich nicht wie Amateurpolitiker verhalten, die am Ende die dummen Augusts sind, aber sie sollten sich für alles einsetzen, was Literatur schon immer in Schutz nahm, also auch für die zum Schweigen gebrachten Kollegen, egal, ob es politisch opportun ist oder nicht!«

Was soll ich noch hinzufügen, lieber Heinrich? Die große Mehrheit der deutschen Intellektuellen sprach ihren um die grundlegenden Werte des Lebens kämpfenden Kollegen ihre Solidarität aus! Was allerdings im Vergleich zu der Solidarität, die den entfernten, nur vom Hörensagen her bekannten Revolutionen erwiesen wird, um so absurder erscheint, wenn das traurige Ende derer, die in direkter Nachbarschaft leben, ignoriert wird.

Vor einem halben Jahrhundert war es der mit deutschem messianischem Eifer durchgeführte Kriegsakt, der ganz Europa beinahe ruiniert hatte. Ich denke, die Deutschen sollten überprüfen, ob sie selbst heutzutage von einigen, mit ähnlicher Gier angegangenen Möchtegern-Friedensaktivitäten es nicht in Gefahr bringen.

Die Primadonna Susan Sontag verließ bereits nach den ersten Sätzen den Saal, und weil es schon spät war, lichteten sich die ohnehin schwach besetzten Reihen weiter. Als der Tscheche zu Ende gesprochen hatte, war er fast der Letzte im Saal, während aus dem Foyer ein fröhliches Treiben zu hören war. Auf dem Weg nach Wien flog er über das nächtlich erleuchtete Prag und verspürte bei dem Anblick eine ähnliche Hoffnungslosigkeit wie schon im August 1969, als gegen die tschechischen Demonstranten bereits die eigene Armee losmarschierte und die Schlagstöcke grünes Licht durch die Unterschriften der Führer des ›Prager Frühlings‹ bekamen. Damals schrieb er über Nacht den Einakter *Der Krieg im dritten Stock*, in dem ein Prager Anwalt und ein deutscher Winzer durch einen Computer ausgewählt werden, um sich nach antikem Muster als Vertreter der beiden politischen Hemisphären in einem absurden Kampf um eine Wohnung gegenseitig zu töten. In den Trümmern treffen sich dann friedlich die Feldherren beider Seiten.

Es war einer der drei Einakter, in denen es nicht um das ewige Thema ging, wie die Macht den Bürger manipuliert, sondern um ein Thema, das der Autor immer öfter in der freien Welt erlebte: wie sich der Bürger selbst mit seiner Feigheit und Verblendung an dieser Manipulation durch die Macht beteiligt. Damals im Flugzeug kam ihm als Reaktion auf sein Erlebnis in Berlin die Idee, das kleine Bühnenstück über Ferdinand Vaněk zu schreiben und all das Gequatsche zu benutzen, das er heute und auch in der Vergangenheit aus dem Munde der sonst gebildeten Menschen gehört hatte. So entstand der Einakter *Safari*, von dem schon erzählt wurde, zum großen Teil durch Originalzitate ausgeschmückt, durch die die westlichen Kollegen dem Autor die Notwendigkeit des realen Sozialismus im Sinne der aktuellen Losung »lieber rot als tot!« bestätigten. Deswegen weigerten sie sich, ein gutes Wort für den verhafteten Václav Havel einzulegen, damit dieser nicht ihren Friedenskampf störte. Unter diesem Kampf verstanden sie zu der Zeit ihre Proteste gegen die Stationierung der amerikanischen Raketen, die für sie die aggressive Antwort auf die friedensstiftenden sowjetischen Raketen darstellten.

Und wieder einmal eine starke Pointe: Auch der superfortschrittliche Friedenskämpfer, der Vorsitzende des Schriftstellerverbandes Bernt Engelmann, wird nach dem Fall der Berliner Mauer durch die Gauck-Behörde für die Untersuchung der Staatssicherheit als ihr langjähriger und besonders eifriger Mitarbeiter enttarnt. Dennoch hat die Welt auch ein besseres Gesicht, das Hoffung gibt: Im Jahr 2006 wird Klaus Staeck zum Präsidenten der Berliner Akademie der Künste gewählt, dessen gute Absichten so verwirklicht werden können.

69. KAPITEL

Die unerträgliche Last von Milan K.

... Und Fučík sieht die Tage, die vorbeigehen,
als wären es Bäume
in einer langen Allee.
Und er sieht jemanden, der durch die Baumreihen schreitet!
Mein Gott, er ist es selbst!
Mit ihm schreiten Genossen, mit ihm schreiten Kameraden!
Wo kommt er her? Und wann? Und wohin geht er?
Es ist doch die Stadt Most! Trotzig gehen sie in den Streik!
Nein, es ist in Donbas! Überrascht liest er darin
die Zukunft seines Landes wie aus einem Zauberbrunnen!
Nein, es ist der Erste Mai! Auf dem Roten Platz!
Sie rufen vor Freude! Sie winken vor Glück!
Nein ... er hat einen Vollbart und hält einen Revolver –
und weitere Straßen schlängeln sich in der blauen Dämmerung
und verlieren sich in der Ferne.
Fučík sah in sein Glas
Hell lächelte er ...

Ein Ausschnitt aus dem Poem, das im Jahr 1954 im Julius-Fučík-Wettbe-
werb der Literaturzeitung und des Schriftstellerverbands gewonnen
hatte, könnte als Spitzenbeispiel stellvertretend für das ethische und ästhetische Zeitverständnis stehen. Seiner Veröffentlichung im darauffolgenden Jahr fügte der Verlag Tschechoslowakischer Schriftsteller die Begründung der Jury hinzu, die sich aus führenden Autoren und Kritikern
zusammensetzte.

*Das Poem ist weder eine Biografie in Versform noch ein Traktat in Vers-
form, sondern eine einzige spannende Szene, die durch das berühmte Ereignis aus der* Reportage unter dem Strang *geschrieben inspiriert wurde:
Der Gestapomann Böhm führt Fučík in das frühlingshafte Prag hinaus,
um ihn mit den Schönheiten des Lebens zu blenden und ihn zum Verrat zu
bewegen ... Die Szene ist voll Lyrik und Dramatik, Wehmut und Kraft; das
philosophische Denken mischt sich mit psychologischer Zeichnung und be-
törender Betrachtung der Frühlingsnatur. Es ist nicht möglich, dabei nicht
an die tschechische lyrische Tradition zu denken.*

Zu den beachtlichen Erscheinungen des zwanzigsten Jahrhunderts zwischen Februar 1948 und August 1968 gehörte auch die sich wandelnde
Rolle des Verbandes der tschechoslowakischen Schriftsteller und seiner
Wochenzeitschrift »Literarische Zeitung«. Aus dem ›Umschalthebel‹,
wie man die Organisationen nannte, durch welche die Kommunistische
Partei das Land bewachte und regierte – oft nur der eine oder andere
Erste Genosse, selbst bewacht und regiert durch den Kreml! –, entwickelte sich eine professionelle Gruppierung einer besonderen Art. Während die führenden Funktionäre die hohlen Beschlüsse der Parteitage
nachplapperten und ihre Organe sich dazu emsig mit Resolutionen bekannten, wuchs eine Gruppe der Freidenker unter den Verbandsmitglie-
dern. Ihr Rückgrat bildeten die Kommunisten – weil sie es sich als die
Einzigen leisten konnten und wollten –, die verstanden hatten, dass sie,
selbst getäuscht, an der Täuschung der Mitbürger aktiv beteiligt gewesen waren.

Als in den fünfziger Jahren nach Chruschtschows Aufzählung der stalinistischen Verbrechen die ganze Gesellschaft aus ihrem Alptraum er-

wachte, stießen gerade diese Kommunisten gegen eine Wand aus Zensur. Dahinter versuchten die Schuldigen, die kritische Zeit auszusitzen, bis sich die schwer angeschlagenen Verbündeten in Moskau neu ordneten. Die sechziger Jahre wurden durch die Versuche vieler Schriftsteller geprägt, die Wahrheit über die soeben erlebte Zeit zu erfahren, sowohl in Diskussionen als auch in ihrem Schaffen. Verbunden durch dieses gemeinsame Ziel gingen nicht nur die bisherigen Konkurrenten aufeinander zu, sondern auch die politischen Antipoden.

Schon immer als Konkurrenten, doch nie als politischen Gegner sah der Dramatiker den jungen Dichter aus Brünn, Milan Kundera, nicht zuletzt als Autor von Versen, dem Helden gewidmet, der auch den etwas älteren Prager faszinierte. Dieser nahm an dem Wettbewerb nur deshalb nicht teil, weil er sich nicht mehr für einen Dichter hielt. Das Ethos und die Ästhetik des Poems waren ihm jedoch nahe.

Die Schicksale der beiden K.s hatten sich nach dem Krieg ziemlich ähnlich entwickelt, doch die starke Unterschiedlichkeit ihrer Charaktere und des Milieus ließ erst im Frühling 1967 zu, dass sie sich persönlich näher kennenlernten. Ein großes Verdienst daran hatte der agilste Teilnehmer an dem reifenden Reformversuch, Jan Procházka, die treibende Kraft der neuen tschechoslowakischen Filmwelle und selbst Autor von ausgezeichneten Drehbüchern. Er nutzte die Mitgliedschaft im ZK der KPTsch, wohin er durch einen komischen Irrtum anstelle eines Namensvetters gewählt worden war, um für einen unerwarteten Verlauf des IV. Kongresses der tschechoslowakischen Schriftsteller zu sorgen.

Milan K. hatte sich inzwischen zwar von der Gesinnung her in eine ähnliche Richtung wie der Kern der Generation bewegt, aber im wachsenden Konflikt der Kommunisten mit Kommunisten engagierte er sich noch nicht. Auch aus diesem Grund wurde er von den verunsicherten Verbands- und Parteifunktionären beauftragt, eine gemäßigte Eröffnungsansprache zu verfassen. Da ihm Procházka zusicherte, er würde eine starke Unterstützung seitens des Plenums bekommen, überarbeitete er den bereits genehmigten Text stark. Eine Brandrede zum Thema *Die Wahrheit versteckt sich vor uns!* leitete eine ganze Offensive kritischer Meinungen ein. Der Dramatiker las bei der Gelegenheit den verbotenen Protestbrief gegen die Zensur von Alexander Solschenizyn vor, und der Aufstand der

Seelen gipfelte in der Anklage Ludvík Vaculíks, die kommunistische Partei habe in der führenden Rolle, der sie sich bemächtigt hatte, versagt.

Der Gegenangriff der Staatspartei, deren Chefideologe Jiří Hendrych die Sitzung unter Drohungen verließ, bestand aus einigen Strafen, wurde aber einige Monate später abgeschwächt, als die Parteireformer unter der Führung von Alexander Dubček den Rebellen recht gaben. Doch auch diese wurden binnen eines Jahres vom Lärm der Warschauer-Pakt-Panzer mundtot gemacht. Ein weiteres Jahr später war bereits Gustáv Husák der Verwalter des tschechoslowakischen Vasallenstaats von Moskaus Gnaden, und in ihrem produktivsten Alter standen nun der mährische K. und der tschechische K. mitsamt ihren Werken auf dem Index der verbotenen Schriftsteller.

Zum ersten Mal begegneten sie sich privat in der Karlsbader Pension Jiskra, einer der Einrichtungen des Literaturfonds, in denen sich Schriftsteller für wenig Geld ein Zimmer mieten konnten, um intensiv arbeiten zu können. Sie waren zum letzten Mal dort, bevor sie zusammen mit anderen aus dem Schriftstellerverband und aus dem öffentlichen Leben ausgeschlossen wurden. Der Dramatiker schrieb zu der Zeit eifrig an seinem ersten Prosawerk und womöglich literarischen Testament *Aus dem Tagebuch eines Konterrevolutionärs*, und seine Freundin setzte ihre Diplomarbeit an der Filmakademie fort. Die Fachliteratur las sie im Gemeinschaftsraum, wo auch die Sprecherin des Brünner Fernsehens, Věra Kunderová, gerade wegen ihrer Teilnahme an den illegalen Sendungen gegen die Okkupanten entlassen, Englisch lernte, um ihren schreibenden Mann nicht zu stören. Ein Wort gab das andere, nach den Frauen auch unter den Männern.

Die allgemeine Entwicklung überrollte die Pläne der beiden. Nach der Abschaffung aller Begünstigungen, nach der Beschlagnahmung der Reisepässe und der Verurteilung zum totalen Schweigen sollte den schuldbeladenen Autoren der letzte Schlag verpasst werden: der drakonische Versuch des Staates, ihnen auch die Auslandshonorare abzuknöpfen. Die Art der legalen Verteidigung, die der Prager entdeckte, gab er fleißig an seine Kollegen weiter. Die Fotografen der Überwachungstrupps dokumentierten dies für das Archiv der Staatssicherheit mit einem gelungenen Doppelporträt des Trickerfinders mit Milan K.

Ihr letztes Treffen in der Heimat fand am 14. Juli 1975 im Buquoy-Palais auf der Prager Kleinseite statt, wo sie vom Botschafter zur Feier des französischen Staatsfeiertags eingeladen wurden. In dem Buch vom begrabenen Hund heißt es:

Auf dem gepflegten Rasen erfuhren wir, dass Kundera nach Frankreich fährt. Für zwei Jahre, sagte er, aber es war klar, dass es für immer sein würde. Auch um ihn muss sich ein schlaues Köpfchen gekümmert haben, weil man bei ihm besonders wirksame Mittel anwendete: Fremde Stimmen riefen immer wieder seine schöne Frau Věra an und erzählten, wo sie ihn gerade finden kann; laut den Stimmen bei anderen schönen Frauen. Doch zum Glück hatte sie Format und vertrat die Vermutung der Unschuld, in dubio pro Milan, doch wie lange noch?

Heutzutage schien es absurd, dass ausgerechnet er einst einen Preis für sein Poem über das kommunistische Idol Julius Fučík bekommen hatte. Wir suchten auf unterschiedlichen Wegen nach dem Sinn des Lebens und des Schreibens, und auch unser Anderssein lud nicht unbedingt zur Freundschaft ein. Doch ich denke, dass uns gegenseitiger Respekt verband. An jenem Juliabend sprachen wir fast zärtlich miteinander. Es war sehr wahrscheinlich, dass wir uns nie mehr wiedersehen würden.

Diese Sympathie sollte bei den Treffen in Frankreich, die mein unfreiwilliges Exil unerwarteterweise ermöglichte, neu entfacht werden. Danach kappten die beiden Kunderas die Verbindung zu ihrer tschechischen Vergangenheit so konsequent, als wäre sie ein bösartiges Geschwür. Es rief genauso irrationale Reaktionen der sonst so aufgeklärten Geister in Prag hervor. Aber das ist schon ein Kapitel aus dem Memoiroman Nummer drei, den ich frühestens am Ende des Jahrtausend schreiben werde, wenn möglich, wieder in Prag, vielleicht, eventuell, mal sehen, wer weiß.

Erst zu Beginn des neuen Jahrtausends entsteht das versprochene Kapitel. Die zwei Paare trafen sich kurz nach der misslungenen Rückkehr beider Prager bei der Taufe des Romans *Die Henkerin* in Paris bei Kunderas wieder, bei ihnen zu Hause und in den Lokalen, welche die kneipenliebenden Tschechen aus Wien in ihrer direkten Nachbarschaft für sie entdeckten. Die Verschlossenheit und das Misstrauen der Mährer

schmolzen dahin, es schien, als hätten sie sich alle vier lange gesucht, bis
sie sich überraschenderweise fanden.

Die Annäherung setzte sich im November desselben Jahres fort, als sie
sich in Philadelphia trafen. Bei dem großen Symposium über Literatu-
ren hinter dem eisernen Vorhang, dessen Vorsitz Arthur Miller übernahm, wurde die tschechische Literatur von vier Ausländern vertreten,
einem Kanadier, einem Amerikaner, einem Franzosen und einem Österreicher; ihre Namen waren Josef Škvorecký, Arnošt Lustig, Milan Kundera und Pavel Kohout. Die wenigen gemeinsamen Tage reichten aus,
dass sich die zwei Letztgenannten nur sehr ungern voneinander verabschiedeten.

Die Frauen telefonierten miteinander, die Männer wechselten Briefe,
womöglich trauten sie mehr dem geschriebenen Wort. Als der Dramatiker einen Bänderriss am Knie erlitt und deshalb die Dreharbeiten an
dem Film *Das Ohr* verschieben musste, war er mit einer Sommerreise
nach Frankreich schon deshalb einverstanden, weil sie sich in der Normandie wieder mit den Kunderas treffen würden. Die hatten für sie die
Übernachtung in einer nahe gelegenen Pension reserviert, aber als die
erste Flasche Bordeaux ausgetrunken war, fragte der Herr des Ferien-
häuschens in Trinity seine Frau, warum die Gäste eigentlich nicht bei ihnen übernachten würden. Auch Věra wunderte sich, dass es ihnen nicht
schon früher eingefallen war, und bestellte das gebuchte Zimmer ab.

Als sich die Gäste nach dem Frühstück verabschiedeten, fragte der
Gastgeber, warum sie nicht noch einen Tag länger blieben. Die Frauen
fuhren zum Einkaufen, um die Vorräte an Wein und Käse aufzufüllen,
und der Dramatiker bedankte sich für den angenehmen Tag, indem er
am Abend, unweit des Küstenabschnitts, an dem die Alliierten gelandet
waren, sein Leibgericht kochte: Linsen mit Reis, Zwiebeln, Wurst und
Ei. Als sie sich am dritten Tag tatsächlich verabschiedeten, holte Věra sie
in einer waghalsigen Fahrt ein, um ihnen die Sachen zu geben, die
sie im Haus vergessen hatten, und sie brachte noch einen Gruß mit: das
Manuskript des Romans *Das Buch vom Lachen und Vergessen*.

Die umfangreiche Korrespondenz dokumentiert auch den Meinungs-
austausch über die Art und Weise, wie man gegen die real sozialistische
Verirrung eines großen Teils der europäischen Linken, die die verschla-

gene Politik der Sowjetunion stärkte, ankämpfen konnte. Als der Dramatiker den Prosaiker vorschlug, einen Brief an westdeutsche Autoren mit zu unterzeichnen, in dem stand, sie sollten damit aufhören, aus laufenden Verhandlungen mit den DDR-Kollegen die Emigranten auszuschließen, antwortete der Schriftsteller mit einer Überlegung, die bald der Protagonist seines Romans *Die unerträgliche Leichtigkeit des Seins* übernehmen sollte.

… Du hast vollkommen recht, dass ich nur ungern etwas mit jemand anderem mache. Das ist zum einen durch mein Naturell bedingt (ich habe schon immer versucht, so etwas zu vermeiden, vielleicht schon seit der Grundschule, und so wurde es allmählich zu meinem Charakterzug), zum anderen resultiert es aber auch (das ist allerdings zweitrangig) aus folgender Überlegung: Ich glaube, dass ein von Kohout, Gruša, Jiří Kolář und Jelena Mašínová unterzeichneter Brief von vier Viertelautoren, während ein von Kohout unterzeichneter Brief von einem ganzen Autor unterschrieben wird. Man könnte gerade mal einen einzigen Satz gemeinsam unterschreiben, wie zum Beispiel »Weg mit Kohout« oder »Es lebe Gruša!«, aber einen Satz, in dem etwas weiter erläutert, über etwas nachgedacht wird, können nur schwer zwei Menschen unterschreiben, weil jeder anders denkt.

Die kollektiven Aktionen dieser Art kamen mir schon immer wie eine Perversion des kollektiven Zeitalters vor, wie eine aus dem Kommunismus hervorgegangene Perversion, die in uns überdauert und sich um uns herum ausbreitet …

Er hatte recht, und der Dramatiker erinnerte sich reumütig an seinen Vorsatz, dass die Charta 77 seine letzte Massenpetition bleiben solle. Die intensive Beziehung ging weiter, doch umso größer war die Enttäuschung der beiden Wiener, als sie im September 1984 in einem Pariser Hotel ein Telegramm aus Deutschland vorfanden, dass ihre Freunde das vereinbarte Programm wegen einer plötzlichen Abreise leider absagen mussten. Einen Tag später sahen sie in dieser Millionenmetropole aus einem Taxi Věra an einer Bushaltestelle. Aus Paris schickten sie noch eine verwunderte Postkarte, doch eine Antwort bekamen sie nicht.

Ende November fand im Pariser Theatre l'Odéon eine tschechische

Woche statt. Der Dramatiker sollte dort nur aus seinen Büchern lesen, und die Theaterpremiere stammte von seiner Frau: Die Woche endete mit der Aufführung ihres Hundestückes *Ádiedi*. Obwohl Milan K. an keinem der Abende auftrat, kam er gleich am ersten zusammen mit Věra. Über die Angelegenheit vom September fiel kein einziges Wort, doch dafür war die Beziehung zwischen ihnen noch intensiver als je zuvor. Zum allerersten Mal sprachen sie miteinander ausführlich über ihr Verhältnis zur Heimat und der Heimat zu ihnen, vor allem aber über die dortigen Reaktionen auf Kunderas letzte Arbeiten. Der Dramatiker hatte ähnliche Erfahrungen, seine Seele war aber schon von einem dickeren Fell geschützt.

Milan K. litt offensichtlich, und sein früheres allgemeines Misstrauen fand nun ein konkretes Ziel: Er fühlte sich von seinen eigenen Leuten verfolgt. Die Enttäuschung wandelte sich in Groll, und der Groll weckte Trotz in ihm. Dieser konzentrierte sich auf die Kritiker aus der heimischen Opposition, die, so schien es ihm, sein Werk aus der Hauptströmung der tschechischen Literatur ausschlossen, sowie auf Václav Havel, der diese Meinung anscheinend teilte, weil er als führende Person des Widerstands nicht gegen sie polemisierte. Der Mann in Paris kam sich verlassen und verkannt zugleich vor. Damals hatte ihn wahrscheinlich die unerträgliche Last der Kommunikation mit der heimischen Szene erfasst. Dort könnten die Wurzeln der wachsenden Unlust stecken, sein Werk in der Muttersprache zu veröffentlichen. Als hätte die Sprache selbst ihn verraten und beleidigt.

Ein paar Tage war alles so wie früher: Sie aßen, tranken und tafelten zu viert zu Hause oder auch in Bistros und kleinen Restaurants, sie freuten sich gemeinsam auf Kunderas neuen Roman, auf des Dramatikers Opernfassung des Bühnenstückes *Der arme Mörder* aus der Werkstatt der Pariser Algerierin Finzi und auf die bevorstehende Premiere seiner Frau im Odéon. Věra wurde dabei von den Wienern aus Prag als Agentin und Impressario ihres Mannes bewundert, um die ihn jeder Kollege beneiden würde.

Anschließend saß der Pariser aus Mähren neben der Autorin, merklich erfreut, dass er ein gutes Bühnenstück und eine erfolgreiche Vorstellung moralisch unterstützen konnte. Er war derjenige, der sie dann un-

DIE UNERTRÄGLICHE LAST VON MILAN K.

439

ter Applaus dazu brachte, sich von dem bezaubernden Hundedarsteller auf die Bühne begleiten zu lassen, wo sie dem ergriffenen Publikum dankte, dabei hinfiel und mühsam aus der Netzdekoration befreit werden musste. Zum allgemeinen Erstaunen ging er sogar mit ihr und den anderen Tschechen, die ihn schon lange nicht mehr in ihrem Kreis gesehen hatten, zu der Feier und blieb mit Věra bis zum Schluss.

Danach allerdings blieben ihre Briefe ohne Antwort, und die Telefonate mit Paris wurden kühler, bis klar wurde, dass die schon einmal aus undurchschaubaren Gründen unterbrochene Beziehung jetzt ganz zum Erliegen kam. Dem Dramatiker wird es für immer leidtun, denn mit kaum jemand anderem konnte er in so kurzer Zeit über so viele wesentliche Dinge sprechen. Nur einmal noch werden sie sich einen polemischen Schlagabtausch liefern: Als Milan K. in seinem Streitgespräch mit Lew Kopelew Russland wegen seiner bolschewistischen Ära aus der europäischen Kultur ausradierte, entgegnet Pavel K. ihm, dass Nazideutschland sich auf ähnliche Art und Weise von der Zivilisation verabschiedet hatte und sogar die Tschechoslowakei der Nachkriegszeit, als sie dem Mob erlaubte, im Sudetenland zu rauben und zu morden. Ansonsten sprach er ihm mehrmals Anerkennung für die außerordentliche moralische Hilfe für die unterdrückte Heimat aus, die durch seine Romane im Unterbewusstsein der Welt aufrechterhalten werden konnte, bevor Václav Havel zu ihrem Symbol wurde.

Der Welterfolg seiner Bücher wird zu einer Art Tracht Prügel für die aufgeblasene tschechische Literaturkritik, wie sie von dem Charta 77-Signatar Milan Jungmann vertreten wurde. Nach dem Fall des Eisernen Vorhangs übernehmen noch peinlichere Nachfolger die Stafette, die nicht einmal die Ehre verdienen, namentlich erwähnt, geschweige denn nach dem Vorbild von Cyrano de Bergerac mit einer Ohrfeige ausgezeichnet zu werden. Der Dramatiker wird danach auch die geheim gehaltenen Ausflüge Milan K.s nach Prag und Brünn verstehen, zeitweise in einer rührenden Verkleidung, die als solche erkannt, aber als eine wunderliche Marotte respektiert wird. Nur mit einem kommt er nicht klar: warum ein so großer Geist seinem Publikum nicht persönlich erklärt, wie auch ihm so etwas zustoßen konnte wie vielen anderen, welche Gedankenfehler ihn in die falsche Richtung geführt

hatten, wie er wieder zu sich zurückgefunden und was ihn zurückge-
bracht hatte; dass er stattdessen den problematischen Teil seiner Biografie so konsequent auslöscht, als hätte er ihn nie gelebt.

Denn die Tatsache, dass ausgerechnet der Autor des Poems *Der letzte
Mai* einen Roman wie *Die unerträgliche Leichtigkeit des Seins* schuf, belegt, dass jeder, selbst der intelligenteste Mensch, jederzeit, überall und
immer wieder dem Dämon der Zustimmung, des Ja-Sagens unterliegen
kann, aber – und das ist die gute Nachricht – jeder, selbst das von ihm
am stärksten heimgesuchte Individuum in der Lage ist, sich aus dieser
Umklammerung zu befreien.

Doch leider bleibt er nicht der Einzige. Leser tschechischer Biografien
mussten einen ähnlichen Eindruck gewinnen, den auch die Deutschen
und Österreicher noch lange nach dem Krieg von sich vermittelten, bis
sie zum einen unter dem Druck der übrigen Europäer und zum anderen
durch die Affäre des Präsidenten Waldheim dazu gezwungen waren,
Klarheit zu schaffen. Bis zu der Zeit schien es so, als wären Deutschland
und Österreich aus heiterem Himmel von einer Barbarentruppe in Be-
schlag genommen worden, die es ganz allein geschafft hatte, Millionen
von Menschen zu ermorden und einen halben Kontinent in Schutt und
Asche zu legen, ohne dass die anderen Bürger es hätten verhindern können, ja sogar ohne dass viele es überhaupt bemerkt hätten!

Die moderne tschechische Geschichte ist bei weitem nicht so blutig.
Aber die Henker der Nachkriegszeit und ihre unzähligen Helfer hatten
hinter dem Vorhang agiert, der aus falschen Idealen vieler Intellektueller
gewebt worden war, egal ob aus Einfältigkeit, Angst oder Berechnung.
Dichter, Schriftsteller und andere Künstler, die Intellektuellen überhaupt, die davor öffentlich warnten oder wenigstens nicht daran web-
ten, stellten eine verschwindend kleine Minderheit dar. Alle anderen geben ihr Zeugnis trotzdem nicht preis.

Doch das ist noch nicht alles. Für die Zeitgenossen oder für die Nachkommen gibt es keine Berichte von Václav Havel, Jiří Gruša und anderen eingefleischten Demokraten, auch nicht von heutigen Autoritäten
wie zum Beispiel Václav Klaus. Berichte worüber? Darüber, in welchem
Maße jeder von ihnen während des Totalitarismus in der Lage war, er
selbst zu bleiben, wo die Grenze seiner Kompromissbereitschaft lag, wie

und wovor er sich fürchtete, woher er die Kraft nahm, inwiefern und wem er nachgab, und vor allem, wie er heutzutage die Reformkommunisten von 1968 beurteilt und was er darüber denkt, welche Chance er ohne sie bei der Erfüllung seiner Träume noch während seiner Lebenszeit gehabt hätte.

Entschuldigung, aber zum Ende dieses Kapitels möchte ich wieder von der dritten in die erste Person wechseln. Als ich mich im *Tagebuch eines Konterrevolutionärs* entschloss, meine widersprüchliche Lebensgeschichte nicht in das Orwell'sche Gedächtnisloch zu fegen, sondern sie für die Leser offenzulegen, damit sie sich selbst darüber ein Bild machen konnten und dadurch ihre eigene Immunität stärkten, ahnte ich nicht, dass ich damit den Sammeltypus eines Idioten, eines Karrieristen oder gar Verbrechers erschaffen würde. Der Ausschnittdienst versorgt mich mit Texten von Autoren aller Generationen, die nur noch meine Verse aus den fünfziger Jahren zitieren, und die Quintessenz von Dummheit, Unterwürfigkeit oder gar krimineller Zusammenarbeit mit den Unterdrückern der Freiheit trägt fast ausschließlich meinen Namen.

Ich habe mich schon daran gewöhnt, doch trotzdem darf ich wohl fragen: Habt ihr woanders gelebt, habt ihr ganz anders gedacht und gehandelt, meine Generationsgefährten, meine Gesinnungsgenossen, meine Freunde? Jeder von euch vernebelt seine Geschichte nur ein bisschen anders als Milan K.! Deshalb schätze ich jeden Einzelnen, der dieses Bild korrigiert: Willkommen in der gemeinsamen Vergangenheit!

Ausgerechnet an dem Tag, als ich diesen Text zum letzten Mal für die tschechische Ausgabe durchging, erschütterte die intellektuelle Welt das Bekenntnis von Günter Grass, er habe sich als Siebzehnjähriger zur Waffen-SS gemeldet. Viele wunderten sich, warum es so spät kam; ich bewunderte es, dass es überhaupt kam, wenn er anscheinend der Einzige war, der es wusste. Die Überlegungen, es sei eine Werbestrategie kurz vor dem Erscheinen seiner Autobiografie, oder er habe nur der Enthüllung durch die Archive der ostdeutschen Stasi zuvorkommen wollen, kann man leicht widerlegen: Der Nobelpreisträger hatte es nicht nötig, für sich wie für ein neues Waschpulver zu werben, und die Organe der totalitären DDR hätten ihn liebend gern als Allerersten vernichtet.

Der unterschiedliche Lebensbeginn in meiner von den Nazis besetz-

ten Heimat hatte mich zum blauen Hemd der sozialistischen Jugendorganisation geführt, Grass in Hitlers Reich zur SS-Uniform. Mich
prägte die tschechische Nachkriegseuphorie, ihn das erschütternde Gefühl der deutschen Schuld. Mein Verfehlen versuchte ich mit einem Bekenntnis wiedergutzumachen. Er entschied sich, seine Erkenntnis zuerst
durchzusetzen. Er fühlte vielleicht, dass er als unbekannter Autor Grass,
noch dazu mit zwei großen SS auch im Namen, keine Chance gehabt
hätte.

Für die Art und Weise, wie die Stars der Husák'schen ›Normalisierung‹ ihre Vergangenheit verarbeiten, sind nach wie vor die Selbst-
verteidigungen des Sängers Karel Gott oder des Regisseurs Jiří Menzel
typisch, die an die zitierte Erklärung des Henkers Mydlář erinnern, er sei
vom Kelch zum Kreuz übergetreten, damit 1621 die tschechischen Herren nicht von einem Pfuscher aus Wien hingerichtet werden. Zu ihnen
gesellte sich der Abgeordnete und künftige Minister für die Partei der
bürgerlichen Demokraten ODS Vlastimil Tlustý mit seiner emotionalen
Reaktion auf die Frage eines Moderatoren, warum ihn die Kommunisten so stören, wenn er selbst zu ihnen gehört hat.

*Herr Redakteur, ich war niemals Kommunist, ich war nur bei den Kom-
munisten! Kommunistisch habe ich nie gefühlt und nie gehandelt!*

Summa summarum: Die Zeit und die Gesellschaft rufen nach zwei
Sammelwerken, die möglichst entstehen sollten, solange die Zeitzeu-
gen ihren Beitrag leisten können. Im ersten Band – Warum war ich
Kommunist? – sollte nicht der Erste Mann der tschechischen Literatur
Milan K. fehlen. Und im zweiten – Warum habe ich die *Anticharta* unterschrieben? – müsste die zweite Erste Dame der Tschechischen Republik dabei sein.

Was Grass angeht: So wie ich ihn kennenlernte, hatte er seinen Lebenslauf freiwillig von Grund auf bereinigt. Die Rolle des Gewissens-
wächters im neuen Deutschland bekräftigte er mit seiner späten Beichte
und ging der tschechischen Gesellschaft, die noch einen langen Weg vor
sich hat, sich aus der Lebenslüge zu befreien, mit gutem Beispiel voran.

Und was Milan K. betrifft: Die Anschuldingungen, er habe einen

tschechischen Patrioten, der sich in seinem Studentenheim vor der
Flucht nach Westen ausruhen wollte, der Polizei verraten und so dessen
mehrjährige Gefängnisstrafe verursacht, halte ich für ganz unseriös und
aus der Luft gegriffen. In den frühen Fünfzigern herrschte der kalte
Krieg, und ein für die Ordnung auf seiner Etage verantwortlicher Student konnte einen Fremden, von dessen Aufenthalt er erfahren hat,
nicht unangemeldet übernachten lassen, weil dies auch eine von den
Fallen hätte sein können, mit denen häufig die Loyalität der Bewohner
geprüft wurde. Der künstlich aufgeblasene Skandal eskalierte jedoch gerade deswegen, weil Milan K. unsere gemeinsame kommunistische Vergangenheit so tief unter sämtliche Teppiche gekehrt hat, dass sie jetzt
unverständlich, ja verdächtig aussah.

So wie Günter Grass für mich immer einer der Gascogner-Kadetten
bleiben wird, der nach dem siebzig Jahre dauernden Kampf gegen den
Faschismus tapfer seine eigene Deckung öffnete, so werde ich Milan K.
immer für den *Chevalier du pen*, Ritter der Feder, halten, der genauso
wie Cyrano sagen kann:

> *Und das ich heut, am Ende meiner Tage,*
> *Getrost zur blauen Himmelschwelle trage;*
> *Dies Gut – es ist …*
> *Mein Wappenschild!*

70. KAPITEL

Verbrechen und Strafe

Im Juli 1986 kam ein Mann nach Wien, den der Dramatiker mit großer Ungeduld erwartete. Jack Garfein, ein namhafter amerikanischer
Film- und Theaterregisseur seiner Generation, wollte schon lange sein
Stück *August August, August* auf dem Broadway aufführen. Nachdem
der Autor zwei Jahre zuvor an den Universitäten in Kanada und Kali-
fornien Vorlesungen gehalten hatte, blieb er anschließend noch eine
Woche bei Jack in New York, wo sie gemeinsam die Übersetzung ins

Englische durchgingen. Der hinzugekommene irische Kollege half bei der Anpassung der Wortspiele aus der deutschen Fassung, die bereits aus dem Tschechischen übersetzt worden war; Jack sprach nur Englisch.

Als er in Wien landete, war dieser energische, allzeit gut gelaunte Mann nicht wiederzuerkennen: blass und angespannt, was er mit seinem Jetlag erklärte. In der Wohnung des Dramatikers wollte er darüber berichten, wie weit er bei der Suche nach Investoren, die Geld in die Produktion einbringen, in der Hoffnung, es würde sich vermehren, vorangeschritten war. Doch zuerst legte er sich auf das Sofa und bat um etwas Ruhe. Eine Stunde später stand er zwar auf, wollte sich aber weiter im Hotel ausruhen. Abends entschuldigte er sich telefonisch, er würde am nächsten Tag zurückfliegen. Auf Zureden, er solle doch hier Ärzte konsultieren, versprach er zu warten. Am nächsten Morgen rief er an, dass er keinen Arzt brauchte, und er wollte vorbeikommen, um zu erklären, was mit ihm los war.

Die Erklärung war genauso überraschend wie einfach. Der amerikanische Jack war Jacek aus dem ostslowakischen Bardejov, der als Einziger aus seiner Großfamilie die Vernichtungslager der Nazis überlebt hatte. Er wurde von den Alliierten gerettet, in Schweden wieder aufgepäppelt, und von dort aus fuhr er über den großen Teich. Seit einem Tag war er zudem von neuem in einem Land, in dem ihn die deutsche Sprache erschreckte, die er natürlich immer noch verstand. Und nicht nur die: Nach ein paar Tagen kam auch seine Muttersprache zurück. Als die Aufregung nachließ, wuchs die Sehnsucht danach, seine alte Heimat zu besuchen, was er auch unverzüglich tat, denn Amerikaner bekamen das tschechoslowakische Visum ohne Wartezeit.

Er stand wieder unter Schock, als er auf den Kohlmarkt zurückkam: Im Holocaust-Museum in Bardejov fand er Dokumente über den Menschen, der alle seine Liebsten in die Gaskammer geschickt hatte. Dieser hatte sich sogar mit einer Peitsche in der Hand vor einem Viehwaggon fotografieren lassen, in den er die Garfeins gerade hineingejagt hatte. Um so erschreckender war aber, dass Jack in ihm den führenden Vertreter der slowakischen Emigranten in Kanada erkannte, der ihn vor kurzem schriftlich aufgefordert hatte, sich am gesellschaftlichen Leben der Landsleute mit zu beteiligen. Jack blieb noch zwei Tage in Wien und ersann einen Racheplan, nach dem ein Thriller hätte gedreht werden können.

Es gelang ihm, einen jungen Regisseur des kanadischen Fernsehens zu finden, der erst nicht glauben wollte, dass in seiner Heimat so etwas möglich gewesen war, und sich dann um so engagierter in die Arbeit stürzte. Mit dem Filmteam besuchte er sowohl Bardejov als auch die Orte, wo Mitglieder der Familie Garfeins gelitten hatten und gestorben waren. Jack als einzig Überlebender kommentierte es vor der Kamera. Die kommunistischen Regierungen Polens und der Tschechoslowakei unterstützten gerne das Projekt, das man antifaschistisch nennen konnte. Bardejov stellte weiteres umfangsreiches Material zur Verfügung, das den Hauptverbrecher noch stärker belastete. Die zweite Vergeltungsphase fand in Kanada statt.

Der Regisseur fragte den Anführer der slowakischen Emigranten, ob er nicht als Prototyp eines wichtigen Politikers in einem Film, der sich mit Minderheiten beschäftigte, auftreten möchte. Der Gefragte nahm es mit Begeisterung an und wurde mit Ton und Bild als ehrenwerter Neukanadier dokumentiert, der seinen Schäfchen bei Hochzeiten, Taufen, Beerdigungen und vor allem bei hohen Kirchenfeiertagen als Vorbild eines Christen und Demokraten assistierte. Jack erlaubt fünf Jahre später dem tschechischen Freund, die entscheidende Szene von einer der weiblichen Personen in seinem Roman *Ich schneie* genau erzählen zu lassen, nur die Namen werden verändert.

Die Kamera wurde vor dem Supermarkt aufgestellt, in den diesmal das fürsorgliche Familienoberhaupt persönlich mit seinen Enkeln einkaufen gehen würde. Der Redakteur sollte ihn ansprechen und ihm die letzte Frage stellen, auf die der Funktionär mit einer Osterbotschaft antworten würde, in der er allen alten Landsleuten und neuen Mitbürgern Freude und Frieden wünscht. So geschah es auch: Kolodaj im Kreise seiner Nachkommen, selbst für den Einkauf in Abendgarderobe gekleidet, seine weiße toupierte Mähne erweckte einen ehrwürdigen Anschein, er trägt mit Rührung und ohne Versprecher den sorgfältig gelernten Text vor. Dann sagt der Redakteur unerwartet, er habe für seine Mühe und vorbildliche Zusammenarbeit eine kleine Überraschung: Einen Landsmann direkt aus seinem Geburtsdorf, den

er seit fünfundvierzig Jahren nicht gesehen habe. Ins Bild tritt mein Vater,
und nur ich und meine Mutter wissen, wie aufgeregt er ist, weil er einen voll-
kommen fremden Gesichtsausdruck hat, Augen wie ein Blinder. Der Haupt-
darsteller strahlt nach Vorbild westlicher Staatsmänner und bekennt, er
trage Bardejov immer noch im Herzen wie das verlorene Paradies. »Erken-
nen Sie ihn?«, lockt ihn der Redakteur weiter tiefer in die Falle. »Ach!«, wit-
zelt Kolodaj, »damals waren wir alle jung und schön, heute sind wir nur
noch schön, ich bin der Kolodaj vom Marktplatz, das sind meine kanadi-
schen Enkel, und wer bist du?« Mein Vater verbeugt sich feierlich und ant-
wortet mit metallischer Stimme, die wir noch nie bei ihm gehört haben: »Ich
bin von den Gurfajns aus der Judengasse und der Letzte dieses Namens, weil
du meine ganze Familie, neunundfünfzig Seelen, verhaftet und gequält hast,
du hast sie wie Vieh in einen Waggon eingepfercht und in den Tod in Gas-
kammern geschickt!« Die Szene danach lässt sich kaum beschreiben. Kolodaj
strahlte immer noch ausdauernd und gleichzeitig brach er innerlich zusam-
men, er erinnerte mich an Bilder bombardierter Häuser, von denen nur
die Wände stehen blieben. Er war nicht in der Lage wegzulaufen oder, was
weiß ich?, zu weinen, geschweige denn sich zu entschuldigen, er begann
Worte auszustoßen, von denen mir übel wurde. Wir waren damals dumm
und unvernünftig … als hätte er mit einem Ball ein Fenster zerschlagen! Es
war eine verrückte Zeit, man machte Fehler … als hätte er einen Aufsatz ver-
patzt! Man hat uns verführt, belogen, uns verheimlicht, wir müssen Tag und
Nacht dem Herrn danken, dass er uns gemeinsam aus dem Tal des Schattens
und des Todes herausgeführt hat in dieses gelobte Land, wo wir wie eine Fa-
milie leben können … als würden neben meinem Vater neunundfünfzig le-
bendige Gurfajns stehen! Danach stürzte er sich auf meinen versteinerten
Vater und packte ihn an den Schultern. »Wir sind beide Slowaken!«, rief
er wie von Sinnen, »lassen Sie uns für immer Brüder sein! Es ist Ostern! Ver-
zeihen wir uns, was war!« Er ließ die Schulter meines Vater los und pumpte
nun mit seiner Rechten. »Drehen Sie!«, schrie er dabei hysterisch in die
Kamera, »drehen Sie und senden Sie das, ganz Kanada soll Zeuge unserer
Versöhnung sein!« Erst dann, ganz plötzlich, als hätte er einen elektrischen
Schlag bekommen, ließ er alle stehen und torkelte aus dem Bild, in dem nur
seine erstarrten Nachkommen und mein regloser Vater zurückblieben.

Die wirkliche Pointe war wie aus einem Märchen, in dem das Gute siegt und das Böse bestraft wird. Die Ausstrahlung rief in Kanada einen regelrechten Sturm hervor. Der Regisseur bekam einen nationalen Preis für diesen Film, der ehemalige Gardist aus Bardejov wurde sofort auf die berühmt-berüchtigte Watchlist gesetzt, so dass er bis zu seinem Lebensende Kanada nicht verlassen konnte, weil er dann nicht wieder hätte einreisen dürfen. Und in den Wirren dieser Ereignisse starb das Projekt *August* auf dem Broadway. Die Belohnung für den Autor war allerdings seine Teilnahme am Epilog dieses Dramas, den er später im Roman *Ich schneie* aufgriff, als Bericht der fiktiven Tochter Vanesa.

Nach dieser Sendung sind wir nach Europa geflogen. Mein Vater kündigte uns bei Simon Wiesenthal in Wien an, er wollte ihm stolz den Skalp von Ján Bartolomej Kolodaj präsentieren. Ein entzückender alter Herr empfing uns, der eher an einen lustigen Großvater erinnerte, ganz bestimmt nicht an den Jäger der Kriegsverbrecher, der unter anderen auch Adolf Eichmann gefunden hatte. Der Film fing an, Wiesenthal seufzte dann bald zufrieden, klopfte meinem Vater auf den Rücken und lobte ihn, bis ... die letzte Szene kam. Da versteinerte er, wurde still und verschlang mit den Augen die Bilder. Als dann der Vater den rührenden Satz aussprach, sah ich, wie Herr Wiesenthal, obwohl er bereits einiges erlebt hatte, schluckte und mühsam die Tränen zurückhielt. Dann fing Kolodaj an zu faseln, sich an meinen Vater zu drücken, schließlich mit seiner Rechten zu pumpen und in die Kamera zu rufen: »Drehen Sie, drehen Sie!« In dem Moment hörte ich ein Aufheulen. Ich dachte, es sei der Verrückte im Film, aber es war Simon Wiesenthal, der aus dem Sessel aufsprang und meinen Vater anschrie: »Neiin, neiin! Wie kann ein Jude dem Mörder seiner Leute die Hand reichen!!!« Mein entsetzter Vater war nicht in der Lage zu sprechen, der Abspann lief, das Licht ging an, und wir alle stierten mit aufgerissenen Augen den berühmten Greis an, der immer noch meinen Vater beschimpfte und ihn wie einen Baum schüttelte. Als ich wieder bei Sinnen war, kam mir das so ungerecht vor, denn ich hatte von klein auf den Kampf meines Vaters mitverfolgt, deshalb schrie ich auf. »Lassen Sie ihn!« Er gehorchte sofort, so überrascht war er, und ich hörte mich weiter rufen, »Mein Vater hat nicht dem Mörder die Hand gereicht, er hat aus Ge-

*wohnheit die entgegengestreckte Hand gerade deshalb genommen, weil er
ein Mensch ist und kein Tier wie der andere!« Wiesenthal blickte mich
mit seinen traurigen Augen an und sagte kaum hörbar: »Und deshalb,
Mädchen, enden Kolodajs wie ehrenwerte Bürger, und wir Juden in den
Gasöfen!«*

Das alles geschah wirklich und genauso, bis auf den Unterschied, dass
in der Tat nicht Vanesa, sondern die Frau des Dramatikers die Bemerkung nach der Sendung gemacht hatte, denn Jack Garfein hatte seine
tschechischen Freunde mitgenommen. Und der Autor wird sich in den
nächsten Jahren immer dann an Wiesenthals Antwort erinnern, wenn
er als Nicht-Jude die Politik des Staates Israel wieder einmal gar nicht
versteht.

71. KAPITEL

Prinzessin Anna

Im Jahr 1988 schrieb die Frau des Dramatikers ihr traurigstes Hörspiel –
Aus dem geheimen Tagebuch der Prinzessin Anna. Das kleine Mädchen
Anna bekommt einen Kassettenrekorder geschenkt und beginnt, ihr
eigenes Leben aufzuzeichnen. Es nimmt die verschiedensten Geräusche
in ihrem Zuhause, der Schule, aus ihrem ganzen Kindheitsleben auf. Die
Gespräche mit Freundinnen, Streitereien mit ihrem Bruder und sogar
die Schreie ihres Herrn Lehrers auf dem Zahnarztstuhl des Vaters. Es
folgt eine strenge Unterredung, und das Gerät wird ihr zur Strafe abgenommen. Doch kurz darauf wird ihr der Rekorder wieder zurückgegeben als wichtiger Begleiter und Helfer in den bevorstehenden schweren
Zeiten. Denn ihre auffällige und ständig zunehmende Müdigkeit wird
durch die schlimmstmögliche Diagnose erklärt: Leukämie!

Eine der ersten Reisen, als der Autor als frisch gebackener Exilant begann, aus seinen Büchern zu lesen, führte ihn nach Zell am See, einem
malerischen Städtchen zwischen einem großen See und vielen hohen
Bergen, aus diesem Grund ein beliebtes Zentrum des Tourismus. Zu den

Gastgebern gehörte auch der Zahnarzt Doktor Erwin Senoner. Er selbst kam mit der Idee, die beiden Tschechen auf seinen Behandlungsstuhl einzuladen, weil sie zusammen mit der Heimat auch alle ihre Hausärzte verloren hatten. Als er ihnen seine Grundüberzeugung vorstellte, nämlich: nicht ziehen, sondern heilen, sollte er sie nie mehr loswerden. In den nächsten mehr als zwanzig Jahren kam es öfters vor, dass der Autor oder seine Frau in der Zahnnot morgens fünf Stunden mit dem Zug fuhren, um nach der Behandlung und dem Essen am Familientisch abends die ebenso lange Rückfahrt nach Wien zu absolvieren, immerhin angenehmer als ein Zahnersatz! Ähnliche Ausflüge werden dann aus Prag und nach Prag stattfinden, und weil jede Reise hin und zurück fast eintausend Kilometer bedeutet, wird der treue Patient dem Arzt eine Bestätigung schicken, dass er von ihm und zu ihm anderthalb mal den ganzen Erdball umrundet hatte. Die Männer begannen, sich auf Indianerart als Weißer und Roter Bruder zu bezeichnen.

Der Arzt hatte einen Sohn Georg und eine Tochter Anna, ein zierliches blondes Abbild seiner schönen schwedischen Frau Ami, die außerordentlich klug und vital war. Als die wahre Ursache der plötzlichen Schwäche Annas erkannt wurde, verstand der Vater als Arzt, dass es sich beinahe um ein Todesurteil handelte. Die Freunde der Familie verfolgten mit Bewunderung den Kampf, den er um sein Kind führte. Nachdem er festgestellt hatte, dass die Schwachstelle des sonst erstklassigen österreichischen Gesundheitswesens ausgerechnet in der Behandlung der heimtückischsten aller Kindererkrankungen lag, mobilisierte er die anderen betroffenen Eltern, damit sie mit vereinten Kräften die Öffentlichkeit und somit auch die Politiker wachrüttelten. Ein damals unbekannter Provinzarzt wurde zum Sprecher der immer stärker werdenden Bewegung und die kleine Anna zum herzergreifenden und überzeugenden Symbol der Medien. Bald wurde die nationale Stiftung für die Kinderkrebshilfe gegründet und der Vater des Mädchens zum ersten Präsidenten gewählt. Das alte Sankt-Anna-Spital – nomen est omen! – erhielt Unterstützung von allen Seiten und rüstete sich mit den modernsten Geräten aus.

Währenddessen kämpft Anna um ihr Leben. Die bösartige Krankheit greift in Wellen an. Nachdem man mittels einer leider grausamen Behandlung ihre Attacken abwehren kann und wieder Frieden einkehrt, beginnt aber auch die Zeit des Wartens, mit der bangen Frage, ob er dauerhaft oder trügerisch sein wird. Nach dem Waffenstillstand schlägt die Krankheit wieder zu, eroberte alte Positionen und besetzt neue, bis Hoffnung aufkeimt, als dem Kind wieder neue Haare wachsen, die Augen besser werden und die Lust zu essen und zu spielen zurückkehrt. Der Dramatiker wusste mit kleinen Kindern nie etwas anzufangen, auch seine eigenen hatte er erst wahrgenommen, als er von ihrem erwachenden Intellekt angesprochen wurde. Dieses Mädchen, gerade erst eingeschult, eroberte ihn wortwörtlich bei jedem seiner Besuche. Sie stellte ihm kluge Fragen, prüfte seine Antworten, führte endlose Gespräche mit ihm über Dinge und Begriffe, die er von anderen Kindern erst in der Pubertät kannte.

Er verspürte eine böse Vorahnung, erinnerte sich an Dichter, die vielleicht deshalb genial waren, weil sie von innen durch ihre viel zu kurz eingestellte Lebenszeit angetrieben wurden. Anna, die nun erfolgreich den dritten und hoffentlich letzten Ansturm der Krankheit bewältigte und sich über jeden kleinen Fortschritt freute, fing an, sich Geschichten auszudenken. Diese hatten eine kindliche Form, aber eine schon fast erschütternde Aussage, als würde die kleine Autorin sich viel zu weit in die Zukunft hinauslehnen. Auf dem Weg von Zell nach Wien machte er sich Vorwürfe, dass er sie nicht aufschrieb, es war ja im Grunde seine Pflicht, da sie ihn ja zu ihrem ersten Zuhörer ausgewählt hatte. Und was wäre, wenn er der Einzige bliebe? Diesen Gedanken verwarf er sogleich, denn das kleine Wesen kämpfte so überaus tapfer gegen den Tod an; es durfte einfach nicht sein, dass sie starb, sollte mit ihr nicht die Hoffnung sterben.

Er rief sie aus Wien an und versprach ihr, er würde ihre Geschichten beim nächsten Mal aufschreiben. Sie überraschte ihn, als sie ihm erzählte, sie habe sich von den Eltern einen kleinen Kassettenrekorder gewünscht, damit sie ihre nächsten Geschichten aufnehmen konnte, und sie habe ihm bereits zwei neue geschickt. Die Kassette kam drei Tage später. Darauf war eine fast surrealistische Erzählung vom Hund Bello, der fliegen wollte. Er sprang so lange vom Dach und fügte sich Beulen zu, bis man ihn in ein Flugzeug setzte und mit dem Fallschirm abspringen ließ.

Ach, wie er sich freute! Es folgte ein zweiter Text, der so bemerkenswert war, dass ihn der Empfänger gleich aufschrieb.

Es war einmal ein kleines Mädchen, das ganz weit weg wohnte. Sie weinte den ganzen Tag, und ihre Eltern wussten nicht, warum. »*Warum weinst du?*«*, fragten sie immer und immer wieder.* »*Ich weiß es nicht, ich bin einfach unglücklich.*« *Sie weinte ganz oft. Eines Tages sah sie einen Jungen, der ihr ganz doll gefiel. Aber er interessierte sich mehr für ihre Freundin Betty.* »*Ach, Betty, wie machst du das denn nur?*« »*Das ist so eine Sache*«*, antwortete Betty.* »*Wie meinst du das – eine Sache?*« »*Tja, meine Sache*«*, sagte Betty. Betty war das beste Kind. Aber langsam hörte sie auf, ihre beste Freundin zu sein, weil sie bei allem die Beste war, und sie lachte das Mädchen aus. Bei allem. Beim Schwimmen, beim Laufen, beim Springen. Und was es sonst noch so gab. Das Einzige, was sie nicht hatte, waren die wunderschönen Puppen, die Sonja hatte. Sonja, so hieß das arme kleine Mädchen, das nicht so schnell rennen und nicht so schnell springen konnte, sie konnte einfach gar nichts. Deshalb war Sonja unglücklich. Sonja war ganz furchtbar unglücklich. Aber eines Tages gab es einen lauten Knall: peng!, und vor ihr stand eine Taube, eine unglaublich riesige Taube. Sie war so groß wie Sonja selbst! Sie gab Sonja einen Ring, und obwohl Tauben normalerweise nicht sprechen können, sagte sie:* »*Du sollst diesen Ring streicheln, wenn du Angst hast oder wenn du etwas brauchst. Ich werde dir helfen, wenn ich kann.*« *Plötzlich gab es wieder einen Knall: peng! und die Taube war wieder weg. Aber der Ring steckte am Finger, und auf dem Ring war eine kleine Blume. Sie berührte den Ring. Peng! Und die Taube war da.* »*Was brauchst du denn? Hast du Angst?*« »*Nein, ich möchte nur auch so schnell rennen, schneller springen und all das andere!*« »*Gut, das lässt sich machen*«*, sagte die Taube. Peng, peng! – und weg war sie. Sonja probierte das gleich aus. Sie rannte raus und lief hin und her, sie hüpfte und probierte auch alles andere aus. Ja, sie konnte das jetzt viel besser. Sie war glücklich. Doch dann dachte sie wieder nach. Meine Haare sind so hässlich! Meine Augen sehen so schlecht! Wieder und wieder streichelte sie den Ring, wegen jeder Kleinigkeit, sie hörte damit gar nicht auf und bedankte sich nicht mehr. Einmal hatte die Taube genug davon.* »*Du böses Kind, du nutzt mich nur aus!*«*, sagte die Taube.* »*Der Ring verschwindet jetzt!*« »*Nein, ich will*

ihn behalten!!« »Böses Kind, du böses Kind, nein!!« Peng, peng! – und weg
war sie. Und der Ring auch. Das Mädchen weinte und weinte, und die El-
tern konnten es nicht mehr trösten. Und wenn das Mädchen nicht gestor-
ben ist, dann weint es noch heute.

Etwa eine Woche später meldete sich wie aus dem Nichts die Krankheit
wieder. Der Vater brachte Anna ins Krankenhaus, wo er nur ihre Hand
halten konnte, bis sie letzten Endes nicht mehr atmete. Man schrieb den
15. August 1988. Die tschechischen Freunde, die täglich in Zell am See
anriefen, erreichten ihn, als er gerade zurückkam. Sie vertrauten ihren
Dackel Áda einer alten Freundin an, und fünf Stunden später klingelten
sie an den Türen des stillen Hauses und der geschlossenen Praxis. Sie
klingelten lange und klopften noch länger, bis sie endlich erkannt und
hineingelassen wurden. Die Eltern hatten nun endlich jemanden bei
sich, dem sie über Anna erzählen konnten und der ihnen über Anna erzählte, bis sie keine Tränen mehr hatten und der Schmerz von der Müdigkeit stumpf wurde. Und der einzige Leser von Annas Geschichten
tröstete sich damit, dass er die erste und letzte schöpferische Spur auf-
bewahrte, wenn er sie in seine Memoiren einfügen würde …

Ami und Erwin Senoner boten dem Tod die Stirn: Drei Jahre später
bekamen sie neue Hoffnung in Gestalt eines Austro-Wikingers, Julien,
eines ebenfalls außergewöhnlichen und vitalen Jungen. Anna sollte ihr
geistiges Grabmal nicht nur als Prinzessin in dem ihr gewidmeten Hörspiel bekommen, sondern auch jedes Mal in einem solchen Moment
wie diesem, wenn ein weiterer Mensch liest, was sie geschrieben hat – ihr
Lebenswerk!

72. KAPITEL

Mama, Papa, ich und Éda

Es lebte einmal, und lebt immer noch, ein anderes Kind, das im frühen
Alter in der Badewanne durch heißes Wasser, das aus der Waschmaschine
spritzte, verbrüht wurde. Als es glücklicherweise das Schlimmste über-

wunden hatte, verlor es die Heimat, weil seine Eltern aus der Not heraus
nach Österreich auswanderten. Sobald es ihnen ihre Lage als Emigranten
erlaubte, meldeten sie, ohne lange nachzudenken, den kleinen Mikuláš
Kohout in der tschechischen Schule in Wien an, der letzten, die von allen
früheren übrig geblieben war. Als der Junge mehr Verstand hatte, schien
es ihm, als hätte seine Familie ihn im Gegenzug verloren, weil sie ihn
zwang, eine tote Sprache zu lernen, die nur sie und ein paar Freunde sprachen. Er konnte nicht ahnen, dass wenige Jahre später, als der Eiserne Vorhang fiel, er sich hier wie dort Mädchen anlachen würde, ganz abgesehen
von der Bedeutung der Zweisprachigkeit für die künftige Karriere.

Auch der Vater seines Vaters freute sich darüber, und im Jahr 1983 begrüßte er den Tag der offenen Tür, an dem die Wiener Comenius-Schule
neue Eltern anlockte, weil ihre Schülerzahlen beständig sanken. Viele
Emigranten enthielten ihren Kindern die Muttersprache vor, in der
Hoffnung, sie würden sich besser in der fremden Gesellschaft integrie-
ren; sie bedachten nicht, dass sie den Kindern die Sprache verweigerten,
die sie ganz von allein lernen und noch zusätzlich beherrschen würden.
Der tschechische Schriftsteller fühlte sich von der Unterrichtsqualität in
den Klassen angesprochen und wollte die Schule unterstützen. Bereits in
der Vergangenheit blieb sein Angebot ohne Antwort, er würde den
Schülern einhundert Exemplare des Kinderbuches *Jolana und der Zauberer* schenken, das er in der Schweiz im Selbstverlag herausgegeben
hatte. Darin ging es darum, wie ein kleines Mädchen die Geister namens
Angst, Trauer und Langeweile loswurde. Er wollte seinen Vorschlag persönlich wiederholen und anbieten, dass er auch zu einer Lesung kommen würde. Jetzt kam ihm die Idee zu fragen, ob er in die beiden Bücher
hineinschauen dürfe, die für jeden Menschen den Grundstein der Wis-
senspyramide bildeten: die Fibel und das Lesebuch.

Und er traute seinen eigenen Augen nicht: Durch die Fibel geisterte
der gleiche sowjetische Panzer, der den Prager Frühling überrollt hatte,
und im Lesebuch fehlten wie zu Hause Dutzende verbotener Autoren.
Nach seiner Bitte um Erklärung verwies ihn die Lehrerin an die Schulleiterin, deren Verteidigung zum Teil naiv, zum Teil aggressiv war. Auf
die Frage hin, wie so etwas in Österreich möglich sei, behauptete sie, die
Schule habe keine Mittel, um eigenes Material anzuschaffen, und sei

deshalb für die kostenlose Unterstützung aus Prag dankbar. Auf die Frage hin, warum sie dann die hundert Kinderbücher von ihm abgelehnt hatte, behauptete sie, diese Entscheidung habe der Comenius-Verein getroffen, der die Schule verwaltete. Auf die Frage hin, wie ein Verein dieses Namens den Schülern das Buch eines tschechischen Schriftstellers verwehren könne, behauptete sie plötzlich, dies habe sie selbst entschieden. Auf die Frage, warum sie das tat, behauptete sie, sie würde ja dann Geschenke von jedem annehmen müssen, vielleicht sogar schlechte. Auf die Frage hin, warum sie dann so zweifelhafte Geschenke aus Prag annehme, behauptete sie, die Schule habe keine Mittel, um ...

Es war offensichtlich, dass es dem Prager Regime gelungen war, die Wiener Schule ganz gewieft in die Sphäre seiner Einflussnahme hineinzuziehen. Unter dem Schleier der großzügigen Hilfe konnte es weiterhin auf die Kinder jener, die vor ihm in ein freies Land geflüchtet waren, Wirkung ausüben. Der Besucher schrieb darüber in der Wochenzeitschrift »Profil« und bat das österreichische Ministerium für Unterricht, die Veröffentlichung einer Fibel und eines Lesebuchs zu unterstützen, die überall in der Welt, wo tschechische Kinder ihre neue Heimat gefunden hatten, von Nutzen sein könnten. Er war selbst überrascht, als sich sein frommer Wunsch als leicht erfüllbar zeigte.

Er wurde in den staatseigenen Bundesverlag eingeladen, wo ihn der Cheflektor Otmar Spachinger darüber informierte, jede Minderheit in Österreich habe einen Rechtsanspruch auf alle notwendigen Lehrbücher, dass aber gerade die tschechische nach dem Krieg keinen Gebrauch davon gemacht hätte. Zum nächsten Treffen kam auch ein Vertreter des Verwaltungsrates und war mit dem Vorschlag einverstanden, dass man im Exil die besten Kräfte suchen sollte, die diese Aufgabe übernehmen würden. Ein einziger Band sollte eine schön illustrierte Fibel mit Anweisungen für die Unterrichtenden, zu denen auch die Eltern gehören sollten, sowie eine Auswahl der besten Gedichte und Geschichten für Kinder zusammenfassen. Als Herausgeber wurde der Initiator verpflichtet, der schon im Voraus auf das Honorar verzichtete. Die Arbeit, die dann fünf Jahre lang seine übliche Tätigkeit begleitete, sollte seine schönste und zugleich undankbarste werden.

Spannend war schon die Suche nach dem Verfasser des Textes, der eine Reihe von künstlerischen und pädagogischen Kriterien erfüllen musste. Welch eine Freude, als sich Jiří Gruša in Bonn dazu bereit erklärte! Ähnlich schwierig schien es, den Künstler zu finden, der das Weltniveau der tschechischen Zeichenkunst für Kinder bekräftigen musste. Welch eine Ehre, als der weltberühmte Jiří Kolář aus Paris versprach, eine Jury aufzustellen, die einen Wettbewerb für die auf allen Kontinenten lebenden tschechischen Künstler ausschreiben würde. Nach einem halben Jahr sandten vier Dutzend Maler aus Europa, Amerika und Australien ihre Beiträge ein. Jiří Kolář zusammen mit Eva Janošková aus Köln und Čeněk Pražák aus Dietikon bei Basel werteten in Wien zwei Tage lang die Vorschläge aus, bevor sie sich für die sanften Pastellzeichnungen von Miroslav Wagner aus Düsseldorf entschieden. Die Lesebuchauswahl von Weihnachtsliedern bis zu Hrabal wurde heimlich in Prag von Josef Brukner, Vladimír Karfík und Ivan Klíma vorbereitet. Und so schloss sich wieder einmal der Kreis zwischen dem Exil und der Heimat.

Zugleich fand eine andere Weltkampagne statt: nämlich gegen den Herausgeber. Sie wurde von einigen Exilzeitschriften und von Emigranten geführt, die anonyme Proteste direkt an den Bundesverlag schickten. Das Motto hieß: So eine patriotische Aktion darf nicht von einem ehemaligen Kommunisten beschmutzt werden! Das Kurioseste war der Einspruch einer bisher unbekannten tschechoslowakischen Exilregierung in Australien, die Österreich diplomatische Schritte androhte. Zu dem Traurigsten gehörte der Artikel des Universitätsprofessors Lobkowicz aus München, der in diesem Projekt eine kommunistische Provokation entdeckte. Niemand von den wütenden Kritikern stutzte darüber, dass die tschechische Schule im freien Österreich weiterhin die ideologischen Schandschriften aus Husáks Prag verbreitete. Niemand von den Empörten wunderte sich darüber, dass die Funktionäre der tschechischen Minderheit, die in Österreich seit Jahrzehnten lebten, nicht schon längst ihr Recht auf ordentliche Lehrbücher für ihre Kinder angemahnt hatten. Und keiner, kein einziger Kritiker bot sich an, diese Arbeit selbst zu übernehmen und für die Herausgabe zu sorgen.

Das Werk mit dem Titel *Mama, Papa, ich und Eda* – so hieß der Familienhund – wurde im Oktober 1988 auf der Frankfurter Buchmesse

von der österreichischen Kulturministerin stolz präsentiert. Und weil
das Ende des Totalitarismus für die tschechische Schule in Wien damals
noch unabsehbar schien, lehnte sie das Buch als Lehrmittel mit der Begründung ab, der Autor der Fibel sei kein Pädagoge. Zu ihrem Pech
wurde zehn Jahre später ausgerechnet Jiří Gruša Botschafter der Tschechischen Republik in Wien. Der Herausgeber mag keine anhaltenden
Konflikte und bot dem Freund an, ein Treffen zu organisieren. Die
Schulleiterin entschuldigte sich lasch und nahm ein neues Angebot für
die Zusammenarbeit an. Sie vereinbarten, dass sie noch vor Weihnachten in einem Gespräch zwischen dem Dramatiker und dem Lehrkörper
die vergangenen und die aktuellen Probleme angehen würden.

Dieser Versöhnungsakt spielte sich in einer Art großem Sitzungsraum
ab, es war wohl das Lehrerzimmer. Der Gast wartete bei Tee, Plätzchen
und inhaltsleerer Konversation mit drei sichtlich gehemmten Lehrerin-
nen geduldig fast eine Stunde lang, bis der Unterricht zu Ende war. Wie
ein Faktotum in einem absurden Theaterstück schlenderte immer wieder ein mürrischer Mann in Schlappen vorbei, wahrscheinlich der Hausmeister, der mal etwas brachte oder mitnahm, mal kehrte oder wischte.
Endlich kam auch die Schulleiterin und wunderte sich, dass der Dramatiker mit noch mehr Personen rechnete. Andere Lehrkräfte seien aus den
Klassen direkt nach Hause gegangen, Weihnachten stünde ja vor der
Tür! Als er auf der vereinbarten Diskussion bestand, wurde er resolut
belehrt, damals hätte man nicht anders handeln können. Dabei störte
nur das Bild des österreichischen Präsidenten an der Wand anstelle des
passenderen Porträts von Gustáv Husák.

Nach dem November 1989 erschien in Tschechien das Buch in einer
einzigen Auflage. Danach eroberten die festen Lehrbuchautoren den
Markt und führten anstelle der Symbole des siegreichen Sozialismus
jene des siegreichen Kapitalismus in die Lesebücher ein.

Für die tschechische Schule in Wien und für den Gründerverein
Comenius gab und gibt es offensichtlich keine Vergangenheit, ähnlich
wie zwanzig Jahre später für die Unterzeichner der Anticharta und ihre
Anhänger, die das Regime, laut dem Ideologen Václav Klaus, viel effektiver als die Dissidenten gerade deshalb untergruben, weil sie es viribus
unitis – mit vereinten Kräften – verfaulen ließen.

73. KAPITEL

Salamanderkrigen

Jede Theaterinszenierung ist eine Art Schwangerschaft mit all ihren Phasen von der Empfängnis bis hin zur Geburt beziehungsweise zur Fehlgeburt. Die meisten dieser Prozesse konnte der Dramatiker zehn Jahre lang nicht miterleben, als im Käfig, in den das Regime seine Heimat für die unartigen Bürger verwandelt hatte, ein weiteres Gitter heruntergelassen wurde, um ihn vom Theater zu trennen.

Alle für die Bühne geschriebenen Texte sind Gebrauchsanweisungen, die sich verselbständigen, sobald sie in Umlauf kommen. Die Verwirklichung der ursprünglichen Idee kann der Autor nur dann erwarten, wenn er selbst die Regie führt, doch dabei gilt wiederum, dass er nur selten den Horizont des Geschriebenen überschreitet. Ein guter Regisseur entdeckt Möglichkeiten und Deutungen, die oft über den Text hinausgehen. Interessante Regieauslegungen und schauspielerische Darstellungen prägen sich in das Gedächtnis des Autors ein, löschen die vorausgegangenen Misserfolge aus und regen ihn zur weiteren Arbeit an. Vor allem dann, wenn damit ein Versuch verbunden ist, ein älteres Werk auf ein neues Niveau zu heben.

Als das Stadttheater im norwegischen Stavanger Ende des Jahres 1987 die Rechte an seiner Theaterfassung von Čapeks Roman *Der Krieg mit den Molchen – Salamanderkrigen* beantragte, musste er den Ort erst eine Weile auf der Karte suchen, bis er ihn als einen mittelgroßen Punkt an der Südostküste des Landes fand. Postwendend antwortete er, dass ihn ihr Interesse freue, doch die Aufführungen würden bereits seit zwölf Jahren durch die tschechoslowakische staatliche Agentur DILIA blockiert, die sich die Weltrechte auf das Gesamtwerk von Karel Čapek gesichert hatte … dabei stutzte er: Der damals fünfzigjährige Autorenschutz sollte in knapp einem Jahr auslaufen! Die dramaturgischen Kenntnisse und die Bereitschaft der fernen Theaterkollegen imponierten ihm, und gerade deshalb verschwieg er ihnen nicht, dass alle Theateraufführungen aus den Jahren 1963–1968 sehr anspruchsvoll und deshalb kostspielig waren.

Sie antworteten, das sei kein Problem, was dann auch das zugestellte Flugticket der Business-Klasse bewies. Dazu passte auch, dass seine Suite im Hotel SAS mit einer Terrasse und Meeresblick zweihundert Quadratmeter hatte und ihn in der Halle der Regisseur des norwegischen Nationaltheaters in Oslo Bentheim Baardson mit seinem Team erwartete. Die Erklärung war einfach: Seinen plötzlichen Reichtum verdankte Stavanger den hohen Steuern der Erdölgesellschaften, die von dort aus ihre riesigen Bohrplattformen ins Meer schleppten. Der noch bis vor kurzem verschlafene Fischerhafen hatte nun mehr als 150000 Einwohner, für die man ein Kulturangebot schaffen wollte, vergleichbar mit dem einer Metropole.

Čapeks Parabel sprach die heimischen und die gastierenden Kollegen auch deshalb an, weil die Geschichte Norwegens der tschechischen in vielem ähnelte, nur die Besatzer hießen anders, immerhin war ihnen die Ära des sowjetischen Sozialismus erspart geblieben. Den Text der Bearbeitung wollten sie ohne Änderungen übernehmen, doch dem Autor tat es leid. Warum sollte die weit entfernte Festlandstadt Prag die letzte Ecke der Welt sein, die von den Molchen versenkt wird, und nicht die Küstenstadt Stavanger? Er fragte, ob es nicht den Versuch wert sei, die Handlung nach Norwegen zu verlegen. Dann schrak er vor seiner eigenen Courage zurück, als die anderen von der Begeisterung erfasst wurden, doch die Würfel waren gefallen. Eine Woche später war aus Herrn Povondra Herr Plassen, der norwegische Novák, geworden, und durch das Hinzufügen einer zusätzlichen Generation verlängerten sich die Geschichte und die Existenz der menschlichen Zivilisation von den Zwischenkriegsjahren bis in die Gegenwart hinein.

Als der Bearbeiter der Inszenierung zwei Monate später zu der Generalprobe, der Pressekonferenz und der Premiere anreiste, konnte er nur staunen. Die Videosequenzen übertrafen bei weitem die Filmtechnik, über die Prag und auch Dortmund vor einem Vierteljahrhundert verfügt hatten, die Haut der Molche wurde den Schauspielern aus Kunststoff direkt auf die Haut gegossen, und aus Oslo wurden erstklassige Hauptdarsteller engagiert. Darüber, dass sich dieses Ereignis zu einem überregionalen entwickelte, zeugten die Kartenbestellungen aus dem ganzen Land.

Bei der ersten Hauptprobe missfiel dem Autor die vorletzte Szene. Auf die tschechischen und deutschen Bühnen war an dieser Stelle ein Polizist getreten, der die Kennzeichen der vor dem Theater parkenden Autos mit der Aufforderung vorlas, diese Wagen zu entfernen, da sie den Rettungsbooten im Weg stünden. Dies würde hier nicht funktionieren, weil alle Autos im Parkhaus abgestellt werden. Eine Idee wurde geboren, und das Theater bekam eine Inspiration, wie man das Premierenpublikum überlisten könnte. Für die Ordnung in der Stadt sorgte seit vielen Jahren eine Polizeipräsidentin, die sich allein mit ihrer Körpergröße Respekt verschaffen konnte. Niemand hatte je erlebt, dass sie sich an irgendeinem öffentlichen Schabernack beteiligt hätte, wie sie zum Beispiel die Weißen Nächte der Sommersonnenwende begleiten, in denen ganz Norwegen aus der Bahn gerät. Trotzdem war sie, nachdem sie die Generalprobe gesehen hatte, mit dem Vorschlag einverstanden.

Als bei der Premierenvorstellung die Familie ihr Familienoberhaupt, Herrn Povondra-Plassen, kurz vor dem Ende beerdigt hatte und sein Darsteller aus dem Bühnengrab mit der Entschuldigung herauskam, dort sei Wasser, lächelte das Publikum über die durchschaubare Theaterillusion. Das Lachen gefror, als die höchste Wärterin der Stadt in ihrer Uniform unter die Schauspieler trat und die Nichtschwimmer aufforderte, unverzüglich den Balkon aufzusuchen, wo ihnen die Schwimmwesten ausgehändigt würden. Dann wünschte sie allen Zuschauern ein Skól für eine gute Fahrt über das Wasser, bei der sie hoffentlich noch irgendwo auf einen Felsen treffen würden. Der Applaus nach dem Schlusschor erinnerte an die berühmten Abende in der Wiener Oper, und die Feier dauerte wie auf dem Broadway bis zum ersten Austragen der Zeitungen mit der Theaterkritik.

Der Autor erlebte zum ersten und zum letzten Mal, dass die Lobgesänge samt großen Fotos alle anderen Nachrichten von der ersten Seite der Tagespresse verdrängen konnten. In Stavanger fanden etliche Zusatzvorstellungen statt, bis die ausgeliehenen Darsteller ihre Aufgaben in Oslo nicht mehr verschieben konnten. Karel Čapek muss im Himmel kräftig mitgefeiert haben!

74. KAPITEL

Alles Wasser

Zu dem Kontakt mit der Reederei von Peter Deilmann aus Schleswig-Holstein kam es gleich nach der Ausbürgerung. Der frisch gebackene, noch von den Medien umschwärmte Exilant war eine Attraktion auch für die Passagiere der MS Berlin, des größten Kreuzfahrtschiffs Deutschlands, das alle Weltmeere befuhr. Das war aber auch für ihn attraktiv: Für die Lesung aus *Die Henkerin* und für zwei Vorträge über die aktuelle Situation in Mitteleuropa umsegelte er mit seiner Frau innerhalb von zwei Wochen England, Wales, Irland und Schottland.

Es war sein letzter Schwanengesang: Ein reicher, aus dem Sudetenland stammender Urlauber beschwerte sich, dass ihm ein Tscheche, notabene ehemaliger Kommunist, den Genuss der teuren Reise verdorben hatte. Mit dem sinkenden Interesse der Medien fiel damals proportional auch der Marktwert des Gastes. Es folgten keine weiteren Einladungen.

Im Frühjahr 1988 meldete sich die Reederei wieder. Die Welt reifte zu einer neuen Ordnung, und sogar die noblen Gäste, die auf den Kreuzfahrtschiffen ganze Monate verbrachten, begannen sich dafür zu interessieren. Eine Einladung für die dreiwöchige Fahrt von Tahiti nach Peru nahm er schon deshalb gerne an, weil sie an zwei Orten vorbeiführte, die ihn seit seiner Jugend lockten: die Insel Pictairn, wo die Meuterer der Bounty Zuflucht fanden, und die Osterinseln mit ihren geheimnisvollen Steinstatuen und Legenden. Außer Lesungen, diesmal aus *Wo der Hund begraben liegt*, und Vorträgen zu aktuellen Themen sollte er als Gegenleistung auch einen literarischen Text über das neue und noch größere Schiff MS Europa verfassen, den die Reederei früheren Kunden und neuen Interessenten zusenden wollte.

Nach der Vertragsunterzeichnung für Februar 1989 kam noch eine Einladung für August 1988 zu einer Fahrt auf der Linie, die die Reederei auf dem zweitgrößten europäischen Strom eröffnete: Die Donauprinzessin sollte Woche für Woche auf der Strecke Passau-Budapest-Bratislava-Wien-Passau fahren. Der Eingeladene teilte umgehend mit, er und seine Frau seien nicht nur in der Slowakei unerwünschte Personen,

einem Teil ihrer Heimat, aus der sie ausgebürgert worden waren, sondern auch in Ungarn, was ihnen alle bisherigen Versuche um die Einreise
bestätigt hatten. Der Prager Fluch war im ganzen Ostblock stärker als der
österreichische Pass, dessen Inhaber prinzipiell kein ungarisches Visum
mehr brauchte. Die verhaltenen Proteste der österreichischen Regierung, die es sich nach Kreiskys Weggang mit niemandem verderben
wollte, wurden, wie man in Wien zu sagen pflegt, nicht einmal ignoriert.

Deilmanns Büro teilte erstaunlicherweise mit, die Befürchtungen
seien unbegründet, weil keiner von ihren Gästen jemals irgendwo fest-
gehalten wurde. Sie kamen wenigstens der Bitte entgegen, den Ungarn
die Gästeliste recht früh zu schicken, und meldeten dann zufrieden, dass
es auch auf eine Nachfrage hin keinerlei Einwände gab. Als das Paar an
Bord in der Nähe von Ostrihom zum erstem Mal nach vielen Jahren in
das ›Lager des Friedens und Sozialismus‹ vorstieß, bestrafte es sich für
seinen Kleinmut mit einer Flasche französischem Champagner. Dazu
luden sie auch den Kapitän des schwimmenden Fünfsternehotels ein,
auf dessen Aussichtsdeck man Kleinfeldfußball spielen konnte. Vor lauter Freude, dass die Welt wieder zur Vernunft zurückgekehrt war, konnten sie in der Nacht vor dem Anlegen in Budapest kaum ein Auge zutun.

Am nächsten Morgen stand ein Puszta-Ausflug auf dem Programm.
Alle Reisenden hatten ihn bezahlt, aber viele stöhnten bereits beim Frühstück, als das Thermometer schon am frühen Morgen dreiunddreißig
Grad im Schatten anzeigte. Die Passkontrolle sollte um neun Uhr begin-
nen, aber als der Dramatiker aus dem Kajütenfenster sah, dass das Schiff
von Polizeibooten umzingelt wurde, prophezeite er, sie beide würden
heute dem Schwitzen entkommen. Die Uniformierten kamen bis zu der
Bordrezeption auf das Schiff und verglichen die Pässe sehr genau mit ih-
rer Liste. Es waren schon etwa einhundert Passagiere von Bord, als unser
Paar an die Reihe kam. Ihre Reisepässe wirkten auf die Polizisten wie
Gift: Sie warfen sie sofort angeekelt in eine Tasche und verkündeten der
Schiffsleitung, die beiden dürften das Schiff nicht verlassen.

Die Enttäuschung wurde von der Erkenntnis abgelöst, dass sie davon
profitierten. Schon mittags gab es vierzig Grad im Schatten, und in der
Puszta waren es bestimmt noch zehn mehr. Sie lagen aber zwischen der
Elisabethen- und der Kettenbrücke am Bord-Swimmingpool, genossen

den schönen Ausblick auf die Stadt, lasen, wofür sie bisher noch keine
Zeit gehabt hatten – er das Buch von Ota Šik über die Konzeption des
Dritten Weges –, und tranken wieder einen echten Champagner, mit
dem sich der Kapitän bei den beiden revanchieren und sie zugleich trösten wollte. An der Längsseite der Prinzessin legten zwei Polizeiboote
an, und an der Schiffsbrücke parkten zwei Autos, in denen ein halbes
Dutzend Uniformierter schmorte. Von der Reederei kam ein Entschul-
digungstelegramm mit der Zusicherung, so etwas würde auf Tahiti
bestimmt nicht passieren. Am Abend tafelten sie in einem fast leeren
Speisesaal. Die Ausflugteilnehmer, die überlebten, hatten entweder
Sonnenstich oder Durchfall.

Die Manöver endeten am nächsten Morgen, als den Unwillkomme-
nen kurz vor der Abfahrt die Reisepässe ausgehändigt wurden. Dieses eigentlich lustige und harmlose Ereignis fand aber eine dramatische Fortsetzung. Am selben Tag kam das Schiff in Bratislava an. Die Silhouetten
der vertrauten Orte, der Burg, der Donaubrücke und des Hotels Devín
weckten Sehnsucht und Wut zugleich. Das Paar entschied, den tschechoslowakischen Behörden die Schande nicht zu ersparen, wenn diese
trotz Helsinki-Abkommens zwei österreichische Staatsbürger, die der
Visumspflicht nicht unterlagen, aus dem Land auf das Schiff ausweisen
würden. Weil sie sich sicher waren, dass sie abgewiesen würden, unterbrachen sie nur kurz das Frühstück und nahmen nichts außer ihren Pässen mit. Die Vermutung bestätigte sich: Er wurde höflich, aber kompromisslos zurückgewiesen. Mit einem ironischen Blick mied er auf dem
Rückweg seine Frau, doch unmittelbar darauf hörte er nach dem Schlag
des Stempels die Worte: »Bitte schön!« Er konnte noch sehen, wie sie
ihm verlegen von dem ans Ufer führenden Fallreep zuwinkte und dann
verschwand.

Der Ausflug mit Besichtigung von Sehenswürdigkeiten und Mittagessen unter Begleitung von Zigeunermusik sollte um sechs Uhr abends
zu Ende sein; seine Fantasie hatte also neun Stunden Zeit, um darüber
nachzudenken, warum man sie hereinließ, wenn man ihr noch gestern
Budapest verwehrt hatte. Bald darauf gab er sich die Schuld, dass er der
größte Idiot unter der Sonne war, wenn er schon so lange und erfolgreich alle ihre Fallen umging, um ihnen jetzt auf so billige Art und Weise

auf den Leim zu gehen. »Na klar!«, läuteten die Alarmglocken in ihm, sie hatten die Nachricht von den Ungarn bekommen und setzten ganz richtig auf seinen Übermut, ja! so könnte man den Leichtsinn nennen, mit dem er zugelassen hatte, dass die Frau, die in diesem Staat wegen des Angriffs auf einen Amtsträger beschuldigt worden war, sich freiwillig die Strafe holte. Jetzt war es seine Pflicht, sich etwas einfallen zu lassen, wie er sie schützen könnte.

Er machte sich keine Illusionen, dass der Kapitän – Champagner hin, Champagner her! – seine Reederei in ein Schlamassel hineinziehen würde. Er würde höchstens zwei, drei Stunden lang über die Rückgabe seiner Passagierin verhandeln und sich anschließend überzeugen lassen, es handele sich um eine gesuchte Verbrecherin; irgendein Dokument ließe sich schnell herstellen. Sollten nicht die dreihundert Reisenden eine Entschädigung verlangen, musste das Schiff am Abend wieder in Wien anlegen und übermorgen in Passau dreihundert neue aufnehmen. Es blieb wieder nur die verspottete, gleichwohl immer noch unentbehrliche Publizität übrig.

Er verfasste einen Brief, in dem er versuchte, dem Kapitän zu erklären, warum er auch einen zweiten Gast verliere. Kurz schilderte er die Ereignisse vom Januar 1977, als sich seine Frau gegen drei Zivilpolizisten zur Wehr gesetzt hatte, die sie brutal entführen wollten, und jetzt drohte ihr dafür der Knast. Er bat ihn, diesen Text sofort an die österreichische und an die deutsche Presseagentur weiterzuleiten. Er legte ihn auf den Boden der Kabine. Dann zog er ein T-Shirt und eine Jeans an, in die hintere Hosentasche steckte er seinen in wasserfester Plastikfolie eingewickelten Reisepass hinein, und kurz vor sechs begab er sich auf das Heck. Das untere Deck ragte etwa vier Meter über das Wasser hinaus. Er war im Wasser wie in seinem Element, seit man ihn im Krieg von der Stange des Bademeisters trennte. Ihm war klar, dass er warten musste, bis das Schiff etwa fünfzig Meter von der Anlegestelle entfernt war, damit ihm dann die Strömung helfen würde zurückzuschwimmen. Nun wartete er und bebte vor Anspannung.

Die Ausflügler kehrten nach und nach schon vor sechs Uhr zurück, eine Viertelstunde später ließ der Hauptstrom nach, und auch die Verspäteten trödelten schon ein. Sie war nicht zu sehen. Die erste Schiffs-

glocke ertönte. Die meisten Grenzbeamten verließen ihre Wachhäus-
chen, stützten sich an das Geländer am Fluss, rauchten und vergnügten
sich, wie er vermutete, auf seine Kosten. Über die Treppe rannte noch
ein junges Pärchen, es wurde im letzten Wachhaus abgefertigt und entschuldigte sich fröhlich laut bei den Matrosen. Die Glocke läutete zum
zweiten Mal.

Als er sich schon zum Sprung vorbereitete, kam ihm der Gedanke in
den Sinn, dass er mit dieser Aktion erneut seinen Ruf als Showman bestätigen würde, der keine Gelegenheit ausließ, auf sich aufmerksam zu
machen, aber was blieb ihm anderes übrig? Den ganzen Tag über fiel
ihm keine andere Möglichkeit ein, als wenigstens einen Scheinwerfer auf
sie zu richten, damit dem Regime nicht erspart bliebe, was es am meisten fürchtete: eine so offensichtlich politisch motivierte Gerichtsver-
handlung. Und ein wenig tröstete ihn die Vorstellung, wie sie auch ihn
für seine Straftat unerlaubter Rückkehr in die Heimat einsperren würden, es sei denn, sie überließen ihn der Donau.

Als die Glocke zum dritten Mal ertönte, erschien sie. Beim Zoll, so erzählte sie ihm später, war sie schon als Erste angekommen, damit er
keine Angst hätte, doch zu ihrem Pech konnten sie ihren Pass nicht finden. Jetzt saßen sie alle dort oben auf dem Geländer wie die Tauben auf
der Stange und lachten herzlich. Weil sie am Morgen nicht einmal Geld
mitgenommen hatte, verbrachte sie ihren ganztägigen Spaziergang
durch die Heimat hungrig und durstig. In der Kabine holte er seinen
Reisepass aus der Tasche, zerriss den Brief, und vor lauter Freude betrank er sich, jedenfalls in dem Maße, wie es ihm Vaters hohe Lehre des
Alkoholismus erlaubte.

Die dritte Wasserfahrt sollte hier wegen ihrer langanhaltenden Wirkung und des ungewöhnlichen Abschlusses erwähnt werden. Die weltweit längste Reiseschiffspassage auf offener See wird meist nicht so stark
gebucht, weil sie überwiegend Sicht auf Wasserflächen bietet; doch gerade das bescherte ihnen ein frei gebliebenes Luxusappartement mit
Blick auf den Bug. Drei Wochen lang konnte er das Schiff kreuz und
quer erkunden und Geschichten zuhören, einige davon kamen von
einem tschechischen Barkeeper. Die Geschichte über sich selbst wird er
später in dessen Meldung an die Staatssicherheit lesen. Als er nach eini-

ger Zeit einen passenden Ort für die Handlung des Romans *Die lange Welle hinterm Kiel* sucht, findet er ihn auf diesem Deck.

In diese Kitschkulisse, vor der meistens Fernsehserien gedreht werden, versetzt der Autor eine ehemalige Sudetendeutsche und einen Tschechen mit Schweizer Pass, beide ursprünglich aus einer Region in Mähren. Dort führen sie ein halbes Jahrhundert später den Zweiten Weltkrieg zu Ende, diesmal nur unter sich. Eine blutige Begebenheit, die sie den ihnen nächststehenden Menschen erzählen, wandelt sich zu zwei Geschichten, die sich vollkommen widersprechen. Nicht einmal diejenigen, welche die Erzähler begleiten, kennen sich noch darin aus, so dass die zwei Widersacher auf absurde Art und Weise nun auf gegenseitiges Verständnis angewiesen sind.

Als die MS Europa in Peru anlegte, kam die Frau des Autors zu einer erschütternden Erkenntnis. Die letzte Besichtigungsfahrt führte durch das Zentrum von Lima, das noble Freilichtmuseum der spanischen Kolonialarchitektur. Die malerische Kulisse wurde gestört von vielen Wachtürmen, besetzt von Soldaten mit Maschinengewehren. Dann verließ die Gruppe die schmucken Stadtteile und die Weiterfahrt verriet, dass diese Privatarmee für Ruhe und Frieden einer Million Einwohner der City sorgte und sie gegen mehr als sechs Millionen Mitbürger schützte, die in elenden, aus Kisten und Verpackungsmaterial gebauten Hütten in den sich kilometerweit erstreckenden Slums vegetierten. Aus dem Fenster des klimatisierten Busses starrte sie diesen Kontrast an und sprach den denkwürdigen Satz: »Jetzt verstehe ich, warum jemand die kommunistische Partei gründen kann!«

Der zwanzigstündige Rückflug nach Europa wird nur durch die Zwischenlandung auf der Insel San Juan unterbrochen. Am späten Abend steigen sie wieder in die Maschine und bewundern die mondbestrahlte Wasserfläche am Ende der Landebahn. In diesem Riesenflugzeug setzen sie sich wieder über den rechten Flügel. Als dieses beim Start die kritische Geschwindigkeit erreicht, verspüren sie einen heftigen Ruck und sehen gleichzeitig, wie von der Unterseite der Tragfläche sich ein großer brennender Klotz löst und hinunterstürzt: das komplette Triebwerk. Und schon drücken ihnen die Sicherheitsgurte die Luft weg, als das Flugzeug kräftig abbremst. Dann herrscht unmenschliche Stille, alle halten den Atem an. Erst als sie von Bord gebracht werden, fährt ihnen der Schrecken in die Knie. Die Boeing ist direkt vor dem Stacheldraht stehen geblieben, hinter dem sich die letzten vier Lichter vor der silbrigglänzenden Wasserfläche abzeichnen. An jenem Samstag, dem 4. März 1989, zog der Tod wieder nur knapp an ihnen vorbei!

Die Ersatzmaschine holt sie am nächsten Morgen ab, und die Flugbegleiter bieten ihnen sogar in der Touristikklasse bereitwillig Champagner an. Den beiden kann man auch die weiteren Flaschen nicht verweigern, was nicht weiter schlimm ist, weil die anständigen Fluggäste Cola bevorzugen. In Frankfurt kommen sie in bester Laune an, er trällert laut, und sie stimmt falsch mit ein. Noch Jahre später werden auf dem Kohlmarkt die einundzwanzig Kronkorken der 0,3-Liter-Flaschen Pommery in einem Netzbeutel sie an ihre Wiedergeburt erinnern.

75. KAPITEL

Ecce Constantia!

Die Mutter wurde im hussitischen Tábor geboren. Als Tochter aus einer katholischen Familie durfte sie ihre Religion nicht frei wählen, dafür ließ sie dann ihren Sohn nach ihrer Wunschkonfession evangelisch taufen. Und wenn sie ihm nach dem Vorlesen von Märchen wirkliche Ereignisse erzählte, kam nach dem Kasperle Johannes Hus an die Reihe. Dass die erste intellektuelle Station für den Bub die Jugendgruppe der tschechischen evangelischen Brüdergemeinde wurde, hätte dem Märtyrer aus Konstanz neuen Nährstoff gegeben, zumal sich die Legende durch die Person des Helden Vladimír Petřek blutig mit der Realität verband.

Als der Junge zum Dramatiker wurde, war die Idee, über den tschechischen Ketzer Hus ein Theaterstück zu schreiben, schon vorprogrammiert. Er fand heraus, dass jeder einheimische Theaterautor seinen Status gerade dadurch bekräftigte, indem er seinen eigenen Hus schrieb. Er hatte all die Stücke seiner Vorläufer gesehen oder gelesen, und fand seinen Verdacht bestätigt: Sie alle wurden von derselben Person ›verdorben‹ – von Hus. Das überlieferte Ereignis war so vertraut und die

Schlüsselszenen so unveränderlich, dass aus ihnen beim besten Willen kein Drama entstehen konnte, höchstens ihre mal schwächere, mal stärkere szenische Illustration. Im Theater bewarfen sich die Schulklassen mit Papierfliegern, weil sie die ausgelutschte Geschichte langweilte, die mit dem immer gleichen Ausruf endet: Ich widerrufe nicht!

Mit den Jahren wurde dies zu einer unbewussten Herausforderung, die der Dramatiker jedoch mied, denn der Stoff harmonierte nicht mit den damaligen Konflikten seines privaten und politischen Lebens. Bis dann der Panzer-August 1968 kam und mit ihm auch die Situation, in der er selbst entschied, sein eigenes Nein! auszusprechen. Der Dramaturg der Münchner Produktionsgesellschaft Bavaria Dr. Paul Appel erinnerte den eben verbotenen Autor an sein altes Vorhaben.

Das Jahr 1970, das erste des absoluten Verbotes, als sich der Wandervogel erst an das Leben mit zugebundenem Schnabel und gestutzten Flügeln gewöhnen musste, war wie geschaffen für die Rückkehr zum Studium. Er breitete seine Bücher vor sich aus und nahm Kontakt zu dem bedeutenden Hus-Kenner, Professor Josef Macek, auf. In ausführlichen Gesprächen durfte er eine lange Liste mit Fragen über die damaligen Realien wie Bräuche, Sitten, Terminologie sowie Arbeits- und Freizeithandlungen zusammenstellen. Die Antworten füllten viele Seiten, auf denen auch Zeichnungen nicht fehlten. Das tragende Gerüst erschien in der Idee, den Helden, an dem bisher alle Kollegen gescheitert waren, überhaupt nicht auftreten lassen – also über Hus ohne Hus!

Vertreten sollte ihn eine Persönlichkeit, die den Autor zunehmend faszinierte, weil sie mit ihrem Denken und Handeln der damaligen Zeit weit voraus war: Jeroným von Prag, Hieronymus Pragensis. Hus war Gefangener seiner Zeit und erinnerte an die tschechischen Dissidenten der kommunistischen Ära, und so wie sie hegte er Vorurteile, die auf die Unkenntnis eines anderen als nur heimischen Lebens zurückgingen. Jeroným schmückte schon früh der Doktorhut der Pariser Sorbonne, es folgten weitere ehrende Auszeichnungen in Wien, Oxford, Jerusalem und in Krakau. Er war ein treuer Tscheche, dabei aber in jeder Hinsicht Europäer, was sich auch darin zeigte, dass seinem Charakter nichts fremder war als Märtyrertum.

Es ging nicht darum, die Konsequenz herabzusetzen, mit der Hus be-

griffen hatte, dass im Unterschied zu den Physikern, die ihre Thesen mit
dem Wissen über die Unveränderbarkeit von Naturgesetzen leicht widerrufen können, ein Philosoph seine Lehre sogar bis zum höchsten
Opfer verteidigen muss, wenn diese nicht in Zweifel gezogen oder gar
ganz geleugnet werden sollte. Doch ganz entscheidend sollte hier die
Sympathie für Jeroným gezeigt werden, der sich seinen Häschern um
den Preis teilweiser Zugeständnisse lange entziehen konnte und dadurch immer wieder die Chance bekam, die unverfälschten Grundge-
danken von Hus, Wycliff sowie seine eigenen zu verbreiten, die ihm den
Ruf eines der brillantesten christlichen Denker verschafften. Dem Anschein nach stimmte es mit dem überein, womit später im freien Prag
viele Menschen verteidigen und begründen werden, dass sie in der Hu-
sák-Zeit die eigene Überzeugung über Bord warfen, damit sie weiterhin
schöpferisch tätig sein durften. Doch Jeroným hatte seinen letzten Wi-
derruf, als er den Richtern von Jan Hus recht geben sollte, gleich darauf
widerrufen und für sein definitives Nein mit einem genauso grausamem
Tod auf dem Scheiterhaufen bezahlt wie sein Lehrer.

Auf der formalen Ebene entschied der Dramatiker, auf eine groß-
flächig beleuchtete Leinwand zu verzichten zugunsten von Suchschein-
werfern, die auf die Regisseure des Konzils und die Schlüsselszenen der
mehrere Jahre dauernden Verhandlung gerichtet werden. Aus Tausenden von Gesichtern wählte er ein halbes Dutzend Persönlichkeiten mit
jenen Merkmalen aus, wie sie die dramatis personae der antiken Tragödien immer haben. Der französische Kardinal d'Ailly und der Rektor der
Sorbonne standen auf der einen Seite und der Kardinal Zabarella auf
der anderen Seite des Konflikts, der das Konzil während seiner ganzen
Dauer durchzog. Dieses Trio sollte Johannes XXIII. ergänzen, der erste
von den drei Päpsten, die in Konstanz im Machtspiel um die damalige
Welt den Kürzeren zogen, und natürlich auch Kaiser Sigismund, der mit
dem Zusammenrufen des Konzils alles gewinnen wollte und am Ende
fast alles verlor.

Professor Macek empfahl noch als Kontrastfigur Poggio Bracciolini,
den Verfasser der *Facetiae*, der ersten kirchlichen Satiren, einen Zyniker
aus der Zeit der Frührenaissance, der ins Buch der historischen Rekorde
als Sekretär von sechs Päpsten einging. Aus der Zwangsjacke des klassi-

schen historischen Dramas befreite der Autor sein Stück endgültig durch eine Idee, die auf sein langjähriges Balancieren zwischen Theater und Film zurückging. In das mittelalterliche Konstanz platzierte er den regionalen Fernsehsender Ecce Constantia!. Die modern gekleidete Sprecherin konnte den Zuschauern die notwendigen Informationen über den Verlauf des Streites geben, und der Chefreporter des Senders führte mit den Hauptakteuren investigative Interviews. Diese Rolle ehrte den Konstanzer Bürger Ulrich Richental, der eine farbig illustrierte Chronik aus den Jahren 1413–1418 der Nachwelt hinterlassen hatte.

Die Nachricht an Bavaria, dass der Vertrag abgeschlossen werden konnte, überschnitt sich mit der Trauernachricht: Dr. Appel war unerwartet verstorben, und mit ihm, wie es meist ist, auch die Projekte, die kein anderer übernehmen konnte oder wollte. Ein so spezifisches Werk hatte außerhalb Tschechiens ohne einen starken Interessenten keine Chance und wurde vorerst zur Seite gelegt. Nichtsdestoweniger nahm der Dramatiker die gesamten Unterlagen mit nach Österreich, als ihm für ein Jahr die Ausreise bewilligt worden war. Wieder einmal verließ er sich auf seinen Instinkt, und er wäre an der Grenze fast umgekehrt, als man es beschlagnahmen wollte. Dann lag das Material lange unberührt, bis ein neuer Gedanke es wieder zum Leben erweckte.

Der Dramatiker ging die einschlägige Literatur noch einmal durch und kam zu der Überzeugung, dass das Konzil für die damalige christliche Welt die erste schicksalhafte KSZE, also Konferenz für die Sicherheit und Zusammenarbeit in Europa, dargestellt hatte, so wie die Konferenz von Helsinki, die eben stattgefunden hatte und in deren Konsequenz sich auch Europa grundlegend veränderte – siehe Charta 77 und die polnische Solidarność. Vor allem Gersons Vorschlag, die Entscheidungen des Konzils durch Abstimmungen nach den wichtigsten Sprachen vorzunehmen, bedeutete den Anfang vom Ende der Zwergstaaten oder Zwergbistümer und markierte die Entstehung moderner Nationen und Staatengebilde. Das Stück war nun reif, man musste es nur noch niederschreiben. Der nächste Kurier nach Tschechien nahm den Anfang, der für das Ganze charakteristisch war, für den Dramaturgen Luboš Pistorius mit.

(Auf den Bildschirmen im Zuschauerraum TV-Vorspann mit Ton und Bild: Das Wappen der Stadt Konstanz wird von einer mittelalterlichen Melodie untermalt. Es erscheint eine Nachrichtensprecherin, nach der neuesten Herbstmode des Aufführungsjahres gekleidet, sie spricht schnell in der entsprechenden Art des Zeitgeistes.)

SPRECHERIN: *Guten Morgen, sehr geehrte Damen und Herren! Ecce Constantia wünscht Ihnen einen wunderschönen Tag, am heutigen Freitag, dem 16. November 1414. Was bringt uns heute das Wetter? Die kalte atlantische Front überquerte in der Nacht das Königreich Anjou sowie die Herzogtümer Orléans und Burgund und nähert sich jetzt über die Schweizer Eidgenossenschaft dem See Podamicus. Eine starke Bewölkung bringt gegen Mittag Regen, der später in Schneeschauer übergehen könnte. Es ist ratsam, Pferde und Wagen mit Winterausrüstung auszustatten. Die Nachrichten: Heute beginnt ein Ereignis, das man als bisherigen Höhepunkt des noch jungen fünfzehnten Jahrhunderts bezeichnen kann: Das große Konzil in Konstanz, das an das misslungene Konzil in Pisa anknüpft, soll Ordnung in die chaotischen Verhältnisse in der Kirche und im weltlichen Europa bringen. Der Hauptprotagonist Johannes XXIII. (Foto), der anerkannteste von den drei rivalisierenden Päpsten, der diese Verhandlung zusammenberief und ihr dadurch Legitimität verlieh, traf bereits ein. Kaiser Sigismund (Foto), der über das Konzil die Schutzherrschaft übernahm, wird in den nächsten Tagen erwartet. Konstanz erlebt ein regelrechtes Konzilfieber. Das belegt auch das Gespräch unseres Sonderberichterstatters Ulrich Richental mit Ritter Frischhans von Bodman, der vom Stadtrat mit der Organisation und Sicherheit betraut wurde …*

Aus Prag kam ein aufmunterndes Ja. Doch damals griff schon der Boykott, und selbst Havel wurde auf Deutsch nur von Achim Benning aufgeführt, der aus Wien nach Zürich umzog. Der Dramatiker im Exil lebte zumeist von den Lesereisen, ohne finanzielle Absicherung konnte er es sich nicht leisten, sich in ein langwieriges Ergänzungsstudium zu stürzen. Nun kam er darauf, sich an jene Stadt zu wenden, die an dem Stück das größte Interesse haben könnte.

Der Bürgermeister von Konstanz, Dr. Hansen, lud ihn postwendend zu einem Treffen mit dem städtischen Theater ein, in dem wieder einmal die Professionalität über Ressentiments siegte. Den Kollegen gefiel die Idee einer Welturaufführung mit dem Thema, das die Region, aber auch die ganze Welt umfasste, das historisch, aber auch zeitlos und durch die Art der Bearbeitung modern war. Der Stadtrat unterstützte das Projekt mit einem Stipendium unter der Auflage, das Manuskript innerhalb von drei Jahren abzuliefern; dagegen stimmten nur zwei Kommunisten. Der Text wurde ein ganzes Jahr vor dem Termin fertig, doch infolge einer Stellenausschreibung für die Leitung des Theaters wurde ein neues Team zusammengestellt, das noch linker als links war.

Der neue Direktor erklärte sofort, dass ihn der Vertrag nicht interessiere. Das beruhte auf der Logik der neuen Sachlage; doch davon wich die Begründung ab, der Text sei historisch ungenau und künstlerisch misslungen. Dagegen wollte sich der Autor zur Wehr setzen und bat den Bürgermeister, das Stück im Theater wenigstens selbst lesen zu dürfen. Dr. Hansen war einverstanden, er brauchte einen Beleg, dass er das Steuergeld nicht in eine Makulatur investiert hatte. Und das Theater konnte der Stadt als Inhaberin nicht verweigern, an einem spielfreien Tag einem Gast die Bühne zur Verfügung zu stellen. Zu der bizarrsten Premiere des Dramatikers kam es am Sonntag, dem 14. Mai 1989, die der Intendant, der die Aufführung verhindert hatte, wohl oder übel vor dem Vorhang ankündigen musste.

Schon am Nachmittag ließ der Autor eine einfache Dekoration vorbereiten und beleuchten. Sie bestand aus einem massiven mittelalterlichen Tisch, an dem er die zwölf Szenen des Stücks lesen wollte, und einem modernen Stehpult, um dort die Berichterstattung des Senders Ecce Constantia! vorzutragen. Das Manuskript wollte er immer bei sich haben und hin und her tragen, damit er, wenn er müde wurde, nicht etwas verwechselte. Das Schicksal war ihm in Form des schlechten Wetters wohlgesonnen, das eher ins Theater als zum See einlud, doch es war hauptsächlich die Kontroverse, die im Vorhinein die hiesigen Journalisten mit dem Theater geführt hatten, was den Saal füllte.

Ein entscheidender Indikator im Theater ist die Pause, in der all diejenigen verschwinden, die sich nicht trauen, während der Vorstellung zu gehen. Diesmal war kein Schwund zu bemerken. Der Intendant saß neben dem Bürgermeister, so dass er am Ende ebenfalls stehend applaudierte. Die führende Zeitung in der Region Bodensee, der »Südkurier«, beschuldigte ihn in den Kritiken und auch in Leserbriefen, er habe ein von der Stadt schon bezahltes Kulturereignis, das seine wenig erfolgreiche Ära hätte überleben können, unsinnigerweise platzen lassen. Die Zeitung druckte sogar das ganze Stück in Fortsetzungen ab, so dass es unvergleichlich mehr Leser fand, als es Zuschauer gesehen hätten. Das Seidensakko, in dem der Autor drei Stunden lang las, gab ihm die Reinigung in Wien zurück; es war durch Schweiß, der sich in extremen Situationen in Säure verwandelte, unrettbar geschädigt.

Doch auch damit sollte die Geschichte des Werkes nicht enden. Unter den neuen Umständen, die bald eintreten, befindet das Tschechische Fernsehen, dass dieses Stück auch auf den Bildschirmen lebensfähig sein könnte, und holt eine Starbesetzung dafür zusammen. Die einzige Ausnahme sollte der Darsteller des Chronisten und Reporters sein: Dem Regisseur Pistorius kommt die Idee, dass die Fiktion des mittelalterlichen Fernsehens durch einen Nicht-Schauspieler verstärkt werden könnte, und er fragt beim Autor selbst an. Der nimmt das Angebot an, weil es zum Genre des Stückes passt. Seine Vorbereitung dafür fängt damit an, dass er die Skisaison streicht, damit er sich nicht wieder das Bein brechen würde, und sich ein halbes Jahr vorher Bart und Haare wachsen lässt, bis er einen Zopf flechten kann. Auch für das Kostüm sorgt er selbst; niemand erkennt das lange, aus Kaninchenfell genähte Innenfutter seines Ledermantels wieder. Richentals zum Großteil improvisierte Einsätze, die die Handlung begleiten und die Zeit überbrücken, werden als Letztes direkt in Konstanz gedreht.

Die Mitarbeiter des Tschechischen Fernsehens kannten das sogenannte kapitalistische Ausland bislang nur als Touristen, die sich aus Konservendosen ernährten und die bescheidenen Devisen für zu Hause fehlende Waren ausgaben. Der Autor lädt sie gleich am ersten Abend in ein kleines Restaurant in Konstanz ein und stellt am nächsten Tag erfreut fest, dass sie allmählich eine gewisse Hemmung verloren. Die folgenden drei Tage verbringt die tschechische Truppe nach der Arbeit mal beim Italiener, mal beim Chinesen, mal beim Levantiner. Beim zweiten Mal bezahlt der Autor noch alle Getränke, dann zahlen schon alle aus ihren Spesen, und am Ende laden sie ihn gemeinsam ein. Nach Hause kommen sie zwar zum ersten Mal ohne Strumpfhosen, Parfüm und Walkman, dafür aber mit dem Bewusstsein, dass sie keine armen Leibeigenen mehr sind, sondern ganz normale Europäer.

Auch das Wetter meint es mit dem Unternehmen gut, es ist nur leicht bewölkt. Die ›Fernseh‹-Kommentare von Richental vor historischen Kulissen gelingen in erwarteter Länge und Dichte nach zwei, drei Versuchen. Anlass zur Sorge gibt nur die sich verschlechternde Atmung des Regisseurs; Luboš Pistorius muss immer häufiger nach seinem Spray greifen. Dann taucht ein für ihn und für den schauspielernden Autor unüberwindbares Hindernis auf: Der Bürgermeister Hansen, Geburtshelfer und nach wie vor Förderer dieses Werkes, schickte zwar die Genehmigung für die Dreharbeiten auf dem Dach des Doms nach Prag, doch er vergaß zu vermelden, dass das Treppenhaus des Münsters renoviert wurde und das Dach nur über die Leiter an der Außenmauer erreichbar ist. Den Regisseur könnte man nur mit Hilfe eines riesigen Krans nach oben bringen. Und den Autor lähmt seine Höhenangst, unter der er seit Kindestagen leidet.

Beim Konflikt mit dem Regime hatte er jahrelang befürchtet, sie würden diese Phobie entdecken und sie wie die berüchtigte Ratte, die den Helden Winston Smith in Orwells *1984* endgültig brach, gegen ihn einsetzen. Deshalb verheimlichte er konsequent seine Schwäche. Doch jetzt hängt davon der volle Erfolg seiner Arbeit ab. Es handelt sich um Richentals Endbilanz des Konzils in Konstanz, die bis in die Gegenwart fortgeführt werden soll, ein etwa vierminütiger Kommentar, in einer Aufnahme frei in die Kamera gesprochen, mit einem Blick auf den riesigen Bodensee hinter dem markanten Turm, den schon die Akteure der damaligen Dramen und Tragödien vor Augen hatten. Das erhoffte Bild sollte eine einmalige Atmosphäre schaffen!

Also reiht sich der langhaarige und bärtige Autor und Chronist mit seinem bis zu den Fersen reichenden Mantel brav hinter dem Kameramann ein, der seine Ausrüstung schleppt, und bittet ihn nur, er solle in möglichst gleichmäßigem Rhythmus hinaufsteigen. Dann heftet er den Blick fest auf seine Schuhsohlen und lässt sich zügig von ihnen führen. Als er mechanisch Stufe für Stufe erklimmt, bedankt sich der Autor für die Disziplin, mit der er seine Morgenübungen durchführte, und wie schon immer, wenn es darum ging, etwas auszuhalten, zu überstehen oder zu überleben, fängt er an, im Rhythmus den *Cyrano* zu rezitieren, bis ihm die Verse ausgehen. Danach zählt er nur stumpfsinnig die Sprossen und erschrickt immer wieder, wenn die Schuhe des Vorgängers auf der nächsten Plattform verschwinden, die jedes Mal so schaukelt, dass ihm sein Herz in die Hosen rutscht. Erst wenn seine Nase fast zwischen den vertrauten Schuhen seines Vorläufers steckt, beruhigt er sich wieder.

Urplötzlich steht das unglaubliche Panorama vor ihm, so dass es ihm vor Glück den Atem verschlägt. So gründlich und so lange, dass sein Gedankenfluss vor der Kamera höchstens eine Minute lang anhält, woraufhin sich seine Sinne vollkommen verdunkeln. Nach der fünfzehnten Klappe gibt es auf dem Dach keinen einzigen Menschen mehr, der glauben mag, dass er es in einem Durchlauf schaffen würde. Und weil sich Wolken nähern, bleibt nichts anderes übrig, als die Aufnahme zu teilen. Schade, die anderen Drehs hatte er auch ohne einen Schnitt hinbekommen, der ausgerechnet jetzt die Emotionen der Schlussszene stören würde. Er bittet um einen allerletzten Versuch, und als er erfolgreich zum letzten Wort gelangt, hält er inne, bis er »Stopp!« hört, und schreit dann auf wie ein Tier, solange es die Stimmbänder aushalten. Aus der Trance wacht er erst auf, als er wie ein Eichhörnchen auf den festen Boden hüpft, wo ihm klar wird, dass er sich eigentlich vor dem Hinuntersteigen am meisten gefürchtet hatte.

Ecce Constantia! In Konstanz bis heute nicht gespielt!

76. KAPITEL

Der Neunundachtzigste

Die Chronologie wird in diesem Buch da und dort absichtlich durchbrochen; dann kehrt die Erzählung wieder zu ihr zurück, um den Zusammenhang verschiedener Ereignisse zu verdeutlichen. Innerhalb der fortlaufenden Handlung, die durch Episoden unterbrochen wird, wurde der langjährige Kampf um die Rückkehr der Tschechoslowakei fortgesetzt dorthin, wo die Länder der tschechischen Krone schon immer hingehörten: zur Vorhut der westlichen Zivilisation.

Es ist nicht übertrieben, zu behaupten, dass das Wunderjahr 1989 bereits fünf Jahre früher angefangen hat. Nachdem die pompösen Bestattungsfeierlichkeiten der ersten Sekretäre der Kommunistischen Partei der Sowjetunion Breschnew, Andropow und Tschernenko zu Programmhöhepunkten und Quotenreitern der östlichen Fernsehanstalten geworden waren, waren es vielleicht wieder die Sterne, die entschieden, dass am 11. März 1985 ein bisher wenig bekannter, aber relativ junger und sichtlich dynamischer Mann mit einem Feuerzeichen auf der Stirn ihr Nachfolger und somit auch der zweitmächtigste Mann in der Welt wurde: Michail Gorbatschow.

Seit dem ersten Augenblick war er so anders als seine Vorgänger, dass Befürchtungen wach wurden, die Laboratorien im Kreml hätten das Exemplar eines besonders raffinierten Bösewichts gezüchtet. Ein Zeugnis seines Wohlverhaltens stellten ihm als dem ersten Verhandlungsführer auf der sowjetischen Seite seltsamerweise zwei Politiker der demokratischen Welt aus, denen man wahrhaftig nicht unterstellen konnte, sie hegten Sympathien für die Kommunisten: Margaret Thatcher und Ronald Reagan. Damit verwirrten sie die Gurus der amerikanischen und europäischen Linken, die diese beiden für Kriegstreiber und Störenfriede der sowjetischen Friedensbemühungen erklärt hatten.

Die neue Hoffnung schien aber bereits am 28. April des folgenden Jahres zu erlöschen, als der Kreml in alter Manier versuchte, den Störfall im Atomkraftwerk Tschernobyl zu verheimlichen, obwohl der radioaktive Niederschlag auch das Gebiet vieler anderer Staaten erreicht hatte. Zusätzlich noch verschleierte der Kreml, wie mit der Havarie umgegangen wurde, wobei, wie man bald erfuhr, die Unfähigkeit der leitenden Organe viele Menschenleben kostete. Es schien, als würde der neue Besen mit dem misslungenen Herauskehren der russischen Säufer aus den Bahnhofskneipen bereits seine Aufgabe beenden, als zuerst an das eigene Land und dann auch an seine Satelliten überraschend zwei Forderungen gerichtet wurden: ›Glasnost‹ und ›Perestrojka‹ – Transparenz und Umgestaltung. Zum Glück wurden sie in der UdSSR von den hunderttausenden mittleren, vor allem jüngeren Führungskräften nicht überhört, die von der militanten, durch wirtschaftliche Ohnmacht jedoch schwer geplagten Weltmacht gerade mal genug hatten. Das offene Vokabular und das Bemühen dieses Ersten Genossen, die Erstarrung nicht nur der Kommunisten, sondern der ganzen Gesellschaft zu lösen, bewegten sich verdächtig nah an den Losungen und Zielen des weiterhin verteufelten Erneuerungsprozesses in der Tschechoslowakei 1968.

Das Wiener Exil wurde durch das Sendesignal zweier tschechischer Fernsehprogramme aus Bratislava ganztägig bereichert, so dass der Dramatiker die Möglichkeit hatte, die wachsende Nervosität der Großkopfeten der ČSSR zu beobachten. Die Berichte von Bekannten aus Polen und Ungarn bestätigten dies, und das Verhalten der Oberkommunisten in Ostberlin zeigte sogar die ersten Anzeichen von Panik, indem sie versuchten, wenigstens noch verbal leninistischer zu sein als der Herr des Kreml. Von Jahr zu Jahr und dann von Monat zu Monat wuchs die Hoffnung, dass ein Blutvergießen, wie es ähnlich gigantische geschichtliche Umbrüche begleitet, diesmal nicht unbedingt stattfinden müsste, vorausgesetzt, dass vor allem die langjährigen Kritiker der zusammenbrechenden Regime auf die Machtübernahme vorbereitet wären.

In ähnlichen Situationen setzen sich die klassischen Oppositionen aus denjenigen zusammen, die zu Hause Widerstand leisten, und den anderen, die ihre Aktivitäten logistisch, finanziell und mittels Propaganda als Exilanten im Ausland unterstützen. Und immer kommt der Augenblick, in dem klar sein muss, welche Persönlichkeit die verschiedenen Strömungen vereinigen und die Fähigkeit besitzen wird, die Unterstützung der bisher schweigenden Mehrheit der Gesellschaft zu gewinnen. Die beiden vorausgegangenen Situationen, die historisch vergleichbar waren – die Trennung von der Monarchie im Oktober 1918 und die Befreiung von den Nazis im Mai 1945 –, wurden zur Angelegenheit der aus dem Exil zurückkehrenden Leitfiguren. Im Telegrammstil ausgedrückt: Tomáš Garrigue Masaryk hatte die Situation bewältigt, als er das Volk zu einer Demokratie westlicher Prägung führte, Eduard Beneš scheiterte tragisch gegen seinen Konkurrenten Klement Gottwald, weil er es nicht schaffte, dessen Ausrichtung auf den byzantinischen Despotismus rechtzeitig zu verhindern.

Die Entwicklung der Opposition nach August 1968 war lange offen.

Nachdem sogar dem Demokraten Tigrid die Männer des ›Prager Frühlings‹, Jiří Pelikán und Zdeněk Mlynář, als logische Anwärter auf die
Führungsposition erschienen – der Zweite mehr wegen des heißen
Drahts zu seinem einstigen Schulkameraden Michail Gorbatschow –,
kam es später zu einer Wende. Die tschechische Gesellschaft befreite sich
im neuen Klima von der Angst und emanzipierte sich von der Vorstellung, dass die Bindung zur Sowjetunion nach wie vor ihren Weg bestimmen müsste. Die Opposition verlangte immer ausdrücklicher, dass der
künftige Anführer des Umsturzes aus ihren mehrheitlichen, nichtkommunistischen Reihen stammen sollte.

Die enge Zusammenarbeit zwischen den intellektuellen Köpfen der
Emigration, die in der Zeit nach der Charta 77 deren Botschaft selbst im
Ausland nicht überhören konnte, zahlte sich aus. Als gemeinsames Ziel
ergriffen sie die Wiederherstellung der Bürger- und Menschenrechte in
der Heimat, während hasserfüllte Ressentiments nur unbedeutenden
Grüppchen oder Einzelpersonen vorbehalten blieben. Deshalb gab es
im Hauptstrom der Dissidenten und der Emigration recht früh keinen
Streit mehr darüber, dass zum Wortführer des Widerstands Václav Havel werden sollte. Wenn jemand, wie Zdeněk Mlynář, eigene Ambitio-
nen gehabt haben sollte, wusste er sie in den Griff zu bekommen. Man
musste nur noch die Welt, die den Namen Havel erst richtig kennenlernte, davon überzeugen, und vor allem die Bürger der Tschechoslowakei, für die er in der Darstellung der Propaganda ein Millionärssöhn-
chen und Knastbruder war.

Die Rolle der modernen Lobbyisten, die die Erfüllung von Interessen
durchboxen, ist nützlich, soweit sie zu einem guten Zweck führt. Mit
dem erfolgreichen Drängen bei der Vergabe des Nobelpreises für Literatur an den Dichter Jaroslav Seifert hatte das tschechische Exil gemeinsam mit der einheimischen Opposition diese Aufgabe bereits vor einigen Jahren erprobt. Die Rolle des Hauptkoordinators übernahm der in
Schweden lebende Atomphysiker František Janouch, der Gründer und
ständige Verwalter der Charta 77-Stiftung. Es war ein wunderbarer Sieg,
der den totalitären Staat vollkommen lächerlich machte, als er die Existenz der totgeschwiegenen Literatur und damit auch die Niedertracht
seiner Kulturpolitik zugeben musste. Der erfolgreiche skandinavische

Organisator begann dann leider, die gemeinsame Vorgehensweise zu
spalten. Zum ersten Mal machte es sich im November 1986 in den Niederlanden deutlich bemerkbar.

Der gemeinsamen Anstrengung des Exils, der Heimat und der bedeutenden europäischen Politiker war es zu verdanken, dass es gelang, eine
ebenfalls bedeutende Ehrung für Václav Havel zu erringen: den Erasmuspreis, der von der niederländischen Regierung unter der Anwesenheit der holländischen Königin in der Rotterdamer Kathedrale vergeben
wird. Dieses Ereignis brachte den Dramatiker und den Dichter Jiří
Gruša auf dieselbe Idee: Anstelle des Auszuzeichnenden, der nicht riskieren wollte, dass ihm seine Ausreise den Rausschmiss aus der Heimat
eintrug, sollte einer seiner Kollegen im Ausland die Dankesrede verlesen. František Janouch empfahl dem Preisträger, es sollte eine neutrale
Person sein, wie der in den USA lebende Schauspieler Jan Tříska.

Václav Havel war damit einverstanden, auch wenn ihn gerade dieser
Freund vor seiner Ausreise enttäuscht hatte, weil er ein Erste-Mai-Gruß-
wort für die regimetreue Presse geschrieben hatte. Der Künstler aus den
Staaten bekam von seinen Landsleuten eingeredet, aus Havel sei ein
ekelhafter Linker geworden, und erklärte, als er einen Blick in die Dankesrede geworfen hatte, er sei nicht gewillt, ein kommunistisches Manifest zu verlesen. In seinem langen Monolog erklang das hasserfüllte
Vokabular der tschechischen Rechten hinter dem Ozean, das vor allem
diejenigen kennzeichnete, die zu Hause dem Druck nicht standhalten
konnten und von draußen den radikalen Widerstand forderten. Die
Jungs aus dem Underground, Sänger, Dichter und Maler, die er keinesfalls für Bolschewiken halten konnte, beruhigten ihn auf Bitten des Dramatikers mit feinem Genever so weit, dass er am nächsten Tag die Rede
vor der Königin professionell vortrug, nachdem František Janouch den
Preis entgegengenommen hatte.

In den folgenden Monaten war die tschechische Lobby sowohl zu
Hause als auch draußen tätig. Im Ausland schlossen sich ihr loyal die
ehemaligen Reformkommunisten an, allen voran der Abgeordnete im
Europaparlament Jiří Pelikán. Auch der Dramatiker ohne Gruppenzu-
gehörigkeit versäumte es bei keinem einzigen Medienauftritt, auf den
Kollegen und Freund aufmerksam zu machen. Die Wirkung wurde ver-

stärkt, als der Anwärter Havel nach der Unterbrechung der Haftstrafe
auf Bewährung begann, seine künftige Aufgabe selbst zu erahnen, wie
sein Brief nach Wien vom Frühjahr 1983 belegt.

*… Die psychischen Schwierigkeiten der Rückkehr habe ich schon, so hoffe
ich, grundsätzlich überwunden und komme mir einigermaßen normal vor.
Nur bin ich mir nicht sicher, ob das nicht ein Trugschluss ist und ob nicht
ein unberechenbarer oder rein zufälliger Stoß von außen dieses Schnür-
chen, an dem meine Normalität hängt, reißen lassen würde und es mir
noch schlechter gehen würde als in den ersten Monaten nach der Rückkehr,
als mich – um jetzt nur die banalsten und äußerlichen Dinge zu nennen –
die Unentschlossenheit fast zerriss, welche Schuhe oder Hose ich denn anziehen sollte (als Unterschied zum Leben DORT birgt nämlich das Leben
draußen eine unvorstellbare Menge von Alternativen, zwischen denen man
sich von morgens bis abends entscheiden muss, was ich vollkommen ver-
lernt habe. Jahrelang haben die anderen alles entschieden). Ich habe einiges
für die CH 77 gemacht und bin noch dabei, aber ich werde es nach und
nach reduzieren, damit ich Zeit fürs Schreiben habe. Was ich gemacht
habe, musste ich nicht nur deshalb tun, weil es mir keine Ruhe gab und weil
es mir Spaß machte, sondern auch aus dem Grund, weil es alle so wollten,
die in meine Rückkehr – ich weiß nicht genau, warum – viele Hoffnungen
legten. Und auch sonst musste ich feststellen, dass sich um mich herum sehr
viel verändert hatte, ich habe mich verdoppelt: in ein physisches Ich, das
man im Gefängnis schikaniert und beleidigt hatte, und in ein im Abstrakten schwebendes legendäres Ich, beschwert mit einer Unmenge von Botschaften, Aufgaben und Erwartungen. Das physische Ich fand sich über
Nacht in der Rolle des legendären wieder und musste diese Rolle übernehmen, ohne genau zu wissen, was sie beinhaltete bzw. was man eigentlich
von ihm erwartete (so ähnlich, als würde man einen Schauspieler auf die
Bühne stellen, ohne ihm den Text zu geben; man sagt ihm nur, er solle eine
durchaus positive Figur spielen). Nun ja, auch das setzt sich so langsam,
ein wenig schlüpfe ich in die Rolle, ein wenig bringe ich der Welt bei, dass
ich ein gewöhnlicher Junge bin, voller Marotten, Unsicherheiten, Erschöpfungsmomente, Verlegenheiten, seltsamer Einfälle usw. usw. Und so trifft
sich das wirkliche physische Ich mit dem legendären auf einer Kompromiss-*

ebene, an die sich die Welt allmählich gewöhnt oder sich gewöhnen muss. Nun ja, für heute verabschiede ich mich, Kuss an Jelena, Dir drücke ich die Hand! V. (Geschrieben am 7. 6. in Hrádeček, abschicken werde ich erst gegen 20. 6., wenn ich auf einen Sprung nach Prag komme.)

Der geborene homo politicus fühlte sich in die Person, die ihm durch diese Rolle zugefallen war, relativ schnell ein, und erstaunlicherweise nahm ihn auch das Regime zur Kenntnis. Schon sein fünfzigster Geburtstag im Herbst 1986 wurde zu einer spontanen Huldigung, als ihm in seiner Wohnung am Moldaukai neben den Spitzen der Opposition auch viele Ausländer, einschließlich Mitarbeiter westlicher Botschaften, einen Besuch abstatteten. Der Dramatiker schickte aus Wien seine späte Schwester Gerda Neudeck zu ihm; die Wachpolizisten, die sonst bei ihren Kontrollen keine Damenhandtasche ausließen, schenkten diesmal sogar dem schweren Koffer keine Beachtung, womöglich weil sein Inhalt nicht zu verkennen war: Er war gefüllt mit ausgesuchten Käsesorten von Meinl.

Doch in den Wettbewerb um die Führungsrolle trat unerwartet ein ernstzunehmender Konkurrent. Am Sonntag, dem 10. Januar 1988 erschien im Zentralorgan der Kommunistischen Partei Italiens »L'Unità« ein langes Interview mit Alexander Dubček, der sein zwanzigjähriges Schweigen gebrochen hatte. Es fiel schwer, seinen Gruß an die Charta 77-Signatare zu vergessen, er drücke ihnen zwar die Daumen, werde aber die Erklärung nicht unterschreiben, weil er sich für die Zeit künftiger staatsmännischer Chancen im Hintergrund halten möchte. Jetzt, unter dem wachsenden Reformdruck von Michail Gorbatschow, witterte er sie, und die Opposition zu Hause wie im Exil begriff, dass zwischen zwei ernsthaften Kandidaten entschieden werden muss.

Zum Glück übte weder eine konkrete Situation noch einer von den beiden Druck aus. Dubček, wie sich bald herausstellen sollte, schwebte kein anderes Konzept als die Reprise des ›Prager Frühlings‹ vor; auch Ota Šik im Schweizer Sankt Gallen vernahm keine Frage aus dessen Umkreis, wie sich während der zwanzig Jahre die politisch-wirtschaftliche Theorie des Dritten Weges entwickelt hatte. Aber auch Václav Havel sah bislang keine reale Perspektive, dass sich die Mehrheit der durch die Cli-

que Husáks deprimierten und korrumpierten Bevölkerung zu irgendetwas aufschwingen würde. In einem Brief nach Wien denkt er darüber
nach.

Deine Idee über etwas Neues, was einen neuen nationalen Konsens begrün-
den würde, weckte natürlich mein Interesse. Es gibt kaum etwas, was man
dringender brauchen würde! Aber ich muss zugeben, dass mir überhaupt
nicht klar ist, was es sein sollte, das eine solche Rolle spielen könnte. Ich
treffe mich immer häufiger mit Menschen, die man nicht verstoßen hat, ob
sie vom Theater kommen oder woandersher, konnte aber von ihrer Seite
noch keine besondere Lust verspüren, irgendeinen Konsens öffentlich zu
manifestieren oder überhaupt die gegebene Situation deutlicher zu über-
schreiten. Es handelt sich dabei um private Kontakte, die zwar sehr herz-
lich sind und begleitet werden von immer mehr Kenntnis und Interesse
daran, was wir machen, und von immer mehr Verständnis, ja sogar
Bewunderung, doch es erscheint nicht so, als würde alles so weit gehen, dass
eine reelle Chance für eine offene Überschreitung der Barrieren, die in den
letzten Jahrzehnten aufgebaut wurden, bestehen würde …

Er konnte wirklich nicht ahnen, dass er selbst diese Chance auslösen
und die Hauptrolle spielen wird, wenn die offene Überschreitung der
bisherigen Barrieren von seiner nächsten Verhaftung verursacht wird.
Der Protesttext mit dem Titel *Einige Sätze* erreicht die einheimischen
Intellektuellen und Künstler in einer Stimmung, als ihre Angst vor
der staatlichen Verfolgung von der Sorge um ihr eigenes Bild in der nicht
mehr allzu fernen Zukunft überdeckt wurde. Der Fall der Diktaturen
kündigt sich normalerweise damit an, dass die Furcht nachlässt und
man beginnt, zu den mutmaßlichen Siegern überzulaufen. Der kommunistische Apparat fängt an zu zittern, als er feststellen muss, dass die
Petition für Havel auch von den bisher treuen Anhängern der Anticharta unterschrieben wird. Seine Freilassung am 17. Mai 1989 bringt
Freiheit auch für viele, die sie bisher im Pfandhaus des Regimes als
Tausch für kleinere oder größere Vergünstigungen deponiert hatten.
     Der Dramatiker rief aus Wien rein zufällig bei den Havels in dem
Moment an, als der frisch Entlassene die Wohnung betrat, in der ihn

ausgerechnet Alexander Dubček mit einem Blumenstrauß empfing. Abwechselnd telefonierten sie dann alle drei miteinander, tief gerührt durch das unerwartete Happy End, das wie ein Märchen anmutete, in dem drei Brüder nach vielen Prüfungen wieder zusammenkommen. Doch als dieser Augenblick vorbei war, endete auch das Märchen, denn da ertönte schon der Gong für die letzte Runde, in der die Entscheidung über den künftigen Anführer nicht mehr lange auf sich warten ließ.

Das politische Wunderjahr eins-neun-acht-neun kam erst im Mai in Fahrt, nahm aber schon hohes Tempo auf. Ein gegensätzliches Signal entsandten nur die chinesischen Kommunisten, als sie am 3. Juni die studentische Reformbewegung mit einem Massaker auf dem Pekinger Platz des Himmlischen Friedens zerschlugen. Sie hinterließen die unbeantwortete Frage, welches Maß an Menschenrechten die Machthaber einer Gesellschaft mit der tausendjährigen Tradition der Unfreiheit einräumen, um die womöglich drohende Anarchie in ihrem riesigen Land zu verhindern. Gleich am nächsten Tag, zum ersten Mal nach der Erklärung der Diktatur des Proletariats, gewann in einem der Länder des Sowjetblocks eine unabhängige Gewerkschaftsorganisation die Wahlen, die polnische Solidarność. Und zwei Wochen später, am 16. Juni, hielt die Welt noch einmal den Atem an, als sie im Fernsehen verfolgte, wie hunderttausende Ungarn in Budapest den hingerichteten und anonym verscharrten Helden des Aufstandes aus dem Jahr 1956, Imre Nagy, mit allen Ehren bestatteten.

Um so wichtiger erschien den tschechischen Exilanten das Ereignis, zu dem wieder nur mit gemeinsamen Kräften verholfen werden konnte: Mit Unterstützung jener deutschen Intellektuellen, die dem prosowjetischen Hirngespinst nicht verfallen waren, gelang es, die zuständigen Gremien zu überzeugen, dass in diesem Jahr ausgerechnet Václav Havel die wichtigste literarische Auszeichnung der Bundesrepublik, den Friedenspreis des deutschen Buchhandels, verdiente. Gruša und der Dramatiker wiederholten ihren Vorschlag aus der Zeit vor dem Erasmuspreis, dass einer von ihnen seine Antwort verlesen würde. Sie hatten nicht vor, dem Ausgezeichneten, der nach wie vor die Ausreise nicht riskieren wollte, weil er zu Hause unentbehrlich war, die Show zu stehlen, aber um so mehr wollten sie den Gleichklang der Opposition zu Hause und im Ausland optisch wie auch akustisch dokumentieren. Havel rieten dieselben Ratgeber wieder davon ab, was eine weitere Missstimmung verursachte. Ex post erklärt es der Preisträger dem Dramatiker in seinem Brief durch den Wunsch der Veranstalter und fügt eine persönliche Anmerkung hinzu.

… Ich habe mit meinen zwei Freunden in Frankfurt gesprochen und habe von ihnen einiges erfahren, was ich vorher nicht wusste. Vor allem, wie Du überall (hauptsächlich in den Medien) ohne Dein eigenes Süppchen zu kochen und ohne jegliche Verbitterung im Dienste unserer Sache aufgetreten bist und wie gut Du über mich gesprochen hast. Es rührt mich, und ich möchte mich bei Dir dafür bedanken. Es ist nicht gerade üblich, dass ein Schriftsteller sich so intensiv für einen anderen einsetzt, und bei Dir schätze ich das besonders im Hinblick auf jene ›Verwicklung‹, der zufolge Du das Gefühl (wenn auch unberechtigt) haben könntest, ich hätte Dich kampflos aufgegeben …

Der Wunsch der Veranstalter bezog sich in ähnlichen Fällen auf die Person des Laudators; darüber, wer seine Antwort verlesen würde, entschied der Ausgezeichnete selbst. Die Wahl seiner Berater fiel auf Maximilian Schell, was der Zeremonie in der Frankfurter Paulskirche am 15. Oktober 1989 zwar einen gewissen Hollywood-Touch gab, aber die Anti-Husák-Koalition daran hinderte, vor dem deutschen Präsidenten, dem Kanzler und vor den Fernsehzuschauern ihre Einigekeit zu demonstrieren. Und so erlebten diejenigen, die es zum zweiten Mal erfolglos vorschlugen, ein zwiespältiges Gefühl: zum einen, dass es schade war und ein Fehler, der dem Exil ein höheres Prestige raubte, gleichzeitig aber verkündete es eine mutige Entscheidung des Preisträgers, alle Scheinwerfer nur noch auf sich richten zu lassen.

Summa summarum erkannten alle Kritiker einschließlich des Dramatikers, dass Václav Havel gerade dadurch endgültig aufhörte, »ein gewöhnlicher Junge voller Marotten, Unsicherheiten, Erschöpfungsmomente, Verlegenheiten, seltsamer Einfälle usw. usw.« zu sein, sondern rasch zu einer charismatischen Führungspersönlichkeit wurde, die nur einige Wochen später einen unblutigen Umsturz lenken konnte und unmittelbar darauf zum Maskottchen der ganzen demokratischen Welt werden sollte. Dadurch wurde die Rückkehr des Vasallenstaats, stolz, aber trügerisch Tschechoslowakische Sozialistische Republik genannt, in die freie Welt deutlich erleichtert.

77. KAPITEL

Nur zwei Minuten!

Einst hatte sich der Dramatiker das Bonmot erlaubt, dass Tschechen ausschließlich während der Arbeitszeit Barrikaden bauen oder noch lieber damit warten, bis über den Sieger entschieden wurde.

Nach August 1989 verstand er seine Nation wirklich nicht mehr, als das ungarische Loch im Eisernen Vorhang und die Besetzung der westdeutschen Botschaft in Prag durch Tausende Flüchtlinge seine Landsleute nur dazu inspirierten, sich der verwaisten Wartburgs und Trabants anzunehmen. Nach dem Fall der Berliner Mauer schämte er sich schon: Das Regime lag hilflos da wie ein Maikäfer auf dem Rücken, und keiner traute sich, ihm das wegzunehmen, was es sich mit Gewalt angeeignet hatte. Auch im heimischen Widerstand rührte sich nichts. Er machte den Eindruck, als wüsste er nicht, was tatsächlich vor sich ging, als fürchtete er sich vor irgendeiner neuen Geheimwaffe, mit deren Hilfe das Imperium seine Kraft beibehält und die Aufständischen hart bestrafen wird; das aber schlossen im Westen auch die größten Skeptiker aus.

Der Dramatiker wollte wenigstens ganz kurz nach Hause, um den Freunden eine ausführliche Berichterstattung zu liefern und alle Fragen direkt zu beantworten. Er bat bei dem damaligen Bürgermeister in Wien, Dr. Zilk, der zugleich auch Landeshauptmann war, um eine Audienz. Ende der achtziger Jahre war dieser häufig mit den von ihm geleiteten Delegationen in die ČSSR gefahren und wurde herzlich willkommen geheißen, als er Investitionsmöglichkeiten mitbrachte. Und weil der Dramatiker bereits seit zehn Jahren österreichischer Staatsbürger war, ersuchte er den Politiker, ihn das nächste Mal mitzunehmen, so wie es seit vielen Jahren die deutschen Grünen dem Tschechen Milan Horáček ermöglichten; ihn hatten sie damals bis in den Kreml zu Breschnew mitgenommen, mit dem er einen polemischen Wortwechsel über den ›Prager Frühling‹ und den Einmarsch der Armeen des Warschauer Paktes führen konnte, dem auch Gorbatschow zuhörte.

Der Landesvater lehnte es als eine unnötige Provokation ab, und zusätzlich belehrte er den Besucher, dass die tschechischen Regimegegner fälschlicherweise auf Nullen setzten. »Nullen!«, das sagte er tatsächlich, »diese diversen Havel und Hájek!«, damit meinte er auch den damaligen tschechoslowakischen Außenminister, der vor der UNO unerschrocken den Einmarsch vom August 1968 verurteilte und einer der ersten drei Sprecher der Charta 77 war. »Die Zukunft«, wetterte weiter der Wiener Bürgermeister in seinem riesigen Arbeitszimmer mit einer kleinen Wasserfontäne für die Luftbefeuchtung, »können der Tschechoslowakei nur Persönlichkeiten von solchem Format wie die Herren Adamec und Prokopec garantieren!« Dass er den Premier des Husák-Regiments sowie dessen unerträglichen Gesundheitsminister so hochschätzte, der für das Abschießen von Wildtieren in militärischen Gebieten aus dem fahrenden Jeep heraus berühmt-berüchtigt war, bestätigte dem Besucher, dass er an der falschen Adresse vorsprach. Zu seiner Genugtuung wird ihn der Bürgermeister bald dringlich bitten, ein Treffen mit dem Präsidenten Havel zu vermitteln. Ebenso sieht er es als Wiedergutmachung, dass Zilk einige Jahre später ein trauriges Happening mit der abgesetzten Verleihung der tschechischen staatlichen Auszeichnung als Informant der tschechischen Aufklärung erlebt.

Wie gerufen kam ein glänzendes Angebot. Ein Diplomat der Bundesrepublik schlug ihm vor, ihn im Kofferraum der Dienstlimousine nach Tschechien mitzunehmen. Es war zu spüren, dass er dafür das stille Einverständnis seiner Regierung hatte. Die Gelegenheit war verlockend. Neben einer Verhaftung, welche die Absurdität der Vertreibung aus der Heimat nur bekräftigen würde, drohte ihm aber auch eine neue Welle der Kritik, er sei ein unverbesserlicher Komödiant, der sich um jeden Preis nach Applaus sehnte. Dieses Risiko wurde von der Sehnsucht überstimmt, nach elf Jahren für vielleicht ein paar Stunden die Freunde zu treffen und sie mit frischen Informationen zu versorgen. Er nahm an und war mit dem Datum 20. November einverstanden.

Drei Tage davor kam es im Zentrum Prags zu Zusammenstößen zwischen der Polizei und den Studenten. Warum auch immer und wer auch immer diese Aktionen organisiert hatte, sie wurden zu dem berühmten Schneeball, aus dem eine Lawine entsteht. Der Diplomat rief den Dramatiker in Bochum an, wo er sich gerade auf der Vernissage seines Sohnes Ondřej aufhielt, und teilte ihm mit, dass der geheime Transport zu seinen Freunden überflüssig war, da vor ihm jetzt die tschechoslowakischen Grenzsoldaten salutieren würden. Er begeisterte ihn dermaßen, dass er sich, wieder in Wien, mit seiner Frau, dem Sohn und der Schwiegertochter sofort ins Auto setzte und Bratislava ansteuerte.

Das Bewusstsein der Zusammengehörigkeit von Tschechen und Slowaken, mit dem er auf die Welt kam, festigte sich noch stärker in ihm, als in der Zeit, während der er ohne Reisepass war, die Slowakei für ihn Ausflugs- und Ferienland wurde. Im Exil ersparte ihm die kalte Wut, wie schon erwähnt, sentimentale Erinnerungen; Prag und Tschechien waren einfach immer in ihm drin. Mit dem Dackel Áda fuhr er öfters zum Gassigehen nach Hainburg. Die Burg von Bratislava lag vor ihm wie eine verbotene Frucht, und ihm war klar, dass seine erste Reise ihn einmal genau dorthin führen würde, wohin man einst von Wien mit der Straßenbahn kam und wo auch seine Heimat lag.

Während Václav Havel bereits öffentlich von einem Balkon auf dem Prager Wenzelsplatz sprach, hatte an der Grenze bei Bratislava ein Vorzeigeexemplar eines uniformierten Hengstes das Kommando, der sich so verhielt und gebärdete, als würde er noch im Siegreichen Februar 1948 und nicht im Verlorenen November 1989 leben. »Sie wissen doch«, belehrte er die vier patzig, »dass Sie hier unerwünschte Personen sind!« Er ließ sich nicht erweichen, und so kehrten sie zu ihrem Fernseher nach Wien zurück, der ihnen immerhin die erste bescheidene Balkonszene in Prag zeigte; Bratislava war noch total ruhig. Dass der Wächter des ›Lagers des Friedens und Sozialismus‹ im Bilde war, bestätigte ein Anruf am Dienstagmorgen, dem 21. November. Von einem öffentlichen Telefon im Realistischen Theater in Prag rief die Schauspielerin Jarka Pokorná an, die – nur Gott weiß wie – die Wiener Telefonnummer bekommen hatte.

»Pavel, um die Ecke stehen Panzer der Volksmilizen und Laster voll mit Verstärkung vom Lande. Sie brüsten sich, dass am Nachmittag auf dem Wenzelsplatz geschlachtet werden wird!«

Weiter ging es wieder wie in dem Märchen, in dem man die große Rübe aus der Erde zog. Bruno Eigner informierte sofort den Parlamentsvorsitzenden Heinz Fischer. Fischer rief gleich den Kanzler Vranitzky an. Vranitzky rief Willy Brandt in Deutschland, Brandt Olof Palme in Stockholm an. Die einfallsreiche tschechische Schauspielerin veranlasste, dass schon am Mittag die Sozialistische Internationale eine Erklärung veröffentlichte, in der sie mit Angabe konkreter Signale die tschechoslowakische Regierung vor den Folgen eines bewaffneten Eingriffs warnte, sollte dieser sich gegen die friedlich protestierenden Bürger richten. Ab sofort kamen immer mehr Demonstranten.

Drei Tage später standen unter dem gleichen Balkon mit Havel an die hunderttausend Menschen und wurden mehr als alle Polizisten zusammen, die es im Lande gab; der Taupunkt totalitärer Mächte wurde erreicht. Die Masse klimperte mit den Hausschlüsseln das Grabgeläute für das Regime. Das Quartett aus Wien machte sich zum zweiten Mal auf den Weg zur Grenze. Das Mannequin des Innenministeriums war wieder im Dienst und reichte ihnen die Pässe von neuem zurück. Nur sein Ton erinnerte diesmal an einen Ober, der keinen freien Tisch hat. »Entschuldigen Sie, Herr Kohout, wir haben immer noch gewisse Instruktionen …!« Die Fernsehbilder zu Hause zeigten ihnen das erste Meeting auch in Bratislava.

Daraufhin begann ein nicht enden wollender Tag vor dem Fernseher, und die Nacht war nur daran zu erkennen, dass die Telefone nicht mehr so häufig klingelten und die Journalisten nicht so oft kamen. In der Wohnung auf dem Kohlmarkt konnten sie mit Tschechen aller Schattierungen sprechen, die mit Spannung die weitere Entwicklung dieses tschechischen Jahrhundertheimspiels verfolgten. Dann schrieb man schon den 27. November, den Tag des Generalstreiks. Aus Bratislava meldete sich per Telefon der Schriftsteller und alte Freund Milan Šimečka.

»Pavel, komm am Nachmittag zu unserer Veranstaltung!«

»Ihr wisst, dass man mich nicht reinlässt!«

»Komm um zwei. Wenn du um halb drei nicht auf dem großen Platz bist, werden wir dich von der Grenze abholen.«

Zum dritten Mal hatte der uns wohlbekannte Schönling Dienst. Diesmal sah er wie ein Patient aus, der den Mund öffnen soll, um sich einen Zahn ziehen zu lassen.

»Sie wissen doch genau, dass ich hier nur eine kleine Nummer bin ...«

»Und wir sind Bürger der Österreichischen Republik, die seit zwei Jahren kurzzeitig ohne ein Visum einreisen dürfen, woran Sie uns seit zehn Tagen hindern.«

Seine zwei Kollegen verschwanden lieber im Gebäude.

»Herr Hauptmann, Sie verfolgen bestimmt im Fernseher die große Demonstration, nicht ganz fünf Kilometer weg vor hier. Wenn ich nicht hinkomme, holt man mich hier ab. Wollen Sie dann auf ihre Landsleute schießen?«

In dem adrett uniformierten Körper erbebte merklich eine kleine Seele. Er schüttelte den Kopf.

»Dann haben Sie aber keine andere Möglichkeit, als uns reinzulassen.«

Nunmehr wortlos reichte er ihnen die vier Reisepässe ohne Stempel und betätigte die Schranken. Nachdem sie die Grenze passiert hatten, ließ er sie offen und schritt davon, wahrscheinlich zum Fernseher.

Die Einreise in die Slowakei durch die Vororte von Bratislava war schon bei regem Verkehr trist, und diesmal gab es auf der mächtigen Brücke über der Donau keine Menschenseele, die Metropole erinnerte an eine Stadt von Bradbury, deren Bewohner ins All geflogen waren. Der Hainburghügel lag hinter ihnen und erschien ihnen wie ein Symbol der Entfernung, die sie elf Jahre lang vergeblich zu überwinden versuchten und heute innerhalb von Minuten bewältigten. Seine alte Vorliebe ergriff den Dramatiker: Welcher Satz erwartet mich als erster? Er wurde ein Fetischist der ersten Sätze, als ihm einst klar geworden war, dass sie der Urbeginn des Knäuels waren, aus dem sich ein ganzer Roman oder ein Theaterstück abspult. Er achtete auch auf die ersten Sätze, welche seine schicksalhaften Begegnungen einleiteten, und immer fand er eine Botschaft darin.

Hinter der Brücke wussten sie nicht mehr, wie sie weiterfahren sollten, es kam ihnen die Idee, die Fenster zu öffnen. Ein dumpfes Geräusch erinnerte ihn daran, wie er sich vor langer Zeit den Niagarafällen genähert hatte. Sie folgten ihm. Es wurde immer lauter. Bald stießen sie

auf die letzten Reihen der Menschenmenge in der Straße, die zu dem
größten Platz der Stadt führte. Er überließ das Auto dem Sohn, hatte
aber keine Ahnung, wie er in die Mitte der überfüllten Arena gelangen
könnte. Dann staunte er, wie gut es funktionierte. Kaum teilte er den
Menschen ganz hinten mit, dass er eine Ansprache halten sollte, riefen
sie: »Korridor!«, und das Wort ging nicht etwa im Lärm unter, es erzeugte ein Echo, »Korridor!«, riefen die Menschen von hinten den vorderen zu, und die dicht gedrängte Menge trat so weit auseinander, dass
man durchkommen konnte. Die kahle Tribüne wuchs in die Höhe, der
Eindruck einer Richtstätte wurde dadurch verstärkt, dass ihn, als er
seinen Namen nannte, zwei starke Kerle nach oben mehr trugen als
führten, als würde ihn dort die Guillotine erwarten. Ein Mann mit Bom-
melmütze drückte ihm die Hand, aus dem Fernsehen bekannt, der
Schauspieler Milan Kňažko. Er sprach den Satz aus, mit dem die Heimat
den verlorenen Sohn willkommen hieß:

»Herr Kohout, nur zwei Minuten!«

»Warum soll ich so lange reden?«, fragte er aufrichtig, weil ihn die Lawine der ganzen Erlebnisse das Denken geraubt hatte. Das durch etliche
Premieren, Verhöre und Erschütterungen aller Art erprobte Herz schlug
weiter regelmäßig, nur das Gehirn kollabierte. Während der Bemützte
ihn ohne Rücksicht auf die Zeit ewig lange vorstellte, betrachtete er die
lebendige Masse mit zehntausenden Gesichtern, und ihm fiel nichts,
überhaupt nichts ein!

Ein neuer Stoß des Wasserfalls brachte ihm das Bewusstsein zurück.
Im Rhythmus der klatschenden Hände hörte er die skandierten Rufe heraus: »Vi-taj domov! Vi-taj domov!« – Willkommen zu Hause! Also
sprach er. An die vier Sätze, die er ausstieß, werden ihn die Teilnehmer
später noch erinnern. In der uferlosen Begeisterung habe seine Stimme
wie aus einer anderen Welt geklungen; sie warnte vor irgendwelchen
Männern mit Keulen, die arglosen Fußgängern hinter der Ecke auflau-
ern. Einige Monate später wird klar, dass auch viele ehemalige Denunzianten und künftige Betrüger bereits siegesbewusst mit dem Schlüsselbund klimperten.

Den Abend und einen großen Teil der Nacht verbrachte er mit seiner
Familie bei Freunden in den Theatern und Wohnungen in Bratislava.

Damals verließ ihn seine Trübsal und er freute sich nur noch, so wie damals in seiner Kindheit, als ihm das Christkind das wunderschöne Puppentheater gebracht hatte. Am Grenzübergang nach Österreich sah er dann am frühen Morgen ein unglaubliches Bild: Die Schranke war immer noch geöffnet, niemand stand am Übergang, als könnte das Regime von Husák und Jakeš von jedem gestohlen werden. Von zu Hause nach Hause – so sollte er sich von nun an immer fühlen – nahm er den ersten Satz wie eine wichtige Warnung mit. Die zwei Minuten, die ihm eingeräumt wurden, sagten schon viel darüber aus, wie in seiner Heimat die Exilanten, auch die unfreiwilligen, empfangen werden. Er beschloss, sich darauf einzurichten. Schade, dass er einen Monat später im Ansturm von Begeisterung sein Vorhaben vergessen wird! Zwar nur für einen Tag, doch mit dauerhaften Folgen.

78. KAPITEL

Nach Hause und gleich wieder zurück

Die Schranken an der Grenze waren wieder geschlossen. Die totalitäre Macht kam nach dem ersten Schrecken noch einmal zu sich und versuchte, sich zu wehren. Der Konsul in Wien erteilte nach wie vor keine Visa an Emigranten, die dann vor der Grenze wieder umkehren mussten. Der Malersohn rief den Dramatiker an und stellte ihm eine merkwürdige Frage: »Wir haben das Konsulat besetzt. Was sollen wir jetzt tun?«

Er kam mit dem Taxi noch rechtzeitig an, um den Einsatz des Sonderkommandos mit geschwärzten Gesichtern zu verhindern, das der Botschafter als Schutz gegen die Terroristen angefordert hatte. Ihr Kommandant war ein vernünftiger Mann, er verfolgte die Nachrichten in den Medien und begriff schnell, dass er auf der falschen Seite stand. Nach einem gemeinsamen Telefongespräch mit dem österreichischen Innenminister verließ die Einheit das Konsulat, und die zwanzig jungen Tschechen und Slowaken, die meisten von ihnen Unterzeichner der Charta 77, deckten sich für die Nacht mit Essen, Trinken und Matratzen ein. Eine

Stunde später rief aus dem ebenfalls verbarrikadierten Nachbarhaus der Botschafter an. Er war bereit zu verhandeln, allerdings nur mit dem Dramatiker.

»Die anderen sind zu unerfahren«, sagte er. »Mit Ihnen komme ich eher zu einem Ergebnis.«

»Und das ist eben der Grund, warum Sie mit ihnen verhandeln müssen, damit Sie sich an sie gewöhnen.«

Der Titelträger telefonierte lange mit Prag und kapitulierte schließlich. Er versprach verbindlich, dass man ab dem nächsten Tag Visa an alle austeilen werde, die sie beantragen.

Als Erste fuhr die Frau des Dramatikers nach Hause. Er konnte und wollte nicht. Er musste bis zum Jahresende den nächsten Teil des Romans *Ende der großen Ferien* an Jiří Gruša schicken, der ihn ins Deutsche übersetzte. Er wollte damit auch beweisen, dass er nicht darauf erpicht war, an der Verteilung der neuen Macht beteiligt zu sein. Während des kurzen Besuches konnte seine Frau mit fast allen Freunden sprechen, sehr lange auch mit Václav Havel. Er ließ ihn bitten, sofort zu kommen, er wolle sein Bild vom aktuellen Stand der Dinge mit dem Blick von außen vervollständigen.

Er fuhr also kurz nach ihrer Rückkehr los, am Montag, dem 11. Dezember. Es war ein klarer Tag mit stahlblauem Himmel, die aufgehende Sonne erreichte noch nicht die bereiften Äcker und Wiesen, und er fuhr durch einen ihm nicht vertrauten Winkel Österreichs, denn dieser Weg war ihm lange Jahre versperrt geblieben. Das lenkte ihn ab, und erst kurz vor der Grenze wurde ihm bewusst, was er gerade erlebte: Er reiste aus der Verbannung zurück, die gedroht hatte, sein ganzen Leben lang zu bestehen; und jetzt eine Rückkehr, auf die er immer wartete, von der er jedoch nicht geglaubt hätte, sie in einer solchen traumhaften Art und Weise zu erleben – da die Freiheit nicht mit neuem Blut bezahlt werden musste.

Er hatte das Gefühl, sich unpassend zu verhalten, wenn er so normal und unfeierlich nach Hause fuhr, wie er es in den letzten Jahren gewohnt war, selbst in die attraktivsten Weltgegenden zu reisen. Er hielt an und versuchte, sich in die entsprechende Stimmung zu bringen. Nichts von dem, was er erlebt und begriffen hatte, hatte seine Neigung zu großen

Emotionen auslöschen können, die ihm als Dichter einst zum Verhängnis wurden. Doch der Fortschritt bestand darin, dass er, wenn er sie äußern wollte, weder Pathos noch Publikum mehr brauchte, jetzt reichten
ihm weniger theatralische Mittel. An den Straßengraben grenzte ein
Feld, von dem Mais geerntet worden war, nur die gefrorenen Büschel
der untersten Blätter lagen noch da. Nun wusste er, wie er zurückkom-
men sollte. Er trennte zwei Büschel vorsichtig von den Wurzeln ab und
verstaute sie im Kofferraum. Drei Stunden später legte er sie in der Stille
des menschenleeren Vyšehrader Friedhofs auf das Grab VIII/23 nieder,
wo er seine Eltern beerdigt hatte.

Wie schon vor einer Woche seine Frau öffnete auch er die Wohnung
am Museum mit dem Schlüssel, den sie von der Schauspielerin Vlasta
Chramostová und ihrem Mann vor ihrer Ausreise in der Hoffnung auf
die Rückkehr bekommen hatten. Die Glasschiebetür in der Mitte des
Zimmers, in dem *Play Makbeth* gespielt wurde, stand noch offen, aber
dahinter empfing ihn ein frisch bezogenes Schlafsofa. Vlasta war nicht
in Prag, ihren Mann traf er eine halbe Stunde später in Havels Büro am
Fuße des Wenzelsplatzes, wo er von Anfang an als Chef der Leibwache
für das neu gegründete Bürgerforum und später als persönlicher Leibwächter von Václav arbeitete. Zu dem wurde er zuerst gebracht, und es
war so, als hätten sie sich wie früher nach den üblichen paar Tagen wie-
dergetroffen. Der Freund zog ihn zum Eckfenster, um ihm einen einzigartigen Anblick zu zeigen: So weit das Auge reichte, von Můstek zum
Pulverturm schlängelte sich im Rhythmus einer schnellen, aus den städtischen Lautsprechern strömenden Melodie die tausendköpfige Masse
von jungen Menschen.

»Was sagst du dazu?«

»Meine Worte haben sich bewahrheitet«, zitierte er arglos seinen berühmten Text aus der Jugendzeit, »morgen wird überall getanzt!«

Einer der Revolutionäre nahm es ernst und wurde so wütend, dass
Havel den Gast in seinen Glaskasten bringen musste. Das war ein weiteres Beispiel, wie es ihm beim Eintritt in die Politik ergehen würde. Der
ewige Rebell John Bok wird sich einige Jahre später bei ihm entschuldigen, nachdem er sich überzeugt hat, dass seine Enthaltung von Ämtern
kein Spiel war. Der Heimkehrer erklärte dies seinem Freund gleich zu

Beginn. Es ist eine Ehre für ihn, er kann aber seinen Vorschlag nicht annehmen, Kultusminister in Prag oder Botschafter in Wien zu werden, weil er hierzulande eine viel zu markante Spur hinterlassen hatte. Er hat zwar persönlich ein gutes Gefühl, diese korrigiert zu haben, doch er will nicht so tun, als hätte es sie nie gegeben. Doch er wird gern bei all dem behilflich sein, was schnell dieses Land dorthin bringt, von wo man es verstoßen hatte.

Dann erläuterte ihm der Freund seinen Zwiespalt: Er müsse innerhalb der nächsten Tage eine Entscheidung treffen und sammele nun die Meinungen von allen, denen er vertraut, dass sie es nicht missbrauchen würden. Hier würden ihn immer noch viel zu wenige Menschen kennen, und deshalb findet die Idee immer mehr Anhänger, den beliebten Anführer des ›Prager Frühlings‹ Alexander Dubček symbolisch zum Präsidenten zu wählen. Er, Havel, sei sich nicht sicher, ob er im Wettbewerb mit dieser Legende vor dem Parlament, in dem so viele Kommunisten sitzen, eine reelle Chance habe; und vor allem, ob er gleich zu Beginn der neuen Ära die Gesellschaft mit einem Konflikt spalten dürfe.

Der Standpunkt des Heimkehrers war klar: Dubček wird eine unvergessliche Persönlichkeit der Geschichte bleiben, aber er hat das Recht verloren, das befreite Land zu regieren! Er selbst hat sich darum gebracht, als er im Jahre 1968 die Moskauer Kapitulation unterschrieben hatte, die er ein Jahr später mit dem Schlagstock-Gesetz krönte und die Polizei und das Militär unbewaffnete Demonstranten angreifen ließ. Und wenn Havel schon die Rolle des Sprechers einer gewaltfreien Rebellion übernommen hat und sie nun spielt, muss er es mit der Übernahme der höchsten Position im Staat vollenden. Sie verabschiedeten sich mit dem Versprechen, sich bald wieder zu treffen, um zu vereinbaren, was der Dramatiker für die innere Entwicklung von außen tun könnte.

Die unterbrochenen Nervenbahnen fingen an, sich wieder zu verbinden. Am nächsten Tag konnte sich der Dramatiker an der ungebrochenen Existenz von Ludvík Vaculík, Karel Kosík, Ivan Klíma und Alexander Kliment persönlich erfreuen; sie waren seine engsten Freunde, die er samt Havel im Einakter *Sex* zu einer Partisanentruppe verbunden hatte. Es war bemerkenswert, dass man gerade denjenigen, die von dem widerwärtigen Regime am meisten geplagt waren, es am wenigsten ansah. Und auch, dass sie, obwohl jahrelang durch Briefkontakte verbunden, an ihn genauso viele Fragen stellten wie er an sie.

In den nächsten Tagen erlebte er nämlich eine Reihe von Treffen mit Bekannten aus der sogenannten grauen Zone, die ihr Leben zwanzig Jahre in verschieden abgestufter Abhängigkeit vom Regime verbrachten. Er hörte sich in aller Ausführlichkeit an, was sie Schlimmes erlebt hatten, aber kein Einziger fragte danach, wie es ihm draußen ergangen war. Und auch ohne Worte hörte er das heraus, worüber er in Romanen und Tagebüchern deutscher und österreichischer Exilheimkehrer gelesen hatte: einen Vorwurf, dass er es besser gehabt hatte und die hiesigen Ereignisse wohl nie verstehen würde. Am späten Abend des dritten Tages wollte er in Chramostovás Wohnung gerade die Schiebetür schließen und sich schlafen legen, als der Gastgeber Stanislav kam. Wie alle Dissidenten nahm er an, dass die Wohnung immer noch mit Wanzen gespickt war, und bat den Gast dringend, er solle sich anziehen und mit ihm um die Ecke ins benachbarte Café gehen.

Ihr Freund, eröffnete er ihm mit gedämpfter Stimme, sei bei der Lösung des Problems, Präsident zu werden oder nicht, von einer schweren Depression befallen worden. Daran seien Leute mitschuldig, die sich an ihn herangemacht hatten. Sie hätten ihn überzeugt, dass er sich an einen unbekannten Ort zurückziehen solle, um wieder zu sich zu kommen. Er als Einziger habe ihn gewarnt, dass diese seltsame Flucht seine Position noch mehr schwächen und seine psychischen Probleme verstärken würde. Er täusche sich nicht: Während in der Zentrale des Bürgerforums die Dubček-Anhänger immer mehr die Oberhand gewannen, sei der Freund schon so weit, dass ihm nur eine Seherin helfen könne. »Wer denn?«, fragt der Gast. Mehr wolle er nicht erzählen, sagte der Gastgeber, doch morgen würde er ihn auf eigene Gefahr zu dem Versteckten führen, damit er mit ihm selbst reden könne.

Am nächsten Morgen bestätigte der Freund telefonisch das vereinbarte Treffen und führte dann am frühen Nachmittag den Dramatiker auf Umwegen wie in Zeiten des Regimes in das letzte Stockwerk eines Hauses neben der Turnhalle in Prag-Vinohrady. Bei dem Versteck handelte es sich um das Atelier eines bekannten Malers, das jetzt aber an eine

illegale Wohnung im Krieg erinnerte: zwei Wachleute im Flur, Chaos aus
Decken, Thermoskannen, schmutziger Wäsche und vertrockneten belegten Brötchen, und dann die unangenehm überraschte Seherin, die
sich als die ebenfalls verbotene Schriftstellerin Eda Kriseová entpuppte.
Er mochte ihre Bücher und hatte sich dafür eingesetzt, dass auch sie in
Luzern erschienen. Schwerlich konnte sie ausgerechnet ihn jetzt daran
hindern, ihren Schützling zu besuchen, doch sie versuchte wenigstens,
ihn zu überzeugen, das Treffen zu verschieben. Václav dürfe sich nicht
aufregen, redete sie auf ihn ein, und brauche absolute Ruhe, die sie in
dieser Abgeschiedenheit mit einer bewährten Methode ergänze. Auf die
Frage hin, mit welcher, streckte sie ihre Arme nach oben und zeigte ihm,
wie sie ihre Energie weitergab. Er sagte, er müsse ihn trotzdem treffen
und möchte ihn allein sprechen!

Der Mann, den sein Land und auch die Welt zu Recht für das Gehirn
des unblutigen Umsturzes hielten, das unermüdliche Zugpferd der Dissidentenbewegung, ungebrochener Häftling und endlich anerkannter
Volksvertreter, dem die Partei, die Regierung, die Armee sowie die Staatssicherheit die Macht übergeben hatten, der Sieger, dessen strahlendes
Foto seine begeisterten Anhänger soeben im ganzen Land plakatierten,
erinnerte vielmehr an einen Schwerverwundeten, der im Verborgenen
seine Wunden leckte. Nicht einmal damals in Sázava, als er mit Olga
zu Besuch kam, nachdem man ihn vor seiner Freilassung aus der Haft
belogen hatte, woraufhin er seine Funktion als Charta-Sprecher, zum
Glück nur für kurze Zeit, niederlegte, hatte er so abgehetzt gewirkt wie
in diesem Zimmer mit ungemachtem Bett und den Spuren eines fremden Künstlerlebens. Fahl im Gesicht und unrasiert drückte er gerade
eine Zigarette im überquellenden Aschenbecher aus und starrte den
Gast wie ein Phantom an. Wo sei er denn hergekommen, erschrak er, er
habe sein Versteck für perfekt gehalten. Dass der Chef seiner Leibwache
den Freund herbrachte, schien ihn doppelt zu beunruhigen.

Der Besucher wollte wissen, worin das Problem besteht, warum er
sich so versteckt, wenn er so viel wie möglich gesehen werden soll? Was
ist ihm denn so unklar, wenn er selbst die Entscheidung getroffen hat?
Worauf wartet er, wenn vor allem er handeln muss? Statt exakter Antworten, die er aus den gemeinsamen Jahren gewohnt war, hörte er nur

noch schwammigere Überlegungen als die, die schon in seinen letzten Briefen nach Wien standen. Darin erklang der Schock über die unerwartet ausgebrochenen Neidgefühle, über die Verleumdungen, Intrigen und Ressentiments zwischen den Mitkämpfern aus dem Bürgerforum und über ihre Vorwürfe, er würde das gewonnene Terrain den niedergeschlagenen Kommunisten neu anbieten. Sei denn nicht jedem klar, dass im Parlament nur sie die mögliche Wahl zwischen Dubček und ihm entscheiden könnten? Darin klang die Enttäuschung über das ihm unbegreifliche Unverständnis Olgas mit, die ihn dränge, er solle weiterhin ein unabhängiger Geist bleiben. Wisse sie denn nicht, dass er jetzt nicht den Dienst ablehnen dürfte, den er dem ganzen Land schuldig sei?! Das alles habe ihn dazu gezwungen, sich für einige Zeit hierher zurückzuziehen, und er stelle sich die Frage, ob er überhaupt noch in die Politik zurückkehren solle. Der Besucher wusste auch nicht weiter, bis die ›Seherin‹ ins Zimmer kam und erneut versuchte, ihn wegzuschicken.

In dem Moment erinnerte er sich an die Mitternachtsszene in Berlin, als Maximilian Schell, wegen der Erschöpfung und wegen des intensiven Erlebens seiner Rolle ähnlich entgleist, nah daran gewesen war, sich selbst um seinen Erfolg zu bringen. Jetzt stand ungleich mehr auf dem Spiel als das Schicksal einer Premiere, deshalb handelte er noch resoluter. Wie damals die Schwester des Mimen schickte er jetzt die Beschützerin vor die Tür. Mit Rücksicht auf diejenigen im Flur schrie er leise, doch um so leidenschaftlicher. Wie kann sein Freund auf diese Art sein Ansehen aufs Spiel setzen, wenn er es dem so geschmähten Amt Masaryks zurückgeben will? Wie stellt er sich seine Präsidentschaft vor, wenn er die normalen Hürden des Alltags und der Tagespolitik nicht zu bewältigen weiß? Wo bleibt seine Wertschätzung der Anhänger, die in ihm die neue Hoffnung für die ganze Gesellschaft sehen, wenn er jetzt hier von seiner Unsicherheit gelähmt daliegt? Und warum hat er dann in den letzten Jahren alle Aufmerksamkeit auf sich gelenkt, wenn er jetzt bereit ist, zuzulassen, dass Dubček die Titelrolle übernimmt? Sollte es dazu kommen, griff er ihn nun direkt an, um seinen Schutzpanzer zu durchbrechen, so wäre wenigstens rechtzeitig klar, dass der neue Messias nicht mündig gewesen war!

Wie damals in Berlin war auch dieser Monolog völlig überzeichnet, und wie damals der Darsteller von Kerschenzew sagte auch der in einer anderen Hauptrolle besetzte Mann kein Wort. Doch im Unterschied zu dessen Vorgänger mochte ihn der Dramatiker so sehr, dass er bei dem verbalen Angriff seinen Stuhl zu ihm schob, um ihn zum zweiten Mal im Leben umarmen zu können. Er ließ ihn nicht sofort los, er blieb so, auch wenn er selbst nicht weiterwusste. Also fing er nach einer Weile an, sachlich darüber zu sprechen, was sein Freund unternehmen sollte, damit es überhaupt zu seiner Wahl kommen würde, beispielsweise sich endlich mit seinen alten Verbündeten treffen, die gerne seine Befürworter werden, sowie mit bedeutenden Persönlichkeiten des tschechoslowakischen Exils, mit Politikern, Künstlern und mit den beliebten Sportlern, deren Unterstützung seine Chance erhöhen würde, aber vor allem aus diesem Loch verschwinden und in die Kampfarena zurückkehren! Irgendwann beendete er die Umarmung und irgendwann sprach auch der andere, er würde hier nicht lange bleiben, er möchte ihm aber noch vor der Abfahrt aufschreiben, was er draußen tun sollte. Der Dramatiker glaubte, getan zu haben, was er konnte, und dass er jetzt gehen durfte.

Im Flur herrschte eine angespannte Ruhe, und in dem Augenblick klingelte es. Die beiden Bodyguards sprangen auf. »Ist schon gut!«, beruhigte sie die Kollegin mit einem Blick auf die Uhr und eilte zur Tür, »das ist die Krankenschwester mit der Spritze.« Er gönnte ihm beides und erschüttert lief er in die Stadt hinaus, in der Tausende Plakate HAVEL AUF DIE BURG! riefen. Der verschollene Kandidat kehrte am nächsten Tag fest entschlossen in die Zentrale zurück. Kurz vor der Abfahrt bekam der Dramatiker von seinem Hauptleibwächter eine handgeschriebene Nachricht:

Pavel, bitte,
1. *Stichpunkte für meine Ansprache ans Exil,*
2. *Stichpunkte für meine Ansprache an die Schriftsteller,*
3. *den Schriftstellern erklären, dass es auch ihre Revolution ist, nicht die von Havel – es hängt von ihnen ab, ob sie gelingt,*
4. *den Stand der Bereitschaft halten,*
5. *nicht sagen, dass ich krank und unmündig bin –*
Stempel Bürgerforum, Koordinationszentrum, Jungmannplatz 9, Prag 1
(Unterschrift und ein Herzchen)

Laut Zeugen traf Havel Mitte Dezember mit Alexander Dubček eine ver-
trauliche Vereinbarung, dass er nur bis zu den ersten freien Wahlen Präsident bleibe und danach nicht mehr kandidieren würde. Viele werden
ihm später vorwerfen, sich nicht daran gehalten zu haben. Sollte diese
Vereinbarung wirklich so getroffen worden sein, dann zeugt sie nur davon, dass beide Kontrahenten in ihren Emotionen gefangen waren und
sie nicht den realen Stand der Dinge berücksichtigt hatten. Dass sie
nicht eingehalten wurde, war aus den bereits erwähnten höheren ethi-
schen Gesichtspunkten richtig: Dubček hatte seinen Anspruch aus den
ebenfalls erwähnten Gründen längst verloren. Für den sich wandelnden
Staat war es eine unvergleichlich bessere Lösung: Havel, den man weltweit mit der Dissidentenbewegung identifiziert hatte, wurde nun als
Präsident mit der Tschechoslowakei identifiziert, das konnte nur ein
Vorteil für das Land sein. Dass er damit einen Prozess einleitete, der
seine Gesundheit untergrub sowie seine menschliche Natur veränderte,
war der Preis, den wahrscheinlich jeder zahlen muss, dem das Schicksal
eine vergleichbare Aufgabe zuteilt.

Der Favorit des Bürgerforums wurde auch mit den Stimmen der ban-
genden Kommunisten gewählt, die nicht ahnten, dass sie in wenigen
Jahren statt im Knast im Europaparlament sitzen würden. Die Wahl im
Wladislaw-Saal sowie das *Te Deum*, das zu Ehren des neuen Staatsoberhauptes im Veitsdom erklang, kommentierte der Dramatiker aus Wien
in einer Live-Übertragung des österreichischen Fernsehens. Anschließend erreichte ihn die Nachricht aus der Burg, dass der neue Präsident
im Nationalhaus in Prag-Smíchov eine Silvesterfeier für seine alten
Freunde veranstalten würde. Der Dackel Áda wanderte also in Pflege,
Herrchen und Frauchen eilten nach Prag. Die Unterkunft der Freunde
am Museum wollten sie in diesen angespannten Tagen nicht überstrapa-
zieren, also gönnten sie sich den Luxus des Hotels Intercontinental, in
dem sie allerdings trotz aller Beziehungen nur eine Nacht verbringen
durften. Zu dieser Nacht der Nächte kam aus der weiten Welt nach Prag
jeder, der noch gehen konnte.

Das Fest konnte er nur mit seiner uralten Erinnerung an die Befreiung Prags von den Deutschen vergleichen. Von den Bekannten und
Freunden, die er in den letzten zwanzig Jahren zu Hause oder im Aus-

land getroffen hatte, fehlte wohl keiner. Er bezeichnete dieses Treffen als
›Ball der theoretisch Toten‹, weil fast alle Anwesenden mehrfach öffentlich verdammt und für den Abfall auf dem Müllhaufen der Geschichte
erklärt worden waren. Er saß auf der Empore und wollte sich nicht zu
dem Gastgeber drängen; an das intime Intermezzo im Atelier sollten sie
lieber einmal in aller Ruhe anknüpfen. Auch in Begleitung seiner Gattin
war der frisch gewählte Präsident umringt von seinen Freundinnen, unter ihnen fehlte auch die frühere Frau des Dramatikers, Anna, nicht. Der
Präsident hatte gerade sie gebeten, die beiden aus Wien zu ihm zu bringen. Sie nahmen auch den Verleger der tschechischen verbotenen Autoren Jürgen Braunschweiger und seine Frau Lisa mit, die keine Sekunde
zögerten, aus Luzern anzureisen, sowie die Ziehtochter Jolana, die ihre
Kindheit mit Reisen von den Polizisten in Sázava zu den Polizisten in
Hrádeček verbracht hatte. Der Pegel des allgemeinen Glücks ließ keine
Probleme zu, und die erste Begegnung unter Olgas Anwesenheit belebte
die Intimität des früheren engen Zusammenlebens. Womöglich ent-
sprang daraus der spontane Vorschlag des Präsidenten, dieses Grüppchen am Neujahrstag durch seine neuen Arbeitsräume zu führen.

Er holte sie persönlich vom Matthiastor ab, und ohne Leibwächter
empfing er die Beifallsstürme der Prager sowie der ausländischen Besucher, die ihren Augen kaum trauten. Die beiden Freunde aus Wien teilten seine Freude wie im Traum mit, als sie mit ihm unter den Fenstern
ihrer ehemaligen Wohnung auf dem Hradschinplatz Nummer eins standen, in der sie oft gemeinsam die schwierigsten Zeiten ihres Daseins
durchlebt hatten. Als er sie dann durch die Burgräume führte, vom blei-
chen Personal des verschwundenen Herrschers höflichst begrüßt, und
seine Erneuerungspläne offenbarte, kam ihm die unheilvolle Idee.
»Morgen muss ich zum ersten Staatsbesuch nach Deutschland, bleib
doch noch hier«, bat er den Dramatiker, »rufe interessante Leute im
Ausland an und bekomme heraus, wer zum Gremium meiner Berater
gehören möchte!«

Den Einwand, dass sie keine Unterkunft mehr in Prag hatten, löste er
mit der Frage an die Sekretärinnen, ob es im Garten nicht ein Häuschen
gäbe, das soeben frei geworden wäre. Sie bejahten eifrig, versprachen,
alles herzurichten, und damit war es entschieden. Die Frau des Drama-

tikers fuhr ins Hotel, um die Sachen ins Auto zu packen, und ihr Mann zum Lendenbratenessen zu Olga Havlová. In der überfüllten Wohnung hörte er die erste schon im Voraus aufgenommene Neujahrsansprache des Staatsoberhauptes, bei dem auch an Churchill erinnert werden musste, der den Briten den Sieg über Deutschland nur um den Preis von Blut, Schweiß und Tränen versprochen hatte. Den Tschechen und Slowaken versprach Václav Havel für die Zukunft nur noch bittere Wahrheiten. Und er sprang über den Schatten aller früheren tschechischen Politiker, als er, ohne die Legitimität der Abschiebung der Deutschen nach dem Krieg in Frage zu stellen, sich für das begangene Unrecht entschuldigte, das sie begleitet hatte. Die Dachorganisation der sudetendeutschen Landsmannschaften hätte nun die ideale Gelegenheit gehabt, die ausgestreckte Hand zu ergreifen. Dass sie stattdessen begann, arrogant Forderungen zu stellen, in einer Weise, die das Entstehen und den Verlauf des Krieges auf den Kopf stellte, musste die Spannung, die längst der Vergangenheit angehört, um eine weitere Generation verlängern.

Die Freigebigkeit, mit der ihn das Schicksal sein ganzes Leben lang mit Situationen konfrontierte, die für einen Roman oder ein Drama Stoff boten, konnte der Heimkehrer in dieser Nacht erneut erfahren. Als ›Häuschen‹ bezeichnete man die Villa im Park am Lustschloss der Königin Anna, die noch bis vor zwei Wochen von dem früheren Präsidenten und obersten Kommunisten Gustáv Husák bewohnt worden war. Nach der Anfrage des neuen Staatsoberhauptes wurde sie auf die Schnelle für den Dissidenten und seine Gattin hergerichtet. Es war wirklich verrückt, in einem vollbeladenen Wagen mit Wiener Kennzeichen in ein Objekt hineingelassen zu werden, das immer noch von bewaffneten Wachen und auch von Beamten der Husákschen Staatssicherheit bewacht wurde. Die quartierten sie ein, schlossen aber nur die Haustür auf, denn die Erlaubnis, über die Schwelle zu treten, besaßen nur ihre Kommandanten, die allerdings hatten lieber Urlaub genommen.

Kaum hatte der Dramatiker das Gebäude betreten, eilte er wieder hinaus, um zu fragen, wie man die Heizung herunterdrehen könnte, weil das Thermometer drin die Temperatur von siebenundzwanzig Grad zeigte. Der Genosse habe es gerne warm gemocht, wurde ihm erklärt, doch sie konnten ihm nicht weiterhelfen, denn der Installateur

war auch verschwunden. Man musste die Fenster öffnen. Es war schon
nach Mitternacht, aber die beiden durchstöberten die ganze Villa und
kamen sich wie in einem Filmstudio vor, das mit Requisiten für eine
Produktion über die Ära der Normalisierung vollgestopft war. Möbel,
Beleuchtung, Kacheln, Teppiche, Fußbodenfliesen und Linoleum, eine
Anhäufung schlechten bürgerlichen Geschmacks, der durch zweitran-
gige Architekten zum repräsentativen Stil erhoben wurde. Vom Geschirr
war nur ein Speiseservice übrig geblieben; auf jedem Teil prangte ein
überdimensionales Staatswappen: der uralte Löwe mit rotem Stern auf
der Brust. Das Besteck war verschwunden. Ein überall präsenter Gegenstand, große, mit Sand gefüllte Metallschalen auf hohem Fuß, erweckte
beinahe Mitleid: Der Kettenraucher Husák mit seinem nachlassenden
Augenlicht sollte die Aschenbecher nicht verfehlen.

Das Mitleid verflüchtigte sich beim Anblick der üppigen Telefon-
anlage mit Schildern, die noch vor einem Monat höchsten Respekt genossen: ZK KPTsch – Innenmin. – Gen. Gorbatschow – Gen. Honecker.
Niedrigere Positionen hatten wohl Vlado (Zimmer links, Durchwahl
2197), Jano (Zimmer rechts, Durchwahl 2198) und Sascha (Dienstzim-
mer, Durchwahl 2192), wahrscheinlich zwei Leibwächter und Kammer-
diener. Der Dramatiker nahm den Hörer ab und wählte die Nummer
des einzigen von ihnen, der noch seine Funktion innehatte: Der Genosse
Gorbatschow meldete sich nicht. Womöglich schlief er schon.

Auch im Schlafzimmer war es nicht viel angenehmer. Nach dem Tod
seiner Frau, die auf einem sinnlosen Flug durch den Nebel mit dem
Regierungshubschrauber abgestürzt war, hatte der ehemalige Präsident
allein in dem breiten Bett geschlafen. Noch vor wenigen Tagen! Jetzt
lagen wieder zwei Menschen darin. Sie schloss wie immer die Augen und
schrie leicht auf, als würde sie ihre Ankunft im Traumreich ankündigen,
in das ihre Hündchen den Hader der Welt nicht einließen. Er konnte
nicht einschlafen. In der frisch gewaschenen Bettwäsche des Machtha-
bers, der ihm die Premiere am Broadway verdorben und über zwanzig
Jahre eine unbekannte Anzahl anderer vereitelt hatte, müsste er eigentlich so etwas wie einen Triumph empfinden. Dazu würden ähnliche
Überschriften passen, die schon seinen Flug nach Prag gemeldet hatten –
HUSÁK MACHT DIE SCHULDEN WETT, KOHOUT SCHLÄFT IN SEI-

NEM BETT! Stattdessen überkam ihn ausgerechnet hier und jetzt das klamme Gefühl, wie labil nicht nur Ruhm und Macht waren, sondern die ganze menschliche Existenz. Es tröstete ihn, dass die seine dazu beitragen konnte, die Zeit des Unrechts, die er mitverschuldet hatte, ohne Blutvergießen zu beenden.

Am nächsten Morgen ließ die Telefonzentrale nicht einmal die örtlichen Anrufe durch, und weil gestern kein einziges Körnchen Kaffee, kein Krümel Tee und keine Scheibe Brot zum Vorschein kamen, zogen die beiden recht früh los. Die Wächter am Tor betätigten es, ohne sich blicken zu lassen, und alle Türen zum Präsidentenbüro öffnete ihnen das Papier mit einer bereits bekannten Handschrift: »Bitte, ohne Warten durchlassen!« Unterschrift Václav Havel. Und ein Herzchen. Auf der Burg fand der Dramatiker nur ein deprimiertes Häuflein von Husáks Waisen vor; die Sieger führten ihre Geschäfte entweder noch in der Stadt oder sie waren gemeinsam mit dem Präsidenten in der Luft auf dem Weg nach Berlin und München. Als er die beiden Sekretärinnen, die sich vor lauter Zuvorkommenheit fast überschlugen, fragte, wo er ein Frühstück herbekommen könnte, boten sie ihm an, sie würden es ihm aus dem Burggasthaus Vikárka besorgen. »Der Genosse hat es auch immer holen lassen«, sagten sie und nannten auch gleich den exakten Betrag, den er beigefügt hatte. Der Dramatiker legte diesen ebenfalls vor, und auf einem Tablett mit Kaffee und Hörnchen kam das Wechselgeld bis auf den Heller genau zurück. Er fragte lieber nicht, wie viel Trinkgeld der Genosse wem zu geben pflegte.

Das Vorzimmer des Präsidentensekretärs war überdimensional groß und genauso protzig eingerichtet wie die Villa. Der Dramatiker rief zuerst Petr Pithart an. Von den Leuten, die gestern den Präsidenten umkreist hatten, kannte er nur ihn. Er vertraute ihm an, mit welcherMission er beauftragt wurde, und bat ihn, sich ihm bald anzuschließen. Kurz bevor er mit der Arbeit beginnen konnte, meldete sich bei ihm der Verteidigungsminister Vacek. Der Dramatiker stellte sich ihm als Hauptmann der Reserve vor, aber der General kannte seinen Fall und nannte seine Degradierung vom Hauptmann zum einfachen Soldaten eine peinliche Angelegenheit – »wie viele aus jener Zeit, nicht wahr?« – und zeigte sich beinahe davon gerührt, wie unerschütterlich er auf seinem Dienstgrad bestand. Kurze Zeit darauf ernennt er ihn per Anordnung zum Oberst, aber weil der General selbst zu jenen gehörte, die den Dramatiker einst degradiert hatten, wird der frisch gebackene Oberst von seinem Nachfolger die alten Rangabzeichen zurückverlangen – und erhalten.

Dann traute sich auch eine der Sekretärinnen und kam aus eigener Initiative mit der Bitte um seine Unterschrift, um für ihn und seinen Wagen einen Dauerpassierschein zu beantragen. Aus den Worten des Herrn Präsidenten habe sie herausgehört, der Gast würde hier des Öfteren arbeiten. Er versuchte nicht, es ihr auszureden; sie war aufgeregt, und er konnte sie nicht trösten. Es war klar, dass ihre Tage dort gezählt waren, und so wollte er wenigstens mit seinem Benehmen andeuten, dass sie nicht zum Abrutschen ins Nichts verurteilt werde, so wie es den zehntausenden anderen Bürgern durch ihren wärmeliebenden und bescheidenen Präsidenten widerfahren war. Als er endlich allein war, fing er an zu arbeiten.

Das Hauptaugenmerk erforderte der Wunsch des Präsidenten, Persönlichkeiten, die auf internationaler Ebene Vertrauen genießen, für ein Gremium der Auslandsberater vorzuschlagen. In den folgenden drei Stunden kontaktierte er den Großindustriellen Tomáš Baťa, Fürst Karel Schwarzenberg und den Journalisten Pavel Tigrid, die Weltreisenden Hanzelka und Zikmund, die Ökonomen Ota Šik und Radoslav Selucký, die mehrfache Wimbledonsiegerin Martina Navrátilová und Jiří Pelikán, Zdeněk Mlynář und Milan Kundera – es war eine hoffnungsvolle Truppe, deren gemeinsamer Nenner bei all den gegensätzlichen Lebensläufen wie schon bei der Charta 77 die rasche Wiederauferstehung des Heimatlandes war. In einem knappen Memorandum riet er dem Präsidenten zur Vorsicht bei Kontakten zu dem österreichischen Präsidenten Waldheim, bedingt durch dessen Dauereintrag auf der amerikanischen *watch list*, doch zugleich empfahl er Österreich als den geeignetesten politischen Partner. Und weil immer noch keiner kam und er seine Stellung nicht dem alten Personal abtreten wollte, vergaß er das Mittagessen und begann, persönliche Nachrichten an seinen Freund zu schreiben, die den Titel ›Anregungen zum Nachdenken – kann man auch im Bett lesen!‹ trugen.

… Schon jetzt werdet ihr wegen der Anzahl der Bodyguards kritisiert. Egal wie brutal es klingen mag, aber wenn Dich jemand wirklich zur Strecke bringen möchte, macht er das auch unter dem Schutz von einhundert Männern. Sei doch lieber König Wenzel und fahre mit einem einzigen Begleitwagen, sei wie die Österreicher, dort geht auch der Innenminister allein in seine Kneipe über fünf Straßen …

Auch die Fahrweise eures Konvois wird heftig kritisiert. Gestern seid ihr auch mit mir gefahren, als hättet ihr die Autos geklaut. Wenn man außer Acht lassen würde, dass Du auf dem Weg nach Hause einige wenige Minuten sparst, werden Dich die Menschen anderenfalls mehr wahrnehmen, und: Sie werden Dich schätzen, weil Du Dich an die Verkehrsregeln hältst. In Österreich wäre alles andere undenkbar …

Du solltest die Menschen öffentlich nennen, die es zwanzig Jahre lang ausgehalten haben, Widerstand zu leisten, dadurch legitimierst Du sie, würdigst ihre Anstrengung und stärkst Deine eigene. Wałęsa ließ sich vor den Wahlen mit jedem der Solidarność-Kandidaten fotografieren, und diese Plakate gewannen das Rennen. Wenn das Bürgerforum kandidieren würde, solltest Du es auch tun …

Schon bald darauf wird ihm klar, dass er sich diese Vorschläge hätte ersparen sollen, aber die unglaubliche Kulisse, das Zentrum der Macht, von wo aus der höchste Statthalter der Sowjetunion zwanzig Jahre lang auch sein Leben umgekrempelt hatte, trug zu der Euphorie bei, die ihn wieder einmal zu einem verhängnisvollen Abschalten der Sicherung verleitete. Im richtigen Moment wurde dieser Zustand am Nachmittag mit der Ankunft von drei Vertretern des Bürgerforums beendet. Mit dem ungeduldig erwarteten Petr Pithart, dem übernächsten Premierminister, kamen auch die zwei neuen Männer des Präsidenten, der Regisseur Petr Oslzlý und der Musiker Ladislav Kantor. Er bot ihnen Platz am Konferenztisch an, doch sie setzten sich in eine Reihe hinter dem Schreibtisch ihm gegenüber. Er erlaubte sich den Scherz, sie sähen aus wie ein Tribunal, doch dann stattete er ihnen seinen Bericht ab. Bis auf einige Ergänzungen Pitharts gab es keinen Kommentar. Der Dramatiker kam aber dem Wunsch nicht nach, ihnen die Texte auszuhändigen; angesichts der persönlichen Bemerkungen wollte er sie dem Präsidenten persönlich überreichen, er hatte ja mit ihm vereinbart, dass er ihn bei seiner Landung begrüßen würde. Die sonderbare Kälte seiner Besucher schob er auf die unfreundliche Umgebung sowie auf den Umstand, zwei von den dreien zum ersten Mal getroffen zu haben.

Für den Weg zum Flughafen stellte man ihm die Regierungslimousine zu Verfügung. Unterwegs holte er noch seine Frau ab, und beide freuten sich, dass sie schon wieder viele Freunde treffen würden. Der alte Flughafen Ruzyně erinnerte an ein Foyer bei den Premieren, aber unter denjenigen, die am Empfang teilnahmen, erkannte er nur wenige Künstler, erstaunlicherweise meist die Unterzeichner der Anticharta. Bei diesem Anblick begriff er, dass er hier ein schlechter Berater wäre, zumal ihm seit zehn Jahre entging, was mit wem passiert war. Dann kam das Sonderflugzeug an und rollte so weit, dass der Freund direkt vor ihm ausstieg. »Hier hast du meine Näharbeit!«, begrüßte ihn der Dramatiker mit dem Satz, der einst den Austausch ihrer Texte begleitet hatte. Seine Arbeit wurde diesmal mit einem verlegenen Dankeschön entgegengenommen und sofort an jemanden weitergereicht, dann verschwand der Präsident auch schon im Gewühl. Der Dramatiker führte es später im Auto auf dessen Erschöpfung zurück und vergaß es bald, als er sah, dass der Fahrer sie statt in die Stadt in Richtung der Haftanstalt Ruzyně fuhr. Der konnte sich dann gar nicht genug entschuldigen, doch er konnte bei seinen Fahrgästen nicht den belustigten Verdacht vertreiben, er sei mit ihnen so gefahren, wie er es eben gewohnt war.

Sie stiegen vor der Weinstube Beim Mäzen aus, der Dramatiker hatte seit dem Morgen nichts gegessen. Er bestellte Moussaka, die er hier zum letzten Mal gegessen hatte, als er sich von Václav Havel und anderen Freunden für das eine Jahr verabschiedete, aus dem dann zehn wurden. Dabei erinnerte sich seine Frau, dass Olga Havlová an Silvester eine private Reise nach Wien in den nächsten Tagen erwähnt hatte. Sie erinnerte sich, wie sie für Olga und ihren Mann dort jahrelang eingekauft hatte, und kam auf die Idee, sie könnten es nun endlich gemeinsam tun. Sie ging also ins Büro der Weinstube, um sie anzurufen. Nach einer Ewigkeit kam sie sichtlich erschüttert zurück. Jemand von der Leibwache, der Olga ans Telefon holen sollte, habe gefragt, worum es denn gehe, und sei kurz darauf mit der lapidaren Nachricht zurückgekommen: »Kein Interesse!« Sie verloren den Appetit, und auch die Aussicht auf die zweite Nacht in Husáks Bett vermochte die Laune nicht zu heben. Er schlief darin mit dem bedrückenden Gefühl ein, dass Macht über eigene Gesetze verfügt, die selbst in gegensätzlichen Regimen ähnlich funktionieren.

Dies sollte sich bald bestätigen. Kaum war er in Wien zurück und saß wieder an seinem Manuskript vom *Ende der großen Ferien*, rief das Büro des Präsidenten an. Der nagelneue Kanzler Doktor Lžičař musste die Notiz seines Chefs zweimal vorlesen, bis der Dramatiker sie begriff.

Deine gut gemeinte Zusammenarbeit rief auch negative Reaktionen hervor. Ich möchte Dich bitten, alle Dokumente, die Du für Dich hast ausstellen lassen, zurückzuschicken und über Deinen Aufenthalt auf der Burg keine Informationen an die Presse zu geben.

Er ließ es sich noch einmal langsam diktieren, und als er nicht aufhören konnte, auf die Worte zu starren, begriff er, das hätte er nicht tun sollen. Ohne diese schwarz auf weiß geschriebenen Zeilen hätte er am nächsten Tag denken können, er habe das Ganze nur geträumt. So war es nicht mehr möglich, diese Worte je zu vergessen. Er bekam den Präsidenten, den er schätzte, und kam um den Menschen, den er liebte.

79. KAPITEL

Pavel Havel

Ausgestattet mit dem Charakter eines fatalistischen Optimisten zweifelte er nie an seiner Rückkehr in die Heimat. Nach dem Amtsantritt Gorbatschows glaubte er immer stärker daran, rechnete aber nicht mit einem so schnellen Zusammenbruch des sowjetischen Imperiums. Wahrscheinlicher erschien ihm die Variante, an der aus Mangel an Alternativen die damaligen Reformkommunisten Pelikán und Mlynář arbeiteten und auf die offensichtlich auch Gorbatschow selbst zusteuerte. Denn er versprach keinem der Statthalter der europäischen Provinzen mehr, Panzer zu schicken. Es sah nach einer Verbindung des ›Prager Frühlings‹ mit Perestrojka aus, die das ›Lager des Friedens und Sozialismus‹ von den Maulkörben und vom Stacheldraht befreien und es wenigstens bewohnbarer machen würde, bevor die Entwicklung weiter fortschritt. Doch selbst in dem Fall, dass die Konservativen abdanken und an deren Stelle die Reformer treten würden, hatte der Dramatiker nicht vor, in die Politik zu gehen! Er wollte nur nach Prag zurück, diesmal noch viel entschiedener als seine Frau. Sie hatte nämlich früher als er den Zauber Wiens entdeckt, durch das sie vom Dackel Áda dreimal am Tag Gassi geführt wurde.

Es rächte sich, dass er die Worte »Nur zwei Minuten!« vom letzten November in Bratislava verdrängte und am 2. Januar in das Burgbüro mit einem ähnlichen Enthusiasmus trat, mit dem er einst im Rahmen der kommunistischen Aktion ›Mehr-Arbeit-für-die-Nation-ist-unsre-Agitation!‹ Samstag für Samstag unter Tage gefahren war. Er hat sich jetzt eine eiskalte Dusche verdient wie damals die Häme der echten Bergleute.

Die einzige Erklärung, warum der Freund die Verleumdung für wahr hielt, der Ankömmling habe auf der Burg mitregieren wollen, sah er in der Parallele seiner Beziehung zu dem Philosophen Karel Kosík. Diese war immer sehr eng bis zu dem Augenblick, als der Philosoph in eine schwierige private Situation geriet, in der ihm die Philosophie nicht weiterhelfen konnte. Er musste sich jemandem anvertrauen, und der Dramatiker spielte den Beichtvater. Sie drehten stundenlang ihre Runden durch den kleinen Park auf dem Hradschinplatz. Nachdem der Philosoph diese Krise überstanden hatte, zog er sich für viele Jahre zurück, und die beiden nahmen erst nach der Rückkehr des Dramatikers aus dem Exil den Kontakt wieder auf. Außergewöhnlich starke Menschen halten sich womöglich instinktiv von denjenigen fern, die sie geschwächt erlebt haben. Bald konnte er sich davon überzeugen, dass es sich um keinen Ausrutscher gehandelt hatte, sondern um einen Trend, den der Präsident mit der spontanen Silvestereinladung nur kurz unterbrach und gleich wieder bestätigte. Rechtlich war es unstrittig, dass der Heimkehrende und seine Frau nicht unter die Kategorie der Emigranten fielen, die das Land freiwillig verlassen hatten und dafür durch die verabscheuungswürdigen Paragrafen um ihr Vermögen und ihre Bleibe gebracht worden waren. Der Staat hatte die beiden so offenkundig verstoßen, dass der Anspruch auf die ursprüngliche Prager Wohnung aufrechterhalten blieb. Überraschenderweise wurde dies vom neuen Eigentümer des kleinen Salma-Palais auf dem Hradschinplatz 1 vereitelt. Nach der Charta 77-Erklärung hatte man dort, um den Schein zu wahren, auch allen anderen Mietern gekündigt, die allerdings gleichwertige Ersatzwohnungen bekamen. Für das Haus hatte der Prager Magistrat keine Verwendung und übergab es Husáks Büro, das bis November 1989 keine Entscheidung fand, wie es genutzt werden sollte. Zum ›Eigentümer‹ wurde dann durch die Ironie des Schicksals der einstige fleißige Besucher und neue Präsident, der den beiden ehemaligen Bewohnern ausrichten ließ, der Burgarchitekt Šípek habe mit diesem Haus große Pläne. Das wunderschöne kleine Palais verwandelt sich dann langsam, aber definitiv in eine Ruine und wird in diesem Zustand noch das dritte Jahrtausend begrüßen.

Sie reichten also einen offiziellen Antrag auf die Zuteilung einer Ersatzwohnung ein, der aber von einem Menschen abgelehnt wurde, von dem sie das am wenigsten erwartet hätten. Jaroslav Kořán, in dessen Wohnung die erste Fassung der Charta 77 verabschiedet worden war, rief gleich nach der großen Wende in Wien an, um sich von dem Dramatiker Hilfe bei der Lösung einer delikaten Angelegenheit zu holen: Der Prager kommunistische Bürgermeister sollte zu einem offiziellen Besuch nach Wien fahren. Der Wiener Bürgermeister Zilk, zu der Zeit schon begeisterter Havel-Anhänger, der seine Favoriten Adamec und Prokopec schnell hatte fallen lassen, folgte gern dem Rat, und einen Monat später konnte Kořán als erster Prager Oberbürgermeister nach Wien reisen. Bald darauf ließ er dem Dramatiker ausrichten, er teile Wohnungen nicht aus Kameradschaft zu.

Auf ein Anschreiben hin, er sei der Rechtsnachfolger des Bürgermeisters, der dem Paar die Wohnung widerrechtlich weggenommen hatte, sie ja sogar gerichtlich hatte räumen lassen, reagierte das Rathaus mit der Zuteilung einer ›Einheit Nr. 1210 im Hotelwohnhaus in Petřiny‹, weit vom Zentrum entfernt. Die Frau des Dramatikers fuhr zuerst hin, um die Bettwäsche hinzubringen, und in Wien wunderte er sich, als sie ihn anrief und sagte, er solle auch viel gute Laune einpacken. Diese verging schnell, als er den Raum sah, in den gerade mal ein Zweisitzsofa, eine Schrankwand, zwei Stühle und ein Tisch passten, eine enge Kochnische und ein Bad, in dem eine abgeschlagene Kloschüssel fast bis zu dem schäbigen Waschbecken reichte. Den Komfort krönte das Schild auf der Miniaturterrasse im zwölften Stock, es sei verboten, sich gegen die aufplatzende Betonbrüstung zu stützen. Er saß wie ein nassgewordener Hahn auf dem wackelnden Stuhl und kam sich noch schlechter vor, als man ihn damals in Nová Bystřice in die weite Welt hinausgejagt hatte.

Am gleichen Tag, am Samstag, dem 2. Juni, erlebten sie noch drei weitere besondere Situationen. Sie liefen unmittelbar darauf über den Altstädterring, nachdem dort am Hus-Denkmal ein mit Munition gefülltes Metallrohr explodiert war. Er erlebte also die Geburtsstunde des auch in Tschechien beginnenden Terrors. Deprimierend war auch das Treffen der Unterzeichner der Charta 77 im Repräsentationshaus kurz darauf. Dort waren die Erstunterzeichner in der Minderheit; mit fortschreitenden Jahren wurde die Unterschrift ja zur Legitimation für den Auswanderungspass, und zum Schluss diente sie einigen sogar als Alibi. Unter seinen Denunzianten fand der Dramatiker im Archiv in Pardubice keinen Einzigen aus der ersten Welle der Unterzeichner, in den späteren waren schon Spitzel dabei. Nach dem psychopathischen Auftritt von Petr Cibulka aus Brünn, der auf der Bühne des Smetana-Saals forderte, die Charta in eine Art ständiges Robespierre'sches Tribunal über das Volk zu verwandeln, schloss sich der Dramatiker denjenigen an, die vorschlugen, ihre Tätigkeit zu beenden. Am Abend traf er ebendort den Künstler, den er jahrelang bewunderte, den Komponisten der *West Side Story*, Leonard Bernstein, der zum Abschluss des Prager Musikfestivals die Neunte von Beethoven dirigierte. Um ein Haar verpasste er vor dem Smetana-Saal das neue Staatsoberhaupt, das von einem Dutzend vor Wichtigkeit strotzender Bodyguards die Treppe hinuntergeleitet wurde; mit untergehakten Armen rempelten sie jeden an, der nicht rechtzeitig zur Seite springen konnte. Sie schützten ihn wie die Eierschale den Eidotter. Wie sollten einem dabei nicht die österreichischen Kanzler und Präsidenten in den Sinn kommen, die bei den Premieren von Havels

Theaterstücken mit den Mänteln ihrer Gattinnen an der Garderobe anstanden und die niemand vorließen, um Ihre Hoheit die Demokratie nicht zu beleidigen.

Und wie schon damals, als er bei seiner allerersten Verhaftung eine Taktik entwickelt hatte, mit der er ohne Protokolle und Unterschriften alle weiteren Verhöre verkraftete, und wie er in der Nacht seiner Abschiebung aus der Heimat eine Strategie entwickelt hatte, die ihm half, die Jahre im Exil ohne Kollaps zu überstehen, so halfen ihm auch jetzt die heißkalten Wechselbäder seiner Erfahrungen, den Neubeginn in der Heimat ohne Infarkt zu überleben. Dazu gehörte auch die Entscheidung, diejenigen zu enttäuschen, die sich schon bereit erklärten, die Umbaukosten der Mietwohnung auf dem Kohlmarkt zu übernehmen, damit sie den Ausblick von dort selbst genießen konnten. Er beschloss, ein Standbein in Wien zu behalten. Daran konnte auch ein Blatt Papier, das im Juli von einem der Schwarzenberg-Besitztümer in Österreich angeflattert kam, nicht viel verändern.

Lieber Pavel, ich habe das Gefühl, dass in Dir nach den Mikro-Konflikten im Januar eine gewisse Verbitterung zurückgeblieben ist. Sollte dem wirklich so sein, dann tut es mir leid. Ich würde es gerne wiedergutmachen. Lass uns zusammen (nur zu zweit) bei Deinem nächsten Pragbesuch ein Bier trinken gehen … V.H. (und ein Herzchen)

Doch vorher trafen sie sich noch einmal im Haus in Sázava, in das der Heimgekehrte alle Schriftsteller einlud, die sich hier in den schweren Jahren immer wieder getroffen hatten. In der Halle kamen über dreißig von ihnen zusammen, als ein Gewitter aufzog und ein Blitz ins Umspannwerk einschlug; das wie immer vorbereitete Wurstgulasch wurde sauer, so dass auf die Schnelle Ersatzproviant zum Staatsbesuch aufgetrieben werden musste, und in diesem ganzen Chaos sagte der Präsident zu dem Dramatiker: »Morgen fliege ich nach Capri!« Es klang wie eine verheißungsvolle Anspielung, denn von Capri, seinem zweiten Zuhause, hatte ihm der Exilant häufig Grußkarten geschickt mit dem Versprechen, ihn ganz bestimmt einmal hierher mitzunehmen. Nach dieser Anspielung folgte aber nichts mehr; nach Capri flog die neue Gefolgschaft

mit, und der Dramatiker schimpfte über sich selbst, weil er sich bemit-
leidete wie eine Verführte und Verlassene.

Zu dem angekündigten Biertrinken zu zweit kam es erst im Dezember
im Lokal Zu den zwei Sonnen in der Prager Nerudastraße, doch das Bier
war schon von Anfang an glücklos gezapft. Weil sie sich auf der Burg trafen, um zu dem Lokal einen kurzen Spaziergang zu machen, hatten sie
logischerweise Touristen und Prager Passanten im Schlepptau. Der Spaziergang verwandelte sich in eine Autogrammstunde des Präsidenten
und das Biertrinken bei den ›Sonnen‹ zu einem Gipfeltreffen, bei dem
der hintere Raum vor den Amateurfotografen bewacht wurde. Eine einzige Sache lag dem Älteren am Herzen, nämlich dass Adolf Müller und
Bedřich Utitz aus dem Verlag Index in Köln für ihre Verlagstätigkeit,
die mit der Leistung von Ehepaar Škvoreckýs Verlag Publisher 68 in Toronto vergleichbar war, ausgezeichnet werden sollten, aber damit hatte
er keinen Erfolg. Unausgesprochen blieb, dass sie früher Kommunisten
waren. Es passte schlecht dazu, dass in der aktuellen staatlichen Admi-
nistration zu einem Großteil Menschen mitmischten, die noch vor kurzem Husáks Günstlinge waren. Die einstigen Idealisten, die für ihre Irrtümer mit jahrelangen Anstrengungen bezahlten, wurden schlechter
bewertet als Zyniker, die ihre langjährige Unterstützung des totalitären
Regimes neuerdings dadurch krönten, dass sie sich gut verkaufen konnten. Und zum Busenfreund wurde wieder Miloš Forman, der seinen
Film *Amadeus* 1984 in Prag nur drehen durfte, weil er versprach, seinen
Freund Havel nicht zu kontaktieren, was diesen damals schwer getroffen
hatte.

Der neue Kanzler Karel Schwarzenberg brachte den vor kurzem gewählten Präsident inkognito in einem Sanatorium bei Baden-Baden unter, begleitet nur von einem Bodyguard und seiner Frau Olga, die allerdings ziemlich früh abreiste. Als Verbindungsoffizier für die restliche
Welt fungierte drei Wochen lang Gerda Neudeck. Ihr gelang es, seine Pri-
vatsphäre vollkommen abzuschirmen, und er konnte nach den langen
Jahren im Gefängnis, den ständigen Auseinandersetzungen mit dem
Regime sowie nach den Aktivitäten, die die Rückkehr der Tschechoslowakei in die Zivilisation begleitet hatten, zum ersten Mal zur Ruhe kommen. Sie kam vollkommen erschöpft zurück, und als sie Havel einen

Monat später auf der Burg traf, erkannte er sie nicht. Mit ihrer natürlichen Loyalität meinte sie im schnell erlernten Tschechisch: »On doho
ma azy prschiilisch«, »Es ist ihm wahrscheinlich zu viel!«

Die einstige intensive Verbindung zweier Namen, die sogar die
Leute der Staatssicherheit verwechselten, erschien jetzt ähnlich umkehr-
bar wie die Aufschrift auf den Ambulanzwagen für die Rückspiegel:
ꞁǝʌɐH ꞁǝʌɐꓚ.

80. KAPITEL

Schmäh

Während seine Frau wegen ihrer Eltern und Jolana nach Prag zurückkehren wollte und weiterhin dabei war, die dortige Stadtverwaltung davon zu überzeugen, dass eine Abstellkammer in einem überwiegend von
Mitarbeitern des Innenministeriums bewohnten Wohnheim keinen Ersatz für die zwangsgeräumte Wohnung am Hradschinplatz darstellte,
kehrte er nach Wien zurück und begann, dort das Leben nach der Arbeit
zu genießen wie nie zuvor. Aus der Stadt, in der er leben musste, wurde
eine, in der er leben konnte, wenn er es wollte, und er wollte es nunmehr
aufgrund einer freien Entscheidung immer mehr. Nach der früheren Erkenntnis, dass Wiener eigentlich Deutsch sprechende Prager waren –
ihre Untugenden wie Unaufrichtigkeit, Unehrlichkeit und Unzuverläs-
sigkeit teilten sie miteinander! –, entdeckte er jetzt, warum sich diese
Stadt so sanft an seine Haut schmiegte.

Wien hatte nach dem Krieg das Pech, dass es seine schweren Wunden
in den Jahren reparierte, als eine besonders hässliche Architektur den
Ton angab. Dafür wurden die übrig gebliebenen Originale regelrecht in
Watte gepackt, und die Stadt konnte stolz sein auf ihre vorbildliche Sauberkeit, für die nicht nur die Straßenkehrer sorgten, sondern auch die
Einwohner selbst. Schon längst wurde sie auch zu einer kulinarischen
Weltmacht, wo man in jeder Preisklasse sicher sein konnte, dass man
gute Qualität bekam und nicht hereingelegt wurde – vom Hotel Sacher
oder der Konditorei Demel bis hin zu den Ständen mit Käsekrainern,

einer Wurst gespickt mit Käsewürfeln. Im Stadtzentrum wuchs die Fußgängerzone, überfüllt von Touristen und seit langem von den Straßen-
künstlern belagert, was mit großer Verspätung auch das Zentrum Prags
zu erleben begann.

Unter einem totalitären Regime sind die Städte von einer besonderen
Leere und Schäbigkeit geprägt, die romantisch erscheinen mögen, doch
ein normales Leben ist dort nur schwer zu führen. Die befreiten Städte
ähneln muslimischen Frauen, die ihren Schleier ablegen. Der Preis für
die Freiheit ist aber der Kommerz. Der schönste Heurige, Oppolzer in
Grinzing, verschliss die über drei Generationen dort arbeitende Familie
insoweit, als die vierte das Anwesen und den Garten teuer als Wohnhaus
an Privatleute verkaufte. Die Prager auf dem Kohlmarkt mussten lange
vor ihrer Rückkehr nach Prag lernen, die sich verdichtenden Schaufenster mit den Luxusmarken zu ignorieren, die die Metzger, Bäcker, Papierhändler oder Schuhmacher in die Außenbezirke verdrängt hatten. Sie
lernten, bei den Stadtführern wegzuhören, die am einzigartigen Loos-
Haus achtlos vorübergingen, um auf die neuen Kreationen von Armani,
Cerutti und anderen noblen Klamottenschneidern aufmerksam zu
machen.

Zu einer ständigen Versuchung wurde aber sowohl für die Ortsansäs-
sigen als auch für Auswärtige jener Meinl an der Ecke des Kohlmarkts
und Grabens. Er wurde zum wahrhaftigen Tempel für alle Gourmets
und Gourmands umgestaltet, in dem kein bekannter Leckerbissen
fehlte, vom Weinangebot ganz zu schweigen. Eine typische Begebenheit
bestätigte seine Qualität: Wenn der allgegenwärtige, vor Witz sprü-
hende, aber unerbittliche Chef Helmut Touzimsky einmal sah, dass eine
Kundin eine Minute vor Ladenschluss keine Petersilie mehr bekam, weil
das Personal längst begann, das Gemüse in die Kühlräume zu transportieren, musste man alles bis zum letzten Blatt zurückbringen und durfte
es erst danach wieder zum Lagern bringen.

Auch nach fünfundzwanzig Jahren verhallten die Lockrufe des Lokals
im Wienerwald nicht, bei dem man früher die Pferde der Postkutschen
umgespannt hatte. Dank dem Ehepaar Vojtek, das ihre gute Seele war,
verlor die Postschänke nichts von ihrem ländlichen Zauber, selbst als sie
die Wiener Prominenz anlockte. Herr Vojtek hatte die Figur und den

Bassbariton eines Solisten der Staatsoper, und die durchdringenden Augen über dem Vollbart erleichterten ihm die Nebentätigkeit eines gefragten Naturheilers. Der Dramatiker bestellte nie etwas anderes als den Waldmeisterbraten, eine einzigartige Variation des tschechischen Lendenbratens mit einer aus Waldmeisterkraut zubereiteten Soße. Und die Lefzen seiner sämtlichen Dackel waren ab der Autobahnausfahrt nass, weil sie wussten, dass die dortige Patronin ihnen rohe Leber aus der Hand servieren würde.

Zum Beginn des Advents strahlten in allen belebten Straßen die Lichterketten und Schleier aus winzigen Glühbirnen auf, die Büdchen mit Punschausschank wurden den ganzen Tag lang von einer fröhlichen Menge belagert, tausende Papierbecher und Pappteller von Griebenbroten landeten in den Mülltonnen, der Unrat der Kutschpferde wurde fortlaufend weggeräumt, und bis zum nächsten Morgen waren Schneematsch und Straßenmüll verschwunden. Das auffälligste Merkmal dieser Stadt war aber die Bewegung: Anders als im hektischen Prag schien man sich hier wie in Zeitlupe fortzubewegen, nur einen Tick geschwinder als die schlendernden Touristen. Und ab fünf Uhr nachmittags gab es in den Hunderten von gemütlichen Kaffeehäusern und in den immer zahlreicher werdenden Heurigen keine freien Plätze mehr. Am meisten erfuhr man über die Österreicher um fünf Uhr nachmittags. Während die Bürger im benachbarten Deutschland den Sinn ihrer Bemühungen in Form äußerlicher Statussymbole wie Auto und Haus oder im gesellschaftlichen Aufstieg sahen, schien es, als würde der Sinn des Daseins hiesiger Menschen in diesen Spätnachmittagen liegen, wenn sie bei starkem Kaffee und Apfelstrudel oder bei jungem Wein und knusprig gebratenem Kaiserfleisch Gespräche führten.

Unvergesslich blieb eine Frühlingsnacht des Jahres 1992, als die Schlafenden auf dem Kohlmarkt von Pferdewiehern aus ihren ersten Träumen gerissen wurden. Weil sie gerade von einer Feier zurückgekehrt waren, rechneten sie es den vom Wein getrübten Sinnen zu, und der Blick aus dem Fenster bekräftigte den ersten Eindruck: Die ganze Straße Am Graben war voller weißer Pferde, es sah aus wie bedrohliche Vergrößerungen der berüchtigten weißen Mäuse, die das Delirium begleiten. Die abgewandten Fenster zeigten dann allerdings, dass es in der Nähe brannte, und der Rundfunk mobilisierte bereits Kräfte für die Rettung der Nationalbibliothek. Während eine Kette aus Polizisten und Feuerwehrleuten wertvolle Drucke aus dem Saal auf die Straße brachte, führten die Angestellten der benachbarten Ställe Dutzende Lipizzaner, die ebenfalls zum goldenen Schatz der Republik gehören, zum Graben hinaus.

Es war notwendig, sie schnell in die anliegenden Gärten zu bringen, und so sprachen die Stallmeister die Passanten an. Die Fußgänger der Nacht sind ein besonderes Volk; neben Straßenkehrern und Obdachlosen besteht es vor allem aus Kellnern und leichten Damen. Zu ihnen gesellten sich auch die einzigen zwei Bewohner des Eckhauses auf dem Kohlmarkt. Jeder von ihnen bekam ein Ross zugewiesen. Die riesigen Muskelpakete schlenderten erst im Gänsemarsch, verängstigt wie Kälber auf dem Weg zum Metzger, doch kaum passierten sie das Tor des Volksgartens, fingen sie an, wie eine Klasse von Schulschwänzern zu toben; sie liefen über die Wege und den Rasen, knabberten an den Rosenbüschen, schüttelten die Mähne, wedelten mit dem Schwanz und wieherten fröhlich. Später wurden ihre Retter zu einer Galadressur in die Reithalle eingeladen, die zum letzten Mal beim Wiener Kongress nach dem Sieg über Napoleon stattgefunden hatte. Und so konnte sich der Kindertraum des Dramatikers, den er an seinen August August weitergab, doch noch erfüllen: *Ich will die acht weißen Lizipaner frisieren!!*

Obwohl fast alle Österreicher, die sich in Rage reden, automatisch in ihre bunten Dialekte verfallen, die man genauso schwer versteht wie Schwyzerdütsch, sprechen die Politiker öffentlich selbst in den schärfsten Wortgefechten hochdeutsch, anständig und überwiegend sogar auch witzig. Niemand muss seinen Gegner als Lügner anschreien, weil er das gekonnt zu umschreiben vermag. Wenn ein Minister persönlich oder sein Ressort etwas schlimm verpatzt hat, nimmt dieser meist den Hut und geht, damit man ihn für einen anständigen Menschen halten konnte und er vielleicht mal wieder Vertrauen gewinnen könnte. Für Tschechien ein Märchen!

Auch die Bescheidenheit der politischen Spitzen hatte sich nicht verändert. Von den unzähligen Beispielen bleibt unvergesslich die gemeinsame Reise nach Bratislava, wohin bereits in der ›samtenen Zeit‹ Alexander Dubček sowohl den Dramatiker als auch den Präsidenten des österreichischen Parlaments Heinz Fischer zur Feier seines siebzigsten Geburtstags einlud. Gemeinsam mit seinem Sprecher Bruno Eigner setzten sie sich in einen unauffälligen Wagen, doch an der slowakischen Grenze wurden sie vom Chef der slowakischen Sicherheit, einer Flotte aus Limousinen und vor allem mit großer Erleichterung empfangen, da einer von den dreien aus Wien Tschechisch sprach. Der Chef ernannte den Dramatiker für diesen Abend zum Dolmetscher, und nachdem er die Österreicher nachts in einem Konvoi mit Martinshorn und Blaulicht zurück zur Grenze gebracht und dabei halb Bratislava wie zu Husáks Zeiten aufgeweckt hatte, schlug er zum Abschied vor dem Dramatiker die Hacken zusammen und verabschiedete sich: »Vielen Dank, Herr Kollege!« Im Jahre 2004 wird der Dramatiker wegen dieser zwei Freunde seine bisherige politische Neutralität in Österreich aufgeben und während der Wahlkampagne auftreten. Heinz Fischer wird Präsident der Republik werden und der Dramatiker später behaupten, er sei der Bodyguard des Staatsoberhauptes gewesen.

Dank des österreichischen Sozialnetzes bekam er auch die Gelegenheit, in seine Zukunft zu blicken. Kurz nach seinem siebzigsten Geburtstag besuchte ihn der Seniorenbeauftragte für den ersten Bezirk, um ihm fröhlich mitzuteilen, auf was alles er sich freuen, wo er Schach spielen, billig essen und wo er mit Altersgenossinnen tanzen könne. Dann wandte er sich an seine Frau: »Und wenn sich, Gnä' Frau, sein Zustand derart verschlimmern sollte, dass Sie ihn nicht allein lassen können, um einkaufen zu gehen, reicht ein Anruf, wir holen ihn morgens ab und bringen ihn um fünf Uhr gewaschen zurück!« »Könnten Sie ihn nicht gleich dabehalten?«, bemühte sie sich um einen Scherz. Da erschrak der Seniorenbeauftragte. Der tschechische Humor fehlt in Wien.

Dafür gibt es seit eh und je ein Phänomen, das die kompliziertesten Situationen in der Art löst, dass sogar Porzellanscherben wieder zu einem bruchlosen Teller werden wie in einem rückwärts laufenden Film: Wiener Schmäh, eine unübersetzbare Bezeichnung, im Lexikon als »ein Trick mit Charme« umschrieben. Ein anschauliches Beispiel dafür könnte der Fall mit dem Frisör sein.

Der Dramatiker war den Menschen treu, mit denen er zufrieden war.

Auch wenn es unmöglich erscheinen mag, so war er in seinem ganzen erwachsenen Leben bei nur drei verschiedenen Friseuren. Seit der Jugend bis zu der Vertreibung aus Tschechien hatte er seine Haare von demselben Barbier schneiden lassen; ein Vierteljahrhundert lang war er sein ältester Kunde und nahm ohne Wartezeit im Friseursessel Platz. In Wien schickten ihn seine Kollegen um die Ecke vom Burgtheater in eine kleine Frisierstube, deren Chef ihn ab und zu bat, ihn gratis mit einem Rasiermesser rasieren zu dürfen; er wollte das ausgestorbene Ritual im Gedächtnis der Lehrlinge am Leben erhalten. Als er nach vielen Jahren an den Stadtrand zog, brachte die Frau des Dramatikers ihren langsam ungepflegt erscheinenden Gatten zu ihrem Frisörsalon, der nach den zwei Brüdern benannt wurde: Bundy Bundy.

Dort empfing ihn der ausgezeichnete Haarschneider Herr Peter, und der Dramatiker verstand bald, warum er einen höheren Preis zahlen musste. Seine Besuche wurden jedoch auf einer Stammkarte notiert, und für den zwanzigsten sollte er kostenlos bedient werden, worauf er sich wie ein kleines Kind freute. Was für eine Überraschung, als sie ihm ausgerechnet dann einen deutlichen Zuschlag berechneten. Der Salon habe sich dafür entschieden, erklärte es ihm einer der Brüder, die männliche Kundschaft mit zusätzlichen Massagen, Tinkturen und weiteren Genüssen zu verwöhnen. Sie hätten, erklärte der Dramatiker beim Zahlen, den besten Figaro, den er je kennengelernt habe, doch er sei zum letzten Mal dort, denn er habe nicht vor, sich verwöhnen, sondern für vernünftiges Geld seine Haare schneiden zu lassen. Er verabschiedete sich freundlich und ging für immer.

Am nächsten Morgen klingelte jemand, und noch im Morgenmantel öffnete er verschlafen zwei Boten die Tür, die scheinbar die Stockwerke mit den vermögenden Firmen verfehlt hatten, denn sie schleppten einen riesigen Korb mit teuren exotischen Blüten. Erst der Lieferschein überzeugte ihn, dass die Ware tatsächlich für ihn bestimmt war. Er öffnete den beiliegenden Brief so ungeduldig, dass er versäumte, den Boten Trinkgeld zu geben. Darin entschuldigte sich der Salon Bundy Bundy für die Enttäuschung, die er verursacht habe, und teilte mit, er könne sich sein weiteres Fortbestehen ohne ihn überhaupt nicht vorstellen. Deshalb möchten sie ihn ein ganzes Jahr lang kostenlos bedienen. Er machte sich sofort auf den Weg dorthin, mit einigen Exemplaren seines letzten Romans, die ungefähr den Wert des Korbes hatten. Als ein gut erzogener Mensch äußerte er dann beim letzten Haarschnitt im Jahr den Wunsch, wieder ein normaler Kunde zu sein, dem aber auch normal die Haare geschnitten werden. »Sie«, entgegnete der andere Bruder, »werden bei uns kostenlos bis an Ihr Lebensende bedient.« Wie er denn dazu käme, fragte er staunend. »Machen Sie sich keine Sorgen, wir holen es uns bei Ihrer Frau wieder!« Genauso viel wie das Haarschneiden sollten ihn danach die Süßigkeiten oder Häppchen kosten, die er dann und wann dem gesamten Personal mitbrachte.

Seitdem wusste er genau, was Schmäh bedeutet, und er würde Wien, wo er reichlich blüht, um so mehr in sein Herz schließen.

81. KAPITEL

Fixer Punkt

Das Intermezzo auf der Burg hatte auch eine gute Seite: Der Dramatiker kehrte reumütig zu seinem Programm zurück, auf dem vor allem die Beendigung der deutschen Fassung des Wälzers *Ende der großen Ferien* stand. Er arbeitete fast schon rasend, abwechselnd in Wien, München und in Villach, zwei Wochen lang in Zürs in Vorarlberg, drei Wochen im Tessiner San Nazzaro und sogar fünf Wochen lang auf Capri. Immer weiter weg von dem Ort, der es am meisten verdient hätte, an dem er bereits den *Armen Mörder* und die *Henkerin* geschrieben hatte, wo er nach zehn Jahren wieder hin durfte, aber nicht hin wollte: in seine ›Taschenvilla‹ in Sázava an der Sázava. Ihn beherrschte das beständige Gefühl, als hätte er durch die ausführliche Schilderung ihrer bewegten Geschichte das Haus, den Garten und auch ganz Sázava sich von der Seele weggeschrieben und für immer aus seinem Leben herausgerissen.

Seine Frau verstand seine Unlust immer weniger, und umso mehr bemühte sie sich, diesen Ort aus dem zehnjährigen Schlaf zu erwecken, als die durch die Behörden ständig behelligten Eltern kaum noch Kraft für die notwendige Instandhaltung aufbrachten. Zum Glück machte sie

bald den Organisator des Umbaus aus dem Jahre 1973 František Brož
ausfindig, der sogar als Direktor der frisch gegründeten Firma in seiner
Freizeit in die alte Funktion wechselte. Als der Eigentümer sieben Monate nach der Wende aufgefordert wurde, endlich auch hierher zurückzukehren, blieb ihm als letztes Argument ein Zitat aus dem *Begrabenen
Hund* übrig.

*Ich werde in meinem Testament verlangen, dass – sollte sich diese Ge-
meinde, die für uns nach Strychnin riecht, jemals in besseren Zeiten mit
unseren ausgerupften Federn wieder schmücken wollen, wie es Gemeinden
gerne tun – hier eine Straße den Namen des Dackels Edison Venor trägt!*

»Aber dieses Schild hängt hier doch schon«, erklärte man ihm am Telefon, »aus Blech und in der richtigen Farbe, wie es sich gehört. Seine Bedeutung sollte nicht dadurch geschmälert werden, dass es nicht von der
Gemeinde am Zaunpfosten angebracht wurde, sondern von den Nachbarn!« Er fuhr also zum ersten Mal erst am 4. August 1990 dorthin,
nachdem bereits mehr als einhundertfünfzig Vollmonde über Edisons
Grab gewandert waren.

Die Macht, die ihn damals mit aller Kraft wenigstens symbolisch in
seiner letzten Stellung, die er in Tschechien verteidigt hatte, begraben
wollte, lag weiterhin hilflos auf dem Rücken und schmeichelte sich in
die Gunst der Sieger ein. Die Heimat gab ihm sofort seine alte Staatsbürgerschaft mit der Versicherung zurück, er habe diese nie verloren; die
Regierung forderte ihn schriftlich zur Rückkehr auf; die Theater kün-
digten die ersten Premieren seiner Stücke an. Aber in der ersten Nacht,
die er in seinem geliebten Zimmer verbrachte, in dem sogar die Decke
mit einem blauen Teppich belegt war, fühlte er sich ähnlich unwohl wie
vor kurzem in Husáks Bett. Erst jetzt wurde er vom Hass überrollt, den
hier in diesem Land womöglich all diejenigen empfanden, die sich einst
mit dem gleichen Bazillus wie er angesteckt hatten, ihn aber nie aus sich
vertrieben; und sollten sie schon längst nicht mehr an die falschen Propheten glauben, fanden sie keine Kraft oder Lust, es zuzugeben. Deshalb
hassten sie alle, die sich davon befreit hatten.

Um denen die Freude nicht zu verderben, die das Haus wieder be-

wohnbar machten, und denen, die ihn hier gerne begrüßten, weil sie
ihm gewogen geblieben waren, entschied er sich, seine Emotionen zu
zügeln: Er wollte sich vorurteilsfrei in den vertrauten Raum hineinfüh-
len und sich von ihm anleiten lassen, wie er sich hier verhalten sollte.
Bald verstand er, dass die Stadt nicht vorhatte, sich offiziell zu entschuldigen, und deshalb an jener Art des schlechten Gewissens litt, die er
gut von der deutschen Linken kannte: Je stärker die Entwicklung bewies, dass sie nicht recht hatten, umso mehr rächten sie sich an ihren
Kritikern.

Offensichtlich setzte der Stadt auch der 21. September 1990 zu, als in
der kleinen Villa all die zusammenkamen, die sich während der siebziger
Jahre meist von einem ganzen Anhang von Polizisten bewacht getroffen
hatten. Die kamen auch diesmal – als Leibwächter des neuen Präsidenten. Obwohl von seiner Ankunft fast jeder im Städtchen wusste, trieb
sich am offenen Tor nur ein Häufchen Kinder herum. Stand doch der
Wagen mit der Präsidentenflagge vor der Doppelgarage, an deren Tor einige ihrer Eltern nach der Charta 77 Hakenkreuze gemalt hatten.

Eine Nachbarin kam, um sich zu entschuldigen, dass sie ihrer Tochter
verboten hatte, mit der kleinen Jolana zu spielen. Sie habe sie damals, erklärte sie, als Adoptivkind bekommen und deshalb Angst gehabt, man
würde ihr das Kind wieder wegnehmen. Zur Versöhnung brachte sie ein
Glas eingelegter Gurken mit. Nach ihr kam noch ein alter Bekannter, der
Elektriker, der sich in den schweren Zeiten nachts hierher schlich, um
die streikende Technik zu reparieren; mit diesem Bonus bat er, seinen
Freund anzuhören, den dieses Haus als einen hiesigen, sehr unangeneh-
men Polizisten kannte. Dieser kam dann in der prallen Sonne in einem
dunklen Anzug und bereute es, dass er seine Pflichten ›zu sehr den Vor-
schriften nach erfüllt habe‹. In diesem samtenen Sommer wäre er trotz
seiner treuen Unterstützung des alten Regimes auch so Kreiskomman-
dant geworden, aber er hatte wenigstens seinen Mann gestanden. Und
wann auch immer später in diesem Haus mal ein Bügeleisen, mal ein
Wecker von Dieben mitgenommen wurde, weil im Winter darin nichts
Wertvolleres zu finden war, wimmelte es im Garten von Polizisten aus
dem ganzen Kreis unter persönlicher Leitung von Polizeichef Sadílek.
Nur wurden die Diebe nie geschnappt.

Ein Mangel an Entschuldigungen war es jedoch nicht, was den Heimkehrer daran hinderte, die Grenze des eigenen Grundstücks zu verlassen. Die Stadtverwaltung gab sich in dem Sinne »sanft revolutionär«, als Sázava eigentlich nach wie vor von den Kommunisten regiert wurde, weil sie es schafften, in ihre Funktionen Leute einzusetzen, mit denen sie von früher durch mafiöse Geschäfte verbunden waren. Langsam erfuhr er auch, was die jetzigen Unschuldslämmer, weiterhin von den Gesetzen geschützt, hier in den Jahren seines Exils, alles unternommen hatten, um den Garten zu zerstückeln und das Haus zu konfiszieren. Das verwehrten ihnen nur der Umstand, dass der Besitzer nicht emigriert war, sondern von den Staatsdienern mit Gewalt aus der Heimat abgeschoben wurde und österreichischer Staatsbürger geworden war. Alles zusammen war mehr als genug, um seinen inneren Konflikt der ersten Nacht zu lösen: Die Stadt war für ihn einfach gestorben. Er beschloss, den Stadtboden nie mehr zu betreten und seinen Garten niemals zu verlassen. Die Bäume darin standen vor dem Hintergrund des Waldes auf der anderen Flussseite wie vor dem Faltenwurf eines Vorhangs und bildeten seine eigene, ausreichend große und dabei gegen alle Gewalt und allen Hass geschützte Welt. Anstrengend war es für seine Frau: Sobald sie aus Prag hinter dem Gartentor angekommen waren, musste sie die für die Versorgung unentbehrlichen Kontakte zu dieser Außenwelt ganz allein aufrechterhalten. Ihm ging es gut. Er nahm seinen jahrelangen Kampf um dichten Rasen wieder auf, der in jedem Frühling beinahe bei null begann. Doch die Hauptsache war, dass er hier anfing, genauso fleißig wie in den Jahren der Blockade zu schreiben.

Der Roman *Ich schneie*, in den er auch Jack Garfeins kanadische Geschichte über den Henker seiner jüdischen Familie aufnahm, wurde von zwei Tagen des Jahres 1992 inspiriert, die damals wahrscheinlich die ganze Tschechoslowakei atemlos vor dem Fernseher verbracht hatte. Nachdem der Vorsitz des Parlaments acht Abgeordnete vergeblich aufgefordert hatte, ihr Mandat niederzulegen, weil sich herausgestellt hatte, dass sie Spitzel der Staatssicherheit waren, begann das eigentliche Drama, als sie von dem Berichterstatter in der Live-Übertragung angesprochen wurden. Die Kameras zeigten die Gesichter der Genannten beim Verlesen der ausführlichen Berichte über ihre Zusammenarbeit. Auch ohne Guillotine handelte es sich um eine öffentliche Hinrichtung.

Am Nachmittag aber traten die vermeintlich Toten an die Mikrofone und verteidigten sich, indem sie bewiesen, sie selbst seien die Opfer der Staatssicherheit, weil diese zum Ende hin versuchte, den befreiten Staat in eine Krise zu stürzen. Im Anschluss an die Nacht voller Vermutungen und Warten auf das klärende Urteil, verlas der Berichterstatter des Parlaments weitere Dokumente, die die ursprünglichen Anschuldigungen bekräftigten. Und als selbst danach keiner von ihnen das Mandat niederlegte, begann das Land zu verstehen, dass Wahrheit und Liebe über Hass und Lüge nur aus purem Zufall siegen können.

Wieder einmal fing er an, spontan den Faden einer Geschichte zu spinnen und während des Schreibens hinterfragte er, ob ein normaler Mensch in einer Zeit der Lügen je die reine Wahrheit erfahren kann.

Im Jahre 1994 entsteht in Sázava eine Geschichte, die durch das rasende Morden auf dem Balkan inspiriert wurde. Die dünne Haut der Zivilisation, die einigen unter der Herrschaft des Präsidenten Tito gewaltsam verbundenen Nationen künstlich implantiert wurde, platzt ihrer ganzen Länge nach auf. Die jahrhundertelang nebeneinanderlebenden Nachbarn fangen plötzlich an, sich oft nur wegen der unterschiedlichen Sprachen gegenseitig abzuschlachten. Erinnerungen an den Mai 1945 wurden wach, als der damals junge Autor den Beginn des Prager Aufstandes miterlebte; dabei lernte er Helden wie Mörder kennen, die aber zu dem, was aus ihnen wurde, nicht wegen der tschechischen oder der deutschen Sprache wurden, sondern aufgrund ihrer Erziehung oder ihres Charakters. Er will wie immer deshalb darüber schreiben, um selbst mehr zu erfahren.

Fünfzig Jahre später kehrt er zu seinen eigenen Erlebnissen aus der Zeit des Februar bis Mai 1945 zurück, und er setzt seine Figuren in Szenen, die er aus nächster Nähe miterlebt hatte, wie den verbitterten Kampf um das Rundfunkgebäude. Und seine Umwelt erlebt sie mit ihm, als er monatelang die depressive Stimmung des Protektorats nicht einmal beim abendlichen Wein loswerden kann. Seine Verfassung verschlechtert sich, als er beim Schreiben auf Spuren stößt, die ihn selbst nicht viel anders als den tschechischen Helden des Dramas nach dem

Krieg auf Irrwege geführt hatten. Inmitten des allgemeinen Dahinsiechens wird der Hauptheld von der charismatischen Person eines Kommunisten und Widerstandskämpfers derart beeindruckt, dass er sich entschließt, ihm politisch zu folgen. Der letzte Satz des Romans könnte der erste eines neuen sein – über den Autor selbst:

Der frisch ernannte Hauptkommissar der Prager Kriminalpolizei Jan Morava stand von der Bank auf, auf der er Abend für Abend schweigend zu sitzen pflegte, berührte mit beiden Händen das noch frische Grab und ging schnell zum wartenden Wagen. Er ahnte nicht, dass er seinem größten Irrtum entgegenschritt.

Diesen Irrtum hatte der Autor ein halbes Jahrhundert hinter sich und seine Entscheidung, nicht noch einmal in die Gewässer der tschechischen Politik zu treten, verhinderte eine weitere Enttäuschung dieser Art. Er wird also zehn Jahre lang nachdem er weitere Lesereisen ins Ausland unternimmt und neue Premieren besucht, Sommer für Sommer in den Garten fahren und aus dem Garten kommen, dort wird er die meisten seiner nächsten Texte schreiben und Geburtstage feiern, dort besucht ihn jeder, der es will, und im Auto wird er an der Stadt wie an einer Bühne vorbeifahren, auf der eine für ihn fremde Vorstellung gespielt wird und er hätte es mit Hilfe seiner Frau auch weiterhin ohne das Städtchen ausgehalten, wäre da nicht der junge Nachbar gewesen, der gerade in diesen zehn Jahren Freiheit zuerst sein Lektor, dann sein Kollege und zum Schluss der bekannteste Autor des Landes wird. Bei einer Literaturveranstaltung in Wien erfährt Michael Viewegh etwas, das er nicht ahnen konnte, weil er es, wie auch alle anderen, gar nicht bemerkt hatte. Er teilt dies zu Hause dem neuen Bürgermeister mit, zu dem gerade sein Vater ernannt wurde.

Zehn Jahre nach seiner Rückkehr, im Frühjahr 1999, erhält der Dramatiker einen Brief vom neu gewählten Gemeinderat, ob er gewillt sei, die allererste Ehrenbürgerschaft anzunehmen. Er kommt zu dem Schluss, dass eine Ablehnung ein Zeichen der Arroganz wäre, mit der er diejenigen beleidigen würde, die mit der Hetze gegen ihn nichts zu tun hatten und die es mit dieser Aktion bekunden.

Der Akt findet während der Prokop-Kirmes am 4. Juli in der ehemaligen Kirche des Heiligen Martin statt. Nach dem Ende der Feier spaziert der neue Bürger zum ersten Mal seit dem 28. Oktober 1978, als er von hier aus zu seinem einjährigen Aufenthalt in den Westen gefahren war, über die Pflastersteine von Sázava. Dieser dauerte schließlich elfeinhalb Jahre, die Begegnung mit diesen Straßen liegt dreiundzwanzig Jahre zurück. Auf dem Weg in seinen Garten – wo Dutzende seiner Freunde den österreichischen Wein und die tschechischen Kirmeskolatschen loben, der Schwarzenberger Fürst fachmännisch den Schinken vom Knochen schneidet und der berühmte Erzabt Opasek alle Gäste segnet, nicht ahnend, dass er nur noch eine Woche Leben vor sich hat – wird dem altneuen Bürger etwas bewusst, das ihm vorher noch nie in den Sinn gekommen war.

Seit dem Moment, als er anstatt eines bewohnbaren Hauses für alle Wetterlagen dieses Kästchen aus Beton und Glas gekauft hatte, musste er sechsmal den Wohnsitz wechseln, aber während dieser langen Zeit von über vierzig Jahren hatte es dieses fragile Haus gegeben und diesen wehrlosen Garten, in den jeder straffrei Strychnin und Steine hineinwerfen oder hinspucken konnte, bis es jedem und allem zum Trotz zu der dauerhaftesten Szene seines Lebens geworden war. Das Kasperletheater aus der Kindheit schlummerte weiterhin unberührt im Schrank in der Garage, damit es seinen Zauber beibehielt. Aber dieses Haus und dieser Garten ermöglichten ihm, eigene Kulissen für dutzende Geschichten zu gestalten, die er dort geschrieben hatte, schreibt und vielleicht noch schreiben wird.

Sein centrum securitatis, das Zentrum der Sicherheit, trägt die Hausnummer 177, und wenn er jemals irgendwo irgendetwas bewegt hatte, dann nur deshalb, weil er hier den fixen Punkt hatte.

82. KAPITEL

PTFDS

Diese Biografie soll an jenem Silvester um Mitternacht enden wie auch das Fortbestehen der Urheimat des Autors, der Tschechoslowakischen Republik. Doch die nicht sonderlich wohlklingende Abkürzung PTFDS, die eine Geschichte hat, deren Wurzeln in all das reichen, was der Dramatiker in diesem Land erlebt hatte, zwingt ihn, diese Zeit weit zu überschreiten.

Sein schlesischer Vater, ursprünglich aus Karviná, und auch seine südböhmische Mutter waren recht schnell dazu geworden, was er zum Glück schon in die Wiege gelegt bekommen hatte: zu Bürgern Prags. Seine Eltern wurden es zur Blütezeit, die er nur noch am Rande erlebte. Einige wenige flüchtige Erinnerungen blieben ihm an die ersten zehn Jahre in der Stadt, die auch von zehntausenden Deutschen und Juden bewohnt war. Die Historiker tragen Beweise zusammen, dass diese drei großen Lebensgemeinschaften einander kaum begegneten. Die Wege des Tschechen Jaroslav Hašek und des deutschen Juden Franz Kafka, die fast zur gleichen Zeit und gar nicht so weit weg voneinander ihre Weltbestseller *Die Abenteuer des braven Soldaten Schwejk* und den *Prozess* schrieben, hatten sich vielleicht nie gekreuzt. Ist das aber nicht etwa ein Beweis dafür, wie angenehm undramatisch das Zusammenleben war, bis die Deutschen vom Dämon der Zustimmung für den Faschismus erfasst wurden, der sie dazu verführte, der unvollkommenen Demokratie die perfekte Diktatur vorzuziehen?

Zu der ersten totalen ethnischen Säuberung der Neuzeit in Europa kam es gerade in der Tschechoslowakei, und am stärksten betroffen war Prag. Zuerst hatten die Deutschen die Juden ausgerottet, dann hatten die Tschechen die Deutschen vertrieben und wurden daraufhin selbst vom Dämon der Zustimmung für den Kommunismus dazu verführt, die unvollkommene Demokratie zugunsten einer neuen Diktatur zu verwerfen. Zu ihrem Hauptmerkmal wurde auch der Antisemitismus, und so war es extrem zynisch, als man wegen der massenhaften Vernichtung der Juden Krokodilstränen vergoss und die wenigen übrig gebliebenen als Verräter henkte. Eigene Verbrechen kaschierte die Diktatur heuchlerisch mit der Mär über die Deutschen als Schreckgespenst, allerdings ausschließlich über die im Westen, denn die im Osten waren ja geborene Antifaschisten.

Plötzlich war alles im Lande rein tschechisch – die Sprache, die Geschichte, die Städte, die Literatur. Sonst konnte man noch anerkennen, wenn ein bedeutender Russe eine Spur hinterließ, dann aber natürlich gleich als ein Vorbild. Der bereits Erwachsene gab längst zu, dass er mit diesem Trugbild gelebt hatte, bis ihm das erste Buch von Franz Kafka die Augen öffnete. Es waren zwar nur Erzählungen, doch er entdeckte in ihnen den verlorenen geistigen Olymp der Prager Tschechen, Deutschen und Juden, die eine ähnlich dreieinige Kultur geschaffen hatten wie die Dreiheit des Vaters, des Sohnes und des Heiligen Geistes.

Die Stadt Prag hatte eine Zeit lang ihre dominanten Bauten abends nach einem wirkungsvollen System beleuchtet: zuerst die, die bis zum Jahre 1000 gebaut worden waren, und dann jeweils nach drei Minuten Bauwerke aus folgenden Jahrhunderten, so dass erst in der siebenundzwanzigsten Minute der Ein-Fünftel-Turm des Herrn Eiffel auf dem Petřín-Hügel aufleuchtete. Untersucht man die ältesten und wichtigsten Bauten einzeln, legen sie Zeugnis davon ab, dass nur der Pulverturm als einziges Bauwerk einen tschechischen Bauherrn und Architekten hatte, alle anderen sind Werke, an denen gemeinsam mit den Tschechen die Deutschen, Flamen, Franzosen, Italiener, Slowenen und weitere beteiligt waren. Das Talent war bei ihren Projekten der Nationalität übergeordnet.

Seit langem ist bekannt, dass es der *little big king*, jener kleine große König war, der den ersten Schritt zu dieser hervorragenden Entwicklung gegeben hatte. Er war der viele Sprachen beherrschende Ritter, Politiker und Literat. Nach seiner nicht allzu lange dauernden Kriegserfahrung, die ihm dennoch reichte, denn er war nur dank seiner Verletzung nicht wie sein Vater Johann der Luxemburger bei Crécy-en-Ponthieu gefallen, hatte er sich lieber sein riesiges Reich erheiratet – und zwar gleich vierfach. Es war sicherlich der gute Geist Karls IV., der dem Heimgekehrten nach dem Fall des totalitären Regimes einflüsterte, sich an Versuchen zu beteiligen, um den toten *genius loci* wiederauferstehen zu lassen. Und als

er im Jahr 1992 auf der Národní-Straße ein Plakat sah, das zum Besuch
der englischen Aufführung seines Theaterstückes *Attest* einlud, wurde er
sich seiner folgerichtigen Aufgabe bewusst: Er musste das deutschsprachige Theater hierher zurückholen.

Die Idee lag in der Luft und war bereits vor ihm von einigen Enthusi-
asten aufgegriffen worden, doch das Ergebnis war zunächst eine Gast-
vorstellung aus Hamburg, die vor einem halbleeren Saal stattfand. Der
Leitgedanke reift nach monatelangen Auseinandersetzungen im Tandem
mit Renata Vatková, die schon im Jahr 1987 die erste Aufführung des
Theaterstückes *Patt oder Spiel der Könige* im Berliner Schillertheater dra-
maturgisch betreut hatte. Sie war ursprünglich Tänzerin und Schauspielerin des Prager Schwarzen Theaters, studierte dann in Prag und in Berlin
Theaterwissenschaft und sprach Deutsch genauso gut wie Tschechisch.
Und sie war nicht nur eine sehr intelligente und gebildete, sondern auch
trotz ihrer zarten Statur eine sehr energische und wenn nötig auch harte
Frau; ein idealer Partner für ein derart anspruchsvolles und riskantes
Unterfangen.

Ein zweiköpfiges Team kommt zusammen, klein, aber leistungsfähig.
Bald finden sie heraus, was mit Sicherheit das falsche Konzept wäre: die
Gründung eines ständigen Theaters, das sich dem durchschnittlichen
Geschmack der Touristen beugen müsste, während die Besuche des heimischen Publikums verschwindend gering wären, oder die Verbindung
zu einer guten Bühne in Deutschland, was ungefähr so ähnlich funktionieren würde, wie wenn der deutsche Fußball immer nur von einem
und demselben Verein vertreten wäre. Die Lösung ist wieder einmal so
einfach wie ein Baukasten: Eine Veranstaltung, die jedes Jahr zu einer
bestimmten Zeit stattfinden und an der die Theaterelite aus Deutschland, Österreich und der Schweiz teilnehmen würde. Ein Festival!

Mit dieser Idee besuchen sie im Frühjahr des Jahres 1995 gemeinsam
die bedeutendsten Bühnen: das Wiener Burgtheater, das Thalia-Theater
in Hamburg, das Deutsche Theater in Berlin sowie die Kammerspiele in
München. Die vier Gespräche mit den Chefs, bei denen sowohl sein
Name und seine Erfahrungen als auch Renata Vatkovás Professionalität
und ihr Charme eine Rolle spielen, verliefen ähnlich: Innerhalb einer
Stunde gelangte jeder aus dem starken Quartett Beil – Flimm – Lang-

hoff – Dorn von anfänglichem Misstrauen zum Versprechen, sie würden sich, sollten die beiden die Finanzierung und auch die Logistik fristgerecht organisieren, für den September 1996 Termine für Prag freihalten. Die einstigen linken Ressentiments gegenüber dem ehemaligen Dissidenten werden in allen vier Fällen zweckdienlich außer Acht gelassen. Mit diesem Ergebnis besucht der Dramatiker als fünfte Person die Schauspielerin Jiřina Jirásková in ihrer Sommerwohnung, um sicherzustellen, ob ihnen für zwei Wochen die Bühne des Theaters in den Weinbergen, das sie leitete, zur Verfügung stehen könnte. Als er sie beim Spaziergang fragt, woher man den Schlüssel zu dem Haus bekommen könnte, hört er den Satz, der auch des französischen Königs würdig wäre: »Der Schlüssel bin ich!« Das Einzige, was jetzt noch blieb, war, eine Million Mark aufzutreiben, und zwar so schnell und verbindlich wie möglich, dass man diesen teuren Spaß riskieren könnte. Ein Scheitern würde den Ruf der beiden dauerhaft schädigen.

Zu der Zeit wird die Kulturstiftung der Deutschen Bank gegründet, und Renata Vatková knüpft Kontakte zum Direktor ihrer Prager Zweigstelle, Gerd Griese. Auch das sechste Gespräch verläuft in der Form des üblichen Bogens, und am Ende verspricht der Bankier, den Antrag mit den Zusagen der Spitzenteilnehmer an die Frankfurter Zentrale weiterzuleiten. Schon bald darauf lädt er zum nächsten Treffen ein. Aus Frankfurt kommt der Leiter der Stiftung selbst, Doktor Frank Bechtold. Am Ende der Sitzung legt er eine fiktive Million Mark auf den Tisch.

Im Haus Zum grünen Fuchs auf der Moldauinsel Kampa, das der Lebensgefährte Renata Vatkovás aus Berlin gekauft hatte, kann die finale Etappe eingeläutet werden, die im Nachhinein wie ein Traum erscheint. Kaum ein großes Projekt erlebt eine so kurze, aber prächtige Zeit unter günstigen Sternen. Es gelingt fast spielerisch, alles zu bekommen, was benötigt wird. Bald steht das komplette Repertoire fest, das durch Schauspieler höchsten Niveaus ergänzt wird, allen voran Bruno Ganz, der Träger des Iffland-Rings, der von seinem Träger testamentarisch an den seiner Meinung nach würdigsten deutschen Schauspieler weitergereicht wird. Erst fünf Monate vor der Eröffnung, als die Aufgaben nach der geometrischen Reihe wachsen, wird den Gründern klar, dass sie das alles zu zweit nicht bewältigen können.

Die Glücksphase hält aber noch an. Renata Vatková spricht Jitka Jílková an, eine erstklassige Übersetzerin aus dem Deutschen, die während des Totalitarismus das vollste Vertrauen der österreichischen Botschaft genossen hatte. Ihre Engelsgeduld und ihr freundliches Auftreten können die häufig eingebildeten ausländischen Partner daran hindern, die üblichen Theaterkonflikte anzuzetteln. Hinzu kommen noch ihre ansteckende Lust zum Arbeiten sowie ihre konsequente Selbstkontrolle wie eine Art Schutz vor Fehlern, die diese hektische Zeit zu bringen droht. Sie übernimmt sofort den administrativen Teil, doch immer noch fehlt ein fähiger Vorsteher des künftigen Bahnhofs, auf dem die großen Ensembles mit mächtiger Technik rangiert werden sollen.

Die Frau des Dramatikers erinnert sich an einen früheren Freund aus Wien, Pavel Jelínek. Dieser wird buchstäblich vom Ausschank seines Restaurants weggeholt und über Nacht als Produktionschef zu einer tragenden Säule gemacht. Auf ihm lastet die größte Verantwortung dafür, dass der erste Festivaljahrgang nicht zugleich auch der letzte wäre. Er bewältigt diese Aufgabe bravourös, und es ist vor allem ihm zu verdanken, dass das anspruchsvolle Unterfangen trotz der Probleme der verwöhnten Gasttheater mit der veralteten Technik der Prager Bühnen einwandfrei verlief. Das Festival wird vom Publikum, von den Gästen und der Kritik begeistert angenommen. Doch damit ist die Gunst des Schicksals erschöpft.

Die drei Jahre Stress, den die erste Direktorin erlebt hatte, machten sich an ihrer physischen und psychischen Verfassung bemerkbar. Die Vorbereitungen des zweiten Jahres verlaufen in einer Atmosphäre wachsender Spannungen innerhalb des leitenden Duos, was die anderen zwei nur aus der Entfernung beobachten können. Zu allem Überfluss wird in die Leitung der Kulturstiftung der Deutschen Bank eine Frau gewählt, die ihre unverträgliche Herrschsucht bereits unter Beweis gestellt hatte: Brigitte Seebacher-Brandt, die Witwe des ehemaligen Kanzlers, auch dadurch bekannt, dass sie die Freunde der ersten Frau Brandts, Rut, zutiefst verabscheute. Dem Dramatiker wird nicht rechtzeitig bewusst, dass sie auch ihn dazu zählte. Als er dann bei seiner Partnerin die Abrechnung des ersten Jahres beantragt – bisher trafen sie die Entscheidungen nach Absprache! –, erfährt er, dass sie das Festival in eine GmbH hatte umwandeln lassen und sich zu deren alleiniger Geschäftsführerin machte. Somit geht sie davon aus, alles allein entscheiden zu dürfen.

Schnell jedoch werden sich Beweise mehren, dass sie dem wachsenden Druck vor dem nächsten Jahr nicht allein standhalten würde. Der Dramatiker bittet den tschechischen Botschafter in Deutschland Jiří Gruša als den Vorsitzenden des mit der Schirmherrschaft betrauten Vereins, das Problem zu lösen. Dieser lädt für den 27. Mai 1997 alle weiteren Mitglieder nach Bonn ein. Auch drei Funktionäre der Deutschen Bank nehmen daran teil, und die Entscheidung ist eindeutig: Für ein Projekt eines solchen kulturell-politischen Ausmaßes sei eine GmbH nicht geeignet, die beiden Gründer sollen es weiter gemeinsam leiten. Sie reichen sich feierlich die Hände, er fliegt nach Prag, sie fährt nach Frankfurt.

Am nächsten Morgen wird er von den beiden anderen Mitarbeitern mit der Nachricht geweckt, dass der Berliner Inhaber des Prager Festival-Büros den tschechischen Verwalter anwies, die beiden nicht hineinzulassen. Der Dramatiker ruft ihn sofort zurück, er solle der Freundin erklären, dass dies nicht nur das Festival bedrohe, sondern auch sie. Dieser antwortet, dass der Verwalter entlassen werden würde, wenn er nicht die Anweisungen befolge. Die Zeit der Blitzentscheidungen ist wieder da. Der verwaiste Partner bittet noch auf der Straße vor der geschlossenen Tür Jitka Jílková, Direktorin zu werden. Allen dreien wird klar, dass dieses kaum geborene Projekt einen Ausfall nicht verkraften wird, und so laufen sie über die Brücke in die Wohnung des Dramatikers und telefonieren und verschicken Faxnachrichten, als ginge es um ihr Leben.

Diese Befürchtung bestätigt auch Jiří Gruša, der nach ihrer Nachricht mit Frau Seebacher-Brandt sprach. Auch sie war schockiert und gab ihr Einverständnis dazu, die drei können mit dem Versprechen rechnen, dass die Stiftung die Ausgaben auch für das zweite Jahr übernehmen würde. Die nachfolgenden hundert Stunden verlaufen wie im Fieber. Alle Intendanten geben eine sachliche Stellungnahme zu der Situation ab. Auch ohne die im Büro verbliebenen Unterlagen gelingt es, die bisherigen Verhandlungen zu rekonstruieren und Ersatzverträge zu versenden. Als die drei dann am Montag ins Flugzeug steigen, um in Frankfurt bekannt zu geben, das Festival sei gerettet, hat sogar Pavel Jelínek, der unter Flugangst litt, das Gefühl, er könne nicht abstürzen.

Frau Seebacher-Brandt lässt die herbestellten Besucher jedoch absichtlich drei Stunden lang warten, um ihnen daraufhin mit boshaftem Vergnügen mitzuteilen, Frau Vatková habe ebenfalls den Wunsch geäußert, das Festival weiter zu leiten, und deshalb nehme die Stiftung die finanzielle Zusage so lange zurück, bis die ganze Sache geklärt sei. Neben ihr sitzt Michael Münch, der in Bonn die Vereinbarung verabschiedet hatte. Nun traut er sich nicht, ein einziges Wort zu sagen, und sie weigert sich, all das, was seit dem unheilvollen Mittwoch auf ihren Antrag hin vereinbart worden war, auch nur zur Kenntnis zu nehmen. Fünfzig Jahre nach dem Ende des Protektorats hat der Dramatiker wieder das Gefühl, hier verhandele die Herrenrasse mit den Untermenschen. Er kann noch einwenden, dass es den Untergang des Projektes bedeuten würde; doch er muss sich anhören, sie sei diejenige, die das Geld gebe, und nun sei sie nicht mehr gewillt, weiter darüber zu diskutieren. Damit endet die Audienz, und mit dem Festival ist es praktisch vorbei.

Selbst in den schwierigsten Krisen erlebte er, dass die Aufgabe des Verstandes von der Intuition übernommen wurde. Diese vertrieb bisher immer alle Unsicherheiten und Befürchtungen und bot meistens gute Lösungen an. Nach der Ankunft ruft er noch spät abends den deutschen Botschafter in Prag an, Anton Rossbach, und teilt ihm mit, dass die nach Jahren schwieriger Verhandlungen erst unlängst verabschiedete tschechisch-deutsche Deklaration durch eine Absage des angekündigten Festivals, an dem vorwiegend deutschsprachige Theater teilnehmen sollten, gefeiert werden wird. Der Diplomat wittert einen politischen Skandal und verhandelt den ganzen Dienstag mit dem Außenminister Kinkel, Kanzler Kohl sowie dem Bundespräsidenten Herzog. Er ersucht sie um eine Intervention bei dem höchsten Chef der Deutschen Bank, Hilmar Kopper. Am Mittwoch früh bittet Rossbach den Dramatiker in die Botschaft.

»Ich habe eine gute und eine schlechte Nachricht«, eröffnet er klassisch, aber sichtbar aufgeregt. »Welche willst du zuerst hören?« Das Du war erst eine Woche alt. »Die gute«, sagt der Dramatiker in der Überzeugung, dass sich die schlechten Nachrichten inzwischen noch in gute verwandeln könnten.

»Die Stiftung gibt dem Festival die Million!«

»Gratuliere. Und die schlechte Nachricht?«

»Die Bedingung ist, dass du die Leitung verlassen musst, und es keine Erklärung abgegeben werden darf, wieso!«

Er war, wie er später zugab, überzeugt, eine solche Demütigung könne der Dramatiker nicht dulden.

»Wo ist das Problem?«, hört sich dieser dann sagen, »kennst du Brechts Kaukasischen Kreidekreis? Dort reißt die Mutter ihr Kind auch nicht entzwei, sondern sie lässt es los. Ich sehe die Summe als anständigen Preis für meinen Kopf. Es hat aber einen Haken: Ich muss heimlich dabei bleiben. Ich habe schon mit allen neue Verträge abgeschlossen, und ich glaube nicht, dass sie die zum dritten Mal unterschreiben werden.«

Der Botschafter wird sich auf dieses Spiel einlassen. Im Leben des Dramatikers beginnt eine merkwürdige Zeit, in der er eine doppelte Existenz führen muss und sich gegen keine Lüge wehren kann, mit der Frau B. S.-B. die Medien versorgt, wissend, er darf ihr nicht widersprechen. Im Festivalbüro wird für den Fall eines Kontrollbesuches aus Frankfurt seine Korrespondenz in eine Mappe abgelegt, die nach einem zufälligen Besucher benannt wurde.

Für eine weitere Komplikation sorgt leider ausgerechnet die Chefin des Theaters in den Weinbergen, als sie ablehnt, mit der neuen Leitung zu verhandeln, weil deren mangelnde Qualifikation keine Garantie biete. »So ein Unternehmen können doch nicht eine Dolmetscherin und ein Kellner führen!«, lässt sie telefonisch aus Mähren in die deutsche Botschaft ausrichten, wo zehn Menschen den ganzen Abend lang auf ihr Ja warten, um die Rettungsaktion zu starten. In einem einstündigen Telefongespräch leistet man Überzeugungsarbeit, und letztendlich gelingt es dem Dramatiker, ihr die falsche Entscheidung auszureden. Pavel Jelínek nimmt sie dabei in Schutz: »Sie hat recht; so wie sich in einem Hund ab und zu der Wolf regt, so erwacht manchmal in mir der Kellner!«

Das neue Tandem kann dann von seinem neuen Büro aus, das man blitzschnell gefunden und eingerichtet hatte, zusammen mit dem unsichtbaren Dramatiker das zweite Jahr zu einem Ergebnis bringen, das dieses Festival vom Ruf befreit, es sei beim ersten Mal nur rein zufällig gelungen. Ab sofort entwickelt es sich zum wichtigsten Ereignis der Prager Herbstzeit. Doch die Herrin der Stiftung kann sich den letzten Schlag nicht verkneifen. Nachdem man sie höflich gebeten hatte, die erste Vorstellung zu eröffnen, teilt sie kurz davor mit, sie würde nicht kommen, weil ihr Misstrauen andauere und sie nicht gewillt sei, diese Leitung zu unterstützen.

Es kommt also die Zeit, als sich der Dramatiker wieder zu Wort melden darf, er bekommt aber eine kalte Dusche. Das Magazin »Der Spiegel«, das ihren Unwahrheiten eine breite Plattform geboten hatte, reagiert nicht auf die Bitte um Klärung und liefert einen weiteren Beweis für die Arroganz deutscher Medien, die keine Probleme mit Lügen und Verdrehungen zu haben scheinen: Sie geben sie einfach nicht zu. Sie verkörpern gleichzeitig den Glanz und das Elend der Demokratie. Auf die höfliche Bitte um eine Untersuchung des Konflikts mit der Stiftung ließ sich auch der Chef der größten Bank im Land, Herr Kopper, nicht zu einer einzigen Antwort herab. Damit bestätigt er die Existenz des Staates im Staat. Doch das Festival überlebt glücklicherweise den klinischen Tod, und in der Hoffnung, ihm entkommen zu sein, eilt es dem nächsten entgegen.

Der Verlust des Generalsponsors wird mühevoll aus anderen Quellen ausgeglichen. Neben dem Deutsch-tschechischen Zukunftsfonds geben auch die Unterstützer aus den Reihen der in der Tschechischen Republik tätigen deutschen, österreichischen und Schweizer Firmen dem Festival seine Flügel zurück. Die Festivalleitung, in die der Dramatiker nun öffentlich zurückkehrt, entscheidet, die Einnahmen und Ausgaben unter die Kontrolle eines von ihnen zu stellen. Henner Polscher, nicht ganz fünfzig Jahre alt und drahtig, wird von der deutschen Botschaft empfohlen. Der Immobilienmakler, der seinen festen Wohnsitz nach Prag verlegt hat, übernimmt ehrenamtlich diese Funktion. Also regelt er die finanziellen Angelegenheiten des vierten Jahres.

Bald kommen erste Sorgen auf: Polschers chaotische Art, die den fristgerechten Informationsaustausch darüber erschwert, wie viel Geld die Festivalmusik kosten darf, sowie die Feststellung, dass er ein eigenes Konto eröffnet hat. Die Sorgen verwandeln sich in ernstliche Zweifel, ob er die Finanzen ehrlich verwaltet. Die Befürchtungen werden durch einen Brief bestätigt, dessen Kopie das Hamburger Thalia Theater an die Festivalleitung schickt: Es storniert seine Teilnahme aufgrund der Schulden vom letzten Jahr, die laut den Behauptungen des Schatzmeisters längst beglichen worden seien.

Am Tag darauf, dem 1. Juli 1999, marschiert das tschechische Trio unangemeldet in das Büro seines Finanzverwalters am Wenzelsplatz. Die großzügigen Räume und die teure Einrichtung hauen sie fast um. Der Besuchte gibt in der ersten Panik zu, er unterhalte das Büro aus den Festivalgeldern, aus denen er sich auch das von niemandem genehmigte Gehalt auszahle. Unter dem Druck der Fragen rückt er damit heraus, dass er das Geld nach Hamburg nicht hatte überweisen können, weil er es sich für seine Firma ausgeliehen habe. Es handelt sich um eine Viertelmillion Mark. Ihnen wird sofort klar, dass man das laufende Jahr nicht im Entferntesten würde finanzieren können.

Gleich danach bitten sie den neuen deutschen Botschafter, Hagen Graf Lambsdorff, der am Nachmittag bei dem Treffen der Sponsoren den Vorsitz führen soll, um einen Empfang. Sie erleben, dass jemand wirklich weiß wie Kreide werden kann. Als der Botschafter wieder seine normale Farbe erlangt, leitet er gleich eine Rettungsaktion ein: Er bittet die anwesenden Firmenchefs von Daimler-Chrysler, Siemens, Radiomobil und Škoda Auto, mit einer Finanzspritze in Höhe von einhunderttausend Mark das Theaterfest wenigstens in einer abgespeckten Form zu retten. Zu der Zeit hat die Wirtschaftrezession bereits eingesetzt, und die Taschen der Sponsoren werden immer leerer; dennoch schaut Herr Wittig, der Chef der tschechischen Škodawerke, die drei anderen an und seufzt: »Das macht also fünfundzwanzig pro Kopf, oder?« Sie nicken, und das Festival überlebt abermals.

Nachträglich kommt heraus, dass der Betrüger in Prag bereits einschlägig bekannt war. Die Geschädigten schämten sich, es zu melden, um ihrem Ruf nicht zu schaden. Das Festival reicht Klage gegen ihn ein, aber die Verhandlungen ziehen sich über lange Jahre hin, weil er immer wieder Atteste seiner tschechischen Schwiegermutter-Ärztin vorlegt. Und so kann es passieren, dass dem künftigen ›Finanzminister‹ des Festivals, Johannes Graf Kinsky, dieser Schwindler als Makler empfohlen wird, als er in Prag eine Wohnung sucht. Erst fünf Jahre später hat sich der Unmut des Gerichts dermaßen gemehrt, dass es einen Haftbefehl ausstellt, und als sich der Betrüger endlich stellt, bekommt er zwei Jahre ohne Bewährung. Dagegen legt er Berufung ein, das Spiel um das Recht läuft weiter, und das Festival sieht das veruntreute Geld nie mehr wieder.

Summa summarum: Das PTFDS – diese unschöne und eigentlich nicht existierende Abkürzung für das Prager Theaterfestival deutscher Sprache soll hier noch einmal erwähnt werden – entdeckt gerade deshalb, weil es zweimal tödlich bedroht worden war, in sich mehr Leben als eine Katze und wird zu einer Dauerinstitution.

Das Leben liefert wieder starke Pointen, diesmal zwei Hochzeiten wie aus dem Märchen: Das Verhalten der Stiftung wird geklärt, als die ehemalige Direktorin des Festivals den ehemaligen Chef der Prager Deutsche-Bank-Zweigstelle heiratet. Und ähnlich verhielt es sich mit dem Schweigen des großen Bosses Kopper, der inzwischen durch die Aussage berühmt wurde, die von einem anderen Großbetrüger verursachten Milliardenverluste seien Peanuts: Er lässt sich scheiden, um die unlustige Witwe heiraten zu können.

83. KAPITEL

Scheidung auf Tschechoslowakisch

Die Frau des Dramatikers fuhr immer wieder nach Prag, um wegen der Wohnung weiter zu verhandeln, doch der Magistrat fühlte sich durch die Zuteilung der Absteige in Petřiny aller Verpflichtungen entbunden. Der Dramatiker war glücklich, dass er diese Unwohnung für zwei Monate verlassen und in seine Lieblingsstadt Hamburg fahren konnte, um dort im ihm so vertrauten Ernst-Deutsch-Theater sein Stück *Eine kleine Blutrache* zu inszenieren.

Damals hatten sich die Amerikaner und ihre Verbündeten auf den Golfkrieg für die Befreiung des von den Irakern besetzten Kuwait vorbereitet. Auf dem Weg vom Flughafen ins Hotel musste das Taxi lange warten, bis die tausendköpfige Demonstration der Schüler und Studenten vorbeigezogen war. Sie riefen immer wieder die Parole, die auch auf den

Transparenten stand: KEIN BLUT FÜR ÖL! Die Besetzung Kuwaits störte sie also nicht, und diejenigen, die es ihnen hätten erklären sollen, ihre Professoren und Lehrer, schritten stolz in der ersten Reihe, erfüllt von Fortschrittsgedanken und jugendlicher Frische. Er hatte seit seiner Geburt eine ähnliche Blutgruppe, aber jetzt schämte er sich für sie wie damals andere für ihn. Und er verspürte die Verzweiflung, dass Erfahrungen nicht übertragbar sind, also könnte diesen Nachfahren der sozialistischen Jugendverbände ein ähnlicher Leidensweg bevorstehen.

Doch dann wurde seine Seele von der Stadt Hamburg selbst gestreichelt. Es herrschte ein knackiger Frost, und das Eis auf dem Wasser der Binnenalster im Herzen der Stadt erreichte nach vielen Jahren wieder die offiziell vorgeschriebene Stärke, damit man es betreten durfte. Am Wochenende wurden dort die Glühweinstände von unzähligen Hanseaten belagert, die sich entweder sportlich betätigten oder spazieren gingen. Man musste nur die von Sonne und Schnee geblendeten Augen schließen, um auf der Netzhaut die Bilder der alten flämischen und holländischen Meister zu sehen. Die Spaziergänge verhalfen ihm zu der Entscheidung, sein Exil zu verlängern, bis ihm die samtenen Revolutionäre eine Wohnung in Prag zurückgeben würden, auf die er ein Recht hatte.

Bei aller Liebe zu Wien war er dann nach drei Monaten sehr verärgert, und als der Oberbürgermeister Kořán wieder an die Donau kam, um seine Freundschaft zum hiesigen Bürgermeister zu festigen, schickte er ihm eine Faxnachricht in Zilks Büro und gab bekannt, dass er in einer Woche auf dem Prager Marienplatz gegenüber dem Rathaus ein Zelt aufschlagen würde. Der Angesprochene kannte ihn gut genug, um sicher zu sein, dass er es ernst meinte. Innerhalb einer Woche ließ die Wohnungsbehörde den Wohnsitzlosen ein langes Verzeichnis mit Adressen freier Wohnungen zukommen.

Das Haus gegenüber der Galerie Mánes an der Moldau, zweihundert Schritte vom Nationaltheater entfernt, war in einem Stil gebaut, den er nie mochte: Die Neogotik war ihm immer zu protzig und zu sehr vom Schmuck überladen. Doch dann betrat er die Wohnung im zweiten Stock, die von einem mittlerweile aufgelösten staatlichen Büro vollkommen verwüstet worden war, und es war um ihn geschehen: Hatte er dreizehn Jahre lang von der Burg auf die ganze Stadt geschaut, so lag jetzt die ganze Burg vor ihm.

Während sie die Wohnung komplett umbauen ließen – die Arbeiten wurden von einem alten Freund geleitet, der leider verschwand, kurz bevor man auch ihn im Verzeichnis der Informanten der Staatssicherheit fand –, versuchten sie die Probleme zu lösen, die mit der doppelten Staatsbürgerschaft verbunden waren. Inzwischen kam die Mitteilung vom Innenministerium, dass sie – April! April! – rechtlich immer Bürger der ČSSR gewesen waren. Sie gaben es der Österreichischen Republik und dem Bundesland Wien bekannt und bekamen eine Antwort, die man in etwa so zusammenfassen konnte: C'est la vie, so ist das Leben! Ihnen kam es unhöflich vor, den Mantel wegzuwerfen, in dem sie die politische Polarnacht überlebten, und wollten somit Österreicher und Tschechen zugleich sein, doch dieses Geschenk stellte sich als ein verräterisches heraus.

Sie werden zu Objekten sich gegenseitig widersprechender Verbote und Verordnungen. Als sie in Prag Ausweise abholten und sie als Jelena Kohout unterschrieb, bekam sie sofort ein neues Formular. »Bei uns heißen Sie Mašínová!« Bei dem ständigen Wohnortwechsel musste sie beim Unterschreiben immer aufpassen wie eine frisch Verheiratete. Damit sie die tax-free Zollvergünstigungen, nicht missbrauchen würden, wurden sie ihnen sowohl hier als auch dort aberkannt. Sollten sie mit dem österreichischen Führerschein am Steuer eines tschechischen Wagens erwischt werden, drohte ihnen, dass der Wagen für geschmuggelt gehalten und deshalb beschlagnahmt werden würde. Der Höhepunkt war aber die Anordnung, die ihnen als österreichischen Bürgern verbot, ein Konto im Ausland zu besitzen. Als genau das gleiche Verbot auch von der Tschechischen Republik verhängt wurde, führten sie in Wien einen Kampf, um eine Ausnahme durchzusetzen, bis ihnen ein hoher Sektionschef eines Abends im Schwarzen Kamel vertraulich mitteilte, sie würden seinen Beamten auf die Nerven gehen: Von einem intelligenten Menschen werde erwartet, dass er keine Fragen stellt, auf die es keine Antworten gibt, und dass er stattdessen mit seinem gesunden Menschenverstand nachdenkt! Das Paar wird es in der Weise verstehen, dass es während des Aufenthaltes in der einen Heimat die andere vollkommen vergisst – und es funktioniert.

Als auch die Tschechische Republik das übliche Steuersystem einführte, nach dem ein Bürger nur in einem Land veranlagt werden darf, zeigten sich die Steuersätze in der alten Heimat günstiger. Aber die Vorstellung, noch einmal den Spießrutenlauf der Fiskusbeamten über sich ergehen lassen zu müssen, schreckte sie von dieser Verlockung ab. Sie werden dann stolz verkünden, sie seien Bürger und Wähler in beiden Ländern, aber darüber hinaus österreichische Steuerzahler.

Es war wieder einmal der Regisseur namens Schicksal, der es einrichtete, dass sie ausgerechnet am 29. Februar des Schaltjahres 1992 zum ersten Mal in ihrer neuen Wohnung übernachten konnten. Davor tranken sie nämlich eine Flasche Veuve Clicquot auf dem Vyšehrader Friedhof am Grab seines Vaters, der an dem Tag seinen fünfundzwanzigsten Geburtstag gefeiert hätte, denn es waren genau einhundert Jahre seit seiner Geburt vergangen. Doch wie zu Hause sollten sie sich in der Wohnung erst drei Monate später fühlen.

Als im Jahre 1977 die Zwangsräumung der Wohnung auf dem Hradschin durchgeführt werden sollte, war die traurigste Tat dabei das Abhängen ihrer vier Deckenlampen. Sie hatten sie für je fünfhundert Kronen beim Trödler gekauft, und innerhalb von wenigen Jahren wurden sie zu Unikaten. Ein Künstler aus Budweis hatte aus einer Glashütte bunten Abfall mitgebracht und zarte Zylinder, Kugeln und Eier auf die langen Stangen über den Tulpen mit der Glühbirne gefädelt. Eine Lampe war dunkelrot, die andere tiefblau und die dritte weiß mit einem kleinem grünen Ornament. Diese drei Lampen wurden durch einen kleinen, einhundert Jahre alten Lüster aus weißrosa Überfang, einer Kombination aus Glas und Porzellan, ergänzt. Die Lampen waren damals der Blickfang in der kleinen Wohnung gewesen. Einer der geheimen Handwerker, die davor das Haus in Sázava renovierten, der Elektriker Zdenek Šefrna, hatte sie fotografisch dokumentiert, sorgfältig auseinandergenommen, in Zeitungspapier gepackt und in Kisten verstaut. Dann verdunkelte sich nach und nach die Wohnung auf dem Hradschinplatz, bis sie vollkommen erlosch; sie erinnerte an einen entkleideten, zum Tode verurteilten Häftling.

Die angeheuerten Träger hatten die Kisten zusammen mit den restlichen Möbelstücken in die Ersatzwohnung gebracht, die er nie betrat. Zwei Jahre später, im Schutz der Nacht, übernahm sie eine freundliche Filmproduzentin von Sohn Ondřej und transportierte sie mit einer Bühnenausstattung nach München, wo sie ein weiteres Jahr lagerten, bis man sie nach Wien holte. Doch die Wohnung auf dem Kohlmarkt war schon längst eingerichtet, und die Lampen passten überhaupt nicht dorthin, also blieben sie wie das Puppentheater in Sázava verpackt, damit sie wenigstens in der Erinnerung leuchten würden. In ihren Pappschutzhüllen waren sie bestimmt durch viele Hände gegangen, die sie sicherlich nicht mit Samthandschuhen anfassten. Nach fünfzehn Jahren kamen sie nun in der neuen Wohnung in Prag an, wo man sie fest einplante, es sei denn, sie hatten sich mittlerweile in Scherben verwandelt. Es fehlte aber derjenige, der ihnen das Leben einhauchen würde, der Mann, der sie abgehängt hatte, war inzwischen spurlos verschwunden. Ein Bekannter half, ein Verkehrspolizist, er fand heraus, wer von allen Prager Šefrnas einen Wagen besaß, und am Ende der Liste stand Zdeněk. Er kam sofort, und beim Anblick der Kisten stiegen ihm die Tränen in die Augen.

Es wurde vereinbart, dass er sie in der Woche öffnen sollte, in der der Dramatiker mit seiner Frau auf einer Lesereise durch die frühere DDR touren würde. Von unterwegs riefen sie ihn lieber nicht an. Auf dem Rückweg fuhren sie die ganze Nacht durch, aber als sie in der Morgendämmerung eintrafen und die vier vertrauten Lampen wieder einschalteten, machten sie einen echten Champagner auf. In diesem Augenblick, am 20. Mai 1992, war er nach 15 Jahren und neun Tagen wieder in Prag zu Hause.

Das erste Geschenk, das der junge Prager im Jahre 1928 zu seiner Geburt bekommen hatte, war eine silberne Einhundert-Kronen-Münze mit dem Porträt des Präsidenten Masaryk. Der Staat hatte sie jedem Neugeborenen geschenkt, der im zehnten Jubiläumsjahr das Licht der Republik erblickte. Seitdem war er ein eingeschworener Tschechoslowake, umso mehr in Zeiten, in denen es notwendig war. Die deutsche Besetzung hatte er schon als Kind sofort verstanden und abgelehnt; um die schleichende sowjetische zu erkennen, brauchte er mehr Zeit, bis er seinen Verstand zusammennahm und anfing, sich an ihrer Beendigung aktiv zu beteiligen. Er hielt die Mährer schon immer für die besseren Tschechen, als er bereits als blutjunger Protestant und beginnender Dichter den Quell der Muttersprache in der Kralitzer Bibel aus Mähren entdeckt hatte. Die Slowaken mochte er als ein inspirierendes Element einer verwandten, aber dennoch eigensinnigen Kultur; mit ihren Emanzipationsbestrebungen hatte er nie Probleme.

Die Rolle der Tschechen an der slowakischen nationalen Wiedergeburt bewertete er in ihrer Doppelbrechung. Sie retteten nach dem Ersten Weltkrieg die Slowaken um fünf vor zwölf, gerade als die technische Entwicklung ihre fortschreitende Ungarisierung dramatisch beschleunigte. Sie verteidigten das slowakische Land mit ihren Legionären. Hunderte tschechische Lehrer gehören in die Lesebücher, wenn nicht gleich direkt in den Himmel. Sie kamen nicht in die Slowakei, um den Ungebildeten die Sprache des großen Bruders aufzuzwingen, sondern sie hatten zuerst die gerade kodifizierte slowakische Hochsprache gelernt, um das nicht vorhandene Schulwesen der jahrhundertelang unterdrückten Nation zum Leben erwecken zu können. Auch die ersten Ärzte, Beamten, Richter, Notare, Postmeister, Bahnhofsvorsteher sowie die Gendarmen und Offiziere der neu gegründeten Armee verließen ihre gemütlichen Stellungen im entwickelten westlichen Teil der jungen Republik und wagten sich in die Unwirtlichkeit der rauen Natur und der stark rückständigen Zivilisation.

Der Fehler lag darin, dass die Tschechen sich an ihre Führungspositionen gewöhnten. Sie betrachteten sie bald als Lehensgut für ihre Nachkommen; sie hielten die Masse unqualifizierter Arbeiter, die die Löhne in den historischen Landesteilen drückten, für eine willkommene Streikbrecherreserve und die ganze Slowakei für einen den Kolonien der Mandatsmächte nicht unähnlichen Raum. Der notwendige Fortgang der Geschichte zwang die Slowaken zu einer weiteren Phase der nationalen Wiedergeburt, die einst die Tschechen zu dem Bedürfnis geführt hatte, die Monarchie zu zerschlagen. Das historische Unglück der Slowaken bestand allerdings darin, dass ihnen nicht die Allianz der demokratischen Länder half, sondern Adolf Hitler. Die slowakische ›Pfarrerrepublik‹ kämpfte dann mit den Nazis gegen den Rest der Welt.

Der Aufstand gegen die Deutschen im Sommer 1944, wenn auch erfolglos, half in der Nachkriegszeit der Slowakei als dem Teil der erneuerten
ČSR zur Rückkehr unter die siegreichen Nationen. Doch auch die Jahre
der kommunistischen Propaganda vermochten nicht das Faktum auszu-
löschen, dass Tiso, der Präsident in der Soutane, und seine Hlinka-Gar-
disten zu den schlimmsten Mörder-Vasallen Hitlers gehört hatten. Als
die Einzigen in ganz Europa hatten sie den Deutschen für die Vergasung
ihrer Juden wie für die Vernichtung von Ratten eine Art Entgelt gezahlt.

Darin ähnelten sie den Österreichern, die den Führer im Massenwahn
empfangen und das stärkste Kontingent an Schlächtern für die Konzentrationslager zur Verfügung gestellt hatten, um später dank guter Politiker und günstiger Sterne unter die freien demokratischen Länder zu
kommen, die vom Marschallplan auf die Beine gestellt wurden. Die Enthüllung, dass ihr Präsident Kurt Waldheim aus seinem Lebenslauf die
SA-Mitgliedschaft getilgt hatte, löste Ende der achtziger Jahre bei der
Bevölkerung einen Schock aus, der innerhalb kurzer Zeit das historische
Gedächtnis des Landes wiederherstellte und es von Lügen reinigte.

Auf eine ähnliche Chance sollten die Nachbarn im Norden Österreichs noch ein halbes Jahrhundert warten. Gleich nach dem Zweiten
Weltkrieg waren dort die Kommunisten, die die letzten mehr oder weniger freien Wahlen gewannen, schockiert, dass sie in der katholischen
Slowakei von den rechten Parteien besiegt wurden. Und auch wenn
sie kurz darauf, nach dem Schicksalsfehler der demokratischen Partei-
führer im Februar 1948, die ganze Tschechoslowakei überrollt hatten,
saß ihnen die Drohung im Nacken, dass sich die Sowjetunion paradoxerweise um die erneute Verselbständigung der Slowakei kümmern
würde, um sie dann wie die Unterkarpaten brüderlich zu annektieren.

Als nach Stalins Tod die politischen Prozesse abebbten und die Apparatschiks an die Macht kamen, die sie für immer behalten wollten, wurde
mit der Slowakei besonders sorgsam umgegangen. Man könnte grob sagen, dass eine Nation, die im Staatsverband ein Drittel der Bevölkerung
und der Gesamtfläche ausmachte, die Hälfte aus der Wirtschaftsleistung
der nationalen, überwiegend in Böhmen und in Mähren wirkenden
Ökonomie bekam. Aus einer rückständigen Agrarregion wurde mit der
Zeit ein modernes Industrieland. Das hielt der Dramatiker für notwen-

dig und richtig, denn nur die Angleichung des wirtschaftlichen und sozialen Niveaus konnte die politische Stabilität des ganzen Staates garantieren. Hatten doch die starken Unterschiede in den dreißiger Jahren, als
die allgemeine Krise vor allem die von Minderheiten bewohnten Regio-
nen erfasste, den enormen Zuwachs der Partei Henleins in den Sudeten
sowie der Hlinka-Bewegung in der Slowakei zur Folge. Er begrüßte auch
die erste Stufe der Föderalisierung, leider die einzige Errungenschaft des
Reformjahres 1968.

Schlimmer aber war, dass ausgerechnet die Slowaken als die agilsten
Statthalter des Kreml die darauffolgende ›Normalisierung‹ in die Hand
nahmen, die zu den absurd unnormalen Verhältnissen in allen Lebens-
bereichen führte: der zu allem fähige Husák, der total unfähige Biľak,
der Verteidigungsminister Dzúr und der Geheimdienstchef Šalgovič.
Davon, dass die besondere Behandlung noch viel besser funktionierte
als je zuvor, zeugte die deutlich geringere Anzahl verfolgter Bürger und
damit auch Dissidenten in der Slowakei. Die Erklärung der Charta 77
hatten in der ersten Welle von zweihundertzweiundvierzig Unterzeichnern dort nur drei signiert.

Die Rückkehr zur ›normalen Normalität‹ im November 1989 bedeutete auch, heikle Themen öffentlich zu diskutieren, die bisher unter
den Teppich des Totalitarismus gekehrt worden waren. Noch vor dem
Tabu der sudetendeutschen Frage stieg das Problem der tschechisch-
slowakischen Beziehungen an die Oberfläche. Es spitzte sich zu, als während der nationalen Wahlen im Jahr 1992 die Partei des Exkommunisten
Vladislav Mečiar in der Slowakei gewonnen hatte. Auf ihrem Programm
stand an erster Stelle die ›Errichtung‹, wie sie es nannten, eines eigenen
Sterns auf der Flagge und eines eigenen Sitzes im Parlament der künftigen erweiterten Europäischen Union. Das Ergebnis sollten zwei selbständige Staaten sein.

Der Dramatiker war dagegen. Grundsätzlich und mit seinem ganzen
Wesen. Er war mit dem Vorschlag von Václav Havel einverstanden, ein
Referendum stattfinden zu lassen, in dem alle Bürger über die Wei-
terführung oder das Ende der Föderation entscheiden würden. Dass es
definitiv hinter den Kulissen beschlossen wurde, verstand er an einem
Mittag im Sommer, als er im Radio eine Diskussion zwischen dem zweit-

einflussreichsten Mann der tschechischen Politik und einem unbekannten Vertreter der Bewegung für das Referendum hörte. Den Ministerpräsidenten Václav Klaus sah er bisher positiv, seine Kuponprivatisierung, das heißt die Verteilung der staatlichen Unternehmensanteile an die Bevölkerung, erschien ihm als ein schlauer Versuch, die Mehrzahl der Bürger aus ihrer Totalnarkose zu holen und ihnen nach jahrzehntelanger Bevormundung eigenständiges Denken und mündiges Handeln beizubringen. Diese einstündige Sendung stellte ihm aber vollkommen unerwartet einen Menschen vor, dessen Hauptmerkmal neben einer außergewöhnlichen Intelligenz auch ein grenzenloser Egozentrismus war. Aus dem Gegner, der schüchtern logische Fragen stellte, machte er systematisch und mit offenkundigem Vergnügen einen Primitiven, der, nur um seinen Minderwertigkeitskomplex zu kompensieren, Interesse für den vereinigten Staat heuchelte. Nach diesem Tag würde sich der Dramatiker vor Klaus nur ein einziges Mal verbeugen, und zwar für die Art und Weise, wie er die Staatsteilung technisch bewältigte.

In der europäischen Geschichte des zwanzigsten Jahrhunderts könnte sich damit nur die Trennung Norwegens von Schweden in ihrer ersten Phase messen, doch damals waren bereits die Kanonen in Richtung Grenze unterwegs. Die jetzige Aufteilung des Territoriums im Verhältnis zwei zu eins, die der Bevölkerungsanzahl und der Fläche entsprach, war einfach nachvollziehbar und deshalb auch wirksam. Im Verlauf der Trennung wurde keine einzige Ohrfeige ausgeteilt, und man könnte sagen, dass das Reifste der fast siebzigjährigen Ehe zwischen den Tschechen und den Slowaken ihre vorbildliche Scheidung war. Man vergleiche es mit dem Gemetzel, das die Teilung Jugoslawiens begleitete.

Zur nützlichen Tugend aus der Not heraus wurde folgerichtig auch die politische Emanzipation der Slowakei. Nach den Fehlern, die die Slowaken vorher pflichtbewusst aus Prag übernahmen, machten sie in Rekordzeit genug eigene, und so konnten die grundlegenden antitschechischen Ressentiments verpuffen. Die Tschechen trugen inzwischen dazu bei, dass die Slowakei nicht in die zweite Riege der Anwärter auf die Mitgliedschaft in der EU rutschte, und so konnten die beiden Staaten der Union sowie der NATO gleichzeitig beitreten.

Für den Dramatiker ging aber das einzigartige Ineinanderwachsen

zweier eigenständiger Kulturen verloren, die zum Beispiel der ausgewogene Gebrauch beider Sprachen im Rundfunk und Fernsehen demons-
trierte. Auch der gut vernetzte wirtschaftliche Bereich verschlechterte
sich, und die in drei Generationen von beiden Völkern geknüpften positiven Verbindungen zerrissen, sowie vor allem die gegenseitige kritische
Beziehung und der doppelte Blick im vereinten Interesse als das letzte
Überbleibsel des einstigen Vielvölkerstaates.

Die Slowaken werden es mit jahrelanger Mečiar-Herrschaft büßen,
die der jungen Republik beinahe das seichte Wasser des Halbtotalitaris-
mus bescherte, in dem bereits einige andere Staaten, die aus dem Morast
der Sowjetunion in die Pfütze der postkommunistischen Diktaturen
entkommen waren, nach Luft schnappten. Den Tschechen hinterlässt
Václav Klaus eine dauerhafte Erinnerung daran. Seine Generalthese
über den Kapitalismus ohne Attribute, die es ablehnte, schmutziges von
sauberem Geld zu unterscheiden, und alle Mittel segnete, die den Gewinn als Zweck heiligten, trägt dazu bei, dass sich die Privatisierung
ohne festgelegte Grenzen zum Teil in Raub verwandelt. Sie ruft die Zunft
der Milliardäre ins Leben, ›Tunnelierer‹ genannt, und begünstigt dadurch die Unsitten, die sich in den folgenden Jahren breitmachten.

In seiner Rolle als Präsident, zu dem Klaus aufgrund einer grotesken
Spaltung in den Gremien der Sozialdemokraten im Jahre 2003 unerwartet wurde – wobei eine wichtige Rolle dabei die Kommunisten spielten,
die er im Widerspruch zu den erklärten Prinzipien zweckmäßig ›in den
Salon hineinließ‹ –, versucht er seine Gegner zu Hause und auch im
Ausland auf die Art und Weise zu erledigen wie damals den Unglücks-
menschen in der Rundfunksendung. Seine fixe Idee, dass die heimische
Opposition keine Bedeutung hatte, weil der Totalitarismus von der
schweigenden Mehrheit zu Fall gebracht worden sei, die das Regime anscheinend zu Tode kollaboriert hatte, verrät die Frustration eines vor-
sichtigen Kleinbürgers, der ohne die Kämpfe der anderen höchstwahrscheinlich bis zum Lebensende ein ziemlich Unbekannter mit weißem
Kragen geblieben wäre.

Seine weitere fixe Idee, dass ausschließlich die Berufspolitiker aus den
Parteien das Leben der demokratischen Gesellschaft steuern dürfen,
auch wenn sie durch die verschwindend kleine Mitgliederbasis vorge-

schlagen und aufgrund ihrer geringen Kompetenz von immer weniger Bürgern gewählt werden, bringt das gerade befreite Land in eine andere Art der Leibeigenschaft. Und seine unverhohlene Ablehnung der Europäischen Union gipfelt in der Behauptung, das Land Tschechien – das bisher von der Souveränität nur träumen durfte – habe diese gerade durch den Beitritt in die Gemeinschaft von neuem verloren. Damit bekräftigt er die fixe Idee der Stammtische, dass wir jederzeit und in allem Weltmeister wären, wenn nicht immer wieder jemand hinterlistig mehr Tore als wir schießen würde.

Der elegante Sportler, von seiner äußeren Erscheinung her ein ernsthafter Konkurrent des kommunistischen Präsidenten Novotný, der auf der EXPO 1967 in Montreal zum schönsten Staatsoberhaupt weltweit gekürt worden war, zeigt zu allem Überfluss außerhalb des Sportfeldes oft einen unsportlichen Geist, weil er in seinen Konflikten gerne hart anpackt, doch trifft ihn mal ein genauso starker Return, beklagt er sich vor der Öffentlichkeit, als wäre diese zugleich mit ihm beleidigt worden. Er tritt auch lieber gegen die niedrigere Liga an. Der Dramatiker erlebt es persönlich, als ihn der Moderator der sonntäglichen politischen Diskussionssendung des Tschechischen Fernsehens vorher in Wien anruft und sich entschuldigt, er müsse ihm absagen, da sich der Premier einen anderen Diskussionspartner wünsche. Dann sieht er sich an, wie der Herr Lehrer einen begriffsstutzigen, aber umso dankbareren Schüler in Zucht nimmt. Zu seiner wirklich unübersehbaren Visitenkarte wird die Reklamewand auf der Prager Letná-Ebene. Er schaut wochenlang auf Prag hinunter in einem größeren Maßstab als einst der Generalissimus Stalin. Die Reihe der ersten Männer des Staates, die vom Präsidenten-Befreier angeführt wurde, schmückt der momentan letzte mit sich selbst als Präsident-Superstar.

Summa summarum stellt sich hier die Frage, ob der reife Politiker der Jahrtausendwende nicht der tschechischen Gesellschaft einen Schaden zufügte, vergleichbar mit dem in der zweiten Hälfte des letzten Jahrhunderts, zu dem der damals junge Dichter seinen Beitrag geleistet hatte. Ob auch der Präsident in der Lage sein wird, dies zu erkennen und sich dazu zu bekennen?

84. KAPITEL

Eine Botschaft

ist das, was ich als lebenslanger Bewunderer von Cyrano de Bergerac nicht außer Acht lassen kann. Sie muss auch hier stehen.

Am Abend des 30. Dezember 1992 erfreute ich mich an der starken Inszenierung des Stückes *Armer Mörder* im großen Theater in Pilsen. Ich versuchte, es zu glauben, dass ich mich schon einmal vor zweiundvierzig Jahren auf dieser Bühne nach meinem Stück vor den Zuschauern verbeugt hatte. – Und ahnte nicht, dass ich es noch öfter tun werde! – Das Silvesterfeuerwerk, das mit dem neuen Jahr auch die Geburt eines neuen Staates – der Tschechischen Republik – ankündigte, sah ich vom Balkon meiner neuen Wohnung auf dem Masaryk-Kai aus. Ich war genau vierundsechzig Jahre und hundertvierundsechzig Tage alt. Ich verabschiedete mich von der Tschechoslowakei wie von einem Lebewesen, das mir immer das Beste gab, was es hatte. Alles weniger Taugliche besorgte ich mir selbst, vor allem meinen streitbaren Schild.

Das Theater, dem ich wohl bereits in meiner Kindheit verfallen war, passte wahrscheinlich genau zu meinem Charakter, denn beide verschmolzen regelrecht miteinander. Der Mangel an schauspielerischem Talent lehrte mich, Theaterstücke zu schreiben, doch ich wurde wahrscheinlich deshalb ein um so leidenschaftlicherer Darsteller meines eigenen Schicksals, in das ich viele andere Menschen mit hineingezogen hatte; einigen brachte ich vielleicht Freude, andere verletzte ich leider. Dieses Genre meines Lebens war aber auch mein eiserner Vorhang, den ich bis heute zwischen mir und dem Tod herunterlasse. Seit ich den Verstand benutzen konnte, sah ich in mir nicht mehr als den Akteur in einer Rolle, die der allmächtige Herr Direktor für mich bestimmt hatte. Nur versuchte ich wie mein August August, lebend und an der Seele unbeschadet aus seinen Fallstricken herauszukommen.

Meine Leistung in der Rolle meiner selbst wird der gerechteste aller Kritiker beurteilen: Schon lange ist mir bewusst, dass Künstlergenerationen Truppen ähneln, die versuchen, über ein Minenfeld anzugreifen – die Zeit. Die meisten bleiben dort liegen. Der Prager Teil meiner Familie hat seine Gräber auf Vyšehrad. Ich sehe mir dort oft den monumentalen ›Slavín‹ an, wo die Vorgänger ihre großen Ahnen beerdigt hatten, damit diese weiterlebten. Gut die Hälfte der Namen sagt nicht einmal mir etwas. Welche Botschaft sollte hier für eine Weile mit meinem Namen verbunden sein? Dieses Buch versucht sie zu vermitteln, sie ist in einem einzigen Satz enthalten:

… dass jeder, selbst der intelligenteste Mensch, dem Dämon des Einverständnisses immer, überall und immer wieder erliegen könnte, aber auch – und das ist die gute Nachricht –, dass sich jeder, selbst das am stärksten betroffene Individuum, aus dessen Umklammerung befreien kann!

Die in Hamburg protestierenden Professoren und Schüler mit ihren verkehrten Parolen stellen eine Warnung dar. Eine nicht mindere ist der starke Unwille der Mitbürger, sich am Selbstschutz gegen die künftigen Gefahren zu beteiligen. Neue Pazifisten predigen die nächsten Kapitulationen vor der Gewalt! Der Friede unseres Raumes und unserer Zeit täuscht. Und überall lauern die falschen Propheten.

Ich las soeben das Tagebuch des viel jüngeren Kollegen Michal Viewegh, den ich als meinen Nachbarn in Sázava sowie als einen Autor mag, der für sein Genre beachtlich viel Leserschaft gewinnen konnte. Ich denke darüber nach, ob ich ihn beneiden oder bemitleiden sollte. Wenn ich den Schatten der schweren Krankheit seines Vaters außer Acht lasse, so quälten ihn vor allem die Literaturkritiker, Boulevardjournalisten und Hämorrhoiden. In seinem Alter hatte ich schon Hitler und Stalin hinter mir, und gegenüber allen weiteren Krankheiten dieses Jahrhunderts blieb ich deswegen immun.

Ich fürchte mich davor, was ihn und die Kinder unserer Kinder erwartet. Jahrhundertelang hatte jede weitere Generation im Grunde den gleichen Stand der Zivilisation übernommen; nach und nach entwickelten sich Gerätschaften und Waffen, aber die Mehrheit der Menschen reichte die Kühe und den Pflug weiter. Dann hatte aber mein Großvater ohne jegliche Vorwarnung die Dampfmaschine als Patengeschenk bekommen, mein Vater die Elektrizität und Automobile, ich das Radio und Flugzeuge, mein Sohn Fernsehen und Atomsprengköpfe, und der

Sohn meines Sohnes zusammen mit der globalen Erwärmung auch die PCs, die immer schneller veralten.

Ein kleines Wunderding, einer Pfeife ähnlich, ist in der Lage, dieses Buch zweitausendmal in seinen Speicher aufzunehmen. Nach Orwells Großem Bruder droht der Menschheit die Vision von Čapeks R.U.R., Rossum's Universal Robots. Wenn der unbelehrbare Kapitalismus die soziale Schere noch weiter öffnen wird und wenn den Revolutions- und Religionsfanatikern die einzige Kraft, die sich gegen sie wehren kann, unterliegen sollte, nämlich eine gut gerüstete und fest entschlossene Demokratie, dann bleiben der Menschheit nur Gebete und Hacker übrig ...

85. KAPITEL

Mein Leben mit Hitler, Stalin und Havel

Mein Leben mit Hitler endete nur scheinbar in der menschlichen Urzeit, als ich sechzehn war, im Mai 1945. Direkt geblieben sind mir aus diesem Leben für die weiteren Jahre zwei Symbole – eines stärkt mich, eines macht mir Angst.

Mein literarisches Idol, Cyrano de Bergerac, fand sein menschliches Antlitz in dem Dichter und Priester Vladimír Petřek, dem orthodoxen Schutzengel der tschechoslowakischen Fallschirmjäger, die Hitlers Henker Heydrich bestraften; retten konnte er sie nicht, doch er half ihnen, in einem Kampf zu fallen, der nie vergessen werden wird. Die Flamme, wie sie schon fast sechshundert Jahre mit Johannes Hus in Verbindung steht, war nicht anders als die, die zusammen mit den erschossenen Männern in Lidice bildlich gesprochen auch Petřek verbrannte.

Was mir immer Angst machen wird, sind die anderen Flammen, mit denen einige Tschechen nach dem Prager Aufstand an den Straßenlaternen erhängte angebliche oder echte SS-Leute in Fackeln verwandelten. Ich war leider noch nicht reif genug, um die Worte meines Vaters zu verstehen, die selbsternannten Rächer unterschieden sich nur wenig von den Mördern von Lidice. Mich schreckt die recht reale Vermutung, dass damals die Halsabschneider des nächsten Regimes, das ich mir bald als

Garant der gerechtesten aller Revolutionen erwählte, von den Nazis zu foltern und zu morden lernten.

Dasselbe Regime, das mit der deutschen Bedrohung die sowjetische Okkupation zu begründen versuchte, hat mich irgendwann in der Mitte meines Lebens als seinen Feind ausgewiesen – wie es meinte für immer – in die deutschsprachigen Länder. Schon bald bewunderte ich, wie Deutschland mit seiner schlimmen Vergangenheit umging, wobei, wie in posttotalitären Staaten durch einen Mangel an unbefleckten Richtern bedingt, nur die Justiz hinterherhinkte. Politiker, Historiker und vor allem Schriftsteller vom Format Bölls, Lenz' und Grass' bewegten das Denken der Gesellschaft derart, dass diese innerhalb von drei Generationen zu einer mustergültigen Demokratie wurde. Österreich, das nach der Art: »I bin Wiener Sängerknabe, i weiß von nix!«, lange die Doppelrolle von Hitlers erstem Opfer und seines treuesten Mittäters gespielt hatte, erlebte einen heilsamen Schock, als es sich zum Trotz Kurt Waldheim zum Präsidenten erwählte, der dann, als ehemaliger SA-Mann enttarnt, nie mehr in die USA reisen durfte.

Am längsten brauchen diejenigen Deutschen, um mit der eigenen Geschichte fertig zu werden, die nach dem Krieg aus den Sudeten und aus den großen böhmischen und mährischen Städten abgeschoben wurden. Es ist nur gerecht, an dieser Stelle hinzuzufügen, dass ähnlich lange der gleiche Prozess auch auf tschechischer Seite dauert. Der Unterschied besteht darin, dass es dank unserer Historiker und vor allem der Journalisten keinen Schrank und keinen Keller gibt, wo noch deutsche Gerippe wissentlich verborgen werden. Die tschechische Legende, die gewalttätiges Marodieren und Töten von Unschuldigen als Kampf für eine gerechte Rache ausgab, wurde von der Wahrheit bereits hinweggefegt. Wichtige sudetendeutsche Publikationen aber verbreiten bis heute die Legende vom Sklaventum in der Masaryk-Republik, wenngleich diese ihnen alle Rechte zugestanden hatte – was ihr fehlte, war Zeit. In einer zweiundzwanzigseitigen Fortsetzungsserie mit dem Titel »Der Völkermord an den Sudetendeutschen« widmete das österreichische Blatt »Sudetenpost« dem deutschen Terror im Protektorat, der Ausrottung der Juden und der Vernichtung von Lidice nur einige wenige Absätze.

Ehemalige Mitbürger tauchten fast immer bei meinen Lesungen auf und nahmen an Diskussionen teil. Ich war nie allein, gegen Extremisten stellten sich immer andere Deutsche im Saal. Dann war es logisch, dass sich deutsche Historiker an mich wandten, die die erste repräsentative Ausstellung mit dem Titel »Flucht, Vertreibung, Integration« vorbereiteten. Ich habe diese vor kurzem zusammen mit Ministern der Bundesregierung in Bonn, Berlin und Leipzig eröffnet. In zahlreichen Publikationen und Reden kam ich zu folgenden Eckpostulaten:

Die Vertreibung der Deutschen aus der Tschechoslowakei war eine Folge des Zusammenbruchs ihres Mörderstaates, für den sie sich im Jahre 1938 von der demokratischen Republik ›heim ins Reich‹ gelöst hatten. Eine bedingungslose Kapitulation berechtigt theoretisch den Sieger, die Unterlegenen aufzuspießen. Dies hatten die Alliierten 1918 getan und in den Deutschen den Hass für den Zweiten Weltkrieg gesät, was sie dann ein zweites Mal nicht zuließen. Die Tschechen haben sich in den Jahren 1945 bis 47 als schlechte Sieger verhalten, als sie es ihrem Mob erlaubten, Wehrlose zu berauben und zu morden. Was geschehen ist, kann auch durch gegenseitige Entschuldigungen nicht ungeschehen gemacht werden, doch es darf auch nicht als ständige Schuld selbst noch die Urenkel belasten!

Bleibt noch hinzuzufügen, was tugendhaft verschwiegen wird: Die Abschiebung ersparte den späteren Bürgern Österreichs und Westdeutschlands fünfundvierzig Jahre Totalitarismus und Armut. Die Tschechen wiederum schützt sie jetzt nachträglich vor solch gefährlichen Problemen, wie sie die Slowaken mit ihren Ungarn haben. Geschichte muss man von allen Seiten betrachten …

Mein Leben mit Stalin dauerte deshalb länger, weil mich gerade seine Rote Armee vor dem mörderischen Hitler rettete. Umso schwerer war es dann für mich, in ihm einen anderen Hitler zu entdecken.

Meine Bewunderung für ihn, die an Vergötterung grenzte, der Schock durch ihn, der Konflikt mit ihm und die Trennung von ihm dauerten bei mir dreizehn Jahre: vom ersten Befehl, mit dem er den bahnbrechenden Sieg über die Deutschen bei Stalingrad verkündete, bis zu dem Moment, als ich Chruschtschows Bericht von der geheimen Sitzung des XX. Parteitags der Kommunistischen Partei der Sowjetunion las. Ihn zu verbannen war umso schwerer, als ich auch weiterhin den Sozialismus als gerechteres System einer Weltordnung ansah.

Stalin hatte ich also verworfen, doch logischerweise blieb er weitere dreizehn Jahre in mir, in denen ich die Partei seiner Prägung nicht verließ. Nur gehörte ich zu jenen, die sie reformieren wollten, nicht mehr aus sträflicher Naivität heraus, sondern weil eine Alternative zur Reform damals nur in Barrikaden bestanden hätte, die Moskau jedoch immer blutig mit Panzern niedergewalzt hatte. Und die kommunistische Partei der Tschechoslowakei war von allen Parteien im sowjetischen Teil der Welt die einzige, die nicht auf den Bajonetten der Roten Armee hierher gekommen, sondern bereits vor dem Krieg entstanden war, während des Krieges hart gekämpft hatte und nach dem Krieg in geheimen Wahlen von den meisten Bürgern gewählt wurde.

Ich werde nicht müde, denjenigen auf die Nerven zu gehen, die mich wie einen Leierkasten wiederholen hören, dass die Weltwirtschaftskrise in den dreißiger Jahren – meiner Kindheit – als absoluter Zusammenbruch des Kapitalismus und das Münchner Abkommen als völliges Versagen der westlichen Demokratien verstanden wurden. Und dass deshalb in uns, die wir aus dieser Lebenserfahrung heraus zu Wählern oder auch Mitgliedern der KPTsch wurden, ein starkes Potential aufrechter Absichten lebte, wie es in den aus Moskau importierten kommunistischen Parteien nicht bestanden haben kann.

Dieses Kalkül ging insoweit auf, als sich im Herzen Europas dank dem Reformversuch, den im Jahre 1968 neunzig Prozent der Bürger der ČSSR mittrugen, ein politisches Mysterium abspielte, das, rückblickend betrachtet, keine Chance auf einen Erfolg hatte, jedoch dem von Hitler und Stalin gemarterten Land eine reinigende Katharsis brachte. Der einundzwanzigste August jenes Jahres war die nächste Stunde Null, in der man beginnt, eine bessere Geschichte zu schreiben. Da die abscheuliche Zeit der Husák'schen Normalisierung nur eine durch Gewalt erzwungene Pause darstellte, begann bereits damals unsere heutige Geschichte, deren Vorbote die Charta 77 war, und der siebzehnte November 1989 setzte sie in Gang.

Ich blieb bis zu meinem Ausschluss im Jahre 1969 deshalb in dieser ausgebrannten Partei, um dort bis zum letzten Moment die Positionen des Prager Frühlings zu verteidigen. Erst durch den vollständigen Übertritt zur Opposition durchtrennte ich die letzten unsichtbaren Fäden, die mich auch lange nach Stalins Verwerfung mit ihm verbanden. In der Tschechoslowakei boykottierte dann meine ganze Familie alle Wahlpossen. In Österreich und nach meiner Rückkehr in die Heimat wählte ich immer die Sozialdemokratie, bis zum Mai 2010, als die tschechische – wegen des Verhaltens ihrer Führungstruppe und wegen der Entwürdigung der tschechischen EU-Ratspräsidentschaft – für mich nicht wählbar wird. Ohne es zu ahnen, werde ich Mitglied der anderthalb Millionen zählenden Partei der Wechselwähler, die – hoffen wir! – eine neue Stunde Null bringen, ab der die Tschechische Republik beginnen wird, sich von ihren Parasiten zu befreien!

Mein Leben mit Havel währt glücklicherweise bis heute. Es dauerte eine Weile, ehe ich mich aus der ungünstigen Position löste, in der die Beziehung eines von uns beiden mit der Intensität überdauerte, mit der sie durch eine ungewollte Trennung unterbrochen war, während die Beziehung des anderen durch solch radikale Umstände wie einen langjährigen Gefängnisaufenthalt und danach eine noch längere Präsidentschaft beeinflusst wurde. Das bange Bedauern ist vorbei, den Schlüssel zu einer neuen Form des alten Bündnisses entdeckte ich kurioserweise in meinem Lieblingscafé Mánes, wohin Václav Havel Anfang der neunziger Jahre seine alten Freunde einlud, um den Geburtstag seines Kanzlers Karel Schwarzenberg zu feiern.

Der Gastgeber setzte sich zuerst ganz selbstverständlich wie vor Jahren an einen Tisch, an dem bis auf den Philosophen Karel Kosík weitere vier der sechs saßen, die damals durch eine Petition zur Freilassung politischer Gefangener den Widerstand gegen das Husák'sche Regime eröffnet hatten – Vaculík, Klíma, Kliment und ich. Wir hatten ihn lange nicht gesehen, deshalb entbrannte, wie es früher üblich gewesen war, eine Diskussion über den Zustand der Gesellschaft, die Ludvík Vaculík in seiner wilden Art führte, in der Überzeugung, der Freund werde die kritischen Bemerkungen seiner engsten Verbündeten begrüßen. Der Präsident diskutierte geduldig, bis er durch die Ankunft des Geburtstagskinds befreit wurde. Dann tauchte er nicht mehr am Tisch der vier auf, und später sahen wir ihn in einem der kleinen Salons, wie er sich zufrieden mit seinen Bodyguards über Fußball unterhielt.

Es war offensichtlich, dass sich der Mann, der von morgens bis abends in der Position eines angegriffenen Fechters war, unter Menschen am wohlsten fühlte, die wissen, was sie zu tun haben, und ihn deshalb nach nichts fragen, somit kann er sich ausruhen. Diese Momentaufnahme befreit mich von Sentimentalität und von der Funktion einer Art selbsternannten Bruders, als der ich mich fast zwanzig Jahre gefühlt hatte – wahrscheinlich aus der ewigen Sehnsucht eines Einzelkindes heraus. Noch einmal verletzt mich, als seine neue Frau uns nicht auf seinen Präsidentenabschied einlädt, den kurioserweise zumeist Unterzeichner der Anticharta, zu denen auch sie zählt, im Nationaltheater feiern werden – und ab diesem Moment wird mir klar:

Ich war Havels Beinahe-Bruder in einer Zeit, in der wir beide dies sehr brauchten. Er verbesserte bei seinen Leuten meinen Ruf als kommunistischer Poet, ich kratzte bei meinen sein Etikett eines Millionärssöhnchens ab. Wir beide fanden in einander unser Spiegelbild, indem wir uns absolut aufeinander verlassen konnten. Einmal Versprochenes galt ohne Vorbehalt, vereinbarte Termine ebenfalls. Ein kurioser Beweis dafür blieb das kleine Theaterstück *Rr*, das wir in dieser Belagerung und unter diesem Druck durch ein schnelles Pingpong von Briefen zuwege brachten, als die Post noch für uns funktionierte. Sein Problem war die Gutgläubigkeit, mit der er oft taktische Geheimnisse alten Bekannten anvertraute, die sie dann im Suff in Kneipen ausposaunten. Mein Problem war aktivistische Zerstreutheit, wie ich sie in dem Einakter *SEX* beschrieben habe, der unsere Sechser-Gruppe beschreibt, die plant, einen feindlichen Zug in die Luft zu sprengen: Statt Sprengstoff bestelle ich darin irrtümlich Süßstoff.

Viele alte Freunde haben Havel verlassen, verschreckt von den Folgen eines Kontakts mit dem Geächteten. Einige enttäuschten ihn zutiefst – so wie Miloš Forman, der bekannte Regisseur des *Amadeus*, der die Erlaubnis, in der Tschechoslowakei zu drehen, mit dem Versprechen erkaufte, sich nicht mit seinem Busenfreund Havel zu treffen. Sein immer kleinerer Lebensraum hatte sich so sehr entvölkert, dass ihm als einziger verwertbarer Verbündeter eben nur der einst rote Barde blieb. In einem starken Maße trug auch seine erste Frau Olga dazu bei, die mich in den schweren Jahren wiederholt zur Lösung sehr privater Familienprobleme einlud.

Der Magnet, der uns bis zu meinem Probeausflug zum österreichischen Staatspreis verbunden hatte, der dann in ein ungewolltes Exil mündete, funktionierte auch zwischen Prag und Wien fast bis zum Fall des Eisernen Vorhangs. Wahrscheinlich bewirkte er auch noch jenen Kurzschluss Havels, als er mich zu Silvester 1989 bat, in Prag zu bleiben und ihm im Präsidentenbüro auszuhelfen. Dass ich dort innerhalb von nur vierundzwanzig Stunden durch seine Getreuen hinausgeekelt wurde, die annahmen, ich würde dort gemeinsam mit ihm regieren wollen, betrachte ich im Nachhinein als großes Glück. Fast wäre ich aus tiefer Freundschaft meinem Versprechen untreu geworden, das ich mir vor langer Zeit auferlegt hatte: nicht in der erneuerten tschechischen Politik aktiv zu werden, die ich einst aus Unreife zu ersticken mitgeholfen hatte.

Jeder Mensch hinterlässt Spuren. Die Spur Havels gleicht einer langen Welle hinterm Kiel großer Schiffe, die dabei noch breiter wird, wie man es aus einem Flugzeug kilometerweit verfolgen kann. Er war auf seine Art ein ebenso bahnbrechender Präsident wie Masaryk, weil er seinem von der Geschichte gebeutelten Land nicht geringere Hoffnung als dieser gegeben hat. Die Zeit des wilden Kapitalismus, wie sie sein Nachfolger Klaus mit sich brachte, hat sie abgeschwächt, doch nicht ganz zerstört. Dies zeigten die Wahlen im Mai 2010, in denen das stark unterschätzte Volk erneut als Souverän auftrat und die politische Karte des Landes vollständig veränderte.

Václav Havel werde ich immer mögen, und wenn ich ihn jetzt ab und an treffe, am häufigsten natürlich in Theatern, ist meine erste Reaktion Freude, wie sie jede unserer früheren Begegnungen begleitet hat. Dann begrüße ich ihn freundlich, und wir unterhalten uns beide kurz über nichts.

86. KAPITEL

Epilog

Heute früh entfaltete der Fluss unter meinen Fenstern in Sázava den ersten Musterteppich aus der Herbstkollektion des Nebels. Den Astrologen, die für die deutsche Fassung dieses Buches das Schicksal deuten möchten, zeigt meine Omega-Uhr die Zeit 11:55. Auf dem Kalender genießt der 26. August 2010 sein flüchtiges Dasein. Die letzten Papierstreifen mit Notizen sind in den Reißwolf gewandert. Das Korrekturlesen beende ich im guten Glauben, dass der Text so treu wie möglich die Realität abbildet. Trotzdem kann ich nicht verschweigen, dass sich meine Gefühle erneut zu vier Wörtern und zwei Fragezeichen verdichtet haben … War es mein Leben?? Dieses tolle Leben, in dem ich Hitler und Stalin überleben konnte – und das ich mit Havel weiter genießen kann? Mich verblüfft, dass es wohl tatsächlich so war, doch vor allem staune ich darüber, dass es immer noch ist. Das Ende der geschilderten Geschichte liegt schon wieder lange hinter mir, und der Hauptdarsteller darf weiter das Leben in vollen Zügen auskosten, häufig mit nicht weniger dramatischen Höhen und Tiefen, bis mich ein ähnliches Hochgefühl ergreift, als wäre ich nicht um achtzehn Jahre älter. Betäubend geht das schwindelerregende Spiel auf Unsterblichkeit weiter, das es erlaubt, sich mit der Hoffnung zu verabschieden:

Fortsetzung folgt!

ANHANG

Biografisches

Pavel Kohout wurde am 20. Juli 1928 in Prag geboren. Im Jahr 1946 trat er in die Kommunistische Partei der Tschechoslowakei ein, im Jahr 1969 wurde er aus derselben ausgeschlossen. Für seine Teilnahme an der Bürgerinitiative Charta 77 hat man ihn im Jahr 1977 gemeinsam mit seiner Frau Jelena Mašínová seiner Wohnung in Prag zwangsweise verwiesen, im Jahr 1979 gegen seinen Willen nach Österreich abgeschoben, und ihm die tschechische Staatsbürgerschaft aberkannt. Im folgenden Jahr erhielt er die österreichische Staatsbürgerschaft, im Jahr 1990 bekam er die alte zurück. Heutzutage ist er Staatsbürger zweier Mitgliedsländer der Europäischen Union. Er lebt, arbeitet und wählt sowohl in Prag als auch in Wien. Er ist zum dritten Mal verheiratet, hat einen Sohn, zwei Töchter, an der Erziehung der dritten war er beteiligt. Seit fünfundvierzig Jahren begleiten ihn Rauhaardackel. Im Jahr 1969 wurde er für sein Theaterstück *August August, August* als ›Dramatiker des Jahres‹ mit dem österreichischen Theodor-Czokor-Preis ausgezeichnet. Im Jahr 1977 wurde ihm der Große österreichische Staatspreis für europäische Literatur verliehen; im Jahr 1984 wurde er Mitglied der Deutschen Akademie für Sprache und Dichtung in Darmstadt, aus der er im Jahr 2009 aus Protest gegen ihre Aufnahmepolitik ausgetreten ist; im Jahr 1997 wurde ihm der traditionelle Kasseler Bürgerpreis ›Das Glas der Vernunft‹ und im Jahr 1998 das Österreichische Ehrenkreuz für Wissenschaft und Kunst ersten Grades zuerkannt; im Jahr 2000 erhielt er in Basel den Europäischen Preis für Kultur und Kommunikation, im Jahr 2002 nahm er das Bundesverdienstkreuz der Bundesrepublik Deutschland entgegen, und im Jahr 2004 bekam er die goldene Ehrenmedaille der Hauptstadt Wien. Keine Ehrung erlebte er in der Heimat. In seiner Rede nach der Wiener Laudatio des künftigen Bundespräsidenten Heinz Fischer erklärte der Autor: »Meine Auszeichnungen in Österreich, Deutschland und in der Schweiz verdanke ich der Tatsache, dass man mich dort in der besseren Hälfte meines Lebens kennengelernt hat.«

Das Werk

Die Jahreszahlen führen das Jahr der Erstausgabe oder der Uraufführung an. Ein Sternchen * bezeichnet Titel, die ins Deutsche übersetzt, mit zwei Sternchen ** sind Werke versehen, die deutsch geschrieben wurden. Der Buchstabe E bezeichnet Einakter.

I. Geschichten auf dem Papier

Kleinere Arbeiten

1943	Gedichte
	Erzählungen
	Märchen
	Rezensionen
bis	Reportagen
	Interviews
	Kolumnen
	Feuilletons
2010	Essays

Vermischte Arbeiten

1960   Marienbad
1963*   Die kluge Amsel (für Kinder)
1968** Briefe über die Grenze. Versuch eines Ost-West-Dialogs
        (mit Günter Grass)
1979*   Mein tschechisches Lesebuch (für S. Fischer Verlag)
1979*   Jolana und der Zauberer (für Kinder)
1983** Puppenmenschen
        (mit Fotografien von Thomas David)
1984** Hameln, eine Stadt, die aus der Phantasie lebt
        (mit Zeichnungen von Ondřej Kohout)

1984** Merian Prag
1986** Adam und Söhne (mit Bildern von Vlastimil Třešňák)

Prosaisches
1969* Aus dem Tagebuch eines Konterrevolutionärs
1970* Das Weißbuch in Sachen Adam Juráček kontra Sir Isaac Newton
1978* Die Henkerin
1978* Die Einfälle der heiligen Klara
1987* Wo der Hund begraben liegt
1989* Tanz- und Liebesstunde
1990* Ende der großen Ferien
1992* Ich schneie
1995* Sternstunde der Mörder
1998* Meine Frau und ihr Mann
2000* Die lange Welle hinterm Kiel
2005 War das mein Leben?? (1. Teil)
2006 War das mein Leben?? (2. Teil)
2007 Über nichts und über alles (Feuilletons)
2008* Die Schlinge
2009 Der Fremde und die schöne Frau

II. Geschichten auf der Bühne

Theaterstücke
1946 Barcelona ruft (Privatlesung)
1952 Das gute Lied
1955 Septembernächte
1956 Der arme Teufel (nach Leseprobe verboten)
1957* So eine Liebe
1960* Die dritte Schwester
1960 Man nannte mich Genosse (nach 7. Reprise verboten)
1963 Die Zwölf
1967* August August, August
1970* Evol (tschechisch Aksál) *E*

1971* Krieg im dritten Stock *E*

1974* Pech unterm Dach *E*

1974* Brand im Souterrain *E*

1974 Rr (mit Václav Havel) *E* (Privatlesung)

1976 Sex *E* (Privatlesung)

1979* Attest *E*

1979* Protest *E*

1981* Maria kämpft mit den Engeln

1982* Der kleine August (für Kinder)

1985* Erinnerung an die Biskaya

1985** Safari *E*

1987** Patt oder Spiel der Könige

1989** Ecce Constantia! (Autorenlesung auf der Bühne)

1991* Eine kleine Blutrache

1995* Geisterschlacht *E*

2000 Die Nullen

2001* Zwei Gorillas gegen die Mafia

2002* Eros

2003* Arthurs Bolero

2005* Eine kleine Machtmusik

Bearbeitungen – unter Angabe des Autors der Vorlage

1950 Der Ruhm (Gusjew)

1956 Eine ewig junge Geschichte (Gladkow)

1957 Der Mut (Ketlinskaja)

1961* Reise um die Erde in 80 Tagen (Verne)

1963* Der Krieg mit den Molchen (Čapek)

1963* Josef Schwejk (Hašek)

1964 Marie October (nach dem Film Marie-Octobre, Frankreich 1959)

1971* Don Juan und sein Diener (Kompilat, gedeckt von Jiří Adamíra, Jiří Dalík und Valtr Taub)

1973* Armer Mörder (Andrejew)

1975* Roulette (Andrejew)

1978* König Colas der Wievielte (Rolland)

1978* Amerika (Kafka – mit Ivan Klíma)

1978*   Play Makbeth (Shakespeare, Wohnzimmertheater in Prag)
1982*   Cyrano! (Rostand, für 7 Schauspieler)
1983** Der Spieler (Dostojewski)
1984** Das große Ahornbaumspiel (Eliade)
1984** 1984 – Der Alptraum (Orwell)
1991*   Wir Nibelungen (Hebbel)
1996*   Cyanid um fünf (Wrtbovska)
2005   Cyrano!! (Rostand – Minimusical für Schauspieler)
2007   R.U.R.a.G. (Čapek)
2008*   Die Hundemutter (Matesis)

III. Geschichten auf der Leinwand

1952   Morgen wird überall getanzt
1957   Septembernächte
1958   Der Weg zurück
1960   Flughafen gesperrt
1960   Der Rutsch
1964   Die Zwölf
1965   Hochzeit mit Bedingung (auch Regie)
1966   Sieben Totgeschlagene (mit Jelena Mašínová, auch Regie)
1980** Die Einfälle der heiligen Klara (mit Jelena Mašínová) ZDF
1983** Das Ohr (Remake nach Jan Procházka, auch Regie) ZDF
1989   Gli angeli della potere (Maria kämpft mit den Engeln – Italien)
2010** Die lange Welle hinterm Kiel (Lisa Wien, in Arbeit)
2010** Sternstunde der Mörder (Bavaria München, in Vorbereitung)

IV. Geschichten auf dem Bildschirm

1962*   Reise um die Erde in 80 Tagen (nach Verne – BRD)
1968   Aksál (dt. Evol) (Tschechisches Fernsehen, erst 1990 gesendet)
1969*   So eine Liebe (BRD)
1970*   August August, August (BRD)
1971*   Krieg im dritten Stock (Tschechisches Fernsehen)
1975*   Roulette (BRD)

1976*   Die Himmelfahrt des Adam Juráček (BRD)
1991   Ecce Constantia! (Tschechisches Fernsehen)
1996   Das Roulette (Tschechisches Fernsehen)
1996   Ende der großen Ferien – 6 Teile (mit Jelena Mašínová – Tsche-
        chisches Fernsehen + ORF)
1999*   Krieg im dritten Stock (Tschechisches Fernsehen)
2001   Die Stunde der Wahrheit (mit Jelena Mašínová, Tschechisches
        Fernsehen)
2003   Tanz- und Liebesstunde (mit Jelena Mašínová, Tschechisches
        Fernsehen)
2003   PF 77 (mit Jelena Mašínová, Tschechisches Fernsehen)
2008   10 Arten von Liebe (mit Jelena Mašínová, Tschechisches Fern-
        sehen)
2009   Die Schlinge (Tschechisches Fernsehen)
2010   Der Fremde und die schöne Frau (mit Jelena Mašínová, Tsche-
        chisches Fernsehen, in Vorbereitung)

Abbildungsnachweis

Oldřich Škácha, Prag: Seite 310, 311, 315 unten, 316, 317 oben u. unten, 318 oben u. unten, 319 oben u. unten, 320. – Alle übrigen Fotos entstammen dem Archiv des Autors.